国家出版基金项目
NATIONAL PUBLICATION FOUNDATION

清代易學史

（下册）

林忠军 张沛 赵中国 等著

齊魯書社

第三编

朴学易的兴起与鼎盛

第一章　惠栋“粲然复明”的易汉学

惠栋（1697—1758），江苏元和（今江苏苏州吴中区、相城区）人。家族“四世传经，咸通古义”。曾祖父惠有声（1608—1677），原名尔节，字律和，号朴庵，治《易》以李鼎祚《周易集解》为准绳，治《春秋》以《左传》杜预注未备而扶贾、服之学，融会汉唐诸说，详为笺注，作《左氏春秋补注》一卷，今已不存。祖父惠周惕（1641—1697），名恕，字而行，又字元龙，自号砚溪，世称红豆先生。少传家学，著有《易传》二卷、《春秋问》五卷、《三礼问》六卷、《诗说》三卷、《砚溪文集》二卷、《砚溪诗集》七卷、《遗稿》二卷。父惠士奇（1671—1741），字天牧，一字仲孺，晚号半农，吴派学术之奠基者，著《易说》《礼说》《春秋说》《大学说》《交食举隅》《琴笛理数考》《红豆斋小草咏史乐府》《半农先生集》等书。治《易》推崇汉学训诂与象数，多引郑玄、荀爽、虞翻诸家，反对王弼、孔颖达等人的义理之学。他说：“训诂之学莫精于汉，至后世而益乱矣，孰能正之。”“后儒不讲小学，故误信王注，其害如此，《易》无达例，攴曰不可为典要。俗儒拘守旧例未可与言《易》也。《易》言象不言例，例随象变。”①

① 〔清〕惠士奇：《惠氏易说》，《文渊阁四库全书》第47册，台湾商务印书馆1986年版。

惠栋，字定宇，一字松崖。乡人称惠周惕为“老红豆先生”、惠士奇为“红豆先生”、惠栋为“小红豆先生”。惠栋幼承庭训，笃志向学，凡经史诸子、百官杂说及释道二藏，无不遍览。二十岁时补元和县学诸生，遍通群经。善于甄别校勘，“得一善本，倾囊弗惜，或借读手抄，校勘精审，于古书之真伪，了然若辨黑白”①。乾隆十五年（1750），陕甘总督尹继善、两江总督黄廷桂以“博通经史，学有渊源”推荐，适逢大学士、九卿索读惠栋所著之书，故未及呈进，罢归。后应两淮盐运使卢见曾之聘，入幕卢府，并参与了卢氏主持的《雅雨堂丛书》之刊刻工作，为选书、校勘、整理付出了大量心血。其间，他与沈彤、戴震、王昶等名士交往，撰作《周易述》，虽晚年抱病，仍著述不止。② 惠栋著作宏富，于《尚书》《诗经》《三礼》《春秋》《论语》《尔雅》皆有撰述。《清史稿·惠栋传》称：“栋于诸经熟洽贯串，谓诂训古字古音，非经师不能辨，作《九经古义》二十二卷。尤邃于《易》，其撰《易汉学》八卷，掇拾孟喜、虞翻、荀爽绪论，以见大凡。其末篇附以己意，发明汉《易》之理，以辨正河图、洛书、先天、太极之学。《易例》二卷，乃镕铸旧说以发明《易》之本例，实为栋论《易》诸家发凡。其撰《周易述》二十三卷，以荀爽、虞翻为主，而参以郑康成、宋咸、干宝之说，约其旨为注，演其说为疏。书垂成而疾革，遂阙革至未济十五卦及《序卦》《杂卦》两传，虽为未善之书，然汉学之绝者千有五百余年，至是而粲然复明。撰《明堂大道录》八卷、《禘说》二卷，谓禘行于明堂，明堂法本于《易》。《古文尚书考》二卷，辨郑康成所传之二十四篇为孔壁真古文，东晋晚出之

---

① 〔清〕江藩：《国朝汉学师承记》卷二，见〔清〕江藩、方东树著，徐洪兴编校：《汉学师承记（外二种）》，中西书局 2012 年版，第 27 页。

② 关于惠栋入卢见曾幕府之事，详见曹江红：《惠栋与卢见曾幕府研究》，《中国史研究》2012 年第 1 期。

二十五篇为伪。又撰《后汉书补注》二十四卷、《王士祯精华录训纂》二十四卷、《九曜斋笔记》、《松崖文钞》诸书。”

一、扬汉抑宋的易学取向

以文字训诂和义理阐发为主要方法，通过注解、章句、纂疏、考辨和阐述儒家经典而形成经学解释，是中国解释学的主要形式。大体而言，古代经学可以分为汉代经学与宋代经学两种类型。前者崇拜经学文本，神化圣人之言，杜绝主观臆造，力图通过文字训诂等方法恢复和再现经典本义，以解释者通合文本为解释目标。其得严谨笃实、纯而不杂，其失泥古拘谨、琐碎枝节，此为中国式的文本解释；后者强调解释者的个人体悟，破除师说承传，力图透过文本解释阐发圣人的微言大义，以希贤希圣为目标。其得深刻精微、贯通条达，其失疏于文字训诂、玄思游谈，是为中国式的哲学解释。此两者各执一端、相互攻讦，遂有经学史上的汉宋之争。就易学而言，以郑玄、荀爽、虞翻为代表的象数派以《易传》“观象系辞”为据，相信《周易》象辞严整对应，故解《易》应指出文辞的象数依据，并以训诂解释词义。魏晋王弼继起，一反汉代易学，视象数为表达义理之工具，辨名析理，简明清淡，形成了与汉易风格截然不同的义理易学。自此，象数易学日趋衰微。“永嘉之乱，施氏、梁丘之《易》亡，孟、京、费之《易》人无传者，唯郑康成、王辅嗣所注行于世。”①南北朝时，南学、北学分立对峙，南学宗王弼《易》，北学用郑氏《易》。隋唐定南学为官学，北学被并入南学。唐初《周易正义》

① 〔唐〕陆德明撰、黄焯断句：《经典释文·序录》，中华书局 1983 年版，第 6 页。

推行以来，王弼、韩康伯、孔颖达一脉的义理易学更是一统天下。北宋以降，胡瑗、程颐等人秉承义理学风，以儒理解《易》，义理之学遂达至鼎盛。入清以来，易学研究又出现了新的局面。清廷为了革除明代官学著作《周易大全》的撮合拼凑、同异互存、繁冗芜陋之弊，相继推出了《易经通注》《日讲易经解义》《周易折中》三部“御纂”作品。与此同时，顾炎武、黄宗羲等人兴起了一股重实学、反宋学的思潮。他们严厉批判晚明空谈心性的学风，倡导复古尊经，并对包括汉宋易学在内的古代经学予以深刻反思。及至乾嘉时期，反思、总结清初辨伪思潮的积极成果，重新审视汉易象数与宋学义理，便成了当时易学界普遍关注的问题。

在此学术语境下，惠栋立足于经学视域，对汉宋之学进行了全面反思。他认为，汉宋经学各有千秋：

> 汉有经师，宋无经师，汉儒浅而有本，宋儒深而无本，有师与无师之异，浅者勿轻疑，深者勿轻信，此后学之责。①

此间，惠栋从经师承传、有本无本、思想深浅三个角度比较了汉宋经学之异同。尽管汉宋学术各有所长、亦有所偏，但二者绝非水火不容。相反，能否兼取汉宋正是判别大儒的标准，如其所云：“汉人经术，宋人理学，兼之者乃为大儒。”（《九曜斋笔记》卷二）

遗憾的是，从王弼到程朱，以心性为内容的义理之学愈发盛行，而汉代的训诂、象数之学亦随之式微。“六经定于孔子，毁于秦，传于汉，汉学之亡久矣。独《诗》《书》二经犹存毛、郑两家。

---

① 〔清〕惠栋：《九曜斋笔记》卷二，《丛书集成续编》第20册，台湾新文丰出版公司1989年版。下引该书只注书名、卷数、篇名。

《春秋》为杜氏所乱，《尚书》为伪孔氏所乱，《易经》为王氏所乱。杜氏虽有更定，大较同于贾、服，伪孔氏则杂采马、王之说，汉学虽亡而未尽亡也。惟王辅嗣以假象说《易》，根本黄老，而汉经师之义荡然无复有存者矣。故宋人赵紫芝有诗云：‘辅嗣《易》行无汉学，玄晖诗变有唐风。’盖实录也。”①惠栋把汉学衰微的原因归于王弼：“魏晋以来，王弼、韩康伯之辈始改师法，而《易》之大义乖矣。”（《周易述》卷二《泰》）有鉴于此，惠栋以其高度的学术使命感，秉承家学传统，扶微起废，把复兴汉易确立为自己的学术目标。他说：

> 栋曾王父朴庵先生尝闵汉易之不存也。取李氏《易解》所载者，参众说而为之传。天崇之际，遭乱散佚，以其说口授王父，王父授之先君，先君于是成《易说》六卷。又尝欲别撰汉经师说《易》之源流而未暇也。栋趋庭之际，习闻余论，左右采获，成书七卷，自孟长卿以下五家之《易》，异流同源，其说略备。呜呼！先君无禄，即世三年矣。以栋之不才，何敢辄议著述，然以四世之学，上承先汉，存什一于千百，庶后之思汉学者，犹知取证，且使吾子孙无忘旧业云。（《易汉学·原序》）

惠氏家族之所以主张复兴汉学，乃因其相信汉易近古，更为接近圣人本意。“栋四世咸通汉学，以汉犹近古，去圣未远故也。《诗》《礼》毛、郑，《公羊》何休，传注具存，《尚书》《左传》伪孔氏全采马、王，杜元凯根本贾、服，唯《周易》一经，汉学全非。”②因此，惠栋试

① 〔清〕惠栋：《易汉学·原序》，《周易述》，中华书局2007年版，第513页。下引《周易述》《易汉学》《易例》《易微言》皆以该书为准，不另出注。

② 〔清〕惠栋：《松崖文钞》卷一《上制军尹元长先生书》，《丛书集成续编》第191册，台湾新文丰出版公司1989年版。下引该书只注书名、卷数。

图恢复失传已久的汉学师法、家法，再现汉代经学。他指出：

> 汉人通经有家法，故有五经师。训诂之学，皆师所口授，其后乃著竹帛，所以汉经师之说立于学官，与经并行。五经出于屋壁，多古字古言，非经师不能辨，经之义存乎训，识字审音，乃知其义。是故古训不可改也，经师不可废也。①

汉代经学通过师承传授，故有"师法"和"家法"。皮锡瑞曰："前汉重师法，后汉重家法。……师法者，溯其源；家法者，衍其流也。师法、家法所以分者，如《易》有施、孟、梁丘之学，是师法；施家有张、彭之学，孟有翟、孟、白之学，梁丘有士孙、邓、衡之学，是家法。"②其实，家法和师法并无严格界限，"两者本质上是一个意思，重家法就是重师法，譬如一个儒生当然要对他的直接授业经师表示尊重，这是家法，同时也是师法"③。汉代经学讲究师承，严格遵循师说解经，绝不可背离师法、家法随意发挥。"师之所传，弟之所受，一字毋敢出入；背师说即不用。师法之严如此。"④倘有背师说者，必会遭到同门排斥乃至整个社会的歧视。如孟喜"得《易》家候阴阳灾变书"，诈言其师田生传之，遭到同门梁丘贺的极力反对。是时，"博士缺，众人荐喜；上闻喜改师法，遂不用喜"（《汉书·儒林

---

① 〔清〕惠栋：《九经古义》卷首《九经古义原序》，《文渊阁四库全书》第191册，台湾商务印书馆1986年版，第362页。下引该书只注书名、卷数。

② 〔清〕皮锡瑞著，周予同注释：《经学历史》，中华书局1981年版，第136页。

③ 陈居渊：《汉学更新运动研究——清代学术新论》，凤凰出版社2013年版，第118页。

④ 〔清〕皮锡瑞著，周予同注释：《经学历史》，中华书局1981年版，第77页。

传》)。京氏受《易》于焦延寿,托之孟喜,孟喜弟子不肯,虽立博士,“辄复见废”。费直传古文易,“无有本师,而多反异”,故东汉初有人提出立费氏易博士时,立刻遭到范升等人的反对。凡此种种,足以证明家法在东汉易学传授系统中的重要地位。而在惠栋看来,经师受训诂之学,辨认古文字,故能理解经典中的圣贤之意,即所谓“识字审音,乃知其义”。当然,汉代的师法、家法不仅指文字训诂,亦指象数传承。“今幸东汉之《易》犹存,荀、虞之说具在,用申师法,以明大义,以溯微言,二千年绝学庶几未坠,其在兹乎!其在兹乎!”(《易例》卷上)“卦气之学,传自孟喜,盖周、秦以来遗法。京房传全用卦气,其后谷永、刘歆、荀爽、马融、虞复皆祖其学。秦燔《诗》《书》,而《易》以卜筮独存,故九宫、纳甲、卦气、爻辰诸学存焉。《尚书》遭毁,故《洪范》五行之说不传。惟略见于伏生书,刘更生传其学,其书皆亡,惜哉!《易乾凿度》亦用卦气。”(《九曜斋笔记》卷一)惠栋认为,汉易的卦气、九宫、纳甲、卦气、爻辰等象数体例,乃经师口耳相传的古法。这就意味着,复兴汉学,必须以恢复汉代的师法、家法为前提。

与汉学不同,宋学以义理见长,其承传、发展了孔孟的心性之学固然无可非议,但其突出问题在于没有经师传授,因而疏于训诂、脱离文本,多有臆造之嫌。就此而言,宋学远不及汉学:

> 宋儒经学,不惟不及汉,且不及唐。以其臆说居多,而不好古也。(《九曜斋笔记》卷二)
>
> 宋儒谈心性,直接孔孟,汉以后皆不能及。若经学,则断推两汉。(《九曜斋笔记》卷二)

“不好古”,是说宋人解经无师承家法,不尊重经学原典,随意改经。

"臆说",是说宋人不重训诂,任意发挥,曲解经义。所以,宋人解经"辞费""近鄙",无法与汉儒媲美:"训诂,汉儒其词约,其义古;宋人则辞费矣,文亦近鄙。"(《九曜斋笔记》卷二)惠栋曾以"郢书燕说"喻之曰:

> 郢人有遗燕相国书者,夜书,火不明,因谓持烛者曰举烛,云而过书举烛,举烛非书意也。燕相受书而说之,曰举烛者,尚明也,尚明也者,举贤而任之。燕相白王,大悦,国以治。治则治矣,非书意也。今世学者多似此类。家君曰:"宋人不好古而好臆说,故其解经皆燕相之说书也。"(《九曜斋笔记》卷二)

"郢书燕说"出自《韩非子·外储说左上》,大意是说:有人在楚国的郢都给燕相写信,因夜晚光线不强,便对持蜡烛的仆人说"举烛",同时又在信中误写了"举烛"二字。然而,燕相见信后,将"举烛"理解为崇尚清明廉洁、任人唯贤,并告知燕王。燕王很高兴,予以施行。虽然燕国因此治理得很好,但这不是信的本意。惠栋借此典故,揭露了时人解经的穿凿附会、曲解原义。其以误传误,正与"郢书燕说"相类。

二、复兴易汉学之功

(一)"识得汉《易》源流,乃可用汉学解经"

王弼易学问世之后,汉易象数有如日薄西山。唐李鼎祚深感"后学之徒纷然淆乱,各修局见,莫辨源流"而撰作《周易集解》,

“集虞翻、荀爽三十余家，刊辅嗣之野文，补康成之逸象”。然而，受编撰体例的局限，李氏《集解》不免遗漏，其所收诸家《易》说散见于《周易》经文之下，遂使师说、家法隐而不彰。有鉴于此，爬梳汉易源流、追考汉易遗说、还原汉易之貌，就成了惠栋易学研究的首要任务。其《易汉学》一书以人物为线索，分门别类，左右采获，掇拾孟喜、虞翻、荀爽等诸家《易》说，对汉易源流与家法、师法予以详细梳理。惠栋曰：

> 汉人传《易》，各有源流。余尝撰《易汉学》七卷，其说略备。识得汉《易》源流，乃可用汉学解经。否则如朱汉上之《易传》、毛西河之《仲氏易》，鲜不为识者所笑。（《九曜斋笔记》卷二）

汉易各有师法、家法。孟喜传田王孙易学，又得“《易》家候阴阳灾变书”而言卦气、灾异，为西汉四家之一；虞翻自称五世传孟氏易；费直以十翼解经，属古文易，未立官学；东汉荀爽传费直易；京房师从焦延寿，擅长阴阳灾异，发明八宫、世应、纳甲、飞伏诸例，从而建立了筮占的易学体系；晋人干宝留思京氏易，以京氏《易》例解经；郑玄从第五元先受京氏易，后又师从马融学古文易。总之，汉易传承虽有交叉，但其师法源流清晰可寻。惠栋作《易汉学》之用意，即在于廓清汉易源流与师法、家法。《四库全书总目提要》曰：“《易汉学》八卷，国朝惠栋撰。是编乃追考汉儒易学，掇拾绪论，以见大凡。孟长卿《易》二卷；虞仲翔《易》一卷；京君明《易》二卷，干宝《易》附见；郑康成《易》一卷；荀慈明《易》一卷。……其以虞翻次孟喜者，以翻别传自称‘五世传孟氏《易》’；以郑玄次京房者，以《后汉书》称‘玄通京氏《易》’也；荀爽别为一卷，则费氏《易》之流派矣。……费氏学自陈元、郑众、马融、郑玄以下递传以至王弼，是为今本，然《汉书》称‘直长于卦筮，无章句，徒以《彖》《象》《系辞》十篇文言解说上下经’。……与孟、京两家体例较异，合是三派。汉学之占法，亦约略尽此矣。夫《易》本为卜筮作，而汉儒多参以占候，未必尽合周、孔之法，然其时去古未远，要必有所受之。栋采辑遗闻，钩稽考证，使学者得略见汉儒之门径，于《易》亦不为无功矣。”（《四库全书总目》卷六《易汉学》）

惠栋强调，“识得汉《易》源流，乃可用于解经”（《九曜斋笔记》卷二）。而在汉易诸家中，训诂、象数、义理兼重且融今古文于一体的郑玄易学，可谓魏晋以来汉易象数之最强音。然唐代之后，郑氏易渐次失传，李鼎祚《周易集解》亦不取郑氏爻辰。宋代以降，郑易犹存《文言》《说卦》《序卦》《杂卦》四篇，载于《崇文总目》，朱震、晁说之俱引其说，至南宋四篇亦佚。王应麟始裒群籍而为《郑氏易》一卷，明人胡震亨刊其书以补李氏《集解》之遗漏。但王应麟所辑未注出处，且不乏遗漏。鉴于此，惠栋于《易汉学》列《郑康成易》一篇之外，又汇辑郑玄易学资料而成《郑氏周易》三卷，补正王应麟之失。四库馆臣指出：“初，王应麟辑郑玄《易注》一卷，其后人附刻《玉海》之末，虽残章断句，尚颇见汉学之崖略，于经籍颇为有功。然皆不著所出之书，又次序先后，间与经文不应，亦有遗漏未载者。栋因其旧本，重为补正。凡应麟书所已载者，一一考求原本，注其出自某书，明其信而有征，极为详核。其次序先后，亦悉从经文厘定。复搜采群籍，上经补二十八条，下经补十六条，《系辞传》补十四条，《说卦传》补二十二条，《序卦传》补七条，《杂卦传》补五条，移应麟所附《易赞》一篇于卷端，删去所引诸经正义论互卦者八条，而别据玄《周礼·太师注》作十二月爻辰图，据玄《月令注》作《爻辰所值二十八宿图》附于卷末，以驳朱震《汉上易传》之误。虽因人成事，而考核精密，实胜原书。应麟固郑氏之功臣，栋之是编，亦可谓王氏之功臣矣。”（《四库全书总目》卷一《新本郑氏周易》）惠栋重新辑佚郑玄易注，反映出他对郑氏易的高度推崇。

（二）依汉易正易学文本，“以还圣经之旧”

汇辑资料、阐述源流，只是惠栋复兴汉易的第一步。接下来的工作，便是正定文本、恢复原貌。由于时代变迁和文字演变，加之天灾人祸及人为篡改，易学文本在流传过程中多有异字、错简、衍文、脱字、错字等现象。这些问题，直接影响到解释者对文本的理解。因此，解释往往以校勘为前提。在历史上，刘向父子曾奉诏“校经传诸子诗赋”，安帝命刘珍、马融等校订《五经》及其他文献，“整齐脱误，是正文字”（《后汉书 · 文苑列传 · 刘珍传》），东汉灵帝“诏诸儒正定《五经》，刊于石碑，为古文、篆、隶三体书法以相参检，树之学门，使天下咸取则焉”（《后汉书 · 儒林列传序》），唐太宗令颜师古考定《五经》。但惠栋指出，颜师古正定、孔颖达使用的《周易》文本只王弼一家，不用古字而多用俗字。相较而言，郑玄《易》本沿袭旧文，多存古字，笃守古音古义，不轻易改经，改之则必有所依。“凡经字误者当仍其旧，作某字读若某，所以尊经也。汉时惟郑康成不轻改经文，后儒无及之者。如《易 · 大有九四 · 象》：‘明辨遰也。’郑注云：遰，读如‘明星哲哲’。《系辞》‘言天下之至啧而不可恶也’‘言天下之至啧而不可乱也’。郑于下句注云：啧当为动。‘劳而不伐有功而不置。’郑云：置当为德。晁氏曰：案德，古文类置字，因相乱。‘圣人之所以极深而研机也’，《范式碑》云：探啧研机，是古《易》皆作‘机’。郑云：机，当为几，几微也。今王弼本‘直’作‘郑’，所训字失其本矣。后儒谓郑氏好改字，吾未之敢信也。”（《九经古义》卷二）

因此，惠栋秉承郑玄“仍其旧”的尊经之风，取唐陆德明《经典释文》所辑古音古义，校勘通行本《周易正义》。他说：“自唐人为《五经正义》，传《易》者止王弼一家，不特篇次紊乱，又多俗字。”如“晋”当为“晉”、“巽”当为“顨”（从《说文》）、“姤”当为“遘”（从古文），《乾》“确乎其不可拔”、《系辞》“确然示人易”之“确”，皆当作“隺”（从《说文》或作“确”，见《郑烈碑》。周伯琦曰：隺，胡沃切，鹤字，从此俗用为鹤字，非）。《坤》初六《象》“阴始凝也”，“凝”乃俗“冰”字，古“冰”字作“仌”（见《说文》）。《屯》初九“盘桓”与《渐》六二“鸿渐于盘”之“盘”，皆当作“般”（与盘同）。六二“乘马班如”当作“般”（从郑本《左传》“班马之声役将班矣”，古皆作“般”），古文班。“匪寇婚媾”之“婚媾”，当作“昏冓“（从郑本）。上六“泣血涟如”之“涟”本作“澜”，别字当作“遖”，或省文作“连”。《师·九二·象》“承天宠也”之“宠”当作“龙”（从王肃），古文宠（《毛诗·蓼萧》云为龙为光，《左传》作“宠”。“商颂何天之龙。”郑笺：云龙当作宠）。九五“王用三驱”之“驱”当作“敺”，古文驱。《履》上九“视履考祥”，祥本作“详”（见《释文》），古祥字（古文祥作详，又见《蔡邕尚书石经》）。（《九经古义》卷二）惠栋解释说：“《释文》所载古文皆薛、虞、傅氏之说，必有据。依郑康成传费直易，多得古字。《说文》云：其称易孟氏皆古文，虞仲翔五世传孟氏易，故所采三家说为多，诸家异同，动盈数百，然此七十余字，皆卓然无疑，当改正者。”（《九经古义》卷二）

同时，《周易正义》多有“衍字、讹字及脱落字”。比如《乾·文言》“不成乎名”衍“乎”字；《坤·文言》曰“坤至柔”，定本无“文言曰”三字；《屯·象》“君子以经纶”，定本“纶”作“论”；《蒙·象》“匪我求童蒙，童蒙来求我”，脱“来”字；《需·初九·象》“利用恒无咎”，定本“无咎”二字衍；《泰·九三·象》曰“无往不复”，定本作“无平不陂”;《谦》上六“征邑国”衍“邑”字;《剥》六三“剥之无咎”衍“之”字;《鼎·彖》“圣人亨以享上帝”,定本“上帝”二字衍;《系辞传》“莫大乎蓍龟”,定本作“莫善”;“鲜不及矣”,定本“鲜”作“尟”(上文“君子之道‘鲜’矣”,郑作“尟”。案汗简尟,本古文鲜字,见颜黄门说文);“刳木为舟、剡木为楫”,“刳”当作“挎”,“剡”当作“掞”;《说卦》“水火相逮”,定本“水火不相逮”;《杂卦》“丰多故也”,衍“也”字。(《九经古义》卷二)

事实上,当时学者对这种依汉易文本改经的做法不无质疑。对此,惠栋辩解道:“某安敢涂改圣经,但据汉魏以来数十家传《易》字异者而折衷焉,思以还圣经之旧,存什一于千百耳,即如数十字之外,如《噬嗑》‘明罚敕法’,《释文》云‘敕’,俗字当作‘饬’。(《史记·五帝纪》云‘信饬百官’,徐广曰:古‘敕’字。)《系辞》‘掘地为臼’,掘当作‘阙’,如此类者尚多,但汉易已亡,改之无据,是用阙疑以俟来哲,某敢蹈僭妄之咎乎!因赋一诗云:汉元穷易已多门,魏晋诸儒又触藩,若使当年传汉易,王韩俗字久无存,用以祛守残之陋。”(《九经古义》卷二)尽管如此,惠氏此举仍然广受诟病。阮元曾说:“国朝之治《周易》者,未有过于征士惠栋者也。而其校刊《雅雨堂》、李鼎祚《周易集解》与自著《周易述》,其改字多有似是而非者。盖经典相沿已久之本,无庸突为擅易,况师说之不同,他书之引用,未便据以改久沿之本也。”①

惠栋还试图恢复文本编次。虽然《易传》是对《周易》古经的解释,但二者成书年代不同,不可混而为一。因此,他同朱子一样主张《周易》经传分离。此外,他又引京房“迄乎西伯父子,研理穷通,

① 〔清〕阮元:《揅经室一集》卷十一《十三经注疏校勘记序》,《揅经室集》,《续修四库全书》第1478册,上海古籍出版社2002年版。

上下囊括，推爻考象，配卦世应，加乎星宿，局于六十四所”为据，证明“纳甲、世应、游归、六亲、六神之说皆始于西伯父子”。惠栋相信，孔子赞《易》时已有《时训》，汉代“易家传先师之言”，皆用卦气占验，故惠氏《周易述》于古经部分皆注“世应”“消息”，以示其易学文本依准古义。

（三）发凡起例，以象数方法解释汉易

汉易佚失，除文本散佚，更重要的原因在于解释方法和范式的失传。因乎时代久远，学术语境变迁，李鼎祚《周易集解》中留存的汉易资料对大多数学者来说，已经无法完全理解。因此，惠栋汇聚众说、溯其源流，发凡起例，撰《易例》《易微言》，以解学者习汉易之惑。观《易例》可见，惠氏多言汉易象数之例，如升降、世应、飞伏、消息、两象易、半象、旁通等。《易微言》则多言义理，如中和、道、诚、仁、元、善、初、本、一等。虽然二书皆为未定之本，“然栋于诸经深窥古义，其所掇摭大抵老师宿儒专门授受之微旨，一字一句具有渊源，苟汰其芜杂，存其菁英，因所录而排比参稽之，犹可以见圣人作《易》之大纲、汉代传经之崖略”（《四库全书总目》卷六《易例》）。

惠栋不仅彰明汉易体例，更以之解经。他注重虚与实、理与据结合，由浅入深，既言易学体例，又释汉易之义。以《屯》卦虞注“坎二之初，六二乘刚五为上弇，故名屯”之疏文为例：

卦自坎来，故云坎二之初。之卦之说本诸《彖传》，详见于荀氏、虞氏、姚信、范长生、卢氏等注，而虞氏尤备。乾坤者，诸卦之祖。乾二五之坤成震、坎、艮，坤二五之乾成巽、离、兑，则六子皆自乾坤来也。复、临、泰、大壮、夬，乾息之卦；遘、遁、否、观、剥，坤消之卦。而临、观二阳四阴，大壮、遁四阳二阴，

泰、否三阳三阴，又以例诸卦。自临来者四卦，明夷、解、升、震也。自遁来者五卦，讼、无妄、家人、革、巽也。自泰来者九卦，蛊、贲、恒、损、井、归妹、丰、节、既济也。自否来者九卦，随、噬嗑、咸、益、困、渐、旅、涣、未济也。自大壮来者五卦，需、大畜、睽、鼎、兑也。自观来者四卦，晋、蹇、萃、艮也。自乾、坤来而再见者，从爻例也。卦无剥、复、夬、遘之例，故师、同人、大有、嗛从六子例，亦自乾坤来。小畜，需上变也。履，讼初变也。豫自复来，乃两象易，非乾坤往来也。颐、小过，晋四之初、上之二也。大过、中孚，讼上之三、四之初也。此四卦与乾坤坎离、反复不衰，故不从临、观之例。师二升五成比；噬嗑上之三，折狱成丰；贲初之四，进退无恒，而成旅。皆据传为说，故亦从两象易之例。因《系辞》《彖传》而复出者二，睽自无妄来，蹇自升来，皆二之五。此卦坎二之初，虞义也。案：当从四阴二阳临观之例。而云坎二之初者，因《彖传》"刚柔始交"，乃乾始交坤成坎，故知自坎来也。屯，难也，观固不相通之义。卦二五得正而名屯者，以二乘初，刚五弇于上，不能相应，故二有屯如之难，五有屯膏之凶，名之曰屯也。(《周易述》卷一)

惠栋此间详细论述了虞氏卦变的内容，即乾坤为卦变之祖，六子及十二辟卦本于乾坤，然后十辟卦变而生杂卦。如二阳四阴之卦本于临、观，二阴四阳之卦本于大壮、遁，三阴三阳之卦本于泰否。他还分析了虞氏卦变中的特例。不难发觉，惠栋对特例的解释无非意在粉饰虞氏卦变前后抵触的问题。他认为，屯为二阳四阴之卦，本当"从四阴二阳临观之例"，虞氏却云"坎二之初"，乃"因《彖传》'刚柔始交'，乃乾始交坤成坎，故知自坎来也"。

惠栋解经的另一特征是不拘泥于一家一派，凡能成一家之言者皆取之，从而整体凸显汉易之大义。《周易述》“发挥汉儒之学，以荀爽、虞翻为主，而参以郑玄、宋咸、干宝诸家之说，融会其义，自为注而自疏之”（《四库全书总目》卷六《周易述》）。必须指出，“融会其义”是说“惠栋的易学研究虽然有严格的家法、师法的分疏，但阐发己说时，并未专主一家，而是力图贯通各家家法，熔为一炉”①。如惠栋注《坤》“西南得朋，东北丧朋”时，曾兼取郑玄爻辰与虞翻纳甲：

> 爻辰者，谓乾坤十二爻所值之辰。乾贞于十一月子，间时而治六辰；坤贞于六月未，亦间时而治六辰。乾左行，坤右行。十一月子，乾初九也；十二月丑，坤六四也；正月寅，乾九二也；二月卯，坤六五也；三月辰，乾九三也；四月巳，坤上六也；五月午，乾九四也；六月未，坤初六也；七月申，乾九五也；八月酉，坤六二也；九月戌，乾上九也；十月亥，坤六三也。二卦十二爻而期一岁。郑氏说《易》专用爻辰十二律，取法于此焉。坤初六在未，未值西南，又坤之位，故“得朋”。六四在丑，丑值东北，阳位，故“丧朋”。……虞氏说经，独见其大，故兼采之，以广其义。虞以易道在天，八卦三爻已括大要，故以“得朋”“丧朋”为阴阳消息之义。谓月三日之暮，震象出于庚方，至月八日二阳成兑，见于丁方。生明于庚，上弦于丁，庚西丁南，故“西南得朋”。谓兑二阳同类为朋。又两口对，有“朋友讲习”之象，传曰“乃與类行”是也。十五日乾体盈甲，十六日旦，消乾成巽在辛，二十三日成艮在丙，二十九日消乙入坤，灭藏于

① 陈居渊：《简论惠栋标帜“汉学”的易学特色》，《周易研究》2007 年第 4 期。

癸。乙东癸北，故“东北丧朋”。坤消乾丧于乙，故坤为丧也。（《周易述》卷一）

惠栋曾专门作《十二月爻辰图》以明郑氏爻辰，又作《虞氏八卦纳甲图》以明虞氏月体纳甲。其解“西南得朋，东北丧朋”，即兼用此两家易例。

郑玄爻辰图

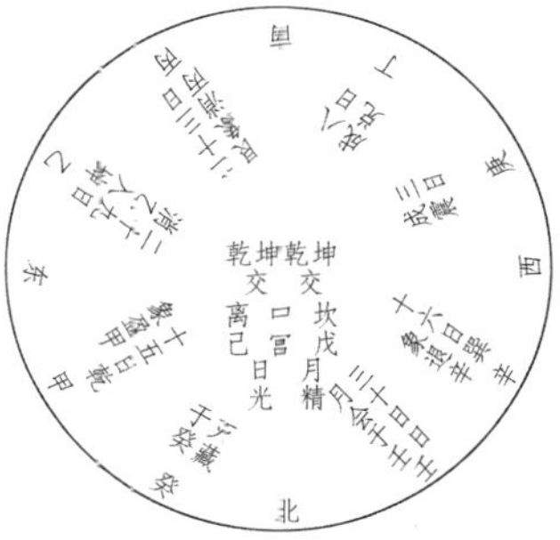

虞氏八卦纳甲图

又如，他以荀爽的“升降说”和干宝的“消息说”解《乾》卦九四爻辞曰：“荀氏易例：乾在二者，当上升坤五；在四者，当下居坤初；在上者，居坤三。坤在五者，当下居乾二，在三者，居乾上；在初者，居乾四。如是则爻皆得位。乾四当居初，今以‘或跃’为居五者。案，干宝注此经云：初九，复也；九二，临也；九三，泰也；九四，大壮也；九五，夬也；上九，乾也。坤初六，遘也；六二，遁也；六三，否也；六四，观也；六五，剥也；上六，坤也。消息十二卦，实乾坤十二爻。九四体大壮，经云：藩决不羸，壮于大举之腹，谓居五也。是四亦有居五之义矣。”（《周易述》卷一）

（四）“经之义存乎训，识字审音，乃知其义”

汉人解《易》，兼顾象数与训诂。言象数，是为了揭示系辞之依

据;言训诂,是为了解释文字之古意。惠栋秉承汉易传统,倡导象数,亦不废文字训诂。他说:

> 训诂之学,皆师所口授,其后乃著竹帛,所以汉经师之说立于学官,与经并行。五经出于屋壁,多古字古言,非经师不能辨,经之义存乎训,识字审音,乃知其义。是故古训不可改也,经师不可废也。(《九经古义·原序》)

惠栋把文字训诂方法视为通达经义的关键。所谓"识字",是指了解古今文字之流变,辨别异同,确定《周易》文本中的古文字原型。"审音",是说掌握文字的读音,才能理解其意。显然,惠栋的"识字审音"与清初顾炎武提倡的"考文知音"一脉相承。不过,惠栋易学的"识字审音"并不是孤立的,而是与象数关联紧密,即先"识字审音",训释文辞之意;而后以象数释之,揭示系辞依据。如其《损》初九"巳事"注曰:"巳读为祀,祀为祭祀。……巳读为祀者,古文省。故郑《诗谱》云:孟仲子,子思弟子。子思论诗,于穆不巳。孟仲子曰:于穆不祀。知巳与祀通。故读为祀。祀,祭祀。巳下虞义也。《释诂》曰:祀,祭也。上为宗庙,经曰二簋可用享,谓二居五体观,以二簋享于宗庙。故祀谓祭祀。"(《周易述》卷六)

在文字训诂方面,惠栋也是兼收并蓄,广采众家。如释《贲》卦,取王肃义训初爻"贲其止"之"止"为脚趾,据《说文》训六二"贲其须"之"须"为面毛,取董遇说训"皤"为"马作足横行曰皤",取郑玄说训"皤"为马"进退未定",据《说文》训六五"丘园"之"丘"为"土之高",取虞翻说训"丘"为半山,取薛、虞说训"戋戋"为"礼之多也"。(《周易述》卷三)其释一字、一辞,亦兼取诸家。例如,《萃》初六曰:"一握为笑。"惠栋先从郑玄义,将"握"读为"夫三为屋”之“屋”。三人为一屋，三屋为一井。又取“虞翻读‘一握’如字，与郑氏异也”，二说并列，不辨是非。（《周易述》卷六）又如，《观》初六曰：“童观。”惠栋取虞翻之说，训“童观”为“小人之观”，又取马融训“童”为“独”，“童观”即独观，“义也通耳”。（《周易述》卷三）再如，《剥》六二曰：“剥床以辨。”惠栋取虞翻义，训“辨”为指间。剥二为坤消至乾二，艮为指，二居艮中，故为指间。郑玄云“足上称辨”，初为足、二为足上，故“云辨”，“义亦通也”。（《周易述》卷四）

按照常理，符合文本原义的解释应只有一种，不可能有两种或更多。因此，易学家在注经时往往会选取自己认同的那种观点。惠栋则不同，凡是论之有据、可成一家之言者，皆取之并予以疏解。这不仅反映出惠栋崇拜汉易、不轻易否定的态度，更折射出他对《周易》文本的理解——文本意义即取象不是唯一的，而是多元的。但是，这一做法招致了其他学者的非议。如王引之曾言：“惠定宇先生考古虽勤，而识不高、心不细，见异于今者，则从之，大都不论是非。”①

尊重汉易绝不等于一味盲从。事实上，惠栋并不是像王引之所说的那样“不论是非”。在许多问题上，他往往运用考辨方法，提出自己的见解。如将《明夷》六五“箕子于明夷”之“箕子”改为“其子”：

> 蜀才从古文作“其子”，今从之。其，古音亥，故读为“亥”，亦作“萁”。刘向曰：“今易萁子作荄兹。”荀爽据以为说，盖读“萁子”为“荄兹”。古文作“萁子”，“其”与“亥”，“子”与“兹”，字异而音义同。《淮南子》曰：“爨萁燧火。”高诱注云：

① 〔清〕王引之：《王伯申先生手札》，见〔清〕焦循著，陈居渊点校：《雕菰楼易学五种·附录》，凤凰出版社2012年版，第1118页。

> 萁音“该备”之该，该、荄同物，故《三统历》曰“该阂于亥，孳萌于子”是也。五本坤也，坤终于亥，乾出于子，用晦而明，明不可息，故曰“其子之明夷”。明夷反晋。晋，昼也。明夷，晦也。以十二辰言之，“七日来复”则当子，以十日言之，自暗复明则当旦。故昭五年《春秋传》卜楚丘论此卦，以为明夷当旦，亦此义也。五失位，三之五得正，故利贞。马融俗儒不识七十子传《易》之大义，以《彖传》有“箕子”之文，遂以“箕子”当五，寻五为天位，箕子臣也，而当君位，乖于《易》例，逆孰大焉。(《周易述》卷五)

惠栋赞成蜀才之训，反对马融之说。他更联系汉代师法、家法之分，剖析了错误产生的原因："谬说流传，兆于西汉。西汉博士施仇读其为‘箕’，时有孟喜之高弟蜀人赵宾述孟氏之学，斥言其谬，以为‘箕子明夷’，阴阳气无‘箕子’，‘其子’者，万物方荄兹也。宾据古义以难诸儒，诸儒皆屈于是，施仇、梁丘贺咸共嫉之。仇、贺与喜同事田王孙，而贺先贵。又传子临从仇问，荐仇为博士。喜未贵而学独高，施、梁丘皆不及。喜所传卦气及易家侯阴阳灾异书，皆传自王孙，以受梁人焦延寿者。而梁丘恶之，谓无此事，引仇为证，且以此语闻于上，于是宣帝以喜为改师法，不用为博士，中梁丘之谮也。仇、贺嫉喜而并及宾。班固不通《易》，其作喜传亦用仇贺之单词，皆非实录。刘向《别录》犹循孟学，故马融俗说，荀爽独知其非，复宾古义，读‘其子’为‘荄兹’。而晋人邹湛以为漫衍无经，致讥荀氏。但魏晋以后，经师道丧，王肃诋郑氏而禘郊之义乖，袁准毁蔡服而明堂之制亡，邹湛讥荀谞而《周易》之学晦。郢书燕说，一倡百和，何尤乎后世之纷纭矣。"(《周易述》卷五)此乃“识得汉《易》源流，乃可用于解经”的又一例证。

虞翻是两汉易学的集大成者。惠栋曾对虞氏赞赏有加："虞氏说经，独见其大，故兼采之以广其义。"（《周易述》卷一）"虽大略本于经，然其授受必有所自，非若后世向壁虚造，漫无根据者也。"（《易汉学》卷三《虞仲翔易》）故惠栋的易汉学研究以虞氏为主，参杂他家之说，很少否定虞翻。然而，他在解释《复》卦"朋来无咎"时不从虞氏义，而是据京房之说将"朋"字改为"崩"："自上下者为崩，京房义也。京《剥》传曰：小人剥庐，厥妖山崩。《复》传曰：崩来无咎，自上下者为崩。厥应大山之石颠而下。阳极于艮，艮为石、为山，剥之上九，消艮入坤，山崩之象。《春秋》僖十四年：沙鹿崩。《谷梁传》曰：高曰崩。故知崩自上而下也。自上而下者，非爻自上反初，乃消艮入坤出震耳。……虞氏作'朋来'。兑二阳同类，故为朋。在外曰往，在内曰来。初为卦主，故五阴从初。初得正，阳息在二成兑，故云初阳息正而成兑，'朋来无咎'也。乾成于上，坤消自初，故云乾成坤。灭藏于坤，从下反出体震，故反出于震，乾为道，阳即乾也。出震成乾，故复于道。虞以'朋来'为阳息兑，今知不然者。下云'七日来复'，则方及初阳，何得先言息二成兑？……虞氏非是，当从京氏作'崩来'也。"（《周易述》卷四）又如，虞翻训《咸》上六"辅颊"为"耳目之间"，《说文》则训"辅"为"颊"。惠栋认为："虞以权为辅，《说文》以辅为颊，皆非也。"（《周易述》卷五）《明夷·象》："箕子以之。"惠栋曰："虞氏从俗说，谓箕子为五，臣居天位，失其义矣。"（《周易述》卷十）另一方面，惠栋曾力斥王弼之非以复兴汉易，如云："魏晋以来，王弼、韩康伯之辈始改师法，而《易》之大义乖矣。"（《周易述》卷二）但其注《易》时并未一概排斥王弼《易》说。如训《咸》九五"咸其脢"之"脢"从王弼义："脢，心之上，口之下，王弼义也。"（《周易述》卷五）解《家人·彖》"女正位乎内，男正位乎外"取王弼注"内谓二，外谓五"（《周易述》卷十）。依此观之，惠栋虽然总体上崇尚汉易、反对王弼，但并未因此“不论是非”。这种求真精神应予肯定。

(五)以训诂象数明汉易之理

一般认为，汉易精于象数，训诂而疏于义理。对此，惠栋亦有所觉察。因此，他在疏解汉易时，除最大限度地彰显汉易的训诂与象数，还力图从中阐发义理，克服汉易之陋。诚如钱穆先生所言：“松崖治《易》既主还复于汉儒，而汉易率主象数占筮，少言义理，故松崖又为《易微言》，会纳先秦、两汉诸家与《易》辞相通者，依次列举，间出己见。其目为：元、体元、无、潜、隐、爱、微、三微、知微之显、几、虚、独、蜀独同义、始、素、深、初、本、至、要、约、极、一、致一、贯、一贯、忠恕之义、一贯之道、子、藏、心、养心。以上为上卷。道、远、玄、神、幽赞、幽明、妙、诚、仁、中、善、纯、辨精字义、易简、性命、性反之辨、三才、才、情、积、天地尚积、圣学尚积、王者尚积、孟子言积善、三五、乾元用九天下治义、大、理、人心道心、诚独之辨、生安之辨、精一之辨，以上为下卷。大抵上卷言天道，下卷言人道，所谓义理存乎故训，故训当本汉儒，而周、秦诸子可以为之旁证也。当时吴派学者实欲以此夺宋儒讲义理之传统，松崖粗发其绪而未竟。”①例如，惠栋从文字训诂的角度，释“元”为初、为一、为元气、为道本、为万物之始：

> 乾初，谓初九也。初，始也。元，亦始也。何休注《公羊》曰：“元者气也，天地之始。”故《传》曰：“大哉乾元，万物资始。”《说文》曰：“元从一，故春秋一年称元年。”《说文》又曰：

① 钱穆：《中国近三百年学术史》，商务印书馆1997年版，第358～359页。

> “唯初大始，道立于一，造分天地，化生万物。”董子对策曰：“谓一为元者，视大始而欲正本。”是乾初为道本，故曰元也。（《周易述》卷一）

而后，又以易数释之曰：“大衍之数虚一不用，谓此爻。”（《周易述》卷一）“天地之数五十有五，虚五而可衍；大衍之数五十，虚一而可用。一与五皆道之本也。一者，大也；五者，极也。故谓之太极。”（《易例》卷上）并引荀爽注云：“乾初九潜龙勿用，故用四十九。初九，元也，即太极也。太极函三为一，故大衍之数虚一不用耳。”（《周易述》卷一）元即太极，太极即中：“极，中也。”“亟，古文極，中也。然则天地之心，即天地之中也。”（《易微言》下）

又如，惠栋释“一”曰：

> 一在易为太极，在爻为初。凡物皆有对，一者至善，不参以恶，参以恶则二矣。又为独，独者至诚也，不诚则不能独。独者隐也，爱莫助之，故称独。（《易微言》上）
>
> 一，亦作“壹”，故一字从壶、吉，一之初，几也。几者，动之微，吉之先见者也。以此见性之初，有善而无恶。恶者，善之反，不与善对，故云无敌，亦曰独。君子慎独，无恶于志也。几有善而无恶。（《易微言》上）

惠栋将太极、初、善、独、诚、隐、几、微等概念串联在一起，无非旨在凸显太极、一、元作为天地之先、宇宙之本的超越性。他在解说“天地之始”时说：“余谓圣人言太极、太一，言元、言一，即天地之先也。”（《易例》卷上）“中”为“天下之大本”“天地之太极”，言“中”必言“和”，即“天地位，万物育，中和之效也”（《易例》卷上）。

《易》乃效法天地而作,故"《易》尚中和"。"圣人体中和,赞化育,以天地万物为坎离",则历法、君道、礼乐、诗皆尚中和。由此,天道得以过渡到人道。太极为道,道是物之本,理是"成物之文"即"分",故道理相应而不混同。就人而言,则为天理、为礼。"理字之义,兼两之谓也。人之性禀于天性,必兼两。在天曰阴与阳,在地曰柔与刚,在人曰仁与义,兼三才而两之,故曰性命之理。《乐记》言天理,谓好与恶也。好近仁,恶近义,好恶得其正谓之天理,好恶失其正谓之灭天理。《大学》谓之拂人性。天命谓之性,性有阴阳、刚柔、仁义,故曰天理。"(《易微言》下)进而,再由天理推出人性,"人生而静,天之性,感于物而动,性之容也,是之谓天理"。反之,"好恶无节于内,知诱于外,不能反躬,天理灭矣"(《易微言》下)。天理是对人行为的节制,故理即礼:"礼者,因人之情,缘义之理,而为之节文者也,故礼者,谓有理也。"(《易微言》下)

综上可见,惠栋旁征博引,以训诂、考辨为主要方法,通过概念推演将易学的相关范畴有机连接起来,从而建构出宇宙本体论,进而落实下贯于人。此一论证方法虽与西方的"概念哲学"①类似,但与之不同的是,概念之间的解释、推演都有训诂考据乃至象数参与其中,从而确保其持之有故、言之成理。这种义理之学,显然与宋明儒者的义理学存在本质区别。

(六)"说经无以伪乱真"

惠栋秉承了清初易学辨伪的传统,对宋易的图书、先天、太极

① 张世英先生将西方传统哲学称为"概念哲学"。见张世英:《哲学导论》,北京大学出版社 2002 年版,第 5 页。

诸说再次予以驳斥。他说：

> 说经无以伪乱真。舍河图、洛书、先天图，而后可以言《易》矣。舍十六字心传，而后可以言《书》矣。（《九曜斋笔记》卷二）

概言之，惠栋对宋易象数学的批判约有如下四端：

其一，辨析河图、洛书。惠栋引宋代姚小彭的观点，指出李鼎祚《周易集解》尽载前儒《易》说，却无一语提及刘牧所据之关子明《易》说。其实，《洞极经》乃后世阮逸伪造，不足为证。九宫之数“一北、九南、三东、七西、四东南、六西北、二西南、八东北、五居中，其方位与《说卦》同”，亦即《乾凿度》所谓“四正四维皆合于十五”，扬雄亦有“一六相守、二七为朋”之说。“其说皆与河图合，然康成、仲翔未尝指此为河图，则造此图认为伏羲时所出者，妄也。”故河图、洛书看似有据，实则不然。惠栋非常赞赏毛奇龄对河图、洛书的考辨：“毛西河甡谓陈抟河图，见郑康成大衍注，但当名之曰大衍图，非然则名天地生成图，非然则名五行生成图，而断断不得名之为河图。盖郑注河出图，并无此说也。注《书》亦然，今之洛书，则《易纬》家所谓太乙下九宫法也。二说颇得作伪人要领详，西河所撰《河图洛书原舛编》，西河言易舛讹甚多，惟此论可以不朽。”（《松崖笔记》卷三）

其二，否定邵雍、朱熹的“两仪四象”观。《系辞》曰：“《易》有太极，是生两仪，两仪生四象，四象生八卦。”邵雍解之曰：“一分为二，二分为四，四分为八也。”朱熹又云：“太极者，其理也。两仪者，始为一画以分阴阳。四象者，次为二画以分太少。八卦者，次为三画而三才之象始备。”（《周易本义》卷三）对此，惠栋引其父惠士奇之说，主张四象为四时，不可谓阴阳太少："两仪，天地也；四象，四时也。四时有四正、有四维，震春、离夏、兑秋、坎冬为四正；巽东南、坤西南、乾西北、艮东北为四维。此四正四维，以时言之为四时，以象言之为四象，而八卦出于其中，不曰时而曰象者，八卦以象告也，阴阳太少可谓之仪，不可谓之象，宋儒遂以四象当之，误矣。"（《易汉学》卷八）先有阴阳、后有太少的说法更是不能成立。若太极生两仪、两仪生四象，是阴阳叠加而生太少，阴阳非太少，如何生太少？"所谓阴仪阳仪者，非太非少，是何物耶？曰加曰分，乃邵《易》，非《周易》也。"（《易汉学》卷八）依他之见，邵雍、朱熹的错误即在于"先有阴阳、后有太少"，并混淆了"分"与"生"："太少在阴阳之中，有阴阳即有太少，非先有阴阳，后有太少也。若云始为一画以分阴阳，次为二画以分太少，是阴阳生太少，有是理乎？谓阴阳分太少可，谓阴阳生太少不可。《易》言生不言分。父生子，子生孙，可谓之生，不可谓之分。邵子割裂太极，穿凿阴阳，一分为二，二分为四，四分为八，所谓加一倍法，朱子笃信之，吾无取焉。"（《易汉学》卷八）惠栋认为，程颐并不是不理解"加一倍法"，而是因其不符合经义而不取此法。"邵子一分为二、二分为四、四分为八之说，汉唐言《易》者不闻有此，程子非不能理会邵易，但以之解《周易》，恐其说之未必然也。且上蔡，程子之高弟也。邵子又程子之妻兄弟也。老浮图之授受，上蔡犹知之，曾程子也而肯为异说所惑哉！"（《易汉学》卷八）

其三，反对先后天之学。惠栋基于儒家立场，将邵氏先后天之学视为源于道教的异端之说。他指出，《说卦》"天地定位"一节讲的是"天地尊卑"之义而非方位。道教却主乾南坤北，明显与《说卦》"乾为寒、为冰，坤为土、为西南"的说法不符。他赞同父亲惠士奇的说法，认为先天即阴阳未分、四象未形的太极，言先天不可能有八卦生，即无先天八卦。言八卦即后天，八卦“明明后天，安得指是先天哉？”“舍后天而别造先天之位，以周孔为不足学，而更问庖牺。甚矣！异端之为害也，不可以不辟。”（《易汉学》卷八）在此基础上，惠栋又批判了宋人的纳甲图。他说：“纳甲之法，乾坤列东，艮兑列南，震巽列西，坎离在中，别无所谓乾南坤北，离东坎西者。”因此，宋代纳甲盖源于“后世道家，亦非汉时之旧，汉学之亡，不独经术矣”（《易汉学》卷八）。

其四，考辨太极图。惠栋接续了清初毛奇龄、黄宗炎、胡渭、朱彝尊等人的观点，认为周敦颐的《太极图》是改造道教炼丹图而来。他引朱彝尊之说曰：“自汉以来，诸儒言《易》莫有及太极图者，惟道家者流有《上方太洞真元妙经》，著太极三五之说，唐开元中明皇为制序。而东蜀卫琪注《玉清无极洞仙经》，衍有无极、太极诸图。陈抟居华山，曾以无极图刊诸石，为圜者四，位五行其中。自下而上，初一曰‘玄牝之门’；次二曰‘炼精化气，炼气化神’，次三五行定位，曰‘五气朝元’；次四阴阳配合，曰‘取坎填离’；最上曰“炼神还虚，复归无极”。故谓之无极图，乃方士修炼之术尔。相传受之吕岩，岩受之钟离权，权得其说于伯阳，伯阳闻其旨于河上公，在道家未尝诩为千圣不传之秘也。周元公取而转易之，亦为圜者四，位五行其中。自上而下，最上曰‘无极而太极’；次二曰阴阳配合，曰‘阳动阴静’；次三五行定位，曰‘五行各一其性’；次四曰‘乾道成男，坤道成女’；最下曰‘化生万物’。更名之太极图，仍不没无极之旨。由是诸儒推演其说。南轩张氏谓：元公自得之妙，盖以手授二程先生者，自孟氏以来未之有也。”（《易汉学》卷八）

综上，“道教莫盛于宋，故希夷之图、康节之易、元公之太极，皆出自道家。世之言《易》者，率以是三者为先河，而不自知其陷于虚无，而流于他道也”（《易汉学》卷八）。他引王应麟之言，称赞程颐“不言无极太极，是性道不可得闻之义”；“言《易》初不知有先天，言道初不知有无极，此所以不为异端所惑，卓然在邵、周之上也”。（《易汉学》卷八）

结　语

惠栋在汉易“近古”“存古义”的观点支配下，秉承家学，以复兴汉易为旗帜，倾注一生精力，搜集爬梳汉易遗文，解读阐发汉代易说，全面复活了失传已久的易汉学。就文本言之，他在采用古文字的同时恢复了汉易编次，指出了《周易》通行本存在的问题；就易学源流言之，他辨析了汉代易学的产生、发展、传承系统及师法、家法；就方法言之，他以训诂、象数方法重新解释汉代易学，并推演义理。

惠栋易学曾为时人和后世学者广泛赞誉。卢见曾在《周易述》序文中说：

> 吾友惠松崖先生说《易》，独好述汉氏。其言曰：易有五家，有汉易，有魏易，有晋易，有唐易，有宋易。惟汉易用师法，独得其传。……魏晋崇老氏，即以之说《易》，唐弃汉学而祖王、韩，于是二千年之易学皆以老氏乱之。汉易推荀慈明、虞仲翔，其说略见于资州李鼎祚《集传》，并散见于六经、周秦诸书中。……及近日黄梨洲、毛大可，随尝习李《传》，而于荀、虞二家之学，称说多讹。……今此编专以荀、虞作主，而参以郑康成、宋仲子、干令升、九家诸说。盖以汉犹近古，从荀、虞以上溯朱子之源，而下祛王、韩异说之汩经者，其

意岂不壮哉！①

皖派著名学者戴震亦深受惠栋影响。惠栋去世后，戴震特作《题惠定宇先生授经图》纪念之。文中说道：

盖先生之学，直上追汉经师授受欲坠未坠埋蕴积久之业，而以授吴之贤俊后学，俾斯事逸而复兴。……松崖先生之为经也，欲学者事于汉经师之故训，以博稽三古典章制度，由是推求理义，确有据依。彼歧故训、理义二之，是故训非以明理义，而故训胡为？理义不存乎典章制度，势必流入异学曲说而不自知，其亦远乎先生之教矣。②

"一代儒宗"钱大昕对惠氏亦十分敬佩，他说：

松崖征君《周易述》，摧陷廓清，独明绝学，谈汉学者无出其右矣。……大约经学要在以经证经，其训诂则参之《说文》《方言》《释名》，而宋元以后无稽之言，置之不道。反覆推校，求其会通，故曰必通全经而后可通一经。若徒搜采旧说，荟为一编，尚非第一义也。③

乃撰次《周易述》一编，专宗虞仲翔，参以荀、郑诸家之义，约其旨为注，演其说为疏。汉学之绝者千有五百余年，至是而

① 〔清〕卢见曾：《周易述序》，见《周易述》卷首，清雅雨堂刊本。

② 〔清〕戴震：《戴震文集》卷十一《题惠定宇先生授经图》，见〔清〕戴震著，赵玉新点校：《戴震文集》，中华书局1980年版，第167～168页。

③ 〔清〕钱大昕：《与王德甫书一》，《潜研堂文集补编》，《嘉定钱大昕全集》第十册，凤凰出版社2016年版，第430页。

> 粲然复章矣。……惠氏世守古学，而先生所得尤深，拟诸汉儒，当在何邵公、服子慎之间，马融、赵岐辈不能及也。①

惠氏后学江藩在《汉学师承记》中论述了《周易述》的价值与影响：

> 年五十后，专心经术，尤邃于《易》，谓宣尼作《十翼》，其微言大义，七十子之徒相传，至汉犹有存者。自王弼兴而汉学亡，幸传其略于李鼎祚《集解》中。精研三十年，引伸触类，始得通贯其旨，乃撰《周易述》一编，专宗虞仲翔，参以荀、郑诸家之义，约其旨为注，演其说为疏。汉学之绝者千有五百余年，至是而粲然复章矣。
>
> 盖《易》自王辅嗣、韩康伯之书行，二千余年，无人发明汉时师说。及东吴惠氏起而导其源、疏其流，于是三圣之《易》昌明于世，岂非千秋复旦哉！

因《周易述》尚缺下经第四卷，即革至既济及《序卦》《杂卦》注疏，故江藩、李林松皆遵循惠栋易学路数作《周易述补》，以弘扬惠氏之学。

孙星衍也对惠栋的《易汉学》予以高度评价：

> 孟氏之卦气，京氏之世应飞伏，荀氏之升降，汉魏已来，象数之学不可訾议也。经师家法，既绝于晋，自六朝至唐，诸儒悉守古经义，不敢滕其臆说。至宋而人人言易，繁而寡要，直

① 〔清〕钱大昕：《潜研堂集》卷三十九《惠先生栋传》，见〔清〕钱大昕撰，吕友仁标校：《潜研堂集》，上海古籍出版社1989年版，第699～705页。

以为卜筮之书，岂知言哉？近世惠征君栋，作《周易述》《易例》《易汉学》诸书，实出于唐宋诸儒之上。①

今人李开先生曾将惠栋易学之功绩归结为四：“惠栋易学居清儒之冠，前无俦匹，此其功劳之一；立汉儒易学为考论《易经》本经本论的准绳，显扬《易经》于千古幽渺之中，引脱《易》理于从来玄奥之外，此其功劳之二；立准则金绳后著于铜墨，基本廓清汉儒易学的原委的真相，此其功劳之三；在考索和考论汉儒易学的过程中，梳理、缕述汉以后诸儒有用之说，如孔颖达、二程、朱熹等等，初步形成了一条易学学术史的线索，此其功劳之四。”②

凡此种种，足以说明“惠栋的易学研究已成为清代经学研究的一个典范，具有转变当时学风与确立十八世纪经学研究方向的意义。乾嘉之际，汉学研究之所以蔚然成风，在一定程度上，是受惠栋易学思想的带动与影响”。“乾嘉以后的易学研究，基本上是走上专门研究与恢复汉代象数易学的路子。如茹敦和的《周易象考》、丁杰的《周易郑注》、张惠言的《周易虞氏义》和《周易虞氏消息》、李锐的《周易虞氏略例》、刘逢禄的《易虞氏变动表》《六爻发挥旁通表》、方申的《周易卦象集证》和《诸家易象别录》等等，都体现了汉代的象数易学已成为当时学界的热点。”③虽然后世对汉易的理解存在一定分歧，“江藩、李林松、孙星衍、李道平、张惠言、焦

---

① 〔清〕孙星衍：《周易集解·序并注》，成都古籍书店 1988 年版，第 15 页。

② 李开：《惠栋评传》上，南京大学出版社 2011 年版，第 185 页。

③ 陈居渊：《简论惠栋标帜“汉学”的易学特色》，《周易研究》2007 年第 4 期。

循之间也不尽相同。江藩和李林松侧重在补惠栋未完之作《周易述》之缺。孙星衍、李道平则承惠栋遗绪阐扬李鼎祚《周易集解》，张惠言尤其推崇虞翻易学，他们虽有不同，但究其根本是接绪惠栋，阐扬汉易，进一步发扬光大由惠栋开启的复兴汉易之风，并逐渐形成一股易学思潮。而焦循则在尊汉易的基础上，另辟蹊径，创造出独具特色的易学"①。

然而，受易学发展和当时学术状况所限，惠栋易学不免有其缺陷。如唯汉是尊，夸大了汉易在解经中的作用，对其牵强、支离之弊视而不见，更刻意贬低宋易的学术价值。对此，同时代的学者已有批评。方东树曰："辅嗣之注，用康成本，则虽改为俗字，其经义固不异。如惠氏栋《九经古义》，所甄录古文，大抵字异而义无异者也。""如惠氏、江氏之言，则门户习气之私太甚。姑勿与深论是非之精微，只尽祛魏晋以来儒说而独宗汉易，此非天下之至蔽者，断不若是之诐。学《易》而专主张游魂、归魂、飞伏、爻辰、交互、升降、消息、纳甲等说，此非天下之至邪者，断不若是之离。谓汉人所说皆伏羲、文王、孔子三圣人之本义，此非天下之至愚者，断不若是之诬……汉儒之《易》，谓兼存一说，则可；谓三圣之本义在此，则不可。"②陈澧指出："惠定宇《易》学，倾动一世。平心而论，所撰《易汉学》，有存古之功。孟氏、京氏虽入于术数，然自是古学，学者所当知也。所撰《周易述》，渊博古雅，其改《明夷》六五之'箕子'为'其子'，而读为'亥子'，则大谬也。……仲翔世传孟氏《易》，而不从'荄滋'之说，可见孟氏《易》不作'荄滋'矣。惠氏

① 汪学群：《清代中期易学》，社会科学文献出版社 2009 年版，第 168 页。

② 〔清〕方东树：《汉学商兑》卷下，见〔清〕江藩、方东树著，徐洪兴编校：《汉学师承记（外二种）》，中西书局 2012 年版，第 338 页。

最尊虞氏,何以于此独不从虞氏乎?……孟氏《易》乃今文,非古文。惠氏尊信孟氏,何以不从今文而从古文乎?……惠氏好改经字,此则改经并改史,而自伸其说,卒之乖舛叠见,岂能掩尽天下之目哉!”①

① 〔清〕陈澧:《东塾读书记》,中西书局2012年版,第63~64页。

第二章　张惠言的虞氏易

张惠言(1761—1802),字皋闻,一字皋文,号茗柯,江苏武进(今常州)人。四岁丧父,生活贫寒,母亲姜氏与姐姐做女工,将其与弟弟张翊(后改名琦)抚养成人。"无以为夕飧,各不食而寝"①,但母亲仍不忘送其读书。九岁起随伯父苦读经书,受易学。十四岁为童子师,补贴家用,修学立行,敦品自守,未尝以所能自异,人皆称敬。十七岁补县学附生,十九岁补廪膳生,工骈体文与古文,从桐城派刘大櫆受古文义法,又从学于皖派经学大师金榜。乾隆五十一年(1786)中举,翌年会试中正中榜,授景山宫官学教习,教授内务府佐领以下官宦子弟,开始了长达八年的教学生涯。教学之余,与邓石如、陆以宁、吴德旋、孙星衍切磋古文词赋,与杨随安交流易学。乾隆五十九年(1794)奔母丧,两年后应时任富阳县令的挚友恽敬之邀,至浙江富阳县编修县志。未等县志修成,恽敬调任贵州江山县为官,张惠言至歙县,在江承之家授馆收徒。嘉庆二年(1797),易学著述相继问世。嘉庆四年(1799)会试中二甲进士,

① 〔清〕张惠言:《茗柯文》二编卷下《先妣事略》,见〔清〕张惠言著,黄立新校点:《茗柯文编》,上海古籍出版社 1984 年版,第 93 页。下引该书只注书名、篇名。

充实录馆纂修官、武英殿协修官。后散馆，奉旨以部属用，朱珪特奏改翰林院编修。嘉庆七年(1802)卒于官，年四十二。

就学术历程而言，张惠言先学时文、词赋、古文，而后学《易》、学《礼》。学时文则知功利，好词赋、学古文可以通圣人才华，却不能立身行义、治理天下，于是转习经学求道。他说："余少学为时文，穷日夜力，屏他务，为之十余年，乃往往知其利病。其后好《文选》辞赋，为之又如为时文者三四年。余友王悔生见余《黄山赋》而善之，劝余为古文，语余以所受其师刘海峰者。为之一二年，稍稍得规矩。已而思古之以文传者，虽于圣人有合有否；要就其所得，莫不足以立身行义，施天下致一切之治。荀卿、贾谊、董仲舒、扬雄，以儒；老聃、庄周、管夷吾，以术；司马迁、班固，以事；韩愈、李翱、欧阳修、曾巩，以学；柳宗元、苏洵、(苏)轼、(苏)辙、王安石，虽不逮，犹各有所执持，操其一以应于世而不穷，故其言必曰道。道成而所得之浅深，醇杂见乎其文，无其道而有其文者，则未有也。故乃退而考之于经，求天地阴阳消息于《易》虞氏，求古先圣王礼乐制度于《礼》郑氏，庶窥微言奥义，以究本原。"(《文稿自序》)

张惠言的经学研究以《易》《礼》为重。其易学受惠栋影响颇深，崇尚汉易，且以虞翻为汉易正宗，著《周易虞氏义》《周易虞氏消息》《虞氏易事》《虞氏易礼》《虞氏易言》《虞氏易候》等书。"盖知惠言之易，以虞氏为宗，其辨章句者，备于《虞氏义》；阐消息者，备于《虞氏消息》；考典礼者，备于《虞氏易礼》；说人事者，备于《虞氏易事》；推时训者，备于《虞氏易候》；独虞氏之微言大义尚未有所明，故又本乾坤《文言》之例，作《易言》以推衍其说。"(《续修四库全书总目提要》)其中，《周易虞氏义》承秉惠栋之学，以李鼎祚《周易集解》所收虞氏《易》注为主，参考汉代别家，逐字逐句解释《周易》经传，力图恢复虞氏易之全貌。《周易虞氏消息》一书则以"消息"为本审视解读虞氏易体系。阮元序言称:“其大要明乾元以立消息之本,正六位以定消息之体,叙六十四卦以明消息之次,推九六变化以尽消息之用。始于‘幽赞神明’,终于‘乾元用九而天下治’。”此外,张惠言对汉易诸家皆有研究,撰有《周易荀氏九家义》《周易郑氏义》《易纬略义》《易义别录》,又作《易图条辩》再次清算宋易象数学。其易学著作汇编为《张皋文笺易诠全集》,并收入《茗柯文编》。

一、崇尚汉《易》,独尊虞翻

在象数、义理的关系上,张惠言坚持象数派的观点,认为《周易》的本质是象。他说:

> 易者,象也。《易》而无象,是失其所以为《易》。(《丁小疋郑氏易注后定序》
>
> 夫理者无迹,而象者有依。舍象而言理,虽姬孔靡所据以辩言正辞,而况多歧之说哉!设使汉之师儒,比事合象,推爻附卦,明示后之学者有所依逐,至于今,曲学之响,千喙一沸,或不至此。虽然,夫《易》广矣,大矣,象无所不具,而事著于一端,则吾未见汉儒之言之略也。(《虞氏易事序》)

有象则有《易》,无象则无《易》。易理无形无迹而不可见,易象则有形可见、有据可依。“《易》以阴阳往来,九六升降上下而象著焉,阴阳以天地日月进退舍次而象生焉,故曰消息。”(《易义别录序》)他引《左传》“韩宣子见《易象》与鲁《春秋》,曰‘周礼尽在鲁矣’”一语说明《周易》是文王“考河洛,应图书,革制改物,垂万世宪章”而作,彰显了以典章制度为内容的礼象。因此,解经当从象出发。若

“舍象而言理”,则会因为理的高度抽象性和不确定性而产生歧义。汉儒之功即在于崇尚易象。“郑氏之言爻辰用事,荀氏之言乾升坤降,虞氏之言发挥旁通,莫不参互卦爻,而依《说卦》以为象,其用虽殊,其取于消息一也。”(《易义别录序》)以象解《易》,“比事合象,推爻附卦,明示后之学者有所依逐”,则不至于“曲学之响,千喙一沸”。在象与数的关系问题上,他重象轻数,反对象数并称:“易者,象也。《易》而无象,是失其所以为《易》。数者,所以筮也。圣人倚数以作《易》,而卦爻之辞,数无与焉。汉师之学,谓之言象可,谓之言数不可。象、数并称者,末学之陋也。”(《丁小疋郑氏易注后定序》)

张惠言推崇郑玄易学。他说:“郑氏知之,故准象应事,《周官》典则一一形著于《易》。故曰:制而用之谓之法,举而措之天下之民谓之事业。若乃应期受命,革而用师,商、周之所以兴废,固亦见焉。”(《易义别录序》)“是故《易》者,礼象也。是说也,诸儒莫能言,唯郑氏言之。故郑氏之《易》,其要在礼。若乃本天以求其端,原卦画以求其变,推象附事,以求文王、周公制作之意,文质损益,大小该备,故郑氏之《易》,人事也,非天象也。”(《丁小疋郑氏易注后定序》)不过,他最为推崇的是集两汉易学之大成的虞翻。在他看来,虞氏易学精微完备,遂于大道。近则囊尽两汉象数,远则传承孔子及七十子之微言:

> 翻之学既世,又具见马、郑、荀、宋氏书,考其是否,故其义为精。又古书亡,而汉魏师说略可见者一余家。然唯郑、荀、虞氏三家略有梗概可指说,而虞又较备。然则求七十子之微言,田何、杨叔、丁将军之所传者,舍虞氏之注,何所自焉?”(《周易虞氏义序》)

翻之言《易》，以阴阳消息六爻，发挥旁通，升降上下，归于乾元用九，而天下治。依物取类，贯穿比附，始若琐碎，及其沈深解剥，离根散叶，畅茂条理，遂于大道。后儒罕能通之。(《周易虞氏义序》)

孟氏说《易》本于气，而以人事明之，然虞氏之论象备矣。皆气也，人事虽具说。然略不贯穿，匪独虞耳，郑荀多说人事者。(《虞氏易事序》)

然而，“自魏王弼以虚空之言解《易》，唐立于学官，而汉世诸儒之说微。独资州李鼎祚作《周易集解》，颇采古易家言，而翻注为多，其后古书尽亡。而宋道士陈抟以意造为龙图，其图刘牧以为《易》之河图洛书也，河南邵雍又为先天后天之图。宋之说《易》者翕然宗之，以至于今牢不可破，而《易》阴阳之大义，盖尽晦矣”(《周易虞氏义序》)。为了扭转这一局面，惠栋作《易汉学》《周易述》，但其虞氏易研究仍有未尽人意之处：“皇清之有天下百年，元和征士惠栋，始考古义孟、京、荀、郑、虞氏，作《易汉学》，又自为解释，曰《周易述》。然掇拾于亡废之后，左右采获，十无二三，其所自述，大抵祖祢虞氏而未能尽通，则旁征他说以合之。盖从唐五代宋元明，朽坏散乱，千有余年，区区修补收拾，欲一旦而其道复明，斯固难也。”(《周易虞氏义序》)正因乎此，张惠言才倾注极大精力专攻虞翻。

二、以消息重构虞氏易学体系

“消息”之义出自《易传》，本指天体运行、阴阳消长、四时变化。《系辞》曰：“日往则月来，月往则日来，日月相推而明生焉。寒往则暑来，暑往则寒来，寒暑相推而岁成焉。往者屈也，来者信也，屈信相感而利生焉。”《丰·彖》曰：“日中则昃，月盈则食，天地盈虚，与时消息，而况于人乎？况于鬼神乎？”《周易》卦爻是效法自然而成，故内涵阴阳消息之意。君子则法天道、观卦象而尚消息。《剥·彖》曰：“顺而止之，观象也。君子尚消息盈虚，天行也。”汉代易学家阐发了《易传》之义，融通天文历法知识，重新排列《周易》卦爻，从而形成了内涵阴阳消息的卦气、升降、卦变等学说。其中，虞翻对“消息”的诠释尤值重视。他说：“《易》以阴阳往来，九六升降上下，而象著焉。阴阳以天地日月进退舍次而象生焉，故曰消息。”（《易义别录·干氏》）虞氏指出，消息有两层含义：一是自然界的阴阳消长，一是《周易》阴阳符号的变化，后者本于前者。就易学而言，凡言阴阳符号消长变化的理论，皆为消息。具言之，虞氏消息包括卦气、升降、卦变、旁通、之正诸说，也包含八卦之消息变化。虞翻认为，自然界有八卦，八卦有消息变化。其注《系辞》“古者庖牺氏之王天下也，仰则观象于天，俯则观法于地，观鸟兽之文与地之宜，近取诸身，远取诸物，于是始作八卦”曰：“谓庖牺观鸟兽之文，则天八卦效之。易有太极，是生两仪，两仪生四象，四象生八卦。八卦乃四象所生，非庖牺之所造也。故曰象者，像此者也。则大人造爻象以象天，卦可知也。而读《易》者，咸以为庖牺之时，天未有八卦，恐失之矣。天垂象，示吉凶，圣人象之，则天已有八卦之象。”（《周易虞氏义》卷七）虞氏又以一月之内的月相变化解说八卦，如其《坤·彖》“东北丧朋乃终有庆”注曰：“阴丧灭坤，坤终复生，谓月三日，震象出庚，故乃终有庆。此指说易道阴阳消息之大要也。”月体纳甲，实质上是一种经卦消息说。“阴阳以天地日月进退舍次而象生焉，故曰消息。”（《易义别录·干氏》）

在张惠言看来，虞翻易学的要义可以“消息”二字尽之。他以虞氏“太极”观为出发点，由“太极”生“日月”，由“日月”生“八卦”，此为天地自然之八卦。圣人则自然八卦而作八卦符号，再由八卦推演出六十四卦。这就是张惠言“虞氏消息”的基本理路。

(一)太极为消息之本

“太极”是易学与中国哲学的重要范畴。在此问题上,张惠言接受了惠栋的观点,把太极理解为太一、神、乾元、道。它兼有阴阳,有形而无质。“太极”所生之“两仪”,则为天地。《易纬·乾凿度》曾提出宇宙演化的四个阶段:“太易者,未见气也,太初者,气之始也,太始者,形之始也,太素者,质之始也。”太易未见气,动而有气,用数表示气之变,则为一、七、九:“易无形畔,易变而为一,一变而为七,七变而为九。”张惠言解释道:“太易也未见气也,一七九曰气变,是太初也。”(《周易虞氏消息·易有太极为乾元第一》)他反对郑玄之说:“郑注以七为太初、九为太始,复变为一为太素者,失之。”(《周易虞氏消息·易有太极为乾元第一》)依他之见,太极在太初、太始之后,有气、有形而无质,生有形之天地。“此一为形变之始,则犹太始也,有形而无质,是为太极。分为天地而有质,乃为太素。”(《周易虞氏消息·易有太极为乾元第一》)太极虽兼阴阳,其形变则是阳动,阴依阳而变。“郑氏注《乾凿度》下卷云:‘乃复变而为一,一当为二,二变而为六,六变而为八,与阳迭变而俱进。’失之。”(《周易虞氏消息·易有太极为乾元第一》)也就是说,太极是形变之始,是阴阳消息变化之本。太极生天地,即所谓“太极生两仪”。

太极是太一,是神。太一,指北辰星神名。张惠言疏虞注云:“《乾凿度》曰:‘太一取七八九六之数,以行九宫,四正四维,皆合于十五。’郑氏《注》云:‘太一者,北辰之神名也,居其所曰太一,常行于八卦日辰之间曰天一。’又引《星经》曰:‘天一、太一,主气之神。’”(《周易虞氏义》卷七)在他看来,太一主宰天,其行不可见。日月星辰神妙莫测的变化则是其变化之迹,故称为神,神即太极。“太极不可见，以其主乎天，故指太一以况之。郑氏云：'太一者，北辰之神名。居其所曰太一。常行于八卦日辰之间曰天一。'常行于八卦日辰之间，即变化消息也。太极之行又不可见，故指日月斗以况之，日月相运，而成四时、二十四气、七十二候，是太极变化之迹，故谓之神，神即太极也。"（《周易虞氏消息·易有太极为乾元第一》）

（二）在天成八卦消息

虞翻注"易有太极，是生两仪，两仪生四象"曰："太极，太一也。分为天地，故生两仪也。四象，四时也。"张惠言阐发了虞氏之说，认为太极生两仪、四象、八卦是指宇宙演化的过程。太极分为天地、天地生四时，是通过日月运行实现的。"日月者，太极之神，天地四时阴阳诎信之象，皆于日月著之。"（《周易虞氏消息·日月在天成八卦第二》）"日月之行，春甲乙，夏丙丁，秋庚辛，冬壬癸。四时之间戊己。甲、丙、戊、庚、壬为天象，乙、丁、己、辛、癸为地象。"（《周易虞氏义》卷七）天地之数一、二、三、四、五、六、七、八、九、十，天干甲、乙、丙、丁、戊、己、庚、辛、壬、癸，五行生成数一六水、二七火、三八木、四九金、五十土。"五行之数为四时之体，十日之数为四时之象。所谓两仪生四象者，甲乙春，丙丁夏，庚辛秋，壬癸冬也。"（《周易虞氏消息·日月在天成八卦第二》）虞翻认为，"四象生八卦"之八卦，实指在天之八卦。其注"县象著明莫大乎日月"称："日月县天，成八卦象。"客观存在的八卦，是指月体在不同位置上显现的月相。张惠言引虞氏纳甲解之曰："日月之行，则月三日昏，见于庚，明生于下，震象也。八日上弦见丁，明盛于下，兑象也。十五日，盈于甲，明满，乾象也。是为阳息。十七日晨，见于辛，魄生于下，巽象也。二十三日，下弦见丙，魄盛于下，艮象也。二十九日，入于乙，明尽，坤象也。是为阳消晦朔之间，日月藏于癸，合于壬,阴阳相通,坎离象也。”(《周易虞氏消息·日月在天成八卦第二》)八卦布四方,则为四时五行:“月至甲乙而乾坤象见,故乾坤生乎春,乾甲坤乙相得合木也;至丙丁而艮兑象见,故艮兑生乎夏,艮丙兑丁相得合火也;至庚辛而震巽象见,故震巽生乎秋,震庚巽辛相得合金也。日月会于壬癸,而坎离象见,故坎离生乎冬。日月之会不可见,以望之月中,昼之日中见其象故坎离生乎壬癸,而位乎中宫,坎戊离己相得合土,天壬地癸相得合水,戊己壬癸,皆坎离也,此之谓四象生八卦。”(《周易虞氏消息·日月在天成八卦第二》)

天地之數

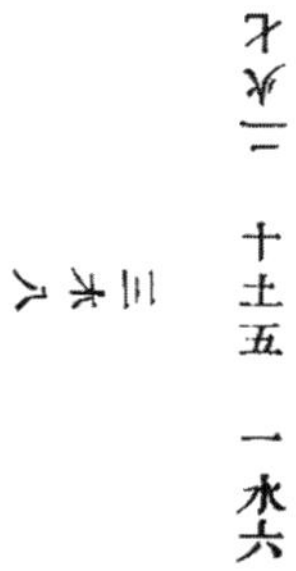

日月之數

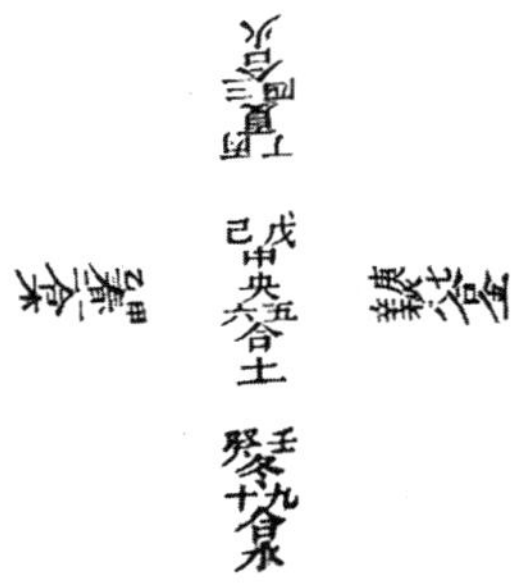

八卦之數

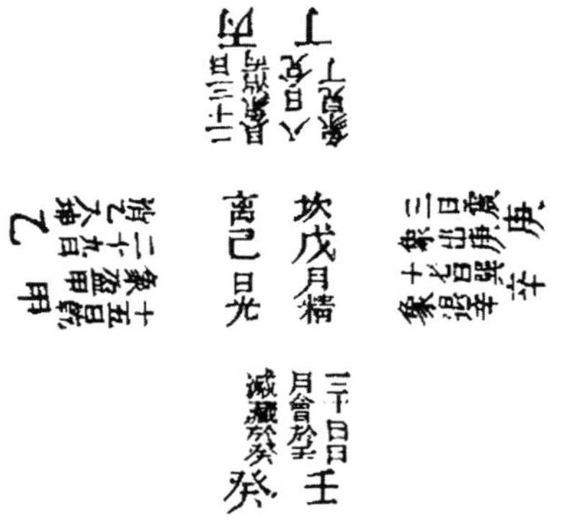

(三)伏羲则在天八卦之消息

日月运行，在天成八卦之象。圣人观象，而画《周易》八卦。张惠言引虞注云："八卦乃四象所生，非庖牺之所造也。……而读《易》者，咸以为庖牺之时，天未有八卦，恐失之矣。天垂象，示吉凶，圣人象之，则天已有八卦之象。"(《周易虞氏义》卷七)那么，圣人如何画卦？张惠言据虞翻注"乾二五之坤，成坎离震兑。震春兑秋，坎冬离夏，故两仪生四象，乾二五之坤，则生震坎艮；坤二五之乾，则生巽离兑，故四象生八卦"一段，对圣人画卦做了系统论述。他认为，圣人画卦是对自然演化过程即太极、天地、四时、八卦的效法，故《易》有乾元、有乾坤、有坎离震兑、有震艮兑巽坎乾离坤。乾元为太极，乾坤象天地，坎离震兑象四时，震艮兑巽坎乾离坤象雷霆雨风月寒日暑：

> 圣人观天之文、察地之理，得乾坤为天地之象，因以得乾坤相合为日月之象，因以得日月进退为乾元之象。故其作《易》也，先以三画象太极之一七九，又效法为二八六之三画以为乾坤，而象天地，是太极生两仪。由是观乾元之行，一施而为坎，再施而为离，一息而为震，再息而为兑，故曰乾二五之坤，成坎离震兑，皆阳生也。由是而布之坎阳之中以为月而配冬。天地一生水，乾元亦一生坎也。离阳之见以为日而配夏，天地二生火，乾元亦二生离也。震阳之生以为雷而配春，三生木也。兑阳之成以为雨而配秋，四生金也。此两仪生四象矣。既象其息，乃复象其消，兑之反为巽，雨之散为风，震之反为艮，雷自上则为霆，于是乾下就坎以成阳而配寒，坤上就离以成阴而配暑，然后与日月之象合焉。……故震成艮，坎藏乾，兑成巽，离藏坤，此四象生八卦也。(《周易虞氏消息·庖牺则天八卦第三》)

《易》为乾元,为复初,为中,为道,为气,为一七九。圣人以三画象一七九而谓之乾,即乾元。法乾而立坤,以乾象天,以坤象地,七九象阳之气,八六象阴之气。一为乾元,在爻为复初,即乾之初爻。乾有元,坤无元,凝之以为元,乾元之气正乎六位,则谓道,道即太极。“乾元者,太极极中也,故复初为中。《中庸》曰:‘中者天下之大本也。’董子以二至为天之中。……《系》曰:‘六爻之动三极之道也。’谓三才皆得其中,保合乾元也。二五,乾坤中气也。故乾以二五摩坤,坤以二五摩乾,乾坤所以变化在乎二五,故爻位为中。……乾二称中谓其变而‘利见’也。坤五黄中,谓其变而正位也。蒙二时中,谓其通五养正也。故中者,乾元也。”(《周易虞氏消息·中第十》)太极乾元以数字示之,则是一七九和二八六混合。乾元生乾坤,则分为三画阳与三画阴,三画阳为乾,三画阴为坤,即张氏所云“以三画象太极之一七九,又效法为二八六之三画以为乾坤,而象天地,是太极生两仪”(《周易虞氏消息·庖牺则天八卦第三》)。

圣人又观天地生四时,以乾坤三阳三阴消息变化而成坎离震兑。“观乾元之行,一施而为坎,再施而为离,一息而为震,再息而为兑,故曰乾二五之坤,成坎离震兑。”(《周易虞氏消息·庖牺则天八卦第三》)震春兑秋,坎冬离夏,四时生焉。此间,“乾二五之坤”之“二五”指中气。张惠言释之曰:“二五者,中气,非谓爻名。”相应地,“乾二五之坤,成坎离震兑”,指阴阳之气相互作用,即二气交感互易成坎离,再以乾阳息坤初成震,乾阳息至二成兑。坎离震兑四卦为四象,是为两仪生四象。四象震反为艮,兑反为巽,坎藏乾,离藏坤,故四象生八卦。乾坤象天地,坎离象日月,震象雷,艮象霆,兑象雨,巽象风,乾下藏坎而象寒,坤下藏离而象暑。《系辞》曰:“刚柔相摩,八卦相荡。鼓之以雷霆,润之以风雨。日月运行,一寒一暑。”

从数言之,甲一、乙二、丙三、丁四、戊五、己六、庚七、辛八、壬

九、癸十。依月体纳甲说，八卦成列而乾得甲一、坤得乙二、艮得丙三、兑得丁四、坎得戊五、离得己六、震得庚七、巽得辛八。乾坤又为天九、地十，与坎五离六之和恰为一月三十日（9 + 10 + 5 + 6 = 30）。乾一、艮三、坎五、震七皆得天数，乾为父，生三男。坤二、兑四、离六、巽八皆得地数，坤为母，生三女，是为乾坤生六子。

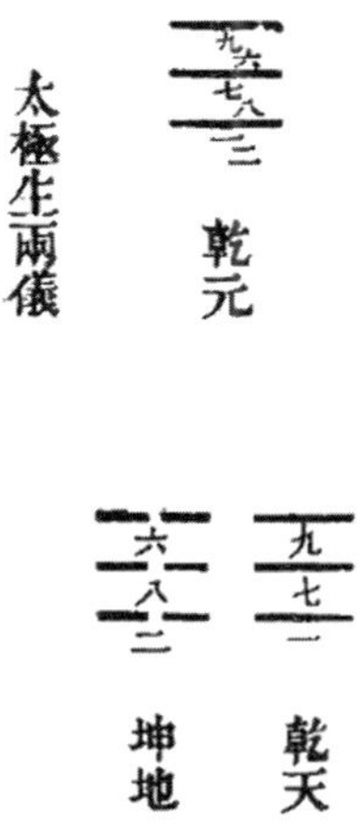

太极生两仪图

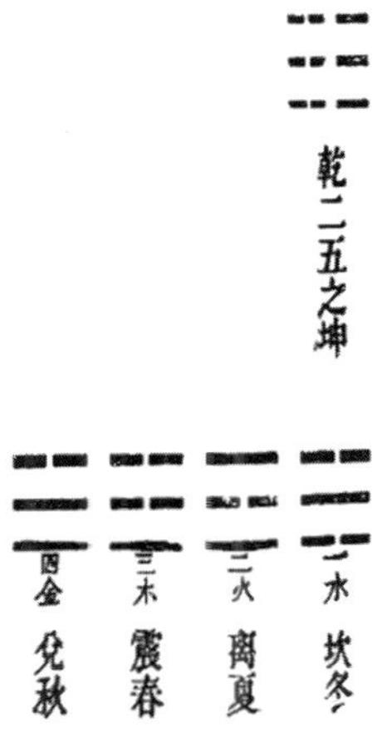

两仪生四象图

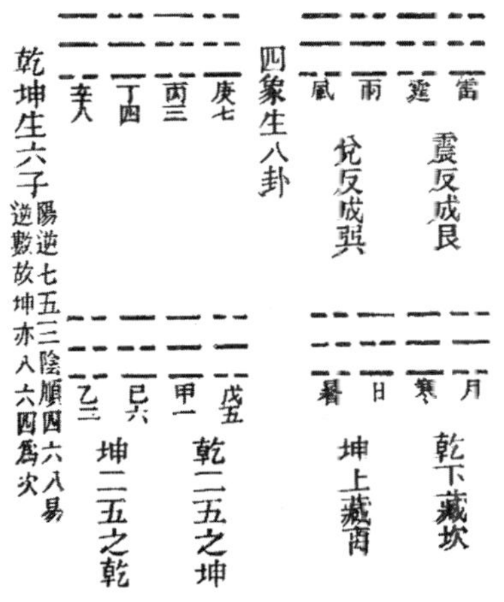

四象生八卦图

（四）乾坤立六位八卦消息

《易传》虽有“八卦相重”之说，但历代学者对三画卦与六画卦关系的理解仍旧莫衷一是。在此问题上，虞翻主张三画乾坤由“参天两地”确立阴阳之位，而后有六画之卦，即“乾坤各三爻而成六画之数”，“分天象为三才，以地两之立六画之数”。张惠言进一步解释说，太极乾元一七九、二八六并生。乾三阳，一七九；坤三阴，二八六。乾三画象天地人三才，即“参天”，然后依一阴一阳的原则与坤三阴自下而上相错匹配，初乾阳配二坤阴为地道，三乾阳配四坤阴为人道，五乾阳配上坤阴为天道，此即“两地”。“参天”“两地”，得以确立六画阴阳之位，“此一七九二六八之正位、三才之定理”（《周易虞氏消息・乾坤六位第四》）。

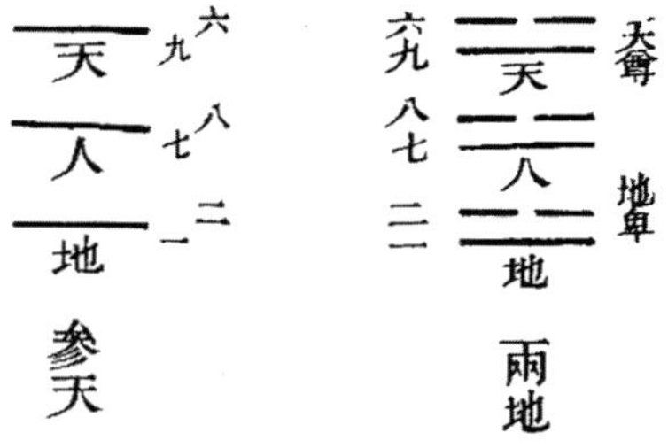

虞翻认为，乾坤刚柔是立卦之本。六画乾坤变八卦，即“乾以二五摩坤成震坎艮，坤以二五摩乾成巽离兑”（《周易虞氏消息・乾坤立八卦第五》）。张惠言解释说，乾坤定六位，八卦位即已确立。乾五坤二为定位，艮兑天位为正位，震巽地位为正位，坎离人位为正位。有正位，而后分阴分阳、迭用柔刚。重乾六爻皆阳为七九，重坤六爻皆阴为八六，此阴阳消息之本。然后乾二五摩坤，六爻阳变，成震坎艮三男；坤二五摩乾，六爻阴变，成巽离兑三女，各就正于六位而成六爻。“三变者，谓坎则初二三，离则四五上，震则三四五，巽则初二上，艮则初五上，兑则二三四也。”（《周易虞氏消息·乾坤立八卦第五》）依张惠言之见，乾坤六爻三变而成一三画卦。乾二五摩坤、坤二五摩乾则成六画坎离。乾变初二三爻成坎，坤变四五上爻成离，乾变三四五爻成震，坤变初二上爻成巽，乾变初五上爻成艮，坤变二三四爻成兑。① 六卦每卦变三爻，共十八变而成六子。乾坤六子合为八卦，八卦为八方之气，以《说卦》“雷以动之、风以散之、雨以润之，日以烜之、艮以止之、兑以说之、乾以君之、坤以藏之”之序逆上而错之，则“八卦而小成”。乾坤先变坎离，乃因乾二五之坤成坎，坤二五之乾成离，离互见巽兑，坎互见震艮，八卦由此齐备。

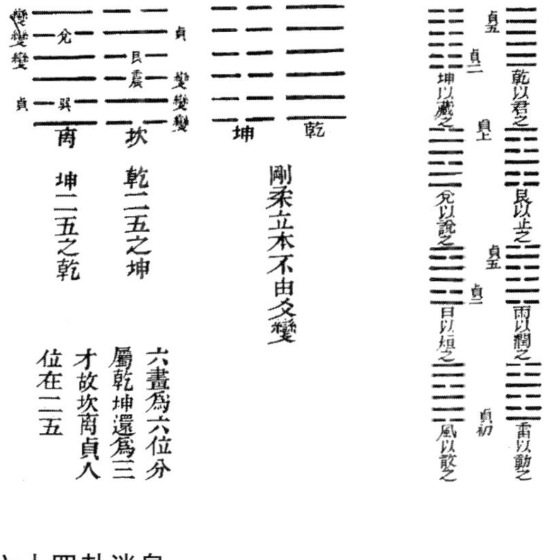

（五）六十四卦消息

虞翻认为，乾坤阴阳互变成八卦，八卦相重而为六十四。其注

---

① 黎心平博士学位论文《〈周易虞氏消息〉研究》认为三变是变既济而成六子。依张惠言图示观之，恐有一失。

《说卦》“发挥刚柔而生爻”云:“变刚生柔爻,变柔生刚爻,以三为六,因而重之,爻在其中,故生爻。”注《系辞》“因而重之,爻在其中”云:“谓参重三才为六爻,发挥刚柔,则爻在其中。”张惠言继承了这一思想,将八卦变六十四卦的原因归结为阴阳之变。他说:

> 以三为六,因而重之,则八卦为六十四,亦只是各加八卦,然若挨次添加,截然整齐,天地之道不如此也。故圣人必以乾元触类而长,六爻发挥旁通,乃成六十四卦,所以发明一阴一阳之道,乾变坤化之神……于是而要注中凡云自某之旁通某卦者皆是。(《周易虞氏消息·八卦消息成六十四第六》)

在张惠言看来,八卦相重得六十四卦,不可简单地理解为八卦叠加。原因在于,八卦叠加过于整齐,与天道变化之实情不符。因而,八卦消息成六十四卦,当是乾坤阴阳互变所为。具体地说,是乾坤阴阳消息而成震、兑、乾、巽、艮、坤即纳甲八卦与十二辟卦,然后再由消息卦爻变而成其他卦。“卦变消息,盖孟氏之传也。荀氏亦言之,而不能具。其他则多舛矣。其法有爻之,有旁通有消息卦,有消息所生之卦,注虽残阙,考约求之,盖乾坤十二辟卦为消息卦之正,其自临、遁、否、泰、大壮、观生者,谓之爻例,自乾坤生者不从爻例,每二卦旁通,则皆消息卦也。消息卦皆在乾坤相合之时,则剥、复、夬、遘、泰、否之交也。”(《周易虞氏消息·八卦消息成六十四第六》)其关键在于月体纳甲八卦与十二消息卦。张惠言说:

> 十二卦,阳出震为复,息兑为临,盈乾为泰,泰反否,括囊成观,终于剥,而入坤,复反于震。阳亏于巽为姤,消艮为遁,虚坤为否,否反泰,复成大壮,决于夬而就乾,复入于巽,是为

十二消息。(《周易虞氏消息·八卦消息成六十四第六》)

乾☰坤☷阴阳消息，阳息坤初为震☳成复䷗，阳息坤二为兑☱成临䷒，阳息坤三为乾☰成泰䷊，泰反成否，阳消乾四成巽☴为观䷓，《坤》六四有“括囊”之辞，即括囊成观，阳消六五为艮☶成剥䷖，然后成坤䷁。乾消初为巽☴成姤䷫，消二为艮☶成遁䷠，消三为坤☷成否䷋，否反泰，阳息四为震☳成大壮䷡，阳息五为兑☱成夬䷪，阳息坤上而反于乾䷀，然后再入巽为姤。从中可见，八卦息则为震、兑、乾，消则为巽、艮、坤，此六卦生十二消息卦。坎离为乾坤之合，不入消息卦。十二消息图如下：

阳息：复䷗→临䷒→泰䷊

↓

否䷋→观䷓→剥䷖→坤䷁

阴消：姤䷫→遁䷠→否䷋

↓

泰䷊→大壮䷡→夬䷪→乾䷀

张惠言以十二消息卦为本，又以旁通为生卦消息。如谦与履、师与同人、比与大有旁通，“此六卦皆体坎离，是乾坤之交，盖剥复之消息也”(《周易虞氏消息·八卦消息成六十四第六》)。屯鼎旁通，与前六卦同，乾坤之交生坎离，坎离生屯鼎，即虞氏所谓坎二之初为屯、大壮上之初为鼎，“盖坎离后将出震之消息”(《周易虞氏消息·八卦消息成六十四第六》)。豫与小畜、萃与大畜、蹇与睽旁通，此六卦是“夬遘中间消息”(《周易虞氏消息·八卦消息成六十四第六》)。蒙革旁通，二卦以革乾通蒙坤，犹屯鼎，“盖大过、颐后将姤巽之消息也”(《周易虞氏消息·八卦消息成六十四第六》)，即大过初之二为革，颐初之二为蒙，“由大过、颐皆初之二，以阴消之”(《周易虞氏消息·八卦消息成六十四第六》)。蛊随旁通,益恒旁通,皆三阴三阳之卦,为泰否消息,“蛊随,泰为否之消息”,“益恒,否为泰之消息”(《周易虞氏消息·八卦消息成六十四第六》)。旅丰二卦特变,旅从贲初之四来,或从否三之五来;丰从噬嗑上之三来,或从泰二之四来。贲、噬嗑从泰否来。震巽艮兑二阳二阴之卦,应由临遁观大壮而来,但六子卦“无以成消息”,皆自乾坤来。对此,柯劭忞曾有一段精辟概括:“惟八卦消息成六十四卦,为虞氏最精之义。以阳出震为复,息兑为临,盈乾为泰,泰反否,括囊成观,终于剥而入坤,复反于震。阳亏于巽为遘,消艮为遁,虚坤为否,否反泰,复成大壮,决于夬而就乾,复入于巽,为十二消息。以坎离大过颐小过中孚为坎离乾坤之合,以谦履师同人比大有为体,坎离是乾坤之交剥复之消息。屯鼎为将出震之消息,豫小畜萃大畜蹇睽为夬遘中间之消息,蒙革为大过颐后将姤巽之消息,蛊随益恒为泰反否之消息,旅丰为特变,震巽艮兑为变伏,而不旁通。”(《续修四库全书总目提要·经部·易类·〈周易虞氏消息〉》)

在此基础上,张惠言又作六十四卦消息图。此图按“阳盈”“阴虚”将六十四卦分为两组,每组又分六类。两组凡十二类,十二消息正卦复、临、泰、观、剥、坤、遘、遁、否、大壮、夬、乾各为一类。“阳盈”之卦三十二:䷗复阳初出震;䷒临兑二得朋、䷭升初之三、䷣明夷二之三、䷧解初之四、䷲震二之四;䷊泰乾盈、䷯井初之五、䷾既济五之二、䷨损初之上、䷵归妹三之四、䷻节三之五、䷕贲上之二、䷷旅贲初之四否三之五、䷑蛊泰初之上、䷐随否上之初、䷋否泰反、䷽小过临阳未至三而观四已消,于爻,晋上之三。、䷓观亏巽、䷢晋四之五、䷳艮五之三;䷖剥消艮;䷁坤入坤、䷎谦乾上九来之坤、䷉履乾三之坤,初为复,上息。、䷆师谦三降之坤二、䷌同人师二之坤,初为复,上息。、䷇比师二上之五、䷍大有比五之坤,初为复,上息。、䷝离坤二五之乾,于爻,遁初之五。、䷜坎乾二五之坤,于爻,观上之二。、䷂屯坎二之初、䷱鼎大壮上之初,实离二之初。。“阴虚”之卦亦三十二:䷫遘乾坤相遇巽象退辛、䷠遁艮象消丙、䷘无妄上之初、䷅讼三之二、䷤家人初之四、䷸巽二之四、䷋否坤虚、䷮困二之上、䷿未济二之五、䷴渐三之四、䷞咸三之上、䷺涣四之二、䷔噬嗑五之初、䷶丰噬嗑上之三,泰二之四。、䷩益否上之初、䷟恒泰初之四、䷊泰否反、䷼中孚遁阴未及三而大壮阳已至四，于爻，自讼四之初。、䷡大壮阳息泰、䷄需四之五、䷹兑五之三、䷪夬阳决阴、䷀乾阴就乾、䷏豫复初之四、䷈小畜豫四之坤，初为复，上息。、䷬萃观上之四，实豫四息五。、䷙大畜萃五之复二成临，于爻，大壮初之上。、䷦蹇观上反三，即萃四反三。、䷥睽大壮上之三，实蹇三之复二成临，上息，或无妄二之五。、䷛大过阳伏巽中，体复一爻，于爻，大壮五之初，或兑三之初。、䷚颐晋四之初，或以临二之上，巽伏震中。、䷃蒙艮二之三，实颐初之二。、䷰革遁上之初，实大过初之二。。

张惠言融会贯通虞氏易学，其十二消息正卦变化得其余五十二卦之说，可谓得虞氏消息、卦变之精义。基于此，他还对虞氏卦变说的特例问题予以详细解释。如一阴一阳之卦谦履、师同人、比大有旁通，当为剥复夬姤所生，但虞注实各行其例。张氏认为，其之所以如此，乃因“复、姤、夬、剥无生卦，阴阳微不能变化”；二阴二阳之例当从临观遁大壮，但中孚、小过两卦为特例，中孚“当从四阳二阴之例，遁阴未至三，而大壮阳已至四，故从讼来”，小过为“晋上之三。当从四阴二阳之例，临阳未至三，观四阳已消也”。张氏据此，对二阴二阳之卦变有所更改。如遁生无妄、讼、家人、巽，临生升、明夷、解、震。遁阴未至三，无妄遁上之初、讼遁三之二，非自遁而自乾来，中孚自讼来。离、革二阴四阳之卦。虞注《革》曰：“遁上之初。”张惠言则认为，遁未至三，故应为“大过初之二”。虞注《离》“乾二五之坤，于爻遁初之五”、《家人》“遁初之四”、《巽》“遁二之四”，皆与遁“阴未至三”不合。同理，临阳未至三，故二阳四阴之颐不从临而从晋；虞氏以三阴三阳之卦本于泰否。张惠言指出，泰生井、既济、损、归妹、节、贲、旅、蛊、随九卦，否生困、未济、渐、咸、涣、噬嗑、丰、益、恒九卦，唯丰旅为特变。丰为噬嗑上之三，旅为贲初之四，其余皆乾坤往来。蛊、随、益、恒、旅、丰为消息卦，既济、未济以下各卦皆泰否反其类。损“泰初之上”，违背阴阳爻互易的卦变通例。既济非泰二之五而为泰五之二，贲非泰二之上而是泰上之二，不符合阳动求阴之义，是为泰反否。同理，否生渐咸、未济是阴求阳，反否为泰，故涣、噬嗑变之以阳求阴。至于虞氏易“非消息卦而生卦”的问题，张惠言解释说：“非消息而生卦者，晋有小过，颐无妄有睽讼、有中孚。晋，乾游魂卦也。无妄取其正乾元。讼明其消始，皆以义取之也。贲，特变为旅，噬嗑特变为丰，亦是泰否相就假义以生爻耳。”（《周易虞氏消息·八卦消息成六十四第六》）

事实上，虞翻以注经为目的的卦变体系本身存在无法克服的问题。张惠言对虞翻推崇备至，他以消息说重释虞氏易固然有发展虞氏易的一面，但客观地说，其辩解缺乏说服力。例如，为了符合纳甲八卦消息而提出的六十四卦消息说以及泰否反类等思想，太过牵强；又如，他依虞氏“遁阴未至三，而大壮阳已至四”的特变解说其他二阴二阳卦之卦变，无疑是对常例的破坏，在把问题复杂化的同时不免弄巧成拙，以致难以自圆其说。

（六）以消息说解释经传及易学概念

张惠言还曾以消息说解释六十四卦卦名和卦序。“六十四卦之名，本以阴阳消息之象命之，举其名，则其象其气自无不应。卦气之候，虽不依消息卦次，而以消言消、以息言息，各从其气，故比其名而气应。”（《周易虞氏消息·卦气用事第七》）他批判了韩康伯“《序卦》之所明，非《易》之缊也。盖因卦之次，托象以明义”（《周易正义》卷九）的观点。张惠言认为，韩氏此论是“不知名生于象，象生于气，此正《易》之精也”（《周易虞氏消息·卦气用事第七》）。宋人先后天图不依《序卦》，“整设而排比之”，虽“自谓整齐”，但“不知于消息已颠倒谬盭，岂有名不相次，而义通者哉？”（《周易虞氏消息·卦气用事第七》）

不仅卦名、卦序涵具消息之义，《系辞》解十八爻亦有消息说。张氏认为，《系辞上》引中孚二、同人五、大过初、谦三、乾上、节初、解三等七爻是“阳息于复，至泰反否”，《系辞下》引咸四、困三、解上、噬嗑初与上、否五、鼎四、豫三、复初、损三、益上十一爻是“阴消于遁，至否及泰”，亦即十八爻“终于泰否”。具言之，中孚卦气居复卦之前，初爻为阳，体复初，复初即乾初。同人接中孚，复之所以息。复初阳伏阴，体巽。大过下体巽，故为大过初。谦三为阳，乾上为阳，阳盛则消。节、解两卦据“阳盈阴虚”图，由解至泰至节至否，故《系辞上》七爻为泰反否之卦。《系辞下》始于咸遯，按六日七分说，咸为公卦、遯为辟卦，咸在遯前，故由咸至遯，阴消成否。据阴虚图，困卦为否消第一卦。困五阳变坎为解，《解》上六“射隼”，应六三伏阳出以救否三之消。噬嗑为否五（即乾九五）之初（即坤初）互易而来，故噬嗑为乾九五救否，噬嗑后为否九五。以初爻上爻言，“否初易惩，其终难解”，自否反泰，乾元复出而接鼎卦。按六十四卦消息图，阳盈始于复，至屯鼎止。鼎为消息之卦。鼎唯六四一爻凶，其余五爻皆吉。后接豫卦六二，豫六二欲使九四阳爻反初成复，故豫后为复初。复息成泰。损，阳息成泰反否，益，阴消成否反泰。总之，张氏为了以消息说融通《系辞》之十八爻，大量运用虞氏卦变、卦气、旁通诸例，貌似条理通达，实则牵强附会。

张惠言还以虞翻《易》注为据，论述了“元”“乾元”“中”“权”等概念的内涵及其与消息说之关联。他认为，《周易》经文言“元”皆与消息变化相关。如卦辞曰“元亨利贞”者七卦：乾、坤、临、随、屯、无妄、革。其中，临、随、屯为息卦，无妄、革为消卦。卦辞言“元”者六卦：升、损、蛊、比、大有、鼎，皆为息卦。爻辞言“元”者十四爻：复初、泰六五、损六五、井上六、坤六五、履上九、离六二、讼九五、涣六四、益初九、九五、萃九五、大畜六四、睽九四，前七爻为息卦，后七爻为消卦。换言之，消息说并非虞氏臆造，而是经文固有之意。

消息变化本于“乾元”，而归于“乾元”。何为乾元？就自然界而言，“太一即乾元也”。就《易》而言，乾元为一，在爻为复初，即乾之初爻。“乾坤立位，一阴一阳，自成三才，非为两象。消息至泰，二五合坎离成既济卦焉，六爻皆正，乃反乎乾坤之元。文王推爻阴阳之位，乾变坤化使之各正性命，六十四卦之爻皆就乾坤六位之正。……既济之卦以为名也，既济，坎离之象也。九六者，坎离之数也。乾变坤化，皆以坎离为用。”（《周易虞氏消息·乾元用九第八》）“用九”“用六”则为乾坤之“神”，运行于“六子”，则初四为震巽、二五为坎离、三上为艮兑。乾主初三五，坤主二四上，乾坤九六之变，表现为乾二坤五、乾四坤初、乾上坤三互易。虽然乾坤之变用九用六，但消息起自乾元阳动。“阴阳虽分用九六，皆一以乾元摩荡，故曰天下之动贞夫一，乾元用九而天下治，故圣人必观其会通以行其典礼，是故谓之爻。爻者，效也，效乾元也。”（《周易虞氏消息·乾元用九第八》）吉凶存亡之道，则依乾元之阳。“存亡之道与六位相权，自六位言，得正言吉，失位言凶。自存亡言，阳生为吉，阴杀为凶，故阳息吉也。阴得位则丽阳，出阳知生，阴之吉皆阳也，阴消凶也。”（《周易虞氏消息·乾元用九第八》）

乾元为太一，太一即太极，太极有“中”之义，故乾元亦有“中”义。“乾元者，太极、极中也。”张惠言理解的“中”，是天地之本、万物之始。他引《中庸》及董仲舒语云：“《中庸》：‘中者，天下之大本也。’董子以‘二至’为天之中，‘二分’为天之和，皆是也。”（《周易虞氏消息·中第十》）《易》复初爻为中，《复·彖》：“复为天地之心。”乾元正位为中，“乾元变化，各正性命，故正位为中”（《周易虞氏消息·中第十》）；二五爻为中。“三才皆得其中，保合乾元也。二五，乾坤中气也。故乾以二五摩坤，坤以二五摩乾，乾坤所以变化在乎二五，故爻位为中。”不过，无论正位还是二五变化，归根到底皆本于乾元:"《彖》《象》所以谓之中者,皆谓其有'中德'能正己正人。故乾二称中,谓其变而'利见'也。坤五'黄中',谓其变而正位也。蒙二'时中',谓其通五'养正'也,故中者,乾元也。"(《周易虞氏消息·中第十》)

虞翻易学有"权变"之例,又称"三动受上"说。如《家人》九三阳爻居阳位,本得正,却变阴而与上爻互易,即"三本正位,变坤复易上成既济,所谓权也"(《周易虞氏义·家人》)。张惠言认为,家人二阴四阳之卦,本于遁卦,遁为消卦。消卦因其位不正,不成既济。家人三爻为乾元,变阴与上爻互易成既济,则为权变。"家人,遁消卦也。次讼,阳不克讼,阴居阳家,消道成矣。消卦不成既济,以其不能正也。九三体乾,三以乾元济遁,故权变受上,则既济成。"(《周易虞氏消息·权第十一》)家人之所以能行权,在于巽卦。《系辞》曰:"巽以行权。"家人"体巽三在巽下,又乾阳入伏巽初之象,故可与权"(《周易虞氏消息·权第十一》)。引而伸之,"凡卦不成既济者,多为家人成",如鼎卦三变未济,初四二五变正,上巽体家人,皆家人之权也,故"权变统乎家人九三,六十四卦中可以例求矣"(《周易虞氏消息·权第十一》)。

不难发觉,张惠言对易学概念的解释在一定程度上受到了惠栋的影响。在《易微言》中,惠栋兼用训诂、象数方法解释了"太极""太一""乾元""中"等概念的涵义,并力图阐明这些概念之间的联系,从而由训诂象数达于义理,以取代宋学的空谈义理之风。张惠言则更加注重概念之间的内在联系与思想体系的整体建构,这一点与惠栋有所不同。

(七)依消息说审视汉易体例

按虞氏月体纳甲说,震纳庚,方位在西;兑纳丙,方位在南;乾纳甲，方位在东；巽纳辛，方位在西；艮纳丙，方位在南；坤纳乙，方位在东；坎为月，离为日，日月居中，故坎纳戊、离纳己。值得注意的是，这与八卦卦气方位即震东、巽东南、离南、坤西南、兑西、乾西北、坎北、艮东北并不一致。原因在于，其参照系有所不同，前者以月体为参照，后者以太阳为参照。张惠言却主张二者“义本相通”，他说：

> 包牺作八卦，以坎离震兑象四时，故正四方。乾盈在甲，坤虚合癸，艮下弦，晦望之中，故位之甲癸之间而在东北。雷风相薄，震成入巽，故位巽于东南，以齐震。乾居西北，以就坎，十五日，月盈西北也。坤居西南，以就离，晦朔，月合日也。乾就月而居前，坤就日而居后，阳尊阴卑也。是为八卦布散用事之序。

十五日为望，乾纳甲，甲东方。二十九日为晦，坤纳癸，癸北方。二十三日为下弦，艮为下弦，在十五至月末之间，故艮为东北。震为雷，为东方，巽为风。雷风相薄，震纳庚，巽纳辛，是谓“同声相应”。月体消息，震兑乾为阳息，巽艮坤为阴消。阴阳互通，震阳成乾而转巽阴，故“震成入巽”。“震阳之生以为雷，而配春。”“兑之反为巽，雨之散则为风。”（《周易虞氏消息·庖牺则天八卦第三》）震为东，兑纳丁为南，故巽于东南齐震。十五日乾纳甲，晨月盈西北，故乾为西北。月末月初即晦朔，坤纳癸，日月相合，“乾下就坎，以成阳而配寒，坤上就离，以成阴而配暑，然后与日月之象合焉”（《周易虞氏消息·庖牺则天八卦第三》），故坤居西南。

张惠言还比较了诸家的六日七分说。“六日七分出《易稽览图》《是类谋》，其传有孟氏、有京氏。刘向所谓易家惟京氏为异。”因虞翻五世家传孟氏易，故张氏以孟喜“六日七分”为正宗，反对京氏之说：“京氏又以卦爻配期，坎离震兑其用事自分至之首皆得八十分日之七十三，颐、晋、井、大畜皆五日十四分，余皆六日七分。”“其说不经，欲附会纬文七日来复而已。”在他看来，京氏以七十三分配四正卦纯属多余，“阳道消，静而无迹，不过极其正数，至七日而通矣。七者，阳之正也。安在益其小余合七日，而后雷动地中乎？”(《周易虞氏消息·卦气用事第七》)此后，东吴《乾象历》因京氏之说，北齐《天宝历》则依《易通统轨图》“五卦初爻相次用事”之法。对此，张惠言据《后汉书·郎颉传》所记“六日七分”予以否定。他指出，齐历与孟喜、郎颉之六日七分说不符，故“齐历谬矣”，“以节在贞、气在悔，非是”。

前文已言，旁通与消息紧密相连。“每二卦旁通，则皆消息卦也。”(《周易虞氏消息·八卦消息成六十四第六》)不仅如此，反对也有消息之意。“反卦与旁通表里，此序卦消息也。”因乎虞翻“《序卦》注缺其义不详”，故张氏“依虞例次而说之”(《周易虞氏消息·反卦第十二》)。在他看来，《周易》上经言天道，主要表现为乾坤、屯蒙、需讼、泰否、临观、剥复、坎离。由于二阳四阳之卦本于大壮、遁，故需、讼亦可视为大壮、遁。如此一来，上经乾、遁、否、观、剥为消，坎离而复、临、泰、大壮、乾为息，即所谓“上经明天道，言乾坤也，屯蒙为始，坎离为终，原始及终之道备矣”(《周易虞氏消息·反卦第十二》)。“出于屯蒙，养于大壮而遁消，通于师比，成于泰而否消息于同人大有，大于临而观消，往来于噬嗑贲而剥消，正于无妄，合于坎离，复出焉。故自乾而遁而否而观而剥为消之次……自坎离而复而临而泰而大壮而乾为息之次。”(《周易虞氏消息·反卦第十二》)至于上经一阴一阳之卦，如师比、小畜履、同人大有、谦豫则出于乾坤，不由夬姤而来。“自复至夬，以乾推坤，谓之穷理；自姤至剥，以坤变乾，谓之尽性。”(《周易虞氏消息·八卦消息成六十四第六》)不言夬姤者，如前所言：“复、姤、夬、剥无生卦，阴阳微不能变化。”下经消息则表现为泰否反其类。张氏曰：“下经明人事，言泰否也。始乎咸恒，通乎既未济，泰否往来之义备矣。”（《周易虞氏消息·反卦第十二》）下经始于咸恒，咸恒反卦，由泰否而来，故为泰否之始，否感于咸，恒通于泰。按照张氏《卦名图》消息之意，困井本于泰否，在既济未济之前。泰生井，既济，泰之极也。泰极反否，否生困。未济，否之极也，是以“咸恒为始，困井为交，既未济为终”（《周易虞氏消息·反卦第十二》）。进而，他详细解释了下经诸卦消息：泰生卦自咸恒始，损、困、未济。三阴三阳卦依次为困、渐、丰、涣、中孚、既济，是否反成泰；否生卦自咸恒始，益、井、既济。三阴三阳卦依次为井、归妹、旅、节、小过、未济，“泰已又否”。“自咸恒而损，损则困，未济也，困则渐，渐则丰，丰则涣，涣则中孚，中孚则既济矣，是为否反成泰。自咸恒而益，益则井，既济也。井而归妹，归妹则旅，旅则节，节则小过，小过则未济矣，是为泰已又否。”（《周易虞氏消息·反卦第十二》）

需要特别指出的是，张惠言认为两象易与消息无关，乃“圣人偶取之耳”。这充分证明，“易含万象非可执一论也”。综上，张氏以虞翻之意推演六十四卦消息，可谓前后贯通、自成系统，克服了虞氏易例不能一以贯之的弊病。但平心而论，张氏所言虽貌似严谨，其附会色彩显而易见。视其为一家之言尚可，若以之为虞翻本意则宛若天冠地履。

三、郑、荀、虞易学“其用虽殊，其取于消息一也”

张惠言按照自己的理解，重新梳理了汉代易学源流。他说：

> 《易》之传，自商瞿子以至田生惟一家，焦氏后出，及费氏

> 为古文，而汉之《易》有三。自是之后，田氏之《易》，杨、施、孟、梁丘、高氏而五，唯孟氏久行；焦氏之《易》为京氏，费氏兴而孟、京微焉。夫以传述之统，田生、丁将军之授受，则孟氏为《易》宗无疑。而其行不及费氏者，以传受者少，而费氏之经与古文同，马融、郑康成为之传注故也。(《易义别录序》)

西汉孟喜、京房是汉易主流，东汉费直古文《易》兴起后，“孟、京微焉”，马融、郑玄、荀爽皆传费氏，虞翻则传孟氏易而集两汉象数之大成。然而，“王弼注行，而古师说废；孔颖达《正义》行，而古《易》书亡。其见于《释文叙录》者，自晋以前三十有二家，李鼎祚《集解》所引二十有三焉，皆微文碎义，多不贯串。盖《易》学扫地尽矣，可不惜哉！”(《易义别录序》)有感于此，张惠言“于《易》取虞氏，既已推明其义，以郑、荀二家注文略备，故条而次之；自余诸家虽条理不具，然先士之所述大义要旨往往而有不可得而略也。乃辑《释文》《集解》及他书所见，各为别录，义有可通，附着于篇，因以得其源流同异。若夫是非优劣，亦可考焉。凡孟氏四家：孟氏、姚信、翟元、蜀才；京氏三家：京氏、陆绩、干宝；费氏七家：马融、宋衷、刘表、王肃、董遇、王廙、刘瓛；《子夏传》非汉师说，别为一家”(《易义别录序》)。在张惠言看来，郑、荀、虞三家各有所长、相互表里。“汉儒说《易》，大指可见者三家：郑氏、荀氏、虞氏。郑、荀，费氏易也；虞，孟氏也。郑氏言礼，荀氏言升降，虞氏言消息。”(《周易郑荀义序》)就消息而言，尽管郑玄爻辰以乾坤十二爻纳十二支、二十八宿，未得消息之用，荀爽升降“言阳常升而不降，阴常降而不升”，有悖于“阴阳之在天地，出入上下”之理，但其与虞氏消息并无二致。如郑玄赞《易》以“乾、坤、震、巽、坎、离、艮、兑、消、息”为伏羲十言之教，荀爽言阴阳升降、卦变、成既济定，与虞翻“同原”。“郑、荀所传卦气十二辰、八方之风、六位世应、爻互卦变,莫不彰著”,其“阴虚消长之次,周流变动之用”。因此,三家易学皆可归结为消息:“郑氏之言爻辰用事,荀氏之言乾升坤降,虞氏之言发挥旁通,莫不参互卦爻,而依《说卦》以为象,其用虽殊,其取于消息一也。”(《易义别录·干氏》)基于此一识见,张惠言“既述虞氏之注,为‘消息’以发其义,故为郑、荀各通其要”(《周易郑荀义序》),又辑汉魏诸家,“各为别录”。

(一)郑氏易其要在礼

张惠言的《周易郑荀义》《周易郑氏注》《周易荀氏九家义》三书在前人基础上再次整理校勘了郑玄、荀爽《易》注,并解说阐发其大义。在经学史上,郑玄易学经历了由鼎盛到衰微的过程。汉代易学有今古文之分,郑玄先学今文易,后学费氏古文易,进而融通今古文。汉代以后,象数易学衰微,唯郑氏易存。南北朝时,南学、北学分立,南学尊王弼,北学尊郑玄。隋唐定南学为正宗,郑氏易遂失去了官学地位。不过,《周易集解》《经典释文》《周易正义》等书多引其说,郑氏易在唐代犹存。至宋《崇文书目》只载一卷,存《文言》《序卦》《说卦》《杂卦》四篇。《中兴书目》始未录,可知郑易亡于南北宋之间。幸有王应麟起废扶微,集逸成册,作《周易郑康成易注》,后姚叔祥、惠栋增补,丁小疋校勘厘定,方使郑氏易之大略显现于世。张惠言对诸家辑本予以高度评价:

> 自王弼注兴而《易》晦,自孔颖达《正义》作而《易》亡。宋之季年,学者争说性命,莫不以王、孔为本,杂以华山道士之言,而王伯厚氏独尽心郑注,搜辑阙佚,汇为一书,可谓伟矣。自是之后盖五百余年,而得惠定宇氏,始考郑氏爻辰,增补伯

> 厚集注所未备，然后天下知有郑《易》。又数十年，丁君小疋从而定之，正其违错，补其缺漏，次其篇章，然后郑氏之《易》大略具焉。(《丁小疋郑氏易注后定序》)

惠栋辑郑注，“增改者尤多”，“初学不知，几疑经文注文原即如是，最混乱耳目”。丁小疋本“最为善”“于义审”，但比较繁琐，后人删之又有失。有鉴于此，张惠言取丁本，参考诸家重新校勘，而成《周易郑氏注》三卷。郑注《周易》，《唐书·艺文志》著录，至《崇文总目》则仅有《说卦》一卷，其后亦亡。王伯厚裒辑为三卷，今刻《玉海》者是也。明胡孝辕附刻于《集解》后，姚叔祥增补二十五条，今《津逮秘书》中有之。清惠征士栋复加审正，刻于《雅雨堂丛书》中。归安丁教授小疋重加考证为后定三卷，以其太繁嘱海宁陈方正仲鱼删之，然陈方正又失之疏。嘉庆三年六月小疋见示后定本，张惠言既为序之，因取其本校正体例，复据胡、惠两家，参以卢学士抱经、孙侍御颐谷、臧秀才在东所校，择其善者从之，定本如此。《续修四库全书总目》评价该书称：“于惠氏改字皆为指出……以正惠氏之妄，则此书之功也。”

更重要的是，张惠言不仅整理了郑氏易文本，还对其思想内容进行了深入探讨。他重点研究了以礼注《易》的问题。张氏认为，易礼同源，皆本天道。“《记曰》：‘夫礼本于太一，分而为天地，转而为阴阳，变而为四时，其降曰命。’韩宣子见《易象》曰：‘周礼在鲁矣。’是故《易》者，礼象也。”(《丁小疋郑氏易注后定序》)郑玄易学的要义即在于以礼解《易》。以礼为象，“诸儒莫能言，唯郑氏言之，故郑氏之《易》，其要在礼”。他批评了两种观点：一是王应麟从朱震之说，将互体视为郑玄易学的特征。“王伯厚氏之序此书，取朱震之言，曰多论互体，曰以象数为宗。夫《易》之有互，不始郑氏，至田何、杨叔以来，论互体不足为郑学也。”（《丁小疋郑氏易注后定序》）二是惠栋将爻辰视为郑氏易的核心内容。“定宇氏说爻辰是矣。虽然，爻辰者，郑氏之所以求象，而非郑氏言《易》之要也。”（《丁小疋郑氏易注后定序》）在张惠言看来，郑玄虽多言爻辰，但更重礼象，其易学宗旨在于谈人事，而非明天象。“若乃本天以求其端，原卦画以求其变，推象附事，以求文王周公制作之意，文质损益，大小该备，故郑氏之《易》，人事也，非天象也。此郑氏之所以为大，而定宇氏未之知也。”（《丁小疋郑氏易注后定序》）

郑玄精于三礼。“观后人辑佚的郑氏《周易注》，以礼注《易》者大约有 30 多条，主要见于他对《周易》之泰、同人、讼、豫、随、观、大过、坎、离、咸、恒、晋、损、益、萃、升、困、鼎、震、丰、旅、归妹等卦和《系辞》《象传》《序卦》等的注释，以《礼》解《易》成为郑玄易学的重要标志之一。就礼而言，涉及到三《礼》的婚礼、祭祀礼、宾礼、封侯礼、刑礼、朝聘礼等。”①

诸如此类，张惠言皆引三礼之文及注疏予以疏解。例如，周礼有男三十而娶、女二十而嫁之说。《礼记·内则》曰：“（男）二十而冠，始学礼。……三十而有室，始理男事。……（女）十有五年而笄，二十而嫁。”郑注：“女子许嫁，笄而字之。”郑玄注《咸》卦云：“咸，感也。……其于人也，嘉会礼通，和顺于义，干事能正，三十之男，有此三德，以下二十之女，正而相亲，说娶之，则吉也。”（《周易集解》卷七）注《大过》九五曰：“以丈夫年过，娶二十之女，老妇年过，嫁于三十之男，皆得其子。”（《诗·桃夭》正义）张惠言引三《礼》及郑注证之：“《周礼·地官·媒氏》曰：‘令男三十而娶，女二

---

① 林忠军：《论郑玄以〈礼〉注〈易〉方法》，《武汉大学学报（人文科学版）》2011 年第 1 期。

十而嫁。……仲春之月,令会男女。'注曰:'二三者,天地相承覆之数也。易曰参天两地而倚数焉。'《说卦》郑注'天地之数备于十,乃三之以天,两之以地,而倚托大衍之数五十也。必三之以天,两之以地者,天三覆地二载',是则男三十女二十合天地大衍之数五十也。然则男二十五年之秋,可以纳采问名,乃咸之节也。是男二十五女十五谓之少,男三十女二十谓之盛,过是谓之老。"(《周易郑荀义》卷中)

又如,周礼有刑剭之礼,《周礼·秋官·掌囚职》曰:"凡有爵者,与王同族,奉而适甸师氏,以待刑杀。"《周礼·秋官·司烜氏》疏:"餗,美馔,鼎三足,三公象。若三公倾覆王之美道,屋中刑之。"此言三公贵族犯法行刑于屋。郑注《鼎》九四"鼎折足,覆公餗,其形渥"曰:"'渥'读如'刑剭'之'剭'。""糁谓之餗。震为竹,竹萌为笋。笋者,餗之为菜也。是八珍之食,臣下旷官,失君之美道,当刑之于屋中。"(《周礼·天官·醢人》疏)张惠言曰:"《秋官·掌囚职》曰:'凡有爵者,与王同族,奉而适甸师氏,以待刑杀。'《司烜氏》:'邦若屋诛,则为䆠明焉。'"……《周礼·天官·醢人》'糁食',先郑注云:'菜餗蒸。'郑引《内则》曰:'取牛羊豚之肉,三如一,小切之,与稻米,稻米二肉一,合以为饵,蒸之。'贾疏引此《易》注谓'糁若有菜,则入八珍,糁若无菜,则入羞豆。'孔冲远疏《诗·韩奕》亦同此义。今以为郑云是八珍之食者,谓配八珍,为羞豆之食也,非以为八珍之一也。《内则》糁不用笋,今以震竹象餗,则当依先郑,以糁为菜餗蒸。"(《周易郑荀义》卷中)

再如,周礼有祭祀上帝配祖先之说。《礼记·郊特牲》:"万物本乎天,人本乎祖,此所以配上帝也。"《礼记·丧服小记》:"王者禘其祖之所出,以其祖配之,而立四庙。"《礼记·祭法》:"周人禘喾郊稷、祖文王宗武王。"郑玄以此注《豫·象》曰:"崇,充也。殷,盛也。

荐,进也。上帝,天帝也。王者功成作乐,以文得之者作籥舞,以武得之者作万舞,各充其德而为制。祀天帝①'以配祖考'者,使与天同飨其功也。故《孝经》云'郊祀后稷以配天,宗祀文王于明堂以配上帝'是也。"张惠言引《礼记》及郑注证之曰:"豫震上坤下,帝出乎震,即上帝也。'万物本乎天,人本乎祖'……凡配帝之祭,有三之祭法:'祭祀昊天于圆丘曰禘,祭上帝于南郊曰郊,祭五帝五神于明堂曰祖、宗。''禘喾郊稷、祖文王宗武王。'《周官·大司乐》三帝之乐首言'圆丘',六变则配祖考,中当有圆丘注引《孝经》成文,故略之耳,作乐以象功,配帝亦以功,故取诸《豫》《涣·象》曰先王以亨于帝立庙,以郑义言之南郊之帝也。"(《周易郑荀义》卷中)

张惠言也对郑氏爻辰加以述评。他说:"爻辰者,乾坤六爻,生十二律之位也。三百八十四爻皆本乾坤,故阳爻就乾位,阴爻就坤位。"其图如下:

乾		坤	
——	戌 无射	— —	巳 中吕
——	申 夷则	— —	卯 夹钟
——	午 蕤宾	— —	丑 大吕
——	辰 姑洗	— —	亥 应钟
——	寅 大簇	— —	酉 南吕
——	子 黄钟	— —	未 林钟

因十二辰、十二律与十二星次、二十八宿相对应,故乾坤十二爻亦可配以星宿。"乾坤六爻,上系二十八宿,依气而应,谓之爻辰。"(《周易郑荀义序》)据郑注《月令》,十二辰与十二星次、二十八宿相配如下:寅,诹訾,尾、箕;卯,降娄,房、心;辰,大梁,角、亢、氐;

① 帝,一本作"地"。

未，鹑火，鬼、东井；申，鹑尾，[觜、]参伐；酉，寿星，昴、毕；戌，大火，奎[、娄、胃]；亥，析木，营室[、壁]。子，星纪，虚、危。（《周易郑荀义》卷中）

张惠言认为，爻辰源于《三统历》和《汉书·律历志》。《汉书·律历志》曰："十一月，乾之初九，阳气伏于地下，始著为一，万物萌动……六月，坤之初六，阴气受任于太阳，继养化柔，万物生长，楙之于未。"宋儒朱震曾据郑注《周礼·太师》作《律吕起于冬至之气图》与《十二律相生图》。《律吕起于冬至之气图》如下：

乾	坤
上九——无射	上六— —中吕
壬　戌	癸　酉
九五——夷则	六五— —应钟
壬　申	癸　亥
九四——蕤宾	六四— —大吕
壬　午	癸　丑
九三——姑洗	六三— —夹钟
甲　辰	乙　卯
九二——太簇	六二— —南吕
甲　寅	乙　巳
初九——黄钟	初六— —林钟
甲　子	乙　未

此前，惠栋已然指出朱震所作郑氏爻辰图之错误。张惠言则肯定了惠氏的考证，"朱子发图郑注《周礼》律吕相生，误引其文，以乾六爻左行阳六辰，坤六爻右行阴六辰。惠定宇正之以乾起子，坤起未，间时顺行，引《周官·太师》注云：'黄钟初九也，下生林钟之初六，林钟又上生太簇之九二，太簇又下生南吕之六二，南吕又上生

姑洗之九三，姑洗又下生应钟之六三，应钟又上生蕤宾之九四，蕤宾又上生大吕之六四，大吕又下生夷则之九五，夷则又上生夹钟之六五，夹钟又下生无射之上九，无射又上生中吕之上六。’又引韦昭注《周语》云：‘十一月黄钟乾初九也，十二月大吕坤六四也，正月太簇乾九二也，二月夹钟坤六五也，三月姑洗乾九三也，四月中吕坤上六也，五月蕤宾乾九四也，六月林钟坤初六也，七月夷则乾九五也，八月南吕坤六二也，九月无射乾上九也，十月应钟坤六三也。’其说是也”。在此基础上，张氏又专门指出了朱震在爻辰配音律上的三点失误：其一，“朱误以南吕在巳，以中吕在酉”；其二，“朱误应钟为夹钟”；其三，“朱误夹钟为应钟”。（《周易郑氏义·略例》）同时，他也对惠栋混淆郑玄爻辰与《易纬》爻辰的做法提出了批评：“惠又以为此即《乾凿度》‘（乾）贞于子而左行、坤贞于未而右行’，则非《乾凿度》自论六十四卦贞岁之法，与此不涉。彼乾坤左右行，此乾坤自左行也。”

张惠言还解释了郑玄的易数论。他指出，郑玄将太极生两仪、四象、八卦的过程视为一二到七八九六之变。郑玄所谓太极，是天地起源，“极中之道，淳和未分之气也”。“气象未分之时，天地之所以始也。”太极分两仪，则为七九八六。轻清者上为天，重浊者下为地。天地有春夏秋冬之节，即天地生四时。四时各有阴阳刚柔之分，故四时生八卦。值得注意的是，郑注《易纬》时以“两仪”为“七九八六”，“四象”亦为“七九八六”。“布六于北方以象水，布八于东方以象木，布九于西方以象金，布七于南方以象火。”二者同为“七九八六”，似不可解。对此，张惠言解释说：“两仪之七八九六者，太极以前阳气阴形之变，至分为天地，然后可得而见也。至天地分而阴阳生五行，即本此七九八六，为春冬秋夏，是乃谓四象。”他以太极前后区分两组七九八六。“太易变而为一，谓变为太初也。一变而为七,谓变为太始也。七变而为九,谓变为太素也”,是为气变。“太易之变”,“复变而为二,亦谓变而为太初。二变为六,亦谓变而为太始也。六变为八,亦谓变而为太素也”,则是形变。气未分时,太极两仪内涵七八九六而不可见。太极生天地,天地生四时、五行,本于前者则可见。

张惠言全面而系统地论述了郑玄易学的礼象、爻辰、互体、爻象、卦气、星宿等易例,资料翔实,言之有据,从而补正了惠栋之阙,使失传的郑氏易再现于世。有必要指出,他对郑玄易学并非一味肯定,而是有褒有贬。如他一面赞赏以礼注《易》,一面批评其不言卦变、消息且爻辰未明消息之意。“至其说经,则以卦爻无变动谓之彖辞。夫七八者彖,六九者变,经称用九用六,而辞皆七八,名与实不相应。非伏羲氏之旨也。爻象之区既隘,则乃求之于天,乾坤六爻,上系二十八宿,依气而应,谓之爻辰。若此,则三百八十四爻,其象十二而止,殆犹慊焉,此又未得消息之用。”(《周易郑荀义序》)同时,他还依自己的理解,批评了郑玄注《易纬》之失:“郑注以七为太初,九为太始,复变为一为太素者,失之。”“郑氏注《乾凿度》下卷云:‘乃复变而为一,一当为二,二变而为六,六变而为八,与阳迭变而俱进。’失之。”(《周易虞氏消息·易有太极为乾元第一》)

(二)荀氏升降与虞氏消息“同原”

惠栋《易汉学》一书列《荀慈明易》一节,专言乾坤升降、易尚时中、九家逸说等。在此基础上,张惠言全面概括了荀爽及《九家易》体例。关于《荀氏九家易》的问题,他赞同惠栋的观点:“九家或云即淮南子九师,或云荀爽集古易家凡九,皆非也。惠征士云:六朝人说荀氏易者,为得其实。”(《周易荀氏九家义·乾坤升降》)乾坤升降说是荀爽最重要的发明。其基本意思，是说乾坤失位之爻升降而得位成两既济。张氏引荀注《文言》“云行雨施天下平”曰：

> 乾升于坤曰“云行”，坤降于乾曰“雨施”。乾坤二卦成两既济。阴阳和均而得其正。(《周易荀氏九家义·乾坤升降》)

此是言乾坤二五升降。乾九二阴爻失位，坤六五阴爻失位，则乾二升居坤五、坤五降居乾二，乾内卦变离，坤外卦变坎，即“坤五之乾二为离，乾二之坤五为坎”。乾坤二五升降后，乾五、坤二皆得正定，故荀注《系辞》“易成位乎其中”云：“阳成位于五，五为上中；阴成位于二，二为下中。故易成位乎其中。”(《周易荀氏九家义·乾坤升降》)

除二五升降，其他爻亦有升降。与之不同的是，失位之爻未必一定阳升阴降，如乾四、上两阳爻失位下降，坤初、三两阴爻失位上升，即乾坤初四、三上互易。荀爽注《坤·文言》“含弘光大”曰：“乾二居坤五为含，坤五居乾二为宏；坤初居乾四为光，乾四居坤初为大。”此言坤初阴失位、乾四阳失位，坤初阴升乾四，乾四阳降坤初。荀注缺乾坤三、上升降，张惠言以惠栋之说补之曰：“惠征士云：乾上居坤三亦为含，故六三‘含章可贞’。坤三居乾上，亦成两既济也。”(《周易荀氏九家义·乾坤升降》)乾上阳失位，坤三阴失位，乾上阳与坤三阴互易，亦是阳降阴升。乾坤失位之爻互易后，十二爻皆得位而成两既济。

乾坤升降与其余诸卦的升降关系，是通过泰否、既济未济实现的。荀爽注《系辞》“仰以观于天文，俯以察于地理，是故知幽明之故”曰：“阴升之阳，则成天之文也。阳降之阴，则成地之理也。‘幽’谓天上地下不可得睹者也，谓否卦变成未济也。‘明’谓天地之间万物陈列著于耳目者，谓泰卦变成既济也。”张惠言将“阴升之阳”和“阳降之阴”解释为“由泰而既济”和“由否而未济”。他说：

> 阴升之阳，则成天之文也。阳降之阴，则成地之理也。“幽”谓否卦变成未济也。“明”谓泰卦变成既济也。此乾坤为三百八十四爻之升降，由泰而既济，由否而未济，为阴阳之大限，通六十四卦为运行。（《周易荀氏九家义·乾坤升降》）

泰否是乾坤所为。泰内乾外坤，上三阴与下三阳交通，为万物之始。否外乾内坤，上三阳下三阴分离，为万物之终。张惠言引《九家易》注《系辞》“原始反终”曰：“阴阳交合，物之始也，阴阳分离，物之终也。交泰时，春也，离否时，秋也。”（《周易荀氏九家义·泰否始终》）就泰否二五升降而言，泰二五升降为既济，否二五升降为未济。亦即既济本于泰卦，泰上坤下乾，乾二阳升坤五，坤五阴降乾二，六爻得位成既济，此为“阴升之阳”“交泰时春”而物生。未济本于否卦，否上乾下坤，乾五降坤二为未济，此为“阳降之阴”“离否时秋”而物死。“否泰为乾坤升降之始终”，亦“为《易》之始终”。

又按十二消息卦说，阴起于午为一阴五阳之姤，一阴生于下；阳起于午为一阳五阴之复，一阳生于下。《九家易》注“方以类聚”曰：“姤卦，阳爻聚于午也。”注“物以群分”曰：“复卦，阴爻聚于子也。”午阳盛之始而阴生，为姤卦。子阴盛之始而阳生，为复卦。张惠言以此为据，从阴阳消息的角度解说荀氏乾坤升降与泰否、姤复、既济未济的关系：

> 姤复者，乾坤之始终。泰否者，乾坤相易之始终。相易，则升降是也。泰天地交，阳息而升，大壮一阳升，夬二阳升，乾

> 三阳升，聚于午。姤一阴降，遁二阴降，否三阴降。天地正乾坤定，阳将降则为未济，物终矣。阴消而升，观一阴升，剥二阴升，坤三阴升，群阴于子，复一阳降，临二阳降，泰三阳降。以高下卑，以贵下贱，天地通，阳将升则为既济，物之始也。自泰至否，乾升坤降，以定万物之列，至于成功。故曰著于耳目谓之明也，自否至泰，天地之气默相交孕以生万物，故曰天上地下不可得睹者，谓之幽也。(《周易荀氏九家义·泰否始终》)

阳息而升，自泰卦寅三爻始，自下而上，大壮一阳升，为卯；夬二阳升，为辰；乾三阳升，为巳。阳升极而阴降，姤一阴降，为午；遁二阴降，为未；否三阴降，为申，天在上地在下，天地正而乾坤定。否五阳降二，阴二升五，二五升降为未济，为物之终。此所谓"自泰而否""由否而未济"。阴消而升，自否卦始，观一阴升，为酉；剥二阴升，为戌；坤三阴升，为亥。阴升极而阳降，复一阳降，为子；临二阳降，为丑；泰三阳降，为寅。泰卦天阳在下、地阴在上，"以高下卑，以贵下贱"而天地通。泰二阳升五、五阴降二成既济，为物之始。此所谓"自否至泰""由泰而既济"。由此可见，"盖乾坤相易，以泰否为端，姤复为舍，既未济为用"。

张惠言强调，荀爽虽将阳升、阴降并言，但乾阳与坤阴的地位并不平等。乾为主，故乾阳爻有升有降。其不得位者可以升降，得位者亦可升降。"乾六爻皆君，二当升坤五，四上跃居五，或下居坤初，上当下之坤三。以乾爻君坤，谓乾六爻为六十四卦之君，乾坤二卦成两既济义。见于此，乃爻升之例，非主一卦而言，其于当卦本爻例，不以变正为义。……乾六爻皆言阳息，坤六爻皆言阴消，未尝成既济也，与虞氏每爻正位成既济者不同。"(《周易荀氏九家义·乾坤升降》)正因乎此，荀氏升降往往灵活多变，不拘一格。有初升五者，如复初；有二升五者，如需、师、临、解、升；有三升五者，如谦、明夷；有四升五者，如离、小过；有三阳同升者，如《需》下三阳；有阳降阴升者，如《泰》三阳下降、三阴上升。概言之，乾阳升降在不同卦中有不同表现：一阴一阳之卦，乾在初复、在二师、在三谦、在四豫；二阳之卦皆在下者，乾在二临、升、解，在三明夷，在四小过、震；三阳之卦皆在下者，乾在三泰，在四归妹、丰、恒；四阳之卦大壮，乾在四。离上一阳是坤二五之乾，非乾上升。显见，张惠言把阳爻皆视为升降所成。

阴阳升降就爻而言，是爻变；就卦而言，则是卦变。张惠言按照一阴一阳、二阴二阳、三阴三阳的次序讨论了荀爽的卦变说。一阴一阳之卦是乾坤消息所为。如剥为一阳之卦，坤阴变乾阳，阴息阳消，阴自下而上变至五为剥。荀注："阴外变五。"夬是一阴之卦，阳息阴消，乾阳变坤阴，变至四爻为大壮，变至五爻为夬，故《九家》注曰："大壮进而成夬。"谦，一阳五阴之卦，是乾阳之坤三，荀注"乾来之坤"。履是一阴五阳之卦，坤阴来居乾三为履。同人一阴五阳，坤二之乾为离，即"离舍于乾"，乾居离上而为同人，是"乾舍于离"。二阳二阴之卦，屯自坎，蒙自艮，坎二阳自乾二五，讼为乾阳居二，亦自遁来。晋，坤阴动进居乾五，亦自观来。蹇、解，乾阳动之坤，乾二之豫为解，乾五之谦为蹇。萃本否卦，否上九变阴为萃卦。三阳三阴之卦，"随、蛊、噬嗑、贲、咸、恒、损、困、井、旅、涣、既济、未济，推其注文，皆自泰否，盖荀言卦变，与虞氏略同。见注者二十六卦，不同虞者蹇解萃三卦"（《周易荀氏九家义・卦变》）。张惠言认为，荀爽以乾坤为卦变之母，其他卦来自乾坤阴阳升降变化。这与虞翻乾坤消息成十辟、十辟生杂卦的思想不同。"荀惟以乾坤为消息而以泰否为升降，故一阴一阳、二阴二阳之卦皆乾坤相之"，如蹇、解。屯蒙讼晋虽自坎艮或遁观而来，"实亦乾之二三，坤之二四耳”。总之，荀氏“卦变之例，皆升降以求六十四卦，皆得通之矣”（《周易荀氏九家义·卦变》）。

荀爽升降有消息之意。其消息既有卦变，又有卦气。乾坤消息可以象征春夏秋冬四时及一年十二月。《九家易》注《系辞》“范围天地之化而不过”曰：“乾坤消息法周天地而不过于十二辰也。”十二辰即十二月。荀爽则用乾坤坎离解释十二月消息：“乾始于坎而终于离，坤始于离而终于坎。离坎者，乾坤之家而阴阳之府。”按照荀爽及九家的说法，乾为纯阳，坤为纯阴，坎为水、为子月、为复卦，离为火、为午月、为姤卦。离火为阳，坎水为阴，阳极而阴生，阴极则阳生，“阴起于午”，“阳起于子”，故乾阳气起于坎而终于离，坤阴气起于离而终于坎。“离坎者，乾坤之家而阴阳之府。”《九家易》以孟氏“六日七分”说注《系辞》“旁行而不流”曰：“旁行而周合六十四卦 ，月主五卦，爻主一日（张惠言注曰：大分言之）。”同时，荀氏还以十二辰解释八卦用事，如以建卯之月释震雷，建巳之月释巽风，建子之月释坎雨，建亥之月释乾君，建申之月释坤藏等。张惠言指出，荀虞卦气的区别在于“虞义乾息则吉、坤消则凶，荀则不然”。在荀爽看来，乾阳坤阴在事物生成中共同发挥作用，乾生坤成，无善恶吉凶可言。“息者阳之生者，消者阴之用也。”阴阳群聚，方才产生吉凶。如《九家》注《系辞》“方以类聚，物以群分”曰：“阴阳爻群居而生吉凶。”“阳性欲升，升而舍离，则吉之盛也；阴性欲承，升而舍坎，则吉之端也。”（《周易荀氏九家义·消息》）

此外，张惠言还详细分析了荀爽九家以京房“世伏”“财官”之说及费氏“据”“承”“应”“乘”等爻象注《易》的内容，并将其视为汉代融合今古文易学的代表人物。总之，“荀氏之说消息，以乾生坤降，万物始乎泰，终于否”。不过，荀氏此说亦有缺陷：“夫阴阳之在天地，出入上下，故理有易有简，位有进有退，道有经有权，归于

正而已。而荀氏言阳常升而不降、阴常降而不升，则姤、遁、否之义大于既济也。”（《周易郑荀义序》）

（三）汉魏诸家“易义别录”

王弼《易》注问世之后，象数之学日趋衰微，故张惠言推明虞氏义，“条而次之”郑、荀二家。又因“诸家虽条理不具”，遂“辑《释文》《集解》及他书所见”，于孟喜、姚信、翟元、蜀才、京房、陆绩、干宝、马融、宋衷、刘表、王肃、董遇、王廙、刘瓛等汉魏易学十四家，“各为别录”。“《子夏传》非汉师说，别为一家”，又作《易纬略义》。其间，张惠言除汇辑资料，还分别介绍诸家生平，辨析源流，考辨真伪，并评价其得失。如《子夏传》作者众说纷纭，张惠言认为既非馯臂子弓，亦非丁宽，唯韩婴一说有据。今传《子夏易传》与《集解》《释文》所引不合，“其文浅近卑弱，不类汉人”。观其文意，“为传者取于孟、京，非孟、京取于此传”（《子夏传》）。关于《易纬》，张惠言认为“其原出于七十二之徒相与传孔子之微言”“纬之出于圣门，而说经者之不可废也”（《易纬略义序》）。在《易纬》八篇中，“《乾坤凿度》，伪书也，不足论；《乾元序制记》，宋人钞撮者为之；《坤灵图》《是类谋》《辨终备》，亡佚既多，不可指说。其近完存者，《稽览图》《乾凿度》《通卦验》”（《易纬略义序》）。“《稽览图》论六日七分之候，《通卦验》言八卦晷气之应，此孟、京氏阴阳之学；《乾凿度》论乾坤消息始于一，变而七进而九，一阴一阳相并而合于十五，统于一元”（《易纬略义序》），盖《易》之大义。他还分析了陆绩、干宝与京房易学的关系。“京氏之义，其本在卦气消息，其用在爻变，考之其传及章句遗文可知。”（《易义别录·干氏》）后世不知《章句》，多以传本《京氏易传》和《飞候》灾异说求京氏易，已“失其本”。“自君明长于灾异，易家世应飞伏、六位六甲、五星四气、六亲九族、福德刑杀,皆出京氏。”(《易义别录·京氏》)干宝即属此类,“有五星四气、六亲九族、福德刑杀,此皆无与于卦者也”(《易义别录·干氏》)。“京氏以《易》阴阳推后世灾变,令升以《易》辞推周家应期,故曰令升之为京氏者,非京氏也。”(《易义别录·干氏》)相较干宝,陆绩可谓明晓京氏大旨者。“陆绩治《易》京氏,而其言纯粹,与干宝绝不相类。”(《易义别录·京氏》)“今观公纪所述,凡纳甲六亲、九族四气、刑德生克,未尝一言及之。”(《易义别录·陆氏》)“由公纪之说,京氏之大指,庶几见之。”(《易义别录·干氏》)

张惠言详细梳理了先秦至汉代的易学传承。他认为,商瞿传孔子易,田何传商瞿易,孟喜传田何易,虞翻传孟氏易。“《易》之传,自商瞿子以至田生惟一家。……夫以传述之统,田生、丁将军之授受,则孟氏为《易》宗无疑。”(《易义别录序》)“今观虞氏所说阴阳消息之序,神明参两之数,九六变化之用,精变神眇,将非田生之传,果有得其秘奥者哉!”(《易义别录·孟氏》)“藉非虞氏,则商瞿所受夫子之微言,其遂歇灭矣。”(《易义别录·孟氏》)基于这一看法,张惠言每每以虞翻易学为尺度裁断汉魏诸家:“商瞿之传,至汉末而绝,唯虞为孟氏学,七十子之大义傥有存者,故乐得而考之。……及仲翔之注既上为世所推,亦未闻有闻风而起者。……其后观蜀才注,卦变之法,与虞氏同,而未得其本;翟子元者,时有所合,而未详;然皆孟氏之支系也。最晚乃读姚氏注,其言乾坤致用,卦变旁通,九六上下,则与虞氏之注若应规矩。……自商瞿受《易》,三百年而至田何,田何之传,四百年而仅得虞翻。虞翻之后,三百年而亡,其略可见者,姚信而已耳,翟子元、蜀才而已耳!”(《易义别录·姚氏》)总之,孟氏易为汉易正宗,上本田何而接孔子大义,下传虞翻而有姚信、翟子元、蜀才不绝于后。因此,“夫学者求田何之传,则唯孟氏此文。求孟氏之义,则唯虞氏注说”(《易义别录·孟氏》)。当然,虞翻传孟氏学又不乏新创,"亦斟酌其意,不必尽同"(《易义别录·孟氏》)。

四、基于汉易立场批判宋代象数之学

张惠言推尊汉易,尤其崇尚虞翻易学。然而,宋易图书之学兴起后,汉代易学愈发沉沦。这就意味着,复兴汉易的同时必须破斥宋易。于是,张惠言秉承清初辨伪传统,通过考察先秦文献,正本清源,层层剥离宋代象数诸说,进一步证明了图书、先天、太极皆非《周易》本意。

(一)河图、洛书不可信

汉代的太乙九宫说,是宋代"洛书"九数的重要依据。太乙九宫说见于《易纬》和《黄帝内经》。《乾凿度》曰:"易一阴一阳合于十五之谓道,故太乙取其数以行九宫,四正四维皆合于十五。"郑玄注曰:"太乙者,北辰之神名也。居其所曰太乙,常行于八卦日辰之间。"《灵枢经》曰:"太乙常以冬至之日居叶蛰之宫四十六日,明日居天留四十六日,明日居仓门四十六日,明日居阴洛四十五日,明日居天宫四十六日,明日居元委四十六日,明日居仓果四十六日,明日居新洛四十五日,明日复居叶蛰之宫曰冬至日矣。太乙日游以冬至之日居叶蛰之宫数,所在日从一处至九日常反于一。"太乙下行九宫之数,即"戴九履一,左三右七,二四为肩,六八为足,五居中央"。张惠言指出,由《乾凿度》及郑玄注可知,先有在天八卦,后有九宫之数:

十五之数起于七八九六,七八九六起于在天之八卦。有在天之卦，即有八卦用事之位，有八卦之位，而后有太乙之九宫。由太乙下行之先后，而后有九宫之数。……是太乙取八卦之数，非八卦之数出于太乙也。后儒乃谓宓羲则此而画卦，不亦诬乎？(《易图条辨》)

“在天之八卦”即月体纳甲。按月体纳甲说，八卦所纳天干数乾一、坤二、艮三、兑四、坎五、离六、震七、巽八，是为八卦之数。大衍之数本于日月变化，天数一、三、五、七、九，地数二、四、六、八、十。“易变而为一，一变而为七，七变而为九，九复变而为一。”阳动而进，阴动而退，七八九六和为十五，是为阴阳自然之数。圣人观八卦之数、自然之数而取六七八九。一二三四五十不用以倚数，“故谓一阴一阳合十五则可，谓八卦合十五则不可”。合三卦成十五，依此画卦，“则坎一、坤二、震三、巽四、乾六、兑七、艮八、离九，于《易》何所施也?”因此，张惠言认为:“若取数于河图，不当超越以从卦也。《灵枢》周人之书，正与《易》说相合。”

至于河图十数，则以汉代五行生成数为理论依据。张惠言广引《汉书》及马融、郑玄、虞翻之说，证明汉儒言《易》无不用“五方生成数”，却从未称其为河图、洛书。孔安国《论语》注本《系辞》“河出图洛出书”一语言河图八卦，实指八卦是河图，却“不以河图为十数、九数之文也”。

据文献记载，宋代图书之学起于陈抟。陈抟《龙图》虽已逸失，但《龙图序》为《宋文鉴》所载，亦见于张理《易象图说》、胡一桂《启蒙翼传》。该文据《系辞》“三陈九卦”发明“龙图三变”说，即“天地未合之数”“天地已合之位”“天地生成之数”。而在张惠言看来，《龙图序》以“三陈九卦”言河图之数实属多余。五十五数之位、太乙九宫之图，汉儒已有详细解说，“何待玩索九卦而得其数？寻叙文之旨,或以未合之数求原于九卦,然据其所推似亦不必九卦而后有此数也”。不仅如此,陈抟河图并未完全脱离汉易,如“天散而示之,伏羲合而用之”,“仍用汉儒消息”。然推其端,“于未合之时有十五之位,二十四之用”,则异于汉儒。因此,从“天散而示之,伏羲合而用之”无法推出其为“龙马背上之文”。后世祖述者“妄为神奇,乃始凿凿如见龙马之毛、灵龟之背,遂并其原叙之文,亦不可解矣”,张理以图解之,更“谬于希夷之旨”。

北宋最早画出河图、洛书并以之推演八卦形成者,非刘牧莫属。刘牧以十个黑白点交错构成的圆圈为太极图。太极阴阳分开,一阳在上、二阴在下、三阳在右,四阴在左,则为“太极生两仪”。如其所云:“天左旋者,取天一天三之位也;地右动者,取地二地四之位也。分而各其处者,盖明上下未交之象也。”张惠言认为,宇宙演化历经太初、太始、太素、太极四个气化阶段,太初气始、太始形始、太素质始,太极气形质具而未分。以数示之,则为一变七、七变九、九复变为一。此“复变一”的“一”即太极。太极分天地,天地交而生万物,方有“大衍之数”“天地生万物之数”。换言之,先有日月进退、五行生成,后有乾一坤二、水一火二之数。“非日月进退则乾一坤二之数无由出也,非五行生成则水一火二之数无由立也。”刘牧却用后出的一二三四之数言自然演化,“以生物之次为天地之体”,因果颠倒,“是今日适越而昔至”。刘牧又将五视为阴阳变化之神,置于两仪图中间,即上一、下二、右三、左四、中五,然后“五上驾天一而下生地六,下驾地二而上生天七,右驾天三而左生地八,左驾地四而右生天九”。此七八九六谓四象,是为“两仪生四象”。张惠言指出,刘牧此论有三点错误:南北合水不通,“闻一六合水于北,未闻一南而北合为六也”;以五合一不妥,一五皆阳数,“安得谓地成之乎?”五不可与一二三四相生,绝无“五仪生四象”之理。刘牧论四象生八卦曰："五行成数者，水数六，金数九，火数七，木数八也。水居坎而生乾，金居兑而生坤，火居离而生巽，木居震而生艮，已居四正而生乾坤艮巽，共成八卦也。"张惠言解释说，"水数六除三画为坎，余三画布于亥成乾"；"金数九除三画为兑，余六画布于申为坤"；"火数七除三画为离，余四画布于巳为巽"；"木数八除三画为震，余五画布于寅为艮"。见下图：

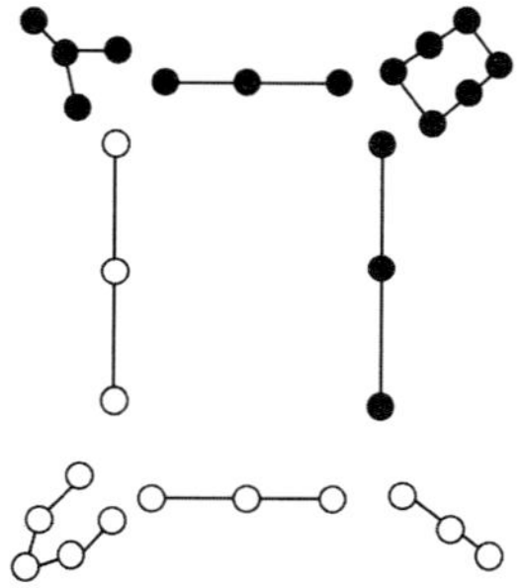

刘牧四象生八卦图

张氏认为，刘牧此说前后抵牾。"刘氏所谓河图之数一六合北，坎乾也；三八合东，震艮也；二七合西，坤兑也；四九合南，巽离也"，而今"九生兑坤，以七生离巽，是何违错耶？"不仅如此，河图之数自一至九虚五应八卦，又虚一至五而用六七八九分别减三为八卦，得三数者五卦、四五六数各一卦，"此河图之数也，呜呼，其谁信之？"

及至南宋，朱熹、蔡元定又作《易学启蒙》，以关子明、邵雍之说为据，主张河十洛九。书中认为，河图虚其中，洛书总其实。河图虚中五、十为太极；余四十之数奇数二十、偶数二十，是为两仪；六七八九为四象；析四方之合为乾坤坎离、补四隅之空为兑震巽艮，则为八卦。张惠言指出，朱熹、蔡元定给出的理由并不充分。原因在于，邵雍但言圆者河图之数、方者洛书之数，却"未尝言九十"；关子明《易》说、胡渭《易图明辨》已有详考。就学理而言，朱子与陆九渊辩论时曾言太极之“极”不可训“中”，然河图五、十居中为太极，“则‘极’仅‘中’之名矣”。至于四十为两仪、四方四隅为八卦之说，则与刘牧同病：“四方之象皆一阴一阳，又未见其分四象也。析四方之合其谓六七八九乎？补四隅之空其一二三四乎？”朱子不知“坤何以六、艮何以一、乾何以七、兑何以二。此于数无一合者，又不若刘牧之巧矣”。

（二）太极图源于道教

周敦颐的太极图，是清初易学辨伪的重点论题之一。尽管毛奇龄、黄宗羲、黄宗炎的具体观点尚有分歧，但在太极图非《周易》本意这一点上已然达成共识。在前人研究的基础上，张惠言对周子太极图的问题进行了总结。他说：

> 太极图为希夷所传，朱子发之言，必非无征。道家以之言丹，而周子取之以论《易》，则改水火为两仪，改三五归一为二五妙合，毛大可之说不足以驳之。胡朏明据《道藏》之图以为今图，系后人所改，证之《汉上易图》，则至为确凿，盖朱子所定也。《易》以阴阳为体、动静为用，阴阳相并俱生，分而迭用。《太极图说》则以阴静为体，阳动为用，其病与康节正同。

另一方面，他又对朱彝尊之说即唐明皇时已有《无极图》，陈抟刻之于华山石壁，而后周敦颐改之为《太极图》提出质疑：“竹垞何以不引其图，岂未之见耶？抑见其绝似周子之图以为后人窃入者，而不以之驳周子耶？然果如此说，则周子信非受之希夷，而异端之说固有稍反之，而即为吾儒者，亦不足以借原彼氏为周子咎也。”

此外，张惠言还讨论了宋赵㧑谦、赵仲全及元袁桷等人的“阴阳鱼”太极图。

赵㧑谦天地自然图

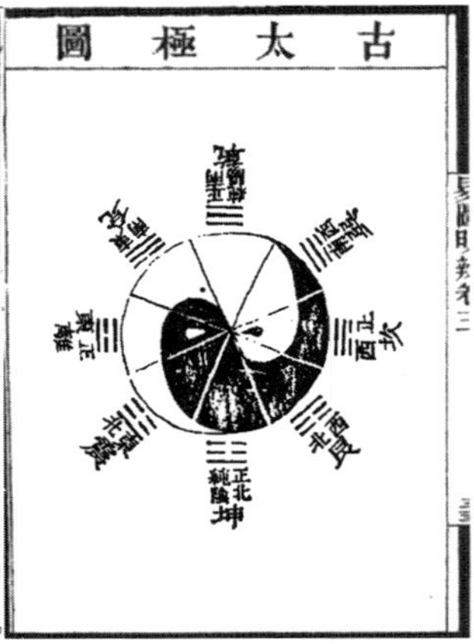

赵仲全古太极图

尊奉此图者，大多认为其内涵阴阳、四象、八卦。张惠言则不然，在他看来，该图必为后起之作。“观此数说，则此图元初出于建安，明人盛传之，其托于蔡季通，非有证据。而胡朏明酷信之，以为希夷所受，康节所传。仅有此图而龙图为妄托，抑亦惑矣。”后人之所以相信阴阳鱼太极图早已存在，并从中推出先天八卦，乃因其杂糅朱震纳甲与周子太极之意，与“卦画之象则诚有巧合者”。但究其根本，阴阳太极图有悖于《周易》之理，其误有四：第一，“阴阳之理，阳必生于子中，阴必生于午中，今图阳始于丑，阴始于未，则于天地之理大谬”；第二，“若以二始对子午，即乾坤又不正南北，此其大不通者也”；第三，“坎之象取对过阳在中，离之象取对过阴在中，以合参同戊己在中宫之象，然坎在西而象东，离在东而象西，六卦皆得其方，而坎离易其位，非其例也”；第四，“八分之而坎之下多一分黑，离之下多一分白，则不成卦矣。或者谓坎离皆取外一分为下爻，内一点为上爻，黑白之体为中爻，则上爻之上亦余一分黑白，其不成卦。同此又其不通也”。总之,“就其图合之朱邵而抵牾,若此况朱邵之图又于《易》不合者乎!”

(三)先天后天不可通

先后天之学是宋易象数的重要组成部分。张惠言指出,观邵雍《皇极经世》“日月星辰”“水火土石”“寒暑昼夜”“元会运世”“皇帝王霸”“易诗书春秋”等纲目可知,“《经世》非言易之书”。进而,他分析了加一倍法的学理失误。依他之见,《易》始于一、变而七九,皆为阳数,二、八、六阴数在后,先阳后阴,即“《易》乾道也,阳道也”。邵氏横图则与此不同,体现的是“先阴而后阳,舍奇而用偶”的思想,显然出自道家。如“先天横图地居左、天居右,与圆图正相反其意,以阴为道之体也”,“二、四、八、十六、三十二、六十四皆阴数也”。“故加一倍者,阴也;易者,阳道也,不可加一倍也。”

在此基础上,张惠言又对邵雍以加一倍法解释太极生八卦的做法提出批评。“康节之言曰:两仪,天地之祖也。”即太极分二谓两仪,阴阳刚柔谓四象,“有阴阳然后可以生天,有刚柔然后可以生地”。张氏则不以为然。在他看来,太极未分乃气变之始也。分而为二,“非天、非地、非阴、非阳,而别有二物耶?”“且曰先得一为一,后得一为二,则太极生一而一生二也,不可言分也。”“《易》曰四象生八卦,今康节曰四象生天地。不知康节以天地即乾坤耶,则不得复云日月星辰、水火土石也。以天地非乾坤耶,是四象生天地、天地分八卦也,皆不可通。”

更重要的是,先天八卦圆图实“全取《参同契》消息,可知先天八卦不过取纳甲图,变其方位耳”。月体纳甲消息,“坎离居中,息而为震兑乾,消而为巽艮坤,是天体为体,日月为用”。邵氏先天图则“以坎离列东西，故震息兑而多一离，巽消艮而多一坎，坎离虽二阴二阳，而与艮兑自下而上者不同，经世之数震一、离兑二、乾三、巽四、坎艮五、坤六。既用消息而交象错杂于中，则不可通之甚者也”。并且，先天八卦乾南坤北、离东坎西之方位亦与经义不合。“乾南坤北之图，据邵子以‘天地定位’一节解之。然‘天地定位’，经未尝云南北也。‘水火不相错（射）’，经未尝言东西也。首天地、次山泽、次雷风、次水火，于乾一、兑二、离三、震四之序又违矣。”在张惠言看来，《说卦》“天地定位”与“帝出乎震”两节“通为一义”，绝不可分“先后天、牺文易也”。

此外，张惠言还对《易学启蒙·原卦画》一篇用加一倍法推演六十四卦横图的做法表示反对。他指出，朱子“横图合周邵而为说，于《易》推排之法亦自可为一义，唯其次序则不可通”。其问题有五：第一，朱熹以太阳为一、少阴为二、少阳为三、太阴为四，“其于阴阳之次了无意义”。其二，乾一、兑二、离三、震四、巽五、坎六、艮七、坤八，“于《易》绝无可征”。其三，“横图自一而次第至八，自其数而言则皆当为‘顺’，自‘知来’而言或皆当为‘逆’。……圆之则半顺半逆可通也，横而列之亦半顺半逆则必不可通也”。其四，四五画之卦本可用互体解释，朱子不取互体，以致四五画之卦殊不可解。其五，六画之卦按序相乘，仍是每一卦上各加八卦，“以彼为造作”，不合情理。

综上可见，张惠言对宋易象数的批评，明显受到了清初毛奇龄、黄宗羲、胡渭等人的影响。事实上，其基本观点和辨伪方法，皆与前人大体一致。就此而言，他对宋代象数学的批判并未超越清初辨伪思潮。不过，相较前人，张氏更善于说理，尤其能做到前后一贯，即以汉易为尺度评判宋易，从而断定图书、先天、太极诸说均与汉代易学不合，应予以舍弃。这一点，正是张惠言《易图条辨》与清初易学辨伪的相异之处。

结　语

张惠言倾一生精力，潜心汉易，以虞氏易为重点，推阐大义，旁及郑玄、荀爽、《易纬》及汉魏诸家，对易汉学尤其是虞翻易学的恢复与重建具有重要意义。其学术价值主要有以下几个方面：

其一，张惠言认为惠栋虞氏易研究的开拓之功不容置疑，但其具体解释尚有未尽之处。张惠言承接惠栋之绪，补缺正误，融会贯通，全面而系统地疏解了虞氏《易》注，极大限度地还原了虞翻易学。如阮元所言："幸李鼎祚撰《集解》，采虞注独详。国朝惠征士栋据之作《易汉学》，推阐纳甲，于消息变化之道，稍启端绪。后作《周易述》，大旨宗虞，而义有未通，补以郑、荀诸儒。……武进张编修惠言，承惠征士之绪，恢而张之，约而精之，阐其疑滞，补其亡阙，纠其讹舛，成《虞氏义》九卷，又标其纲领，成《虞氏消息》二卷。……盖自虞仲翔以来，绵绵延延千四百余载，至今日而昭然复明。呜呼，可谓盛矣。"（《周易虞氏义序》）

其二，尽管唐代李鼎祚的《周易集解》保存了大量的虞翻易学资料，但因其散见于经文注释，缺乏全面系统的解说，故后世学者多批评其支离破碎，缺乏逻辑性。直至清代，这种看法依然流行。如王引之认为虞氏纳甲、旁通牵强附会，焦循指出卦变"不能画一"、纳甲"牵合不能贯通"的弊病。同时代的韩国易学家丁若镛也觉察到虞氏卦变的前后矛盾。有鉴于此，张惠言在疏解虞翻《易》注的同时，又以消息为核心重新诠释虞氏易学，使之更加系统化、逻辑化，得以成为一以贯之、具有思想性和逻辑性的易学体系，从而回应了古今学者对虞翻易学的指责。

其三，张惠言进一步深化了汉易研究。他以虞氏易为重点，旁及郑玄、荀爽，较为完整地归纳了两家易例，再现其《易》注本义与逻辑系统，为后世研究郑、荀易学提供了极为重要的参考资料。同时，他汇辑、整理其他汉魏易学资料，考辨诸家生平、著述及易学源流，并对疑难问题提出自己的见解，从而勾勒出汉代易学发展的基本轮廓，对汉易乃至整个易学史研究不无裨益。

在张惠言的影响下，此后研究虞翻易学者不乏其人，虞氏易亦随之成为清代后期乃至民国时期的显学易。如李锐（1773—1817）著《周易虞氏略例》，专述虞氏易例，发挥虞氏之义，纠正张惠言消息之误；胡祥麟作《虞氏易消息图说》，述张惠言虞氏消息之义；方申著《虞氏逸象汇编》，共得虞氏逸象一千二百八十七则，远超惠栋、张惠言二家；曾钊（1793—1854）著《周易虞氏义笺》九卷，“补张惠言之疏漏，一准虞氏家法，其驳正张惠言之义，尤为审细”（《续修四库全书总目提要》）；纪磊著《虞氏易义补注》《虞氏逸象考正》，对张惠言所引其他文献释虞氏易处一一驳正，又在惠、张基础上辨析补正虞氏逸象；民国李翊灼《周易虞氏义笺订》二十卷将张惠言《周易虞氏义》与曾钊《周易虞氏义笺》汇为一编，旁征博引，考证尤详；徐昂（1877—1953）著《周易虞氏学》六卷，阐释虞氏《易》注及张氏疏文，纠正张氏之误，论述虞氏易之特征及条理。

张惠言对虞氏易和其他汉易的精湛研究，得到了学者们的高度评价。清包世臣曰：“《易》义不终晦，敦复有张氏（武进张皋文先生，讳惠言）。观象得微言，明辨百世俟。私淑从董生（武进董士锡，字晋卿），略悟消息旨。”①阮元称：“汉人之《易》，孟、费诸家各有师承，势不能合。皋文传虞氏《易》，即传汉孟氏易矣，孤经绝学也。”（《清儒学案》卷一一七《茗柯学案附录》）皮锡瑞曰：“近儒说《易》，惟焦循、张惠言最善。其成书稍后，《四库》未收，故《提要》亦未及称许。实皆学《易》者所宜急治。……张氏著《周易虞氏义》，复有《虞氏消息》《虞氏易礼》《易事》《易言》《易候》，笃守家法，用功至深，汉学颛门，存此一线。治颛门者，当治张氏之书，以窥汉易之旨。”②章太炎将张惠言与惠栋、姚配中、焦循等人一起视为清代易学的代表人物：“惟惠栋、张惠言诸家，其治《周易》不能无捃摭阴阳，其他几于屏阁。”“至清世为疏者，《易》有惠栋《述》，江藩、李林松《述补》（用荀、虞二家为主，兼采汉儒各家及《乾凿度》诸纬书），张惠言《虞氏义》虽拘滞，趣以识古。……他《易》有姚配中（著《周易姚氏学》）。……焦循为《易通释》，取诸卦爻中文字声类相比者，从其方部，触类而长，所到冰释。……亦足以名其家。”③梁启超沿袭章太炎说：“清学自当以经学为中坚，其最有功于经学者，则诸经殆皆有新疏也。其在《易》，则有惠栋之《周易述》，张惠言之《周易虞氏义》，姚配中之《周易姚氏学》。……清儒最善言《易》者，唯一焦循。”④后来，梁启超又在《中国近三百年学术史》中有所修正：“可以代表清儒《易》学者不过三大家，曰惠定宇、曰张皋

① 〔清〕包世臣：《艺舟双楫》卷二《述学一首示十九弟季怀》，《续修四库全书》第1082册，上海古籍出版社2002年版。

② 〔清〕皮锡瑞：《经学通论》，中华书局1954年版，第33～34页。

③ 章太炎：《清儒》二，见《中国近三百年学术史论》，上海古籍出版社2012年版，第17、18～19页。

④ 梁启超撰，朱维铮导读：《清代学术概论》，上海古籍出版社1998年版，第49页。

文、曰焦里堂。"[1]他评论张惠言说:"张皋文所著书,主要的是《周易虞氏义》九卷,还有《虞氏易礼》《易言》《易事》《易候》及《荀氏九家义》《易义别录》等。皋文凭借定宇的基业,继长增高,自然成绩要好些。他的长处在家法明了,把虞仲翔一家学问,发挥尽致,别家作为附庸,分别搜择,不相杂厕。我们读这几部书,可以知道汉易中最主要的部分——《虞氏易》有怎样的内容,这是皋文的功劳。"[2]柯劭忞也给予张惠言很高的评价:"惠言继征君而起,独宗虞氏,穷探力索,积三年而后通。……盖虞氏之学,独惠言深造,非泛滥者所及也。"(《续修四库全书总目提要》)徐世昌亦云:"茗柯经学,出于惠氏定宇、江氏慎修两家,精心过人,于虞氏《易》为专家绝学。"(《清儒学案》卷一一七《茗柯学案》)凡此种种,足以证明张惠言易学在清代可谓举足轻重。

当然,张氏著作绝非尽善尽美。他虽力图以"消息"贯通虞氏易学,但牵强附会之论委实颇多。如以月体消息融合卦变、卦气、旁通偶有抵触之处,故其不得已作各类消息图尽力消解之。更重要的是,张惠言对虞翻易学的许多解释,实为自家识见,并未一准虞氏本意,如引《易纬》释太极为阴阳消息即明证。

同时,他将虞翻视为远承孔子、近接田何、孟喜的正宗易学传人,并由此贬低别家,有失公允。方东树指出:"孔子《十翼》具在,有一语及于纳甲、飞伏、爻辰等说哉?汉儒之《易》,谓兼存一说,则

---

① 梁启超著,夏晓虹、陆胤校:《中国近三百年学术史》,商务印书馆2011年版,第218页。

② 梁启超著,夏晓虹、陆胤校:《中国近三百年学术史》,商务印书馆2011年版,第218~219页。

可;谓三圣之本义在此,则不可。”①陈澧亦有同论:“张皋文乃独取虞注,因其义例而补完之,以存一家之学,此可谓好古也。乃因虞氏自言世传孟氏易,而推尊孟氏,且信孟氏所言田生枕膝独传之语,又推而上之,遂以为商瞿所受夫子之微言,因虞氏而不歇灭,层絫递高,至于圣人而后已,则太过矣。”②

---

① 〔清〕方东树:《汉学商兑》卷下,见〔清〕江藩、方东树著,徐洪兴编校:《汉学师承记(外二种)》,中西书局 2012 年版,第 338 页。

② 〔清〕陈澧:《东塾读书记》,中西书局 2012 年版,第 64 页。

第三章　姚配中的郑氏易以及“易元”之学

姚配中(1792—1844),字仲虞,安徽旌德人,道光间诸生。少而颖悟,二十岁已遍览经、史、子部书籍,天文、历法、音韵无所不通。嘉庆十九年(1814),以郑学而闻名的经学家包世荣(1784—1826)居金陵,见其涉猎广泛而无所长,劝其专攻易学。姚氏自述称:“季怀以余涉猎之多涂也,谓余曰:‘《易》者,五常之原,而寡过之要。学之,达足以善天下,穷亦足以善其身。学以专成,以广废,慎毋泛骛为也。’余深然之,遂壹志于《易》。”①初学张惠言《周易虞氏义》,叹虞氏易之精微,故改字仲虞。② 后得李鼎祚《周易集解》,研究汉魏众家《易》说,认为郑玄易学胜于他家,然其义简略,“意推之至形梦寐”(包世臣《清故文学旌德姚君传》),终以郑氏易为主并参以汉魏诸家而成《周易参象》十四卷。嘉庆二十二年(1817),

① 〔清〕姚配中:《周易姚氏学·包世荣序》,《续修四库全书》第30册,上海古籍出版社2002年版。下引该书只注篇名。

② 包世荣曰:“武进张氏惠言专据虞氏注作《周易虞氏义》,吾友姚君仲虞始于市得张氏书,因为虞氏之学。余为改今字,美其志也。”(《周易姚氏学·包世荣序》)。

姚配中与包世荣游历扬州，其间，结交了刘文淇、刘宝楠、薛传均、杨亮、汪谷等著名经学家，并听取诸友意见，将《周易参象》更名为《周易疏证》，且增至十六卷。该书“凡四易，时经七载”，后定名为《周易姚氏学》。五年后返乡，潜心修习、传业二十余载，以廪生病逝于故里。

除《周易姚氏学》，姚配中还有《易学阐元》和《周易通论月令》两部易学著作。其中，《易学阐元》实为《周易姚氏学》书前三篇通论《赞元》《释数》《定名》合刊而成①，《周易通论月令》则以《月令》为先王体天穷民之大经，故融通《周易》与《月令》而一本卦气。

一、崇尚郑玄易学

与张惠言推尊虞翻易学不同，姚配中认为郑玄易学胜于其他汉易，最为精深，故取郑氏易辑本予以解释，力图揭示其精湛之意。对郑注有缺处，则以汉易诸家补之。不过，他因郑氏爻辰广受诟病，故不取爻辰星象，其他则依郑氏家法。如柯劭忞所言：“自张惠言以后，治虞氏易者，一时风靡。配中研究汉易，独谓郑君最优，殚精竭思，至形梦寐……大旨主发明郑学，郑君所未备者，取荀、虞诸家补之，然必与郑义相比附，荀、虞诸家所未及者，附加按语，亦本郑君家法。由卦象以求义理，一洗附会穿凿之陋，至郑君间取爻辰征之星宿为后人所驳斥者，配中悉皆删去，一字不登，尤见择善而从，不为门户之标榜，可谓善学郑君者矣。”（《续修四库全书总目提要》）需要说明的是，包世荣治《诗》专攻毛注、郑笺，著有《毛诗礼征》，姚氏曾参与该书的修订工作，故其推崇郑玄应与其师包氏的

① 〔清〕姚配中：《姚氏易学阐元·张寿荣跋》，《续修四库全书》第31册，上海古籍出版社2002年版，第12页。下引该书只注篇名。

影响有关。

《周易姚氏学》以郑氏易为宗,且多有发明。如以《易纬》郑注“七”“九”“八”“六”之数解释易学起源、卦气、易数等问题,重建了象数与义理视域下以元为核心的易学体系;取郑玄《易》注及其他汉易著作,运用象数、训诂、义理方法诠释《周易》文本;以易学象数通释《月令》及郑注,阐明象数与历法、音律、星象之间的关系,等等。当然,单就引文数量而言,该书引虞翻《易》注远超郑玄。不过,判定易学家的学术倾向,不能仅看引文数量,关键在于把握其思想归属。众所周知,郑玄易学重象数兼义理,明训诂举大义。他从象数出发,言《易》之三义与天体运行、阴阳盈虚、四时更替、五行流转、十二月变化,推天道而明易理。又以三礼注《易》、引史证《易》,阐明社会、人生进退之理,切近人事,是汉易别家无法超越的。这也正是姚配中推崇郑氏易的原因。陈詠琳博士有一段透辟之论:“《周易姚氏学》对‘郑康成’的称引次数,应不超过二百次,甚至未达称引虞翻数目的一半。如果只从称引数量来看,恐怕会推测出姚氏宗主虞翻,而非郑玄的错误结论,若是细心考察,即可知姚配中摄取了郑氏易学的义理观,例如‘用九体《乾》’‘易三义’‘太极之说’等易学理论,以及其‘以史事证《易》’‘以三礼说《易》’‘以《易纬》治易’等解《易》方式。……可知姚配中萃取郑氏易学的精义,而除去受争议的部分,择善而从,多采郑玄之义理易学理路来构筑自己的易学体系,并取虞翻之象数易例作为辅翼,由象数以求义理,发明郑易不遗余力。”①不过,由引文数量可知,姚氏解《易》亦未摒弃虞翻易学。“姚配中初治虞翻易,后宗郑玄易,故

① 陈詠琳:《姚配中〈周易姚氏学〉研究》,台湾花木兰文化出版社2013年版,第183~184页。

能集结郑玄、虞翻两大汉易学家之所长，并结合己见，撰成《周易姚氏学》十六卷及《周易通论月令》二卷，流传于后世。”①此外，姚配中更以《易传》为宗，兼取《易纬》、荀爽、马融诸家会而通之，成一家之言。他说：“师儒授受，别派专门，见知见仁，百虑一致。是故不深究众说之会归者，不足与言《易》。以十翼为正鹄，以群儒为弓矢，博学以厚其力，思索以通其神，审辨以明其旨，则庶几其不远也夫！”（《周易姚氏学序》）因此，姚氏易学不可简单地理解为郑玄《易》注的再现，而是以《易传》为宗，取郑、虞两家并兼采汉易诸说形成的内涵象数、义理的独特易学体系。正如吕相国博士所言：“姚氏易之所以成就其自身的特色，虽然得益于汉易，尤其是郑氏易尤多，甚至其学之出发点都可以从郑氏易中寻找到端倪，然就姚氏学自身之特点而言，则多是其平时‘涵泳经传本文’所得。”②

二、以“元”为核心的易学体系

《易》辞多有“元”字。据张惠言统计，《周易》卦爻辞言“元”凡二十七次（《周易虞氏消息·元第九》）。在卜筮话语下，“元”往往被训为“始”或“大”。郑玄注《尚书大传》“元祀代泰山”曰：“元者，始也。”注《礼记·文王世子》“一有元良”云：“元者，大也。”朱熹曰：“元者，大也。”也就是说，“元”本指占问之事的开始或大事之成败，并无形上意蕴。《易传》则将“元”与《乾》《坤》卦名相连而为“乾元”“坤元”。《彖传》曰：“大哉乾元，万物资始，乃统天。”“至哉

---

① 陈詠琳：《姚配中〈周易姚氏学〉研究》，花木兰文化出版社 2013 年版，第 42～43 页。

② 吕相国：《姚配中“元”视域下“象数”与“义理”的统一》，《周易研究》2015 年第 1 期。

坤元，万物资生，乃顺承天。”《文言》曰：“元者，善之长也。”自此，“元”被解释为生生之德，是具有形上意义的宇宙之本。如《子夏传》曰：“元，始也。亨，通也。利，和也。贞，正也。言乾禀纯阳之性，故能首出庶物，各得元始、开通、和谐、贞固，不失其宜。”《九家易》注“大哉乾元”曰：“阳称大，六爻纯阳，故曰大。乾者纯阳，众卦所生，天之象也。观乾之始，以知天德。惟天为大，惟乾则之，故曰大哉。元者，气之始也。”（《周易集解》卷一）清代乾嘉时期，惠栋、张惠言立足于文字训诂，将“元”解释为始、一、气、道、太极、万物之始、消息之本。姚配中接续了这一传统，以“元”为基本范畴并贯穿始终，从而建构出乾嘉以来最富逻辑性的“元”的易学体系。

（一）元者，易之原也

姚氏接受了虞翻等人的观点，认为易有自然之易和圣人之《易》。太极之元，分阴阳，成天地，阴阳交合，大化流行，万物生生不息，此为自然之易；圣人法此太极之元，画阴阳之爻，由爻成卦，是为圣人之《易》。他说：“太极者，一阴一阳之道也。阳道类聚而成乾，阴道类聚而成坤。乾坤生于太极。……在天成象，故观象于天，太极之象，易之象也。在地成形，故观法于地，太极之形，易之形也。成象成形皆易之变化，故变化见矣。此天地自然之易，圣人所则效者也。”（《系辞上》注）《周易》卦爻始于太极之元，而有阴阳、八卦、六十四卦。“三画重为六画，而八卦各六画矣，以六画之八卦刚柔相推而成六十四卦矣，皆谓伏羲也。……伏羲之卦有象无字，有画无爻。”（《系辞下》注）虽然如此，伏羲之卦却内涵卦画之变，爻象九六之义。文王则依伏羲卦画，“统一卦而命以卦之名，统一卦六画而命以卦之义，‘乾元亨利贞’是也。观画之动而命之为九六，观九六之义而系之以辞，‘初九潜龙勿用’之类是也”

（《乾》初九注）。总之,《周易》文本形成以“元”为本。

1. 元为万物之原

何为元？元为气,为易,为一,为道本。它为天地万物之根本,造化天地万物并贯穿始终：

> 盖元者,视之不见,听之不闻,范围不过,曲成不遗,在天成象,在地成形,见乃谓之象,形乃谓之器。皆元也。（《赞元》）
>
> 许氏《说文》云：“惟初太始（大极）,道立于一,造分天地,化成万物。”此则元之所以为元也。（《赞元》）
>
> 元者,二气之始,万物之元也。（《乾》注）
>
> 始生之者,元也。元者,一也,一者,易也。（《定名》）

元作为气,潜藏不显,无形无状。“阳气潜藏,谓元矣。”为了说明元为无形之气,姚配中引董仲舒《春秋繁露》、何休《公羊》注及《易纬》说明之。《春秋繁露·重政》曰：“元,犹原也。”何休《公羊》注云：“元者,气也。无形以起,有形以分,造起天地,天地之始也。”《乾凿度》曰：“夫有形生于无形,乾坤安从生？故曰有太易、有太初、有太始、有太素也。太易者,未见气也。太初者,气之始也。太始者,形之始也。太素者,质之始也。气形质具而未离,故曰浑沦。浑沦者,言万物相混成而未离,视之不见,听之不闻,循之不得,故曰易也。”“元即易也。”（《定名》）“观此诸义,可以知元也。”（《赞元》）

元为太极,太极即太一、即神、即道。太极分阴阳,阴阳合而生天地,分四时、成五行：

太极，元气函三而为一者也。阴阳合谓之一，太极是也。(《释数》)

元者，二气之始，万物之元也。太极，阴阳之始，分为二，阴阳各有始。(《乾》注)

神即一，一即易，易即太极。阴阳不测谓之神，淳和未分谓之太极，简易、变易、不易谓之为易。(《释数》)

四时消息，阴阳往来何？莫非元之用乎。(用九注)

“一者，元也”，元气即太极。《吕览·大乐》曰：“太极出两仪，万物所出，造于太一，化于阴阳。道也者，视之不见，听之不闻，不可为状，有知不见之见、不闻之闻、无状之状者，则几于知之矣。道也者，至精也不可为形，不可为名，强为之谓之太一。”(《定名》)姚氏案曰：“太一，即一也。”姚氏认为，元、太极即淳和未分之气，故称一。分而阴阳以成天地，则为二。“易始于太极，一阴一阳之谓道也。太极分为二，清阳为天，浊阴为地。”太极先分而后合，合则生物。其注“一阴一阳之谓道”曰：“一阴一阳之谓道，太极元气含三而为一者也。《淮南子》曰：‘道曰规始于一，一而不生，故分而为阴阳，阴阳和合而万物生。’然则阴阳未分曰太极，既分曰阴阳，和合曰和气。和合之于未分，其实一也。以先后殊其名耳。”(《周易姚氏学》卷十四)姚氏又引《礼记》《春秋繁露》说明太极元气生四时、五行。《礼运》曰：“夫礼必本于太一，分而为天地，转而为阴阳，变而为四时。”董仲舒曰：“天地之气合而为一，分为阴阳，判为四时，列为五行。”依姚氏之见，元气、太极、一、易、神等概念内在关联，互诠互显，但其角度不同。“案：神即一，一即易，易即太极。阴阳不测谓之为神，淳和未分谓之太极，简易、变易、不易谓之为易。以一统万，谓之为一。无形以起，有形以立，谓之为元，随义生称者也。”

(《释数》)

元一为数之原。一,谓自初至终、自下至上,周而复始。天地之数、五行之数、干支之数皆本于一,表示万物成始成终:

> 元者,一也。(《定名》)
>
> 自初至终,谓之一,自下至上,谓之一,一周谓之一。一者,数之原,万之统,乃元之称,非下之称也。
>
> 一者,数之原,万之统也。(《释数》)
>
> 以一统万,谓之为一,无形以起,有形以立,谓之为元,随意生称者也。(《释数》)

数起于一,一统众数。就此而言,一即万,万即一。其指称有所不同,随意义变化而定。如天地十数自一始至一终,以示事物有开始、有壮盛、有终结。“天一、地二、天三、地四、天五、地六、天七、地八、天九、地十,十亦一也。以一始,以一终,自一至十,不过因始、壮、究而易其名耳。”(《释数》)姚氏又引《乾凿度》一七九之变证明一贯穿始终:“易变而为一,一变而为七,七变而为九。九者,气变之究也,乃复变而为一。一者,形变之始,清轻者上为天,浊重者下为地。物有始有壮有究。”就阴阳而言,阳一阴一,一阴一阳之谓道。阳始于一,阴二亦始于一:“阳始于一,其动也直,丨是也。阴始于一,其动也辟,二是也。”《说文》云:“丨,上下通也。二,地之数也。”(《释数》)姚氏认为,“丨”和“一”写法不同,一纵一横,“自上而下,自下而上,是为丨,自左而右,自右而左,是为一”,其实皆为“一”。“辟则分二,即一一,纵横异耳。”进而,他又用“丨”和“一”之笔画说明一与五行数的关系:“以丨遇一,贯而成十,始于一终于十,十则五行生成之数备矣。”(《释数》)一、二、三、四、五为五行生数，六、七、八、九、十是五行成数。“案一至五，五行生数；六至十，五行成数。”有五行，则东西南北中五方之位定矣。《说文》曰：“十，数之具也。一为东西，丨为南北，则四方中央备矣。”“丨”和“一”构成“丄”“丅”，可证“一”与“十”“中”的关系：

阳动也直，在地上为丄，在地下为丅，贯地中，通上下，则为十，为中，皆丨也。《说文》云：“丄，高也。丅，底也。中，内地。从口丨，通上下。”（《释数》）

“丨”与“一”纵横相交为“十”，“阴阳始遇，交为乂……乂转而为十，阳直下行，阴见地面也，是为十”。“阳升为丄，降为丅，丄丅合是为十。十者何？一阴而一阳，一纵而一横也。”“十者，一纵一横，天地之交，阴阳之合气。”“中”则是口加丨，“阳以一围，口是也”，中为口一与丨合，故中为一、为太极。“中者，天地之太极也。”（《释数》）

姚配中又以“一”“丨”的关系来说明干支及干支数在事物形成、发展、变化中的意义。如“乙”象春草木冤曲而出，“乙与丨同”，即一；丙“从一入冂，一者阳也”。“阳由下生，阴自上降，故为寅、为甲。由寅甲而卯乙，乙象阳生，卯象阴辟，以丨交一，变而成七。阳虽升，其未升者仍曲尾也，故七阳上升，则阴气分别而降。- - 变为八，八，别也，- - 之变也。……阳气究于九，九者，升极而还复之形也。于时建巳，阳究于外，阴屈于中，阳极将入，是为丙巳，纯阳之月。九，老阳之数，九也者，一之究也。”（《释数》）

2. 元为《周易》之原

元不仅是天地之原、万物之原、数理之原，也是《周易》之原。太极元气分阴分阳、交感流行而成日月相推、四时更替、万物变化。

圣人观之而画卦爻，则为《周易》。姚配中说：

> 道立于一，以一函三，发为六画，是为三才，才，材也，始也。六画既变，则曰爻，爻效天下之动也。是为三极。阳极于九，阴极于六也。（《赞元》）
>
> 元者，一也，故曰“天下之动贞夫一”。发为六画，变为六爻，一以贯之耳。（《赞元》）
>
> 一者，元也。元者，易之原也。（《自序》）
>
> 易之始，始于太极，一阴一阳之谓道也。终于既济，亦一阴一阳，复太极之体，以是始以是终，终而复始，周流无竟者也。（《文言传》注）

姚氏认为，《周易》卦爻符号本于“元”“一”，一演为六画之卦，六画之卦变为六爻。“元发为画，画变成爻，爻极乃化。”（《赞元》）“一一谓之画，卦首六画是也。九六谓之爻，画之变也。伏羲之易有画，无九六之爻。文王发挥刚柔，乃增以九六之爻。诸所称初九、初六皆是也。”圣人本于“一”而画出一一，然后依据易画一一画出爻。爻变动，称九六。也就是说，卦画为元之象，爻变为元之变。“象者言乎象，卦画者，元之象也。爻者言乎变，九六者，画之变也。谓之变者，画变而为爻。”（《赞元》）画如何变为爻？姚氏引《乾凿度》郑注释之：“象者，爻之不变动者，九六，爻之变动者，一变而为七，是今阳爻之象，七变而为九，是今阳爻之变。八变而为六，是今阴爻之变，二变而为八，是今阴爻之象。”（《赞元》）此所谓“变”，指易画变易爻，易画不变以七八称之，爻之变以九六称之，即由七八之画变为九六之爻。“一一而以为七八者”，“画者七八，由七八而变为九六是之谓变”，“非阴变阳、阳变阴之谓也”。画之变，象征阴阳之气的消长。《乾凿度》曰:“变七之九,象其气之息也。……变八之六,象其气之消也。”故“不知一者,不足与言《易》”。

进而,他联系冬至、夏至日的阴阳消长及其方位推演元一到画、爻的形成:“冬至阳生,为阳之始也。一变为七,是为正东,故阳七之静始于坎。至正东则阳已成七,七为变之始。七变而九,是为东南,故阳九之动始于震。由一而七,由七而九也。三微成著正东,阳乃著见,成画七也。冬至之阳,是为赜元也。正东阳已出地,乃有形容七也。……此由元而成画者也。阳九之动始于震,由正东至东南,七变成九,此由画而成爻也。”夏至阴生,阴之动静,“义也如此”。此处的“七八九六”不仅是画与爻,也是四象、四时、四方。其注《系辞传》“四象生八卦”云:“四象为七八九六,即四营,布于四方是曰四时。”换言之,《易》之画爻是效法元流行于四方四时而作,故一元为六画,变为六爻,六画之卦始于一元。如其所云:“道立于一,以一函三,发为六画,是为三才。”“元者,一也。……发为六画,变为六爻,以一贯耳。”(《赞元》)“ 观兹诸义,可知元之于画,画之于爻,元贯始终,六画共体,爻之变化,各自画来。”(《乾初九》)不仅一卦六画六爻本于元,“合六十四卦、三百八十四爻、万千五百二十策而目之为《周易》,言其周流而无不遍者,皆易也……元即易也”(《定名》)。乾坤始为太极,至既济一阴一阳亦为太极。

元为太极,太极生阴阳,阴阳合为太极,即“合乾坤之元为太极”。乾元、坤元合而生卦,乾坤为阴阳之宗,阴阳交会立坎离,成既济未济。概言之,乾坤消息成六十四卦,皆乾元、坤元之用。姚配中说:

乾元用九,坤元用六,一经皆九六,九六皆元之用,元即易也。元之用九六,终始一经,即周也。一经之卦各六爻,六爻

者,三极之道,而元用之,是元之以一贯三矣。(《定名》)

易始于太极,一阴一阳之谓道也。太极分为二,清阳为天,浊阴为地。乾坤,易之门,阴阳之宗。是以二卦通,生变化;中气通,成坎离;六位通,成既济、未济。乾元、坤元,资始、资生,八卦错综,成六十四,莫非乾、坤之消息,阳皆乾元之用,阴皆坤元之用也。(《乾》注)

用九,乾元用九也。阳爻为九,元则用之,故见群龙无首,谓六爻为乾元所用,不为乾元之首,乾元亦不自用,而用六龙,所谓“乾元用九,乃见天则”。四时者,天之用,非即天;六龙者,乾元之用,非即乾元。圣人作《易》,托乾元之位于五。……五者,乾元之位,非即乾元。(《乾》注)

太极内涵阴阳。乾元,即太极之阳;坤元,即太极之阴。“乾元,阳之始;坤元,阴之始。”(《坤》注)用九为乾元,用六为坤元。“乾元用九、坤元用六,一经皆九六,九六皆元之用,元即易也。”(《定名》)乾元、坤元并非六爻,而在六爻之上,六爻则是乾元、坤元之用。“乾元坤元不在爻数,用九用六,实有用之者矣。”(《赞元》)姚氏以郑玄“用九”注文“六爻皆体乾,群龙之象也,舜既受禅,禹与稷、契、咎繇之属,并在于朝”为据,说明“乾元”即“用九”,而非乾之六爻:“郑玄以六爻为禹、稷诸人,以舜则用九者,不在六爻之数,所谓乾元。”这是说,“禹与稷、契、咎繇之属”为六爻,舜在“禹、稷诸人”之上为用九,即乾元有别于乾元之用。他又引《坤》卦虞注“坤含光大,凝乾之元,终于坤亥,出乾初子”说明元生乾元、坤元。依姚氏理解,乾䷀阳尽于剥䷖,剥戌月,坤䷁亥月,坤阴尽为复䷗,复初阳生,为子月,复初爻即乾初爻,亦即乾元。乾元、坤元皆本于太极之元。“建亥之月,坤卦用事。十一月子一阳生,体复乾初也,故终于坤亥出乾初子。坤含光大,凝乾之元,凝乾元即坤元也。坤元凝乾元,故虞于'元'每称乾,以乾元藏坤元中也,非谓坤无元。太极生两仪,太极,元也。阴阳未分,非有阳而无阴,《传》曰:'一阴一阳之谓道。'太极分为乾坤,则乾得其阳,坤得其阴,皆太极之元也。"(《坤》注)"以乾坤为首者,阴阳之元也。乾元藏于戊,荄于亥。坤十月卦,阳伏而阴妊。乾初曰潜龙,坤上曰龙战,皆谓元也。"(《定名》)由《乾》初九曰"潜龙"、《坤》上六曰"龙战"可知,乾元藏坤中,元生乾元、坤元。乾元隐于复初爻,坤元隐于姤初爻,故复初有乾元之义、姤初有坤元之义。坎离为乾坤二用,坎中阳,乾元,离中阴,坤元,二用二爻无爻位,周流六虚,故乾坤十二消息不见坎离,离日坎月相会于晦朔之际,所谓坎离交而形伏,保合太和也,即坤元伏乾元也。[①] 一言以蔽之,六十四卦由乾元、坤元相交而成,故皆为元之用。"终谓上,始谓初,谓乾元周流于六位之中,与坤交而成坎离,坎离互而成既济未济,经之终始,莫非元也。日月为易,亦元之用耳。"(《乾·彖》注)

在此基础上,姚配中又论述了初九与乾元的关系,并区分了元与乾元。按《易纬》之说,九为究,即气之究。易卦下为初,上为究。今初而称九,似有不通。对此,姚氏以气之隐显、飞伏和爻画一与全的关系解之。他说:"初而称九者何?夫元之资始资生也。卦爻未兆,而气全具,形而为初体之先见。而其自二至上未形之气,即伏于初。息至二,则即全伏于初二。息至三,则上体三画之气即伏于下体。至六画,已全气悉成,体成而皆少,故六画之象,初与上同,及其究也,则初画究是曰初九,上画究是曰上九。初究与上究

---

① 〔清〕姚配中:《周易通论月令》卷一,《续修四库全书》第30册,上海古籍出版社2002年版。下引该书只注书名、卷数。

同时，上究而初亦究，上生与初生亦同时，初生而上即伏于初。盖气无不全，著有早晏，或早著而晚究，或晚著而即究，推诸物类，莫不皆然。……每一画一爻，必兼论全卦，或同时并发，或异位相承，或彼此互乖，或先后各异。气至而行，时及而应。画有变有不变，爻有化有不化。”(《乾》注)据此，他批评朱震所引陆绩之说即“在初称初九，去初之二称九二”，是不知“六画一体，非有分离，六爻之效各自画来”。“如所说是乃爻来之画，非画变成爻。爻画隔绝，气不相通。”(《乾》注)姚配中也不赞同惠栋“初九为元、为一”的观点。“惠氏因荀义，而以初九为元，为太极，未之审也。”(《赞元》)依他之见，“气从下生，故下称初，初，始也。不言一，别一也”(《乾》注)，“易气从下生，实从中生，据画云下耳，全卦之气罔不毕具，是之谓元”(《赞元》)。

易数亦起于元。“天一、地二、天三、地四、天五、地六、天七、地八、天九、地十，何也，一也。一者，元也。”(《自序》)天地之数和为五十五，按郑玄解释，五十五减五为大衍之数。姚配中指出，不仅大衍之数起自元，主宰大衍之数亦为元。其解郑注《系辞》大衍章云：“天地之数五十五，减其小数，五以象五行，用其大数五十以演卦，故曰：‘大演之数五十。’五十者，参天两地。减五亦参天两地，减一象太枢也。”注“易有太极”曰：“案马云：太极，北辰。虞云：太极，太乙。其义似与郑异而实同。北辰太乙言其神之所栖，即《乾凿度》所云‘太乙行九宫’者是也。元也，大衍所减之一，为四十九数之主者也。郑则言其用，即四十九是也。”行蓍策数本于元，体现了万物以元为本。“乾元万物资以始，坤元万物资以生，易之爻策，万物也。而始生之者，元也。”(《定名》)荀爽“谓分为六十四卦、万一千五百二十策，皆受始于乾也。策取始于乾(姚案：谓乾元)，犹万物之生禀于天”(《乾·彖》注)。行蓍结果得七八九六之数，由七八九六之数定阴阳卦爻之象的过程即元之用。“营一经卦爻皆七八九六,七八九六所以行鬼神。”

综上,姚配中得出如下结论:“一者,元也。元者,易之原也。是故不知一者,不足与言《易》;元藏于中爻,周其外,往来上下,而易道周,是故不知周者,不足与言《易》;日月为易,坎离相推,一阴一阳,穷理尽性,是故不知太极之始终者,不足与言《易》;爻画进退,变化殊趣,差之毫厘,谬以千里,是故不知四象之动静者,不足与言《易》;圣人设卦观象系辞,拟议动赜,言尽意见,是故不知系辞之旨者,不足与言《易》。”(《自序》)

(二)元为《月令》之原

元不仅是《周易》之原,也是五经乃至周秦百氏之原。姚配中认为,《月令》作为《礼记》的重要篇章,其言天文历数、音声律吕及九宫明堂等皆本于《易》,故《易》元为《月令》之原。他说:“《汉书·艺文志》云:‘《乐》《诗》《礼》《书》《春秋》。五者,盖五常之道,相须而备,而《易》为之原。’《易》为五常之原,义无不通。故伏生以之传《书》,辕固生以之说《诗》,董仲舒以之解《公羊》,刘子政以之诂《春秋》,刘子骏、京君明以之诠律吕。至郑氏注《礼》往往以《易》为证,是以周秦百氏网不渊原于《易》。《易》固无不通也。而其阴阳消息,卦气从违之验,则莫近于《月令》。”(《周易通论月令·序》)《月令》其实是一部天文历法,它以星宿、律历、物候言阴阳变化、四时交替、五行流转、十二月消息,帝王法此施政布令,故名“月令”。因此,《周易》与《月令》的关系,其实就是《周易》与天文历法的关系。依姚氏之见,《月令》乃《周易》阴阳消长之道。帝王顺天时而治天下,是以《月令》“体元”之事:“月令者,圣王所以体元出治、顺阴阳之消息,以赞化育、参天地、致中和而成既济者也。”(《周易通论月令》卷一)基于这一识见,姚配中在“注《易》之暇”,又“以郑玄为宗”而“为《月令》笺”,“会通其义”。

1. 乾元周四方八卦为九宫明堂之原

元为太极、为中,主四时、五行。五行分居四方、四时,土居其中。“五行而四时者,土兼之也。金木水火,虽各职不因土方不立。土者五行之主也。盖中央者,四方之所交会,将生者出,将归者入,德合无疆而无时不在者。故曰中央土明其为五行之主,居中央而统四方也。”(《周易通论月令》卷一)就易象而言,四正卦“坎、离、震、兑各主一方,谓之方伯卦”(《周易通论月令》卷二),象四方四时;就易数而言,“七八九六者,阴阳之老少,《周易》谓之四象,播于四方,谓之四时。此大衍所营而得之者,故又谓之四营”(《周易通论月令》卷一)。“中央者,元气谓之太极。”元主四方四时,故天子体元以听政。“四时之气,元主之;四时之令,天子主之。天子者,天下之元,体元出治者也。”(《周易通论月令》卷一)五行各主一方,五帝之神因时易名,春气帝大皞神、夏气帝炎帝神、秋气帝少皞神、冬气帝颛顼神、中央帝皇帝神而以黄帝为主,其实一元也。“五帝五神乃以状中央、四时之气,其实则一气之转耳。”因此,古代祭祀五帝之神,实为因时祭五气。“所谓其帝者,言其王于一时之气;其神者,言其时引信物之气;其祀者,人之祀其气也。”其目的在于“调燮之使之无过不及,则时和而民不病矣”。

乾元流行于八卦八方,八方乃明堂之位。“《说卦传》曰:‘帝出乎震。’帝者,乾元也。万物出乎震,万物者,元所为也。‘出乎震,齐乎巽,相见乎离,致役乎坤,说言乎兑,战乎乾,劳乎坎,成言乎艮’,而元周八卦矣。”(《周易通论月令》卷一)八卦有方位意义,即震正东、巽东南、离正南、坤西南、兑正西、乾西北、坎正北、艮东北,又有时间意义,即震为春、巽为春夏之交、离为夏、坤为夏秋之交、兑为秋、乾为秋冬之交、坎为冬、艮为冬春之交。因而,八卦卦气流转符示年复一年的阴阳消长、节气更替、万物终始,姚配中称其为“元之周八卦”。而古代明堂之设立,即本于此:

> 此坤元之藏乾元者也,乾元周而四时成八卦列矣。八卦者,明堂之位。天子之居周明堂,元之周八卦也。“帝出乎震,齐乎巽,相见乎离,致役乎坤,说言乎兑,战乎乾,劳乎坎,成言乎艮。”帝之所在,因时易名,而八卦位焉。坎、离、震、兑者四正,乾、艮、巽、坤者四隅,而明堂之法立焉。四正者,明堂之四堂,四隅者,四堂之左右个。(《周易通论月令》卷一)

中国古代礼制建筑的明堂九宫,是古代帝王明政教之场所。凡祭祀、朝会、庆赏、选士等大典均在此举行。文献记载称,明堂创始于黄帝,夏称“世室”,商称“重屋”,周称“明堂”。《周礼·考工记》曰:“周人明堂,度九尺之筵,东西九筵,南北七筵,堂崇一筵,五室,凡室二筵。室中度以几,堂上度以筵,宫中度以寻,野度以步,涂度以轨。……内有九室,九嫔居之。外有九室,九卿朝焉。”《大戴礼记·明堂》曰:“明堂者,古有之也。凡九室:一室而有四户、八牖、三十六户、七十二牖。以茅盖屋,上圆下方。明堂者,所以明诸侯尊卑。……《明堂·月令》:赤缀户也,白缀牖也。二九四,七五三,六一八。”东汉蔡邕《月令论》曰:“明堂制度之数,九室以象九州,十二宫以应辰三十六户、七十二牖,以四户九牖乘九宫之数也。”又云:“取其宗庙之貌,则曰清庙;取其正室之貌,则曰太庙;取其尊崇,则曰太室;取其堂,则曰明堂;取其四门之学,则曰大学;取其四面周水圆如壁,则曰辟雍。异名而同事,其实一也。”所谓“四隅者,四堂之左右个”,指四隅之堂各分两室,四正四室加四隅八室共十二室,与一年十二月对应。

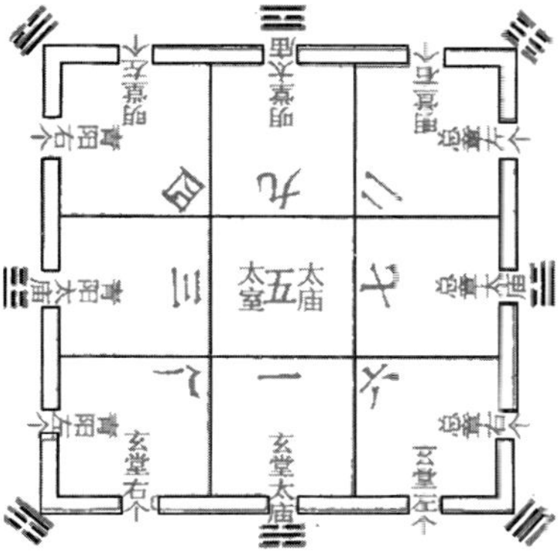

明堂九室图

月 份:一 二 三 四 五 六 中央土 七 八 九 十 十一 十二

季 节:孟春 仲春 季春 孟夏 仲夏 季夏 中央土 孟秋 仲秋 季秋 孟冬 仲冬 季冬

天子位:青阳 青阳 青阳 明堂 明堂 明堂 大庙 总章 总章 总章 玄堂 玄堂 玄堂

明堂位:左个 太庙 右个 左个 太后 右个 大室 左个 太庙 右个 左个 太庙 右个

姚配中认为,元居中,藏为乾元,乾元流行于八方为八卦,八卦方位即明堂之位,《易纬》称之为“四正四维卦”。“坎、离、震、兑者四正,乾、艮、巽、坤者四隅,而明堂之法立焉。四正者,明堂之四堂,四隅者,四堂之左右个。”天子于季秋体元定法制,象元之伏而为消息。“四时之气,元主之,四时之令,天子主之。天子者,天下之元,体元出治者也。故于季秋定法制焉,象元之伏而为消息之原。”依他之见,《洪范》谓“五皇极,皇建其有极”即指帝王法乾元,建皇极,居明堂,调阴阳,行其政:“皇极者,乾元也。谓之皇极者,皇,大也,极中也。中央元气谓之太极。王者建极是为皇极。乾元为万物之宗,万物消息根于乾元而顺乎八卦,八卦效,而岁功成。王者体元建极,调燮阴阳,而物各以候应矣。明堂之政,王道之成也。王居明堂,各象其方色,知方色则知当行之政矣。”(《周易通论月令》卷一)

2. 乾元消息为星宿律历之原

天道运行、阴阳消息以日月为体。日月相推而明生,寒暑相推而岁成,日月交会而有十二星次、十二辰,即乾元十二消息。姚配中曰:

日月者,阴阳之宗,所以消息阴阳而成寒暑者也。是以日月会而辰一移,辰移而阴阳之消息随之,寒暑之往来应焉。(《周易通论月令》卷一)

日月一年交会十二次,故有星纪、玄枵、娵訾、降娄、大梁、实沈、鹑首、鹑火、鹑尾、寿星、大火、析木十二星次。以北斗星指向确立方位,又有子、丑、寅、卯、辰、巳、午、未、申、酉、戌、亥十二辰。《月令》郑注曰:“孟春者,日月会于娵訾,而斗建寅之辰也。”“仲春者,日月会于降娄,而斗建卯之辰也。”“季春者,日月会于大梁,而斗建辰之辰。”“孟夏者,日月会于实沈,而斗建巳之月。”“仲夏者,日月会于鹑首,而斗建午之辰也。”“季夏者,日月会于鹑火,而斗建未之辰也。”“孟秋者,日月会于鹑尾,而斗建申之辰也。”“仲秋者,日月会于寿星,而斗建酉之辰也。”“季秋者,日月会于大火,而斗建戌之辰也。”“孟冬者,日月会于析木之津,而斗建亥之辰也。”“仲冬者,日月会于星纪,而斗建子之辰也。”“季冬者,日月会于玄枵,而斗建丑之辰也。”《月令》指出,十二星次与日所在二十八宿相应,如正月日在营室,二月在奎,三月在胃,四月在毕,五月在东井,六月在柳,七月在翼,八月在角,九月在房,十月在尾,十一月在斗,十二月在婺女。古代“星度增减时或有异，亦如宫度之移易，不必尽同”，然“《月令》宫度乃分星之最古者，后世互有增减，不得以例也”。

历法本于日月星辰之变。确切地说，推算日月星辰运行以定岁时节候，是谓历法。同时，十二律吕又与天文历法密切相关。郑玄注《周礼·春官·大师》曰：“声之阴阳各有合。黄钟，子之气也，十一月建焉，而辰在星纪。大吕，丑之气也，十二月建焉，而辰在玄枵。大簇，寅之气也，正月建焉，而辰在诹訾。应钟，亥之气也，十月建焉，而辰在析木。姑洗，辰之气也，三月建焉，而辰在大梁。南吕，酉之气也，八月建焉，而辰在寿星。蕤宾，午之气也，五月建焉，而辰在鹑首。林钟，未之气也，六月建焉，而辰在鹑火。夷则，申之气也，七月建焉，而辰在鹑尾。中吕，巳之气也，四月建焉，而辰在实沈。无射，戌之气也，九月建焉，而辰在大火。夹钟，卯之气也，二月建焉，而辰在降娄。辰与建交错，贸处如表里然，是其合也。其相生，则以阴阳六体为之。黄钟初九也，下生林钟之初六，林钟又上生大簇之九二，大簇又下生南吕之六二，南吕又上生姑洗之九三，姑洗又下生应钟之六三，应钟又上生蕤宾之九四，蕤宾又上生大吕之六四，大吕又下生夷则之九五，夷则又上生夹钟之六五，夹钟又上生无射之上九，无射又下生中吕之上六。同位者象夫妻，异位者象子母，所谓律取妻，而吕生子也。”姚配中则认为，五音十二律乃元之用，反映的是乾坤十二消息。他说：

> 乾元极于巳中无伏，阳气俱外发而音穷矣，故五音始于宫、穷于角也。此元也。其十二律之短长，则各写其月消息之气，乾坤之十二爻也。元之用也。
>
> 神者，元也。无，谓元之伏藏时也。元不可见，而律以写之，所谓形成于有也。有形则数见，而声成矣，故曰形然后数，形而

成声,数形谓十二律之长短,足以见无形之神,而写其形也,形成则声成矣。五声十二律者,所以写消息之气之随时易者也。

五音又称五声,即宫、商、角、徵、羽。消息之气,是指乾元之气流行于十二月而成复、临、泰、大壮、夬、乾、姤、遁、否、观、剥、坤等十二消息卦。复至乾阳长阴消,故称息卦。姤至坤阴长阳消,故称消卦。十二消息卦分主十二月,复主子月,临主丑月,泰主寅月,大壮主卯月,夬注辰月,乾主巳月,姤主午月,遁主未月,否主申月,观主酉月,剥主戌月,坤主亥月。坎离为乾坤二用,不在消息卦,而象日月。“日以动阳,月以动阴,而一日之阴阳亦从可知。乾坤十二消息,不见坎离,其周流于一岁之终始,一阴一阳以成既济者。莫非坎离也。日月为易,县象著明,一往一来,坎离交而形伏,所谓保合太和也。元之用也。”

以爻言之,乾坤十二爻分纳十二辰。《汉书·律历志》曰:“十一月,乾之初九也,阳气伏于地下,始著为一,万物萌动……六月,坤之初六,阴气受任于太阳,继养化柔,万物生长,楙之于未。”郑玄本之作爻辰说,配以星象、律吕解《易》。惠栋曾作郑氏爻辰图如下:

十二消息卦与十二爻辰符示天地阴阳变化之道、日月星辰运行之数。这一思想,一面成就了融通天文历法知识的易学体系,一面催

生出具有易学特色的古代历法。基于此，姚配中每每以卦气、爻辰等易学体例解说天文历法及五音六律。他认为，太一生乾坤，乾坤阴阳交而有气形，然后形成五音。乾元流行于十二月，从而形成了十二律吕。“太一者，元也。两仪者，乾坤也。阴阳者，乾坤九六也。阴阳交而性生，性使气，气成形，有形而声生焉。……音始于宫者，中央之宫，四方之所交会，元之所藏也。一者，气之始。十者，阴阳之合，气之终也。成于三，则阴阳之始交也。乾元荄于亥，妊于壬，滋于子，以一起，阴阳交而数变，此太一之造生万物，而黄钟之宫，为万事之根本也。”(《周易通论月令》卷一)在他看来，元气生阴阳，阴阳相交而有气，气聚而成形，有形则有数，音由是而成。具言之，乾元之气根于亥、孕于壬、长于子，子为一，故十二律吕始于乾之初九，为黄钟。其引《汉书·律历志》论之曰：“宫，中也。居中央，畅四方，唱始施生，为四声，纲也。……黄者，中之色，君之服也。钟者，种也。天之中数五，五为声，声上宫，五声莫大焉。地之中数六，六为律，律有形有色，色上黄，五色莫盛焉。故阳气施种于黄泉，孳萌万物，为六气元也。以黄色名元气律者，著宫声也。……十一月，乾之初九，阳气伏于地下，始著为一，万物萌动，钟于太阴，故黄钟为天统，律长九寸。九者，所以究极中和，为万物元也。……天之中数五，地之中数六，而二者为合。六为虚，五为声，周流于六虚。虚者，爻律。夫阴阳，登降运行，列为十二，而律吕和矣。太极元气，函三为一。极，中也。元，始也。行于十二辰，始动于子。……气钟于子，化生万物者也。”(《乾》注)概言之，“音状一时，律写一月。音者，元也。律者，爻也。元藏于中爻，周其外，阴阳变而律吕调矣”(《周易通论月令》卷一)。音就元而言，元为气不可见，音可以表之；律就爻而言，元行十二辰则为十二爻，十二律吕本于十二爻辰：“律者，爻也。气者，元也。行于十二辰，而元周矣。易之元不可知，而爻以明之。声之元不可知,而律以写之,而天地之气其数可得而纪矣。”(《周易通论月令》卷一)因此,由音律可知元之往来。“元行十二辰,爻之于元,犹律之于气。观爻可以知元,故潜龙不妨于爻言之。观律可以知气,故中声不难,以管定之,气资律显,而气非律,元以爻著,而元非爻。《周易》言象,故元究成爻,乐气写声,故循声制律,是故不知律者,不足与言元也。”(《乾》注)

《月令》之旨,在于王“体元”即应四时八卦之气、顺日月变化之道而为政治天下。“元位中央,藏于戊己,则明堂之大庙大室也。乾元一岁而周八卦,天子十二月而周明堂,象乾元也。乾元所在,因时易名而卦气应之,天子所居因时易政,而时气应之。七十二候者,八卦之验,八风之应,十二月政令休咎之征也。”因此,姚配中又在《周易通论月令》一书中以《易纬》所载为据,对卦气之应验进行了详细探讨。兹从略。

结 语

姚配中秉承乾嘉汉易之风,运用训诂、象数方法,从张惠言易学入手,以郑氏易为宗,兼顾汉易诸家,通过检讨乾嘉易学和注解《周易》重构了汉代象数易学,形成了融训诂、象数、义理为一体,以“元”为核心的崭新易学体系。因其深刻的思想性和严密的逻辑性,姚氏易学得以成为乾嘉时期易学哲学的又一高峰。此前,惠栋在“由故训明义理”的理念支配下,首度将“元”确立为易学解释的对象。其《易微言》旁征博引,将“元”训解为始、一、气、道、太极、理、万物之始,极大程度地突显了“元”为宇宙之本的涵义,从而以训诂、象数方法建构出具有哲学意义且不同于宋学义理的宇宙本体论。不过,惠栋并未将“元”贯穿于整个易学体系,亦未以之解说汉易卦气、卦变、爻辰，更未对元与乾元作出严格区分。张惠言则更多着眼于“乾元”。他将“乾元”训解为道、一、太极，提出“乾元”为“消息”之本的思想，并以之解说乾坤、八卦与六十四卦消息。就此而言，姚配中以“元”为核心的易学哲学，与惠栋、张惠言二人存在明显不同。他以“元”为理论起点，兼用训诂、象数方法，从“元为万物之元”论及“元为《周易》之原”，再到“元为五经之原、周秦百氏之原、《月令》明堂历律之原”，从而高度凸显了“元”的至上地位。对此，陈詠琳博士评价道：“‘易中之元’自孔子《易传》发之，汉代儒者尚且能明了其中道理，但随着时代的流转，逐渐无人通晓，时至清朝，惠栋、张惠言两人才重新开启‘易元’之说。可惜的是，惠、张两氏虽多所提及‘易元’之种种，却未深入探究，只是引述汉、魏儒者之言，且简单说明其理而已，并没有特别去钻研‘易元’之说，更遑论去建构一套‘易元’理论系统。姚配中以元为易之原，强调元无不在，自初至终，无非元之所为，甚至将此作为自己易学的核心，致力发明‘易元’理论，终能揉合众多汉、魏儒者对‘元’的阐发，建构出一套‘易元’理论系统，使之成为一个较完整的思想体系，兼具继承与开创之功，故光绪年间的张寿荣赞扬道：‘明元之义，说甚塙凿精深，有裨学者不浅。’姚配中对‘易元’的重建与发明，便是《周易姚氏学》对易学研究的最大贡献与价值。”①

姚配中对乾嘉易学的推动发展，使其得以成为与惠栋、张惠言、焦循齐名的清代易学大家，并倍受晚清学者推崇。如杭辛斋在《学易笔谈初集》中说：“有清一代，经学之盛，远过宋明。其治易专家，如刁氏包、李氏光地、胡氏、胡氏渭、任氏启运、惠氏奇、惠氏栋、

① 陈詠琳：《姚配中〈周易姚氏学〉研究》，花木兰文化出版社 2013 年版，第 251 页。

万氏年淳、姚氏、张氏、彭氏，皆能独抒己见，各得心得。”①梁启超曰：“清代自当以经学为中坚，其最有功于经学者，则诸经殆皆有新疏者。其在《易》，则有惠栋之《周易述》，张惠言之《周易虞氏义》，姚配中之《周易姚氏学》。”②

当然，从《周易》文本的角度审视，姚氏易学不无附会之弊。如“元非初九”“七九、八六之变非阴阳之变”等说纯属己见，值得商榷。尚秉和先生曾依自家理解，指出姚氏易学存在的问题：“其所谓元非初九，明矣，此则大误。姚氏盖泥于《乾》初九‘潜龙勿用’之言，而元则万物资始，非不用也，故谓元自元，初九自初九。岂知《复》初即《乾》之初九，乾元在初子勿用，息至二则用矣，即推而至于四跃、五飞，仍此元也，与初九不异也。《系》所谓‘周流六虚’也。奈何欲析而二之乎？又云《乾凿度》云：‘阳动而进，变七之九，象其气之息也；阴动而退，变八之六，象其气之消也。’……而疑七变九，八变六，非阴变阳，阳变阴，是尤谬误。夫《乾凿度》所云‘变七之九’‘变八之六’皆就揲蓍言。”（《续修四库全书总目提要》）民国学者曹元弼一面肯定姚氏“画变”之说，一面又对其广引《易纬》解经的做法及“乾元藏坤中”的观点提出批评：“据《乾凿度》‘阳动而进，变七之九，阴动而退，变八之六’之文，于爻变推出‘画变’一义，为理藏于古而得之于今。然主持太过，据以说经处太多。又以‘乾元’为在‘坤元’中，系《归藏》首坤之义，非《周易》首乾之旨，且未免义涉老氏，学者分别观之可也。”③

---

① 杭辛斋：《学易笔谈初集》卷一，《杭氏易学七种》，九州出版社2005年版，第275页。

② 梁启超撰，朱维铮导读：《清代学术概论》，上海古籍出版社1998年版，第49页。

③ 〔清〕曹元弼：《周易学·姚氏易学例》，《无求备斋易经集成》本。

第四章　汉易解释蔚然成风

一、方申的虞氏易象与汉易研究

方申(1787—1840),字端斋,江苏仪征人。本姓申,因其舅方氏无子,以申为继,故而随舅之姓。方申少时家境不丰,以抄书为业,科举道路亦颇不顺,年五十始补诸生。方申曾受学于著名经学家刘文淇,精于易学,对易象、互体、卦变等着力甚多,积数年之功而成《诸家易象别录》《虞氏易象汇编》《周易卦象集证》《周易互体详述》《周易卦变举要》五种著作,合称《方氏易学五书》。刘文淇之子刘毓崧赞其好学深思、实事求是,易学"深造乎汉易之堂奥,而不囿于汉易之藩篱"①。

(一)集百家易象

方申易学的特点是继承了乾嘉以来的学术发展向度,致力于经学尤其是汉代经学研究。他用力最大的地方莫过于整理历史典籍中的散存易象,撰作的《诸家易象别录》《虞氏易象汇编》《周易

① 〔清〕刘毓崧:《通义堂文集》卷二《方氏易学五书序》,《续修四库全书》第1546册,上海古籍出版社2002年版。下引该书只注卷数及篇名。

卦象集证》三书既有宽广的研究范围,又有深入的专题探究,反映了他细密、认真的治学特点。

《诸家易象别录》集三十九种历史典籍及解《易》之书中出现的易象,条分缕析,编定成书。该书著录逸象所涉典籍遍布经史、诸子,有《易纬》逸象三百一十二则、《诗纬》逸象二则、《乐纬》逸象二十六则、《春秋纬》逸象二十八则、《孝经纬》逸象四则、《左传春秋传》逸象五则、《国语》十三则、《子夏传》六则、《孟喜章句》二十三则、《京房章句》五则、《马融传》六则、《荀爽注》一百一十一则、《郑康成注》一百零四则、《刘表章句》一则、《宋衷注》十三则、《陆绩述》三十八则、《王肃注》十四则、《姚信注》十四则、《干宝注》五十九则、《蜀才注》一则、《翟元义》八则、《九家集注》八十七则、《何妥讲疏》四则、《姚规注》三则、《崔觐注》三则、《庐氏注》九则、《侯果注》三十五则、《崔憬探元》七十则、《李鼎祚集解》七十七则、《或说》十三则、刘歆《左氏传章句》一则、陈钦《左氏传说》一则、《贾逵左氏传解诂》十五则、《服虔左氏传解谊》三十二则、《杜预左氏传集解》三十七则、《贾逵国语注》二则、《韦昭国语注》四十八则、《郑康成易纬注》二百三十五则、《宋均诗纬注》三则、《宋均春秋纬注》四则,凡一千四百七十二则。显见,方氏选取书籍的范围比较广泛,在一定程度上保证了辑录的全面性,同时也充分体现了方氏精谨的学术态度。不过,由于种种客观限制,其所记、所见之书仍然有限,材料多本于李鼎祚《周易集解》,故不免留有遗憾。对此,民国学者柯劭忞曾指出,方氏"撰集诸家易象,以《易纬》及郑君《易纬注》为大宗,《易》注则取之李鼎祚《集解》,若他书所引,往往遗之"(《续修四库全书总目提要》)。

《虞氏易象汇编》之方氏序言署道光戊戌年,故当成书于1838年前后。该书以虞翻易学为中心,详细探究了虞氏易象的内容与种类，汇编易象总计一千二百八十七则。方申指出，三国虞翻使用易象最多，后世整理虞氏易象者又以惠栋、张惠言最为详细。不过，惠栋、张惠言及清初毛奇龄皆有其局限和错误，“毛氏奇龄《仲氏易》载虞氏易象乾九、坤二十、震十、巽九、坎六、离四、艮十、兑四，仅七十二则。而坤为包，坤误做巽；兑为孔穴，本干氏注误以为虞氏注。惠氏所述凡三百三十则，《周易述》所载乾六十一、坤八十一、震四十九、巽二十、坎四十七、离十九、艮三十七、兑九。《易汉学》所载约同，惟多乾为性、乾为老、坤为姓、坤为聚、震为反、坎为岁、艮为多七则，少坤为拇一则。二书合参之，共得此数。张氏所述凡四百五十六则，虞氏义所载乾八十、坤一百一十、震五十六、巽四十四、坎六十九、离二十九、艮五十二、兑十六”。经过方申的多番努力，《虞氏易象汇编》一书“多于惠氏者几及四倍，多于张氏者几及三倍，此非后人之学能逾于前人，实以创者难，而因者易耳”①。

《周易卦象集证》之目的在于梳理历代易家对《说卦》易象的注引，力求还原古《易》历史中甚为原始的易象学说。方氏“爰按诸家所引者，条理其次第，各系于本文之下，而其有注者，亦附见焉，就其中文义核之”，“所载者自第四章始，而三章以上皆不载者，以其无与象也；所全载者自第七章始，而六章以上不全载者，以其非专言象也”，“成《周易卦象集证》一卷，共得象二百有四则，用以见《说卦》之象，求之于经，莫不相符”。方氏以恢复《周易》原貌为己任，此一学问方式乃基于其汉学旨趣。因此，他必然反对王弼易学的“得意忘象”论：“忘象者断不能得意也，至于词与爻词取譬于象者，随在皆然。先儒与近儒阐发乎象者，正复不少。后之君子傥能

① 〔清〕方申：《虞氏易象汇编》卷一《虞氏易象汇编自序》，《续修四库全书》第30册，上海古籍出版社2002年版。

辑众说，为《说卦》之义疏，援说卦经文之义疏以求折衷，于至当实不朽之盛业也。”①柯劭忞评论说：“申之论，切中舍卦象讲义理之流弊，虽其书为襞积之学，亦裨有考证也。”（《续修四库全书总目提要·周易卦象集证》）

在现存历史文献中，除了《易传》，《左传》《国语》等历史典籍中亦载有部分易象。汉代易学家普遍重视易象，且多有继承发展，如《焦氏易林》《易纬》等，虞翻更是易象之集大成者。遗憾的是，汉代以后，因易学研究转型和文献遭遇浩劫等多种因素的作用，盛行一时的易象亦随汉易的式微而散佚，唐宋时期已然难窥全貌，唯散见于类书和部分辑佚作品之中。尚秉和先生说，历史上《五经》中被解释最多也最难解释的当属《易经》，造成众说纷纭乃误解频生的原因主要有二，“易理至明也，而说者多误。说何以误，厥有二因，一因易理之失传……其次则象学失传”②。其实，尚氏所言早已被清儒多次指出，故而以汉学为归的易学家对汉代及更早典籍的整理、补充、辑佚、考订工作非常重视。应当承认，方申的上述三部著作，对汉易材料的整理、辨析及汉易之恢复有着不可忽视的功绩。

（二）详述互体，举要卦变

互体与卦变是易学的重要体例。对此，方申追溯源流、条理问题，有其独特的价值与意义，内中纰漏之处亦需稍加申辩。

《周易互体详述》书前自序作于道光丁酉年（1837），是书主要

① 〔清〕方申：《周易卦象集证》，《续修四库全书》第30册，上海古籍出版社2002年版。

② 尚秉和：《周易尚氏学·自序》，中华书局1980年版，第1～2页。

集卦之互体而不录六画之大卦。方氏指出，互卦历史久远，可上溯到春秋时期，“春秋时列国卜筮必据互卦以与正卦相参，盖即古太卜所掌之占法，而《说卦》所谓‘分阴分阳，迭用柔刚’者也，《系下》第九章云‘若夫杂物撰德，辨是与非，则非其中爻不备’，又云‘二与四同功而异位，三与五同功而异位’，说者谓即指内外两互而言，则是互体之法其来远矣”①。方氏为追溯其渊源，以《左传》《周礼》《系辞》等材料为证据。当然，这一见解并非独撰，此前学者实已屡屡言及。不过，古人所用互体之法复杂多样，方氏的贡献即在于对前人之说进行了仔细的分辨、排查，进而归纳出九种互卦之法：二三四三画互体、三四五三画互体、中四画互体、下四画互体、上四画互体、下五画互体、上五画互体、两画互体、一画互体。他解释说：“四画、五画能互诸卦，而三画又为四画、五画之本，此正例也。二画仅互八卦，而一画又分二画之余，此附例也，用是定兹二例，析为九门，有互者必备载之而不厌其复。”（《周易互体详述·自序》）诸如此类，书中皆列举出详细卦例。对于有些比较特殊的情况，方氏也采取了不同方法。如无互体者，方氏“必显揭之而不虑其繁，如《乾》卦、《坤》卦惟有一画之互体，其余所互仍是本卦，今皆注明”。为了彻底辨明问题，予读者可读、可查之方便，他还将“半象之有上下者必分列之，而不患其歧。每卦之初与二为下半，五与上为上半，其二与三、三与四、四与五，皆兼有上半、下半，今亦并举之。爻等之属乾坤者，必首及之而不嫌其赘。震坎艮三爻出于乾，巽离兑三爻出于坤，今皆推本言之”。方申于互体说的阐明之功固不可没，但有学者指出：“方氏精于互体，而弊于卦变爻体，混虞氏卦变，

① 〔清〕方申：《周易互体详述·自序》，《续修四库全书》第30册，上海古籍出版社2002年版。下引该书只注书名、篇名。

郑氏爻体之说入互体,故有二画互体之法,一画互体之说之附例也。曹氏元弼一代通儒,私淑郑学,曾主讲湖北、江苏两存古学堂,受张之洞之命,遍究群经,撰《十四经学》,晚年闭门读《易》,研精覃思,然仍不审虞氏半象之说为卦变,郑氏一画取象为爻体,沿方氏之谬以入互体之说。惜哉!刘氏师培亦不辩方氏之误,尽取其说,著《说互体》四篇。简而言之,互卦的基本法则只有四画相互五画相互之法,而三画相互为其本也。四画相互之法有三:中四画相互、下四画相互、上四画相互。五画相互之法有二:下五画相互、上五画相互。"①

《周易卦变举要》自序于道光丙申,即1836年。方氏以为:"《说卦传》云'观变于阴阳而立卦',是卦变之法传之久矣",但自古及今并无统一意见。"自来讲卦变者,言人人殊多,但执其一端而未述其全体,甚至各尊所闻而党同伐异,承学之士苦其说之涣散无统,遂益眩惑而莫识其源焉。"有鉴于此,方氏借鉴了钱大昕、张惠言、焦循等人的考订成果,以期将纷乱之言归于条理,稍理卦变之端绪。"若夫不信卦变者,笃于空谈而不求实学。妄言卦变者溺于俗说而误入歧途,此则稍知汉易者类能力斥其非","散者辑之,使聚乱者理之,使整阙者补之,使完晦者揭之,使显俾其端绪易明指归"②,如此不难得见方氏之苦心。《举要》力求考订、梳理有据可循。方申指出,《乾·文言》"六爻发挥,旁通情也",说的就是旁通之法;"反复其道",则言反复之法;《系辞下》"易之以书契,盖取诸夬",是上下易之法;《说卦》"然后能变化既成万物也",即变化

① 邓球柏:《〈易〉卦互体浅说》,《湘潭大学学报(社会科学版)》1985年第3期。

② 〔清〕方申:《周易卦变举要》卷一《周易卦变举要自序》,《续修四库全书》第30册,上海古籍出版社2002年版。

之法;《蹇》六四爻辞“往蹇来连”,言往来之法;《乾·文言》之“云行雨施,天下平也”,实乃升降之法。概言之,“六爻改易者为旁通,一爻改易者为变化,则变化可附于旁通焉;六爻移易者为反复,一爻移易者为往来,则往来可附于反复焉;六爻交易者为上下易,一爻交易者为升降,则升降可附于上下易焉”。方氏还注意到卦变本末、源流极难理清,诸家意见纷呈而各有所据,故在撰述中“标其纲领,分别部居,可详者详之”,而有如《焦氏易林》之卦变繁多、《左传》所用反复者,则清晰注明,可略者略之,值得借鉴的保留,需要纠正、调整的也作出相应改进。综上可知,方申所谓“卦变”与南宋朱震类似,即并不特指某一别卦阴阳两爻互易而成另一别卦,而是泛指卦之变化。也就是说,凡卦有变化,皆可称卦变。对此,柯劭忞曾评论道:“申据经传之文及汉儒旧注以求卦变之义例,为旁通、为反复、为变化、为往来、为升降。又以变化附于旁通、往来附于反复、升降附于上下易,变化门则兼及某宫第几卦、往来门则兼及阴阳消息,升降门则兼及当位不当位。务使端绪分明,阅者易瞭,虽无精深之义,亦可以为学《易》之初阶。”(《续修四库全书总目提要》)

(三)方氏易学之堂奥与藩篱

关于方氏易著的成书时间,刘毓崧说“乃庚子之冬五书稿本甫定”(《方氏易学五书序》),即 1840 年方申去世前方才定稿。其著述方式有别录、汇编、集证、详述、举要,以编辑整理前代文献为主,有广有精,有详有略。至于具体论撰、材料甄选、内容呈现等方面,方氏有其独到构思、精巧安排,大致有如下几点:

首先,方申在选题上不畏前辈权威,通过一己刻苦用功而有所突破。清惠栋、焦循、张惠言皆为易学大家,在易著的注释、辑录、阐发上皆为一代之选，于易象也多有创获发明，而方申之选录、集证与汇编，皆体现其深研易学之功与关注问题之精。如互体、卦变虽为易学基本问题，确困扰千载学人。就此而言，方氏选题既出于个人兴趣，又期许解决时代问题。

再者，选材范围极为广泛，所选诸书几乎都是汉代经史或传注典籍。李鼎祚、崔憬虽为唐人，但皆精通汉易且书中留有前代遗文。这样的选择固然是其汉学路向的结果，然最能体现的则是其超越前人的细密方法与缜密功夫。

其次，内容分类精细，精通小学。方氏研《易》多年，尤其对虞氏易学情有所衷。《虞氏易象汇编自序》曰："申究心虞易历有年，所凡注之引逸象者，按也、为、称、谓之目缕析条分，一一罗列。"此外，他还置之存疑者、勘正有误者、增补脱漏者；字之通用者仍存之；义之各殊者皆并列之，绝不轻改而从其本文；有训言、训解的也分别载写；重出注文则叠引，以利于读者知其出处；文分见于不同处者，则分纪之以彼此互证。这种方法非独用于一书，在其他四书中皆有体现。如《周易卦变举要》详细分类查考以往卦变诸说，编写上使"散者辑之，使聚乱者理之，使整阙者补之，使完晦者揭之，使显俾其端绪易明指归，易见此则区区裁定之苦心也"。其辨析细致、爬罗剔抉、细大不捐、不避繁琐、坚持原貌的精神，足为后世之范矣。

对于方氏撰述之特色，清代学者刘毓崧之《方氏易学五书序》曾有精详概括："《易学五书》于易象则博考其名，于互体卦变则广征其例。凡《说卦》所有者，则援据以证之。《说卦》所无者，则缀缉以补之。由是《说卦》之传散佚于二千载之前者，一旦俨然复聚，而其'书不尽言，言不尽意'者，复为之次第推阐，不啻昭然发矇，较诸集逸《书》、逸《诗》、逸《礼》者其事更难，而其绩尤巨。非好学深思、实事求是者，其孰能与于斯乎？”不过，方氏著书确有太过繁复、细碎之失。潘雨廷先生曾言，方氏将易象分为有“也”“为”“称”“谓”与无“也”“为”“称”“谓”的做法“精细甚焉”，“然取象之本义，盖以卦象以象天下之至啧，故凡卦象犹天下之至啧之象；其间之关系，一‘为’字已足，《说卦》末章是也。若不用‘为’而用‘也’，其义无异；如‘乾为天’，‘乾，天也’；或更欲简暂，‘乾为马’而改为‘乾马’，亦未尝不可。若‘称’‘谓’者，言所以取象之理；如乾为天，而父犹天，故乾亦为父；离所以谓之中女者，盖再索也。其义莫不同，唯行文之异耳。故方氏此分类，殊未及质，徒增烦琐而已……或使方氏舍此烦琐之分类，而成其义疏之志，则于易学之功，当不止此也。”①尽管潘氏的批评无不道理，但结合方氏所处的学术环境与著述风气观之，似乎亦应予以同情的理解。

出生于江苏仪征的方申，正处于乾嘉学术的中后期，受业于扬州学人刘文淇。刘文淇，字孟瞻，与方申同乡。刘氏“研精古籍，贯串群经，于毛、郑、贾、孔之书，及宋、元以来通经解谊，博览冥搜，实事求是，尤肆力《春秋左氏传》”（《清儒学案》卷一百五十二）。除经学研究，刘氏亦尤善于校勘。刘毓崧记其父曰：“精于校雠之事，为人校勘书籍，不啻如己之撰述。”刘文淇一生多出游为人校书，于书籍编订犹有心得。方申亦与其师相类，常奔波于外，且以“佣书为业”，“人以稿本倩写，多为之校正误字”（道光《重修仪征县志》卷三十七）。方氏家贫少孤，幼年未受良好教育，“自悔晚学，故致力綦勤”，“终日坐书室中，于世俗纷华，泊然无与”，学《易》则“朝夕钻研，未尝释手”，其学行上的修为得到凌曙的肯定，“凌晓楼重其为人，命其子镛师事之，训诲恳挚”。凌曙字晓楼，扬州学派的重

① 潘雨廷：《读易提要》，上海古籍出版社2003年版，第452页。

要人物,同时也是刘文淇的舅舅及业师。方申所学出自刘文淇,必然受到扬州学派的深层熏染。由此可知,方氏丰富全面的搜集、编辑、整理方法不仅是个人长期学习与磨炼的结果,也是时代学术趋于成熟的具体产物。

刘毓崧在作《方氏易学五书序》后又作了一个《后序》,原因是"《方氏易学五书》剞劂告成,余既为之作序,客有诘余者曰'此书不过墨守家法,未能以己意发明而吾子所制弁言曲为称颂,得无贻溢美之诮乎'?"刘氏对此有所反驳,指出"君子之著书,期于实有裨益,而人己之见无庸存于其间,是故绍述前修者即得举一反三之要,而非必特创其说,以相矜嘉惠后学者,可传事半功倍之方而非必独据其名以自炫","萧山毛氏、元和惠氏始重《说卦》……而苦心孤诣,殷然于继往开来洵足远轶陆氏之《释文》而追踪李氏之《集解》,世有沉潜易义者,当不以余为阿私所好而河汉斯言也"。(《方氏易学五书后序》)刘毓崧的辩驳,表面看是对提出异议者的反驳,实则关乎方氏易学评价的大问题。刘氏主张,写书要有实用价值,即对后世学者有所助益,有无新见则是次要的。似如陆德明的《经典释文》、李鼎祚的《周易集解》董理文献,亦乃学术史上的煌煌巨著。

总之,《方氏易学五书》的每一种各有其内容、特色和价值。从其成熟的编辑、精严的整理、广泛的搜集、细微的辨析来看,方氏的确继承了扬州学派的系统方法。从学术发展的角度看,乾嘉学术传统的形成固然离不开经学宿儒的开创之功,但若没有后续者的持续努力,则无法使其成为典范,更无传统可论。同时,方申的易学著述也反映出乾嘉学术内部的某些变化,即从乾嘉诸老的大部经史考据渐次转向专门化、精细化的研究方向。当然,这一变化无疑是经学研究向纵深推进的表现,却不免有细碎、繁复的弊端。

二、李道平对汉易的整合与通解

李道平(1788—1844),字遵王,号远山,又号灌眠居士,湖北安陆人。嘉庆戊寅年(1818)举人,任嘉鱼县教谕。母丧,父不再娶,孝父三十年如一日。父丧事皆遵循古礼,不作佛事。在家定家则,以示子孙;在官订学约,躬行为先。与诸生讲经训诲,反复不厌。修订《安陆县志》二十余年。道光二十四年(1844)卒于官,年五十七。

李道平勤于著述,撰有《周易集解纂疏》《易筮遗占》《理学正传》《四书外义》《诗旨述三》《读经款启录》《读史款启录》《款启余录》《安陆文献考》《郧小纪》《丧礼从宜》《安陆旧志补刊》等著作,又有《有获斋文集》十卷。上述书目除了《周易集解纂疏》《易筮遗占》及《有获斋文集》,大多散佚。《清儒学案》评价李氏学术曾云:"先生考订之学宗汉儒,义理之学宗宋儒。治经于《周易》用力尤勤,为《李氏集解纂疏》十卷,承惠氏定宇、张氏茗柯之后,旁及诸家之说,参以己意,不是古而非今,不举一而废百,无攻击诋排之习,持说主于矜慎。"(《清儒学案》卷二百六)李氏学问汉宋兼采,学术成就又以易学为最。李氏研《易》,曾受惠栋和张惠言等人的较大影响,其易学思想主要保留在《周易集解纂疏》和《易筮遗占》二书中。

(一)"言象数而义理在其中"的易学观

《周易集解纂疏·自序》开宗明义,表彰了象数派的治《易》方法:

古人之说《易》也慎，后人之说《易》也僭。古人之说《易》也，言象数而义理在其中；后人之说《易》也，言义理而象数因之以隐。《说卦》曰"圣人设卦观象"，又曰"圣人立象以尽言"，又曰"极数知来之谓占"，又曰"极其数，遂定天下之象"。使象数可废，则圣人之言为无稽，而羲、文之假象数以垂训者，反等于骈拇附赘。夫规所以为圆，矩所以为方。必规矩具，然后方圆成。断无方圆成，而规矩遂为可弃。故作《易》者，不能离象数以设爻象。说《易》者，即不能外象数而空谈乎性命矣。①

李氏认为，《易》之象辞互诠互显、象数理占一体圆融，故本象数而开义理，乃古人说《易》之正法。《易传》"设卦观象""立象以尽言"和"极数知来"等语足以证明象数的优先地位。然而，王弼、程颐等义理派学者却不重象数而空阐文辞性命，这无疑是对古人治《易》正法的僭越。此间，李氏又以"规矩""方圆"拟喻"象数""义理"之关系。"规矩具，然后方圆成"，既说明了象数相较义理的优位意义，又说明了二者的相契不离；"断无方圆成，而规矩遂为可弃"，显然是对王弼"得意忘象"说的批评。在他看来，所有失却象数根基的论《易》之语，只能是无稽之谈。

接下来，李道平又从其易学观出发，对历代易学进行了回顾与简评：

说《易》莫先于左氏《内传》，纪事虽不免或失之诬，然解释

---

① 〔清〕李道平撰，潘雨廷点校：《周易集解纂疏·自序》，中华书局 1994 年版，第 1 页。标点有改动。下引该书只注卷数或篇名，标点改动不另注明。

> 筮辞皆准象数，犹可考见古人说经之遗。汉儒踵周、秦而兴，易师授受一脉相承，恪守典型，毋敢失坠。凡互卦、卦变以及卦气、爻辰、消息、纳甲、飞伏、升降之说，皆所不废。盖去圣未远，古义犹存，故其说往往与羲、文之旨相契合。自时厥后，一变为晋易，而老、庄虚无之焰炽。再变为宋易，而陈、李图学之说兴。夫老、庄之虚无，陈、李之图学，断不能远出汉儒象数之上。且王氏之注，论象数既不及汉儒之确，论义理又不及宋儒之醇。进退无所据，有识之士多摈斥不肯道。乃唐祭酒孔君冲远奉敕疏解诸经传注，独于《易》黜郑、虞而宗王、韩。取辅嗣野文疏而行之，其书遂藉以独尊于世，而汉学寖微。于是梓州李君鼎祚恐逸象就湮，乘其时古训未散，取子夏以下三十余家，成《集解》一书，表彰汉学。俾古人象数之说得以绵延，至今弗绝，则此编之力居多。(《自序》)

李氏认为，论《易》最早可上溯至《左传》。考《左传》所载多条筮例，可知古人论《易》、断卦皆本象数。及至汉代，象数易学大兴，师法、家法前后授受，互体、卦变、卦气等象数体例在注《易》中被广泛运用。这些以象数为准的易学体例，大多与伏羲、文王古义相合。惜一入魏晋，王弼易学成为主流，易学家始以老庄思想释《易》；宋代以降，陈抟、刘牧又大倡图书之学，然此宋代象数已远非汉易之接绪。依李氏之见，不论魏晋玄学易，还是宋代图书易，成就皆不能与汉易相比。原因在于，在“言象数而义理在其中”的易学观下审视，晋易之失在于抛离象数空阐老庄虚无之理；图书之非在于脱离《易》之文辞义理而泛论象数。纵观易学史，唯汉代象数学深契伏羲、文王之意，亦能与《左传》相合。可是，尽管王弼论象数不及汉儒确切，言义理亦不如宋儒精醇，但因唐孔颖达《周易正义》独取王弼、韩康伯而黜郑玄、虞翻，汉代象数由是日薄西山、鲜有问津。幸有李鼎祚汇编《周易集解》一书，方使汉代治《易》正法得以绵延不绝。由是可见，李氏“言象数而义理在其中”的易学观虽看似有象数、义理圆融互诠之意，但实质仍是尊崇汉代象数的治《易》之法。

（二）《易筮遗占》中的《左传》《国语》筮例研究

李道平认为，唯有追本溯源，才能对易道宏旨、易学今昔有一通透把握：“必深窥乎未有彖爻象之前，始可与之言《易》，始可与之言筮矣。”①基于此，李氏曾先于《周易集解纂疏》作《易筮遗占》一卷，以探讨《左传》《国语》中的多则筮例。其《自序》云：

> 古法荡然，千百什一，仅存于《左传》《国语》之中。乃前代名儒，既以筮为小数，又疑记言者多失之诬，遂摈斥之勿复道。夫侈谈征应，固不免或失之诬。要其占筮之辞，必援古法以断，始足取信于当时，则事虽诬而其法不尚存乎？是亦曷可尽废也。……夫乾坤之蕴广矣、大矣，徒执朽甲枯蓍以求古圣人之宏旨，诚浅之乎测易矣。然崇义理而排象数，必摈龟策于易道之外，是并夫子卜筮尚占之言而废之，又岂得谓之知易也哉！（《易筮遗占·自序》）

易道广大悉备、无所不包，象数理占，不可或缺。将《易》仅仅目为

① 〔清〕李道平：《易筮遗占·自序》，见〔清〕李道平撰，潘雨廷点校：《周易集解纂疏》，中华书局1994年版，第739页。以下凡引该书只注书名及篇名。

预测之术固然远离大道,尽斥象数筮占而徒崇义理亦非正途。既然《系辞》肯认“以卜筮者尚其占”属“圣人之道”,则学《易》之人不可不明晓筮占之法。虽然古法亡佚,《左传》《国语》所载筮例却得以留存。李氏强调,即便《左传》纪事未可尽信,其中的筮占之辞仍必定有遵古法。因此,李道平将《左传》《国语》之十六则筮例同杜预、韦昭注语一一胪列,并加疏文以解之。

大体而言,李氏疏文多为述录前人注语,尤其是频繁引用汉易诸家以明通其义。如论《左传》“陈侯使筮之,遇《观》之《否》”例云:“变卦,互体释《易》之准绳,即筮卦之要领,后儒矫而废之,殊乖古义。”“张守节谓:‘《观》之六四纳得辛未,辛为巽,为长女;未为羊,羊加女为姜。’此以纳甲附会辰象,后人穿凿,决非古义。然诸术之中,纳甲最为近理。汉魏儒者尝用以释《易》,即朱子亦称其与先天图合,则亦不可尽废矣。”(《易筮遗占·左传》)是以互体和纳甲解之。又如,其解“阳虎以《周易》筮之,遇《泰》之《需》”遍引《子夏易传》、孟喜、京房、荀爽、郑玄、《九家易》、虞翻等各家《易》注,并逐一加以评介:“以爻辰言之,周礼媒氏‘中春之月,令会男女’,故郑氏以六五辰在卯为释。”“此以方位言之,三至四约象震,震东方位甲乙,故曰‘震象称乙’。”“此兼纳甲言之,帝出乎震,故曰‘震为帝’,坤纳乙,故曰‘坤为乙’。震为长男,故称‘兄’,互体兑,兑为少女,故称‘妹’。”(《易筮遗占·左传》)此则兼用爻辰、半象、纳甲、方位、互体等多种汉易方法疏解之。

《左传》《国语》中有三条涉及“八”的筮例。关于“之八”“皆八”当作何解,古今学者莫衷一是。对此,李道平亦在疏文中明抒其见。韦昭注《国语》“贞《屯》悔《豫》,皆八也”有云:“内曰贞,外曰悔,震下坎上,屯。坤下震上,豫。得此两卦,震在屯为贞,在豫为悔。八,谓震两阴爻在贞在悔,皆不动,故曰‘皆八’。谓爻无为也。”李氏认为：

此注悉谬。韦氏止知内卦为贞、外卦为悔，不知遇卦亦为贞、之卦亦为悔。今遇《屯》之《豫》，故曰贞《屯》、悔《豫》也。九老阳，六老阴，皆主变；七少阳，八少阴，皆不变。今初九、六四、九五皆变，变者老阳、老阴，惟二、三、上不变，三皆阴爻，阴爻不变者，少阴也，少阴用八，故曰“皆八”。（《易筮遗占·国语》）

韦昭注“泰之八”云“遇①《泰》无动爻，无为侯”。李氏又云：

韦注误。此当是《泰》之《坤》。何以明其然也？观穆姜遇《艮》之八，向非史出一言以断之曰“是谓《艮》之《随》”，则五爻变而一爻不变，千古莫能明其义。此筮若如韦注，凡不动之卦有阴爻者，皆可名八。独不思此卦阴阳爻皆有，何以必言少阴八，而不言少阳七乎？推其谬误，与解“贞《屯》悔《豫》皆八”等。今据彖辞观之，知此筮用八，决为《泰》之《坤》。惟《泰》之《坤》则是三阴不动，故曰“《泰》之八”。一阴不动，“贞《屯》悔《豫》皆八”，三阴不动，其义一也。且三爻动，占两卦之卦彖辞，仍以不动者为主。故占者，止援《泰》彖义，尤显然。（《易筮遗占·国语》）

李道平以“八”为不动之阴，这一点与韦昭并无不同。但他认为，《左传》杜注、《国语》韦注解此三例甚为不当。在“《艮》之《随》”

① 原书误作“过”，兹正之。

一例中,《艮》唯二爻不动,故所谓“《艮》之八”即言此爻;“《泰》之八”一例亦非“无动爻”,而应视作《泰》之《坤》卦。如是,则内卦三爻皆为动“九”、外卦三爻皆为静“八”,此则“《泰》之八”;至于“贞《屯》悔《豫》皆八”之例,“贞”“悔”乃指本卦(李氏称“遇卦”)与之卦,因《屯》之二、三、上三阴爻皆未动变,故称“皆八”。

总之,李道平对《左传》《国语》中的十六则筮例进行了全面研究。然而,《易筮遗占》虽有一定史料价值,偏失之处亦不在少数。李氏之失,首先在于笃信汉学。由于相信汉代象数为契合古法的说《易》正途,故在未予细致分疏的前提下大量运用汉易体例,其探寻古法、追本溯源的目标未能达成;该书更有武断之嫌。以“《泰》之《坤》”解“《泰》之八”一例,尤其不能令人信服。李氏之意,乃因“《艮》之八”例有动爻,进而断言“《泰》之八”亦非不动。但“《艮》之《随》”除了二爻,阴阳五爻皆变,何以《泰》之三阴皆静、三阳俱动?李氏又以朱子“变占”法释之。按朱子之说,《泰》三爻变而成《坤》,初爻动属“前十卦主贞”,即“三爻动,占两卦之彖辞,仍以不动者为主”。李氏由此认为,唯有将《国语》此例视作“《泰》之《坤》”,方能合于《左传》,又不违古法。事实上,朱子归纳的“变占”法则“与春秋时期《周易》占筮的实际情况并不符合,有很多抵牾之处,所以朱熹之说绝不足以信从”①。至于李道平基于朱说的揣测之语,更不足信。

(三)《周易集解纂疏》的体例和内容

既然汉儒《易》注有赖李鼎祚《周易集解》留存,则李道平又作

① 张朋:《春秋易学研究——以〈周易〉卦爻辞的卦象解说方法为中心》,上海人民出版社 2011 年版,第 134 页。

《周易集解纂疏》以疏通、彰明之。汉学师法、家法众多，各家又皆以其发明创设、运用衍展之象数体例注《易》，然汉易旧学沉寂已久，诸家体例又互有同异，若不通其象数体例，研习汉易便无从谈起。这正是汉易研究的难点所在。如李氏言："古人说《易》，各有宗派。《易》含万象，不可一例拘也。故李氏兼收并蓄，多两存其说。兹编亦两释之，以备学者采择。至诠解诸家，亦各遵其例，不相混淆，重家法也。""诸家体例，渊源各别。如郑言爻辰，荀主升降，虞明消息之类。若不详其端委，读之每多扞格而难通。兹于诸家说《易》体例，撮其尤要者，列于简端，俾读者开卷了然。庶于各家宗旨，得其梗概。由此以读全书，势如破竹矣。"(《凡例》)因此，李氏专作《诸家说易凡例》，将汉易之卦气、消息、爻辰、升降、纳甲、纳支、六亲、八宫、纳甲应情、世月、二十四方位等十一种体例逐一诠解厘清，并置于全书开篇，使学者一目了然。此为李氏著作贡献之一。

李氏自称其疏解《周易集解》所辑各家《易》说的方法和原则，是"萃会众说，句梳而字栉之。义必征诸古，例必溯其源。务使疏通证明，关节开解，读者可一览而得其旨趣。旧注间有未应经义者，或别引一说以申其义，或旁参愚虑以备一解"(《自序》)。兹举一例以明其详。如《讼》上九"或锡之鞶带，终朝三拕之"疏文如下：

虞注：上居乾终。二变作坤，月出震终坤，故"坤为终"。互离日，故云"离为日"。乾纳甲，故云"乾为甲"。离日出于乾甲之上，于文为"早"，《说文》"早"作"草"，草故称"朝"也。下应三，三变还《遁》成艮，"艮为手"，《说卦》文。"拕"从手，故取艮手而曰"终朝三拕之"也。三使上变应已，而艮手即去其鞶带，自三至上隔三爻，故“三拕之”。

侯注：“拕”，本亦作“褫”，《荀子·非相篇》“极礼而褫”，“褫”亦训“解”，义与此同。

荀注：《尚书大传》曰：“岁之朝、月之朝、日之朝，则后王受之。”郑彼注云“自正月尽四月为岁之朝，上旬为月之朝，平旦至食时为日之朝”，故“终朝”为“君道明”。《春秋·元命包》曰“阳成于三”，故云“三者，阳功成也”。四为诸侯，入为三公，宜服三公之服，故“君道盛，则夺二与四”。

翟注：上与三应，故“上以六三，锡三阳爻”。乃二与四五，群刚交争，得者不让，故一日之间，三阳各一夺之，为“三拕”也。

愚案：上与三应，三互巽帛为“鞶带”，互离日为“终朝”，自上至三历三爻，为“三拕”。（卷二）

从李氏对虞翻、侯果、荀爽、翟玄四家注文的诠解来看，其疏文可归纳为三类内容：首先，逐一点示各家《易》注运用的易学体例。在以上引文中，李氏对原注涉及的之正（二变作坤、三变还《遁》）、月体纳甲（月出震终坤、乾纳甲）、互体（互离日）、爻位（上居乾终、下应三、夺二与四、二与四五）、爵位（四为诸侯、入为三公）及八卦取象（离为日、艮为手）等象数内容皆予以准确呈示，并指明其家法。其次，广泛征引其他典籍以考证字义、申明文意。如考《说文》释“朝”字、引《荀子》训“拕”“褫”、借《尚书大传》与郑注及《春秋纬》论荀爽注文。最后，间或以己意补充《集解》未尽之处。依李氏之见，《讼》三至五互巽，巽为帛，故言“鞶带”。二至四互离，离为日，故言“终朝”。从外至内，上九经九五、九四、六三三爻而得应，故上九爻辞言“三拕”。通观《周易集解纂疏》可见，李氏疏文大体不出以上三类。

(四)“愚案”疏文中的易学识见

李道平疏义的三点内容,又可概括为两点:诠解汉易旧说与考辨字义文意皆遵循疏家旧例,以原注本义为归;至于参以己意,则敢于突破注文囿限、超越“疏不破注”之成规而直指《周易》经文。李氏曾言:“疏家之体,墨守注义,不敢有所出入,重师承也。然义取其当,不尚苟同。兹编于注义未协经旨者,必详加辨正。亦有旧义不详不确者,或另申一说,以备参考。兼引诸家者,但加‘案’字。自摅管见者,则加‘愚案’以别之。”(《凡例》)观李氏疏文,其绝大部分内容在于解释贯通本注。“案”下所引,又多为惠栋、张惠言之成说而未注姓名,因此,唯二百余条“愚案”最能反映李道平本人之易学识见。现以《周易集解纂疏》卷一《乾》卦为例,析论其易学思想。约言之,李氏“愚案”不外以下四端:

第一,发挥汉易。李道平曾多次以汉易诸例补释《周易》经传文辞。如言“修辞立其诚,所以居业也”曰:

> 三动之坤,互震声为“辞”,坎孚为“诚”,故曰“修辞立其诚”。坤为“业”,体艮止为“居”。此通坤之事,故曰“所以居业也”。

《乾》《坤》互为飞伏又彼此旁通,故将《乾》之九三与《坤》之六三互易,则《坤》变为《谦》。《谦》三至五互震,震声为“辞”;二至四互坎,坎孚为诚;内卦为艮,艮止为居;外卦为坤,坤象“业”,故《文言》曰“修辞立其诚,所以居业也”。此是以旁通和互体论《易》。其释“或跃在渊,乾道乃革”曰:“乾唯二四上不得正,二上已变成《革》,四或跃,亦将变‘成既济定’也。《革》卦辞曰‘元亨利贞’,与《乾》

同德,故发其义于九四爻。"《乾》二上两阳爻变正为《革》,故《革》与《乾》之卦辞同言"元亨利贞"。若《乾》九四亦变正,则"成既济定"。此是以之正说论《易》。又如释"潜之为言也,隐而未见,行而未成,是以君子弗用也"云:"初伏巽,'巽称而隐',故云'隐而未见'。初息震为'行'。《春秋·元命包》曰:'阳起于一,成于三'。今阳在初,故云'行而未成'。"此是以飞伏和十二消息说解之。释"先天而天弗违,后天而奉天时"曰:"九五'飞龙在天','位乎天德',故曰'天'。'先天'谓初九也。初即乾元,资始万物,故曰'先天'。统天故'天弗违'。'后天'谓用九也。阳变之阴,故曰'后天'。天德不为首,故'奉天时'。盖'先天'者,未动之阳也。元阳伏初,息五成乾,故'先天而天弗违'。'后天'者,已动之阳也。阳动用九,变成坎离震兑,故'后天而奉天时'。"此处李氏借爻位说,以"天"为乾之九五、"先天"为初九、"后天"为用九,又兼及十二消息及四正卦思想释之。

第二,引证字义。李道平旁引多种典籍及注文训解《经传》文字。如释"德博而化"为"乾为德。二于三才为地道,《中庸》之言地道曰'博也',故曰'德博'"。又如释"乾始而以美利利天下"曰:"经文'而'字从郑本也,当是'耐'字之讹。别本亦作'能',盖古'能'字皆作'耐'。《礼运》'故圣人耐以天下为一家',注云'耐',古'能'字。《乐记》'故圣人不耐无乐,乐不耐无形。形而不为道,不耐无乱',注云'耐皆读作能'。"

第三,阐发义理。其释"亢龙有悔"云:"《书》曰:'满招损。'《家语》:'孔子观于周庙,有敧器焉。使子路取水试之,满则覆,中则正,虚则敧。'虞氏《系注》云'乾盈动倾故有悔',即此义也。"李氏以此论《乾》卦上九爻辞,既体现了易学的中正之理,又合于儒家一贯的"中庸"之旨。解"时乘六龙以御天"曰:"乾始统天,言其体也。乘龙御天，言其用也。体始于一画，故曰‘乾元’。用周于六爻，故曰‘六龙’。不举其体，无以见乾之大；不言其用，无以见乾之时。”释“大哉乾乎，刚健中正，纯粹精也”则云：“《杂卦》曰‘乾刚’，言其体也。《说卦》曰‘乾，健也’，言其用也。”依李氏之见，“乾始”“统天”“刚”乃言其体，“乘龙”“御天”“健”则言其用。显然，李氏受到了孔颖达和李鼎祚之说的影响，亦以体用之别论《易》。

第四，兼采宋学。尽管先秦儒学对命、性、情等概念已有关涉，但这些范畴直至宋明时期方上升为核心论题。李氏易学虽推尊汉代象数，但《纂疏》仍有少量疏文颇具理学意蕴。如释“乾元者，始而亨者也。利贞者，性情也”云：

> 《彖辞》曰“乾道变化，各正性命”，即“乾元者，始而亨者也”。“保合太和，乃利贞”，即“利贞者，性情也”。此不言“性命”者，以“始而亨”者，即“性命”也。彼不言“性情”者，以“保合①太和”，即“性情”也。“性”原于“命”，故属“元亨”。“性”动为“情”，故属“利贞”。辞若相错，而义实相备。相提并论，而性之源流体用，一以贯之矣。

李道平认为，由《易传》“乾道变化，各正性命”“乾元者，始而亨者”之辞，可知“始而亨”“元亨”即“性命”，皆言其体；由“保合太和，乃利贞”“利贞者，性情也”等语，可知“保合太和”“利贞”为“性情”，乃指其用。概言之，“命”为“性”之原、“情”为“性”之动。从体用有别观之，前者为源，后者为流；就“体用一原”而言，命、性、情三者又“一以贯之”。此条疏文说明，李道平对宋学亦有融通吸纳。

---

① 原书作“和”，兹订正。

应当理解,李道平"愚案"疏文的四方面内容与其"言象数而义理在其中"的易学观正相契合。李氏易学虽有取汉代象数,但《周易》一书之卦爻符号与卦爻辞文字的圆融互发,已然决定了象数派易学家绝无可能尽弃义理于不顾。纵观易学史,"魏晋南北朝以来象数与义理两大流派,能够自觉不自觉地认识并承认双方各自具有合理性的一面,任何一方都无法完全取代另一方的易学家,占有主流,而完全偏颇于一端者,毕竟是少数"①。至于汉宋兼采,更是乾嘉中后期的普遍学风。所以,李氏疏文偶有吸纳宋学处,完全在情理之中。

(五)《周易集解纂疏》之评价

李道平的义疏之学,显然与乾嘉时期汉学勃兴的文化背景密切相关。这一时期易学"总的趋势是,从宋学对《周易》经传义理的阐发转向对汉易的解说或依汉易解经的学风重新注解《周易》经传"②。李氏之前,已有惠栋、张惠言等人公开标榜汉学。关于《纂疏》对二人研究成果的大量借鉴,李氏曾直言不讳:"我朝经学昌明,名贤辈出。如惠征君栋,承其家学,说《易》尤精。张编修惠言,接踵而兴,如骖之靳。大抵皆谨遵汉学,于荀、虞诸儒之旨,多所发明。其所征引,总不外《集解》一书。故兹编所采,虽广录诸家,而于惠、张两先生之说尤多。但参合成文,不能详著姓氏。"(《凡例》)诚然,李道平易学有广泛吸纳前人成果的一面,但从易学史的角度观之,惠栋的《周易述》大体以荀、虞及干氏《易》说为主,

① 刘玉建:《魏晋至唐初易学演变与发展的特征》,《周易研究》2003 年第 4 期。

② 朱伯崑:《易学哲学史》第四卷,华夏出版社 1995 年版,第 294 页。

张惠言的《周易虞氏义》和《周易虞氏消息》则专门致力于还原虞翻易学。相较而言,《纂疏》乃自《集解》问世以来首次对该书所辑诸家《易》说进行的全面义疏。“自唐迄今千余载,无人起而为之疏,而予独毅然为之而不辞。”(《自序》)此即其易学超越前人之处。

当然,李氏疏文亦多有欠缺。关于《纂疏》之失,黄寿祺先生颇有慧见:“思贤书局本前有长沙王先谦一序,又有陈宝彝重校《纂疏》识略六条。……《纂疏》未善处,陈氏条举五事:曰,擅改古书;曰,尠所发明,复穷佐证;曰,援引多误;曰,袭诸家之说以为己见;曰,用汉儒《易》义以释王韩孔三家之说。其言皆切中李氏之弊。《纂疏》未善处,非止如陈氏所指,其间疏义不了不协者亦尚多。如《乾》彖‘大明终始’,荀爽注:‘乾起坎而终于离,坤起于离而终于坎,离坎者,乾坤之家,而阴阳之府。’案:此乃以十二月消息卦方位言之,消息乾起于坎方,而终于离方,坤起于离方,而终于坎方,故曰‘坎离者乾坤之家而阴阳之府’。……而《疏》乃谓‘坎本乾之气,故乾起于坎之一阳,而终于离之二阳;离本坤之气,故坤起于离之一阴,而终于坎之二阴;乾寓坎中,坤寓离中。’不实指消息卦方位,而徒以一阴二阴、一阳二阳为说,义殊未了。……若此之属,皆袭旧解,而未能有所匡正。”①李氏《纂疏》虽偶有失当,毕竟瑕不掩瑜。迄今为止,此书仍是学者入门汉易乃至研习易学之锁钥。正如王先谦所言:“后之究心汉《易》者,吾知其必以是编为先路之导。”②潘雨廷先生亦云:“准其例以读其注,确可迎刃而解,故循此

① 黄寿祺:《六庵易话(一)》,《福建师大学报》1981 年第 4 期。

② 〔清〕王先谦:《周易集解纂疏序》,见〔清〕王先谦撰,梅季点校:《王先谦诗文集》,岳麓书社 2008 年版,第 82 页。

以读《周易集解》，殊多便利，此为《纂疏》之价值所在。”①

结　语

总之，在惠栋、张惠言等人的带领下，汉易解释已蔚然成风。历史地看，方申、李道平等人对汉易文献的整理辨析和对象数之学的恢复解说，既在乾嘉汉易复兴的学术背景下产生，又进一步促进了汉易的发展。

① 〔清〕李道平撰，潘雨廷点校：《周易集解纂疏·前言》，中华书局1994年版，第11页。

第五章　焦循汉易风格的易学建构

焦循(1763—1820),字理堂,一字里堂,晚号里堂老人,江苏甘泉(今江苏扬州刊江黄珏)人,乾嘉著名学者,扬州学派代表人物。嘉庆六年(1801)乡试中举,翌年入京会试,落第还乡,自此绝意进取。年四十外,足不入城,终日与湖光山色相依,潜心著述雕菰楼中。焦循学识淹博,著作宏富,于经学、数学、天算、地理、史学、文学、医学等诸多领域皆有精深造诣,尤善《周易》《孟子》,时人誉为"通儒"。主要易学著作有《易章句》十二卷、《易图略》八卷、《易通释》二十卷(合为《雕菰楼易学三书》四十卷)、《易话》两卷、《易广记》三卷、《周易补疏》两卷。此外,《论语通释》一卷、《论语补疏》三卷、《孟子正义》三十卷、《雕菰集》二十四卷、《易余籥录》二十卷、《里堂家训》两卷及后人所辑《焦里堂先生轶文》《昭代经师手简二编》中的部分文献,皆与其易学密切相关。

一、象数体例

准确把握焦循的问题意识是理解其易学体系的关键。事实上,他的解《易》理路直接源于幼年时期父亲焦葱的一个提问:

> 先父尝云:“历来讲《易》者,多不能使《易》辞了然明畅厌人意。惟于辞之同处思而贯之,当得其解。如‘密云不雨,自我西郊’,《小畜》言之矣,何以《小过》又言之?‘帝乙归妹’言于《归妹》宜矣,又何以言于《泰》?‘先甲三日,后甲三日’言于《蛊》矣,何以《巽》又言‘先庚三日,后庚三日’?于此求之,庶有途径可入。”循奉此教,凡四十年而成《易学三书》,未知能当先父之意?然先父所示学《易》可入之途径,固贤人所不能易也。①

长久以来,《周易》经传的文辞重复似乎只是无需深究的事实。虽然历代注家对此必有察觉,但从现有文献来看,同辞现象直至焦循才被视为颇有讨论必要的易学问题。那么,《易》辞重出何以会成为一个易学问题?它是否基于某种理论前提?显然,同辞现象并不足以激起义理派学者的好奇心,因为他们始终追求的是贯通全《易》的“理一”,而非条目细节的“分殊”。在义理的层面上,六十四卦、三百八十四爻所系之辞,都是同一易道的文字言说。至于具体语词之同异,并不妨碍终极义理的表达。相较而言,象数派更多留心《易》辞细节的条分缕析,而其以象解《易》的理论基点则在于《周易》象辞的严整对应。可是,“密云不雨,自我西郊”同见于《小畜》《小过》等异象同辞的实例,却明显与象数派“同辞必同象、异象必异辞”的信念发生冲突。正是这一冲突,激发了焦循对象辞关系的重新思考。即便他本人尚未形成某种

① 〔清〕焦循:《易余籥录》卷一,《丛书集成续编》第29册,台湾新文丰出版公司1989年版,第282页。

确切答案①,其问题本身还是传达出如下信念——《易》辞重出绝非偶然,必有某种深意寓于其间。更重要的是,“于辞之同处思而贯之”自此成为焦循治《易》的运思方向。他深信,《周易》经传的同辞现象只能说明学者对《易》象缺乏正确的理解,绝不能因此怀疑象辞相应的根本原则。在此问题意识的驱动下,焦循从二十岁起广览博求历代《易》注,其中又以易汉学用力最深,可依然无法圆满解决心中的疑问。既然易学史上的种种成说皆不能直接有效地达成目标,就不如将之毅然摒弃,一意向《周易》经传求索。最终,他“实测”出“旁通”“相错”“时行”三例并贯通全《易》,从而完成了《易学三书》的象数建构:

> 余学《易》所悟得者有三:一曰旁通,二曰相错,三曰时行。此三者,皆孔子之言也,孔子所以赞伏羲、文王、周公者也。……余初不知其何为“相错”,实测经文、传文,而后知“比例”之义出于相错。不知相错,则比例之义不明。余初不知其何为“旁通”,实测经文、传文,而后知升降之妙出于旁通。不知旁通,则升降之妙不著。余初不知其何为“时行”,实测经文、传文,而后知变化之道出于时行。不知时行,则变化之道不神。未实测于全《易》之先,胸中本无此三者之名。既实测于全《易》,觉经文、传文有如是者,乃孔子所谓相错;有如是者,乃孔子所谓旁通;有如是者,乃孔子所谓时行。测之既久,益觉非相错、

① 程钢先生指出:“父亲的一个提问——可能是很普通的一个提问,到目前为止,尚未能找见其父有坐实这一学术设想的著作。——曾产生过启示般的影响力,这也是可能的。焦循的父亲也未必真正理解他这个提问对于易学史的意义。”见程钢:《焦循天算学、易学学术思想研究》,西北大学 1996 年博士学位论文,第 2 页。

非旁通、非时行，则不可以解经文、传文。①

焦循强调，“旁通”“相错”“时行”是三圣作《易》运用其中并通过《十翼》原文点出的“书法”，而非自家创设的解经之“例”。前者由实测经传而来，是本义的发现；后者纯属臆造，是个人的发明。在专言易例的《易图略》中，焦循又将其细分为五，即“旁通”“当位失道”“时行”“相错”“比例”。

（一）旁通

易学中的“旁通”一词，出自《乾》卦《文言传》“六爻发挥，旁通情也”一语。“其本义是就《周易》六爻的性能而言的，是说六爻发动挥变，可以广通万物之情，即《系辞》所谓的‘以通神明之德，以类万物之情。’……故此旁通是指广泛通达。”②以“旁通”二字命名经学体例，则是三国虞翻的首创。按照他的规定，若两别卦六对同位之爻阴阳爻性截然相反，此两卦即互为旁通。如虞氏《小畜》注云：“与《豫》旁通。”《谦》卦注云：“与《履》旁通。”（《周易集解纂疏》）王弼虽将汉易体例几近剥落，其《夬》之九三注文亦引入《剥》卦六三。③ 在象数层面上，他与虞翻的旁通说并无不同。二人的分歧在

① 〔清〕焦循：《易图略·叙目》，见〔清〕焦循著，陈居渊点校：《雕菰楼易学五种》，凤凰出版社2012年版，第839页。下引《雕菰楼易学五种》只注书名、卷数、篇名。

② 林忠军：《象数易学发展史》第一卷，齐鲁书社1994年版，第221页。

③ 王弼注《夬》九三“壮于頄，有凶。君子夬夬，独行遇雨若濡。有愠，无咎”云：“頄，面权也，谓上六也。最处体上，故曰权也。《剥》之六三，以应阳为善。夫刚长则君子道兴，阴盛则小人道长。然则，处阴长而助阳则善，处刚长而助柔则凶矣。”见〔魏〕王弼：《周易注·下经》，见〔魏〕王弼著，楼宇烈校释：《王弼集校释》，中华书局1980年版，第435页。下引该书只注书名。

于，虞翻认为旁通两卦卦义相通，故可相参互诠；王弼则主张两卦卦义截然相反，似应正反比对。无论如何，旁通由此成为后世易家广泛使用的解经体例。即便孔颖达、来知德分别将其更名作“变卦”“错卦”，其象数涵义始终未有本质改变。直至顾炎武，旁通的内涵才发生转移：“《序卦》《杂卦》皆旁通之说。先儒疑以为非夫子之言，然《否》之‘大往小来’承《泰》之‘小往大来’也，《解》之‘利西南’承《蹇》之‘利西南、不利东北’也，是文王已有相受之义也。”（《日知录》卷一）尽管顾氏仍将旁通视作经传古义，但由此间《解》、《蹇》两卦可知，其所言“旁通”实指虞氏易之“反对”，即孔颖达之“覆卦”、来知德之“综卦”。当然，从易学史的角度评价，顾氏此说无甚创造，只是一种称谓上的调换而已。

真正使旁通说以焕然一新的面貌重登易学舞台的是清儒焦循。首先，他根据六十四卦逐爻的阴阳排列将其区分为三十二组。每组两卦相互对待，同位之爻一阴一阳。如《屯》自初至上分别为初九、六二、六三、六四、九五、上六，《鼎》自初至上分别为初六、九二、九三、九四、六五、上九，则《屯》《鼎》两卦即属同一旁通卦组；又如《蒙》二、上两爻为阳，初、三、四、五四爻皆阴，则其旁通卦必为二、上为阴，初、三、四、五四爻皆阳之《革》。其次，每一旁通卦组的两卦之间，具有如下爻变关系：

> 凡爻之已定者不动，其未定者，在本卦初与四易、二与五易、三与上易，本卦无可易，则旁通于他卦。亦初通于四、二通于五、三通于上。……初必之四，二必之五，三必之上，各有偶也；初不之四，二不之五，三不之上，而别有所之，则交非其偶也。……凡旁通之卦，一阴一阳，两两相孚。共十二爻，有六爻静，必有六爻动。《既济》六爻皆定，则《未济》六爻皆不定。“六爻发挥”“六

位时成”，谓此十二爻中之六爻也。（《易图略》卷一）

根据爻性与爻位，焦循把一组旁通卦的十二爻划分为“定”与“未定”两类。对任一别卦而言，凡阳爻居初、三、五三阳位，阴爻居二、四、上三阴位即属“定”；反之，阳爻居阴位或阴爻居阳位则属“未定”。显然，焦氏所谓的“定”与“未定”，就是传统易学的“当位”“不当位”、“得正”“不得正”或称“得位”“失位”。由于旁通卦组六爻爻性相反，同一爻位上的两爻必一者得定、一者未定，故两卦十二爻必六爻定、六爻未定，且均匀分布于六位之中。继而，焦循规定了卦爻运动的具体规则：定爻必静，未定须动。由于六未定爻自初至上每位一爻，按“应位”原则，势必可在旁通卦组内构成初四、二五、三上三对相应关系。若某一别卦应位两爻相应且同属未定，则应彼此互易；若某一别卦应位两爻敌应，则必有一爻未定。此时，爻变须在该旁通卦组的两卦之间进行。以《复》《姤》为例，《复》《姤》旁通，《复》六三、六五两爻未定，初九、六二、六四、上六四爻已定；《姤》九三、九五两爻已定，初六、九二、九四、上九四爻未定，则此旁通卦组之三对爻变为《姤》初之四、《姤》二之《复》五、《复》三之《姤》上。

显见，焦氏“旁通”共有三层要义：第一，两卦关系；第二，爻变关系；第三，爻位关系。分而论之，每项内容各有其易学史渊源；合而观之，则三者内在相连、环环相扣，又与以往诸例皆有不同。事实上，三十二对旁通卦早在虞翻首创旁通体例时即已确立。在指称对待两卦阴阳相反时，焦氏旁通只是对虞氏易相关内容的系统化、完整化。然而，其“旁通”一词并不像虞翻一样仅限于描述两卦的静态关系，它还具有卦爻互易的动态涵义。就后者而言，焦氏旁通又与荀爽、虞翻的升降说和卦变说存在一定程度的易学亲缘。

不过,虽然三者皆以爻变为本质,其具体规则却不尽相同。一般地说,卦变是指某一别卦阴阳两爻彼此互易。它不但不涉及该卦的旁通卦,两爻的变爻数量也明显异于焦氏旁通的“六爻动”。似乎除卦爻互易,焦氏旁通与荀、虞卦变并无相同之处。相较卦变,焦循更多吸纳的是荀爽的“升降”说。因为荀氏易既有某一别卦内部的自行升降,又有《乾》《坤》两卦之间的卦爻交换。在这一点上,焦循建立的卦爻运行规则与之颇为相类。但是,荀爽并不墨守“阳升阴降”的原则,而是结合注经需要灵活地决定变爻的数量和爻位。这种随意性又是焦循绝对不能接受的。于是,他通过引入爻位关系为其设置一定之规:首先,他借用《易传》的“得位”“失位”说,把变爻范围锁定为旁通卦组十二爻中的失位六爻。六爻均衡分布于六位,自初至上必每位一爻。这样既可以避免变爻数量的不确定性,又可以防止荀氏升降“变正为不正”的特例出现。其次,参照荀爽、虞翻的“之正”说,将“失位变正”确立为卦爻运行的等价条件。一方面,升降必须以之正为目的,不变正不可以升降;另一方面,之正又必须采取两爻升降的方式,失正之爻不能自行实现爻性转变。他显然意识到,一旦将荀氏易学本无必然关联的“升降说”与“之正说”彻底打通,卦爻运动的随意性即可避免。最后,为了彻底消解爻变规则的灵活性,焦循又为卦爻交易设立了“应位”前提。这样一来,分居六位的未定六爻,就只能按初四、二五、三上的相应关系两两互换。至此,每一旁通卦组的卦爻运行既已确定。

综上,我们不妨对焦循易学的“旁通”体例作如下定义:六爻阴阳截然相反的“旁通”两卦,遵循“应位”原则、以“升降”形式进行“之正”的过程。这一定义提示出,在“旁通”的三要素中,两卦的静态对待是前提,卦爻的动态互易是归宿,得正、相应等爻位关系则是贯穿其中的原则。即便我们不难分析出焦氏旁通与汉易“旁通”

“升降”“之正”之间的亲密关系，焦循本人还是将其来源归于“实测”。依他之见，《周易》经传中的相同字词，即诸卦由旁通彼此连接的明证。《易图略》卷一曾列举三十则卦例，兹选取几例略加说明：

> 《同人》九五：“大师克相遇。”若非《师》与《同人》旁通，则《师》之“相克”、《师》之“相遇”，与《同人》何涉？

焦循认为，《同人》九五爻辞“大师克相遇”之“师”字即《师》之卦名。因《同人》与《师》旁通，故《同人》爻辞言及《师》卦。

> 《艮》六二：“不拯其随。”《兑》二之《艮》五，《兑》成《随》，《兑》二之“拯”，正是《随》之“拯”。若非《艮》《兑》旁通，则“不拯其随”之义不可得而明。

《艮》《兑》旁通，《艮》六二已定、六五未定，《兑》九二未定、九五已定。按焦氏旁通规则，《兑》二应之《艮》五。两爻互易后，《兑》成《随》，故《艮》六二爻辞言“不拯其随”，此“随”字即《随》之卦名。

> 《解》上六“射隼于高墉之上”，谓六三旁通于《家人》，《家人》上巽为“高墉”，《同人》四之《师》初成《家人》，亦云“乘其墉”。《家人》与《解》旁通，一“墉”字明之。

《同人》《师》旁通。《同人》九四未定、初九已定，《师》初六未定，六四已定，则《同人》四应之《师》初。两爻互易后，《同人》成《家人》。《家人》又与《解》旁通。《同人》九四爻辞云“乘其墉，弗克攻”，

《解》上六爻辞云“公射隼于高墉之上”。其同言“墉”字,即在指示两旁通卦组之相互关联。

> “井泥不食”谓《丰》四之《井》初成《需》,故“需于泥”。《丰》成《明夷》,《需》二之《明夷》五,为“致寇至”。传云“灾在外”,即《丰》“过旬灾”之“灾”。

《井》《噬嗑》旁通。《噬嗑》六三、上九相应且同属未定,两爻率先互易成《丰》。又因《井》之初六未定、六四已定,《噬嗑》初九已定、九四未定,故《井》初亦应之《噬嗑》四(即《丰》四)而成《需》《明夷》。在《周易》经传中,《井》初六爻辞曰“井泥不食”,《需》九三爻辞曰“需于泥”,《丰》初九《小象》曰“过旬灾”,《需》九三《小象》曰“灾在外”。《井》《需》同言“泥”、《丰》《需》皆称“灾”,即明示由《井》《噬嗑》旁通运行而来的诸卦关联。

概言之,旁通三十例证约可别为如下四类:第一,旁通两卦不必爻变即有同辞,如上文例一;第二,旁通卦组经一次爻变所成两卦与原旁通两卦合计四卦间享有同辞,如上文例二;第三,旁通卦组两次爻变分开进行,其间所成四卦与原旁通两卦合计六卦间享有同辞,如上文例四;第四,旁通卦组爻变所成之卦再取旁通,此三组旁通合计六卦间享有同辞,如上文例三。抛开这些象数细节的差别,不难理解旁通三十例证的真正目的。尽管它们是作为旁通体例合乎《周易》经传的证据出现在《易图略》中的,但将其视作焦循对其父同辞之问的回答显然更为贴切。因为旁通的主要作用,即以象数方法在系有相同或同义字辞的诸卦之间建立连接,其问题面向仍是同辞现象引申出的象辞关系。由“《易》之系辞全主旁通”(《易图略》卷一)的结论可知,焦循坚信其整合改筑后的旁通体例，足以成为完整构建象数系统和最终解决象辞问题的稳固基石。于是，他沿此思路，对旁通易学展开了更加深入的探索。

（二）当位失道

虽然焦循所谓“定”与“未定”与传统易学“当位”“失位”说的具体内涵无甚区别，但他总是极力避免使用“当位”一词，而是用“定”来描述阳爻居阳位、阴爻居阴位的六爻情状。需要指出，这一举动绝不是一种名称上的标新立异，其深层原因在于他对《易传》屡屡言及的“当位”二字有着异于前人的理解：“说者以柔爻居二四上、刚爻在初三五为当位，非其义也。”（《易话》下《说当位》）在他看来，《易传》所说的“当位”无关乎阴阳爻性与奇偶爻位的契合，而是旨在判别旁通两卦三对爻变的先后次序：

> 易之动也，非当位，即失道，两者而已。何为当位？先二五，后初四、三上是也。何为失道？不俟二五，而初四、三上先行是也。（《易图略》卷二）

按焦氏象数规则，旁通卦组十二爻中的未定六爻必然分居六位，且卦爻运动无论采取自行升降还是卦间互易的方式，皆须遵循初四、二五、三上的应位原则进行。由于三组爻变并非同时发生，某相应两爻势必率先互易，则其先行两爻无非三种可能：或初四、或二五、或三上。据此，焦循确立了判分“当位”“失道”的唯一标准：对任一旁通卦组而言，凡二五先行者即为“当位”；凡二五不先行、即初四或三上先行者则为“失道”。

在《易图略》中，焦循以《当位失道图》详细展示了三十二组旁通“当位”及“失道”运行的情形。此处仍以《复》《姤》为例加以说明。《复》《姤》旁通，三对爻变为《姤》初之四、《姤》二之《复》五、《复》三之《姤》上。按焦氏规定，若《姤》二之《复》五先行即属“当位”。具言之，有如下三种可能：

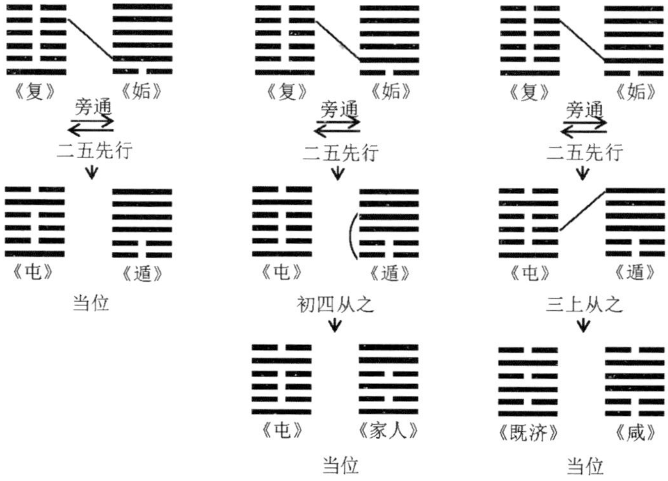

1. 二五先行，初四、三上尚未续变或不再续变。即《姤》二之《复》五，《姤》成《遁》、《复》成《屯》。

2. 二五先行，初四从之。即《姤》二先之《复》五而后《姤》初之四。其等同于《遁》初之四、《屯》不变而得《屯》《家人》。

3. 二五先行，三上从之。即《姤》二先之《复》五而后《复》三之《姤》上。其等同于《屯》三之《遁》上，《屯》成《既济》、《遁》成《咸》。

反之，若《姤》二之《复》五未能先行则为“失道”。在《当位失道图》中，焦循列举了如下四种可能：

1. 初四先行，二五、三上尚未续变或不再续变。即《姤》初之四、《复》不变而成《小畜》《复》。

2. 三上先行，初四、二五尚未续变或不再续变。即《复》三之《姤》上，《复》成《明夷》、《姤》成《大过》。

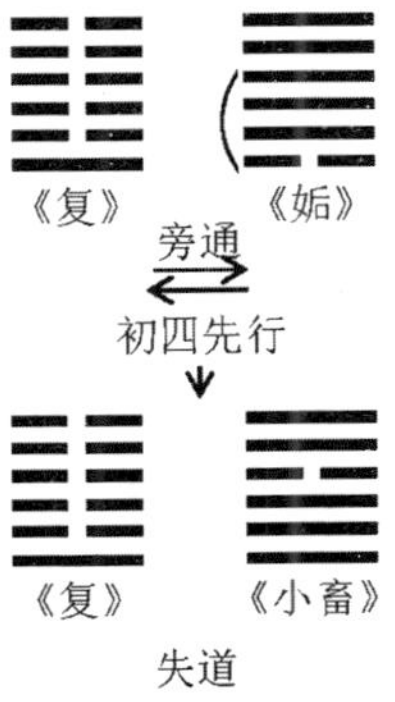

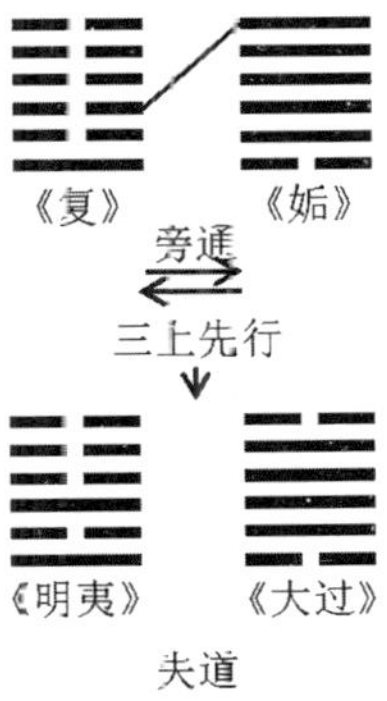

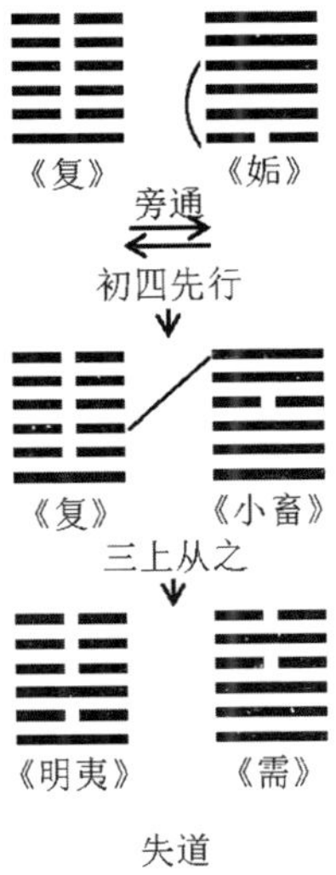

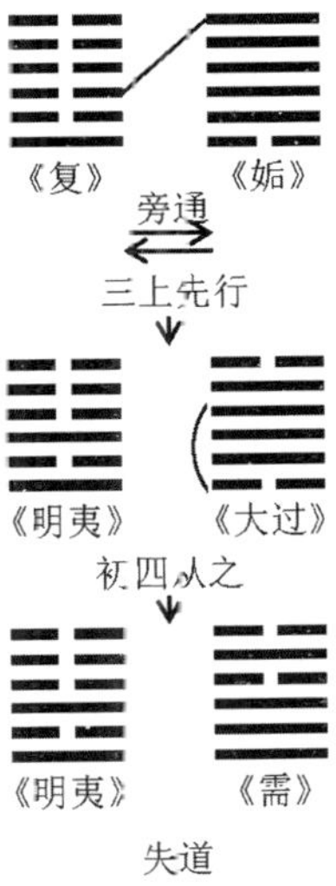

3. 初四先行，三上从之。即《姤》初四互易后，《复》三再之《姤》上。其等同于《复》三之《小畜》上，《复》成《明夷》、《小畜》成《需》。

4. 三上先行，初四从之。即《复》三先之《姤》上而后《姤》初之四。其等同于《明夷》不变、《大过》初之四而得《明夷》《需》。

以上四者均非二五先行，必属失道。然而，旁通卦组两对爻变相继发生的可能性并未穷尽，尚存如下两种：

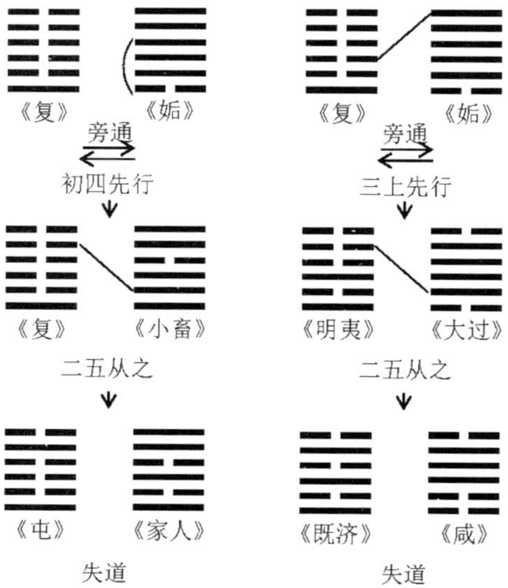

1. 初四先行,二五从之。即《姤》初四互易后,《姤》二再之《复》五。其等同于《小畜》二之《复》五,《小畜》成《家人》、《复》成《屯》。

2. 三上先行,二五从之。即《复》三之《姤》上后,《复》五再之《姤》二。其等同于《明夷》五之《大过》二,《明夷》成《既济》、《大过》成《咸》。按照"凡二五不先行即为失道"的标准,上述两种情形亦属失道。这样一来,《复》《姤》两卦爻变失道的可能性合计六种。

以上分析同样适用于其他旁通卦组。因而,我们可将结论拓展至全部三十二组旁通。对任一旁通卦组而言,当位运行之可能性共有三种:1. 二五先行,初四、三上尚未续变或不再续变;2. 二五先行,初四从之;3. 二五先行,三上从之。失道运行之可能性共有六种:1. 初四先行,二五、三上尚未续变或不再续变;2. 三上先行,初四、二五尚未续变或不再续变;3. 初四先行,二五从之;4. 三上先行,二五从之;5. 初四先行,三上从之;6. 三上先行,初四从之。

显见,"'当位''失道'只是对于卦爻变动方式的评价,本身并不是卦爻运动的方式"①。严格说来,它是一种依附于旁通的爻变评判机制,不能算作独立的象数体例。作为旁通卦组卦爻运行的评判原则,它只关注爻变的次序,而不在意爻变的结果。比如,虽然旁通两卦"二五先行、初四从之"与"初四先行、二五从之"的结果完全相同,但从卦爻互易的先后次序来看,二者分属当位与失道。关键在于,当位、失道这一称谓已然透露出明显的价值评判意味,即"当位则吉,失道则凶"(《易图略》卷二)。也就是说,《易》辞之"吉"必合"二五先行"之象,"凶"则大多与"失道"相关。由是,《周易》中的"吉""凶""悔""吝"等占辞皆可通过旁通卦组的爻变次序加以解释。如其所云:"非伏羲设卦之外别有吉凶悔吝也,即指伏羲设卦之所之也。所之,谓二之五、初之四、上之三,当位、失道,皆视乎所之。"(《易章句》卷七)

不过,"吉""凶"并不是一成不变的。在《易图略》中,焦循曾以《乾》《坤》为例,对其进行专门说明:

> 凶何以化吉?《乾》二不之《坤》五,而四先之《坤》初,《乾》成《小畜》,《坤》成《复》,是失道而凶者也。若能变通,以《小畜》通《豫》,以《复》通《姤》。《小畜》《复》初四虽先行,而《豫》《姤》初四则未行,以《豫》《姤》补救《小畜》《复》之非,此"不远复"所以"修身"也。此凶变吉也。(《易图略》卷二)

---

① 岑溢成:《焦循〈当位失道图〉牟释述补》,载李明辉主编,蔡仁厚等著:《牟宗三先生与中国哲学之重建》,台湾文津出版社1996年版,第251页。

《乾》《坤》旁通。《乾》二、四、上未定,《坤》初、三、五未定。该旁通卦组三对爻变为《乾》二之《坤》五、《乾》四之《坤》初、《乾》上之《坤》三。若初四先行,即《乾》四之《坤》初而成《小畜》《复》,则为失道。在焦氏易学中,补救失道的方法只有"变通"。所谓"变通",就是取其旁通卦,并以此旁通卦组作为卦爻运行之新起点,亦即《小畜》旁通于《豫》、《复》旁通于《姤》。《乾》《坤》虽未二五先行,但《小畜》《豫》、《复》《姤》皆可二五先行。《小畜》二之《豫》五,则《小畜》成《家人》、《豫》成《萃》;《姤》二之《复》五,则《姤》成《遁》、《复》成《屯》。由是,失道便可转为当位,此即"凶变吉"之法。

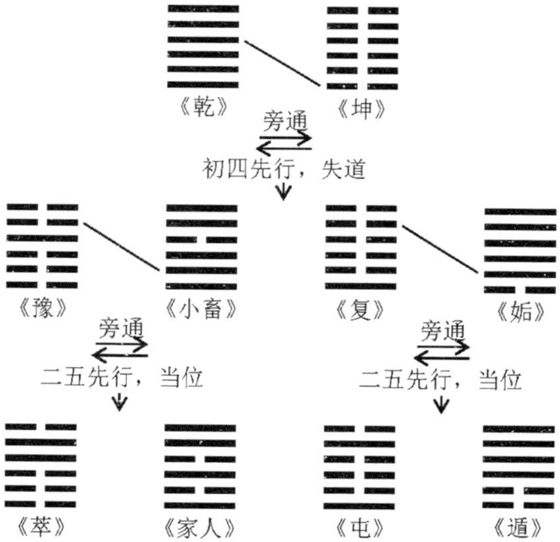

不仅凶可以转吉,吉亦可能转凶:

吉何以变凶?《乾》二先之《坤》五,四之《坤》初应之,《乾》成《家人》、《坤》成《屯》,是当位而吉者也。若不知变通,而以《家人》上之《屯》三,成两《既济》,其道穷矣,此"亢龙"所

以为"穷之灾"也。此吉变凶也。(《易图略》卷二)

以《乾》《坤》为例,二五先行、初四从之,即《乾》二先之《坤》五而后《乾》四之《坤》初,则《乾》《坤》当位成《家人》《屯》。此时,若续以三上互易,即《家人》三再之《屯》上,则两卦皆成《既济》,遂转为"凶"。需要特别指出的是,与汉易荀爽、虞翻的"成既济定"说相反,焦循把成两《既济》规定为所有卦爻运行结果中最凶的一种。也就是说,"凶"有两种情形,一指失道,一指成两《既济》。从《乾》《坤》二五先行,初四、三上相继从之而成两《既济》可见,两《既济》与失道并无必然关联,它也可能从当位而来。为了明确区分两种不同的凶,焦循在多数情况下以"终止道穷"指称成两《既济》。不难推知,"终止道穷"必"凶"、"凶"未必"终止道穷",亦即"终止道

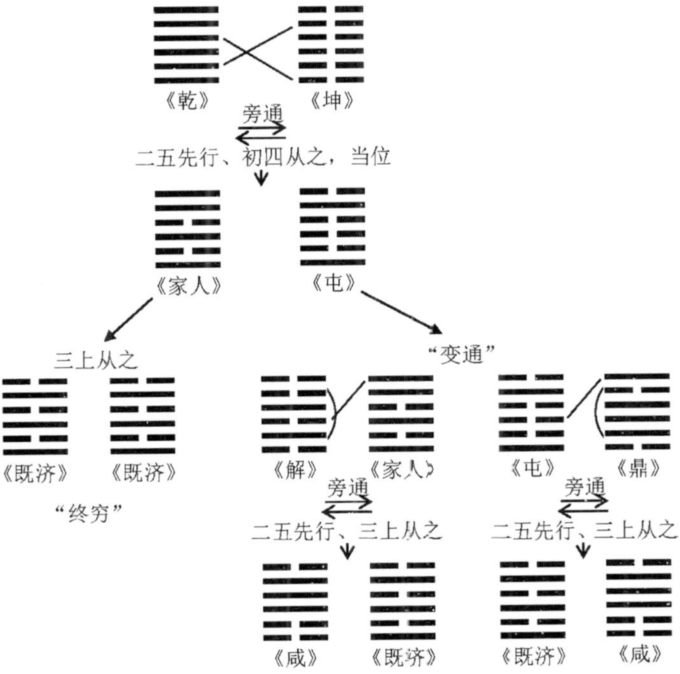

穷”是“凶”的种概念。对任一旁通卦组而言,凡初四、二五、三上三对爻变连续进行,其结果必得十二爻皆定之两《既济》。所以,要避免终止道穷,旁通卦组至多容许两对爻变连续发生。无论此两对爻变属于当位还是失道,第三对爻变都不可以继续进行,而须采取“变通”之法。其具体步骤如下:《乾》《坤》先二五、再初四成《家人》《屯》后,《家人》与《屯》各取旁通,并令此两组旁通成为卦爻运行之新起点。《家人》通《解》、《屯》通《鼎》。《家人》《解》二五先行、三上从之,当位成《既济》《咸》;《屯》《鼎》二五先行、三上从之,当位亦成《既济》《咸》。

就象数技术而言,变通无非就是引入某卦之旁通卦,其本质仍为旁通。但细究起来,二者尚有如下差别:旁通描述的是既定卦组的内部关系,变通则指建立新旁通的过程。由于吉凶总会随着卦爻运行不息因时转化,故无论当位、失道,皆须及时变通。“惟凶可以变吉,则示人以失道变通之法;惟吉可以变凶,则示人以当位变通之法。”(《易图略》卷二)凶之变吉,在于能变通;吉之变凶,则因不变通。一言以蔽之,变通是转失道为当位即促成凶变吉和避免成两《既济》即防止吉变凶的唯一方法。在《易图略》中,焦循又把变通的各种情形统称为“时行”。

(三)时行

“时行”二字见于《彖传》。《彖·小过》曰:“过以利贞,与时行也。”《彖·艮》曰:“时止则止,时行则行,动静不失其时。”《损》《益》两卦《彖传》皆称“与时偕行”。不过,直至焦循处,“时行”才被赋予明确的象数内涵,成为一种注经体例。依他之见,《易传》中“时”与“变通”紧密相连足以证明二者之互训关系:“《系辞传》总揭其义云‘变通配四时’,云‘变通莫大乎四时’,云

‘变通者,趣时者也’,时之为变通,不烦言而决矣。”(《易通释》卷八《时》)因而,所谓“时行”,即旁通卦组遵循变通之法运行不息的动态过程。既然当位、失道皆须变通,则任一旁通卦组当位、失道的九种可能也必定分别对应时行的九种情形。以下将其合并为六:

1.“二五先行当位,变通不穷”,即任一旁通卦组二五先行(又称“元”“大中”)之后立刻变通(又称“利”),不再进行第二对爻变。——对应当位第一种可能“二五先行,初四、三上尚未续变或不再续变”。以《乾》《坤》旁通为例,《乾》二之《坤》五先行,《乾》成《同人》、《坤》成《比》。此时立即变通,不再继之以初四或三上。《同人》取其旁通卦《师》,《比》取其旁通卦《大有》。尔后,《同人》《师》、《比》《大有》分别成为卦爻运行的新起点。又如《坎》《离》旁通,《坎》二之《离》五先行亦成《比》《同人》。此时立即变通,不再继之以初四或三上。《比》取其旁通卦《大有》,《同人》取其旁通卦《师》。尔后,《比》《大有》、《同人》《师》分别成为卦爻运行的新起点。

2.“初四先行不当位,变而通之,仍大中而上下应”,即任一旁通卦组初四互易后立刻变通,不再进行第二对爻变。——对应失道第一种可能“初四先行,二五、三上尚未续变或不再续变”。以《坎》《离》旁通为例,《坎》初之《离》四先行,《坎》成《节》、《离》成《贲》。此时立即变通,不再继之以二五或三上。《节》取其旁通卦《旅》,《贲》取其旁通卦《困》。尔后,《节》《旅》与《贲》《困》成为卦爻运行的新起点。又如《艮》《兑》旁通、初四先行,亦成《贲》《节》。此时立即变通,《贲》取其旁通卦《困》,《节》取其旁通卦《旅》。尔后,《贲》《困》与《节》《旅》分别成为卦爻运行之新起点。

3.“三上先行不当位，变而通之，仍大中而上下应”，即任一旁通卦组三上互易后立刻变通，不再进行第二对爻变。——对应失道第二种可能“三上先行，初四、二五尚未续变或不再续变”。以《乾》《坤》旁通为例，《乾》上之《坤》三先行，《乾》成《夬》、《坤》成《谦》。此时立即变通，不再继以初四或二五。《夬》取其旁通卦《剥》，《谦》取其旁通卦《履》，并使《夬》《剥》与《谦》《履》成为卦爻运行之新起点。又如《艮》《兑》旁通，《艮》上之《兑》三先行，亦成《谦》《夬》。《谦》取其旁通卦《履》，《夬》取其旁通卦《剥》。

4.“元亨”“利贞”，即任一旁通卦组二五先行（“大中”“元”）、初四或三上从之（又称“上下应”或“亨”）之后，为避免成两《既济》而及时变通（“利”）。——对应当位第二、第三两种可能“二五先行，初四从之”“二五先行，三上从之”。

此间，焦循首先归纳了旁通卦组大中上下应的全部结果。任一旁通卦组二五先行、初四从之后，两卦必初九、六二、六四、九五四爻皆定，其三上两位只存两种可能：或此卦三上同阳，彼卦三上同阴；或此卦九三、上六，彼卦六三、上九。前者即《家人》《屯》，后者即《既济》《益》。也就是说，任意旁通卦组大中下应之后皆不外乎此两种可能。同理，某一旁通卦组二五先行、三上从之后，两卦必六二、九三、九五、上六四爻皆定，其初四两位只存两种可能：或此卦初四同阳，彼卦初四同阴；或此卦初九、六四，彼卦初六、九四。前者即《革》《蹇》，后者即《既济》《咸》。任意旁通卦组大中上应之后亦不外乎此两种可能。再将大中下应与大中上应之结果合并，即可得出任一旁通卦组“元亨”之后的全部四种可能：

凡元亨必成《家人》《屯》《蹇》《革》或《既济》《咸》，或《既济》《益》。（《易图略》卷二）

至此，旁通卦组已完成两对爻变，若第三对爻变继续进行，则势必陷入两《既济》之穷，故大中上下应之后须立即变通，即元亨而利。以上四组结果，各取其旁通卦，《家人》通《解》、《屯》通《鼎》；《蹇》通《睽》、《革》通《蒙》；《既济》通《未济》、《咸》通《损》；《既济》通《未济》、《益》通《恒》。其中，《既济》《未济》重复出现一次，即作为卦爻运行新起点的旁通实为七组。当然，七组旁通继续元亨的结果仍不出《家人》《屯》等四种可能。

以《乾》《坤》旁通为例。《乾》《坤》大中下应之后，《乾》成《家人》、《坤》成《屯》。此时变通，《家人》通《解》、《屯》通《鼎》。若《家人》《解》大中上应，则《家人》成《既济》、《解》成《咸》；《屯》《鼎》大中上应，亦成《既济》《咸》。又如，《乾》《坤》大中上应之后，《乾》成《革》、《坤》成《蹇》。此时变通，则《革》通《蒙》、《蹇》通《睽》。若《革》《蒙》大中下应，则《革》成《既济》、《蒙》成《益》；《蹇》《睽》大中下应，则《蹇》成《既济》、《睽》成《益》。

5.“初四先行、二五从之不当位，变而通之，仍大中而上下应”“三上先行、二五从之不当位，变而通之，仍大中而上下应”，即任一旁通卦组初四先行后未经变通，又继之以二五互易；或三上先行后未经变通，又继之以二五互易。此时，该组旁通两对爻变业已完成，为防止成两《既济》，必须及时变通。——对应失道第三、第四两种可能“先初四、后二五”“先三上、后二五”。

就运行结果而言，初四先行、二五从之完全等同于大中下应，三上先行、二五从之完全等同于大中上应，故任一旁通卦组先初

四、再二五或先三上、再二五之后只有四种可能结果，即《家人》《屯》、《蹇》《革》、《既济》《咸》、《既济》《益》。相应地，其时行方式亦为四组结果各取旁通。《家人》通《解》、《屯》通《鼎》；《蹇》通《睽》、《革》通《蒙》；《既济》通《未济》、《咸》通《损》；《既济》通《未济》、《益》通《恒》。其中《既济》《未济》重复一次，故作为卦爻运行新起点的旁通实为七组。以《大畜》《萃》旁通为例。《大畜》《萃》初四先行，《萃》成《屯》、《大畜》不变。二五从之，《大畜》成《家人》、《屯》不变。此时，该组旁通已连续完成两对爻变，若继以三上，则将为两《既济》。于是，《家人》《屯》各取旁通。《家人》通《解》、《屯》通《鼎》。如是，两组旁通即可成为卦爻运动之新起点。

6."初四先行、三上从之不当位，变而通之，仍大中而上下应""三上先行、初四从之不当位，变而通之，仍大中而上下应"，即任一旁通卦组经历初四、三上两对爻变之后方才变通。——对应失道第五、第六两种可能"初四先行、三上从之""三上先行、初四从之"。

不难推知，旁通卦组初四、三上相继互易后，两卦必初九、九三、六四、上六四爻皆定，其二五两位则只存两种可能：或此卦二五同阳，彼卦二五同阴；或此卦六二、九五，彼卦九二、六五。前者为《需》《明夷》，后者为《既济》《泰》。"其失道而又失道者，非成《明夷》《需》，即成《既济》《泰》。然《泰》通于《否》，《既济》通于《未济》。"（《易图略》卷二）"《明夷》可变通于《讼》，《需》可变通于《晋》。"（《易图略》卷三）也就是说，其时行规则为《明夷》通《讼》、《需》通《晋》；《既济》通《未济》、《泰》通《否》。

以上分别讨论了任一旁通卦组时行的全部六种情形。其中，前三种属于一对爻变之后的时行，后三种属于两对爻变之后的时行。但是，并不是所有的卦爻运行结果都可以变通。在焦循易学中，只有一种情况是不可以时行的，那就是旁通卦组三对爻变连续进行以致成两《既济》。“惟不能时行，致成两《既济》，则终止道穷。”（《易图略》卷三）焦循规定，两《既济》十二爻皆无动变，即时行已步入穷途末路，此时不再允许《既济》变通于《未济》。反之，只要旁通卦组不成两《既济》，“无论当位、失道，一经变通，则元亨者更加以元亨；不元不亨者，改而为元亨”（《易图略》卷二）。

必须强调的是，将时行暂且局限在孤立旁通卦组内的做法只是出于论述的方便。事实上，时行是一个无穷流转的动态运行模式，单一旁通卦组的六种变通情形不过是其局部片段的截取：任一旁通卦组甲完成一对或两对爻变后，不论当位、失道，作为结果的两卦皆须变通。尔后，两卦所在之旁通卦组乙、丙分别成为卦爻运行的新起点。当乙、丙各自完成一对或两对爻变后，不论当位、失道，其所得两卦亦须变通，而此两卦所在之旁通卦组丁、戊又分别成为卦爻继续运行的起点。……除非其间某组旁通三对爻变连续进行导致了两《既济》的后果，否则时行皆可循环往复、永无止息。正是凭借时行体例，先前彼此孤立的旁通卦组才得以初步连接为焦氏象数的整体系统。一方面，三十二组旁通仍是焦循易学的基本单元；另一方面，每组旁通又皆可与若干卦组相互衔接。这无疑为象辞问题的最终解决提供了极大便利。为了进一步拓展诸卦之间的象数联系，焦循又创设了“相错”体例。

（四）相错

“相错”二字出自《说卦》。《说卦传》曰：“天地定位，山泽通气，雷风相薄，水火不相射，八卦相错。”在易学史上，此段文字发挥重大影响基本是在宋代以后，因为在宋易象数系统中，《说卦》正是先天八卦方位说符合《周易》本义的关键证据。其中，“天地”“山泽”“雷风”“水火”分别被视作八经卦的自然之象；“相错”，则既指每组两卦互为旁通，又指其所居方位正相反对。如山为艮象、泽为兑象，艮兑旁通，艮居西北，兑居东南，此即“山泽通气、艮兑相错”之义。其余三组皆与此相类。对此，焦循不以为然：

> 天地，《乾》《坤》也。山泽，《艮》《兑》也。雷风，《震》《巽》也。水火，《坎》《离》也。天地相错，上天下地成《否》，二五已定，为“定位”。山泽相错，上山下泽成《损》，二交五为“通气”。雷风相错，上雷下风成《恒》，二交五为“相薄”。水火相错，上水下火成《既济》，六爻皆定，不更往来，故“不相射”。此《否》则彼《泰》，此《损》则彼《咸》，此《恒》则彼《益》，此《既济》则彼《未济》，而统括以“八卦相错”一语。六十四卦，皆此天地、山泽、雷风、水火之相错也。传又自发明之云：“水火相逮，雷风不相悖，山泽通气，然后能变化而成万物。”变“不相射”而云“相逮”，“不相射”谓《既济》，“相逮”谓《既济》变通于《未济》也。“不相射”则“寂然不动”，“相逮”则“感而遂通”矣。变“相薄”而云“不相悖”，五失道则悖。《恒》二之五而后《益》上之三，则“不相悖”，“不相悖”由于“相薄”也。……知雷风为《震》《巽》所错，则知天地为《乾》《坤》所错，山泽为《艮》《兑》所错，水火为《坎》《离》所错也。（《易图略》卷四）

他认为，“天地”“山泽”固然是作为《易》卦的自然之象出现在《说卦》中的，但其指示的并非八经卦，而是六十四别卦中的《乾》《坤》等八纯卦。所谓“相错”，是指发生在两个相关别卦之间的一种卦爻运动方式。具言之，此上体与彼下体结成一新别卦，彼上体与此下体亦结成一新别卦。因其表现为两别卦上下二体的相互交错，故称“相错”。例如，八纯卦所在的四组旁通各自相错后，《乾》《坤》成《否》《泰》，《艮》《兑》成《损》《咸》，《震》《巽》成《恒》《益》，《坎》《离》成《既济》《未济》。关键在于，“相错”并不是孤立的卦爻运行方式，它与旁通、时行等象数体例一气通贯。由此出发，焦循对《说卦》的相关文字给出了如下解释：天地《否》卦二五皆定，故云“天地定位”；《损》《咸》旁通，《损》九二、六五未定，须两爻互易，即下体兑泽中爻之上体艮山中爻，故云“山泽通气”；《恒》《益》旁通，《恒》卦九二、六五未定，其二之五即巽风中爻升震雷中爻，“相薄”言二之五，故曰“雷风相薄”。大中后继以上应，元亨而成《咸》《既济》，《说卦》以“不相悖”三字明之；水火《既济》六爻皆定、无从变易，即“不相射”，通于《未济》则可变易，故《说卦》特在“水火不相射”一语后补之以“水火相逮”四字以指示《既济》通于《未济》。总之，经过焦循的重释，《说卦传》“天地定位”一章便成了“相错”体例的经典依据。

理论上，八纯卦两两相错即可得出全部六十四卦。但在焦氏易学中，相错并不是无条件的。概言之，唯有两卦互为旁通或共同构成旁通卦组之某组爻变结果时，方才允许其置换内外卦。据此，焦循将相错归为如下四类：

1. 旁通两卦直接互换内外卦。如《复》《姤》旁通，《复》坤上震下、《姤》乾上巽下，二者互易内外卦，则为坤上巽下之《升》、乾上震下之《无妄》，《无妄》《升》亦旁通。同理，《无妄》《升》相错即成《姤》《复》旁通。此类相错可由经传同辞证实：《蒙》《革》相错成《贲》《困》，故《困》之卦名系于《蒙》六四爻辞“困蒙”之下；《睽》《蹇》相错成《旅》《节》，故《节》之卦名见于《蹇》九五《小象》“以中节也”；《家人》《解》相错成《涣》《丰》，故《丰》上六爻辞云“蔀其家”,此“家”字即《家人》卦名;《屯》《鼎》相错成《井》《噬嗑》,《杂卦传》曰:“《噬嗑》,食也。”《鼎》九三爻辞曰:“雉膏不食。”二者同言“食”,即为明示此一相错关系;《比》《大有》相错成《需》《晋》,故《杂卦》云“《比》乐《师》忧”“《大有》,众也”,《晋》九三爻辞云“允众,悔亡”,《大象·需》云“君子以饮食宴乐”,即《大有》《晋》皆言“众”、《比》《需》同称“乐”;《大壮》《观》相错成《豫》《小畜》,故《小畜》九三爻辞云“舆说辐”,《大壮》九四爻辞云“壮于大舆之輹”。“辐”“輹”同音假借,且两卦皆言“舆”字;《临》《遁》相错为《谦》《履》,故《履》之卦辞“履虎尾”与《遁》之初六爻辞“遁尾”皆用“尾”字。(《易图略》卷四)

2. 旁通卦组二五当位先行后交换内外卦。如《明夷》《讼》旁通,二五先行成《既济》《否》。《既济》《否》相错得《比》《同人》。同理,《坎》《离》旁通,二五先行成《比》《同人》,《比》《同人》相错得《既济》《否》。此类相错亦由实测《易》辞而得:

> 《既济》《否》相错为《比》《同人》,故《比》之“匪人”亦《否》之“匪人”。《否》“不利君子贞”,谓《泰》不成《既济》,而《否》成《既济》。《同人》则“利君子贞”,谓《师》先成《比》也。《泰》二之五,则“于食有福”,《讼》二之《明夷》五,则“食旧德”,《讼》二不之《明夷》五,则“三日不食”。《需》二之《晋》五,在《需》则“饮食”,在《晋》则“受福”。《未济》二之五,则“实受其福”。《讼》《晋》《未济》成《否》,《明夷》《需》《泰》成《既济》。《既济》“需有衣袽”,《需》二之《晋》五成《既济》《否》也。《师》“否臧凶”,《师》二之五成《比》,《比》《同人》相错成《否》也。(《易图略》卷四)

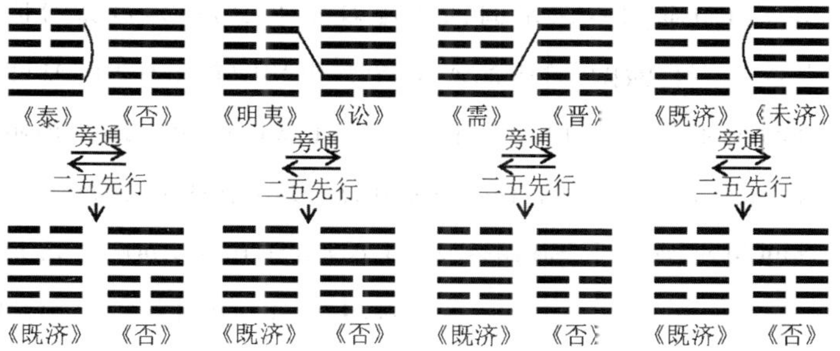

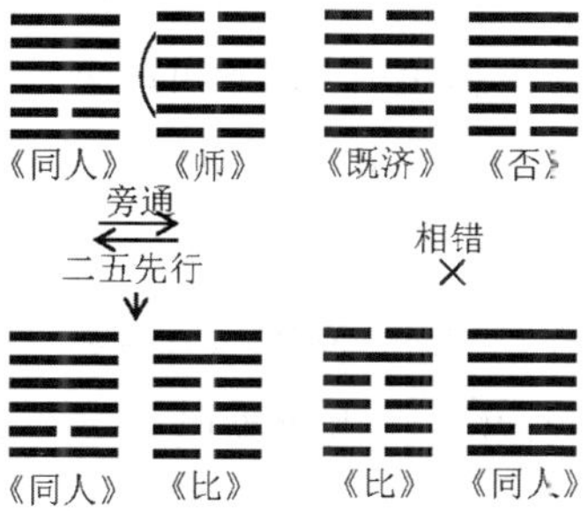

首先,《泰》《否》、《明夷》《讼》、《需》《晋》、《既济》《未济》四组旁通二五先行皆成《既济》《否》;再者,《同人》《师》旁通,二五先行成《同人》《比》;其次,按第二类相错规则,《既济》《否》相错为《比》《同人》;复次,相关诸卦《易》辞如下:《比》六三:“比之匪人。”《否》:“否之匪人,不利,君子贞。”《同人》:“利君子贞。”《泰》九三:“于食有福。”《讼》六三:“食旧德。”《明夷》初九:“三日不食。”《象·需》曰:“君子以饮食宴乐。”《晋》六二:“受兹介福。”《既济》六四:“繻有衣袽。”《既济》九五:“实受其福。”《师》初六:“否臧凶。”最后,经传同辞可证上述诸卦关系确凿无疑。《比》《否》同称“匪人”;《否》《同人》皆言“君子贞”,但《同人》《师》二五当位先行成《比》,《否》初四、三上接连失道成《既济》,故前者称“利”、后者称“不利”;《泰》《讼》《需》二五先行皆称“食”,《明夷》五不之《讼》

二为“不食”;《泰》《晋》《既济》三卦皆言“福”;“繻”通“需”,即《需》之卦名;“否臧凶”之“否”,亦指卦名。

3. 旁通卦组初四失道先行或三上失道先行后互易内外卦。如《大壮》《观》旁通,初四先行成《泰》《益》,相错得《复》《小畜》。《震》《巽》旁通,初四先行成《复》《小畜》,相错得《泰》《益》。又如,《节》《旅》旁通,三上先行成《需》《小过》,相错得《蹇》《大壮》。《归妹》《渐》旁通,三上先行成《大壮》《蹇》,相错得《小过》《需》。此类相错之证据仍在《周易》经传中:

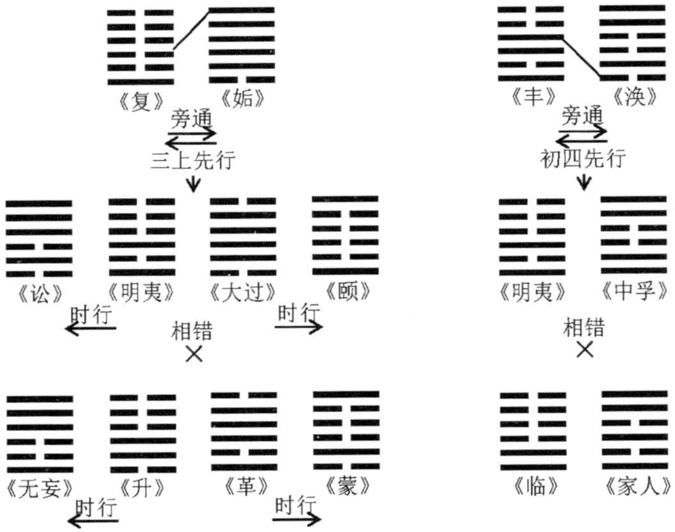

《姤》上之《复》三,《复》成《明夷》,《姤》成《大过》,故为“大难”。大者,《大过》。难者,《明夷》也。《大过》《明夷》相错为《革》,《明夷》通《讼》,与《革》通《蒙》同,故云“以蒙大难”。非明乎相错,不知“蒙大难”之义也。《丰》四之《涣》初,《涣》成《中孚》、《丰》成《明夷》,《中孚》《明夷》相错为《家人》。“家人,内也”,故云“内难而能正其志”。非明乎相错,

不知“内难”之何以为“内”也。(《易图略》卷四)

《复》《姤》旁通、三上先行,失道成《明夷》《大过》,二者相错得《升》《革》。《明夷》通《讼》、《革》通《蒙》。《丰》《涣》旁通、初四先行,失道成《明夷》《中孚》,二者相错得《临》《家人》,故《彖·明夷》曰:“以蒙大难,文王以之。”“内难而能正其志,箕子以之。”其中,“蒙”即《蒙》卦,“大”即《大过》。又由《杂卦》“《家人》,内也”可知,“内”字实指《家人》卦。三卦皆见于《明夷》传文,足以证明上述两组相错及其旁通关系。

4.旁通卦组两对爻变连续进行后交易内外卦。例如,《夬》《剥》旁通,大中下应成《既济》《益》,相错为《屯》《家人》。《临》《遁》旁通,大中下应成《屯》《家人》,相错得《既济》《益》。又如,《随》《蛊》旁通,初四先行、三上从之成《既济》《泰》,相错为《需》《明夷》。《谦》《履》旁通,三上先行、初四从之成《明夷》《需》,相错得《泰》《既济》。焦氏以《易》辞证之曰:

《需》“致寇至”,谓《晋》成《明夷》,《需》二之《明夷》五为寇也。《解》“致寇至”,谓《解》成《泰》、《家人》成《既济》,而《泰》二之五为寇也。《泰》《既济》相错即《需》《明夷》。(《易图略》卷四)

《需》《晋》旁通,初四、三上接连失道成《需》《明夷》;《解》《家人》旁通,初四、三上接连失道成《泰》《既济》。《需》《明夷》与《泰》《既济》互为相错,故《需》九三爻辞及《解》六三爻辞皆云“致寇至”。又如:

《屯》“见”而《益》亦“见善”。《损》成《益》而后《咸》四之

初为“居吉”，与《屯》之“利居贞”互明，《益》《既济》相错为《屯》《家人》也。(《易图略》卷四)

《咸》《损》旁通，大中下应成《既济》《益》，相错得《家人》《屯》。《屯》初九：“利居贞。”《杂卦》曰：“《屯》见而不失其居。”《象·益》曰：“见善则迁。”《咸》六二：“居吉。”可见，圣人为指示诸卦因相错而彼此连接，特令《屯》《咸》同言“居”、《屯》《益》皆称“见”。

以上就是焦氏易学相错说的大体内容。在易学史上，以“错”命名象数体例始于明人来知德。但来氏所谓“错卦”，始终是以虞翻的“旁通”、孔颖达的“变卦”为基本涵义的。依此观之，焦氏相错体例实与来氏易学无甚关联，似属个人发明。不过，若对易学史稍加回溯，便可觉察到焦氏相错之说乃直接受启于虞翻易学的“两象易”。二者之不同处仅在于，“两象易”是别卦自身上下两体互易，如《大壮》与《无妄》；“相错”则将其引申到两卦之间，继而成为与旁通、时行既相互区别又彼此关联的卦爻运行模式。总之，相错体例的创设，使得焦氏象数体系中的六十四卦更加顺畅无碍地连接起来。尤其是若干旁通卦组经过多次卦爻运动之后可以得出相同结果。这种情况，就是焦循所说的“比例”。

(五)比例

“比例”二字并不见于《周易》经传，而是源自数学。它之所以受到焦循的格外重视并在其易学体系中占有极大分量，乃因当时数学界正处于比例研究的热潮之中。“作为一个数学概念(即便不是‘比例’这个词)，‘比例’是在明末中西天算学大交流(特别是欧几里德几何学)的过程中引进的，在某种意义上是当时传入的最有活力的数学概念之一。……在利玛窦、徐光启的《几何原本》译成之后，学人们对比例的兴趣极其高昂。”①其基本涵义与现今数学中广泛使用的比例概念大体相同。简言之，若 a、b、c、d 四个数满足 a∶b = c∶d 的条件，则 a、b 与 c、d 互为比例。焦循相信，这一数学思想同样适用于易学研究，因为二者具有两方面的对应关系：其一，设 a、b 与 c、d 分别代表两组旁通、“∶”代表某种运行规则，则a∶b与 c∶d 各自对应两组旁通按相同规则运行所得之结果。当 a∶b = c∶d 即运行结果相同时，二者互为比例，此即焦循所云：“以此推之得此数，以彼推之亦得此数，数之比例如是，《易》之比例亦如是。”(《易图略》卷五)例如，《节》《旅》旁通、《小畜》《豫》旁通。《节》《旅》三上先行成《需》《小过》，《小畜》《豫》三上先行亦成《需》《小过》。设 a、b 为《节》《旅》，c、d 为《小畜》《豫》，“∶”为三上先行，则《节》∶《旅》=《小畜》∶《豫》=《需》《小过》，即《节》三之《旅》上为《小畜》上之《豫》三之比例；又如，《乾》《坤》二五先行、初四从之即“大中下应”成《家人》《屯》，《渐》《归妹》大中下应亦成《家人》《屯》。设 a、b 为《乾》《坤》，c、d 为《渐》《归妹》，“∶”为大中下应，则《乾》∶《坤》=《渐》∶《归妹》=《家人》《屯》，即《乾》《坤》大中下应为《渐》《归妹》大中下应之比例。

其二，两组旁通互为相错，或按相同规则运行所得结果互为相错，亦成比例。尽管焦循本人并未对此给出具体解释，我们依然能从数学的比例思想中找到其与相错体例的可比之处。在此提供两种解释。第一种是 a、b 与 c、d 各自对应一旁通卦组，“∶”指互为旁通或某种运行规则，“ = ”代表相错。如 a、b 取《乾》《坤》，c、d 取

① 张岂之主编：《中国思想学说史 · 明清卷》，广西师范大学出版社 2008 年版，第 575 页。

《否》《泰》,“:”取旁通义,则《乾》:《坤》=《否》:《泰》,即《乾》《坤》为《泰》《否》之比例。又如,a、b 取《坎》《离》,c、d 取《革》《蒙》,“:”取初四先行,则 a:b 之比值为《节》《贲》,c:d 之比值为《既济》《损》。因《节》《贲》与《既济》《损》互为相错,故《坎》:《离》=《革》:《蒙》,即《坎》初之《离》四为《革》四之《蒙》初之比例。第二种解释较为复杂。首先,在数学比例式 a:b=c:d 中,a 与 d 被称为外项,b 与 c 被称为内项。假若内项、外项分别对应易学中的内卦与外卦,并将“:”视为二者的连接符,a:b 与c:d便各自代表某一别卦、合计两卦,“=”则符示此两卦互为旁通。如 a 为震、b 为乾、c 为坤、d 为巽,则 a:b 为《大壮》、c:d 为《观》。《大壮》《观》互为旁通,故“震:乾=坤:巽”。其次,在数学中,比例式 a:b=c:d 可以通过内外项交易推出另一比例式 a:c=b:d,而这恰与焦氏相错体例的置换内外卦规则相类。按此说法,“震: 乾=坤:巽”必可导出“震:坤=乾:巽”的推论。验算可见,震:坤为《豫》、乾:巽为《小畜》。《豫》与《小畜》旁通,且与《大壮》《观》互为相错,故“震:坤=乾:巽”成立。最后,上述两组比例式中的四组比值 a:c、b:d 与 a:b、c:d 又可联立为(a:c):(b:d)=(a:b):(c:d)的比例式,由此可证《豫》《小畜》与《大壮》《观》互为比例。上述论证同样适用于任一相错卦组,故凡两组旁通互为相错,二者必有比例关系。

综上,焦循易学中的“比例”是指“运行结果相同”和“互为相错”两种情形。所谓“爻变结果相同”,即两组或两组以上的旁通卦按同一规则行动之后得出相同两卦,则其中任意一组与其他旁通卦组均成比例;至于“相错”,又可分为三类:1. 两组旁通互为相错,则此旁通卦组为彼旁通卦组之比例。此类对应相错的第一种情形;2. 两组旁通各自完成一对同位爻变所得结果互为相错,则此两组旁通具有比例关系。此类对应相错的第二、第三种情形;3. 两组旁通各自完成两对同位爻变所得结果互为相错,则此两组旁通亦成比例。此类对应相错的第四种情形。

通观《易学三书》可见,比例说在注经运用中是相当灵活的。绝大多数情况下,比例都有旁通、时行、相错的共同参与。概言之,成比例只须满足"旁通卦组""按同一规则运行""得出相同两卦或爻变结果互为相错"三个硬性条件即可,并不限制每组比例涉及的旁通、时行、相错等卦爻运行次数。为了强化"比例之用,随在而神"的原则,《易图略》卷五提供了十二则示例。不过,由于焦循本人并未留下推导过程,比例十二例实属待解题目。以下择取两例加以解说:

> 《乾》《坤》成《家人》《屯》为成《蹇》《革》之比例,《乾》《坤》成《复》《小畜》为成《谦》《夬》之比例。

《乾》《坤》旁通、大中下应成《家人》《屯》。此时,该组旁通已完成两对爻变,必须变通。于是《家人》通《解》、《屯》通《鼎》。两组新旁通二五先行,《家人》不变,《解》成《萃》;《屯》不变,《鼎》成《遁》。同理,《乾》《坤》大中上应成《革》《蹇》。《革》通《蒙》、《蹇》通《睽》。《革》《蒙》二五先行成《旹》《观》,《蹇》《睽》二五先行成《蹇》《无妄》。《家人》《萃》相错得《观》《革》、《屯》《遁》相错得《蹇》《无妄》,故《乾》《坤》成《家人》《屯》为成《蹇》《革》之比例;《乾》《坤》初四先行成《小畜》《复》。失道后立即变通,《小畜》通《豫》、《复》通《姤》。两组新旁通二五先行,《小畜》《豫》成《家人》《萃》、《复》《姤》成《屯》《遁》。同理,《乾》《坤》三上先行成《夬》《谦》。失道后立即变通,《夬》通《剥》、《谦》通《履》。《夬》《剥》二五先行成《革》《观》,《谦》《履》二五先行成《蹇》《无妄》。

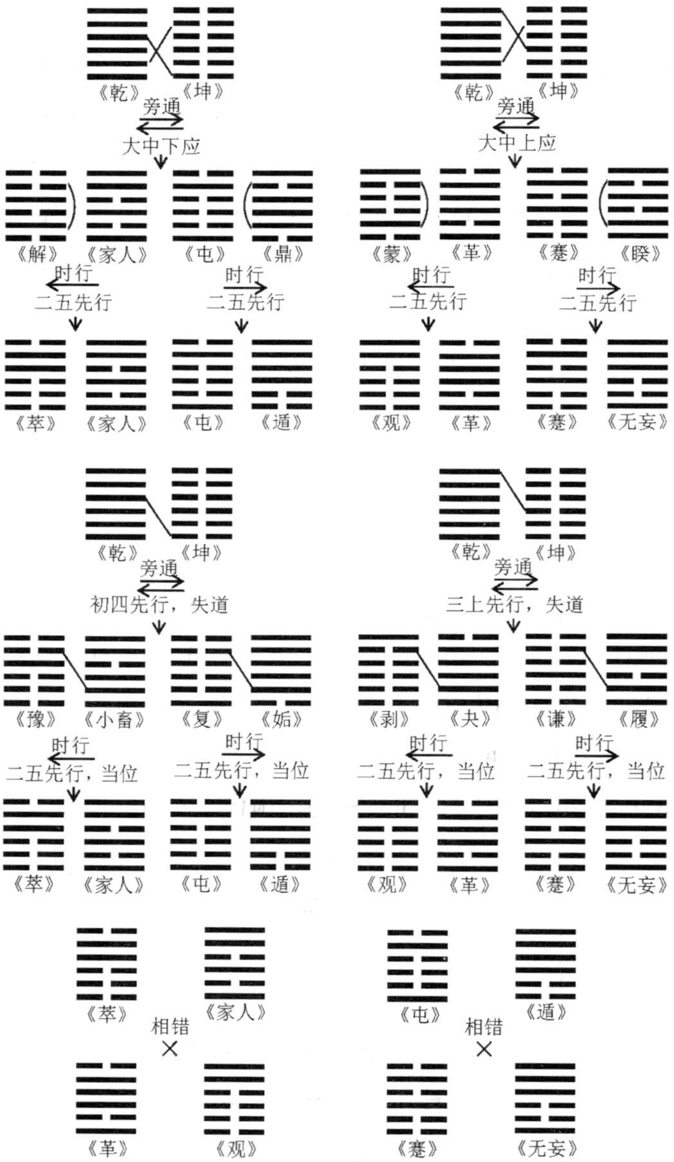

尔后,《家人》《萃》相错得《观》《革》,《屯》《遁》相错得《蹇》《无妄》,故《乾》《坤》成《复》《小畜》为成《谦》《夬》之比例。

《丰》《涣》相错为《家人》《解》,《解》二之五同于《小畜》二之《豫》五,则《小畜》二之《豫》五为《涣》二之《丰》五之比例。

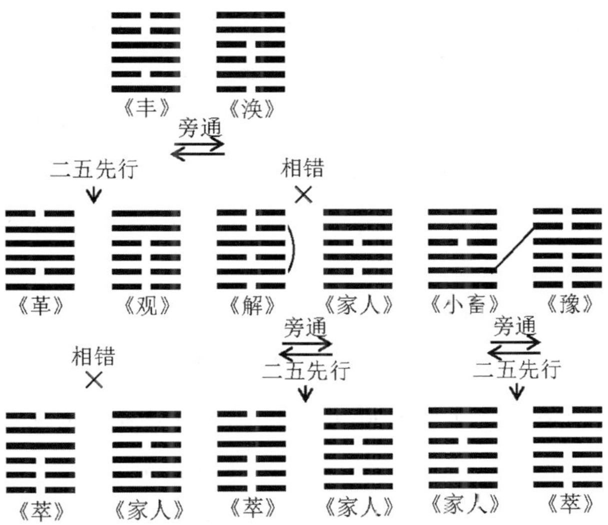

《丰》《涣》旁通,相错得《解》《家人》旁通。《家人》《解》与《小畜》《豫》两组旁通二五先行皆成《家人》《萃》。原旁通卦组《丰》《涣》二五先行则为《革》《观》。《革》《观》相错得《家人》《萃》,故《小畜》二之《豫》五(成《家人》《萃》)为《涣》二之《丰》五(成《观》《革》)之比例。

尽管上述例证对比例说进行了全面而深入的象数学展示,但相较而言,焦循更为重视比例出于"实测"的证据,因为这关乎比例说是否合乎经传本义,进而可否顺理成章地作为解《易》方法。依他之见,《周易》经传中的重出字词,正是诸卦因比例关系而彼此连接的明证:

如《睽》二之五为《无妄》,《井》二之《噬嗑》五亦为《无

妄》，故《睽》之“噬肤”即《噬嗑》之“噬肤”。(《易图略》卷五)

《蹇》《睽》、《井》《噬嗑》两组旁通二五先行皆成《蹇》《无妄》，即《睽》二之五为《井》二之《噬嗑》五之比例。焦循认为，《睽》六五爻辞“厥宗噬肤”与《噬嗑》六二爻辞“噬肤灭鼻”同言“噬肤”，即意在明示此一比例关系。

如《蒙》称“困蒙”，知其为《革》所孚也。盖《革》《蹇》相错，不能成《困》，《革》《蒙》相错，乃成《困》也。惟《革》《蒙》为《困》《贲》，而《旅》得称“童仆”，“童”即“童蒙”之“童”，“仆”为仕于家之名，知《旅》四先之初成《贲》，变通于《困》，

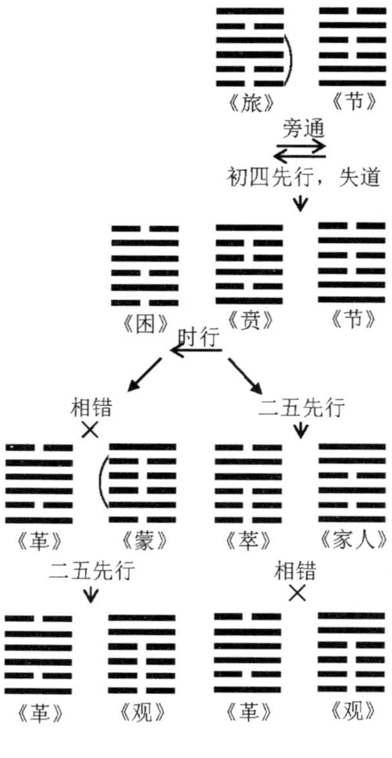

《困》二之《贲》五成《家人》为“仆”，即《蒙》二之五之比例，故云“童仆”。(《易图略》卷四)

《旅》《节》旁通，初四先行成《贲》《节》。失道后立即变通，《贲》通《困》《节》仍通《旅》。《贲》《困》相错成《革》《蒙》，故《蒙》六四爻辞曰“困蒙”，此“困”字即《困》之卦名。若《贲》《困》二五先行则成《家人》《萃》，《蒙》《革》二五先行成《观》《革》。《家人》《萃》与《观》《革》互为相错，即《困》二之《贲》五为《蒙》二之五之比例。因上述诸卦相连一体，故《旅》六二、九三爻辞两称“童仆”。其中，“童”即《蒙》卦彖辞“童蒙求我”及六五爻辞“童蒙”之“童”。又据《礼记·礼运》“仕于家曰仆”可知，“仆”字之义同于《家人》卦名。

总之，“旁通”“当位失道”“时行”“相错”“比例”等五大义例标志着焦氏易学的象数体系业已建成。既然其终极目标在于解决《易》辞重出现象引发的象辞关系问题，下一步的工作便是将象数体例逐一落实在经传全篇的注解之中。

二、解经理路

一般说来，问题意识足以反映出经学家对经典的基本看法。或者说，问题提出的特殊角度即已预设了某种答案，至少是规定了经学解释的整体方向。就此而言，注经活动的展开过程，不过是对预期见解的逐步落实和详细论证。这一点，焦氏易学表现得尤其明显。当焦循将注意力全部集中在《易》辞重出现象上时，他便抱定了“同辞诸卦必有象数关联”的信念。为了探索这一联系的具体内容，焦循对《易》辞进行了逐字逐句的“实测”，并最终形成了如下结论：《周易》经传的绝大多数文辞，要么意在说明旁通、时行、相错等卦爻运行规则，要么旨在判定爻变次序之当位、失道。《易》辞中的重复词句，则提示出系有同辞的若干《易》卦要么因卦爻运动相连在一体，要么按照同一规则运行所得结果相同或相错而结成比例。总之，《周易》象辞之间存在绝对严整的对应关系。辞是象的形式符号，象是辞的实质内容。对此，焦循曾用数学、古琴和象棋等一系列比喻加以说明："譬如绘句股割圆者，以甲乙丙丁等字指识其比例之状，按而求之，一一不爽。义存乎甲乙丙丁等字之中，而甲乙丙丁等字则无义理可说。于此言'密云不雨，自我西郊'，于彼亦言'密云不雨，自我西郊'，即犹甲乙丙丁等字之指识其比例也。义存于'密云不雨，自我西郊'之中，而'密云不雨，自我西郊'则无义理可说也。……又如作琴谱者以勹乚廿 晶等攒蔟成字，一望似不可解，乃一一按而求之，其音之抑扬高下随谱而传。读《易》者，当如学算者之求其法于甲乙丙丁，学琴者之写其音于勹乚廿晶。夫甲乙丙丁指识其法也，勹乚廿 晶指识其音也，《易》之辞指识其卦爻之所之，以分别当位、失道也。""如棋有车马炮卒士相帅将，按图排之，必求之于谱乃知行动之法，其精微奇妙存乎其中。若舍去谱而徒排所谓车马炮卒士相帅将者，不敢动移一步，又何用乎其为棋也？六十四卦，车马炮卒士相帅将也，文王、周公、孔子之辞，谱也。不于辞中求其行动之用，是知有棋而不知有谱者也。"(《易话》上《学〈易〉丛言》)在焦循看来，与几何学用文字表示图形、琴谱以符号标记琴音、棋谱记载棋子的行动步法相类，《周易》经传之辞乃为指示卦爻象变动的规则与次序而设。他进一步强调，尽管《易》辞看似各成文理，但实非义理的直接表达，它们不过是一个个象数标记符的连缀而已。因此，倘若脱离《易》象空谈《易》辞，就像妄图从几何和琴谱符号本身的涵义中求得算数和琴音一样。"吉凶利害，视乎爻之所之。泥乎辞以求之，不啻泥甲乙丙丁子丑之义，以索算数也。”①既然象是辞的内在深意，解《易》的核心任务即从象辞相应的基本前提出发，逐一指明经传文辞符示的象数内容。当若干《易》卦系有相同词句时，更要详细疏解其彼此关联。这就是焦循解《易》的基本理路。

（一）经传关系

需要指出的是，从焦循为五大体例提供的多组例证来看，他不仅忽略了《易传》诸篇的不同，对经传之文也未加分别。这种打通经传的方式，无疑有利于扩大同辞现象的规模。然而，因乎朱子易学数百年来的持续浸润，三圣分观、经传分离的易学倾向及至乾嘉时期余温尚在。这又势必对焦氏《易》解的文本出发点构成挑战。为了正面回应朱学信徒的置疑之声，焦循首先对三圣作《易》和经传关系等相关问题予以全新解读。

在《周易》作者的问题上，焦循完全赞同汉唐以来居于主流的伏羲画卦、文王卦辞、周公爻辞、孔子“十翼”的四圣作《易》说，且与王弼、邵雍、朱熹等人一样主张重卦始自伏羲。不过，他对圣人作《易》的解释乃紧扣象辞相应这一理论前提展开的，这又与此前易学史上的种种说法全然有别：“伏羲设卦，辞自文王始系之。……‘辞也者，各指其所之。’所之者何？即刚柔之相推者也。刚柔者，爻也。……所之者，初之四、二之五、上之三也。……伏羲设卦观象，全在旁通变化，所谓‘天地变化，圣人效之’。当时旁通行动之法，必口授指示，而所以通德类情者，乃人人易知。历千百年而口授指示者不传，但存卦之序。当日所推而有所之者不可见，文王虑

① 〔清〕焦循：《雕菰集》卷十三《与朱椒堂兵部书》，《续修四库全书》第1489册，上海古籍出版社2002年版。下引该书只注书名、卷数、篇名。

学者仅见其以反对为序，而不知其以旁通者为所之之变化也，而指之以辞，告之以辞，故既云‘各指其所之’，又云‘系辞焉所以告也’。夫文王之所指，即伏羲之所指，文王之所告，即伏羲之所告。伏羲以手指之，文王以辞指之。伏羲以口告之，文王以辞告之。”(《易图略》卷六《原辞上第五》)焦循认为，伏羲的全部思想皆承载于旁通、时行、相错等卦爻运行规则之中。此时尚无文字，六十四卦如何行动唯有亲口传授、当面指点，以致千余年后伏羲之意几近失传。所幸文王独得其间，于是观象系辞以明卦爻动变。然而，他并不直接给出爻变规则，而是将相同字词系于具有象数关联的若干卦中，令学者顺循同辞标记自行参悟。及至孔子，才有“韦编三绝”之事：“孔子读《易》，韦编三绝，非不能解也。正是解得其参伍错综之故。读至此卦此爻，知其与彼卦彼爻相比例引申，遂检彼以审之，由此及彼，又由彼及彼，千脉万络，一气贯通，前后互推，端委迭见，所以韦编至于三绝。即此韦编三绝一语，可悟《易》辞之参伍错综。孔子读《易》如此，后人学《易》无不当如此。非如此，不足以知《易》也。”(《雕菰集》卷九《读易韦编三绝解》)在焦循看来，孔子学《易》韦编三绝，只能从文王系辞的特殊角度寻求理解，绝不可由此污蔑圣人的智性不足。当孔子彻悟二圣之旨后，唯恐学者仅凭文王之辞不易明了伏羲之象，便又作《易传》十篇。其篇名虽各有不同，内容却无一不是以文字指示六十四卦的行动之法。也就是说，无论思想实质还是表达形式，孔子之传均无异于文王之经。既然二者皆为揭示伏羲发明的卦象变化而设，那么，三圣之《易》即应视为互诠互显、相即难离的统一整体：

说者谓孔子之易非文王之易，文王之易非伏羲之易。近世儒者多知其说之非，而欲于孔子《十翼》为象辞、爻辞之义而不俟他求。然文王之彖辞，即伏羲六十四卦之注，而非如学究之所为注也。周公之爻辞，即文王彖辞之笺。孔子之《十翼》，即彖辞、爻辞之义疏，而非如经生之所为义疏也。何也？学究之注，经生之义疏，就一章一句、枝枝节节以为之解，而周公、孔子之笺疏，则参伍错综、触类引申。以学究经生之笺疏视之，孔子之《十翼》仍不可得而明，文王、周公之辞，仍不可得而通。……盖经以辞之同者为识，传亦以辞之同者赞之。彖、象之辞，含而未明，则补其所未言，以申其所已言。譬如已有左翼，而增其右翼。或章此翼以见彼翼，或反彼翼以见此翼。赞之以《彖传》《象传》，犹恐其未明，又赞之以《系辞传》《说卦传》《文言》《序卦》《杂卦》诸传。……譬如彖举一隅，象则增以一隅，传则又增以一隅。举一以反三，或犹以为难。有三率以知一率，则庶乎易悉。此孔子赞《易》之功，所以广大而通神也。惟其参伍错综、触类引申，不以学究经生，枝枝节节以为之解，而学者以学究经生之笺疏例之，所以为赞为翼者不可见，而彖象之本意亦不明，遂觉孔子之传，无当于文王、周公之辞。夫孔子之传，所谓翼也、赞也，文在于此而意通乎彼。如人身之络与经联贯，互相纠结，针一穴而府藏皆灵，执一章一句以求其合，宜乎三隅虽举，仍不能以一隅反也。明乎其所为翼，所为赞，则以《彖》《象》《序》《杂》诸传，分割各系经句下者，非也。李鼎祚割《序卦传》附于每卦，钱士升《周易揆》又割《杂卦传》分系。疑《说卦》《杂卦》两传非孔子作者，非也。观传可以知经，亦观经乃可知传。不知经与传互相参补，舍经文而但释传者，亦非也。（《易图略》卷六《原翼第七》）

伏羲画卦的全部深意皆寓于卦爻运动之中，文王、周公系辞的目的即以相同字词提示出伏羲创设的象数规则,孔子作传的宗旨则是在文王、周公所作经文的基础上增添更多的同辞标记。它既是对伏羲卦象的再次说明,又是对文王之辞的进一步补充,因此被称为“十翼”。显然,焦循关于三圣作《易》的全部讨论都是围绕象辞相应这一中心展开的,实质还是为了强化“《易》辞指示卦爻行动”这一论点。基于这一识见,他对三种较为主流的观点进行了批判,同时申明了自己的经传观。首先,他对朱子主张的三圣分观表示明确反对。依焦氏之见,三圣之《易》的层层递进构成了一种近乎经、注、疏式的解释关系:伏羲之卦爻为经,文王、周公之经文为注,孔子之传文为疏。三者皆以卦爻运动为归,绝不可孤立视之。其次,他又不接受王弼、程颐和《周易大全》分传附经的文本编排。由于《易》辞指示卦爻行动是通过在不同卦中设置同辞来实现的,故经文与传文的联系只存在于《周易》通篇的重复字词中,而非逐卦逐爻一一对应。例如,《乾》卦辞“元亨利贞”并不与《大象》“天行健,君子以自强不息”直接关联。《乾》之“元”字,当与《坤》《屯》《讼》等卦的“元”字合观,“君子”亦须与《易》辞全篇的“君子”二字互参。因此,将大传拆分附于古经之后,不单破坏了经传的各自完整,对理会象辞关系亦毫无益助。此即焦循《易章句》沿用朱子《周易本义》经传相分次序的原因。最后,他也不赞同费直、湛若水等人舍经释传的做法。因为这无异于把圣人在古经全篇及经传之间精心设置的相同词句一概舍弃,以致大大减小同辞的规模,最终造成某些《易》辞无法解释的严重后果。比如,一旦割裂《杂卦》“《噬嗑》,食也”与《井》初六、九三爻辞“井泥不食”“井渫不食”的联系,则“食”字之义殊不可解。究其根本,焦循在经传问题上的态度之所以与众不同,乃因其对象辞关系有着异于前人的理解。他坚信,《周易》经传的所有文字无不出于圣人的有意安排。这种用重复词句提示象数运行的注解方式，被焦循称为“参伍错综、触类引申”。然而，历代《易》家并未参透圣人之意，始终把目光聚焦在每一卦爻的狭小范围内，从而将本该全部打通的经传文辞切分为彼此孤立的“一章一句、枝枝节节”：“余谓历来说《易》者，亦多据一爻一卦，而不理会全书也。”（《易话》上《学〈易〉丛言》）究其根本，这种理解方式的失误，在于将《周易》六十四卦、三百八十四爻的卦爻辞与传文视作相对稳定的表义单元，而与三圣作《易》的思路背道而驰。焦循强调，解《易》应该是对本义的如实还原。既然圣人“观象系辞”采取了“参伍错综”的方式，注释经传就必须遵循“参伍求通”的原则：

> 夫学《易》者，亦求通其辞而已矣。横求之而通，纵求之而通，参伍错综之而无不通，则圣人系辞之本意得矣。如《比》初六“有孚比之，无咎；有孚盈缶，终来有他，吉”十五字，何以一气贯注？须字字承接讲明，此纵之能通也。上顾彖辞，下合诸爻之辞，皆一贯，此横之能通也。“有孚”便与全经诸“有孚”一气相贯，“盈”字便与全经“盈”字一气相贯，“缶”字便与全经“缶”字一气相贯，“终”字、“来”字、“有他”字便与全经“终”字、“来”字、“有他”字一气相贯，此参伍错综之无不通也。……余求之十余年，既参伍错综以求其通，而撰《通释》，又纵之横之以求其通，而撰《章句》。（《易图略》卷六《原辞下第六》）

按照焦循的说法，《易》辞不过是象数符号的逐字拼接，故经传解读当以圣人设置的同辞标记为枢纽，无需理会其表层文意。概言之，焦氏解《易》约有如下步骤：首先，彻底打通全篇经传，将其拆分成字词单元；其次，检索重复《易》辞，观察其分布于哪些卦中；复次，根据旁通、当位失道、时行、相错、比例等五大体例分析同辞诸卦之关联，由此推断相关字词的象数涵义；最终，在象辞对应一一落实后，再把分解的《易》辞按经传的原先次序重新拼接，并逐爻逐卦地加以疏解。其中，前三步称为“参伍求通”，它是《易通释》的核心任务；后一步被称为“横通”“纵通”，由《易章句》最终完成。因而，《易通释》在逻辑上应先于《易章句》。但就焦氏易学体系而言，两书又皆以《易图略》阐明的象数体例为基础。《易图略》的前半部分是以文王易和孔子易实测伏羲易，即由辞知象；《易通释》和《易章句》则是从伏羲易逆推文王易和孔子易，即因象解辞。如此一来，《易学三书》便完整涵盖了三圣之《易》的全部内容。

（二）训诂假借

当焦循把解经入路全然收摄在重出《易》辞上时，也势必会顾此失彼地衍生出新的问题。依他之见，《周易》经传的大多数字词不过是指示卦爻运行的符号。圣人通过精心构设《易》辞的反复出现，一则提示系有同辞的若干别卦可由卦爻运动相连在一体，再则令后学顺此求得每一字词单元的象数内涵。可是，焦循必须面对这一事实：相当一部分字词在《周易》通篇中仅有一见。若依上述观点，它们不仅与诸卦关联全然无涉，甚至其象数涵义都无从显现。既然如此，圣人又为何将其系于经传之中？

这一疑问对焦循苦心经营的象辞关系说造成的冲击是不言自明的。不过，只要能在非重出《易》辞与重出字词之间建立连接，便可立刻化解其象辞关系说的紧张。于是，接下来的问题是：不同字词得以关联的根据何在？这对深谙文字训诂的焦循来说，实在太容易回答了。概言之，他从汉字的三要素音、形、义出发，对《周易》

经传的同辞现象重新加以界定。所谓同辞，不单指语汇的重复使用即字形完全相同，还包括同义互训和同声假借。也就是说，那些在《周易》全书中只出现过一次的字词与其通假字或近义词之间结成的同辞关系应与重出《易》辞等量齐观。只不过后者因字形相同可以一目了然，前者唯有借助义训和声训方法方能察觉。

相较同义互训，焦循更为重视同声假借。其《〈周易〉用假借论》一文，对此进行过详细讨论：

> 六书有假借，本无此字，假借同声之字以充之，则不复更造此字。……惟本有之字，彼此互借。如“麓”“录”二字本皆有者也，何必借“录”为“麓”？……疑之最久，叩诸通人说之，皆不能了。近者学《易》十许年，悟得比例引申之妙，乃知彼此相借，全为《易》辞而设。假此以就彼处之辞，亦假彼以就此处之辞，如豹、礿为同声，与虎连类而言，则借礿为豹；与祭连类而言，则借豹为礿。沛、绂为同声，以其刚掩于《困》下，则借沛为绂；以其成兑于《丰》上，则借绂为沛。各随其文以相贯，而声近则以借而通。盖本无此字而假借者，作六书之法也，本有此字而假借者，用六书之法也。……以曲文其直，以隐蕴其显，其用本至精而至神，施诸《易》辞之比例引申，尤为切要矣。（《易话》下《〈周易〉用假借论》）

“六书”之一的“假借”，其实是一种造字法的补充，即在某字有音无形的情况下用同音字填充该字，不另造设一新字形。假借关系一旦确定，便会长久沿续；“通假”则是书写过程中的偶然权宜。当古人仓促间记不起某字写法时，通常会用同音字或近音字暂时替代本字。尽管二者对同音字的使用颇为相类，但假借的前提是没有本字，通假的理由则是忘记了本字。在此问题上，焦循给出了完全不同的解释。他相信，有本字之通假与无本字之假借皆属圣人有意为之，其中必定蕴含某种深意。简言之，凡通假之字散见于诸卦经传，即表示此若干卦间存在象数关联。这样一来，多字互借便与同辞重出无甚分别。可是，通假之字既能相互替换，何不择取其一贯串全篇？对此，焦循用《易》辞实例予以说明。《革》上六："君子豹变。"《既济》九五："东邻杀牛，不如西邻之禴祭。""豹""禴"同音假借。但《革》九五曰"大人虎变"，故其上六言"豹"不言"禴"；《既济》九五既论杀牛祭祀之事，则只能用"禴"而不能用"豹"。由此可见，为了成就《周易》一书的辞句文意，圣人每每根据上下文从众多同音字中挑选出最切当者系于经传某处。换言之，全篇《易》辞无不出于圣人的精心安排。分而观之，单个字词皆处在由音、形、义结成的同辞关系中；合而观之，每一辞句又错落有致、各成文理。然而，对焦循来说，《易》辞的本质终究还是卦爻象数的指示符，那些看似完备的表层文意也绝非圣人主旨的直接表达。"说四声者，不曰'平上去入'，而曰'天子圣哲'，其妙颇似《易》辞。盖'天子圣哲'四字自成文理，实平上去入之假借。《易》辞各自成文理，而其实各指其所之。"（《易话》上《学〈易〉丛言》）这一象辞关系的独特见解，决定了焦循易学中的训诂假借必定与卦爻象数纠缠在一起，难舍难分。如《易通释》卷十《祥·详·羊·翔》条：

《履》上九"视履考祥"，古"祥"字通作"羊"，"考祥"即"考羊"也。《履》二之《谦》五成《无妄》，能视能履，故云"视履"。上之三成《革》，《革》上兑，羊也，故云"考祥"。《大壮》"羝羊触藩"，则四之《观》初成《泰》，故不能退不能遂，传云

> "不详也"，不详即不祥，亦即不羊。盖用壮则成《革》，上有兑羊为祥，二不用壮于五，而四触藩且羸其角，不成《革》，故不祥也。《困》六三传云"入于其宫，不见其妻，凶，不祥也"，已成《大过》，上原有兑羊，入于其宫，而四又之初成《需》，上无羊，故不祥。《困》《贲》相错为《革》，失道成《需》，与《大壮》成《泰》同矣。《大壮》二之五与《涣》二之《丰》五同，《大壮》不成《革》为不祥，《丰》成《革》则祥，故上六传云"丰其屋，天际翔也"。际，接也。《革》五互乾为天，上接兑羊，乾天与兑羊相接，故云"天际翔"。孟喜、郑康成、王肃皆详、翔作祥。不可云"考羊"，故借作祥。不可云"天际羊"，故借作翔。《易》经传以声音假借为钩贯，其例如此。祥有吉义，兑在五当位吉，则变羊而称祥。《大壮》成《泰》，四虽亦互兑，乃失道不吉，第为羝羊而不可为祥，此假借中取义之妙也。

此为假借之例。"祥""详""翔"三字音同于"羊"，《说卦》曰"兑为羊"，可知四者皆在指示兑卦之象。《履》《谦》旁通、大中上应，当位成《革》《蹇》。《革》上兑，故《履》上九爻辞云"考祥"；《大壮》《观》旁通，初四先行成《泰》《益》。《泰》二至四互兑，但因其失道，上六爻辞"羝羊触藩"用"羊"而不用"祥"。《小象》解之曰"不详也"，即指失道而言。若二五当位先行成《革》《观》，则可言"祥"；《困》《贲》旁通、三上先行成《大过》《明夷》。失道后非但未能变通，反以初四从之成《需》《明夷》。于是，《大过》上体兑羊消失，故《困》卦六三《小象》曰"不祥也"；《丰》《涣》旁通，二五当位先行成《革》《观》。《革》上有兑羊、三至五互体乾天，故《丰》上六《小象》云"天际翔也"。际，训为接，即乾兑两象共享九四、九五两爻。

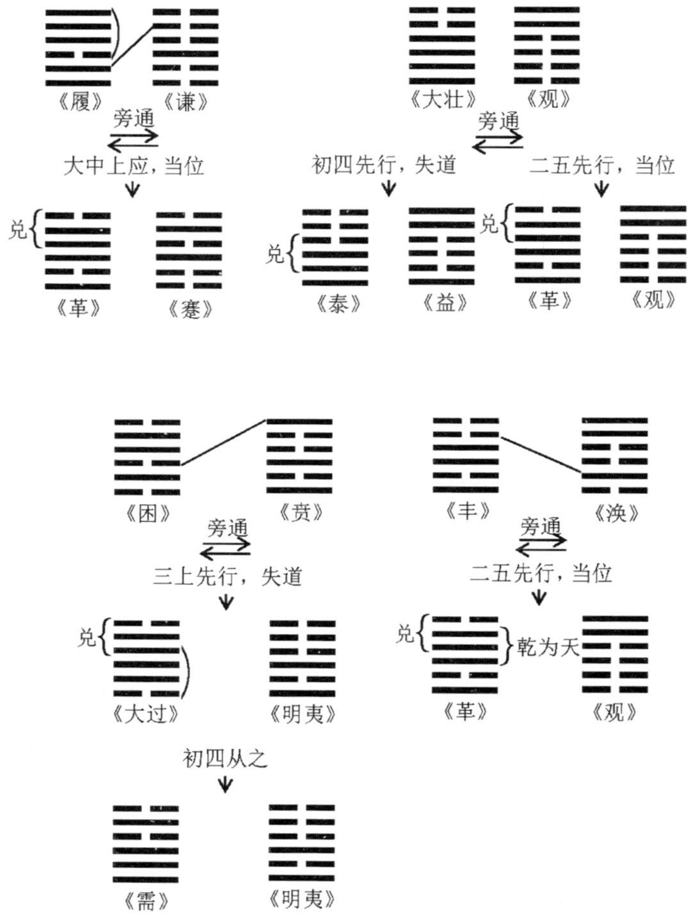

显见，上述四字互为假借，并不等于它们在《周易》经传中的位置可以任意调换。即便象数内涵毫无差异，唯有当其分别组成"羝羊""考祥""不详""天际翔"等词句时，每一《易》辞才能呈现相对完整的表层文意。

在《易通释》中，类似卦例俯拾皆是。详细疏解训诂假借与卦爻象数的对应关系基本占据了该书的大半篇幅。以此为据，焦循不仅得出了"《周易》之辞多以同声为假借，为后儒训诂之祖"（《易通释》卷十《宫·躬》)的结论,更断言此一方法早已被《论语·述而》的"子所雅言"四字明确点出:"'雅'即《尔雅》之'雅'。文王、周公系《易》多用假借、转注以为引申,孔子以声音训诂赞之,故为'雅言'。"①总之,"焦循易学中,假借具有特别的、超乎训诂工具地位的重要意义。……由训诂学的假借技术出发,揭示卦爻象之间的'所之'关系;或是由卦爻象之间的'所之',论证训诂学假借关系的正确性,这可以起到'通其辞'的作用。这就是'假借'在焦循易学中的作用"②。

(三)十二类《易》辞

训诂假借的引入,标志着焦氏易学象辞理论的完整建立。接下来的任务便是遵循"参伍求通"的原则对《周易》全篇展开实测,从而确定每个字词单元的象数涵义。其最终成果,即按辞典编排方式汇整而成的《易通释》③。焦循把这种《易》辞与《易》象的对应关系称作"引申",并在《易图略》卷五中将其详细区分为十二类。

其一,《易》之为书,本明道德事功,则直称其为道、为德、

① 〔清〕焦循:《论语补疏》,《皇清经解》第六册,上海书店1988年版。下引该书只注书名。

② 程钢:《解释学与修辞学——以焦循易学的假借引申论为例》,载祁龙威、林庆彰:《清代扬州学术研究》下册,台湾学生书局2001年版,第529~530页。

③ 有必要指出,元代著名学者吴澄在《易纂言外翼·象例》中已然采用了"首先具列《周易》经文中提及某类所取之象的所有卦爻辞,然后再对与之相应的取象义例做出总体诠解"的易象研究方法。见王新春、吕颖、周玉凤:《〈易纂言〉导读》,齐鲁书社2006年版,第37~38页。就此而言,焦循《易通释》的"参伍求通"之法,实与吴澄《象例》不无相近处。

为事、为功是也。

此类极为特殊。尽管焦循曾多次强调经传字词只是卦爻运行的指示符,但这一论断并非适用于全部《易》辞。事实上,他承认个别辞句并不对应象数内容,而是义理思想的直接表达。所谓“直称”,即指这部分《易》辞的字面文意与实质含义完全等同,不能按照象辞引申的惯例来寻求理解。如《系辞上》“天尊地卑,乾坤定矣”,《易章句》释之曰:“明《易》首乾坤,而乾又先于坤,有地必有天,故有母必有父,有民必有君。夫妇定而后父子亲,君臣定而后上下辨。伏羲本天地以定夫妇、父子、君臣,因定乾坤二卦,三纲自是始立,为万古不易之道也。”(《易章句》卷七《系辞上传》)又如“圣人设卦,观象系辞焉而明吉凶”,《易章句》释之曰:“兼指伏羲、文王、周公。设卦,伏羲也。设六十四卦,即示人以变通之象。系辞,文王、周公也。伏羲设卦,必指画口授其象,俾民知吉凶。久而其象不明,故文王、周公系辞以明之。”(《易章句》卷七《系辞上传》)当然,由于此类辞句在《周易》经传中比重极小且属义理易学的研究范围,故非《易学三书》的主要关注点。

其二,立十二字为全书之纲。元、亨、利、贞、吉、凶、悔、吝、厉、孚、无咎是也。

第二类包括十一个字词单元,其象数涵义如下:“元”指旁通两卦二五先行即大中;“亨”指初四从之或三上从之即上下应;“利”指引入新旁通即变通时行;“贞”指卦爻运行得《既济》卦;二五先行属当位之“吉”、二五不先行属失道之“凶”。若旁通卦组三对爻变连续进行以致成两《既济》,则无论其当位、失道,一概属“凶”;“悔”即旁通卦组完成两对爻变之后立刻时行，不再进行第三对爻变，以免“终止道穷”；失道之“悔”又称“吝”；未悔吝之时为“厉”，悔吝之后则“无咎”；“孚”即旁通。焦循认为，这十一个字词单元相连在一体，共同指示出卦爻运行的基本规则，从而为全篇其他《易》辞立定了根本。所以，他化用郑玄的说法，将此十一个字词单元并称为“十二言之教”：“昔人谓‘伏羲作十言之教曰：乾坎艮震巽离坤兑消息’①，余谓文王作十二言之教曰：元亨利贞吉凶悔吝厉孚无咎。元亨利贞，则当位而吉；不元亨利贞，则失道而凶。失道而消不久固厉，当位而盈不可久亦厉。因其厉而悔则孚，孚则无咎。同一改悔，而独历艰难困苦而后得有孚则为吝，虽吝亦归于无咎。明乎此十二言，而《易》可知矣。”（《易图略》卷二）

其三，由纲而为之目。如遇、交、求、与、艰、匪、笑、誉等是也。

此类《易》辞可以视作上一类衍生出的繁杂条目。约有以下数端：第一，与旁通相关。如“通”“几”“辨”“方”“类”等字，义同于“孚”，均指旁通。反之，“灾”“疑”“或”等字皆指不旁通。第二，与二五相关。如“交”“郊”“至”“食”“进”“誉”“密”“乐”等字，义皆同于二五先行之“元”。反之，“恶”为二五不先行，“害”为二五不互易。第三，与初四相关。如“行”字指初四互易，“疾”字指初四不互易，“惧”为初四

---

① 郑玄曰：“虙羲作十言之教曰：乾坤震巽坎离艮兑消息，无文字谓之易。”据清人皮锡瑞和今人林忠军先生考证，此语出自《六艺论》，亦见于《左传·定公四年》疏及南宋朱震《汉上易传》卷八。见〔清〕皮锡瑞：《经学通论》，中华书局 1954 年版，第 3 页；林忠军：《周易郑氏学阐微》，上海古籍出版社 2005 年版，第 394 页。

从二五,“再”为二五从初四。第四,与三上相关。如“施”“设”“尸”“射”均指三上互易,“维”“庆”“功”皆指三上从二五。第五,与当位失道相关。如“处”“寡”“孤”为失道之义,“匪”即初四、三上接连失道,“艰”“难”则专指接连失道而成《需》《明夷》。

> 其四,于卦位、爻位标以辨之。如大小、内外、远近、新旧、君子、小人是也。

《周易》经传中不乏一些成对出现的反义词。焦循认为,二者对举要么意在描述相关两卦或两爻的状态,要么分别指示两种相连或相反的卦爻运行。例如,阳居五称“得”“存”“刚”“贵”“君子”,阴居五称“丧”“亡”“柔”“贱”“小人”。对某一别卦来说,下体称“内”、上体称“外”。对旁通卦组来说,五爻定者为“内”、五爻未定为“外”。就爻位而言,“上”指五、“下”指二。就爻变而言,“上”指上应、“下”指下应。“来”言二五先行、“往”言初四、三上从二五。“近”指二五当位先行,“远”指失道后经由变通转为当位。变通之前称“旧”,变通之后称“新”。“进”指二五未定者先行互易,“退”指二五已定者变通时行。

> 其五,即卦名为引申。如夬、履、困、蒙、观、颐、咸、临是也。

依焦循之见,《周易》经传中同于卦名的文字一律指示该卦卦象,此为明示若干《易》卦之象数关联而设。如《同人》九五爻辞“大师克相遇”之“师”即《师》卦;《蒙》六四爻辞“困蒙”之“困”即《困》卦;《损》上九爻辞“得臣无家”之“家”即《家人》卦。

> 其六，以卦象为引申。如冰即乾、龙即震，《说卦传》所云是也。

此类《易》辞各自符示特定卦象。细究起来，又分如下五种：第一，《说卦》之象。如乾为金、巽为木、兑为羊、震为东方。第二，逸象。如坤为虎。第三，上下体经卦。如"日中"为离居上体，"缶"为艮居下体，"大川"为坎居上体。第四，互体经卦。如坎互在二称"穴"、互在三称"血"。第五，别卦。如"终"字皆与《既济》对应，"与"字必与《咸》卦相关。

> 其七，以一辞兼明两义。如坤为母，母从手为拇，则兼取艮；巽为鸡，既别其名为"翰音"，则兼引申"飞鸟遗之音"之音是也。

此类《易》辞应据字形或字义拆分为二，两者各指一象，则该字同时对应两经卦。如郑玄云"木在首曰枕"，"乾为首，首加于巽木之上，是枕也"（《易通释》卷十七《枕》），即"枕"字兼指乾巽。又如，"拇"字兼指艮坤，"弧"字兼指坎艮。

> 其八，以同辞为引申。如"用拯马壮"，《明夷》与《涣》互明是也。

凡两卦系有相同辞句，其间必有某种象数关联。例如，《损》六五与《益》六二皆言"或益之十朋之龟"，焦循解之曰：

> 《说卦传》"离为龟"，《损》《益》皆元离而互坤。坤为地，

地之数十，故云“十”。《损》二之五则得其友，友即“朋”也。十而朋，则《损》成《益》。《咸》四之初下成离，故为“十朋之龟”。《易》每以一字为一义，此其常也。《损》成《益》，《咸》成《既济》，《益》不与《既济》孚，故云“或益”。(《易通释》卷十三《或益之十朋之龟弗克违元吉·或益之十朋之龟弗克违永贞吉》)

《损》《咸》旁通，大中下应成《益》《既济》，故《损》《益》有同辞。据《易通释》，“或”为不旁通之义，指《益》与《既济》本非旁通卦组，“益”即《益》卦，《损》三至五、《益》二至四皆互坤。《说卦》：“坤为地。”《系辞上》：“天九地十。”故“十”为坤象。此《益》卦由《损》之二五互易而来，二之五为“友”，“友”“朋”同义。《既济》下体离，“离为龟”属《说卦》之象。将以上字词连缀成句，即为“或益之十朋之龟”。

其九，以同辞而稍异者为引申。如《蛊·彖》“先甲三日，后甲三日”、《巽》九五称“先庚三日，后庚三日”是也。

两条略有出入的文句所在之两卦亦有关联。其不同字词，反映二者的某处细节差异。如《蛊》彖辞之“先甲三日，后甲三日”与《巽》九五之“先庚三日，后庚三日”。《蛊》《随》与《巽》《震》两组旁通大中上应皆成《蹇》《革》。《革》下三爻离，《说卦》“离为日”，此即“先三日”；尔后时行，《蹇》通于《睽》则“有始”，大中下应成《既济》《益》，当位称“天行”。《既济》为“终”、下三爻亦离，即所谓“后三日”，故《彖·蛊》曰“终则有始，天行也”。且《蛊》《随》二五先行、三上从之为《巽》《震》二五先行、三上从之之比例，则《蛊》之卦辞与《巽》之九五同言“先三日”“后三日”。但二者亦有区别。《蛊》《随》大中实为《蛊》自行升降而《随》不变,其二五始于《蛊》卦自身,“甲”有“始”义,于是称“先甲”“后甲”;《巽》卦二五应位仅有一爻未定,其大中须与旁通卦《震》相互交易,取旁通称“代”,“代”“更”同义,“更”“庚”同音,故《巽》九五曰“无初有终。先庚三日,后庚三日”。“无初”即《巽》五本定无需更动,“有终”则指卦爻运行成《既济》。

其十,以一字之同为引申。如“频复”“频巽”、“甘节”“甘临”是也。

若干卦中重复出现的字词,是诸卦一体相连的标识。以“牝马”“牝牛”为例,《乾》《坤》、《坎》《离》两组旁通大中下应皆成《家人》《屯》,即《乾》二之《坤》五、四之《坤》初为《坎》二之《离》五、初之《离》四之比例。其时行之法均为《家人》通《解》、《屯》通《鼎》。《解》《鼎》两卦阴居五,“阴”“牝”义近,故《坤》《离》彖辞同用“牝”字。再由《说卦》“乾为马”“坤为牛”推知,《坤》之“牝马”指《屯》《鼎》二五先行所成《遁》之上体乾;《离》之“牝牛”,则指《家人》《解》二五先行所成《萃》之下体坤。

其十一,以一字之训诂为引申。迷之训为冥为晦,久之训为永为长,成之训为定为宁是也。

其十二,以同声之假借为引申。如豹为约之假借,羊为祥之假借,祀为已之假借,朱为戕之假借是也。

同义互训、同声假借无异于两字相同。此类《易》辞前已言及,兹不赘述。

《易通释》的成书标志着《周易》经传实测工作的全部完成。在此过程中,除少数文句被划为义理直训即第一类,其余《易》辞均被赋予了明确的象数涵义。必须强调的是,后十一类引申在逻辑上并非相互平行,而是分属两个不同层次:一是字词单元指涉的象数内容,包括第二类至第七类,其中又分两种。第二至第四类《易》辞大多对应爻变的规则、次序与结果;第五至第七类则符示卦象,意在标出卦爻运行的起点、终点或其间得出某卦。二是重出《易》辞的详细解释,包括第八类至第十二类。概言之,《周易》经传中多次出现的语句和字词以及同义互训、同声假借的单字背后,都隐藏着若干《易》卦的象数关联。当然,二者并不彼此孤立。理论上,圣人作《易》以字词单元为在先者,同辞构设则是根据其象数涵义和字义,一则指示出三十二组旁通的卦爻行动,一则串联成《周易》全篇的经传文句。另一方面,绝对意义上的字词单元又是不存在的,所有《易》辞都曾不止一次地出现。这恰是焦循易学研究的起点——唯有对反复出现的经传字词加以实测,才能获知其指涉的象数内容。

(四)注解经传

前文已言,焦氏易学的运思起点和终极目标在于解决焦葱留下的问题:"'密云不雨,自我西郊',《小畜》言之矣,何以《小过》又言之?"至此,焦循终于可以给出答案:

> 《小畜》与《豫》旁通,《小畜》二之《豫》五而后上之《豫》三,《小畜》成《既济》、《豫》成《咸》,是为"密云不雨,自我西郊"。"不雨自我西郊"六字,指《豫》成《咸》。"密云"二字,指

《小畜》成《既济》。《屯》传云"云雷,屯",又云"雷雨之动满盈",雨指上坎,云亦指上坎。荀慈明谓上坎为云、下坎为雨,非也。《小畜》二之《复》五成《屯》,则有云有雨,惟变通于《豫》,《豫》四不之初,而《小畜》二之《豫》五成《萃》,故"不雨"。然后以《小畜》上之《豫》三,《豫》成《咸》为"西郊",所以不雨而西郊者,由于《小畜》二先之《豫》五,故云"自我西郊"。《小畜》上亦无雨无云也,上之《豫》三,上有坎乃有云。既先以二之《豫》五成《家人》,为"密",而后上之《豫》三成《既济》,上坎为云,故云"密云"。……《小畜》二不之《豫》五而上之《豫》三,则不成《咸》而成《小过》,无所为"密云不雨,自我西郊"矣。乃变通于《中孚》,则《中孚》二之《小过》五,犹《小畜》二之《豫》五也。然后《中孚》上之三,犹《小畜》上之《豫》三也。《中孚》亦成《既济》、《小过》亦成《咸》,与《小畜》成《既济》、《豫》成《咸》同,故亦云"密云不雨,自我西郊"。(《易通释》卷十三《密云不雨自我西郊·密云不雨自我西郊》)

《乾》《坤》旁通、初四先行成《小畜》《复》。若继以二五,则成《家人》《屯》,《屯》上体坎,坎为云,亦为雨。因其失道,《小畜》及时变通于《豫》。此后有两种情形:一是《小畜》《豫》大中得《家人》《萃》。查《易通释》及《易章句·小畜》可知,"密""由""交"皆言二五先行,"郊""交"同音假借,"由""自"同义互训,五爻定者为"我",《萃》无坎象称"不雨"。尔后,三上从之又成《既济》《咸》。《既济》上坎为"云",《咸》上体兑,《说卦》方位"兑为正西"。于是,《小畜》彖辞"密云不雨,自我西郊"每字皆有着落。第二种情形是《小畜》《豫》未能当位而动,反以三上先行成《需》《小过》。失道

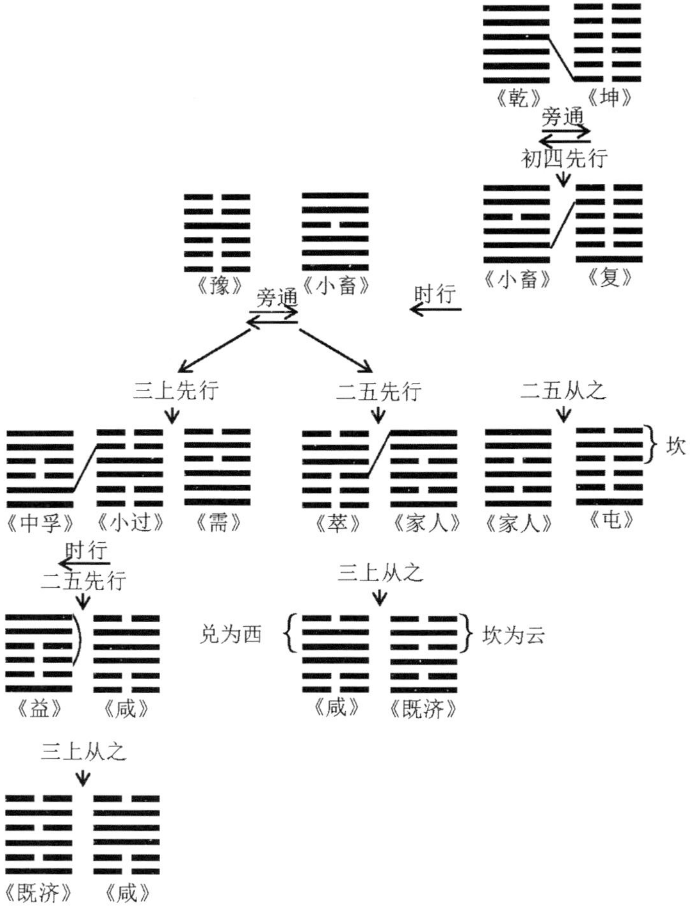

后再次变通,《小过》通《中孚》,继而大中上应得《咸》《既济》,其结果与《小畜》《豫》大中上应相同,即《小畜》《豫》二五先行、三上从之为《中孚》《小过》二五先行、三上从之之比例。圣人特将《小畜》卦辞系于《小过》六五,即为明示此一比例关系。

通观《易章句》可见,焦循对《周易》经传的解释完全采取了相同的策略。如《需》卦九二注曰:

需于沙，沙，犹斯也，《旅》“斯其所”成《明夷》，则《节》成《需》。小有言，终吉。小有言，谓《贲》小而以上往《节》三成《需》也。即《困》之“有言不信”，既变而孚于《晋》，故终吉。终，谓成《既济》。（《易章句》卷一《需》）

《节》《旅》旁通，初四先行成《节》《贲》，三上从之为《需》《明夷》。《旅》初六：“旅琐琐，斯其所。”“琐”有“小”义，指阴居《贲》五。“沙”“斯”互为假借，源于“无水”之义，故“需于沙”“小有言”之“沙”“小”与《旅》之“斯”“琐”实属同辞，意在指示《需》《旅》两卦之关联。若《旅》所成之《贲》变通于《困》，却又初四、三上接连失道，亦成《明夷》《需》，即《困》初之四、三之《贲》上为《旅》初之四、上之《节》三之比例。《困》彖辞曰：“有言不信。”（《易通释》卷五《仁·义·礼·信·知》）“信”之义为旁通，成《需》《明夷》后不知时行为“不信”。《说卦》“兑为口舌”，言从口出，故“言”象《困》上体兑。《需》二至四亦互兑，故称“有言”。《节》《旅》与《困》《贲》两组旁通皆成《明夷》《需》后，《需》变通于《晋》，尔后大中上应得《既济》《咸》。当位而“吉”、成《既济》则“终”，即为“终吉”。

又如，《象·需》“险在前也”注曰：“《需》《小过》相错为《蹇》《大壮》，故传与《蹇》同。”（《易章句》卷三《象上传》）“险在前也”亦见于《彖·蹇》。《易章句》卷四解之曰：“《升》二之五，则坎险方来。前，即‘前禽’之前，谓《比》上旧有坎险，而《大有》上之《比》三。”《升》《无妄》旁通，二五先行成《蹇》《无妄》；《比》《大有》旁通，三上先行成《蹇》《大壮》。《蹇》上坎，《说卦》“坎为陷”，“险”“陷”音近义通，与《比》九五“失前禽”之“前”合为“险在前也”。《蹇》《大壮》相错得《需》《小过》，即《蹇》《大壮》为《需》《小过》之比例，故《蹇》《需》之《象传》系有同辞。

不仅如此，在焦循看来，《系辞传》那些曾经引起广泛争论的文句亦不外乎象数规则的指示语，实与其他《易》辞无甚分别。如《易章句》释"一阴一阳之谓道"曰："一阴一阳者，阴即进为阳，阳即退为阴也。道，行也。往来不穷，故阴阳互更。"（《易章句》卷七《系辞上传》）释"形而上者谓之道，形而下者谓之器"曰："形，谓成《既济》定也。形而上，未成《既济》，一阴一阳，往来于二五，故为道。形而下，则已定而成《既济》，故为器。"（《易章句》卷七《系辞上传》）又如，《易通释》解《系辞上》"易有太极，是生两仪，两仪生四象，四象生八卦，八卦定吉凶，吉凶生大业"曰：

> 易者，交易也。……大或读泰，其义则同。极，中也。大极犹云"大中"。……其先失时极，变而通之，则有大极，是谓易有大极。……大中而上下应之即两仪也。……《屯》《家人》《蹇》《革》，是为四象。……《屯》通于《鼎》为一象、《家人》通于《解》为一象，《蹇》通于《睽》为一象、《革》通于《蒙》为一象。象有四，而《屯》《鼎》《家人》《解》《蹇》《睽》《革》《蒙》，则为卦者八，故四象生八卦也。……其吉也，《鼎》《解》成《咸》，《睽》《蒙》成《益》，《屯》《家人》《蹇》《革》成《既济》，固生大业。其凶也，《鼎》成《恒》《大畜》，《解》成《恒》《临》，《睽》成《损》《大壮》，《蒙》成《损》《升》，甚至《鼎》《解》《睽》《蒙》成《泰》，变而通之，有大极，生两仪、生四象，仍生大业，故吉凶生大业。……"业"即"事"也，"通变之谓事"。（《易通释》卷二十《易有太极·与时偕极·失时极·不知极·六爻之动三极之道也》）

旁通两卦无论当位、失道皆须变通，变通称"易"；时行后二五先行，"大中"即"太极"，上应、下应为"两仪"；三十二组旁通之元亨无非

《家人》《屯》、《蹇》《革》、《既济》《咸》、《既济》《益》四种结果。其中,《家人》《屯》《蹇》《革》合称"四象";四象各自变通,又得《家人》《解》、《屯》《鼎》、《蹇》《睽》、《革》《蒙》共计"八卦";此四组旁通继续运行,当位则"吉"、失道则"凶"。吉凶之后再次变通,又为易、太极、两仪、四象、八卦……但凡不成两《既济》而终止道穷,元亨利贞便可往复无穷、生生不已。"要而言之,大极,元也;两仪,亨也;四象,利也;大业,贞也。"(《易通释》卷二十《易有太极·与时偕极·失时极·不知极·六爻之动三极之道也》)

诚然,上述几例绝不足以展现《易章句》的完整面貌。不过,还是可以由此得见该书的整体风格。就内容而言,《易章句》和《易通释》互为表里,其共同任务乃凭借《易图略》建立的旁通、当位失道、时行、相错、比例五例逐一揭示《易》辞背后的象数涵义。其不同之处,仅在于前者遵从了《周易》经传的原本次序,后者则以拆分归并而成的同辞条目为诠释单元。焦循深信,经过这种"参伍求通"和"纵通""横通"的多向度疏解,圣人作《易》以辞明象的本义即可全然朗现,自此再无余韵。

三、易学史批评

尽管《易学三书》中异于前人的新说层出叠现,但它终究不是闭门造车式的一己之思所能成就的。焦循曾辗转于历代易学,四十岁时才决意向经传本文求索。"余之学《易》也,自汉魏以来至今二千余年中,凡说《易》之书必首尾阅之,其说有独得者,则笔之于策,可以广闻见、益神智。"(《易广记》卷一)正是从深厚的易学史学养出发,焦循最终选择了象数注经派的解《易》路数,并借融通裁汰汉易成说锻造出自家义例。待其易学圆熟后,他又以独得之经传“本义”逐一评判前人之是非曲直。此类内容散见于四部著作：《易话》下卷和《易图略》后半部对先秦两汉各家《易》说均有涉及；《周易补疏》专论王弼《易》注及孔颖达疏；《易广记》所载则多为宋元明清之说。其中，又以《易图略》评汉易体例和《周易补疏》论王弼易学最为详尽。

（一）论汉代《易》例

1. 六日七分

焦循认为，孟氏卦气绝非孔子易学之正传。“《艺文志》：‘《章句》，施、孟、梁丘氏各二篇。’此乃得之田王孙者。……班固以孟与施、梁丘并称，明此《章句》乃得之田生者也。《艺文志》又有《孟氏京房》十一篇，《灾异孟氏京房》六十六篇，此与京房并称，则所传卦气七分之学。……此言六日七分，必非《章句》中之说。”（《易图略》卷八《论卦气六日七分上第八》）就理论本身而言，“取《坎》《离》《震》《兑》为四正，本诸《说卦传》东西南北之位。其取十二辟卦，第以阴爻阳爻自下而上者以为之度，其余不足以配。于是《乾》《坤》《复》《姤》等，既用以配十二月，又用以当一月中之六日七分”（《易图略》卷八《论卦气六日七分下第九》）。如果说“四正卦”和“十二消息”尚有某种极易辨认的易学渊源的话，将其他杂卦与历算日数相配则是全无凭据的穿凿之说。总之，西汉孟喜等人发明的“六日七分”理论纯粹是一种无关《周易》本旨的占验体系。若像东汉诸家一样以之解经，必定会错谬百出。例如，十一月辟卦《复》既主六日七分，同时又可符示整个子月。

不过，此处有必要就焦氏所论略加补充。第一，“辟卦值六日七分，又统全月三十日”似乎是东汉注经派引申出的结论，未必符合孟喜本意。梁韦弦先生认为：“孟氏《易》说里所说的十二消息卦,应该就是存在于以四正卦为骨架建立起来的六十卦配十二月、二十四气的体系之中的十二辟卦,而不是另有独立于这个体系之外的以十二卦来统十二月三百六十五天的十二消息卦。”①退一步讲,即便以辟卦代表所值月份,也不能简单地视为卦气理论的自相矛盾。因为在古人的历法观念中,中气是每月最显著的标志。十二辟卦恰值十二中气之次候,故以之统领该月本不足为奇。第二,焦循虽对汉易“六日七分”颇有不满,但他并不一概排斥援历入《易》的解经方式。这一点,可以从《易学三书》容纳的大量天文历算知识中获得证明。

2. 纳甲

依焦循之见,“月体纳甲”说有悖于《说卦》“父母六子”之义。原因在于,兑谓少女属阴,不可以阳息视之;艮谓少男属阳,不应归入阳消之卦。况且,京氏以坎中男纳阳干戊、离中女纳阴干己本可言之成理,《参同契》却偏引日月取象论之,即月纳阳干、日纳阴干,如此便殊不可解。更重要的是,八经卦所配天干五方本就与《说卦》后天方位不符,以月体解之则更显理据不足甚至自相矛盾。月满月灭皆在东天,而甲乙共居东。何以望乾纳甲不纳乙,晦坤反之?上弦下弦皆在南天,而丙丁共居南。何以兑卦纳丁不纳丙,艮卦反之?兑乾同属息卦、艮坤同属消卦,为何其所纳天干却一阴一阳?诸如此类,魏、虞二人均未明言。又,虞翻注《系辞》“八卦成列”云“坎离在中”,注“四象生八卦”云“坎离生冬”。冬主水而位乎北,即坎离居北亦居中;甲乙东方、壬癸北方,乾坤分纳甲壬、乙癸,则其值东又值北。(《易图略》卷八《论纳甲第六》)这些同位不

---

① 梁韦弦:《汉易卦气学研究》,齐鲁书社2007年版,第11～12页,标点有改动。

同卦、同卦不同位的说法之间必有抵牾、难以调和。

应当承认，焦循的上述批评实已将汉易纳甲的牵强难通处一网打尽，但此间不妨替古人稍作辩护。《系辞下》曰："阳卦多阴，阴卦多阳。"在汉代易学中，"消息"二字仅仅着眼于多阴多阳象征的阳气之渐次消退与息长，无须像焦循理解的那样各自对应阴卦与阳卦。至于虞氏易以月体纳甲言八卦方位虽有重合交叉，却未必全无依据。对此，王新春先生曾予以疏通证明："每月三十日左右，坎月、离日又相会于壬、癸所值的北方。"故坎离既可在中，亦可在北。是时，"新月不久即将出现，为示阳(月相之光明面)生由微而著之意，乾又纳壬；月相始则灭于北方、继则藏于癸方，坤因之又纳癸"①。

3. 爻辰与爻体

值得注意的是，焦循对《乾凿度》的爻辰说提出了异于前人的独特见解。简言之，《易纬·乾凿度》遵循今本《周易》卦序将六十四卦相邻两卦合为一组，共计三十二组，并规定每组两卦先阳后阴，十二爻配十二支，代表一年的十二个月。例如，《乾》《坤》自初至上分别纳入子、寅、辰、午、申、戌与未、巳、卯、丑、亥、酉；《屯》《蒙》自初至上分别纳入丑、卯、巳、未、酉、亥与寅、子、戌、申、午、辰；《泰》《否》各纳寅、卯、辰、巳、午、未与申、酉、戌、亥、子、丑；《中孚》《小过》同于《乾》《坤》。然而，后世流传的《乾凿度》仅见此寥寥几组的爻辰配法而未有六十四卦的完整说明，故学者多据郑注解之。郑玄认为，首卦《乾》贞于子，《屯》《蒙》次之贞于丑、寅，则六十四卦皆可由是推知。《需》《讼》次于《屯》《蒙》，必贞于卯、辰。《需》在前属阳、《讼》在后属阴，阳卦顺行、阴卦逆行，故《需》自初

① 王新春：《周易虞氏学》，台湾顶渊文化事业有限公司 1999 年版，第 84～85 页，个别字词有删减。

至上应纳卯、巳、未、酉、亥、丑,《讼》自初至上应纳辰、寅、子、戌、申、午。《师》《比》又次《需》《讼》,则《师》必贞于巳而顺纳巳、未、酉、亥、丑、卯,《比》必贞于午而逆纳午、辰、寅、子、戌、申。因乎《坤》起于未,故次于《师》《比》之《小畜》《履》以申、酉从之,而后《泰》《否》贞于戌、亥。但《乾凿度》之《泰》《否》爻辰实属变例,非但不贞于戌、亥而起于寅、申,更未遵守阳顺阴逆、间辰纳支的原则。另外,由《乾》《坤》与《中孚》《小过》皆贞于不相邻之子、未可知,此两组爻辰亦属变例。

尽管焦循也将上述三组认作变例,但他对常例的理解较之郑玄全然有别。依他之见,《易纬》爻辰与孟氏卦气密不可分。除《乾》《坤》、《泰》《否》、《中孚》《小过》外的五十八个别卦在六日七分体系中的所值之月,即该卦初爻所纳地支。当某组两卦同值阳月或阴月时,在后之阴卦须退避一辰,以使全年十二月齐备。也就是说,《屯》之所以贞于丑,乃因其本为十二月丑之侯卦;《蒙》之所以贞于寅,则是因其本为正月寅之大夫卦;《师》《比》皆值四月巳,故在前之阳卦《师》应间辰顺纳巳、未、酉、亥、丑、卯,在后之阴卦《比》应退一支而间辰逆纳午、辰、寅、子、戌、申。焦循相信,这才是《乾凿度》"阳卦以其辰为贞,其爻左行,间辰而治六辰。阴卦与阳卦同位者,退一辰以为贞,其爻右行,间辰而治六辰"①一段之本义。因而,诸卦初爻是否依次纳入十二支,完全不能作为判分常例与变例的标准。依此推断,将三组别卦划为变例只能基于如下理由:巳月辟卦《乾》与亥月辟卦《坤》本应贞于巳、

① 《易纬·乾凿度》原文作"丑与左行",据张惠言《易纬略义》卷一改为"其爻左行",见〔清〕赵在翰辑,钟肇鹏、萧文郁点校:《七纬·附论语谶》,中华书局2012年版,第47、60页。

子，却各起子、未；十一月辟卦《中孚》虽贞于子，正月侯卦《小过》贞未不贞卯却不合常则；即便《泰》《否》与卦气相合，但此两卦皆取顺行且非间辰而治，故属变例无疑。

及至东汉，爻辰又被郑玄用于注经，进而发展为一种解《易》体例。“郑康成以爻辰说《易》，本于《乾凿度》而实不同。”其原则可以概括为“《乾》贞于子，《坤》贞于未，阳爻阳支，阴爻阴支”，即《乾》自初至上顺纳子、寅、辰、午、申、戌六阳支，《坤》自初至上顺纳未、酉、亥、丑、卯、巳六阴支。余下六十二卦之三百七十二爻所纳地支，皆由《乾》《坤》十二爻而定。例如，《坎》九二纳寅、九五纳申，本于《乾》之二五；初六纳未、六三纳亥、六四纳丑、上六纳巳，本于《坤》之初、三、四、上。据此，郑氏注《坎》上六爻辞“系用徽纆”曰：“爻辰在巳，巳为蛇，蛇之蟠屈似徽纆也。”①此外，郑玄还以自家独创的爻体说解《易》。所谓“爻体”，是指将某位之爻作一经卦看待。凡阳居初四为震爻、居二五为坎爻、居三上为艮爻；阴在初四称巽爻、在二五称离爻、在三上称兑爻。如其注《离》卦九三“不击缶而歌”之“缶”字曰：“艮爻也。位近丑，丑上值弁星，弁星似缶。”②《离》九三艮爻，艮位东北，地支丑居东北方，且九三与爻辰纳丑之六四相比，故“位近丑”。自郑玄易学问世以来，爻辰体例便广受责难，甚至以集萃汉易诸说为己任的《周易集解》亦独黜郑氏爻辰。焦循则更进一步，主张爻体与爻辰一样“谬悠非经义”（《易图略》卷八《论爻辰第十》）。不过，他仅是给出了这一结论，并未对批评的具体原因予以说明。

---

① 《公羊传·宣公元年》疏，见林忠军：《周易郑氏学阐微》，上海古籍出版社 2005 年版，第 296 页。

② 《诗·宛丘》疏，见林忠军：《周易郑氏学阐微》，上海古籍出版社 2005 年版，第 299 页。

4. 卦变

在《易图略》卷七《论卦变上第二》中，焦循对卦变说表示了坚决的否定态度："余于此求之最深最久，知其非《易》义所有，决其必无此说。"他将虞氏卦变之根本偏弊归结为五：

> 夫乾坤索为六子，八卦错为六十四，相摩相荡，而设卦之义已毕。……今谓卦之来，由于爻之变，其谬一也。

卦变体系的意义并不仅限于注经，它首先是作为《易》卦的生成次序出现在虞翻易学当中的。也就是说，六十四卦并非成于一时，而是历经《乾》《坤》生十辟、辟卦又生杂卦的逐层推演方才齐备。但焦循相信，六十四卦必由八经卦相重而一时生成。况且，诸卦未成之时何尝有爻变？依此观之，卦变说以爻变在先、成卦在后，无疑是本末倒置。

> 诸卦生于六子，而六子又生于诸卦，其谬二也。

此间所谓"六子"，是指六画卦而非三画卦。在虞氏易学中，《震》《巽》《坎》《离》《艮》《兑》皆为辟卦所生，此为常例；另一方面，杂卦《屯》《蒙》又由《坎》《艮》特变而来。在焦循看来，六纯卦既能生卦又为辟卦所生，乃卦变自相矛盾的表现。

> 一阳之卦不生于《剥》《复》、一阴之卦不生于《姤》《夬》，与《泰》《否》《临》《观》等例参差不一，其谬三也。

既然四阳二阴、四阴二阳与三阴三阳者皆由其辟卦所生，则一阳五阴与一阴五阳之卦自行其例，于理不通。

> 《革》《鼎》《屯》《蒙》《坎》《离》《颐》《大过》之于《遁》《大壮》《临》《观》等，于彼于此，无所归附，其谬四也。

即便遵循常例，上述八别卦之生成方法亦不唯一。例如，除"《遁》上之初"成《革》，《大壮》二之五亦能成《革》。《坎》卦既可视作《临》初之五，又可视作"《观》上之二"。

> 至于《晋》《讼》可生《中孚》《小过》，《噬嗑》可生《丰》，《贲》可生《旅》，蔓衍无宗，不能自持其例，其谬五也。

此条针对的是频繁出现的违例现象。除消息卦，二阳、三阳、四阳之卦共计四十四，特变者竟多达十一卦。由此足以得见虞氏卦变颠倒淆乱、鲜能画一。

客观地讲，焦循给出的前两点理由未免有强加己意之嫌，但后三点着实切中了虞翻易学卦变体例的症结。就此而言，他对卦变说的批判乃基于对其内在缺陷的深入洞察，这一点大大超越了前人。究其根本，虞氏卦变的种种不足，皆是由注经需要造成的。林忠军先生曾有一段透辟之论："《周易》卦爻辞取象的广泛性和复杂性，决定了用一个自成体系的卦变来阐明含义往往会露出破绽，令人难以置信。在这种情况下，虞氏只能忍痛割爱，不惜打乱其卦变体系，去绝对服从经文。这就是虞氏卦变体系中出现特变、一爻动生出两卦之例及一阴一阳之卦各自为例的真正原因。"①尤为难得

① 林忠军：《象数易学发展史》第一卷，齐鲁书社1994年版，第203页。

的是，焦循对此已有觉察："说《易》者必沾沾于'卦变''反对'者，何也？以《彖传》有'往来''上下''进退'之文也。荀、虞以来，大抵皆据以为说，传文不可以强通，故不能画一耳。"这也从侧面反映出他对汉学《易》例的领悟确有独到之处。

5. 升降与旁通

尽管作为焦氏象数学基石的旁通说明显是在整合荀氏升降与虞氏旁通的基础上建立起来的，但焦循相信，唯有自家"实测而知"的五大义例方能贯通经传全篇。荀、虞二人，皆与圣人本义失之交臂：

> 升降之说，见于荀爽。……旁通之说，见于虞翻。……但荀氏明升降于《乾》《坤》二卦，而诸卦不详。虞氏以旁通解《易》，而不详升降之义。（《易图略》卷一）

焦循的旁通体例共有三层要义：一是两卦同位之爻阴阳爻性截然相反，即互为"旁通"；二是十二爻中的六个未定爻两两互易而得定，即由"升降"而"之正"；第三，爻变须按二之五、初之四、三之上的方式进行，即遵守"应位"原则。依此三项标准评判荀爽易学，则唯有《乾》《坤》升降在旁通两卦间进行，其余诸卦之升降非但不以旁通为起点，更无应位之限定；虞氏旁通则仅仅着眼于对待两卦的静态关系。尽管其之正说不时运用阴阳升降，但始终未与旁通有机结合。就此而言，荀爽是只知升降、不知旁通；虞翻则是只知旁通、不知升降。

6. 半象及两象易

焦循还对虞翻易学的"半象"和"两象易"等体例进行了批评。他指出，两爻比邻的四种情形所得半象均不唯一：两阳爻可视作乾、巽、兑之半象，两阴爻可视作艮、震、坤之半象，两爻上阳下阴可视作巽、离、坎、艮之半象，两爻上阴下阳可视作离、兑、震、坎之半象。依此观之，“朱汉上讥其牵合，非过论也”（《易图略》卷七《论半象第四》）；《系辞下》“观象制器”之例凡十三则，为何用“两象易”者仅《大壮》《大过》《夬》三卦？（《易图略》卷七《论两象易第五》）

上述批评不无道理。但同时亦须指出，《易通释》曾暗用半象而讳言其名。“《革》下离为日，其上坎月合日之处，九四以一阳奇于其间，使日与月不齐，羸于离日之上，是日有所余，月有所不足。”（《易通释》卷十六《章・蔀・闰》）《革》下体离、离为日，五上两爻“坎象半现”、坎为月，故曰“日有余而月不足”。至于“相错”体例，或许亦得益于“两象易”之启发。其区别仅在于，前者是两别卦交易内外卦，后者则是同一别卦互换上下体。

（二）论王弼《易》注

在《周易补疏》中，焦循对王弼《易》注的部分段落进行了详细讨论。其序言更是开宗明义，寥寥数语便将全书观点和盘托出：

> 《易》之有王弼，说者以为罪浮桀纣。近之说汉易者，屏之不论不议者也。……弼之《易》虽参以己见，而以六书通借解经之法，尚未远于马郑诸儒，特貌为高简，故疏者概视为空论耳。弼天资察慧，通儁卓出，盖有见于说《易》者支离傅会，思去伪以得其真，而力不能逮。故知卦变之非而用反对，知五气之妄而信十二辟。……解“文柔”“文刚”以乾二坤上言，仍用卦变之自《泰》来，改换其皮毛，而本无真识也。……似明比例之相同。“观我生”之爻，颇见升降之有合。机之所触，原有悟

心,倘天假之年,或有由一隙贯通,未可知也。惜乎秀而不实,称道者徒饫其糠秕,讥刺者莫探其精液,然则弼之《易》,未可屏之不论不议也。①

尽管作为唐初五经重整标志性成果的《周易正义》曾对后世易学影响深远,但在焦循看来,孔颖达多未契中王弼《易》注之原本要义。所谓"补疏",即补孔氏疏文之未尽处。具言之,约有如下三端:其一,王弼精于假借说《易》,训解字义不失汉儒之风;其二,力辟汉易象数,却又阴用其说;其三,虽未贯通经传全篇,但对同辞重出已有觉察。

1. 善用训诂假借

公允地讲,《补疏》列举的部分训诂之例,确能符合王弼本义。如王注《泰》初九"拔茅茹以其汇,征吉"曰:"茹,相牵引之貌也。"循按:"《说文》:'挐,牵引也。'《公羊·僖公元年传》:'获莒挐。'《释文》:'一本作茹',以茹为挐之假借,故为牵引。"(《周易补疏》卷上)《丰》初九"虽旬无咎"注曰:"旬,均也。初四俱阳爻,故曰均也。"循按:"《释文》:'荀作均。'《周礼·地官·均人》注:'旬,均也。'《易》'坤为均',今书亦有作旬者。"(《周易补疏》卷下)不过,焦循所言亦有不确之处。如王弼注《明夷》六五"箕子之明夷"曰:"最近于晦,与难为比,险莫如兹。而在斯中,犹暗不能没,明不可息,正不忧危,故利贞也。"焦氏《补疏》曰:

《释文》云:"蜀才'箕'作'其'。"刘向云:"今《易》'箕子'

① 〔清〕焦循:《周易补疏·叙》,《续修四库全书》第27册,上海古籍出版社2002年版,第537页。下引该书只注书名、卷数。

作'荄滋'。"邹湛云:"训箕为荄,诂子为滋,漫衍无经,不可致诘。"以讥荀爽。《汉书·儒林传》:"蜀人赵宾,好小数书,后为《易》,饰《易》文。以为'箕子明夷',阴阳气亡箕子。箕子者,万物方荄兹也。"古字"箕"即"其","子"通"滋"。《释名》:"子,滋也。""滋"通"兹"。王氏读"箕子"为"其滋",故云:"险莫如兹,而在斯中。"……推王注之意,绝不以为近殷纣之箕子。……《正义》失王氏义。(《周易补疏》卷下)

王弼《易》注只字未提箕子其人其事,《正义》卷四以商纣叔父解之①已有不妥,《补疏》所云"箕子"通"其滋"更与王说不合。通观该卦注文可知,《明夷》上六为卦主,象征至暗至险。六五与之相比,故所处情境极为凶险。然则因其居中,仍可守正不移,此即"险莫如兹,而在斯中"。"如兹"即"如此",并非焦循所训"滋生"之义。

2. 阴用汉易体例

事实上,尽管王弼《易》注以其清新简约的风格一洗汉易旧学的牵强缠绕,但其中仍不乏对汉代象数的部分保留。这一点,早已被焦循看破。例如,《彖·贲》"柔来而文刚,故亨。分刚上而文柔,故小例有攸往"王注曰:"坤之上六来居二位,柔来文刚之义也。柔来文刚,居位得中,是以亨。乾之九二分居上位,分刚上而文柔之义也。刚上文柔,不得中位,不若柔来文刚,故'小利有攸往'。"循按:"李鼎祚《周易集解》引荀爽云:'此本《泰》卦。'谓阴从上来居乾之中,文饰刚道,交与中和,故亨也。分乾之二居坤之上,上饰柔

① 孔颖达曰:"六五最比暗君,似箕子之近殷纣,故曰'箕子之明夷'也。"

道，兼据二阴，故小利有攸往矣。王氏用荀例，而讳言《泰》卦。”（《周易补疏》卷上）由“坤之上六来居二位”“乾之九二分居上位”可知，王弼此处是以卦变注《易》。《贲》为三阴三阳之卦，成于辟卦《泰》之九二、上六互易。《泰》内乾外坤、乾刚坤柔。上六降二，即“柔来文刚”；九二升上，为“刚上文柔”。再如，王弼注《彖·涣》“刚来而不穷，柔得位乎外而上同”曰：“二以刚来居内，而不穷于险；四以柔得位乎外，而与上同。”循按：“王氏此注，亦用卦变《否》四之二之例，而讳言自《否》卦来。”（《周易补疏》卷下）焦说极是。据荀、虞卦变，《涣》属三阴三阳之常例，由辟卦《否》二四互易而来。《否》九四降二，即“二以刚来居内”；六二升四，阴爻居阴位，即“柔得位乎外”。

然而，顺此思路渐行渐远，焦循又走向了矫枉过正。兹举三例以明之：

> 王弼注《坤》上六“龙战于野”曰：“固阳之地，阳所不堪，故战于野。”循按：荀爽云：“消息之位，《坤》在于亥，下有伏乾。”盖《坤》为十月之卦，其辟在亥。以卦位言之，乾处西北，是亥为乾之地而《坤》辟之。此乾所以不堪，而战也。郑氏以爻辰说《易》，《坤》初贞未……上贞巳，《乾》辟于巳，则《坤》上爻实为《乾》之地，而坤爻据之。又《乾》所以不堪而战也。王氏用荀、郑之说而浑其辞为固阳之地，不然《坤》之上六何以为阳之地乎？（《周易补疏》卷上）

荀爽曾用十二消息、地支方位与后天卦位解《坤》卦上六。《坤》值亥月，亥居西北，西北为乾卦之象。又按郑氏爻辰，《坤》上纳巳，巳月辟卦《乾》，《乾》阳《坤》阴同位，必交战于此。于是焦循以为，王弼视《坤》上为阳之地，正是暗用了荀、郑两家之说。其实，王注并无一语言及卦气、方位或爻辰。《坤》上为阳得以成立的前提首先在于其“初上不论位”的爻位规定，即初、上两位的阴阳属性不再遵从《易传》确立的阳奇阴偶之成例。再结合上文“阴之为道，卑顺不盈”（《王弼集校释》）来看，上爻亢极之地属阳，乃由“乾健坤顺”“阳尊阴卑”之观念自然推出，绝非像焦循理解的那样基于汉易象数。

> 王弼注《临》彖辞“至于八月有凶”曰：“八月阳衰而阴长，小人道长，君子道消也，故曰‘有凶’。”循按：王氏以八月指《否》所辟之月。夏之七月，殷之八月也。文王用殷正，故以《否》所辟为八月。（《周易补疏》卷上）

《周易正义》卷三曰：“‘小人道长，君子道消’，宜据《否》卦之时，故以《临》卦建丑，而至《否》卦建申为八月也。”此是以“十二消息”解王注。焦循亦然。据汉易卦气说，《临》值丑月、《否》值申月。夏历建子、殷历建丑，故丑为夏之十二月、殷之正月，《否》为夏之七月、殷之八月。不过，单凭王弼此处的简短注释，无从确证其是否运用了严格意义上的卦气说。至于“八月阳衰而阴长”，也完全可以在非卦气意义的一般语境下理解为“昼短夜长、气温渐寒，始于八月秋分”。更重要的是，凡主王氏采纳卦气者，均未能觉察或刻意回避了一条重要注文。其解《复》卦《大象》曾云：“冬至，阴之复也；夏至，阳之复也。”（《王弼集校释》）由此间阴阳消长与冬夏二至的对应更可断定，王弼易学与汉易卦气必无关涉。原因在于，汉学诸家均以《复》卦符示十一月中气冬至、《姤》卦符示五月中气夏至，即“冬至阳复，夏至阴复”。王弼则云“冬至阴复，夏至阳复”，与汉易卦气正相反对，故绝无可能援引该说注解《临》卦。

王弼注《观》六二“窥观”曰：“犹有应焉，不为全蒙，所见者狭，故曰‘窥观’。”循按：《观》本《蒙》二升五之卦。《蒙》已成《观》，故“不为全《蒙》”。此荀爽二五升降之义，王氏阴用之。（《周易补疏》卷上）

焦循认为，此注暗含荀氏升降之法。《蒙》九二升五、六五降二则为《观》。因“《蒙》已成《观》”，故“不为全《蒙》”。然而，倘若我们超越孤立的字词，进入王弼原文的语境之内，即可发觉上述观点全无根据。王弼《卦略》曾云：“《观》之为义，以所见为美者也。故以近尊为尚，远之为吝。”（《王弼集校释》）一方面，《观》之六二居于内卦，远离九五、上九两个象征尊上的阳爻，自然“所见者狭”，即有蒙昧之象；另一方面，六二居中得位，且以柔顺与九五相应，又非完全蒙昧，故“不为全蒙”。依此观之，焦氏将其归为阴阳升降并不妥当。

3. 稍悟贯通之旨

不可否认，王弼确曾点出个别《易》辞的前后反复。如《夬》卦九四《小象》“聪不明也”注下仅有一语：“同于《噬嗑》‘灭耳’之凶。”此句旨在提示《夬》卦九四与《噬嗑》上九之《小象》相同，无需另作解释，参看《噬嗑》注文即可。而在焦循眼中，该则注文便成了王弼对同辞重出略有觉察的明证。“孔子翼赞之例，王氏似稍悟之，惜未能好学深思也。”（《周易补疏》卷下）不单如此，《周易注》的个别条目甚至已然触及某些字词单元的象数“本义”：

《观》九五“观我生，君子无咎”注曰：“上之化下，犹风之

> 靡草。故观民之俗,以察己之百姓,有罪在于一人。君子风著,己乃无咎。”循按:王氏此注全用二五升降为说。“己”指五,“己之”谓《蒙》二之五。《蒙》二之五,上乃成巽,为风。“著”,《杂卦传》云:“《蒙》杂而著。”“著”字用此,在《蒙》上无巽风,《蒙》二之五巽风乃著。风著于上,五乃成君子,无咎。故云“己乃无咎”。(《周易补疏》卷上)

值得注意的是,焦循虽将此例归为荀氏升降,但上述按语的诠释路数乃延续《易学三书》而来,实与汉易颇有不同。换言之,他并未理会王弼《易》注的原本文意,而是将其拆分为字词单元,并依“十二类《易》辞”解之:“之”即“爻之”,此处指二五互易;《观》五爻定称“君子”“我”,“我”即“己”;上体巽,“巽为风”;“著”字则与《杂卦》“《蒙》杂而著”构成同辞,从而指示《蒙》二之五成《观》的卦爻运行。此即王注“己之百姓”“君子风著”之象数根据。显然,这种理解隐含着如下前提:凡对四圣本义有所契会者,其表达方式亦必定遵循象辞相应之原则。因而,“参伍求通”的对象不能仅限于《周易》经传,还应包括后世诸家《易》说在内。换言之,先秦至清代各类典籍中的词句篇章只要能与《易学三书》之说相合,则一律可以视作对圣人《易》旨的接续与彰显。例如,《易话》下《〈春秋〉传说〈易〉》云:“《闵二年》传:季友将生,筮之,遇《大有》之《乾》,曰:‘同复于父,敬如君所。’按:《大有》二之五成《同人》,故曰‘同’。凡五柔变而为刚,谓之‘复。’《大有》五柔,二之五上成乾,乾为君、为父,故‘复于父而敬如君所’。此于《易》义明白了然。”再如,《春秋繁露·精华》云:“其在《易》曰:‘鼎折足,覆公𫗧。’夫鼎折足者,任其非人也。覆公𫗧者,国家倾也。”循按:“非其人,犹云‘匪人’。《鼎》四之初成《大畜》,与《大有》四之《比》初同,所谓无交害匪咎,匪即非其人。”(《易话》下《贾、董说〈易〉》)又如,《易广记》卷二曰:“宋杨简《易传》……有确不可易之言,如云:‘六十四卦皆可以言元亨利贞,圣人既于《乾》言之,又于《坤》言之,又于《屯》言之。圣人于此,谓学者可以意通之矣。’……真冰雪聪明,举一隅而三隅反矣。”

在《易话》和《易广记》中,同类卦例触目皆是。事实上,焦循的易学史批评大多是以《易学三书》为标尺裁断以往诸家《易》说。客观地讲,这种从个人识见的极度自信出发评判此前易学的做法,只能是强人从己。它非但不能点出各家注文的切要之处,甚至其本然意旨亦被消解殆尽。相较而言,唯有后半部《易图略》评汉易体例和《周易补疏》论王弼易学的内容稍显平正。当然,这种“案文责卦”的解经路数恰是王弼本人极力破斥的,故《补疏》指出的多数汉易卦例早已脱离了注文原意。纵然该书确有可取之处,皮锡瑞“焦氏易学深于王弼,故能考其得失”①、柯劭忞“皆援据精确,足以补《正义》所不及”(《续修四库全书总目提要》)的评语也不宜盲从。

四、义理诠释

《易学三书》的定稿,标志着焦氏象数学的圆满建成。不过,尽管这一以象辞相应为基点的易学理论颇能自圆其说,却仍然面临着重大挑战:倘若伏羲画卦、文王周公系辞、孔子作传的全部宗旨仅限于彰明卦爻运动,则《周易》一书便不止与圣人之道毫无关涉,甚至可以用无聊来形容。唯有象数中隐含着更为深刻的义理意蕴,四圣才会如此大费周章。那么,象数背后的义理何在?对焦循而言,这一问题不仅关系到其苦心经营的易学体系是否完整,更关

---

① 〔清〕皮锡瑞:《经学通论》,中华书局1954年版,第37页。

乎其立论前提能否成立。于是,在《易学三书》的象数建构完成之后,焦循又借《论语》《孟子》注疏转向了义理探求。

(一)设卦定人道

不难理解,焦循对《周易》象辞的独特识见势必排斥义理派的解《易》方法。在他看来,义理派学者妄想从经传词句的表层文意中寻求易学本旨的做法纯属未入其门,因为他们完全没有领会圣人作《易》的述言方式。《易》辞只是卦爻运行的指示符,故《周易》义理与那些未切实质的辞意全然无涉,唯有透过象数规则方能了悟。“义存于‘密云不雨,自我西郊’之中,而‘密云不雨,自我西郊’则无义理可说也。……说《易》者久无传人,而又不苦心虚衷,但望文生意,揣摹于形似之间,遂自以为得其义理,诚何易易哉!”(《易话》上《学〈易〉丛言》)

那么,圣人如何用象数来彰显义理?卦爻运行与易道本旨究竟有何关联?要对此作出回答,又须先行求索如下问题:

> 学《易》者,必先知伏羲未作八卦之前是何世界。伏羲作八卦重为六十四,何以能治天下?神农、尧、舜、文王、周公、孔子何奉此卦画为万古修己治人之道?(《易话》上《学〈易〉丛言》)

尤应注意的是,焦循追问的并不是“画前易”的内容,而是“未作八卦之前是何世界”,即伏羲时代先民生活的历史情境。正是从古代典籍的相关记载出发,他对“设卦定人道”的观点展开了全面论述:“陆贾《新语》云:‘先圣乃仰观天文,俯察地理,图画乾坤,以定人道,民始开悟,知有父子之亲、君臣之义、夫妇之道,长幼之序。于是百官立,王道乃生。’《白虎通》云:‘古之时,未有三纲六纪,民人但知其母，不知其父，于是伏羲仰观象于天，俯察法于地，因夫妇，正五行，始定人道，画八卦，以治下。'……《吕氏春秋·恃君篇》云：'昔太古尝无君矣，其民聚生群处，知母不知父。'谯周《古史考》云：'伏羲制嫁娶，以俪皮为礼。见《史记索隐》。伏羲之前，有男女而无定偶，则人道不定。伏羲定人道而夫妇正、男女别。'"（《易图略》卷六《原卦第一》）焦氏此间旁征博引，无非旨在从文明发展的角度凸显伏羲画卦的历史意义。上古之时，先民只知其母而不识其父，更不必论父子、长幼、君臣等人伦礼序。直至伏羲氏出，始画乾阳坤阴象征男女，并教民以嫁娶之礼，人道方得正定：

> 然则伏羲之卦可知矣，为知母不知有父者示也。故乾坤定位，而后一索、再索、三索，以生六子。有父子，而长少乃可序。……故传云"天尊地卑，乾坤定矣"，明伏羲之卦首定乾坤也。乾坤生六子，六子共一父母，不可为夫妇，则必相错焉，此六十四卦所以重也。犹是《巽》之配《震》也，《坎》之配《离》也，《兑》之配《艮》也。在三画，则同一父母之所生。在六画，则已为阴阳之相错。相错者，以此之长女，配彼之长男。以彼之中男、少男，配此之中女、少女，一相错而婚姻之礼行，嫁娶之制备。八卦成列，因而重之，吾于此知伏羲必重卦为六十四。或谓伏羲但作八卦，不重卦，则所以制夫妇之礼，即用一父母所生之男女矣。伏羲必不尔也。故传云"有男女然后有夫妇"，不赞于《乾》《坤》，而赞于《咸》《恒》，明伏羲之定人道、制嫁娶，在相错为六十四也。孔子于《序卦》明男女之有夫妇，而于伏羲作八卦统其辞云"通神明之德，类万物之情。六爻发挥，旁通情也"。"旁通情"，即所以"类万物之情"。可知卦之旁通，自伏羲已然。非旁通无以示人道之有定而夫妇之有别

> 也。……制嫁娶，使民各有其偶也。教渔佃，使民自食其力也。……人伦正而王道行，所以参天地而赞化育者，固无他高妙也。神农、黄帝、尧、舜踵此而充扩之，文王、周公、孔子述此而阐明之。（《易图略》卷六《原卦第一》）

据《说卦》"父母六子说"，经卦乾父坤母自初至上三对同位之爻相继互易而生长男震、长女巽、中男坎、中女离、少男艮、少女兑，正如一家父母子女齐备，且不失长幼尊卑之分。然而，六子同一父母所生，不可婚配，则经卦依序生成仅能对夫妇二人及其子女所组成的单个家庭予以呈示，却不能进一步展现族群的繁衍不息。因此，伏羲又将三画经卦重为六画别卦，即八经卦各自相重而得八纯卦。此八卦两两旁通，共计四组。其中，《震》《巽》旁通、相错为《恒》《益》，象征此家长男与彼家长女结为夫妇；《坎》《离》旁通、相错为《既济》《未济》，象征此家中男与彼家中女结为夫妇；《艮》《兑》旁通、相错为《损》《咸》，象征此家少男与彼家少女结为夫妇。当然，伏羲画卦的意义绝不仅限于成就夫妇之道，还在于使民顺是开悟一切的人伦观念。推而广之，由一家之父慈子孝，知一族之长幼有序，及至一国君臣上下各有定分，即《序卦》下经《咸》《恒》所云："有男女然后有夫妇，有夫妇然后有父子，有父子然后有君臣，有君臣然后有上下，有上下然后礼义有所错。夫妇之道不可以不久，故受之以《恒》。"追本溯源，普天之下人道伦序的终极正定又莫不始于男女婚配，故《系辞传》开篇即云："天尊地卑，乾坤定矣。"

伏羲设卦为文明之肇端。此后，大道又经列位先圣之手代代相传。一方面，神农、黄帝、尧、舜、文王、周公将伏羲发明之人伦化为治国之经法，令天下万民身家性命各得安顿正定；另一方面，三圣唯恐《易》卦本旨日久遗落，故相继增以经文、传文，望后世学者顺循其精心布置的同辞标记求得象数规则，从而确保设卦所定之人道千载常存。不仅如此，孔子赞《易》之余犹感未尽，又融伏羲之教于讲学之中授其门人。“其教人之义，文王、周公已施诸政治，孔子已质言之于《论语》《大学》《中庸》，传之七十子。此《易》辞全在明伏羲设卦观象，指其所之，故不言义理，但用字句之同以为乡导，令学者按之而知三百八十四爻之行动。……指明其所之，则义理自见。文王述伏羲、孔子赞文王如此，志在使伏羲当日通德类情之故从卦爻中显出，宜按辞以知卦。泥辞以求义理，非也。”①尽管《周易》经传采取以辞明象的方式间接表达，《论语》一书则将大道宏旨畅然点出，但究其根本，二者无不本诸伏羲画卦。就此而言，《论语》义理实与《周易》象数相互显发，故研《易》绝不可只观经传，更须参详圣人语录。

圣人之道并未随夫子离去而断绝。从春秋到战国，孔子教诲在门人弟子间薪火相传，又在孟子处大发其皇：“七十子殁，道在孟子。孟子道性善，称仁义，恶杨墨之执一，斥仪衍之妾妇，皆所以阐明孔子之学，而脗合乎伏羲、文王、周公之旨。故孟子不明言《易》，而实深于《易》。”(《易通释·叙目》)既然古经与大传的象辞相应足以指明卦爻运行，再作解说已属无谓重复，故孟子讲学论道未有一语言及《周易》经传；况且，值此礼崩乐坏、战乱频仍之际，透过明晰的言语文字使潜藏在卦爻象数中的大道至理再度彰显于世，从而扭转人伦秩序的日趋黯淡，委实更为切迫。于是，他紧承孔门《论语》《大学》《中庸》之端，上接伏羲、文王、周公三圣之教，倡之不遗余力而为《孟子》七篇。就此而言，尽管孟子未尝论及《周易》

① 〔清〕焦循：《焦里堂先生轶文·寄王伯申书》，《丛书集成续编》第193册，台湾新文丰出版公司1989年版，第125页。

一书，其彰明易道之功仍不容置疑。

综上，焦循从“设卦定人道”这一基点出发，层层推进，通过对上古文明及早期儒学发展史的重新解读完成了象数与义理的衔接。一方面，贞定人道乃伏羲设卦的初衷，即象数以义理为本旨；另一方面，人道的具体内容又并非以言语文辞直接表达，而是借设卦予以开示，故义理不离象数。因乎此一体两面不可偏废，历代先圣才将其分别点出：《周易》经传指示卦爻行动，专明设卦之象数；《论语》《孟子》张扬纲纪伦常，详言人道之义理。诸圣晓喻其旨看似各有侧重，其实正是希望以二者互补告诫后世学者当不落两边。唯有象数、义理合观，方可透悟易道大全：

> 盖《易》隐言之，《论语》显言之。其文简奥，惟《孟子》阐发最详最鬯。……以《孟子》释《论语》，即以《论语》释《周易》，无不了然明白，无容别置一辞。(《雕菰集》卷十六《〈论语何氏集解补疏〉序》)

就象数而言，《周易》经传皆为明示卦爻运行，故经文、传文一体不分；就义理而言，儒家《四书》皆为弘扬人伦之道，故《论语》《孟子》亦互诠互显；就象数与义理的关系而言，伏羲设卦定人道乃二者之共同渊源，故《周易》《论语》《孟子》理应通而为一。为了落实这一思想，焦循极力在《论语》《孟子》的义理条目与《周易》的象数规则之间建立连接。这一点，在他对仁、义、礼、智、教诸义的诠释中表现得尤为显明。

（二）“旁通”与“仁”

焦循论仁可谓独辟蹊径。他并不急于揭示仁的义理内涵，而是由卦爻象数切入，层层展开其全部讨论：

> 传以仁赞元。……仁配阳，谓由阴交而生阳也。……仁义指二五。(《易通释》卷五《仁·义·礼·信·知》)

《文言·乾》曰："元者，善之长也。"又曰："君子体仁足以长人。"此即"仁""元"同义之明证。又据《易通释》，"元"即"大中"，意为旁通两卦二五先行。在焦循看来，《易传》以仁赞元，实已指明"仁"乃"旁通"生发而出。因此，只要领会旁通规则背后的人伦内蕴，"仁"之本义自可朗现：首先，伏羲设卦定人道以旁通为卦爻运行之起点，故孔子创立儒学必以仁为第一要著，即"圣人之道，惟在仁恕"①。再者，单一别卦代表孤立的个人，两卦旁通则象征人与人结成的关系。如同六十四卦以旁通为存在方式，道德伦常必以人之相互对待为基本前提。诚如阮元所云："孔门所谓仁也者，以此一人与彼一人相人偶而尽其敬礼忠恕等事之谓也。相人偶者，谓人之偶之也。凡仁，必于身所行者验之而始见，亦必有二人而仁乃见。"②其次，旁通卦组大中而行，则其六二、九五同时得定。依此反求一己之待人接物，便可思得《中庸》"成己"与"成物"、《论语》"己欲立而立人，己欲达而达人"之义。最后，二五先行所成之两卦皆合中道又各自有别，即人我之殊终不可泯，故只可求"和"而不能求"同"。若不愿屈己从人，亦不应强人从己，此即"己所不欲，勿施于人"。

以上数端实可归结为一，即"推己及人"。就此而言，焦氏以旁

---

① 〔清〕焦循：《论语通释》，《续修四库全书》第155册，上海古籍出版社2002年版。下引该书只注书名、章节。

② 〔清〕阮元：《揅经室一集》卷八《论语论仁论》，《揅经室集》，《续修四库全书》第1478册，上海古籍出版社2002年版，第176页。

通解仁字的做法虽属戛戛独造，但其释义本身与原始儒学确有较为贴合的一面。不过，在先秦儒学中，仁的推及尚未超出道德论域的个体修为和政治施行。焦循的阐发则是在知识与伦理的双重向度上同时展开，这又与《四书》大相径庭。他从“推己及人”中引申出两点主张：一是对不同学术识见给予充分尊重，二是谋求自我与他人情欲的契合双彰。“不得执己之性情，例诸天下人之性情。即不得执己之所习所学，例诸天下人之所习所学也。”（《论语通释·一贯忠恕》）

（三）“时行”与“义”

“仁”源自“旁通”，“义”则出于“时行”：“义赞利……谓由阳易而通阴也。”（《易通释》卷五《仁·义·礼·信·知》）由《文言传》“利者义之和也”“利物足以和义”可知“义”与“利”同。又据《易通释》，“利”即“变通”，亦称“时行”。于是，“时行”与“义”便有了对应关系。对此，焦循曾从三方面展开论述：

第一，时行的象数内涵是指旁通卦组运行结果再取旁通，即仍以“旁通”为本质。这就意味着，“义”与“仁”必有某种共通之处。细究起来，作为卦爻运行起点的旁通两卦注定一时并在，故仁更多着眼于“成己”与“成物”的双向达成；时行则是运行所得之卦取其旁通的动态过程，故义相对侧重“成物”的一面。

第二，任一旁通卦组运行皆有当位、失道两种情形。二五先行、初四或三上从之，当位而吉。此时若继续进行第三对爻变，则必成两《既济》而终止道穷，故当位之后应立即时行。初四、三上先行属失道之凶，其由凶转吉亦有赖于时行。总之，若要保证六十四卦运行不已且避凶趋吉，就必须时刻对当下情状有一准确把握，并在此基础上及时变通。依焦循之见，伏羲创此象数规则，正为晓谕后人“通权达变”之理。而“权变”又以“明时”“察时”为前提，即“义之变通，时与位而已矣”①。他说：

> 进退无常，量时为宜，即集义矣。义之所在，即仕即久，是进也。义之所不在，即止即速，是退也。《礼记·学记》云：“当其可之谓时。”仕止久速，皆视其可，是为量时。（《孟子正义》卷六）

在焦氏易学中，“时”并不对应阴阳六爻组成的单一别卦，而是通过三十二组旁通的卦爻运行得以呈现。例如，《乾》《坤》二五先行成《同人》《比》为一时。若能量时，便知其既可变通，亦可续变初四。《同人》四之《比》初成《家人》《屯》，则又别为一时。因乎该组旁通已连续进行两对爻变，必须立即变通，故《家人》利而通《解》、《屯》利而通《鼎》。由此可见，运行结果是否变通应视其所值之时而定，即如《彖·艮》所云“时止则止，时行则行”。正是在此意义上，利与变通才被命名为“时行”。时行的目的，又在于使卦爻运行皆得其宜。“何为义？义者，宜也。”（《易话》上《道德理义释》）“量时为宜”，故“义”“利”“变通”皆属“时行”之同义语。依此观之，儒家所讲的“义”，除“及物”之外还有另一层内涵，即“变通趋时”。也就是说，人的行为理应在对其当下所处的整体格局有一清醒觉察的基础上灵活选择。在某些特定的时局下，道德常则亦不可一概执守，唯有权变方能合乎人道。“孟子曰：‘男女授受不亲，礼也。嫂溺，援之以手，权也。’又曰：‘嫂溺不援，是豺狼也。’夫男女授受，虽

---

① 〔清〕焦循：《孟子正义》卷二十二，中华书局 1987 年版，第 747 页。下引该书只注书名、卷数。

非礼尚不至于豺狼,自拘于礼而任嫂之死于溺,则为豺狼,是礼轻而援重,溺时援之,不溺时仍守不授受之礼,故谓之权。娶妻如何必告父母,礼也,常道也;告则不得娶以对父母,且至于无后。无后为不孝之大,不告虽非礼而不至不孝,是告轻而娶重,故曰:'舜不告而娶,为无后也。'"(《论语通释·权》)嫂溺之时,若因泥于礼节任由嫂之溺亡,犹如旁通卦组元亨之后不知变通,继以第三对爻变而成两《既济》,必将沦为穷凶极恶;反之,伸出援手虽有违平素男女之礼,此时却恰合人道之正,如同元亨后当即时行,才能复为元亨。质言之,判定道德行为的终极标准只能是人道本身,而非对人伦规范的一味恪守。

第三,任一旁通卦组之时行皆多达九种情形。失道须变通,当位亦须变通;不单两对爻变连续进行后必须时行,一对爻变完成后亦可立即时行。焦循认为,在伏羲创设的此一象数规则中,蕴含着万世不易的执政之法。正如卦爻时行变幻多端,治理天下亦须"通变神化"。上古之时,人但知其母而不知其父,更无长幼上下之序,实与禽兽无别。伏羲设卦教之以男女之道,自此夫妇、父子、君臣等一切人伦皆得正定。然而,随着民智渐开,抢夺纷争亦由是而起。既知人道伦常不可公然违背,则以伪善矫饰成全其一己私利。值此世风日下之际,黄帝、尧、舜诸圣改弦更张,以"通变神化"治理天下。于是,一切礼法制度既能根植于人道,又皆因时变化而不墨守成规,以致百姓无从窥测上之好恶,避免逢迎投合以博取名利之私。久之,变诈智巧之心自可止息。"惟上知民之变而民乃不知上之通其变,上通之化之而民不知,故觉上之无为而治。欲窥之而无从窥,故名之而无可名。无消诈之迹而诈自消,无息争之形而争自息。"(《易话》上《通变神化论》)显然,"通变神化"的核心在于因时立政。事实上,这一观点无非是将"义"之"变通趋时"义引申至政治领域所得出的结论。

（四）“当位”与“礼”

与仁、义相类，礼亦源于伏羲设卦。《易通释》曰：

> 礼赞亨……礼属初四、三上，以其应二五为亨。（《易通释》卷五《仁·义·礼·信·知》）
>
> 《系辞传》云：“圣人有以见天下之动，而观其会通，以行其典礼。系辞焉以断其吉凶，是故谓之爻。”“典礼”，京房作“等礼”。……《坤》传云：“坤厚载物，德合无疆，含弘光大，品物咸亨。”品即等也。物之有品，即礼之有等。嘉会合礼，即观其会通以行其典礼。礼所以辨上下，定尊卑。《乾》二之《坤》五为元，《乾》四、《乾》上，视元之所在而次弟会之。二五尊贵，四上卑贱。卑从尊而不逾，贱从贵而不僭，是以合礼。（《易通释》卷一《亨》）

自《易传》发明“中位说”以来，历代学者多取别卦五位象征尊贵，如京氏易之“爵位说”就曾明确规定五位为天子。这一传统，在焦氏易学中仍有沿续。既然二五两中爻居尊，初、三、四、上四爻较之为卑，则旁通卦组三对爻变的次序，便涵具着礼的意蕴：凡二五先行，初四、三上从之，犹如卑贱者听命于尊贵者，合乎礼而当位属吉；反之，初四、三上先于二五而动，则是对礼的僭越，必属失道而凶。《文言·乾》曰“亨者，嘉之会也”，又曰“嘉会足以合礼”，此为“礼”“亨”呼应之明证。又据《易通释》，“亨”即“上下应”，指初四、三上从二五而行。由是可知，“礼”即“当位”。不仅如此，由于上下应以大中为前提，大中属仁，故可推知“仁”“礼”二者必有关联：“以礼自约，则始而克己以复礼，既而善与人同，大而化之，礼以约己，仁以及人。约己，斯不执己，不执己，斯有以及人。仁、恕、礼三者，相为表里，而一贯之道视此。”（《论语通释・礼》）作为人的行为准则，礼的终极意义仍是促发仁的推及；同理，元亨之后须立即时行，时行为义，故“礼”“义”亦非彼此孤立：“《礼记》，万世之书也。……《记》之言曰：‘礼以时为大。’此一言也，以蔽千万世制礼之法可矣。”（《雕菰集》卷十六《礼记郑氏注》）在现实政治层面上，礼法制度的设计安排唯有以“变通趋时”为原则，才能令天下长治久安。

（五）“性善”与“智”

在《孟子正义》中，焦循对性善论进行了极其详尽的疏解。不过，他并未如孟子一般直接以“四端”规定人性，反而是把告子的“食色，性也”作为其立论基础：“性善之说，儒者每以精深言之，非也。性无他，食色而已。饮食男女，人与物同之。……以饮食男女言性，而人性善不待烦言自解也。”（《雕菰集》卷九《性善解一》）如果说源于“血气”的“食色”是人物的共通之处，“心知”则是判分性之善恶的根本标准：

> 人之有男女，犹禽兽之有牝牡也。其先男女无别，有圣人出，示之以嫁娶之礼，而民知有人伦矣。示之以耕耨之法，而民知自食其力矣。以此教禽兽，禽兽不知也。禽兽不知，则禽兽之性不善；人知之，则人之性善矣。圣人何以知人性之善也？以己之性推之也。己之性既能觉于善，则人之性亦能觉于善，第无有开之者耳。使己之性不善，则不能觉；己能觉，则己之性善。己与人同此性，则人之性亦善，故知人性之善也。人之性不能自觉，必待先觉者觉之。故非性善无以施

> 其教，非教无以通其性之善。教即荀子所谓伪也、为也。为之而能善，由其性之善也。……人纵淫昏无耻，而己之妻不可为人之妻，固心知之也。人纵贪饕残暴，而人之食不可为己之食，固心知之也。是性善也。故孔子论性，以不移者属之上知下愚，愚则仍有知；禽兽直无知，非徒愚而已矣。（《孟子正义》卷十）

此间，焦循紧扣“食色”二字对“性善”之义展开了层层论述。其要点有五：第一，“能知即善”。上古之时，人与禽兽无异，任行男女之欲而无定偶，充饥果腹唯有茹毛饮血。伏羲氏出，以阴阳卦画之“旁通”“相错”晓谕嫁娶婚姻，人遂知夫妇父子，禽兽仍不知。神农氏作，教之以渔佃耕种之法，人能自食其力，禽兽仍不明。如此，则人与禽兽莫不食色，但人能因教而知饮食男女之道，故人性善。禽兽终不能知，故其性不善。此即性善论之本旨。第二，“智愚之别”。伏羲、神农生而知之，是为“上知”。百姓不能自觉，是为“下愚”。不过，后者亦可因教而明。能知即性善，故圣人、常人的区别在于智性高下，而非性之善恶。至于鸟兽，虽有伏羲、神农不能使之明乎嫁娶耕作，是有“血气”而无“心知”。此应归诸性之不善，绝不可以“愚”称之。第三，“推己及人”。后世皆知饮食男女之道，无不得益于圣人之先觉觉后觉。伏羲立教，则又始于推及之意，即因其自觉，推知百姓亦能觉。由己之性善，推知人之性亦善。第四，“化性起伪”。受教方知人道，即荀子所云“伪”也。人性不教不明，故《荀子·性恶》曰：“人之性恶，其善者伪也。”焦循则反其意用之。在“能知即善”的前提下，“伪”恰可视作性善之证据。第五，“知行分离”。即便淫乱暴虐之徒，内心也十分清楚妻子不可与人共享，他人食粮不应掠为己有。依此推断，恶的存在并非由“不知”所致，归根结底只是“知而不行”。但是，性善的内涵仅在于“能知”，与行或不行全然无涉。这就意味着，现实中自然欲望引发的一切抢夺纷争，均不足以否定人性之善。

不难发觉，焦循的性善论与其“设卦定人道”之说实为一体两面：伏羲创作卦爻旨在彰明人伦之理，人皆心知其意则为性善之义。因而，《孟子》人性论必与《周易》象数关联紧密。具言之，“知”的内容就是卦爻运行背后的义理内涵：

> 知者，谓其能变通也。……有孚而不失是，则为知。知其盈而悔，知其非而悔，知也。(《易通释》卷五《仁·义·礼·信·知》)

知“有孚”，“孚”即“旁通”，“旁通”为“仁”；知“变通”，“变通”即“时行”，“时行”属“义”；知“盈非而悔”，“盈”“非”与“当位”“失道”相关，“当位”言“礼”。如此一来，“仁义礼智”四者便相连在一体。

（六）《易》乃圣人教人改过之书

按照焦循的说法，圣人、常人虽有智性高下之别，但因性中皆具“神明”，故愚、不才者一旦受教，其视听言动、行为举止亦能合乎人道。在《易图略》卷三中，焦循曾以时行的各种情形分别对应人之不同层次：旁通卦组二五当位先行后随即时行或大中上下应后及时变通，犹如圣人永无失道，“生而知之，安而行之”。旁通卦组虽初四或三上先行，但失道后立即变通，宛若常人智性较高者，“学而知之，利而行之”。旁通卦组初四、三上接连失道而成《需》《明夷》或《既济》《泰》后方知时行，则为智性较低之常人，“困而知之，勉而行之”。总之，无论失道至何种地步，一经变通时行即可复为元亨利贞。

此旨在说明,即使再愚、再不才之人亦可因教向善,“及其成功一也”。不知时行而令三对爻变连续进行而成两《既济》即“困而不学”者,唯有鸟兽。此即“失道”而“时行”的义理意蕴:“唯失道所以教之,唯失道而教之即能复于道,所以性虽限于命而无不善也。《中庸》言修道之谓教,而推本于天命之谓性,率性之谓道,明教本于性,而道复于教,即《易》义也。……然此惟圣人能之,其限于命而不能自率其性者,不自知也,则必赖先觉者觉之。”(《易通释》卷五《教》)基于此,他对《周易》一书的文本性质作出了如下判定:“《易》之一书,圣人教人改过之书也。……孔子曰:‘假我数年,五十以学《易》,可以无大过矣。’此圣人括《易》之全而言之。”(《易图略》卷三)

应当理解,“伏羲设卦定人道”与“《易》者,圣人教人改过之书”实乃同一思想的不同表述。如果说前者是焦循打通象数与义理的核心关节,后者便是其义理之学的最终结论。至于历代儒家竭力彰明的仁、义、礼、智诸义,既是“伏羲设卦”所定“人道”之内涵的逐一展开,亦是“圣人教人改过”的具体内容。因此,在易学视域下对其予以分别疏解即构成了焦氏义理学的逻辑演进。就此而言,“《易》者,圣人教人改过之书”的提出,标志着焦循易学体系的圆满建成。

结 语

焦循易学的问世,曾在当时及此后一段时期内引发了学界的巨大震动。王引之评价《易学三书》云:“凿破混沌,扫除云雾,可谓精锐之兵矣。”①皮锡瑞亦曰:“焦氏说《易》,独辟畦町。……意在

① 〔清〕王引之:《王伯申先生手札》,见〔清〕焦循著,陈居渊点校:《雕菰楼易学五种》附录,凤凰出版社 2012 年版,第 1118 页。

采汉儒之长而去其短。《易通释》六通四辟,皆有据依。《易图略》复演之为图。……《易章句》简明切当。"①近人梁启超亦极为称许:"清儒最善言《易》者,惟一焦循。"②然而,相较上述学人的赏识抬爱,攻驳非议不遗余力者尤众。其中,高亨先生的说法颇具代表性:"焦循《易学三书》素称绝作,而最为荒滥。"③平心而论,因乎焦循易学实乃自洽之体系,很难与历代《易》注进行比对,故学者们截然相反的褒贬虽然皆可言之成理,却始终无法摆脱各自学术立场的局限。时至今日,我们仍然无法从绝对中立的角度对其是非得失予以衡评。这提示出,着眼于焦氏易学体系的自身逻辑,并将其放置在古代易学发展史中加以考察,似乎更为允当。

体系构建取决于问题意识。按照焦循的理解,父亲的提问可以转化为"何以《小畜》《小过》卦象不同却系有同辞"。它之所以成为问题,乃因其明显有悖于同辞同象的既定认知。换言之,在焦循的心目中,象辞相应本是确定无疑、不言自明的前提,而这正是郑玄、荀爽、虞翻等象数注经派坚决认定的第一原理。事实上,"汉易"指称的是一种易学注疏风格。凡主张经传每一字词皆有其象数依据,《解》易应以逐一指示象辞严整对应为目标者即为"汉易"。依此标准审视,焦循易学的精神实质确属汉易无疑。至于二者之技术细节则有同有异,其相同处约有如下三端:

其一,象辞观。象辞相应的前提,注定了汉代经师解《易》的主要目标即将同辞归于同象。一旦确定某个《易》辞背后的象数根据,有关此字的注解便可宣告终止。也就是说,汉人其实早已将

---

① 〔清〕皮锡瑞:《经学通论》,中华书局1954年版,第34页。

② 梁启超撰,朱维铮导读:《清代学术概论》,上海古籍出版社1998年版,第49页。

③ 高亨:《周易古经今注·述例》,中华书局1984年版,第11页。

《周易》经传拆分成字词单元，较少理会辞句的整体文意。就此而言，焦循“参伍求通”的解经原则、《易》辞文意无甚可观的论断，皆此一思路合乎逻辑的推演。另外，汉易的象辞相应仅仅体现在具体琐碎的经传注释中，焦循则更进一步，一面通过三圣作《易》的重新诠释加以疏通证明，一面又把象辞相应的形式归纳为“十二类引申”。这无疑是对东汉易学的系统化和理论化。

其二，象数体例。由于建立同辞诸卦之间的象数连接乃焦氏易学的核心任务，故其五大义例全部着眼于两卦关系。尽管焦循本人多次强调其卦爻运行规则是由实测经传悟得的圣人之意，但其实仍是涵化改构汉易的旁通、升降、之正、两象易等象数体例而来。他之所以在汉代易学纷繁众多的解经义例中择取以上几种，正是因为它们无一例外地指向两卦关系，因而格外契合其注经需要。至于其他体例，既有其明确反对者，如纳甲、爻辰；亦有被因袭承继者，如互体、逸象。就此而言，焦循的象数建构在相当程度上得益于深厚的汉易学养，其卓越的思想原创力与高超的知识整合力亦交融一体、难解难分。

其三，会通数学天算与音韵训诂。焦循曾言：“非明九数之齐同比例，不足以知卦画之行；非明六书之假借转注，不足以知彖辞、爻辞、‘十翼’之义。”（《雕菰集》卷十三《与朱椒堂兵部书》）在他看来，卦爻象数犹如天体运行，只能由实测而知，绝不可凭空臆造。伏羲发明的旁通、相错、比例等象数规则，亦与天元术、齐同、比例等数学原理相类。至于训诂假借，则是同辞标记的另一种形式。为了成就经传语句的文意，圣人在设置《易》辞时每每以义同音近之字替代本字。除字形相同，凡符合同义互训、同声假借条件的两字均属同辞。于是，经传字词的声训、义训占据了《易学三书》的极大篇幅，进而呈现出浓厚的小学特征。需要指出的是，数学等自然科学与易学的深度融合乃两汉以来象数易学的一贯传统。在这一点上，焦氏易学与汉代易学的区别更多只是反映了不同时代的科学发展水平，而训诂假借虽未被汉儒明确界定为《周易》经传的写作方式，但在其《易》注当中着实屡屡可见。

基于上述理由，我们不妨将焦氏象数学视为汉末易学的发展与深化。不过，二者之间确实存在着一点显著差异，即是否关注《周易》经传的辞句重出现象。在所有的"马"字都本于乾卦，即相同字词单元对应相同象数内容这一点上，焦循易学与汉易并无二致。可是，面对"密云不雨，自我西郊"这类在两卦中重复出现的整句《易》辞，汉人并没有区别对待。因此，在心头始终萦绕着同辞重出问题的焦循看来，虞翻等人的《易》注仅能保证字词单元与卦象对应的稳定性，却没有察觉到整句《易》辞反复出现的深意。他相信，《小畜》之"密云不雨，自我西郊"是由若干字词单元连缀而成，《小过》系以同辞则是为了明示其与《小畜》之间的比例关系而设。就解经而言，前者的任务是逐一疏解字词单元符示的象数内容，后者则仅需指明同辞诸卦之相互关联。因此，建立六十四卦之间大规模的象数连接就成了焦循易学的核心目标。基于这一目的，他才对汉代易学的注经技术进行了两点改良：第一，汉易重卦象、焦循重爻变。概言之，汉易解经的基点在于《易》辞单元与八卦之象的对应关系，而卦变、升降等爻变之例，实与互体、之正诸说无异，均为获取所需卦象的手段。例如，"马"字对应乾卦是确凿不移的前提，解《易》的过程即综合运用各种《易》例从相关别卦中求得乾象。尽管焦循注经亦时常运用《说卦》之象乃至逸象，但他还是更愿意将经传字词直接对应爻变规则。这也正是焦循仅凭五大体例即可解通《周易》经传而不曾违例的原因所在。究其根本，相邻三爻组成的经卦始终是静态的、固定的，即使动用卦变、升降等爻变体例也无法确保每一别卦皆能得出所需经卦。一旦发生此种情况,汉人便不得已用变例解之。而在焦氏易学中,二五、初四、三上、旁通、时行、相错等象数规则可以通行于三十二组旁通,故以其作为象辞相应的基本单元势必具有更强的灵活性和普适性。第二,汉易体例相互平列,焦氏易例层层递进。对汉末学者来说,众多义例乃是各不相同的增象手段。注解某处经文采用哪些体例,需要根据已知的象辞对应灵活取舍。与此不同,焦氏易学的五大体例有着甚为鲜明的逻辑次序:三十二组"旁通"是卦爻运行的起点;其三对爻变二五先行即为"当位",反之则属"失道";当位、失道后皆须"时行",如是方能运行不已;若两组旁通按相同规则运行所得结果相同或"相错",此四卦即成"比例"。在此过程中,六十四卦的相互连接得以逐步建立。就象数技术而言,其增象目的之实现主要依赖于两种手段:一是爻变,二是比例。首先,任一别卦皆可由旁通、时行、相错等运行规则得出其他别卦,这样就可以在多卦间建立关联。不过,仅凭三者并不足以贯通六十四卦。一旦《易》卦无法由卦爻运行直接相连,则需引入某一爻变结果作为中介搭建比例关系。例如,无论怎样运用"旁通""时行""相错"三种体例,都无法建立《乾》《坤》与《坎》《离》的象数关联。唯有令《坎》《离》二五先行成《同人》《比》,其结果同于《乾》《坤》之二五先行,即《乾》二之《坤》五为《坎》二之《离》五之比例,《坎》《离》、《乾》《坤》方可相连在一体。由此可知,焦氏象数学的增象能力之所以远超汉易,在很大程度上应归功于"比例说"这一全新创造。对此,清人王引之深有所见:"要其法,则比例二字尽之。"①

① 〔清〕王引之:《王伯申先生手札》,见〔清〕焦循著,陈居渊点校:《雕菰楼易学五种》附录,凤凰出版社 2012 年版,第 1118 页。

过犹不及。焦氏象数体系的根本弊端亦在于此。我们知道，比例说的真正用意在于解释两卦系有同辞的原因。例如，《小畜》《豫》、《中孚》《小过》两组旁通大中上应均成《既济》《咸》，即二者互为比例，是以《小畜》彖辞与《小过》六五同言"密云不雨，自我西郊"。可是，依照焦循的规定，凡旁通卦组按同一规则运行所得结果相同或相错者皆成比例，而大中上应成《既济》《咸》者绝不仅限于以上两组旁通，如《需》《晋》、《明夷》《讼》二五先行、三上从之亦成《既济》《咸》，为何"密云不雨，自我西郊"偏偏系于《小畜》《小过》两卦而不见于此四卦经传？更严重的是，倘若对"比例说"加以深究，便不难推出"三十二组旁通皆成比例"的结论：观《时行图》之"元亨"可见，旁通两卦大中上应所得结果无非两种，或为《蹇》《革》，或为《既济》《咸》。其中，得《既济》《咸》者共十六组，即此十六组旁通互为比例。成《蹇》《革》者亦十六组，则此十六组旁通亦互为比例。《既济》《咸》相错得《蹇》《革》，故此十六组旁通与彼十六组旁通亦有比例关系，亦即三十二组旁通大中上应皆成比例；同理，旁通两卦大中下应所得结果无非《屯》《家人》、《既济》《益》两种，二者互为相错，故三十二组旁通大中下应皆成比例；抑或旁通两卦初四、三上连续互易必成《需》《明夷》或《既济》《泰》，二者互为相错，则三十二组旁通连续失道亦皆成比例。如此一来，"《易》象符号的旁通已不仅仅局限于两卦之间，更是进一步引申推广到一切卦之间，从而使《易》的整个六十四卦最终统贯为一个'由此及彼，又由彼及彼，千脉万络，一气贯通'的符号之链"①。换言之，焦循运用比例说大幅增象的结果乃将六十四卦全部连成一体，

① 张再林：《焦循象数易中"互文"的符号学思想》，《社会科学辑刊》2010年第6期。

而非针对系有同辞的特定两卦给出具体解释。他用比例法解释重出《易》辞看似屡试不爽,其实只是在分别截取六十四卦比例全图的一个个片段。以其运用卦象的娴熟程度推测,焦循本人对此必有觉察,知而不言的可能性也许更大。他之所以讳言此意,乃因其势必会动摇“相同《易》辞指示象数关联”这一立论前提。六十四卦皆成比例,则每一字词均可在《周易》全书的任意位置出现。既然如此,圣人又何必大费周章设置诸多同辞标记?为何不让六十四卦经传全然相同?这才是焦循象数体系的根本失误所在。况且,若要令六十四卦相连一体,不妨直接采用荀爽、虞翻易学的“成既济定”,大可不必创设这般繁复牵缠的象数规则。对此,尚秉和先生的批评可谓切中要害:“焦循变本加厉,于象之不知、义之不能通者,以一卦变为六十四以求其解。其弊遂与谈空者等。”①

然而,学界对焦循易学的多数批评并非着眼于其象数体系的内在弊病,而是缘于他们根本无法认同作为其易学基点的象辞理论。诚然,时值今日,将《周易》一书视作由卦爻运行的指示符连缀而成、否认经传文意有实质价值的论点依然触目惊心。潘雨廷先生将焦氏此举称为“扫辞”,可谓极具慧见:“焦氏之书……是犹发展王弼之扫象而扫辞。扫象者,全然不论乾为马、坤为牛之具体《易》象,扫辞者,又全然不顾二篇文字之内容。”②朱伯崑先生将其归结为形式逻辑的思维方式,亦无可非议:“焦氏因受其数学的影响,或者说,以代数学的原理,考察象辞之间的关系,《周易》则完全被抽象化、公式化和逻辑化了。形式逻辑的思维方式,只追求事项

① 尚秉和:《周易尚氏学·总论》,中华书局1980年版,第11页。

② 潘雨廷:《周易集解纂疏·前言》,见〔清〕李道平撰、潘雨廷点校:《周易集解纂疏》,中华书局1994年版,第10~11页。

之间的关系和推理的形式,而不关心其内容。焦氏的比例引申说正是这种思维方式的产物。”①无论如何,针对焦氏象辞观的猛烈抨击而今犹未止息。李镜池先生曾云:“焦氏《易学三书》,被称为‘石破天惊’之作,而其实割裂文义、支离破碎,不可卒读。”②“大概最能够从形迹上去推求的,当以焦循为第一。……唯其求通,往往牵连附会。”③廖名春先生也认为:“焦氏易学存在着根本性的错误:第一是否定《周易》卦爻辞的义理研究,把本来有意义的、阐明一种思想的句子、段落完全打碎搞散,牵强地把它们解释为卦爻之间的联系和运动。”④从上述学者的极力驳斥中不难推知,他们还是更加倾向于义理派疏解辞句文意进而阐发思想主旨的研究路数。所以,其批评对象并不仅限于焦循,也包括以汉末易学为代表的一切象数注经派在内。不过,虽然义理派的解《易》方式在今人眼中更为平实,可我们始终无法在理论层面上对象数派所认定的象辞观予以根本否定。归根结底,《周易》一书是否以“观象系辞”的方式写成、经传象辞是否存在严整对应,都只是无从证实的信念而已。仅就象数创造力而言,郭彧先生的评价相对客观:“焦循易学在中国易学史上独树一帜,别开生面,可谓自汉代以来能以三大易例‘通释’经传全文而使之‘语语有因,字字有据’之第一人。我们评价其得失,当从深入研究其建图立说之本意和剖析其‘通释’效果入手。显然,一概否定与一概肯定的态度似都不可取。论其得

① 朱伯崑:《易学哲学史》第四卷,华夏出版社 1995 年版,第 359 页。

② 李镜池:《周易通义·前言》,中华书局 1981 年版,第 9 页。

③ 李镜池:《周易探源·周易卦名考释》,中华书局 1978 年版,第 290 页。

④ 廖名春、康学伟、梁韦弦:《周易研究史》,湖南出版社 1991 年版,第 391 页。

失，或此一层面有所肯定而彼一层面有所否定。如，从易学哲学史角度谓其有违逻辑推理原则，陷入循环论而不自知，则似无可怀疑，而从易学研究史角度谓其承接汉易而又有所发挥，则亦是事实。……其建立一套完整之符号系统，则亦言之成理。……对易学研究富于创新精神者，惟宋代邵雍与清代焦循而已。”①

① 郭彧：《易图讲座》，华夏出版社 2007 年版，第 267 页。

第六章　王念孙、王引之父子的易学训诂

王念孙（1744—1832），字怀祖，号石臞，江苏高邮人。其子王引之（1766—1834），字伯申，号曼卿，撰有《经义述闻》。该书序言称："引之过庭之日，谨录所闻于大人者以为圭臬，日积月累，遂成卷帙。既又由大人之说触类推之，而见古人之诂训有后人所未能发明者，亦有必当补正者。其字之假借，有必当改读者。"①依此观之，王引之的音韵训诂学主要是得自庭训。不仅如此，书中还频繁引用王念孙的观点，故一般将《经义述闻》视为王氏父子的共同成果。值得注意的是，该书虽非易学专著，但对《周易》和易学多有涉及，并深入论析了汉易之得失。兹从音训、校勘、考据等方面加以阐述。

一、诸说并列，则求其是

众所周知，汉代经学有师法、家法之分。皮锡瑞曾云："汉人最重师法。师之所传，弟之所受，一字毋敢出入；背师说即不用。师法之严如此。""前汉重师法，后汉重家法，先有师法，而后能成一家

① 〔清〕王引之：《经义述闻·序》，《续修四库全书》第174册，上海古籍出版社2002年版。下引该书只注书名、篇名。

之言。师法者溯其源，家法者衍其流也。”“汉时不修家法之戒，盖极严矣。”①这一特征，迫使乾嘉学者面对汉代经学成果时必须有所分判、取舍。那么，是应专守一家，还是博取众家？在此问题上，王氏父子提出“诸说并列，则求其是”的原则：

> 故大人之治经也，诸说并列，则求其是，字有假借，则改其读，盖熟于汉学之门户，而不囿于汉学之藩篱者也。（《经义述闻·序》）

一方面，治经必须精于汉学训诂之法，并以探求经典本义为终极目标；另一方面，对汉学又不可盲目据守，而应以“求其是”的态度客观审视之。概言之，经学研究须以回归原典为指向，并以经典本义为尺度检讨包括汉代在内的历代传注，并列诸说，择善而从，不主一家。凡合经义者皆从之，反之则理应摒弃。

以《周易》为例，历代易学家对《屯》六二“女子贞不字”之“字”的训解各不相同：虞翻训为“妊娠”，郭璞注《山海经》训为“生”，陆绩《京房易传》注训为“爱”，耿南仲训为“许嫁”。王引之认肯虞说。《师》六五“田有禽”，荀爽训“田”为“狩猎”、“禽”为“擒”，虞翻训“田”为“田野”、“禽”为“禽兽”，王弼则训“禽”为“阴柔之物”。王引之认为，“荀解‘田’字是也，解‘禽’字非也。虞解‘禽’字是也，解‘田’字非也”（《经义述闻·述一》），即训“田”为“猎”、训“禽”为“禽兽”。《坎》六四曰：“樽酒簋贰用缶”，郑玄、虞翻断句为“樽酒簋，贰用缶”，王弼断句为“樽酒，簋贰，用缶”。王引之指出，由《象传》“樽

① 〔清〕皮锡瑞著，周予同注释：《经学历史》，中华书局1981年版，第77、136、137页。

酒簋贰,刚柔际也”可知郑玄、虞翻断句有误,且文义不通,当以王弼之说为是。需要说明的是,王氏父子并不是简单地支持和重复前人的观点,而是用更多的论据加以补证。如《复》初九:“不远复,无祇悔。”《释文》:“祇,音支,辞也。”马融同,音之是反。韩康伯云:“祁支反,云大也。”郑玄云:“病也。”王肃作“禔”,时支反。陆绩云:“禔,安也。”《九家易》本作“敍”,音支。王引之则先列诸说而从《九家易》与韩康伯,再证之于经义、《说文》,最后引高诱注作旁证:“《九家》作敍,是也。《广雅》:‘敍,多也。’‘无祇悔’者,无多悔也。……敍字以多为意,以支为声,古音支歌二部相通,故支声与多相近。《说文》:‘芰字,从艸支声’,或从多声,作茤,是其例也。故多谓之敍。祇,从氏声,古音氏在支部,亦与多声相近。《说文》‘奓’字,从女多声,或从氏声,作㛅,是其例也。故多亦谓之祇。……多则大,少则小,高诱注《吕氏春秋·知度篇》曰‘多,大也’是也。故韩注又训为大,义与《九家》相表里也。”(《经义述闻·述一》

由此可见,王氏父子诚可谓“熟于汉学之门户,而不囿于汉学之藩篱者”。这种出于汉学又不囿于汉学的研究路数,与惠栋、张惠言等人明显不同。惠栋以整理、解释汉代易学为己任,其《周易述》《易汉学》兼用象数与训诂方法综述汉易诸家,虽无门户之见,却鲜有是非判断。张惠言作《周易虞氏义》和《周易虞氏消息》等书,发凡起例,旨在全面彰显虞翻易学。与此有别,王氏父子并不专主一家,而是以“求其是”为最终目标,并依经文本义评判取舍历代注疏,表现出更为求实严谨的学风。

二、秉承汉儒以音求义之法释《易》

汉代是训诂学发展的重要时期。这不仅表现在《说文》《尔雅》

《方言》等文字训诂学著作的问世上，也反映在汉儒普遍使用的因文立训、引申假借、以声求义等治经方法之中。受清初顾炎武等人的影响，王氏父子对训诂音韵之学怀有浓厚兴趣，并倾注了极大的精力。王引之自述学术经历时曾云："年廿一，应顺天乡试，不中式而归。亟求《尔雅》《说文》《音学五书》读之，乃知有所谓声音文字诂训者。越四年而复入都，以己所见质疑于大人前，大人则喜曰'乃今可以传吾学矣'，遂语以古韵廿一部之分合、《说文》谐声之义例、《尔雅》《方言》及汉代经师诂训之本原。"（《经义述闻·序》）

王氏父子非常推崇"以音求义"之法。所谓"以音求义"，是指突破字形限制，引申触类，通过字的声音探求其本义。如其所云："夫诂训之要，在声音不在文字；声之相同相近者，义每不甚相远。"（《经义述闻·述二十三》）"是以汉世经师作注，有读为之例，有当作之条，皆由声同声近者，以意逆之，而得其本字，所谓好学深思，心知其意也。"（《经义述闻·述三十二》）以音求义的关键，又莫过于明晓通假与假借。王引之说：

> 许氏《说文》论六书假借曰："本无其字，依声托事，令、长是也。"盖无本字而后假借他字，此谓造作文字之始也。至于经典古字，声近而通，则有不限于无字之假借者。往往本字见存，而古本则不用本字，而用同声之字。学者改本字读之，则怡然理顺，依借字解之，则以文害辞。（《经义述闻·述三十二》）

在王引之看来，通假源于六书之"假借"，即造字之初本无此字，遂以读音相同相近之字表达其意。以许慎所言"令""长"为例，"令"字的本义是"发令"，"长"字的本义是"久远"，故表示县级行政长官的“令”“长”字互为假借。然而,除无字假借,更不乏有本字却借用同音近音字的情况,亦即“通假”。这就意味着,唯有破除通假、还原本字,才能准确把握文献的意思。否则,强以借字解之,势必会造成误读。正如王念孙所指出:“诂训之指,存乎声音,字之声同声近者,经传往往假借,学者以声求义,破其假借之字,而读以本字,则涣然冰释。如其假借之字而强为之解,则诘屈为病矣。”(《经义述闻·序》)

由此出发,王引之对《周易》一书进行了详细考察,并发现了前人未曾指出的二十四个通假字:借“光”为“广”、借“有”为“又”、借“簪”为“撍”、借“蛊”为“故”、借“辨”为“蹁”、借“祇”为“敍”、借“易”为“场”、借“繘”为“矞”、借“井”为“阱”、借“餗”为“鬻”、借“时”为“待”、借“繻”为“襦”、借“尊”为“撙”、借“坭”为“乇”、借“财”为“载”、借“荣”为“营”、借“闻”为“问”、借“纶”为“论”、借“贡”为“功”、借“洗”为“先”、借“辨”为“徧”、借“杂”为“帀”、借“噫”为“抑”、借“盛”为“成”。(《经义述闻·述三十二》)“有改之不尽者,迄今考之文义,参之古音,犹得更而正之,以求一心之安,而补前人之阙。”(《经义述闻·述三十二》)

与此同时,王引之还对这些通假字予以细致考证。如他认为,前人将《剥》六二“剥床以辨”之“辨”训为“指间”“膝下”“床席”者皆未得其正,“辨”字实为通假。“今案辨,当读为‘蹁’。《释名·释形体》曰:‘膝头曰膊。膊,团也。因形团圜而名之也。或曰蹁。蹁,扁也 。亦因形而名之也。’‘蹁’,盖髌之转声,《说文》:‘髌,膝耑也。’髌之为蹁,犹獱獭之为猵獭也,膝头在足之上。”(《经义述闻·述一》)以经文证之,“初爻言足,二爻言蹁,二居下卦之中,犹膝头居下体之中,故取象于蹁焉。古声辨与蹁通”。基于此,他逐一否定了郑玄、虞翻、王弼、崔憬等人的解释。“若如王说‘剥床以辨'犹云剥床之辨,则下文'剥床以肤'亦可云剥床之肤乎?《集解》引崔憬曰'床之肤谓荐席,若兽之有皮毛也',其说尤谬。肤为人身之皮肉,不可云床之肤,则足与辨亦当为人之形体,岂得云床之足、床之辨乎?郑以近膝之下为辨,虞谓指间称辨,以形体言之,虽义胜于王,而亦皆无依据"(《经义述闻·述一》)。又如,王氏父子将《归妹》九四"归妹愆期,迟归有时"和《杂卦》"大畜,时也"之"时"字视为"待"之通假字。证据是《象传》"愆期之志,有待而行也"释"时"为"待","是传之有待,亦或借时为之,愈以知经之有时为待之假借也"(《经义述闻·述一》)。又,"待""时"皆"寺"声,《蹇·象》"宜待也"之"待"张璠本作"时",《方言》"莘,离,时也",《广雅》"时"作"待",《月令》"毋发令而待"、《吕氏春秋》作"无发令而干时",俱是"时""待"通假之证据。

从学术史的角度观之,王氏父子提倡的以音求义及通假释《易》方法,无疑是对汉代经学传统的继承与发扬。仅就文字训诂而言,应当承认,王引之以其指认的二十四个通假字解释经文,可谓持之有故、言之成理。但若着眼于易学本身,则不得不说王氏的许多解释未必符合《周易》本义。事实上,《周易》由象数、文辞、义理、筮占等要素共同构成,故文字训诂绝非易学研究的唯一方法。倘若执一而废百,必然会失之偏颇。

三、以己意逆《易》义,证以成训

前文已言,王氏父子的经学研究并非一味盲从汉人成说,而是以恢复经典原义为旨归,并将其作为评判前人成果的唯一标尺。更重要的是,当以往解说皆不能契合经义时,"以己意逆经义"亦无不可。王引之说:

大人又曰:说经者,期于得经意而已。前人传注不皆合于经则择其合经者从之,其皆不合则以不己意逆经意,而参之他经,证以成训,虽别为之说,亦无不可。(《经义述闻·序》)

“以己意逆经义”,是王氏父子提出的重要命题。“逆”,即推测之意。孟子曰“以意逆志”(《孟子·万章上》),是说用自己的理解和体会推测《诗经》的本意。所谓“以己意逆经义”,是指在前人解释有违于经义的情况下不妨明抒己见。当然,这绝不等于毫无根据的主观臆测,而是要贴合文本,旁征博引,以经解经,证以成训。

以易学为例,王引之把《大过》《小过》之“过”字训为“差”“失”,指两爻不遇。“过者,差也,失也。两爻相失也。阳爻相失则谓之大过,阴爻相失则谓之小过。故《太玄》有差首以象小过,有失首以象大过也。凡卦爻相应则相遇,不相应则相失,故不遇谓之过。”(《经义述闻·述一》)他以《大过》《小过》卦爻辞和《彖》《象》二传为据,分析了“过”的涵义:“《彖传》曰:‘大过,大者过也。’阳称大,阴称小。大者过也者,阳爻与阳爻两相失也。《传》又曰‘刚过而中’,言二五皆刚,两爻不相应而相失,但所处之位尚得中也,不曰刚中而应而曰‘刚过而中’,则过者不相应之谓也。……《小过》六二:‘过其祖,遇其妣。不及其君,遇其臣。’过,不遇也。不及,亦不遇也。皆彼此相失之谓也。二与五相应,五爻若为阳爻,则为祖、为君。今六五是阴爻则为妣、为臣。六二失九五之应,而应六五,故曰‘过其祖,遇其妣。不及其君,遇其臣’。谓不遇其祖而遇其妣,不遇其君而遇其臣也。《象传》曰‘不及其君,臣不可过也’,谓已不遇其君,不可又不遇其臣也。‘臣不可过’乃释经文‘遇其臣’三字。不及也,过也,皆不遇之谓也。”(《经义述闻·述一》)他还用同样的方法解释了《小过》九三“弗过防之”、九四“弗过遇之”、上六“弗遇过之”及《大过》上六“过涉”等爻辞。此外，王引之又引郑注《乐记》、高诱注《秦策》作为旁证，并对荀爽的解释予以反驳。依此例观之，王引之解《易》约有三个层面：首先从文字学角度训解字义。如据《尔雅》“爽，失也”、《方言》“爽，过也”、《广雅·释诂》“过，误也”证明“过”为“差”“失”之意；其次，结合卦爻象判定该字的象数涵义。如“过”指两爻敌应而相失；最后，确定经传辞句原意，并提供文献旁证。此即“以己意逆《易》义”。

王引之极力反对增字解经。他说：“经典之文自有本训，得其本训，则文义适相符合，不烦言而已解。失其本训而强为之说，则阢陧不安，乃于文句之间增字以足之，多方迁就而后得申其说，此强经以就我，而究非经之本义也。”（《经义述闻·述三十二》）以王弼、韩康伯、孔颖达之注疏为例，《既济》六四“繻有衣袽，终日戒”王注云：“繻，当言濡。衣袽，所以塞舟漏也。……夫有隙之弃舟而得济者，有衣袽也。”王引之指出，此“于‘繻’上增‘舟’字，‘有衣袽’下增‘塞’字”（《经义述闻·述三十二》）；韩康伯注《系辞》“圣人以此洗心”云“洗濯万物之心”，“则于‘心’上增‘万物’字矣”（《经义述闻·述三十二》），“夫传言洗心，不言洗万物之心，增义以解经，于文有所不合”（《经义述闻·述二》）。《蹇》六二“王臣蹇蹇，匪躬之故”孔颖达疏曰“尽忠于君，匪以私身之故而不往济君”，是“于‘躬’上增‘以’字、‘私’字，‘故’下增‘不往济君’字矣”（《经义述闻·述三十二》）。

“以己意逆经义”，集中反映了王氏父子经学解释学的特点。由于历史文化语境的变迁和中国文字音义的复杂性，古代经典文本往往意义模糊、隐而不显。因此，恢复文本原貌、再现作者本义就成了古代学者孜孜以求的目标。然而，因乎解释者的知识结构及其所处文化语境存在差异，诸家见仁见智、众说纷纭，甚至往复辩难、相互攻讦，个中是非曲直实难裁断。有鉴于此，王氏父子提出了“以己意逆经义”的解释原则。他们既承认个体差异的合理性，又确信解释活动可以揭示出经典本义。今天看来，这种看法与德国哲学家伽达默尔“解释是基于前识并接近真理的‘偏见’”的观点类似。但与之不同的是，王氏父子非常重视文字学方法和以经解经、证以成训的原则，从而最大限度地排除了主观臆断的倾向，确保解释的客观性。也就是说，王氏父子虽重“己意”，但强调“己意”必须契合文本原意。就此而言，其观点更接近法国学者利科尔以文本为中心的文本诠释学。

四、针砭汉代象数之学

王引之是清算汉易象数学的又一重要人物。他接续了清初顾炎武、黄宗羲、毛奇龄等人的易学辨伪之风，在回归原典的治经宗旨指引下，运用文字训诂方法对汉代易学予以猛烈攻击。其批判矛头，直指融今古文于一体的郑玄和集两汉象数之大成的虞翻，辟纳甲、之正、旁通、爻辰等《易》例可谓不遗余力。

（一）月体纳甲

王引之指出，虞翻以月体纳甲注经自相矛盾，且与经传之意不相符合。如虞注《坤》卦卦辞“西南得朋，东北丧朋”曰：“月三日变而成震出庚，至月八日成兑见丁。庚西丁南，故‘西南得朋’谓二阳为朋。”王引之则认为，兑二阳居南纳丁，可以称朋。震“甫得一阳，未可谓之朋也。经文但云‘南得朋’可矣，何得云西乎？”乾纳甲壬，“三阳并著，乃得朋之最盛者，东北亦有得朋之时，何以独云丧朋乎？”（《经义述闻·述一》）

他又以虞注《彖·蹇》为例，批评月体纳甲说混淆概念。在王引之看来，坤卦位在西南，月体纳甲之方位则是月相出没变化的位置，二者不可混同。虞氏的错误即在于以月相方位代替卦位。并且，即便以月体纳甲解之，西南、东北皆有利与不利，与经文所云“利西南，不利东北”不能尽合。

进而，他分析了虞翻以《蛊》卦“先甲三日，后甲三日”和《巽》卦“先庚三日，后庚三日”作为纳甲说依据的五大谬误：其一，纳甲说只能解释“先甲一日，后甲一日”与“先庚一日，后庚一日”，不能解释“先甲三日，后甲三日”与“先庚三日，后庚三日”。其二，“三日”之“日”是指时间，而非日月星辰之“日”，虞翻混淆了二者。其三，《蛊》初变阳，内乾纳甲，此时卦无离日。变至二，内成离日则无乾甲，即“乾甲”“离日”不能一时俱在。《巽》卦之“震庚”“离日”同理。其四，虞注云《蛊》变三四成《未济》，二三四互体离日。续变五爻外成乾甲，乾三爻在后而为“后甲三日”。然而，《蛊》二三爻在前，无二三爻则无离日，有二三爻则不可称“后”，即虞翻据《蛊》卦后三爻解“后甲三日”不能成立。其五，《蛊》初变阳，下体成乾，又变三四，下互成离。三爻成阴下体不为乾，故无甲，更无所谓先三甲、后三甲。

总之，在王引之看来，经传本无纳甲之例，故以纳甲解《易》必定错谬百出。且“月体纳甲，见于魏伯阳《参同契》，乃丹家傅会之说，原非《易》之本义，而虞氏乃用之以注经，固宜其说之多谬也”（《经义述闻·述一》）。

（二）之正

王引之对虞翻易学的之正说有如下评论：“虞仲翔发明卦爻多以之正为义，阴居阳位为失正，则之正而为阳，阳居阴位为失正，则之正而为阴。盖本《彖》《象》传之言，位不当者而增广之，变诸卦失正之爻以归于《既济》，可谓同条共贯矣。”（《经义述闻·述一》）尽管如此，之正说却没有文本上的依据，非《周易》固有之意。“然经云位不当者，惟论爻之失正，未尝言其变而之正也。夫爻因卦异，卦以爻分，各有部居，不相杂厕。若爻言初六、六三、六五而易六以九，言九二、九四、上九而易九以六，则爻非此爻，卦非此卦矣，不且紊乱而无别乎？遍考《彖》《象》传文，绝无以之正为义者，既已无所根据矣。”（《经义述闻·述一》）他进一步指出，《坤》《蒙》《临》《无妄》《大畜》《恒》《大壮》《明夷》《萃》《革》《渐》《兑》《涣》《中孚》《小过》诸卦《彖传》及《坤》六三、《讼》九四、《履》九二、《咸》九四、《大壮》九二、《晋》初六、《解》九二、《损》九二、《升》六五、《艮》初六、《归妹》九二、《未济》九二、九四之《象传》“绝无以之正为义者”，故虞翻依之正说释《周易》经传“无所根据矣”，是“经所本无之义而强为之说”。“至于爻不当位而言贞者，虞氏皆以之正为解，寻文究理，实不当如虞氏所说。”“于经所本无之义而强为之说，其能若合符节乎？……理由牵合，文则龃龉，未见其为不易之论也。虞氏言之正者不可枚举，而其释‘贞’以之正最足以乱真，故明辨之。”（《经义述闻·述一》）

（三）旁通

王引之认为，虞氏旁通以《文言》“六爻发挥，旁通情也”一语为据，实属误解《易传》。依他之见，“六爻发挥”，“谓刚健中正之卦，发动而成六爻。非谓已成六爻，又发动而成他卦也”。旁，溥偏之意，“旁、溥、偏一声之转”，“旁之言溥也，偏也”，故《文言》此句“言六爻发动，溥通乎万物之情也”（《经义述闻·述二》），“非谓变而通坤，以成六十四卦也”（《经义述闻·述二》）。关键在于，《周易》

观象系辞皆立足本卦而非卦外之象。虞氏之失,“乃于诸卦之爻皆以旁通取义,遂令本卦之爻不取象于本卦,而取于所通之卦,而阴阳相反之卦爻,皆杂糅而无辨矣”(《经义述闻·述二》)。以《师》卦为例,“《师》与《同人》旁通也。案《同人》上乾下离,《师》则上坤下坎,刚柔相反,不得取象于《同人》也。如相反者而亦可取象,则《乾》之初九亦可取象于《坤》而曰‘履霜’,《坤》之初六亦可取象于《乾》而曰‘潜龙’矣而可乎?”王引之还详细考察了《履》《豫》《离》《革》四卦《彖传》及《坤》《小畜》《履》《同人》《大有》《谦》《复》《离》《夬》《姤》《革》《兑》诸卦《象传》之虞注,进而证明虞氏旁通与《彖》《象》二传不合,并在此基础上得出结论:“虞仲翔以旁通说《易》,动辄支离,所谓大道以多歧亡羊者也。”(《经义述闻·述一》)“夫《彖》《象》,释《易》者也。不合于《彖》《象》,尚望其合于《易》乎?今世言《易》者多宗虞氏,而不察其违失,非求是之道也。”(《经义述闻·述二》)

(四)爻辰

王引之对郑玄爻辰说也提出了批评。首先,郑氏爻辰与《说卦》不符。“《易》之取象见于《说卦》者较然可据矣。汉儒推求卦象,皆与《说卦》相表里,而康成则又以爻辰说之,阳爻之初二三四五上值辰之子寅辰午申戌,阴爻之初二三四五上值辰之未酉亥丑卯巳,而以十二辰之物象十二次之星象配之。舍卦而论爻,已与《说卦》之言‘乾为’‘坤为’者异矣,而其取义又多迂曲。”(《经义述闻·述一》)其次,王引之视卦气为“《易》之例”,即《周易》固有之意。因爻辰与卦气矛盾,乱次夺伦,莫此为甚”,故绝“无此例”。最后,王引之分析了郑氏爻辰的学术渊源。他认为,郑氏爻辰本于《汉书·律历志》,但“阴阳十二律与乾坤十二爻次序绝不相同”:“案律吕以阴阳相间,而乾坤之爻则初、二、三、四、五、上六位相连,断无相间主月之理。《京氏易传》曰:‘建子起潜龙,建巳至极,主亢位。建午起坤宫初六爻,《易》云履霜坚冰至。’建亥‘龙战于野’,是乾六爻主前六辰,坤六爻主后六辰,以相类相从,岂如六律之相间乎?黄钟下生林钟,三分损一也,林钟上生太族,三分益一也,而乾之初九不能下生坤之初六,坤之初六不能上生乾之九二,然则阴阳十二律与乾坤十二爻次序绝不相同。以爻配律,斯不通之论矣。”(《经义述闻·述一》)既然《汉书·律历志》之说难以成立,则郑氏爻辰之误不言自明。王引之也不赞同《易纬》爻辰。在他看来,《乾凿度》爻辰说“与郑氏爻辰相似而不同”,但二者同属附会之论。“盖西汉之末,好事者务为穿凿,言人人殊,总之,非《易》之本义也。”(《经义述闻·述一》)

值得注意的是,王引之对汉易象数并非一概排斥。“圣人设卦观象,象本即卦而具,所谓视而可识、察而可见也。”(《经义述闻·述一》)在他看来,卦气和互体乃《周易》固有之例,应予继承保留;而那些远离文本的象数体例,如纳甲、之正、爻辰,则必须摒弃。王引之对汉易的这种辩证态度,反映出乾嘉汉学已由拘执汉说转向兼采圆通。平心而论,王氏以经传本意为尺度审视汉代象数学,逐一批驳其牵强附会之处,对恢复《周易》原貌、廓清易学源流无不裨益。然而,他笃信卦气、互体并据此批判爻辰,则是厚此薄彼,实难令人信服。

结　语

王氏父子承接清初顾炎武之端绪,以恢复《周易》本意为指向,大量运用文字训诂方法,建立了一套行之有效的、具有方法论意义的经典解释学。其价值主要表现在:倡导因声求义,善用通假解释文辞,把易学解释重点重新转向文本,杜绝了易学研究中随意发挥、曲解经文的弊端,尤其是发现了前人未曾指出的通假字。这对解释《周易》的疑难卦爻辞具有重要意义,是其他方法不能取代的。同时,王氏父子奉文本为圭臬,重新审视、检讨了汉代易学。对其中聚讼纷争的问题,并列诸说,不主一家,唯合经义是从,即所谓"诸说并列,则求其是",其严谨学风和求是精神远超惠栋、张惠言等人。当前人解说皆与文本不合时,王氏父子则充分发挥其文字训诂专长,以己意推测经文意义,并用以音求义、以经解经、参引他经之法,证以成训。他们反对脱离文本的象数解《易》,更反对增字解经、随意改经。王氏父子的解《易》方法及由此建立的经典解释学,无疑是清代乾嘉时期以文字学治经的巅峰;其《经义述闻》一书,为后世解释《周易》及经学文本树立了典范,并对阮元、李富孙、宋翔凤、俞樾、闻一多、高亨等人影响深远。阮元曾言:

我朝小学训诂,远迈前代,至乾隆间,惠氏定宇、戴氏东原大明之。……怀祖先生家学特为精博,又过于惠、戴二家。先生经义之外,兼覆诸古子史。哲嗣伯申继祖……引而申之,所解益多,著《经义述闻》一书,凡古儒所误解者无不旁征曲喻,而得其本义之所在。(《经义述闻·序》)

方东树《汉学商兑》卷中亦云:

高邮王氏《经义述闻》,实足令郑、朱俯首,自汉唐以来,未有其比。

史学家赵尔巽赞曰：

有清经术，独绝千古。高邮王氏一家之学，三世相承，与长洲惠氏相埒云。（《清史稿》列传二百六十八《王念孙传》）

俞樾称：

高邮王氏父子，发明诂训，是正文字，至为精审。（《群经平议序》）

本朝经术昌明，诂训之学超逾前代，而余尤服膺高邮王氏之书，其所著《经义述闻》《读书杂志》发明义理，是正文字，允足以通古今之言，成一家之学。（《春秋名字解诂补义序》）

徐世昌在《清儒学案·石臞学案》中说：

汉学大师，惠、戴称首。石臞学于东原，有出蓝之誉，文简继之，小学训诂，实集大成。高邮一派，遂与苏、皖鼎峙。嘉道以来，尤多宗王氏父子者。

上述评价虽着眼于王氏父子的文字音韵学成就，但同样适用于易学。尤其是，他们以《周易》文本为据揭示汉易之失，可谓切中要害。今人杨向奎指出："他们驳斥惠定宇说，同时也驳斥了荀爽说。这不是个别文字的解诂，而是有关易学的看法。荀爽易学是惠定宇所遵奉的汉易学派，这是一个由西汉图谶之学传下来的流派。王氏父子虽然是个别训诂的驳斥，但也触及荀、惠《易》学的整体。惠氏家学渊源，为汉学正统流派之一，声势显赫，称为显学，《四库全书总目提要》的评论,可见一斑。在《经义述闻》中更有长文驳斥《虞氏易》。他们虽然没有从思想角度出发进行批判,但他们实事求是的精神,起了驳斥乌烟瘴气的汉易的效果。”①

然而,《周易》象数理占圆融一体,故解《易》理应象数、义理、训诂三者并重,不容偏废。就此而言,王氏父子的易学和经学研究仅仅停留在文字训诂的层面上,未能进一步开显义理。较之戴震,显然略逊一筹。“就训诂考据言,就训诂文字之熟言,王氏父子在乾嘉汉学中实达顶峰,但偏枯学风亦自此始。惠定宇、戴东原皆为汉宋兼备的思想家,戴东原更为哲学大师,至段玉裁注《说文》犹及理学,而王氏父子于此绝缘。”②这不能不说是王氏父子治学的一大缺憾。

① 杨向奎:《清儒学案新编》(五),齐鲁书社1994年版,第324页。
② 杨向奎:《清儒学案新编》(五),齐鲁书社1994年版,第312页。

第七章　易学训诂之流行

一、朱骏声的易学训诂

朱骏声(1788—1858),字丰芑,号允倩,晚号石隐,江苏元和(今属江苏苏州)人。天资聪颖,四岁通四声,十三岁受《说文》,一读即通,有神童之誉。年十五时,钱大昕主紫阳书院讲席,寄予朱氏厚望,称"衣钵之传,将在子矣"。嘉庆二十三年(1818)中举,官黟县训导。门生数十人,官舍不能容。此后七次会试皆未得中,仍一意治学、勤力著述。咸丰元年(1851)以截取知县入都,进呈所著《说文通训定声》,文宗披览后赞赏有嘉,赏国子监博士衔。旋迁扬州府学教授,未赴。咸丰八年(1858)卒,年七十一。

朱氏著作宏富、小学尤精,对易学亦有涉猎,著有《说文通训定声》《古今韵准》《说雅》《小学识余》《六十四卦经解》《易郑氏爻辰广义》《易经互卦卮言》《易章句异同》《易消息升降图》《学易札记》《诗传笺补》《诗序异同汇参》《诗地理今释》《尚书古注便读》《仪礼经注一隅》《夏小正补传》《大戴礼记校正》《春秋平议》《春秋三家异文核》《左传识小录》《左传旁通》《经史答问》《岁星表》《天算琐记》《数度衍约》《传经室文集》等。其中,《六十四卦经解》是其易学代表作。此外,《传经室文集》《经史答问》中论及易学的部分篇章条目亦值得重视。

（一）通论经传

《周易》书名当作何解，古人并无定论。郑玄、陆德明释“周”为“周普”，孔颖达则以岐阳地名解之；“易”字，汉唐典籍多言“日月为易”，亦有学者训为筮占之法。在此问题上，朱骏声与上述诸家皆有不同。他从小学出发，另立新说，释“周”“易”“彖”“象”四字曰：“《周礼》‘太卜掌三易之法’，此‘易’读若‘觋’。下文‘周易’之‘易’，是‘昜’之误字，读若阳。夏后首《艮》，故曰《连山》；商人首《坤》，故曰《归藏》；然则周人首《乾》，故曰《周易》。‘周’者，‘匌’之借字，言帀六爻皆昜也。‘彖’者，‘掾’也，言取虙羲之画而缘饰以辞也。‘象’①者，‘像’也，言想象虙羲之意而说之也。‘易’为讹字，‘周’‘彖’‘象’皆假借字。”②

值得注意的是，朱骏声虽为汉学家，但他并不盲目地斥宋尊汉，而是对宋学多有吸纳。这一点，在他的经传观上表现得十分明显：

> 有中古圣人之易，有孔子之易。如《乾》“元亨利贞”不过占词，言大通而利于正耳。孔子借经以教天下后世而释之为四德。爻辞“利见大人”亦不过占词。“大人”，太卜之属，卜筮之官，《诗》“大人占之”是也。孔子释之为乾坤合德之大人。盖古人最信卜筮，孔子借卜筮之书申其义理以垂训，所谓因势

---

① 原文误作“豙”，兹改之。

② 〔清〕朱骏声著，樊波成点校：《经史答问校证》卷二，华东师范大学出版社 2010 年版，第 216 页。下引该书只注书名、卷数。

而利导之也。①

此段论述无疑脱胎于朱熹的“三圣分观”说。同朱子一样，朱骏声将《周易》古经的文本性质判定为卜筮之书。至孔子作“十翼”，方才阐发出许多道德义理垂训后世，进而开启易学的德性转向。依此观之，经传二者本是相对独立的著作：“周公之言，未必皆羲文之义而义贯。孔子之意，未必泥文周之旨而旨通。”（《传经室文集》卷二《作互卦卮言书后》）既然如此，《周易》经传理应分观。通行本《周易》编次主分经附传，并加以“《彖》曰”“《象》曰”“《文言》曰”等字，乃后学所为：“‘《彖》曰’‘《象》曰’字，郑康成所加也；‘《文言》曰’字，王辅嗣所加也。”（《经史答问》卷二）关于卦爻辞的内容，朱骏声也因袭了朱子“《易》有象辞，有占辞，有象占相浑之辞”（《朱子语类》卷六十七）的论断。如其所云：“说《易》先要分别一爻中有爻象、有占词，不可牵混乱讲。”②

显然，“三圣分观”“经传分离”诸说不仅反映了朱子的求真精神，更体现了其敢于冲破传统的学术勇气。就后一点而言，朱骏声较朱子犹有过之。长久以来，文王作卦辞、周公作爻辞已成定论。尽管该说缺乏充足证据，朱子却未明确质疑：“彖辞文王作，爻辞周公作，是先儒从来恁地说，且得依他。”（《朱子语类》卷六十七）朱骏声不然。依他之见，卦爻辞绝非出自文王、周公之手：“三代之书莫古于《易》，莫完于《易》，而亦莫可信于《易》。……子曰：‘《易》

① 〔清〕朱骏声：《传经室文集》卷二《易总说》，《续修四库全书》第1514册，上海古籍出版社2002年版，第593页。以下凡引该书只注书名、卷数、篇名。

② 〔清〕朱骏声：《六十四卦经解·易例发挥》，中华书局1958年版，第1页。以下简称《经解》，凡引该书只注书名、卷数。

之兴也，其于中古乎？作《易》者，其有忧想乎？'又曰：'当文王与纣之事耶。'然则彖词、爻词之非文王、周公作可知。作《易》之圣人大约西岐之人，生于殷之末世。而彖爻之旨不同，盖出两人之手。曷以知其西岐人也？《小畜》《小过》皆曰'自我西郊'，《随》曰'西山'，《升》曰'岐山'，于是知之。此千古所不肯言，亦不敢言者。然易道之大，昭垂万世，不必以文王、周公重；文周之圣，亦不必以《易》重也。"（《传经室文集》卷二《易创说》）

（二）训诂考据

尽管对朱子的具体观点多有继承，但究其根本，朱骏声对宋学的治经路数并不赞同。在他看来，"宋人说《易》皆作文之体，非解经之体"（《经解·易例发挥》），"宋人以空言谈理，纵不失圣人之旨，而于释经之体未合。字句文意全不置解，谓得大意要于古圣立言之法，奚所见焉？"（《传经室文集》卷二《两仪四象八卦说》）朱骏声坚信，解经必须遵循审字识音、训诂明义的汉学方法。他明确指出：

> 解《易》当先释其文，则《尔雅》《说文》之类为本，次求其理则合。于经常之道为本，次考其典，则务当于古义。（《传经室文集》卷二《易杂说》）

基于这一识见，朱骏声逐一训解了六十四卦卦名。如释"乾"曰："乾上出也。从乙。物之达也。从倝光明之意。积阳为天，故转训乾为湿之反。按卦名实借为健。"（《经解》卷一）释"蒙"曰："《方言》：'蒙，萌也。'蔓草加于草木之上曰蒙。《诗》：'葛生蒙楚。'《尔雅》：'蒙玉女。'即女萝菟丝也，附草而蒙其上，故曰蒙。喻童子弱昧,必依附先生以强立,故曰‘童蒙’。字当作‘冡’,覆也。作蒙者假借。又蒙者,蒙蒙物初生形,是其未开著之名也。”(《经解》卷一)释“大有”曰:“按‘有’当读为‘祐’,助也。此假借字。”(《经解》卷二)释“豫”曰:“豫,象之大者,不害于物。借为‘娱’字,乐也。又舒也,又叙也,又佚豫也,又预备也。”(《经解》卷三)

其次,他对卦爻辞中的重要字词亦予以解释。如解《讼》卦彖辞“有孚窒惕”之“窒”曰:“窒,塞止也。有忍意。”他还以小学为据,推断古经文本中的讹字。“问:《未济·象传》‘亦不知极也’无韵,何故?曰:‘极’,疑‘拯’字之误,拯、正声之转也。”(《经史答问》卷二)“问:《说卦传》‘艮为狗’,《易》彖、爻中未尝一及,圣人何以言之?曰:愚疑《随》上六‘拘系之,乃从维之’,‘拘’或‘狗’字之误。‘犬曰羹献’,亦享祭之品,《随》二三四互艮也,而于上言之。”(《经史答问》卷二)

最后,他对古经当中的名物制度也进行了考据。“《豫·大象》‘殷荐之上帝以配祖考’注曰:“荐,进也。上帝,天帝也。王者成功作乐,以文得之者作籥舞,以武得之者作万舞,各充其德而为制,配合也。乐以象祖考之德,感而合漠,祀天帝以配祖考者,使与天同飨其功也。《孝经》:‘郊祀后稷以配天,宗祀文王于明堂,以配上帝是也。’祭于南郊曰天,祭于明堂曰帝,为坛而祭曰郊,祭于屋下曰荐。”(《经解》卷三)《晋》“康侯用锡马蕃庶,昼日三接”注曰:“康,美也,乐也。康侯犹《考工记》所称‘宁侯’也。或曰民功曰康,《书》称‘康功’,则康庶事康兆民之侯也。或曰康读如‘康周公’之康,广也。锡者下贡上,如‘纳锡大龟’‘禹锡元圭’之锡。觐礼奉束帛匹马,九马随之,马者享礼之庭实也。或曰天子嘉侯之绩,宠锡以礼。《采菽》曰‘虽无予之,路车乘马’是也。王接诸侯之礼凡三等。在殷则分公爵、侯爵、子爵也,在周则分同姓、异姓、庶姓也。

或曰觐礼延升，一觐毕致享升致命，二享毕王劳之升成拜，三所谓三接也。或曰大行人职，诸公三飨三问三劳，侯三飨再问再劳，子男三飨一问一劳，所谓三接也，亦通。”（《经解》卷五）

（三）以象解《易》

同崇尚汉易的学者一样，朱骏声也认为《周易》是用“观象系辞”的方式写成的：“《说卦》，孔子言象；《泰》五‘归妹’，周公言互体；《睽》五‘噬肤’，周公用变爻。”（《经解·易例发挥》）依他之见，《泰》卦六五爻辞之所以系有“归妹”二字，乃因《泰》三四五互震、二三四互兑，上震下兑即《归妹》；《睽》六五称“噬肤”，则是因《睽》九二变阴即成《噬嗑》。既然象辞二者关联紧密，解《易》就不能止步于训诂考据，还要指明象辞之间的对应关系。

依此观之，朱骏声的解经思路应与汉末郑玄、荀爽、虞翻及乾嘉惠栋、张惠言等人并无二致。然而，通观其著作又可发现，朱氏对汉易的态度着实有些难以捉摸。一方面，他对卦变、消息、升降、连互、纳甲、半象、两象易、成既济定等汉易体例多有非议：“卦变之说亦起于后儒。……虞仲翔消息、升降之说，亦多所附会，更有所谓特变者、两象易者以通其穷。究于古圣人作《易》之旨，未必有当也。子曰：‘八卦成列，象在其中矣。因而重之，爻在其中矣。’则八卦之为六十四，亦只是八卦之上各加八卦耳。”（《传经室文集》卷二《卦变说》）“中爻互六画卦之说，愚谓无理。”“虞氏纳甲愚亦不取。”“虞氏既济之说终有难通。”“卦以半体取象，如《小畜》上得坎半体故‘不雨’之类，取径太宽，易于巧切，愚不谓然。”（《经解·易例发挥》）另一方面，他又对虞翻易学给予了总体肯定：“余观后儒治汉《易》者，大都窃虞氏之说，而理更乖，益叹虞之精细，苦心孤诣，实绝后超前。”（《经史答问》卷二）“仲翔说《易》深细，以既济为乾坤之定，以纳甲著坎离之义，可谓独得骊珠。第设例太拘，取象太泥，致有穿凿附会，启宋人之疑谤耳。”(《传经室文集》卷二《两仪四象八卦说》)“孟京之卦气五行，荀虞之纳甲消息，马郑之互体爻辰，辅嗣之空虚清悟，皆易理也。……义或有取，均不可废。后学墨守宗尚入主出奴，胶其柱而鼓瑟，则皆失之。”(《传经室文集》卷二《作互卦卮言书后》)平心而论，朱骏声对虞氏易的评价确实前后矛盾。既然“附会”“难通”“无理”“不然”，又何谈“独得骊珠”“绝后超前”？不过，通过朱骏声的其他论述及其注经作品《六十四卦经解》，我们还是得以把握其解《易》的总体取向。概言之，朱骏声并未像焦循一样因不满汉易走上涵化旧学、自创新例的道路，而是基于“《易》之为书，本无达例”(《经史答问》卷二)、“一爻有数象，不必强合”(《经解·易例发挥》)的认知，采取了“诸说并立，不主一家”的调和立场。

兹举几例。朱氏《屯》卦注云：“震四升五，四为诸侯，五在上，四正位，分民而治。又临二之五。又坎二之初。”(《经解》卷一)此言屯卦卦变，胪列三说。“震四升五”同于李之才、朱熹；“临二之五”见于李道平《周易集解纂疏》所录崔注；“坎二之初”为虞翻说。再如，《讼·象》曰：“不利涉大川，入于渊也。”朱注：“讼，遁三之二，阳来居二。……阳来居二，坎在下，为渊，为入。又互巽为木、为风、为入。覆舟象。”(《经解》卷一)此间两说并存。一取卦变、下体之象，一取互体经卦象。又如，朱注《小畜》彖辞“密云不雨，自我西郊”曰：

> 云雨，阴气也。一阴既微，阴阳未和，故“未雨”。体兑位秋，“西郊”之象。又坎为雨，二不变，上不变，皆不成坎，故不雨也。凡云自东而西则雨，自西而东则不雨。按小过五易小畜上，小畜成

需，故“密云”。至上爻就坎言，故曰“既雨”。小过失大坎之象而“不雨”，故五《象》曰：“已上也。”又姤初之四。又需上变巽，与豫旁通。豫四之坤初为复。复小阳潜，所畜者少也。二失位，五刚中正。二变应之。故‘志行乃亨’。密，小也。兑为密。需坎升天为云，坠地称雨。上变为阳，坎象半见，故不雨，上往也。豫坤为自我，兑为西，乾为郊，雨生于西，故“自我西郊”。……又小畜上易豫三，则豫成小过，小畜成需。中孚三之上，则亦成需。以小过为豫之比例，以中孚为小畜之比例，故小过同辞。（《经解》卷二）

与《经解》别处相类，此段注文援引多家注文而未称其名：“云雨，阴气也”至“阴阳未和，故未雨”本于崔憬注文、李鼎祚案语；“体兑位秋，西郊之象”为荀爽注；“凡云自东而西则雨，自西而东则不雨”脱胎于《程传》“东北阳方，西南阴方，自阴倡，故不和而不能成雨”；“姤初之四”见于李之才卦变图；“需上变巽”至“雨生于西，故自我西郊”一段照录虞翻注文；“小畜上易豫三，则豫成小过”至“小过同辞”乃焦循之说。朱氏本人独得者委实寥寥，唯“小过五易小畜上，小畜成需，故密云”一语标新立异、与众不同。然细究起来，小过与小畜既非旁通，又何以能互易其爻？对此，朱氏并未加以解说。由上述卦例不难得见，朱骏声以象解《易》看似博采众长、兼收并蓄，实则疏于创见、识断不足。

（四）引史证经

汉代以降，郑玄、干宝、程颐等人注《易》时往往征引历史人物或事件来解说经义。及至宋代，又发展出以李光、杨万里为代表的“史事宗”易学。这一以史证《易》的传统，亦被朱骏声继承发扬。他在注解经文时，不但对卦爻辞中的具体史实详加考证，还常常援引史事典故以阐发义理。例如，其《升》卦“南征吉”注曰：“此盖托文王伐崇之事也。文王自岐迁程,程即毕郢,在歧东。崇在程南,克之而作都,所谓作邑于丰也。程今陕西西安府咸阳县,丰今西安府鄠县。自程伐崇为南征,故《象传》曰'志行'。迁丰而国愈大,即君子顺德积小高大之义也。按文王释羑里,赐弓矢,在纣之十三祀。明年虞芮质成,明年伐犬戎,明年伐密须,明年伐耆,明年伐邘,明年伐崇,逾年而薨,则伐崇当文王立国之四十九年也。"(《经解》卷六)《泰》上六"勿用师,自邑告命"注曰:"人主所居曰邑。《诗》'商邑翼翼',《书》'西邑夏''割夏邑''大邑''周不常厥邑''天邑商',皆是公作周官,始以四井为邑尔。上六仅亦守府,号令不出国门,不可如桓王伐郑用师也。"(《经解》卷二)《否》六二"小人吉,大人否"及《小象》"不乱群也"注曰:"尧时有共驩,桀纣有龙比,此如孔子待阳货,孟子待王驩,小人虽包承君子,君子自不乱群。后世宋人调停之术,非不乱群之道矣。王莽下士,子云失身。蔡京奉法,君实受欺。皆否也。"(《经解》卷二)《恒》上六《小象》"振恒在上,大无功也"注曰:"外体为躁,决躁之主。好大喜功,如汉武隋炀,皆可鉴也。莽学周官,王介甫变乱宋法,亦如之。又如汉唐之诛宦寺,鲁昭之去季氏,曹髦之伐司马氏,亦振恒也。"(《经解》卷五)

(五)天算数学

《周易》源于占筮活动。"就行蓍方法而言,先有数的推演,后有卦象,卦象是由数决定的。"①正因卦象基于筮数,以数学会通《周易》者历代不乏其人。不过,由于中国古代数学主要是在丈量土地、测算容积等实际应用中发展起来的,因而数学在清代以前一直未能享有较高地位。直到清初,这一局面才被彻底打破。及至

---

① 林忠军:《象数易学发展史》第一卷,齐鲁书社1994年版,第39页。

乾嘉，经学研究援引天文历算已蔚然成风。在朴学家们看来，数之所以被尊为六艺之一，乃因天道的自然运行唯有依赖天算数学等专门知识方能把握。既然《五经》中确有关乎天道的内容，则数学理应成为经学研究的有机组成部分。于是，乾嘉学人纷纷踏上了研治天算数学的道路，期望通过自然科学知识的自如应用来丰富和完善古代经籍的细节训释。焦循吸纳天算数学著就的《易学三书》，即此一学风的代表成果。

相较焦循，朱骏声虽未依此建构新的象数体系，但其《易》注当中着实不乏以天算知识注解经文的尝试。卦例甚多，无需赘述，兹举一例，可见一斑。《复》："亨。出入无疾，朋来无咎。反复其道，七日来复。利有攸往。"朱骏声解之曰："天与日月同度也。坤息初，冬至之卦也。太阳周天行度，一岁之中有盈缩，即西法所谓高卑行也。今时自冬至至春分黄赤道交，行八十九日三刻十一分，为盈初。自春分至夏至，最近赤道北极处，行九十二日十时六刻十分，为盈末。二限自南陆而敛于北陆，故律家谓之敛。自夏至至秋分黄赤道交，行九十三日七时一刻八分，为缩初。自秋分至冬至，最近赤道南极处，行八十九日八时三刻五分，为缩末。二限自北陆而发于南陆，故律家谓之发。但此四限，盈初盈末则每年递消一分，缩初缩末则每年递长一分，故随时不同。计今道光初年，距商末约三千年，相差二十五时，盈初限当为九十一日一时三刻十一分，盈末限为九十四日十一时六刻十分，缩初限为九十一日六时一刻八分，缩末限为八十七日七时三刻五分。盖以大地全球，絜之天体，则中国人物所居之地面在东北一小隅，故太阳行赤道外近南极。自人视之为远为卑。行赤道内近北极，自人视之为近为高。近则正射，故暑而昼长。远则旁射，故寒而昼短。知此可与讲《复》卦彖辞矣。复，反也。疾，遽迫也。出入无疾者，太阳出入于赤道内外,至冬至而无可疾速,行渐迟也。朋读曰明,日为大明。自南而北,则近于人,故言来也。咎文从人从各,各者相违,无咎不相违也。道,路也。震为大途,为反生。反复其道者,太阳一周天,反而复于其路,律元所以起冬至也。七日者,冬至至秋分二百七十七日七时四刻,此九个月为万物生成之时,人所喜悦,冀其来者。除九个月整数余七日奇,举尾数而言也。冬至而后天道发育,以美利利天下,故占曰利有攸往也。"(《经解》卷四)

上述五端,即朱骏声易学的主要内容。总体而言,朱骏声的易学贡献主要在文字训诂方面,其象数疏解、义理阐释鲜有创见。其孙朱师辙评价《六十四卦经解》曰:"综核汉宋以来各家之《易》说而详论其短长,附见于注中。训诂必穷其原,广引古籍蕴义、历史事实以证明人事。又《易》之异同,咸为胪列而判其得失。其于之卦变化、互卦文义相通者,言之尤详。……盖其用力于《易》与《说文通训定声》相等,实《易》空前之书,最便读者。……至于天文算术之实求,阴阳术数之隐赜,地理方域之考证,卦辞古韵之增订,固为先大父之专擅,尤能贯通,非他家所可企及。"(《经解·跋》)客观地讲,此段评语准确概括了朱氏《易》注的方法、内容,但"空前之书""非他家所可企及"等语未免有过誉之嫌。

二、李富孙的易学训诂

李富孙(1764—1843),字既汸,号香芷、芗沚,晚号校经叟,浙江嘉兴人。李富孙自幼继承家学,博识多闻,擅作诗文,与其兄李超孙、从弟李遇孙并称"后三李"。嘉庆六年(1801)拔贡。才学渊博,著述颇丰。博览四部之书,倾力搜集、考证儒家经传相异文字及训诂材料,多具慧见。著有《校经庼文稿》十八卷、《梅里志》十六卷、《曝书亭词注》七卷、《鹤征录》八卷、《鹤征录后录》十二卷、《李氏易解剩义》三卷、《李氏易解校异》一卷、《七经异文释》五十卷、《说文辨字正俗》八卷及《汉魏六朝墓铭纂例》等。受家学影响，李氏曾观万善堂所藏《易》书百种之多，对历代易学注疏皆有研究，且对《周易》及李鼎祚《周易集解》之异文及训诂做出详密工作，成绩斐然，为时人所推崇。

（一）对李鼎祚及《周易集解》的考证补充

李鼎祚一生经历了唐玄宗、肃宗、代宗三朝，并在唐代王弼易学盛行、佛道繁兴、汉易式微之时，以刊王弼之遗文、精心保存汉代易说为己志，"集虞翻、荀爽三十余家"①（李鼎祚《周易集解序》）。是书在唐代流传并不甚广，于宋元明三朝亦未引起普遍重视。清乾嘉朴学大盛，考据、辑佚、校勘之风甚烈，李氏《周易集解》遂成为研究、考证汉代易学之要籍。而围绕李氏及此书的一系列研究随即成为学者之兴趣所在，如孙星衍、李道平等皆为《集解》研究的有功之臣。李富孙也是有清一代对《周易集解》用功颇深者，他并非仅从李氏《集解》中获取有用材料，或为考证，或为辑佚，而是直接对李鼎祚原文进行考订，并广采书籍以补其阙。此举看似平易，然每条资料所得皆有不同寻常之处。

李富孙指出，元明诸朝对李鼎祚无所关注，考证、记录之言极少，考《太平寰宇记》、陈振孙《直斋书录解题》等书也仅得只言片语。他说：

---

①　《中兴书目》、晁公武《郡斋读书志》考曰三十二家，后经明朱睦㮮、清朱彝尊、潘雨廷、刘玉建等考证，李鼎祚所引达四十余家。

> 《太平寰宇记》云:"鼎祚,资州人。明皇幸蜀时,进《平胡论》。后召守左拾遗。"《舆地纪胜》云:"鼎祚,盘石人,肃宗时左拾遗。鼎祚奏以山川阔远,请割泸、普、渝、合、资、荣等六州界,置昌州。"《元和志》《寰宇记》皆云乾元元季置,是从鼎祚之请也。陈振孙《书录解题》题"著作郎",《舆地纪胜》言鼎祚注《易》,仕至殿中侍御史,又言读书台在资州东二十里,鼎祚兄弟读书于其上,俗呼四明山。是鼎祚为资州之盘石人,仕不终于著作郎,而上《平胡论》奏乞分六州地置昌州,具有经济才略。弟所考见者惟此尔,其它事迹惜无可征已。①

朱彝尊曾引陈振孙之言"隋唐以前易家诸书,逸不传者,赖此书",可知《周易集解》的价值在宋代即被发现,然而"是编刻自宋季,人间希有存者。顷岁,予得之李中麓,氏复用校梓以传,欲使圣人之道不致偏滞,而自汉迄唐三十家之言,亦不至埃灭弗闻也。鼎祚,资州人仕,唐为秘阁学士,以经术称于时。及阅唐列传与蜀志,俱不见其人,岂遗之耶?抑别有所载耶?因附论著于此,以俟博雅者考焉"②。依朱彝尊所言观之,李富孙的考证可谓是在前辈宿儒的基础上取得了重大推进。再者,无论对汉易的评价如何不同,曾经在数百年里发展起来的经学文化竟然在清代凋零如此,汉代《易》说及其整理者的际遇不能不在清代新的历史状态中产生波动,而清代学者聚集在汉学旗帜下,实为中华文化传续、继承往圣绝学做出不世之功,堪称再造。

---

① 〔清〕李富孙:《校经庼文稿》卷十八《书李鼎祚轶事》,《续修四库全书》第1489册,上海古籍出版社2002年版。下引该书只注书名、卷数及篇名。

② 〔清〕朱彝尊:《经义考》卷十四《易》,《文渊阁四库全书》第677册,台湾商务印书馆1986年版。

以上所述,可以作为李富孙对李鼎祚《周易集解》关注的一种表现,并不意味着清代学者只要做到重视汉学和搜集材料即可。实际上,他们所思、所做的艰辛努力与付出超乎后人想象。李富孙的《李氏易解剩义》和《李氏易解校异》都是在李鼎祚的基础上力图使之有更完整、丰富的表现,是其积极进取的学术态度使然。既汸云:"予自癸卯岁读书于愿学斋,从祖敬堂先生教富孙读《易》,因纵观万善堂所藏《易》解不下百种。顾自宋以后,多惑于图说,而《易》为方术之书,于圣人寡过之义,去之远矣。"①宋学与汉学之争,虽则在李富孙之前既已告一段落,但作为官方学术体系的宋学尚存余威。即便如此,他对汉宋学术分判有着坚定的看法:

> 夫《易》之为书,理与象而已。汉人去古未遥,师师相承,其注解论说,惜多散佚不存。唐资州李鼎祚辑汉以来三十六家之说,成《易解》十卷。汉学之存于今者,尤得见其一二,其所系岂浅尠哉!盖《易》有三派。有汉儒之学,郑、虞、荀、陆诸家,精矣。有晋、唐之学,王弼、孔颖达诸家,即北宋之胡瑗、石介、东坡、伊川,犹是支流余裔。至宋陈、邵之学出,本道家之术,创为图说,转相授受,举羲、文、周、孔之所未及,汉以后诸儒之所未言者,附会穿凿以自神其说。理其理,而非《易》之所谓理;数其数,而非《易》之所谓数。直欲驾前圣而上之,而《易》道愈晦矣。(《易解剩义·自序》)

以上数语虽出自李富孙之口,但着实代表了清代朴学同道对汉宋

① 〔清〕李富孙:《李氏易解剩义·自序》,《续修四库全书》第27册,上海古籍出版社2002年版。下引此书不另出注。

分判的相同看法。此说在清初已有先声，如黄宗羲、黄宗炎、毛奇龄、胡渭等人对宋易图学的批评即有明显表现。就个人而言，把这些看作李富孙学术选择的基本立足亦无不可。他继而言道：

> 余少习《易》，见宋儒所著，皆惑于陈、邵图学，未免支离穿凿。惟唐资州李氏《集解》，最为精奥，汉魏诸儒之说，赖以仅存。其自《序》云："刊辅嗣之野文，补康成之逸象，综贯天人，兼赅象义。"斥王扶郑，意甚深远。羲、文、周、孔之渊微，不可藉为探索与？

由此两节不难得见李富孙补《周易集解》阙文之动机、努力及意义。不过，推崇备至并不意味着徜徉不前，他犀利地指出：

> 予窃叹资州之解，精微广大，圣贤遗旨，略见于此，嗜之好之，殆不啻刍豢之悦我口也。然其于三十六家之说，尚多未采，其遗文剩义，闲见于陆氏《释文》，《易》、《书》、《诗》、三《礼》、《春秋》、《尔雅》义疏及《史记集解》、《后汉书注》、隋唐《书》、李善《文选注》、《初学记》、《北堂书抄》、《太平御览》、唐宋人《易》说等书，犹可搜辑。(《易解剩义自序》)

这段文字出自《易解剩义自序》，作于乾隆五十七年(1792)冬十月，尔时正当汉学学术成熟、兴盛之期，许多汉学家在惠栋、戴震等人之后创获甚大，如段玉裁撰《说文解字注》。在学术大环境的刺激下，李富孙治学固然推崇资州，却不惧考证繁琐、文献之巨与检索之难，爰取群经以补充《周易集解》，因此他说："爰于披读之余，缀而录之，以附其后。其伪本与有完书者，不录。夫资州之辑是

《解》,于诸儒之说采取详备。予非敢以补其阙也,亦曰与其过而弃之,宁过而存之云尔。”(《易解剩义自序》)

如果从目前的典籍获取及信息检索条件来审视李富孙的补充工作,就可能会很快找到其增补阙文中产生的遗憾。因其所见古籍仍有所限,检索工作绝非无可挑剔,但其学术方法与态度值得回味。这一点,从其《易解校异自序》中可以体会到。他曾细数《周易集解》的版本与得失:

> 宋乾道、嘉定间,曾两经镂版。明嘉靖中,宗正朱氏睦㮮重校梓以广其传。后海盐胡氏震亨复有雕本,附王氏所辑《郑氏易注》。毛氏晋又刻于《津逮秘书》,屡经传写,缪讹不少。近雅雨堂刊本,为元和惠氏栋所校,虽扑尘扫叶,非为无补,第往往据见于别本者改易经文。然资州之为是书,博采众家,异同并列,未尝专主一说。况诸家师承各异,讵可以私臆窜改旧传之本?仪征阮宫保师谓其所改,并自著《易述》,多有似是而非者。盖古书当仍其旧,一加窜改,便失其真。且其所据郑、虞本,并以《释文》,然亦有不尽从郑、虞,体例复参错不一。(《校经庼文稿》卷十一《易解校异自序》)

李富孙此间指出了不同于“遗文”问题的“异文”现象,此问题非一般研经科举之士所能察觉,亦非寻章摘句之陋儒所能解决。自李唐及朱明百余年,《周易集解》一书冷藏甚久,传抄、刻印中谬误很多,且有些错误非一般的刊刻、校勘问题,而是直接根源于学者对小学之法掌握不够和对汉易的陌生所致。如“王三锡命”,郑本“锡”作“赐”,“羸其角”,郑、虞本“羸”作“汇”。李富孙指出,“若斯之类,异文尚多。古字假借,沿习已久,资州惟采取虞说，则经文有从虞本，若杂采它家，则仍同《正义》本，岂可专辄尽改？”（《校经庼文稿》卷十一《易解校异自序》）于是，李富孙给自己提出了一个新的任务，即尽量恢复李鼎祚《周易集解》的文本。“余以是书为汉学之宗汇，既搜辑《剩义》三卷，汉儒之说罔有遗漏。兹复合诸本，互为参校，并取唐宋《易》义所引雠勘，颇有增省不同之处。朱氏、毛氏皆据宋刻，影宋抄，亦多讹。胡氏本尤舛脱不可读。间有胜于诸本者著之，为《校异》二卷。庶几是书之传于后者得以諟正，而乌焉亥豕不至相淆溷焉尔。”（《校经庼文稿》卷十一《易解校异自序》）

清代学者治《周易集解》者甚多，大致可以分为三类：其一，作为研究汉易的主要书籍；其二，利用《集解》展开辑佚、校勘，或罗列材料；其三，以《周易集解》为研究、注疏对象，如李道平《周易集解纂疏》。李富孙治学多本于汉学，其于易学多由《周易集解》而入汉易门庭，作《剩义》《校异》则是对《集解》的继续完善，其条列众说、考证为详的治学家数与成绩，在清代治李氏《周易集解》的学者中很有影响，可谓学有精专，成绩斐然，故而清代学者冯柳东以为《易解校异》可称“资州功臣，定宇直友，必传之伦”（《校经庼文稿》卷十一《易解校异自序》）。

（二）《周易》异文校释及其他易说

秦始皇统一文字及焚书坑儒，战国诸子典籍几告灭绝，虽然《易》以卜筮之书得免遇难，而那些注释与阐发《易》理的诸子之书却难以保留。秦末至汉初连年战乱，又使秦宫及政府所藏之书损失不计其数，以至于汉时访求民间之书以充府库。“经自秦燔后，往圣之微言奥旨澌灭无存。”（《校经庼文稿》卷十一《七经异文释自序》）六经在汉代都曾出现不同家数、文字、注解的现象，如《易》

有施、孟、梁丘、京氏之学，即从今天的马王堆帛书和上海博物馆竹简《周易》可知，古代易学典籍在当时亦有较大不同。李富孙指出："汉兴，幸有得于屋壁所藏，民间所献，老生所口授。诸儒抱残守缺，斤斤以名其家，故《易》有施、孟、梁丘、京氏之学；《书》则欧阳、大小夏侯为今文，孔安国为古文；《诗》有齐、鲁、韩、毛四家；《礼》则有二戴、刘歆；《春秋》有《左氏》《公》《谷》三传。弟子各守师说，人殊其谊。亦经异其文兹非有意乖违，其家法授受然也。"（《校经庼文稿》卷十一《七经异文释自序》）在他看来，这些现象是由于经学功夫和小学修养不足所致：

> 许叔重《说文解字》称《易》孟氏、《书》孔氏、《诗》毛氏、《春秋》左氏，然颇杂采诸家，故所引经文一字闲有互异，郑康成、范宁、何休、郭璞辈所注，其引诸经亦有不同。盖汉人去古未远，六书为小学，说字解经罔弗洞究根原，传经者率本六书意谊，或从古文，或从假借，或以声近，或用省文，加以南北语殊、轻重差别，故有字随读变，义因文异，后人不知古训妄为臆改，而古人之经谊几不可通矣。（《校经庼文稿》卷十一《七经异文释自序》）

李富孙所指出的，正是自汉至清经学发展的共有问题，即古文字学、考据方法及经济、思想各有其限制，故而经学发展到清代方有可能进行大规模的考释、校勘、辑佚。其未尝没有前人整理的功劳与成果积淀，但仍多以清代乾嘉经学贡献尤大。他说：

> 唐陆德明撰《经典释文》，诸家异同采摭略备。然弟及诸经训诂之说，未尝于经典外广为搜辑。富孙少而不学，长稍涉

> 六经，见汉晋诸儒之解诂各有师承，其与经文异者，不仅释文所载自经传笺注及子、史、金石所称引，往往与今文不同，循诵之暇悉为缀缉。诠绎其义，兼采后儒之说，旁通曲证，使天下穷经者不至以古经之异文反訾为纷歧缪误，而诸儒之家法同异与夫古谊之仅存于今者，庶几博综条贯覊所传习。刘歆□谓汉时广立经文义虽相反犹并置之，则穷经之士不专为一师之学者，其或亦有取于是书也夫。（《校经庼文稿》卷十一《七经异文释自序》）

以上，李富孙指出了唐代《经典释文》中所保留的与今天传本《周易》存在的异文现象，而这种异文现象实非陆德明一家，情况十分复杂。于是，李氏充分发挥其六书小学功夫，广涉诸书，曲证旁通，严谨考释而成《易经异文释》。

《易经异文释》的主要意义除了所列异文及考释值得研究者参考，其考释、确定异文的方法也值得学习。其选书遍择自汉至明经史传注、诸子、类书等。此外，李富孙学殖深厚，对碑文题刻造诣甚深，故其考释亦多引抄刻之本、石经之文。如言“坤”字曰：“巛字，《说文》不录，《隶释·华山庙碑》云‘乾巛定位’，如此作则为隶体。”即使引用汉代石碑文字以得正解，但他使用起来往往是多种释证方法综合互证，如解《文言》“由辩之不早辩也”曰：“《释文》云‘辩’，荀故作‘变’。《革》‘大人虎变’，《晁氏易》云‘京作辨’，《潜夫论》引同，‘早’作‘蚤’。按《礼运》‘大夫死宗庙谓之变’，注云‘变’当为‘辨’，孟子则不辩礼仪而受之。《音义》引丁云‘辨’本作‘变’，于义当为‘辨’，二者，变也。是‘辩’‘变’义通，故即随义异字，《尚书》‘于变时雝’，汉《孔宙碑》作‘于卞’，音近。晁氏云‘辩，古文变字’，晁氏之称古文多未可据。早作蚤，古字假借。惠氏曰

‘初失位，变之早则无是祸矣。’此见惠氏《集解》本评注，下条同。”在释证方法上，李富孙会通文字、音韵、训诂等多种方法，兼及经史知识、文化思想等，其《七经异文释》即综合运用考据学方法的典范之作。《易经异文释》的具体内容，有辨析古今字、俗体字、隶释正误、音近通假、同音不同字而义近、同音不同字而义别、增删脱误以及多本互训等，几乎涉及目前训诂学总结的所有方法，大致不出音训、义训与字形考释的范围。音训法，如释“肥”与“腓”：“肥与腓音同，但文异，而其义亦别。段氏曰：‘郑云：腓，膊肠也。或言腓肠，谓胫骨后之肉也。腓之言肥，似中有肠者然’，荀作肥，此以意改字耳。”义训法，如释《姤》“包有鱼”时引用《周礼》、《释文》、王弼《周易注》、《周易正义》、《说文解字》、《庄子》、《汉书》等古代典籍中的释例，指出“包”与“庖”二字的意义在古书中是相通的，故可以把“包”字解释为“庖”。李富孙对字形考释之法多有留意发挥。除一般的通假、古今异体、俗体字等情况，其书数言汉隶之变对经文的影响，如“盖汉人作隶好假借，故经典相传亦多有沿隶体者”。他还敏锐地指出：“汉人多同音通借字，诸家相传各守师承，故文义往往不同。”总之，《易经异文》之卷帙虽少，但其规模宏阔，考释精详，引用广博，方法娴熟。加之李氏经学修养和识辩能力甚高，故其同乡学者冯登府赞《七经异文释》“详核奥博，为诂异义者集其大成”（《清史稿》卷四百八十二），即视为清代考据训诂学的应用典范，亦不虚矣。

此外，从目前所存有关李富孙的文献材料来看，他还有一些讨论易学的文章或跋文，如《纬侯不起于哀平辨》《易消息解》《图学辩惑跋》《重校卢刻易解书后》《周易集解跋》等篇。《纬侯不起于哀平辨》曰：“《七纬》俪经而行，多孔氏七十子遗言。相传孔子既述六经，知后世不能稽同，其意别立纬及谶八十首以遗来世。后为方士所采取，又以诞妄之说附益之，故其言有醇驳。”李富孙认为，汉代张衡、梁朝刘勰等人“纬侯之书起于西汉哀平之际”的论断不确，他广征博引，证明至迟在汉宣帝、元帝时已有《易纬》等书，其内容更可以上溯秦及先秦，故而“不著于刘向《七略》，不见于汉《艺文志》，因疑其伪而欲尽去之”的做法不能令人信服；《易消息解》以《左传正义》引《易》之文证明“消息二字本于伏羲画卦之初”，故而孔子述《十翼》时曾以此解释卦爻文辞。他还认为，汉儒卦变之说皆本于消息，《乾凿度》、荀爽、虞翻无不因之而有所创说，“故汉荀、虞诸儒皆云消卦、息卦，自晋以来宗尚王注扫而空之，观诸卦之言消息而知汉学为不可废矣”；《图学辩惑跋》《重校卢刻易解书后》《周易集解跋》等文则反驳宋易，指斥图书为伪学，而表彰李鼎祚、黄宗炎及推崇汉易的方法和成就。

（三）李氏易著的学术源流与价值

李富孙出生在文人学者辈出的浙江嘉兴，少从叔祖李集受学。为了科举考试和谋生，他游学四方，曾问学于卢文弨、钱大昕、王昶、孙星衍等著名学者。卢文弨（1717—1796），人称抱经先生，乾隆十七年（1752）进士，授翰林院编修，一生好学，与戴震、段玉裁友善，潜心汉学，以校勘古籍称名于世，对经义注疏也有独到见解；钱大昕（1728—1804），号竹汀，生前即已饮誉海内，有“一代儒宗”之称；王昶（1724—1806）曾从惠栋游，治学讲求声音训诂之道，嗜金石之学，潜心经术，著述颇丰；孙星衍（1753—1818）一生研习经史、文学、音训，兼通诸子百家，精于金石碑版，校勘尤善。上述四人均为乾嘉著名学者，对李富孙影响巨大，在其文章著作中皆有体现。

不过，对李富孙学问影响最大的则是参加阮元“诂经精舍”的经历及与好友冯登府的学术交往。阮元（1764—1849），字伯元，号云台，乾嘉著名学者，清朝名臣。他热衷著述、刻书，并对当时学界和国家现实有着清醒的认识，倡导实学和教育改革，诂经精舍即其主政浙江期间创建。精舍中奉祀许慎、郑玄，以十三经、三史为讲授学习的主要内容，旁及小学、天文、地理、算法、词章，不提倡八股时文。李富孙在精舍研习经年，故曾受到直接影响；冯登府，字云伯，号柳东，是李富孙的同乡密友。学习勤奋、强识博通，对两汉、唐、宋等儒学著述皆有研究，旁及诸子百家传注，尤其擅长声韵训诂之学，著有《三家诗异文疏证》《论语异文考证》《十三经诂答问》《石经考异》等十余种。冯登府与李富孙交往密切，"每著一书，辄有商榷，芗沚以为全谢山、钱竹汀之比"（《清儒学案》卷一百四十四《柳东学案》）。此外，李富孙也在很大程度上得益于学术文化环境。当时江浙地区乾嘉学风盛行，名家辈出，优秀著作层出不穷，且有如王昶等学界领袖"以汉学为表识，而专攻毁汉学者"（《汉学师承记》）的极力推动，鲜有不受汉学风气所波及者。

李富孙的易学研究无疑受到时风影响，以汉学方法为进路，其成绩主要体现在异文校释、辑佚两个方面。因其精于《说文》、金石学，故而在易学著作的考释中展现出极为深湛的功力。卢文弨《李氏易解剩义序》称："今嘉兴李君既方好读《易》，所经眼者不下百余种，而深斥图说之附会穿凿，摈不欲观。其所深嗜者汉儒之学，求汉儒之学则唯资州李氏一编为菁华之所聚，既已朝夕寝馈于斯而复于其三十余家之说之尚有未经采入者，更为之搜罗荟萃录得三卷，盖几于一字不遗矣。"潘雨廷先生对李富孙易著亦有客观评价："若求残存之汉易，必不外于李氏《集解》；然攻研既深，不得不遍征他书，以足成其义。虽只字片义，亦莫不可贵；故李氏之书，大有裨益于治汉易者……凡今后刻《集解》者，此书大可附刻于后，较胡震亨之附录郑注,更便于学者焉。"①卢、潘二人的评价主要着眼于《李氏易解剩义》,但事实上,《易经异文释》一书之价值相较前者毫不逊色。李氏于书中不仅发挥了博闻多识、旁征博引的特长,且凝聚了他研究《说文解字》所积累的一整套关于文字、音韵、训诂的方法,其校正之细、解释之精,非一般谙熟经史传注的学者所能企及。值得注意的是,《易经异文释》是基于传本文献所作的内证,这对当下上海博物馆楚竹书《周易》及马王堆帛书《周易》的整理、训释亦有学术参考意义。其校释异文、解决文字训诂问题的方法,更值得后学进一步研究、继承和发扬。②

李富孙对《周易》和《集解》的整理、补充、校释得益于乾嘉诸多大师们的影响,其思想固然多拘于汉学苑囿,但建立在小学基础上的整理、校释经典的方法,如同钱大昕、王昶等人已经取得的类似成就,具有历久弥新的价值。并且,李富孙虽力主汉学,但并非埋头故纸堆中。他说:"今之为学,当先通群经以穷其理,循五常以立其本,辨义利之途以正其趋向,祗饬廉隅以砥其名节,考镜古今之善败得失以裕其经济,则言理学而不涉迂疏,言经学而不患灭裂,求乎身以推行之,自能尽修已治人之道。"此论虽是针对宋学而发,但也具有针砭时弊的意义。康乾盛世之末,各种社会问题渐趋明显激化,李富孙有感于当时学界"寻章摘句,沉溺于训诂词章以藉为梯荣之阶,而于古人之旨曾无一二语体察于身心日用之间"(《校经庼文稿》卷九《学术论》),故急切希望建立崇实学、敦实行、明体达用的社会文化风气。事实上,在阮元、钱大昕等学者那里亦有相同或相近表

① 潘雨廷:《读易提要》,上海古籍出版社 2003 年版,第 406 页。

② 丁四新:《楚竹书与汉帛书〈周易〉校注》(上海古籍出版社 2011 年版)引李富孙之说百余例之多,即体现了其《周易》考释对当代学术研究的价值。

述，这正是他们观察思考清朝中后期社会及文化后得出的结论。

三、宋翔凤的易学训诂

宋翔凤(1777—1860)，字于庭，又作于廷、虞廷，江苏长洲(今属江苏苏州)人。他生于学养深厚的官宦家庭，受到良好的教育；嘉庆五年(1800)举人，任泰州学政，后为旌德训导；咸丰四年(1854)参加鹿鸣宴，加封知府。宋氏一生游学、做官，结交了很多当时极有名望的学者，如钱大昕、段玉裁、臧庸、张惠言、庄述祖、刘逢禄、戴望。其学术道路与波折的人生一样富于多面性。他并不像一般从事朴学的学者那样沉浸于文字材料的细微考释，从其字里行间可以领会到内中蕴含的思想脉络；他也不局限在儒家经籍之中，而是走向了通达的治学道路；不仅在义理与考据上下工夫，在辞章的创作与理论建构上同样有所成就。细读宋翔凤讨论易学的文字，可以理解他的学术主张，并发现清代中后期学术转型的线索以及隐含在历史演进中的文化诉求。

(一)文字探皇古

汉代发端的今古文之争聚讼不决，即便东汉末年郑玄融合今古文遍注群经，依然未能消除两家纷争。及至清代，汉学与宋学乃至汉学内部的声音也不尽一致。既然要辨章学术，考镜源流，就理应从古代典籍中有所发现，以鞭辟之理服人，以确凿的证据说明问题。

宋翔凤的《周易考异》非卷帙浩繁之作，只有上、下两部分。该书大部分内容皆以文字、文献考证来说明今古文的有关问题，并力求还原古文易的真实面貌。他说：

> 易，音义。虞翻注："《参同契》云'字从日下月'"，正从日、勿。案：《参同契》云"易谓坎离"，又云"日月为易"。《说文》九篇下云："《祕书》说：'日月为易，象阴阳也。一曰从勿。'"许君时以纬候为祕书，又称说，说见郑志，则《参同契》亦纬候之一篇。仲翔注《易》多用《参同契》，如纳甲法，尤为说《易》之要义，知非浅书。但纬书多近鄙别字，见《后汉·尹敏传》，如"易从日下月"，亦近鄙之流。故许氏取其说而不载从日从月之字，知非古文也。①

《说文》注"易"曰："易，蜥易，蝘蜓，守宫也，象形。《祕书》说：日月为易，象阴阳也。一曰从勿。凡易之属皆从易，羊益切，文一。"②《祕书》是汉代的纬书，其"日月为易"说亦见于《周易参同契》"日月为易，刚柔相当"之文。唐陆德明《经典释文》引虞翻注《参同契》则云"字从日下月"。宋氏以为《祕书》、虞翻注所云皆有问题，故从文献的可靠性来说，《秘书》作为纬书多有错、讹、俗字，参杂了汉代的今字、俚语等，这一问题在《后汉书·尹敏传》中即有反映，可资为证③。段玉裁认为："谓上从日象阳，下从月象阴。纬书说字多言形而非其义。此虽近理，要非六书之本，然下体亦非月也。"④这是从另一个方面说明"日月为易"的说法在字形上不能成立，因

① 〔清〕宋翔凤：《过庭录》卷二《周易考异上》，见〔清〕宋翔凤撰，梁运华点校：《过庭录》，中华书局1986年版，第10页。下引该书只注书名、卷数、篇名。

② 〔汉〕许慎著，〔清〕段玉裁注：《说文解字》卷九，清陈昌治刻本。

③ 《后汉书·尹敏传》载："谶书非圣人所作，其中多近鄙别字，颇类世俗之辞，恐疑误后生。"

④ 〔汉〕许慎著，〔清〕段玉裁注：《说文解字》卷九，清陈昌治刻本。

为“易”字的下方是“勿”。宋翔凤认为，许慎《说文解字》不载从日从月之说，即以非古文之故。

宋氏对“易”字的认识不泥于古人见解，他从文字考释入手，以虞翻注、《周易参同契》、《说文解字》、郑玄注等文献记载为考辨材料，辨析异同，指出其间的源流关系。其《周易考异》中多有类此者，每发新意而考释甚精。如云：“巛，音义。巛，本又作坤。坤，今字也。案：古文易于卦首坤作巛。《彖》《象》《文言》之坤字则不作巛。如经文于字，《彖》、《象》并作于。葆琛①先生曰，巛即川字。古音坤、川同类，故字可通用。或改巛为巛字。作六断者，非也。”（《过庭录》卷二《周易考异上》）考察“坤”字者并非只有宋氏一人，李富孙亦有相同见解，且李氏之考释引证更为精详。不过，二人考释之目的似乎有所不同，李氏重在辨析《周易》文字原貌，宋氏则着眼于分辨古文、今文传统。他说：

> 《儒林传（上）》文言杨政就范升受梁丘易，《范升传》亦言习梁丘易，则此言升传孟氏易，误也。《郑玄传》则言，先始通京氏易、公羊春秋云云，而绝不言费氏。知康成所注费氏易，即京氏也。要之，《周易》一书无屋壁与口授之异，所谓古文者，只以其行于民间，不与当世博士同尔。自京氏置博士，而费易独以古文名，不知其实出于孟氏、京氏也。曩读《说文解字序》，以易孟氏为古文，尝疑其误，今考之，而知其非误矣。（《过庭录》卷二《周易考异上》）

① 庄述祖（1750—1816），庄存与之侄，字葆琛，号珍艺，晚号檗斋，学者称珍艺先生，江苏武进人。乾隆四十五年（1780）进士。庄氏治学兼治今古文，对小学、经学均有所研究，“于其舛句讹字，佚文脱简，易次换弟，草薙腋补，咸有证据，无不疏通，旷然思虑之表，若面稽古人而整比之也”。

李氏对孟氏易的今古文之辨经历了一番学术思想上的转变，他最后从许慎的说法，并反复论证孟氏传古文易的观点，甚至推测出一套完整的授受系统。在论《易孟氏为古文》中，他提出费氏易号称古文易，而陈元、郑众皆传费氏易，荀爽又作《易传》，则可证荀爽之易出于费氏古文，辗转推证出孟喜易学应属古文一派。不过，博引广征固乃宋氏之长，但牵强之处亦非无迹可寻，让人不能不为之疑窦顿生。

宋氏执着于今古文之辨，在《周易考异》中同样有显著体现。其判断多以许慎《说文》作为直接或间接依据，尽可能地理清博士易与古文易、今文易与古文易以及汉易与后世历代易学文献之间的种种复杂关系。宋氏此举，一方面可以看作发挥朴学的学术方法与特色，一方面也应看到，作为长洲出生的学者，他的学术道路与庄存与、庄述祖等人有密切的承继关系。因此，其学术特点与时代相近者存在若干区别，柯劭忞先生评价宋氏《周易考异》云："是书考证异文异义，与李富孙周易异文笺相出入，不及富孙书之详备。而研究细密，则在富孙之上。""凡此之类，皆深入训诂学之阃奥，非李氏所及也。"(《续修四库全书总目提要》)依此观之，庄氏等人发起今文学之始，宋翔凤的学术风格便有所变化。表现在易学上，即不但关注易学文本、文字、文献，力图还原文本的真实面目，而且十分重视分辨学术派系、学问家法、治学途径，以朴学方法来解决思想史、学术史问题。不过，需要指出的是，宋翔凤并未完全遵循庄氏等人的今文学路数，其研究重心、学术志趣及褒扬态度依然站在古文易一方。

（二）缅教春秋法

从历史的角度研究易学，或援史入易，其源头可以回溯至汉代甚至更早,但一般认为直到宋代才形成风气。《四库全书总目提要》曾将古代易学研究归为“两派六宗”,其中就有李光、杨万里的“参证史事”宗。所谓“援史入易”,通常是指以历史事件和《周易》文辞相结合的研究方法,或试图从《周易》与上古史的关系入手以释证卦爻之辞,或以此揭示其中包含的三才之道与历史、哲学、人生智慧。宋翔凤的易学研究,也蕴含着对历史问题的深切关注与冀望。一方面,他把春秋学和易学研究结合起来,在经学内部展开互通互释,以经证经;另一方面,他通过对《易经》文本及经学问题的历史性解读,试图阐发其中潜藏的微言大义。

宋翔凤的《周易考异》及笔记、文章中多有援史入易的材料,兹举几例。在《乾坤二卦》一文中,宋氏认为《乾》卦六爻反映了尧舜之时的禅让制度,《坤》卦的历史背景则是文王、纣王之时,其六爻反映了征诛之法。其论《乾》卦六爻曰:

> 初之潜龙,其有鳏在下乎?孟子曰,舜之居深山之中,与木石俱,与鹿豕游,其所以异于深山之野人者几希。此即“遁世无闷,不见是而无闷,确乎其不可拔”,潜龙之德也。及其闻一善言,见一善行,若决江河,沛然莫之能御。此乾初之善也。《乾》之九二,《坤》五来降,阴阳始通,厘降妫汭,当此爻矣。历试诸难,乾乾夕惕。乾象为岁,爻又直三。三载询事考言,其当九三乎!四之“或跃”,其摄天子乎?摄,相也。夫摄天子则疑于为君,为君则尧尚存。正朔未改,则疑于为臣,为臣而用人行政俱自舜出。故为疑辞以或之,必以舜之所以事尧事君,而后可摄天子之政。亦必尧为天子,而后可以致或跃之功。不然如文王与纣之事,则括囊而已矣。欲自试则惧生矣。“飞龙在天,利见大人”,其受正改朔之辞乎?盖尧崩而后舜践天子

之位，摄天子者，相尧之辞也，《论语》："尧曰：咨！尔舜！天之历数在尔躬，允执其中。"四海困穷，天禄永终。尧之命，其命于受终文祖之时乎！鸿水之滔天，丹朱之不肖，亢龙之悔也，天禄之终也。洪范曰悔，郑注云：悔之言悔，悔犹终也。上九失位，降居《坤》三，《谦》之九三"劳谦君子，有终吉"。三于爻位为三公，王者之后，当天禄之终，宜退居三公之位。此丹朱为二王后之法也，尧之数终而舜受之，舜之数终而禹受之。"知进退存亡，而不失其正者，其唯尧舜乎"，此众阳之象。群圣人之相继有治而无乱，故"乾元用九，天下治也"。箫韶九成，大武六成，复缀以崇。即《乾》用九、《坤》用六之义。（《过庭录》卷一《乾坤二卦》）

此段文字显然是宋氏根据史书关于尧禅让帝位于舜的记载解读《乾》卦。他以禅让的过程对应六爻，把爻辞之义与禅让之道结合在一起。此外，宋氏还对经文中的特定语句予以历史化解读，如其解"公用亨于天子"曰：

《大有》九三"公用亨于天子，小人弗克"，《音义》"用亨"，许庚反，通也。下同。众家并"香两"反。京云献也，干云享宴也，姚云享祀也。案：姚信说是也。爻辰，九三在辰，辰为寿星。寿星角亢，亢为疏庙。故爻以享祀为辞。《礼》"诸侯不敢祖天子"，公用享于天子，其惟周公之德乎！故郑君以《大有》为周公摄政、朝诸侯于明堂之卦。《鲁世家》云："周公卒后，秋未获，暴风雷雨，禾尽偃，大木尽拔。周国大恐。成王与大夫朝服以开金縢书，王乃得周公所自以为功代武王之说。二公及王乃问史百执事，曰：'信有，昔周公命我勿敢言。'成王执书以泣，曰：'自今后其无缪卜乎！昔周公勤劳王家，惟予幼人弗及知。今天动威以彰周公之德，惟朕小子其迎，我国家礼亦宜之。’王出郊。天乃雨，反风，禾尽起。二公命国人，凡大木所偃，尽起而筑之。岁则大熟。于是成王乃命鲁得郊祭文王。鲁有天子礼乐者，以褒周公之德也。”此古文《金縢》说。夫风雷之变，天之所助者，顺也。史言公命人之所助者，信也。成王感风雷而后能履信，思乎顺乃命鲁得郊，此王之尚贤也。非周公之心，即为小人之僭，而弗克享矣。爻位三为三公，上为宗庙，于三公言用享，可以明周公之得祖天子于宗庙。爻言“自天祐之”，可以明鲁之郊祭为天之所祐也。僖廿五年《左传》，遇公用享于天子之卦，战克而王飨，吉孰大焉，以享为宴飨。此占者随文以断吉凶，非爻之正义也。《损》“二簋可用享”，《随》上六“王用亨于西山”，《益》六二“王用亨于帝”，《升》六四“王用亨于岐山”，凡言“亨”者皆指祭祀。则《大有》九三自同，干宝以为享宴，王弼以为元亨之亨，皆非。(《过庭录》卷一《公用亨于天子》)

尽管此前学者已有联系上古史解读“公用亨于天子”的做法，但一般不像宋氏这般言之凿凿，即把爻辞所指与周公辅政的历史事件直接关联起来。可是，宋氏虽然以文字考释、经籍内容、传注材料等作为依据，但其间之疏漏、牵强在所难免。尤其是在缺乏第一手证据的前提下，他的解读恐怕只能视为一家之言，于古于今皆不能打消人们对其释证方法与结论的质疑。

从上述事例和宋氏易著中的援史入易材料来分析，他的解读主要是根据其春秋学的思想观点与方法，而非广泛引取史实。这一做法，实际上与前文所言借考释以恢复《易经》文本与推崇古文易学有所不同。宋氏的春秋学受到了庄氏一派的直接影响，主张今文经学，发公羊之蕴义，阐古圣之妙理。他顺应了清中后期今文经学时兴的学术嬗变趋向，不仅在易学研究中践行庄氏学的主张，也将其拓展到四书学及其他经典的解读之中。客观地说，其援史入易的释证固然有可以商榷之处，然不无启发意义。看到易学与史学的密切联系、经与经之间的内在勾连，并大胆提出设想论证，无疑值得后人学习。

（三）微言幸未绝

“道”是中国哲学最重要的范畴之一。在学术史上，儒、道诸家皆曾对“道”之内涵予以多番论说。然而，因乎两派之价值观念、学术观点存在深层差异，故二者相互攻讦往往异常激烈。宋翔凤解“道”字曰：

> 道者，人之所由也。常道者，不可变易。所谓民之秉夷也，不可变易之道。命乎天，率乎性，而不可须臾离，是之谓常道。《中庸》记曰：“天下之达道五，所以行之者三。曰：君臣也，父子也，夫妇也，昆弟也，朋友之交也；五者，天下之达道也。知、仁、勇三者，天下之达德也。所以行之者一也。”郑注云，达者，常行百王所不变也。是知常道即达道也。五常之道，实生于天地之始，非人之所设，故曰命曰性。性命之精，藏于无而见于有，原其始而要其终，天下由之，百姓由之，而莫穷乎道之量，是之谓不可道。（《过庭录》卷十三《老子》）

在现代哲学观念下审视，老子所谓的“道”具有本原、本体、规律等多重抽象含义，自然不像宋氏理解的那样指社会之人伦常道。其实，宋氏乃借题发挥，把儒家和道家的思想在社会性的层面上拉近一步，以弥合其间的思想距离。在强调“道”之人伦常道意义的同时，他也不否认“道”的先天性。借用《中庸》的表达，道最初使“万物育焉”，而万物不可无序相害，必率之以性，约之以“中节之和”，方能使天地得位、万物并育。

整合文献、阐述其间的意义联系以证明儒道思想的可通约性，尚不足以完全揭示宋氏的学问理路。他还要为二者找到共同的思想发端。他认为，圣人欲言中和天地万物之道，故造字正名以教化百姓，“盖有字而后有道之名。无名者，未有文字之前也。《说文解字》曰‘惟初大始，道立于一。造分天地，化生万物’，即无名天地之始也。字始一终亥，一生二，二生三，三生万物，坤为母为地，至哉坤元，万物资生，故云万物之母，此首坤之义也”（《过庭录》卷十三《老子》）。由此，宋氏根据孔子言乾坤、许慎《说文解字》及老子之说提出“文字造而归藏出”的观点，并论证“归藏为黄帝易”：

> 孔子以坤乾之义赞《周易》，故曰玄圣。庄子曰“夫虚静恬淡，玄圣素王之学也”。于《易》为玄圣，于《春秋》为素王。《典引》先命玄圣，使缀学立制。善曰，玄圣、孔子也。又引《春秋孔演图》曰元丘制命，帝如行也。是《归藏》之道，即玄圣之道也。汉儒扬雄述《太玄》，首中，准中孚；次周，准复。中孚，坤十月之弟六候也。《归藏》虽曰首坤，不必如《周易》必以乾之卦画居前。《太玄》中之二八言玄黄，五六言日月。坎离之战，玄黄之合。《周易》坤之象于中见之，故卦气起中孚，即首坤之义，其义则备于《太玄》。凡孟喜、京房、扬雄之学，皆归藏之学。雄所谓“玄”，本于老子，非雄自创也。（《过庭录》卷十三《老子》）

宋氏此论,先后从道家、儒家两方面入手,论证老子的学说是首坤之学,扬雄之学则本于老子。由此可知,儒、道两家原本你中有我、我中有你。尤有进者,无论老子还是古文易学,皆从黄帝《归藏》演化而来。因此,《周易》、老子和早期儒家思想乃同源互通的。据此,宋氏解"玄之又玄,众妙之门"曰:"盖坤象既立,而后乾入坤出震之道乃见。玄者,天德必入坤出震,玄德乃见。故《周易》于坤上六乃有玄黄之名。入而后出,故曰'玄之又玄,众妙之门'。即《系辞》所谓'成性存存,道义之门'。《易》以坤成乾之性,乾元常存,道义出焉。乾为道门,坤为义门。道义为众妙所存,故曰众妙之门也。"(《过庭录》卷十三《老子》)

既然《归藏》是儒家、道家、易学共同的思想源头,则宋氏理应阐明《归藏》与《周易》的关系。不过,他似乎刻意回避了这一问题。值得注意的是,宋氏关于《归藏》的论说中有一些颇具个人色彩的表述,或许可以侧面反映他对《周易》的认识和思想的某些变化,如论《老子》"故常无欲以观其妙,常有欲以观其徼"一语云:"苟能观其性于动静死生之际,平其欲以得好恶之中,使反躬而复性,故性本于天则无欲,性感于物为有欲。无欲有欲两者,即一性之动静,故曰'同出而异名'。《易》乾为性,坤为欲,故首言欲,以明首坤之义。"(《过庭录》卷十三《老子》)又如讨论《乐记》"人生而静,天之性也"一段时说:

> 人生而静,谓常无欲。所谓无欲故静。感于物而动,谓常有欲。又曰:"物至知之,然后好恶形焉。好恶无节于内,知诱于外,不能反躬,天理灭矣。夫物之感人无穷,而人之好恶无节,则是物至而人化物也。人化物也者,灭天理而穷人欲者也。于是有悖逆诈伪之心,有淫泆作乱之事,是故强者胁弱,众者

暴寡，知者诈愚，勇者苦怯，疾病不养，老幼孤独不得其所。此大乱之道也。”（《过庭录》卷十三《老子》）

宋氏的人性论思想与程朱相类，他一面认为乾、坤具有性、欲的分别，一面秉求去欲存理。问题在于，《归藏》以坤为首，是否与儒家去欲复性的观念相悖？对此，宋氏解释道：“谓性本于天，有动静而为无欲有欲之异名。知有欲之有究极，而后知无欲之存于微眇，反其所从出之始。”（《过庭录》卷十三《老子》）此间，宋氏的解释不似其性欲之辨那样立场鲜明，更像是为人欲提供一种合理的解释，即本自于天。由此可知，宋氏的性欲观仅仅是为防止欲望横流设置了理论上的闸门，与宋儒的理欲之辨并不等同。

此外，在治国思想方面，宋氏认为老子之书阐明了黄帝无为自然的治理思想，其与《礼记·礼运》所谓的“大道之行”及孔子定六经倡导文、武、周公之治的救世目的是一样的，故“黄老之学与孔子之传相为表里者也”（《过庭录》卷十三《老子》）。显见，宋氏对老子和儒家并没有非彼即此的对立态度，而是予以调和，甚至认为二者只是同归殊途、思考进路不同而已。如在治国方面，宋氏据《汉书·艺文志》言道：

“道家者流，盖出于史官。历记成败存亡祸福古今之道，然后知秉要执本，清虚以自守，卑弱以自持，此人君南面之术也。合于尧之克让，易之嗛嗛，一谦而四益，此其所长也。及放者为之，则欲绝去礼学，兼去仁义，曰独任清虚可以为治。”此见老子之言，皆人君南面之道。《论语》称“为政以德”，又言“道之以德，齐之以礼，有耻且格；道之以政，齐之以刑，民免而无耻”，又言“无为而治者，其舜也与？夫何为哉？恭己

> 正南面而已矣”，皆同于老氏之旨。其云“绝圣弃智，民利百倍。绝仁弃义，民复孝慈”，即《论语》“民可使由之，不可使知之”之谓，非真绝去礼学仁义，如后世道家之言也。（《过庭录》卷十三《老子》）

依他之见，老子之书在汉代以前也被奉为经书。班固《艺文志》所载《老子邻氏经传四篇》《老子傅氏经说三十七篇》《老子徐氏经说六篇》等，皆为传授老子学说者。老子道家的史官身份，使其在记录历史史实的同时也总结了历史教训，通古今成败之道。在宋氏看来，老子“清虚自守”“卑弱以自持”的思想与《周易》崇“谦”的观念相合，后世儒者目为异端的“无为”“绝圣弃智”“绝仁弃义”等思想亦与《论语》所言并无二致。

宋翔凤论述老子思想的文字虽不甚多，却充分体现了他在会通儒道上所作的努力。时至今日，他提出的许多具体思想依然可资借鉴。宋氏的学问曾被龚自珍等人大加推崇，不单是因为他在经学、儒学方面取得的成就，亦与其博涉诸子、精于辞章有关。观宋氏文集、笔记可见，他对鬻子、老子、墨子、《管子》、《吕览》皆有不同程度的关注，尤其在《老子》思想的理解上多与《四书》《周易》互释通读，代表了清代中后期学术转型的重要面向。

宋氏生于乾隆后期，卒于咸丰年间，寿龄较长。从社会历史的角度说，他的一生正是清代由康乾盛世转向衰败，大厦欲倾之时；就学术发展而言，宋氏既受到乾嘉学派的深刻影响，又处于乾嘉学术嬗变与新学术方向抬头的交变时期。具体地说，乾嘉学术在各种历史条件下促成了一代学风，产生了大批的优秀学者和著作。但任何学术既有由发端走向成熟的过程，也会在新环境中不能适应或被其自身模式限制，从而酿生出新的学术面向。嘉道时期，大清国运转下，社会问题长期积累，庞大、专制、臃肿、鄙陋的政府逐渐丧失其变革的活力，加上国外科技、经济、文化的输入，帝国危机终于在1860年彻底爆发；学术文化上，由文字通向经学的研究模式，以文献考释、校订、辑佚为主要形式的书斋生活皆不被时代所允许，文化、思想界也必须为社会找出问题的根结，并提出解决的办法。宋翔凤的主要生活经历虽然是在1860年以前，但他一方面承继乾嘉学术，毕力专研古文易学，一方面辨古而知今，又在庄氏今文学的熏染下走上了今文学的研究道路。或许是循规蹈矩的考释在新问题面前略显无力，今文学在一定程度上符合了社会历史文化对学术研究的需要，以致庄氏及其后学刘逢禄、魏源、龚自珍等人均曾大力提倡。此外，儒家的思想资源面对新的历史问题已显得捉襟见肘，尽管外来科技、文化的影响尚不算大，但已在思想层面上触动了一些开明的士大夫和知识精英。于是，他们把目光转向了儒家以外的传统学术。此外，明末发轫的儒、释、道三教合流之风也为这一趋势不断推波助澜。

特殊的历史时期，决定了宋翔凤学术的若干转向与特点。但我们毕竟不能脱离学术思想和著作本身对其予以公允评价。平心而论，宋氏在打通《春秋》与《周易》、老子与儒家时所给出的论据、论证和结论都略显草率。因而，后世学者的称赞大多还是着眼于其考释功绩，如张之洞《书目答问》称宋翔凤是“笃守汉人家法，实事求是，义据通深”①的汉学家。钱穆先生则看到了宋氏学术的变化过程：“晚年编《过庭录》，又深推两宋道学，以程朱与董仲舒并

① 〔清〕张之洞撰，范希曾补正，徐鹏导读：《书目答问补正》，上海古籍出版社2001年版，第260页。

尊，盖几几泯汉宋之见焉。”①

结　语

综上可见，朱骏声、李富孙、宋翔凤等人的易学虽不尽相同，但在训诂领域皆多有贡献。这一点，无疑与当时盛行的汉学之风密不可分。另一方面，三人在象数诠解、义理阐发方面皆疏于创见。这一点，又与惠栋、焦循、姚配中等人明显有别。这提示出，乾嘉时期的易学亦须具体分析，不可一概而论。

① 钱穆：《中国近三百年学术史》，商务印书馆 1997 年版，第 586 页。

第四编
晚清汉易的衰落与象数学的转型

第一章　丁晏汉宋兼采的易学

丁晏(1794—1875),字俭卿,亦字柘唐,一作柘堂,别署柘翁、俭翁、淮亭,晚号石亭居士,书斋名颐志斋、六艺堂等,清代经学家,江苏山阳(今淮安)人。性嗜典籍,勤学不辍,九经皆能成诵。嘉庆中,漕督阮元试士于书院,以汉易十五家发策,无有能通其论者,惟丁晏洋洋洒洒万余言,条分缕析,博而有要。丁晏兼通史事,经世优裕,尝在籍办堤工,司赈务,修城府,浚市河,有功乡里。咸丰壬子(1852),太平军蔓延大江南北,两江总督檄行府县兴团练,广积贮,为守御计,以先生主其事。旋为疾者所纠,议遣戍,损缴台费获免。庚申(1860),捻军扰淮安北关,号召练勇,分布要隘,城赖以全。随叙前绩,由侍读衔内阁中书加三品衔。光绪元年(1875)卒,年八十二。

丁晏覃精研思,诸经皆有撰述,于易学颇有造诣。《清儒学案·柘唐学案》载:"晚年治《易》,尤嗜《程传》,为《述传》一书,于治乱消长,独见征兆,而不杂以空疏无当之辞,最得汉经师遗意。论者谓道咸以来,惟柘唐为能以汉学通宋学焉。"其易学著作除《周易述传》,另有《周易解故》一卷、《易林释文》二卷、《易经象类》一卷、《周易讼卦浅说》一卷。《周易述传》《易经象类》等书虽为引证之作,但疏证、案语中着实不乏个人见解。

一、《易》之为书，比物连类，象类分焉

丁晏早年尊奉汉易、重视象数。其《易经象类·自叙》开宗明义，把象视为《易》之根本：

> 《易》之为书也，比物连类，而象类分焉。故《传》曰："本乎天者亲上，本乎地者亲下，则各从其类也。方以类聚，物以群分。以通神明之德，以类万物之情。"《传》曰："乃与类行，类族辨物，于稽其类，其称名也小，其取类也大。引而伸之，触类而长之，天下之能事毕矣。"①

在丁晏看来，《周易》是效法自然而作，自然包罗万象，则《周易》也相应含有不同种类的象。通过归纳、类比，将相同性质的事物联系在一起，就产生了易象。关于易象与物象的关系，《系辞传》曰："夫象，圣人有以见天下之赜，而拟诸其形容，象其物宜，是故谓之象。""易者，象也。象也者，像也。"《易传》此语既揭示了易象与物象的区别，也点出了二者的内在联系。物象是客观事物及其外在形象，易象则取法于物象，并用卦爻画象征符示之。丁晏认为，《周易》是一部象书，因而他坚决反对离象谈《易》的做法。《易经象类·自叙》曰："汉儒皆言卦象，虞氏易兼取旁通，自王辅嗣出悉举而空之，然《说卦传》皆言卦象，圣人之说如此，象其可废乎？"

《易传》曰："方以类聚，物以群分，吉凶生矣。""其称名也小，

---

① 〔清〕丁晏：《易经象类·自叙》，《续修四库全书》第31册，上海古籍出版社2002年版。下引此书只注书名。

其取类也大。”事实上,《周易》之象所系卦爻辞多是对重要历史事件的归纳总结,蕴含着丰富的历史经验。当这些历史经验固定地与某一卦、某一爻结合在一起时,就会上升为一种特定的“象类”。“象类”一词,见于《左传·昭公二十五年》所载子产之言“雷震电曜,天之威也,圣人作刑戮以象类之”。雷震电闪是自然现象,刑戮罪人则是社会行为。但古人善于举一反三、触类旁通,从自然现象中类推出治理社会的道理。雷震电闪似上天威怒,令人畏惧,与用刑罚诛戮罪人可以类比。这种通过观察某种客观事物形象及其内在规律,并以分析综合、类比推理等手段认知其他事物的思维方式,可以称为象类思维。而《周易》一书,即象类思维的集中体现。因此,丁晏非常重视以象类思维把握《周易》。他对《周易》文本涉及的卦象进行了系统的整理,将其归纳为纲常类、家国类、动物类、身体类、品性类、岁时类、器用类、人道类、地理类、师田类、仕途荣辱类、人事类等各类易象。纲常类如帝、王、公、侯、君、大人、君子、幽人、王母(祖妣)、长子(小子)等;家国类如邑、国、家、田等;动物类如虎、马、牛、羊、豕、隼等;身体类如心、首、腓、股、拇、角、尾、趾、辅、血、肤臀等;品性类如跛履(眇视)、初(原)筮、由豫(颐)、甘临(节)、频复(巽)、冥豫(升)、休否(复)、敦临(复)、鸣谦(豫)、童蒙(观)等;岁时类如三(三岁、三日)、七日、十年、几望、日中等;器用类如金铉(金柅、金矢、金车)、缶、簋等易象;人道类如成有渝(官有渝)、不孕(育)、来兑(来复、来章)、需于郊(同人于郊)、否之匪人(比之匪人)、受其福、先号咷而后笑(先笑后号咷)、帝乙归妹、拔茅茹以其汇、舍尔灵龟(益之十朋之龟)、利西南不利东北(西南得朋,东北丧朋)、老夫得其女妻(老妇得其士夫)、畜妾、有他、取女、舆脱辅、王假有庙(朝)、富以其邻、同人于门(不出门庭)、利用宾(不利宾)、利涉大川等;地理类如丘、陵、泥、穴等;师田类如次、床、雨、车、资斧等;仕途荣辱类如含章、包蒙(包荒、包羞)、利用禴、大小、上下、誉、有功等;人事类如遇、食、处、允、迟、系、戒、实、恤、终、眚、有言(执言)、即命(赐命、有命)、喜、疾等。综上可见,丁晏对易象的分类大致涵盖了《周易》经传所涉自然、社会、人生的各个方面。不过,需要指出的是,这种归纳虽然为把握易象提供了便利,但不过是对元儒胡一桂、吴澄之研究方法的重复而已。

丁晏沿续了乾嘉易汉学的传统,广泛运用旁通、互体、之正等象数体例解《易》。旁通之例,如解《师》上六、《履》六三、《临》六五、《复》上六、《小过》六二之"君"字。他引《师》上六虞翻注文"《同人》乾为大君",然后案曰:"《师》与《同人》旁通,《说卦传》:'乾为君。'"(《易经象类》)互体之例,如解《师》六五、《恒》九四、《解》九二、《巽》六四之"田"字。"坤为地,故为田。《说卦传》:'以佃以渔,盖取诸《离》。'《释文》:'佃本亦作曰田,佃与田同。'《解》二至四、《巽》三至五皆互离象。"(《易经象类》)之正体例,见于《坤》《蛊》《大过》等卦:

《坤》四,虞曰:"二多誉而远在四,故无誉。"

《蛊》五,虞曰:"誉谓二也,二五失位,变而得正,故用誉。"

《大过》五,虞曰:"阴在二,多誉,今退伏初,故无誉。"

《丰》五,虞曰:"誉谓二,五发得正来应二。"

《旅》五,虞氏亦谓:"二来应五。"

《系辞传》曰:"二与四同功而异位,其善不同。二多誉,四多惧,近也。"(《易经象类》)

此外,丁晏也继承了汉儒基于《说卦》之象拓展"逸象"的取象方法。如释《益》六二"王用享于帝"之"帝"及《大有》九三"公用亨于天子”之“天子”时，丁晏说：“《说卦传》：‘帝出乎震。’故震称帝。”（《易经象类》）又如，他在解释《坤》六三、《讼》六三、《师》九二、《比》九五、《随》上六、《观》六四、《离》上九、《家人》九五、《升》六四、《井》九三诸爻爻辞之“王”字时说：“《说卦》：‘乾为君。’故为王也。”（《易经象类》）

二、《易》本象数，象数不可知，以义理知之

尽管丁晏秉承了汉学注重象数的传统，但他并未因此忽略义理。《周易解故·自序》云：“《易》本象数，象数不可知，以义理知之，数奇而理正也。”“虚离义理而言数，其失也。”①又云：“言象数而不本于理，则皆说《易》者之过也。”依他之见，《周易》是一部象类之书，易道因象而显，但脱离义理、只言象数的做法实不可取。尤其是象数方法不能解释充分时，则须阐明义理。因此，他一面广采汉易成说，一面又服膺程颐《易传》。

丁晏曾泛滥旁求诸家易学，六十以后笃嗜《程传》，作有《周易述传》。所谓“述传”，即述《程氏易传》。在他看来，汉易与王弼各有偏失。前者多言象数，不重义理；后者义理甚精，象数未详。唯程子《易传》，明于政治得失之原，切中身心日用之要，与孔子之旨一脉相承，故学圣人之《易》，舍程子便无从入门。其《周易述传·自叙》言道：“《周易述传》述王公程子之传也。自汉以来，言《易》者习于象数，魏王辅嗣出廓而清之，发明义理，虽多名言，无裨实用。惟程子一本《十翼》之传，畅其旨归以明

① 〔清〕丁晏：《周易解故》，《续修四库全书》第31册，上海古籍出版社2002年版。下引此书只注书名。

圣人之道。”①他认为，程颐易学以《易传》为准，既不从周敦颐“无极太极”之说，亦不取陈、邵河洛先天之学。学者读之，即能明晓圣人作《易》之旨而不流于术数。朱子《本义》之所以专言象数，乃因《程传》义理已然完备，无需重复。所以，学者研《易》绝不可专习《本义》而忽略《程传》。“愚初读《本义》，专言占筮，于《易》义未尽详也。后读《程传》，旁通曲鬯，昭若发蒙，乃知朱子《本义》以程子义理已备，不复更详，而后人专习《本义》，不能遍观《程传》，岂朱子之意哉？”（《周易述传》）

基于这一识见，丁晏又继承了程颐以乘承比应等爻位体例来阐发人事之理的解《易》路数。如解《临》六五曰：“五以柔中之德任九二刚中之贤，虚己下人，不自用其知，所以为知临也。”（《周易述传》）《临》卦五爻为阴、二爻为阳，阴柔阳刚。六五以柔中之德应九二刚中之德，象征居尊位者任用贤能而非刚愎自用，故曰“知临”。由此可见，丁晏以爻位解说《周易》的目的，在于表达自家所体认到的关于国家、社会和个体人事的天理。同程颐一样，他把《周易》六十四卦视作不同的“时”，爻则符示处于其中的人或事物，进而抒发在国计民生、政事方略、教化伦理、个体修养等诸多论域上的个人见解。更需说明的是，丁晏注《易》并非逐字逐句式的训诂，而是以义理诠释的方式展开的。换言之，他将卦爻象辞作为一个整体来考虑，旨在解读其中蕴含的微言大义。这与训诂注疏式的解《易》方式明显不同。其之所以如此，不仅是受到了程颐易学的影响，更与丁晏本人的经学取向密切相关。“窃谓为学之道莫先于读经，读经之法莫先于读注疏。注疏之学，

① 〔清〕丁晏：《周易述传》，《续修四库全书》第31册，上海古籍出版社2002年版。下引此书只注书名、卷数。

朱子教人之学也。”[1]丁氏虽崇尚汉儒经学，但并不因此掊击宋儒。在他看来，博古考究本身不是目的，音韵训诂亦非单纯追求字词文意，其最终目的乃阐扬大道、追步圣人。因此，汉宋之争纯属门户之见。汉儒正其诂，诂正而义以显；宋儒析其理，理明而诂以精。表现在易学上，则“世之读《易》者必先熟经文”（《周易解故·自序》），且象数、义理、训诂三者缺一不可：“《易》本象数，象数不可知，以义理知之，数奇而理正也；义理不可见，于训诂见之，义微而诂显也。离训诂而言理，其失也；虚离义理而言数，其失也。”（《周易解故·自序》）

三、丁晏易学与汉宋兼采之风

自乾嘉始，经学领域的汉宋之争便未曾止歇。两派学者皆因其深峻的门户意识，相互攻讦、辩难不休。乾嘉时期，尊汉抑宋者居于主流，他们相信汉人去古未远，较之空凭胸臆的宋儒更能贴近圣人之意，故其经义抉择多从汉注而废弃宋说。及至道咸时期，情况渐渐发生了变化。总体而言，从考据之学走向经世致用成了此一时期的学术趋势。王国维先生曾将清代各个时期的学术特点概括为“国初之学大，乾嘉之学精，道咸以降之学新”[2]。这种学术思潮的转变，与清政府的文化政策和当时内忧外患的社会背景密切相关。乾嘉二朝，因乎清廷的文化高压政策，绝大多数学者埋头于经典考据，致使清初儒学原本的致用精神丧失殆尽。然而，晚清内

① 〔清〕丁晏：《读经说》，《丛书集成续编》第15册，台湾新文丰出版公司1988年版。下引此书只注书名。

② 王国维：《观堂集林》卷二十三《沈乙庵先生七十寿序》，中华书局1959年版。

忧外患的现实,又不断促使经世思潮趋向高涨。乾隆六十年(1795),湘黔苗民和川陕白莲教大起义的爆发,给康乾盛世划上了一个惨淡的句号,清朝历史由此滑向嘉道以降的"衰乱之世"。内忧外患接踵而至,社会积弊丛生。伴随着世运潜移,学术思潮也发生着剧变。盛极一时的考据之学逐渐衰落,沉寂百年之久的淑世精神再度昂扬且蔚然成风。相应地,经学研究也在同步发生着变化:一是考证与经世的结合渐趋紧密;二是经学家不再严守今古文界限及门户家法,兼重考据与义理,故而对宋学的评价普遍上扬。其中,一部分朴学家对宋学成就予以明确肯定,甚至称引宋儒之说解释经义,从而形成了汉宋兼采的治经之风。

在此宏观文化格局下形成的丁晏易学,受到了时代学风的深刻影响。丁氏早年宗奉汉学、勤于考据,且对宋学态度相较优容,后期则走上了兼综汉宋的学术道路。其易学不乏独到之处。首先,他博汲前人成果,广采各家注疏,并予以梳理、比较,力图得到更为确切的解释。如其所言:"无论其为汉易、为魏易、为宋儒之易,观其会通,探其旨要,门户之见所以不可存也。"(《周易解故·自序》)他以《易传》为根据,既引郑玄、马融、虞翻等汉儒易说,又取王弼注和《程氏易传》,最后以案语的方式明抒己见。

其次,丁晏极力摒弃伪说。"若夫《易》有子夏伪传、郭京伪本,《书》有梅赜伪古文,《诗》有子贡、申培伪说,《论语》有孔安国伪注、皇侃伪疏,《孝经》有伪古文、伪孔传,《大学》有伪魏石经,皆屏而不取。"(《读经说》)他说:"考其文字则取许慎、陆德明、张参、元度之书,正其音韵则取贾昌朝、吴棫、陈第、顾氏之书,凡以发抜羽翼不主偏隅,盖必如是而后注疏可通、经学可明也。而又纬之以精思,察之以平心,求之以实事,极之理明义精、躬行心得。经学明则士品端,士品端则官方正,学校之兴、人才之盛其必由此矣。岂徒为章句之学云尔哉？”（《读经说》）在案语中，丁晏反驳了前人的部分注解，并由此阐发义理。晚年虽服膺《程传》，却非一概盲从。如《小过·象》曰“有飞鸟之象焉”，《程传》以为不类，丁晏则引证古本以证明《象传》并非误入；又如，《程传》认为《大过》上六爻辞“过涉灭顶凶，无咎”之“过涉”是指履险蹈祸之小人，《本义》则解作杀身成仁之君子。丁晏曰：“《九家易》谓不义则争之，若比干谏而死。辅嗣谓虽凶无咎，不害义也，过涉如后汉范李之祸。上六居无位之地，如郭泰、申屠蟠斯可矣。道贵得中，过中则失，圣人虽不责其咎，而亦未尝不戒其凶也。”（《周易述传》卷一）比干、郭泰、申屠蟠皆杀身成仁者，即丁氏从《本义》之说。由此可见，丁晏绝不刻意专主一家，而是依经传本意裁夺众说。

当然，丁晏易学的缺陷也在所难免。潘雨廷先生在《读易提要》中指出：“若朴学之可贵者，能核实资料。虽不乏卓识者，惜文献残缺，知史而未知哲者亦大有其人。故以易道论，知古而能出入者殊未多得，由是易道之晦其来已久。清易之著作数量最夥，虽不乏有真知灼见者，然大半皆陈陈相因，人云亦云，整个学术界陷入今古文之争，其何以知时。”①事实上，“知史而未知哲”的问题在丁晏易学中不无体现。《程传》间引史事证经，《周易述传》则泛滥于史事。如解《师》九二“王三锡命”引淮阴侯登坛拜大将之事；解《履》六三“眇能视，跛能履”引周恭叔早岁登科，娶已聘瞽女之事；解《大有》九三“公用亨于天子”引表忠观碑钱镠之事；解《临》六三“甘临”引李林甫口蜜腹剑之事；解《离》六五“出涕沱若”引曹丕受禅抱辛毗颈之事；解《恒》上六“振恒”引韩世忠退居湖上之事。上述史事虽对发挥《程传》有所助益，但就经义解说而言未必恰当。

① 潘雨廷：《读易提要》，上海古籍出版社2003年版，第16页。

另外，尽管丁晏试图兼顾汉宋易学、无所偏废，但其汉易研究多因循前人而无甚创见，《续修四库全书总目提要》曰："今覈其所作，盖自坿于识小者，而辗转贩鬻，无异于攘窃他人，晏亦不免此病也。"

结　语

即便存在一定局限，但丁晏对《易》义的发挥确有精善之处。其易学汉宋兼修，长于训诂，旁征博引，辨析群疑，讲求经史，归于实用，诚有时人所不及者。作为学者，他毕生尊德道学，得志时不负所学，慨然有志于时，不得志则闭户穷居，不以贫贱而改行的精神尤其值得敬佩。

第二章 俞樾会通汉宋的象数易学

俞樾(1821—1907),字荫甫,浙江德清人。曾在苏州马医科巷购地建宅,题名曲园,自号曲园居士。晚清著名文学家、教育家、书法家。道光三十年(1850)殿试以“花落春仍在,天时尚艳阳”一诗博得阅卷官曾国藩的赏识,列部试第一名,与李鸿章同科进士,授翰林院庶吉士,后历任翰林编修、国史馆协修、河南学政。咸丰五年(1856)出棚考试,后御史曹泽弹劾其出题试士割裂经文,故被革职。后时任江苏巡抚的李鸿章聘其担任苏州紫阳书院主讲,晚年讲学于杭州诂经精舍、菱湖龙湖书院、上海诂经精舍、德清清溪书院、长兴箬溪书院等地。

俞樾“为学无常师,左右采获,深疾守家法”。撰著颇丰,代表作品有《小浮梅闲话》《右台仙馆笔记》《茶香室杂钞》等,后辑为《春在堂全书》500 卷。其《论语》《春秋》学多得自宋翔凤。“先是浙江治朴学者,本之金鹗、沈涛,其他多凌杂汉宋。邵懿辰起,益夸严。先生教于诂经精舍,学者乡方,始屯固不陵节。同县戴望以丈人事先生,尝受学长洲陈奂,后依宋翔凤引《公羊》致之《论语》,先生亦次何邵公《论语义》一卷。始先生废,初见翔凤,言《说文》始一终亥即《归藏经》,先生不省,然治《春秋》颇右《公羊氏》,盖得之翔风云。”①同时亦秉承高邮王氏的朴学学风,“最先著《群经平议》,自谓窃附《经义述闻》之后;又著《诸子平议》,校正误文,发明古义,则继《读书杂志》而作。又以周、秦、两汉至于今远矣,执今人寻行数墨之文法而读周、秦、两汉之书,执今日传刻之书而以为古人之真本,此疑义之所日滋;因刺取九经、诸子,为《古书疑义举例》七卷。为例八十有八,每条各举古书数事,使读者习知其例有所据依,盖小变《经传释词》之例而推衍之”(《清儒学案·曲园学案》)。尤精易学,“所著《易穷通变化论》,以虞氏之旁通行荀氏之升降,力辟焦循先以本卦相易之谬,其说最为精确。又著《卦气直日考》《卦气续考》《邵易补原》《互体方位说》,皆得先儒说《易》之要。若《艮宧易说》则不离乎训诂之学,《易贯》则发明圣人观象系辞之义,《玩易》五篇则自出新意,不专主先儒之说”(《清儒学案·曲园学案》)。

一、“穷通变化”说的推出

《杂卦》曰:“既济,定也。”“未济,男之穷也。”按照俞樾的理解,“既济定”是指《既济》卦六爻皆正,即阳爻居阳位、阴爻居阴位;“未济男之穷”是指《未济》卦六爻皆不正,即阴爻居阳位、阳爻居阴位。他说:

> 《易》之大义归于《既济》,定而已。六十四卦为三百八十四爻,初九、九三、九五、六二、六四、上六,阴阳得正者一百九

① 章太炎:《俞先生传》,见杨向奎:《清儒学案新编》(五),齐鲁书社1994年版,第513页。

> 十二爻；九二、九四、上九、初六、六三、六五，阴阳失正者一百九十二爻。得正则定矣，所谓“既济，定也”；失正则宜化不正为正，然后可以定。①

得位者定，不得位化为得位亦定。由此引申出“通”和“穷”：

> 故于旁通之卦彼此互易。如以此卦之二易彼卦之五，则即以彼之五爻为此之二爻；如以此卦之五易彼卦之二，则即以彼之二爻为此之五爻。初与四、三与上亦然。然此一百九十二爻中，阴遇阳，阳遇阴，可得而易者九十六；阳遇阳，阴遇阴，不可得而易者亦九十六。可得而易，斯谓之通；不可得而易，斯谓之穷。《系辞传》曰：“往来不穷谓之通。”然则往来不通谓之穷矣。（《易穷通变化论》）

俞樾认为，若旁通两卦失位六爻存在卦间应位关系，即此初彼四、此二彼五、此三彼上，则可以互换，此谓“通”。如《乾》二、四、上失位，《坤》初、三、五失位，则乾二与坤五、乾四与坤初、乾上与坤三可以互易，即《乾》之二、四、上通，《坤》之初、三、五通。“可得而易，斯谓之通”，即“往来不穷谓之通”；反之，若旁通卦组失位之爻不存在卦间应位关系，则不能互换，此谓“穷”。“不可得而易，斯谓之穷”，即“往来不通谓之穷”。例如，《同人》《师》旁通，《同人》四、上失位，初、二、三、五得位，《师》初、二、三、五失位，四、上得位，则《同人》四与《师》初、《同人》上与《师》三可以互易，即《同人》之四、上

① 〔清〕俞樾：《易穷通变化论》，《春在堂全书》第三册，凤凰出版社2010年版，第355页。下引此书只注书名或篇名。

通,《师》之初、三通。《师》二与《同人》五、《师》五与《同人》二不可易,即《师》之二、五穷。又如,《恒》《益》旁通,《恒》初、二、四、五失位,三、上得位,《益》三、上失位,初、二、四、五得位,旁通两卦失位六爻无卦间应位关系,则《恒》之初、二、四、五穷,《益》之三、上穷。同理,《既济》《未济》旁通,《既济》六爻皆定,《未济》六爻皆不定,则《未济》六爻皆穷。在此基础上,俞樾对三十二组旁通卦的定、不定、通、穷进行了统计:"以三百八十四爻观之,定者半,不定者半。以不定之一百九十二爻观之,通者半,穷者半。"(《易穷通变化论》)

进而,俞樾以《易传》"物不可穷""穷则变,变则通"为据,提出"变"的思想:"夫物不可以终穷也,于是有变而通之之法,所谓'穷则变,变则通'也,所谓'变而通之以尽利'也。"所谓"变",是指化不正之"穷"为正:

> 何谓变?谓变其阴阳也。变则化矣,化不正以为正者,所谓"化而裁之存乎变"也。二爻穷者,二变而化;四爻穷者,四变而化;六爻穷者,六变而化。(《易穷通变化论》)

俞樾列举了三十七卦由穷而变的情况。以《师》《益》《解》三卦为例:

> 师　初三通同人　成泰　二变成明夷　五变成既济
> 益　三变成家人　上变成既济
> 解　三通家人　成恒　五变成大过　二变成咸　初变成革　四变成既济(《易穷通变化论》)

《师》初三通、二五穷，《师》之初三与旁通卦《同人》之四、上互易则成《泰》。尔后，二爻穷则变而成《明夷》，五爻穷而复变又成《既济》；《益》三、上穷，三变成《家人》，上变则成《既济》；《解》三通、初二四五穷，三通《家人》之上成《恒》，五穷变又成《大过》，二穷变成《咸》，初穷变成《革》，四穷变成《既济》。

综上可见，得正之爻已定，故不可变；不正而通者亦可互易得定，亦无需变，唯穷者用变。概言之，"通于他卦谓之通，不通于他卦谓之穷。穷于他卦而自变其阴阳，化不正以为正，谓之变化"（《易穷通变化论》）。在俞樾看来，通、穷、变是圣人化天下的智慧。"变也者，圣人之所不得已也。其已定之爻，无所用吾变也；未定之爻而有可通，则亦不必用吾变也。穷而无所通，乃不得已而变以求通，此圣人所上以赞天地之化育，而下以左右民也。学者不知穷通之故，安足与言变化之道哉！"（《易穷通变化论》）

尽管俞樾宣称其穷通变化说的理论依据在于《易传》，但事实上，其思想显然是对汉代荀爽的升降说和虞翻旁通说的继承整合。对此，俞氏亦直言不讳："然而欲知穷通，必先知升降；荀慈明谓：'坤五之乾二成离，乾二之坤五成坎。'又谓：'乾二居坤五为含，坤五居乾二为弘，坤初居乾四为光，乾四居坤初为大。'此升降之说也。欲知升降，宜先知旁通。虞氏谓：'比与大有旁通，小畜与豫旁通，履与谦旁通，同人与师旁通。'此旁通之说也。然非旁通，何所施其升降？荀氏升降之说，实已具旁通之说。"（《易穷通变化论》）不仅如此，穷通变化论更是与乾嘉焦循的象数体系极为相类。俞樾承认"焦氏说《易》，独辟畦町，以虞氏之旁通行荀氏之升降，为自来说《易》者所莫及"（《易穷通变化论》），但他认为，焦氏易学之病在于"知通而不知穷"。具言之，约有如下三点：首先，焦循主张旁通两卦失位六爻皆按应位关系两两互换，而无卦间互易的限制条件。如《未济》六爻皆不定，故应“五之二，二之五，初之四，四之初，三之上，上之三”。如此一来，“则《未济》不穷矣”，显然与《序卦》所云“未济，男之穷”一语不符。一言以蔽之，焦氏之误在于“先以本卦相易，本卦无可易，乃始旁通于他卦”；其次，穷通变化宛如异性通婚，焦氏旁通则如家庭内部通婚。“夫阴阳之往来，犹男女之嫁娶也。男女辨姓，故男必娶于他姓之女，女必嫁于他姓之男。荀氏之言升降也，乾二之坤五，坤五之乾二，乾四之坤初，坤初之乾四，譬犹男居女室，女归男家，夫妇之道，嫁娶之礼也。……焦氏不务求之旁通之卦，而先于本卦相易，则是先于一家之中，兄弟姊妹自为配也；至本卦无可易，然后旁通于他卦，是必兄弟姊妹无可配，然后求之他族也。于人道不大悖欤？”（《易穷通变化论》）最后，焦循仅知旁通而不知穷变。“夫既得与本卦之爻相易，又得与旁通之卦之爻相易，则无不可易之爻，故曰未有无所之者，而知有通不知有穷矣。夫有通而无穷，则何所施其变？而圣人通变宜民之道不见矣。愚故本荀、虞两家之说，参用焦氏之例。其通者半，焦氏所知也；其穷者半，焦氏所不知也。”（《易穷通变化论》）

二、“刚柔相易”说与“变卦”说的象数创造

变易是《周易》的重要思想。《系辞传》曰：“《易》之为书也不可远，为道也屡迁，变动不居，周流六虚，上下无常，刚柔相易，不可为典要，唯变所适。”依俞樾之见，所谓“刚柔相易”，并非指爻变、变卦、卦变，而是指“反对”，亦即“覆卦”“综卦”。“不得其义例之所在，则必至于颠倒错乱而不可知。”他指出，一卦反覆为另一卦，其阴阳爻必定发生变化。反之，某卦之初上、二五、三四两两互易，此卦遂成其覆卦。具体而言，“刚柔相易”共有两爻易、四爻易、六爻

易、不易等四种情况。

两爻相易，有初上易、二五易、三四易三种可能。其中，初上易者凡八卦：《剥》《复》、《夬》《姤》、《丰》《旅》、《涣》《节》。如《剥》《复》互为覆卦，《剥》上爻与初爻相易成《复》䷗，《复》䷗上爻与初爻相易成《剥》䷖；二五易者凡八卦：《师》《比》、《同人》《大有》、《咸》《恒》、《损》《益》。如《师》《比》互为覆卦，《师》䷆二爻与五爻相易成《比》䷇，《比》䷇二爻与五爻相易成《师》䷆；三四易者亦八卦：《小畜》《履》、《谦》《豫》、《噬嗑》《贲》、《困》《井》，如《小畜》《履》互为覆卦，《小畜》䷈四爻与三爻互易成《履》䷉，《履》䷉四爻与三爻互易成《小畜》䷈。

四爻相易，有初上与二五、二五与三四、初上与三四三种可能。初上、二五等四爻易者凡八卦：《屯》《蒙》、《临》《观》、《遁》《大壮》、《革》《鼎》。如《屯》《蒙》互为反覆，《屯》䷂初上、二五互易成《蒙》䷃，《蒙》䷃初上、二五互易成《屯》䷂；二五、三四等四爻易者凡八卦：《无妄》《大畜》、《家人》《睽》、《蹇》《解》、《萃》《升》。如《无妄》与《大畜》互为反覆，《无妄》䷘二与五、三与四互易成《大畜》䷙。《大畜》䷙二与五、三与四互易成《无妄》䷘；初上、三四等四爻易者亦八卦：《需》《讼》、《晋》《明夷》、《震》《艮》、《巽》《兑》。如《需》《讼》互为反覆，《需》䷄初与上、三与四互易成《讼》䷅，《讼》䷅初与上、三与四互易成《需》䷄。

六爻皆易者有八：《泰》《否》、《随》《蛊》、《渐》《归妹》、《既济》《未济》。如《随》䷐初上、二五、三四两两互易成《蛊》䷑，《蛊》䷑初上、二五、三四两两互易成《随》䷐。

不易之卦有八：《乾》《坤》、《坎》《离》、《颐》《大过》、《中孚》《小过》。（《玩易篇》）

俞樾特别指出，《需》《讼》、《师》《比》、《同人》《大有》、《泰》

《否》、《晋》《明夷》、《既济》《未济》不仅互为反对,亦互为“两象易”。他认为,《周易》之两象易唯此六组,并不像虞翻理解的那样可以脱离反对而独存。“虞氏知有两象易之说,而不求其义例之所在,乃以《大壮》《无妄》《大过》《中孚》《夬》《履》皆为两象易,然则六十四卦上下两象皆可以随意易置,其何以为圣人之经乎?”

显然,俞樾所理解的“刚柔相易”不同于易学史上的变卦说和卦变说。他曾对虞氏卦变提出批评:“若虞仲翔谓《屯》自《坎》来,《蒙》自《艮》来,既非反对,又非旁通,六十四卦可以随意命之曰是从某卦来,而易道大乱矣。”(《玩易篇》)然而,俞樾并不否认卦之变化。他相信,变卦或称卦变乃《周易》固有之意:“圣人言之矣,‘以言者尚其辞,以动者尚其变,以制器者尚其象,以卜筮者尚其占’。然则变固《易》中自有之义,非占者揲蓍求之而后见也。文王周公之经,孔子之传固亦有及于变卦者,故曰‘坤至柔而动也刚’,非谓其变,而《复》而《临》而《泰》而《大壮》而《夬》乎?安得谓《易》无此义也哉?”(《玩易篇》)需要说明的是,俞樾理解的卦之变化,实为其匠心独具的象数创造。它既不同于爻之阴变阳、阳变阴导致的变卦,也不是某卦因阴阳两爻互易而成另一卦的卦变。俞氏自称,其卦变“皆从八纯卦和八交卦而来”。“八纯卦”,即《乾》《坤》《坎》《离》《震》《巽》《艮》《兑》共八个别卦,“八交卦”则指四组旁通经卦相交所得之卦,即乾坤相交所得之《泰》《否》、坎离相交所得之《既济》《未济》、震巽相交所得之《恒》《益》,艮兑相交所得之《咸》《损》。

俞樾变卦图共分四组。第一组以《乾》《坤》《既济》《未济》四卦为统领,其中《乾》《坤》属纯卦,《既济》《未济》属交卦;第二组以《坎》《离》《泰》《否》为统领,《坎》《离》为纯卦,《泰》《否》为交卦;第三组以《震》《巽》《咸》《损》为统领,《震》《巽》为纯卦,《咸》《损》为交卦;第四组以《艮》《兑》《恒》《益》为统领,《艮》《兑》为纯卦,《恒》《益》为交卦。每组四卦均遵循如下卦变之法:“惟上爻不变,自初至五变成五卦,自二至五变成四卦,自三至五变成三卦,自四至五变成二卦,以五变之又成一卦。”(《玩易篇》)兹以第一组为例:

乾䷀　姤䷫　遁䷠　否䷋　观䷓　剥䷖
　　　同人䷌　无妄䷘　益䷩　颐䷚
　　　履䷉　中孚䷼　损䷨
　　　小畜䷈　大畜䷙
　　　大有䷍
坤䷁　复䷗　临䷒　泰䷊　大壮䷡　夬䷪
　　　师䷆　升䷭　恒䷟　大过䷛
　　　谦䷎　小过䷽　咸䷞
　　　豫䷏　萃䷬
　　　比䷇
既济䷾　蹇䷦　井䷯　坎䷜　困䷮　解䷧
　　　需䷄　节䷻　兑䷹　归妹䷵
　　　屯䷂　随䷐　震䷲
　　　革䷰　丰䷶
　　　明夷䷣
未济䷿　睽䷥　噬嗑䷔　离䷝　贲䷕　家人䷤
　　　晋䷢　旅䷷　艮䷳　渐䷴
　　　鼎䷱　蛊䷑　巽䷸
　　　蒙䷃　涣䷺
　　　讼䷅

由上图可见,无论纯卦、交卦,变化皆得十五卦。四卦共得六十卦,再加统领四卦恰为六十四卦。其余三组概与此同。俞樾强调,八纯卦是体,八交卦是用,二者同时变卦,体现了体用互根的思想:"以图所列观之,八纯卦之中八交卦在焉,八交卦之中八纯卦在焉,体用互根而秩然不紊,窃以竢后之君子备变卦之一义焉。"(《玩易篇》)事实上,俞氏变卦并未止步于此,而是进一步将余下四十八个交卦分为十二组,即《屯》《鼎》《履》《谦》、《蒙》《革》《小畜》《豫》、《需》《晋》《师》《同人》、《讼》《明夷》《比》《大有》、《随》《蛊》《中孚》《小过》、《临》《遁》《噬嗑》《井》、《观》《大壮》《贲》《困》、《剥》《夬》《家人》《解》、《复》《姤》《睽》《蹇》、《无妄》《升》《旅》《节》、《大畜》《萃》《丰》《涣》、《颐》《大过》《渐》《归妹》,并逐一作出变卦图。"若夫不用八纯卦而但以交卦变之则亦各得十五卦,合四卦而成六十四卦,盖亦法象之自然有条而不紊者也。"(《玩易篇》)

不难发觉,俞樾的变卦体系在一定程度上借鉴了京房的八宫易学,即自初至五相继爻变,且不变上爻。但俞樾并不取游魂、归魂,而是分别以二爻、三爻、四爻作为起点,自下而上变至五爻。不仅如此,八宫爻变始于八纯,俞氏变卦则兼取交卦、变卦。就此而言,俞樾的变卦说与京房易学颇有不同,在易学史上可谓独树一帜。

三、汉易卦气说的考辨与修正

卦气是易学与历法结合的产物,它是易学家解说《周易》、建立筮法的重要方法之一。所谓卦气,是指按一定的规律,将《周易》六十四卦、三百八十四爻与一年的四时、十二月、二十四节气、七十二候相配的理论学说。传统观点认为,卦气理论成熟于西汉孟喜。但孟氏著作早已遗失,其卦气思想仅见于唐僧一行《卦议》一文。据后人解释,孟氏卦气包括四正卦、十二消息、六日七分等内容。

京房亦有卦气说，与孟氏六日七分略有不同。“京氏又以卦爻配期之日，坎、离、震、兑，其用事自分至之首，皆得八十分日之七十三，颐、晋、井、大畜皆五日十四分，余皆六日七分。”（《卦议》引《新唐书》卷二十七）汉易著作论卦气最详者莫过于《易纬》。该书不仅论述了《周易》的性质、起源、卦爻结构、易数等问题，更整合了孟、京的卦气和爻辰等象数思想。在《卦气直日考》和《卦气续考》中，俞樾秉承清学方法，以《易纬》卦气说为核心论题，对与汉易卦气有关的一系列问题进行了详细考辨。

“四正卦”说见于《易纬》之《稽览图》与《乾元序制记》。《稽览图》曰：“坎六震八离七兑九。已上四卦者，四正卦为四象。”“冬至日在坎，春分日在震，夏至日在离，秋分日在兑。”《乾元序制记》曰：“坎初六冬至，广莫风；九二小寒；六三大寒；六四立春，条风；九五雨水；上六惊蛰。震初九春分，明庶风；六二清明；六三谷雨；九四立夏，温风；六五小满；上六芒种。离初九夏至，景风；六二小暑；九三大暑；九四立秋，凉风至；六五处暑；上九白露。兑初九秋分，阊阖风，霜下；九二寒露；六三霜降；九四立冬，始冰，不周风；九五小雪；上六大雪也。”后世据《乾元序制记》所载作图如下：

俞樾指出,《乾元序制记》的四正卦说有两点问题:一是与《稽览图》不合。《稽览图》但言“冬至日在坎,春分日在震,夏至日在离,秋分日在兑”,未言“冬至在坎初爻,春分在震初爻,夏至在离初爻,秋分在兑初爻”;二是以四正卦二十四爻配二十四节“跨历两时不得其正”。依他之见,《后汉书·樊英传注》举《七纬》之名而无《乾元序制记》,足以证明此书“乃后人于各纬书掇拾而成”,其说“未足据”。有鉴于此,俞樾将四正卦说订正如下:坎北方卦,值亥子丑三月,自初至上分别配立冬、小雪、大雪、冬至、小寒、大寒;震东方卦,值寅卯辰三月,自初至上分别配立春、雨水、惊蛰、春分、清明、谷雨;离南方卦,值巳午未三月,自初至上分别配立夏、小满、芒种、夏至、小暑、大暑;兑西方卦,值申酉戌三月,自初至上分别配立秋、处暑、白露、秋分、寒露、霜降。(《卦气续考》)应当承认,俞樾对四正卦所作的修改确实避免了“跨历两时”的问题,可成一家之言。

汉易卦气又以四正卦之外的六十卦分配一年十二月,即每月五卦。《稽览图》载:小过、蒙、益、渐、泰五卦配寅月;需、随、晋、解、大壮五卦配卯月;豫、讼、蛊、革、夬配辰月;旅、师、比、小畜、乾配巳月;大有、家人、井、咸、姤配午月;鼎、丰、涣、履、遁配未月;恒、节、同人、损、否配申月;巽、萃、大畜、贲、观配酉月;归妹、无妄、明夷、困、剥配戌月;艮、既济、噬嗑、大过、坤配亥月;未济、蹇、颐、中孚、复配子月;屯、谦、睽、升、临配丑月。坎、震、离、兑四正卦则各主三月十五卦。俞樾指出,六十卦排列除每月有一主辟卦,其余诸卦“非有他义,直取阳爻阴爻之数,以寓阴阳消长之象,而为寒暑往来之候耳”(《卦气续考》)。他详细考察了每季、每月所配之卦的阴阳爻数量:坎所属十五卦阳爻三十五、阴爻五十五,阴爻多于阳爻二十,故为冬至;震所属十五卦阳爻四十五、阴爻四十五,阴阳相等,故为春分;离所属十五卦阳爻五十五、阴爻三十五,阳爻多于阴爻二十,故为夏至;兑所属十五卦阳爻四十五、阴爻四十五,阴阳相等,故为秋分。(《卦气续考》)这一解说与《稽览图》所云"冬至日在坎,春分日在震,夏至日在离,秋分日在兑"完全吻合,揭示了汉易卦气说六十卦排列的内在根据,从学理层面证明了卦气说的合理性。

《易纬》又以爵位命名卦爻。《乾凿度》曰:"易始于乙,分于二,通于三……初为元士,二为大夫,三为三公,四为诸侯,五为天子,上为宗庙。"又曰:"一卦六爻,爻一日。凡六日初用事,一日,天子诸侯也;二日,大夫也;三日,卿;四日,三公也;五日,辟;六日,宗庙也。"俞樾认为,"此两文不同,上云'初为元士',下云'一日,天子诸侯',违舛殊甚,疑当从上文"(《卦气直日考》)。上文有大夫无卿,"卿即在大夫中",下文有卿,又有大夫。"分卿与大夫而二之故,合天子诸侯而一之,虽小异无大殊也。"(《卦气续考》)重要的是,俞樾区分了《易纬》的两种爵位说,即《乾凿度》爵位是爻值日法,《稽览图》爵位是卦值日法,《乾元序制记》则"主卦言非主爻言,然其文不备。其言之最详者,莫如《稽览图》,齐《天保历》实出于此"(《卦气续考》)。

"六日七分"说在易学史上并无太大争议。简言之,六十卦均分一年三百六十五又四分之一日,则每卦皆值六日八十分之七日。此说"卦与日并尽,是亦数之至简而明者"。不过,俞樾发现,当每卦所余七分积累到一定程度,便会致使某卦越出所属月份而跨入临近之月。他说:

> 每卦余七分,自中孚至泰十二卦,余八十四分,依日法逾一日有奇,而泰侵卯矣。至乾二十二卦,余一百八①十九分,依

① 八,原文作"九"误,当为"八"。

日法逾二日有奇，而乾侵午矣。至遁三十七卦，余二百五十九分，依日法逾三日有奇，而遁侵申矣。至观四十七卦，余三百二十九分，依日法逾四日有奇，而观侵戌矣。至坤五十七卦，余三百九十九分，依日法不及五日者，止一分，而坤且全入之子矣。古法既湮，今亦莫得其说。(《卦气直日考》)

这是说，中孚到泰历经十二卦，积累余分共八十四分，比一日之八十分多四分。泰卦本来在寅月之末，多出四分则入卯月。照此计算，至乾卦比两日多二十九分，则入午月。至坤卦差一分为五日，故坤卦全入子月。李鼎祚以“通闰余者”释之，“亦未详其法”，孔颖达《周易正义》“于卦气值日之说，固无当也”。总之，言卦气“最详者莫如《稽览图》”，然卦气值日余分问题却“莫得其说”。

俞樾也对京房卦气说进行了探讨。在他看来，“其后言卦气者惟京房之说为最密”。一般认为，京氏六日七分是以六十四卦配一年三百六十五又四分之一日，即四正卦各主七十三分，颐、晋、井、大畜四卦各主五日十四分，其余五十六卦仍主六日七分。俞樾则称：

中孚、解、咸、贲四卦无余分，以其所余之七分已入四正卦也。晋、井、大畜、颐四卦各余十四分，以其所直止五日也。四卦余五十六分，其余五十二卦各余七分，为三百六十四分，合之为四百二十分，适合五日四分日之一之数。(《卦气直日考》)

按照他的理解，京氏六日七分法是以颐、晋、井、大畜四卦各主五日十四分,中孚、解、咸、贲四卦各主六日而无余分。颐、晋、井、大畜所值日数与六日七分相差七十三分,中孚、解、咸、贲所值日数与六日七分相差七分,前后二者相加恰为四日,实为冬至、春分、夏至、秋分,由四正卦坎、震、离、兑分主之。其余五十二卦每卦仍主六日七分。具言之,冬至第一日八十分,是兑部颐七十三分与中孚七分之和,坎主之;二日至七日为公卦中孚,主六日无余分;八日至十三日为辟卦复;十四日至十九日为侯卦屯;二十日至二十五日为大夫谦;二十六日至三十一日为卿睽;三十二日至三十七日为公升;三十八日至四十三日为辟临;四十四日至四十九日为侯小过;五十日至五十五日为大夫蒙;五十六日至六十一日为卿益;六十二日至六十七日为公渐;六十八日至七十三日为辟泰;七十四日至七十九日为侯需;八十日至八十五日为大夫随;八十六日至九十日为卿晋,主六日十四分。同理可推,春分第一日是坎部晋七十三分与解七分之和,震主之。解、大壮、豫、讼、蛊、革、夬、旅、师、比、小畜、乾、大有、家人、井主春分后三月九十天,除解主六日、井主五日十四分,其余十三卦皆主六日七分。夏至第一日是震部井卦七十三分与咸七分之和,离主之。咸、姤、鼎、丰、涣、履、遁、恒、节、同人、损、否、巽、萃、大畜主夏至后三月九十天,除咸主六日、大畜主五日十四分,其余十三卦皆主六日七分。秋分第一日是离部大畜七十三分与贲七分之和,兑主之。贲、观、归妹、无妄、明夷、困、剥、艮、既济、噬嗑、大过、坤、未济、蹇、颐主秋分后三月九十天,除贲主六日、颐主五日十四分,其余十三卦皆主六日七分。俞樾相信,从颐、晋、井、大畜四卦中割出七十三分“非无故割之”。原因在于,此四卦本为六日七分,割去七十三分则为五日余十四分。四卦共余五十六分,其余五十二卦共余三百六十四分,五十六分加三百六十四分恰为四百二十分。京氏卦气所配日数看似多寡不齐,错乱不明,但

“古说本如此,非京氏所创也”(《卦气直日考》)。《稽览图》言“四时卦十一辰而从”,由一日十二辰为八十分可推算出七十三分为十一辰,故京房从颐、晋、井、大畜四卦中各取七十三分归入四正卦。

俞樾还分析了后世历法与汉易卦气的理论渊源。他认为,东汉《乾象历》采用了卦气值日法,《魏书·律历志》之《正光历》所载卦气说“必京氏以来相承之旧说也”,“至北齐《天保历》乃始变其法”“五卦初爻相次用事”,如未济、蹇、颐、中孚、复五卦初爻各配十一月一日至五日,五卦二爻分主十一月六日至十日,其余依此类推,则此五卦三十爻合主十一月之三十日。此法亦本于《易纬·稽览图》。

综上,俞樾系统地考辨了汉易卦气说的承传与内容,指出其理论缺陷并试图解决之,对后人全面理解卦气说具有重要的意义。当然,其中不无失考之处。如余分积累逾月问题。事实上,十二月虽然递相连接,但每卦所余七分不容相混,每月五卦所余日数亦相互区分。只要不混合计算,卦与卦、月与月便不会越位,某月之卦绝不会跨入另一月;又如,俞氏称京氏分割四卦七十三分之举本于《稽览图》,却未明言京氏与《稽览图》之四正卦主二十四节是否一致,更径直以“跨历两时”之说释四正卦各主一日,皆有失考之嫌。

四、汉易方法的运用与创新

俞樾发扬了乾嘉朴学传统,主张治经当以文字训诂为主,即通过“正句读、审字义、通古文假借”的方法解释经文,通达圣人之意。他明确指出:“本朝经学之盛,自汉以来未之有也。余幸生诸老先生之后,与闻绪论,粗识门户。尝试以为,治经之道大要有三:正句读、审字义、通古文假借,得此三者以治经,则思过半矣。《诗》曰:

‘昔我有先正，其言明且清。’圣人之言岂有不明且清者哉！其诘鞫为病，由学者不达此三者故也。三者之中，通假借为尤要。”(《群经平议序》)他极力推崇王念孙、王引之父子：“诸老先生，惟高邮王氏父子发明故训、是正文字至为精审，所著《经义述闻》用汉儒‘读为’‘读曰’之例者，居半焉；或者病其改易经文，所谓‘焦明已翔乎寥廓’‘罗者犹视乎薮泽’矣。”(《群经平议序》)基于这一看法，俞樾仿《经义述闻》作《群经平议》，以文字训诂治经。需要说明的是，其训诂解《易》是建立在检讨以往《易》注的基础上的。众所周知，孔颖达《周易正义》取王、韩注本加以疏解，排斥象数、糅合道家、宣扬义理，深刻影响了唐代以后的易学研究。以程颐为代表的宋易义理派仍未脱离王、韩、孔等人确立的既定方向。清初易学风气大变，反对空谈义理，文字训诂上升为经学的主要方法。但《周易正义》影响犹在，尊之者不乏其人。有鉴于此，俞《群经平议》之《周易评议》的一百零八条《周易》文辞解释中，有七十余条引王、韩、孔注疏于前，并从训诂学出发，旁征博引，通过解读《周易》卦爻辞的文字意义力辟《正义》之失。与此同时，他也不满于汉易、清易成说，而是独辟蹊径，重新解析《周易》的疑难卦爻辞，提出了许多独到见解。如训《蒙》“利用刑人”之“刑人”为“常人”，训《比》“原筮元永贞”之“原”为“本”，训《比》九五“邑人不戒”之“戒”为“骇”，训《大有》九四“匪其彭”之“匪”为“分”，训《蛊》“先甲”“后甲”为“以春之日言见始事之义”，训《巽》“先庚”“后庚”为“以秋之日言见继事之义”，训《蛊》初六“幹父之蛊”之“幹”为“斡”，训《临》初九“咸临”之“咸”为“速”，训《剥》六二“剥床以辨”之“辨”为“胖”，训《明夷》九三“得其大首”之“首”为“道”，训《睽》六三“天且劓”之“天”为“兀”(刖)，训《归妹》六五“其君之袂不如娣之袂”之“袂”为“决”，训《鼎·彖》“鼎象”之“象”为“养”，训《系辞》“其静也专”为

“圜”、“不易乎世”之“易”为“施”、“善世而不伐”之“世”为“大”等。从训诂学的角度而言，其说可谓持之有故、言之成理，可备一家。其中某些解释极具见地，如训《系辞》“其静也专”为“圜”，帛书《系辞》亦作“圜”。但部分训读实可用本字解之，却人为出新，如训《蒙》“利用刑人”之“刑人”为“常人”、《剥》六二“剥床以辨”之“辨”为“胖”、《睽》六三“天且劓”之“天”为“兀”（刖）等，不无附会之嫌。

关键在于，俞樾的易学解释并不像王氏父子一样停留在文字训诂的层面上，而是沿袭了汉学以象解《易》的传统。为了证明以象解《易》方法的合理性，俞樾以《周易》文本为据，重点探讨了取象及相关问题。他坚信，《周易》文辞是依据卦爻象而作，即《系辞传》所云“圣人设卦观象系辞焉而明吉凶”。但因卦象简单而抽象，无非由阴爻阳爻构成，故圣人观象系辞是随机的、不固定的。因此，以象解《易》亦须引而申之、触类旁通，进而通过文辞把握圣人之意。“孔子称：‘圣人设卦观象系辞焉而明吉凶。’夫卦象，不过阴阳奇偶而已，圣人于何观之而各系以辞哉？曰：机之所触象即呈焉。今日观之如是，明日观之或未必如是矣。圣人之辞亦姑就所见者而系之耳。然而‘舆说輹’‘臀无肤’之类又一见再见，何也？曰：此圣人示人以端倪之可见者也，引而申之触类而长之，则‘舆说輹’‘臀无肤’又岂止此两卦哉？其不必皆同者，机之所触无一定也。其不妨偶同者，使人得由此而测之也。若并无此一二卦之偶同，则圣人之情不见于辞矣。”（《易贯序》）

由此出发，俞樾对《易》辞取象进行了详细的解说。他认为，“大川”“寇”“戎”“雨”“缶”“禽”“忧”“臀”“狱”本于坎；“舆”本于坤、坎；坎为月，离为日，故“月既望”本于坎、离；“虎”本于乾、艮；“金”“君”“首”本于乾；“马”本于乾、震、艮；“牛”本于坤、兑、离；

“言”“说”“食”“福”本于兑；“朋”指阳得阴、阴得阳；震为足，艮为手、指，指通手足，故“趾”本于震、艮；“国”“邑”“邦”本于坤；阳实阴虚，故“实”“富”就阳爻而言；艮为门，震为户，故“门户”本于艮、震；凡《易》言数者，如“三”“十”“七”，皆具爻而言，等等。(《易贯》)

总体上看，俞樾基本采取了汉易的思路，其取象有本于《说卦》者，亦有从《说卦》、经传文辞乃至其他文献中引申而来者。如《说卦》言坎为水、兑为泽，未言坎、兑为大川。俞樾则称：“坎为水，兑为泽，泽亦水也。经言涉大川，不言涉大水，则不必专以坎言。《大过》上卦为兑，而上六有‘过涉’之文，是坎水可涉，兑泽亦可涉也。《需》《讼》两卦皆有坎，故皆言大川，其象固甚明矣。”(《易贯》)又如，《说卦》无虎象，经文有虎辞。俞樾曰：“《说卦传》无虎象，京房谓坤为虎，马融谓兑为虎，《九家易》又谓艮为虎，言人人殊。按《风俗通·祀典》篇曰：‘虎者阳物，百兽之长也。’……盖正取虎为阳物之义，而以坤兑阴卦当之，失其旨矣。至艮固阳卦也，以艮为虎，疑若得之，乃愚求之于经，则其义尤未尽。盖虎实乾象也，孔子以‘云从龙，风从虎’释《乾》九五之义，则龙与虎并为乾象明矣。”(《易贯》)再如，《说卦》并未指明“朋”字对应何卦，俞樾则认为：“《周易》‘朋’字始见于《坤》彖辞曰‘利西南得朋，东北丧朋’。西南东北，以坎离震兑居四正者而言，凡阳以得阴为朋、阴以得阳为朋。西南者，兑离也，其卦一阴而二阳，二阳即朋也。东北者，震坎也，其卦二阴而一阳，一阳则不为朋矣，故宜乎‘西南得朋，东北丧朋’也。若就乾而言之，则又以震坎二阴为得朋，兑离一阴为丧朋。”(《易贯》)

然而，《周易》象辞其实并不是严格对应的。也就是说，同辞未必基于同象，同象未必对应同辞。这正是象数派学者以象解辞往往不能一以贯之的原因所在。为了摆脱这一困境,俞樾像汉儒一样,或变换取象方式,或采用互体、升降、反覆等体例,逐一证明象辞相应,基本做到了前后一贯。如俞樾认为“大川”本于坎、兑,然《同人》言“大川”却无坎无兑,故其以升降说释之:《坤》五之《乾》二为《同人》,《乾》二之《坤》五为比,《比》上体坎,坎为大川;《蛊》《大畜》亦无坎兑,但两卦二三四皆互兑,故言“大川”,此为互体之法;《颐》卦无坎无兑,六五言“不可涉大川”、上九言“利涉大川”。俞樾解之曰:“当以两爻交易取义,虞仲翔所谓五上易位者是也,易位则成坎矣。”此是两爻交易而之正,《大畜》上艮变坎,故“利涉大川”。若六五、上九未能之正,则“不可涉大川”。又如,由《说卦》“兑为口舌”可引申出兑为“言”。《困》《夬》《革》上体皆兑,故经文有“言”字。对那些无兑象而有“言”字的卦,俞樾则以各种方法迂回取象释之。“若夫无兑象而称言者,实皆从兑取义,比例观之无不可见。”他用爻变解《需》九二、《讼》初六之“小有言”:《需》六四变阳为《夬》,《讼》上九变阴为《困》,《夬》《困》上体兑,故《需》《讼》“有言”;用旁通解《明夷》初九之“主人有言”:《明夷》旁通于《讼》,《讼》之“言”本于《困》卦,“主人”指《困》卦,故“主人有言”;用旁通、反对解《震》之“笑言哑哑”“婚媾有言”:《震》《艮》反对,《艮》《兑》旁通,故《艮》称“言有序”,《震》卦亦有“言”字。

不仅如此,俞樾还对其运用的取象体例进行了论证。《周易互体征》认为互体是在孔子之前既已存在的古法,《玩易篇》提出“易之为象,非反对则旁通也”,《易穷通变化论》则吸收了荀氏升降和虞氏旁通,故其解《易》多用互体、反对、旁通、升降。显然,俞樾所取之象虽与汉儒不尽相同,但其以象解《易》的思路并无二致。当然,他煞费苦心地引申《说卦》之象、变换取象方法、采用汉易体例来指示象辞对应,且基本做到了前后贯通,但仍然无法摆脱汉儒面临的困境，即仅是以辞寻象，而不能以象寻辞。也就是说，俞樾和汉儒一样仅能把所有的“言”字都归于兑卦，却不能解释为何兑象未必一定有“言”。譬如《兑》上下皆兑，经传为何未见“言”字？更重要的是，《周易》版本历经演化，早期《周易》版本与后世整理的版本存在不少的文字差异，即汉儒、清儒所见版本已非《周易》原本。因此，其揭示的辞本于象貌似有理有据，却必定与《周易》本意不符。

五、易学起源新探

关于八卦的形成，《易传》但言是伏羲仰观俯察而作，却未对其具体过程予以说明。及至宋代，邵雍、朱熹等人据《系辞》“易有太极”一段及《说卦》“天地定位”一节创作伏羲先天八卦图与六十四卦图，并指认《说卦》“帝出乎震”一节所云为文王八卦。在《玩易篇》中，俞樾一反宋人之说，独出心裁，画伏羲八卦图如下：

☶　☴　☳　☵　☲　☱　☰　☷

此图八卦顺序依次为艮、巽、震、坎、离、兑、乾、坤。俞樾解释道，伏羲仰观俯察，“见天以阳而位乎上，地以阴而位乎下，人兼阴阳而位乎中，于是则而象之”（《玩易篇》）。艮、巽初爻皆阴以象地，上爻皆阳奇以象天，中爻一阴一阳、一奇一偶以象人，故八卦始于艮巽。“又见阴阳有交感之理，天气下降，地气上升而万物生焉，于是以艮之上爻下行而为震，以艮之下爻上行而为坎，以巽之上爻下行而为离，以巽之下爻上行而为兑。”（《玩易篇》）即震坎离兑本于艮巽；艮、震、坎三阳积而为乾，巽、离、兑三阴积而为坤，故八卦“极于乾坤”。显然，这一八卦以艮为首而非起于乾坤的说法与前人迥然有异。对此,俞樾进行了辩解。圣人画卦之始,“吾固不得而知也,然而其不始于乾坤则可知也”。他认为,圣人画卦始于一奇一偶,“乃必层累而积之,至于三画而后已”(《玩易篇》)。夏朝距伏羲时代较近,夏易首艮,“艮所以终万物而始万物也”,故可推知伏羲八卦始于艮。至于《周易》之“父母六子”,则是晚于夏易的后起之说。“以乾坤为父母,特周人一代之学而已,未可泥《周易》之说而以定画卦之次第也。”不过,由《说卦》“乾君坤藏”居“六子”之后可见,《周易》亦有此意。客观地讲,俞樾此说颠覆了传统观点,不妨视作一家之言。然而,他所提供的证据并不充分:首先,夏易首艮是指六画卦,其八卦次序仍无从得知;其次,画卦始于一阴一阳,也可以理解为先积阴阳而成乾坤,然后方有六子;最后,《说卦》“乾君坤藏”一节固然不起于乾坤,但也不始于艮巽,而是始于震巽。

尤有进者,俞樾又以《说卦》“帝出乎震”一节为据,称震东、巽东南、离南、坤西南、兑西、乾西北、坎北、艮东北为伏羲八卦方位。此“自古相传之说,而孔子述之,非孔子之言”。至于邵雍据《说卦》“天地定位”一节排列的乾南坤北、离东坎西、兑东南、震东北、巽西南、艮西北之位,“非伏羲氏之八卦,乃邵子之八卦也,然则朱子所治者,邵子之易非伏羲氏之易也”(《八卦方位说》)。俞樾指出,伏羲八卦“自汉以来实亦未有能确言其理者”。为了解决这个问题,他先将八卦按四正四隅排列如下:

> 正东一、正西二、正北三、正南四、东北五、东南六、西北七、西南八。

俞樾此间的四正四隅排列是以古代宗庙和朝廷上下尊卑之位为依据的。“以东西言,则东为上,故宗庙之位左昭而右穆。”“以南北言，则北为上，故朝廷之位君北而臣南。”（《八卦方位说》）因而，“正东一、正西二、正北三、正南四”之位，“此不易之序也”。依此东先于西、北先于南之理，不难推知“东北五、东南六、西北七、西南八”。而后，再将四正四隅方位与《说卦》“帝出乎震”之方位结合，便可确定八卦次序方位图如下：

震一　兑二　坎三　离四　艮五　巽六　乾七　坤八

☳　☱　☵　☲　☶　☴　☰　☷

俞樾强调，伏羲画卦次序与八卦成列次序不同：“就画卦者言之，则必自下而上，故巽一阴在下而为长女，兑一阴在上而为少女。”（《玩易篇》）八卦形成以后，阴阳之理不如此，“乃合八卦而观之，观其阴阳升降以定八卦之序”（《玩易篇》）。也就是说，伏羲八卦排列及方位完全符合阴阳升降之理，且与《杂卦传》契合：“阴自上而降者也，阳自下而升者也。兑一阴生于二阳之上，象夏至之日，一阴自天而生也；震一阳生于二阴之下，象冬至之日，一阳自地而生也。由是而为离坎，则兑之一阴降而在二阳之中，震之一阳升而在二阴之中矣。又由是而为巽艮，则离之一阴又降而在二阳之下，坎之一阳又升而在二阴之上矣。是故阴始见于兑，至巽而伏。阳始起于震，至艮而止。此《杂卦传》所以有‘兑见巽伏’‘震起艮止’之说也。……由是以震坎艮之三阳积而为乾，以兑离巽之三阴积而为坤，而八卦备矣，八卦之序亦定矣。”（《八卦方位说》）需要说明的是，俞樾《玩易篇》按殷人《坤乾易》先阴后阳的原则将八卦次序排列为兑、震、离、坎、巽、艮、坤、乾，与《八卦方位》按先阳后阴的原则排列成震、兑、坎、离、艮、巽、乾、坤的次序稍有出入。依此推断，他对八卦次序的理解前后有所变化，即由先阴后阳改为先阳后阴。俞氏本人虽未对此作出解释，但从其伏羲八卦说之证据“夏易首艮”“乾君坤藏”皆阳先阴后来推测，此一改动得以确保其理论前后一致。俞樾又根据阴阳升降作八卦次序图如下：

“大明生于东、月生于西”，震兑为阴阳之始，故居正东、正西；君南向答阳，臣北面答君，坎离“阴阳之极盛其居中而用事”，故位于正北、正南；“功成者退”，艮巽为阴阳之终，故艮退东北、巽退东南；鬼神“非可以人事言”，乾为神，坤为鬼，故乾居西北、坤居西南。在此基础上，俞樾严格区分了伏羲易、《周易》和邵氏易。他指出，伏羲易与《周易》的关键区别在于：伏羲易“乾君坤藏”，即乾坤居六子之后，《周易》则是“乾称父，坤称母”，即乾坤居六子之前；伏羲易符合阴阳升降之理，《周易》八卦则与之不符，“盖《周易》首乾坤，故以乾坤为父母而生六子，而有震长男、巽长女、坎中男、离中女、艮少男、兑少女之说，然阴阳之理实不如此”。至于邵雍据《系辞》“易有太极，是生两仪，两仪生四象，四象生八卦”而定伏羲八卦之序，“虽有巧思，其布而为乾南坤北之图则不免有安排之迹，一家之学，无足深论者也”（《八卦方位说》）。总之，三者不可混同，“邵易之不足以言伏羲之易也”，“执《周易》以言伏羲之易亦犹未得”。不过，俞樾并非因此否定《周易》、邵氏易和其他学说的价值。在他看来，无论《周易》的父母六子说还是后世学说，实属诸家见仁见智，未可执一而论。这种态度无疑值得肯定。

在此基础上，俞樾又讨论了六十四卦的形成问题。《系辞》曰：“八卦成列，因而重之。”依他之见，“八卦成列”即始于兑震，中经离坎巽艮而终于乾坤，“阴始于兑之一阴，历离巽，而下极于坤；阳始于震之一阳，历坎艮，而上极于乾，所谓八卦成列也”（《玩易篇》）。“因而重之”，则是指八卦相重而形成的四类卦象。具言之，“阴降之卦十有六，阳升之卦十有六，阴阳交之卦十有六，阴阳不交之卦十有六”（《玩易篇》）。

阴降之卦，是指阴卦与阴卦相重，阴自上而下呈下降之势，共十六卦：

兑与兑、离、巽、坤重分别为：兑䷹、革䷰、大过䷛、萃䷬。

离与兑、离、巽、坤重分别为：睽䷥、离䷝、鼎䷱、晋䷢。

巽与兑、离、巽、坤重分别为：中孚䷼、家人䷤、巽䷸、观䷓。

坤与兑、离、巽、坤重分别为：临䷒、明夷䷣、升䷭、坤䷁。

阳升之卦，是指阳卦与阳卦相重，阳自下而上呈上升之势，共十六卦：

震与震、坎、艮、乾重分别为：震䷲、屯䷂、颐䷚、无妄䷘。

坎与震、坎、艮、乾重分别为：解䷧、坎䷜、蒙䷃、讼䷅。

艮与震、坎、艮、乾重分别为：小过䷽、蹇䷦、艮䷳、遁䷠。

乾与震、坎、艮、乾重分别为：大壮䷡、需䷄、大畜䷙、乾䷀。

阴阳交卦，指阴卦居上、阳卦居下而阴阳相交，共十六卦：

兑与震、坎、艮、乾交分别为：随䷐、困䷮、咸䷞、夬䷪。

离与震、坎、艮、乾交分别为：噬嗑䷔、未济䷿、旅䷷、大有䷍。

巽与震、坎、艮、乾交分别为：益䷩、涣䷺、渐䷴、小畜䷈。

坤与震、坎、艮、乾交分别为：复䷗、师䷆、谦䷎、泰䷊。

阴阳不交卦，指阳卦居上、阴卦居下而阴阳不交，共十六卦：

震与兑、离、巽、坤重分别为：归妹䷵、丰䷶、恒䷟、豫䷏。

坎与兑、离、巽、坤重分别为：节䷻、既济䷾、井䷯、比䷇。

艮与兑、离、巽、坤重分别为：损䷨、贲䷕、蛊䷑、剥䷖。

乾与兑、离、巽、坤重分别为：履䷉、同人䷌、姤䷫、否䷋。

显然，俞氏的六十四卦排列既与汉宋易学不同，亦与帛书《周易》有别，实属全凭己意、戛戛独造之论。

俞樾还对邵氏先天学予以检讨。在他看来，先天图的症结在于阴阳错乱。“宋人先天图推六十四卦之序自谓整齐，实则阴阳错乱甚矣。”（《玩易篇》）其集中表现有二：一是八卦生两仪四象，二是“四五无名，三六无住”。之所以如此，乃因“伏羲之易出于古之真图书，邵子之易必出于陈图南五十五点、四十五点之伪图书”（《邵易补原》），即邵雍易学源自陈抟而非本于伏羲。不过，俞氏并未因此否定邵氏易，“邵子之易虽非伏羲、文王、周公、孔子之易，然亦自成一家之学，其推原伏羲画卦次第，其意甚巧，故朱子亦颇信之”（《邵易补原》）。不仅如此，他更按照自己的理解，从数的角度重新解说八卦与六十四卦之形成：河图五十五数与洛书四十五数合为一百，一百之整体为太极，即太极为一；一百可分为两个五十，则二为两仪；以二十五分之则为四，四为四象；以十二分之得八余四，八为八卦，一不能分者“则数穷矣，于是八八六十四卦定矣”。再以十二为天地之数、为太极；以六分之得二，二为两仪；以三分之得四，四为四象；以一分之得八余四，八为八卦。一百中有八个十二，每个十二中又有八个一，即八八六十四而余三十二，故三画之卦止于八，六画之卦止于六十四。

结 语

俞樾一生淡泊名利、潜心治学，撰写了大量的经学著作。后人曾对俞樾的文字训诂水平和学术成就予以高度评价。如章太炎曰：

> 治群经不如《述闻》，谛诸子乃与《杂志》抗衡，及为《古书疑义举例》，刌察䚡理，疏紾比昔，牙角财见，紬为科条，五寸之矩，极巧以嚣尽天下之方。（《清儒学案新编·曲园学案》）

梁启超曰：

> 然在此期中，犹有一二大师焉，为正统派死守最后之壁垒，曰俞樾，曰孙诒让，皆得流于高邮王氏。樾著书，惟二三种独精绝，余乃类无行之袁枚，亦衰落期之一征也。
>
> 训诂学之模范的名著，共推王引之《经传释词》、俞樾《古书疑义举例》。①

① 梁启超撰，朱维铮导读：《清代学术概论》，上海古籍出版社 1998 年版，第 6～7、63 页。

徐世昌曰：

> 曲园之学以高邮王氏为宗，发明古训、是正文字而务为广博，旁及百家，著述闳富。同光之间，蔚然为东南大师。（《清儒学案·曲园学案》）

杨向奎曰：

> 及俞曲园，都能寻章摘句，有所发挥，而成一家言，是为章句儒。……曲园先生一章句儒也，学问虽不成体系，但寻章摘句，往往因一字之诂而通解全章，功不可没。①

具体到易学上，俞樾的成就不仅在于以文字训诂治《易》，还在于对象数之学的发展。就训诂而言，他仿照王引之的《经义述闻》作《群经平议》，以“正句读，审字义，通古文假借”为要旨，提出异于前人的独到见解。就象数而言，他在梳理、解构汉宋易学的基础上，形成了具有汉易特色的易学观点和解易理路。一方面，他继承乾嘉学风，精于汉易，以《易传》的变化理论为依据，糅合荀虞的升降、旁通体例提出穷通变化说，并建立了“非反对则旁通”的刚柔相易说与基于“八纯卦和八交卦”的变卦说。同时，他凭借渊博的学识对汉易卦气说存在的问题进行了辨析，且表达了一己之见。他引申《说卦》之象，广采互体、升降、反对、旁通、爻变、之正等体例解《易》，逐一指示象辞相应，基本做到了前后贯通；另一方面，俞氏对宋易象数学的伏羲八卦、六十四卦之说也进行了检讨。他以夏易

① 杨向奎：《清儒学案新编》（五），齐鲁书社 1994 年版，第 492～493 页。

为据,提出八卦始于艮巽、终于乾坤的全新观点,进而把“八卦相重”解释为阴阳升降、交与不交等类型。由此可见,俞樾的贡献不仅在于继承了乾嘉发扬汉易、注重考据的学风,更表现在其融旧铸新、继往开来的易学重建上。正是这些贡献,使得俞氏易学当之无愧地成为乾嘉以后易学研究的最强音。

俞樾享誉海内外。“他在经学、诸子学和文字学方面取得的研究成果不仅具有极高的学术价值，而且对传统学术在晚清的传承发挥了至关重要的承前启后作用。俞樾不仅在当时国内学术界具有很高的学术地位，在日本、韩国学术界也有重要影响。”①当时学者纷纷负笈来学,章太炎、吴昌硕、黄以周和日本的井上子德等著名学者均出自其门下。其中,章太炎以文字训诂治经,于易学多有发明。黄以周易学兼采汉宋,择善而从,求古求是,无所偏执,除得自家传,亦受俞氏启发颇多。此外,今人高亨作《周易古经今注》时曾对俞氏著作多有参考,可见俞樾易学影响之深广。

① 关于俞樾在日本和韩国的影响,详见罗雄飞、赵剑:《俞樾在日本、韩国的影响及其与外国友人的交往》,《首都师范大学学报》2004 年第 2 期。

第三章 纪磊的虞氏易象与易学消息

纪磊,字位三,号石斋,乌程(今浙江吴兴)人。生卒年不详,《南浔志》载其七十三岁卒。考《周易消息·序》,是书完成于同治元年(1862),而《南浔志》称“积三十余年成书数种”,前推三十年即道光十二年(1832),可知其大约生活在道光至同治年间。纪磊自幼家贫,就学于义塾,“言笑不苟,聪颖异常,弱冠入郡庠,授徒以养亲”,持身严正,亲朋好友皆得帮助,“恤其孤寡”;协助汪曰桢修地方志尽心尽力,“搜采尤勤”。纪磊喜作小诗,时人赞赏并鼓励其作诗成名,但他“以吟风弄月非儒者分内事”,“思治一经”,故矢志研读《周易》,孳孳矻矻,著书数种。读《易》之余,旁及堪舆之学,晚年谢去馆政,藉以自给。凡邀请者,“无论亲疏远迩必尽心相度”,但堪舆之学不著书、不传徒,去世前嘱咐其子不得传习。① 纪磊的易学著作有《虞氏逸象考正》《虞氏逸象考正续纂》《九家逸象辨证》《虞氏易义补注》《汉儒传易源流》《周易本义辨证补订》《周易消息》《读易随笔》《周易集说》《传义经文订伪》《朱子卦变考正》等。其中后四种仅载于籍,或已佚失。纪氏另有《纪氏诗录》《风雨楼文集吟稿》《南浔诗录》

① 生平事迹见《南浔志》卷二十一《人物》四,民国十一年(1922)刻本。

《震泽镇志》等著作。

一、汉易流传与《正义》补正

易学传承载于《史记》《汉书》者，颇有异同，今亦不能究明其详。汉易虽盛，而传至唐代，则多尊王弼《周易注》与孔颖达《周易正义》。散存之汉易著述虽赖李鼎祚之《周易集解》得以传世，然汉易传承流布终难明晰，故后世学者多发心于斯，考述不绝。殆至清朱彝尊著《经义考》，方得稽考甚详。而后，纪磊又在朱氏基础上，据《汉书》《经典释文》《周易正义》《周易集解》等典籍记载加以补录并独抒己见。

体例上，《汉儒传易源流》虽为考究汉儒易学传承统序之作，但并未仅限于此，人物所列盖如史传，及魏晋以至隋唐。汉代部分起于田何、王同、周王孙等人，止于《后汉书》刘表、宋衷诸家，凡列人物一百二十余位，事迹、师承详而有据者六十余人；魏晋至唐代则概略而论，人物描画盖重易学之承传、著述，所列人物七十余人。纪氏所列涵括了大部分汉唐易学家，其编写方式为了解和研究汉唐易学提供了极为方便的人物线索，是较为简明的易学参考材料。每条人物下除记录易家著述、师承，纪氏还以按语的形式提出自己的意见。如关于淮南九师，纪氏按云："刘向《别录》九师道训者淮南王安所造，王聘善为《易》者九人从之，采获故中书著为淮南九师，书则九师皆汉初说《易》者。传记不载姓名，高诱《序》以为苏飞、李尚左、吴田由、雷被、毛被、伍被、晋昌等八人。洪迈谓寿春有八公山，正安所延致客之所。因传授未明，姑附志于此。"又如，纪磊于钟会条下按曰："互体之说始于左氏，汉儒争以为说，虽非《易》之本体，然较之爻辰、纳甲之类，犹近自然。”①

学界对此书之评点历来有两种意见。刘承幹《汉儒传易源流跋》从易学流传未明而纪磊所述详略可信的角度予以肯定:“先生是书……自两汉下逮隋唐,师师相传之绪,信者著之,疑者阙之,不附会以失真,抑亦求汉易师承者所可征信也。”不过,该书一如纪氏本人所云,其从《经义考》而辑录简略,文献征引有限而考证之功殊为草草,故难免有不核之处。是以民国经学家吴承仕曾批评他“意为去取”“疏略无所发明”。

纪磊对《周易本义》亦有研究。除较为详细地探讨了惠栋的《周易本义辨证》,他还写过关于朱子卦变说的考证文章。惠栋《周易本义辨证》成书于《易汉学》之后,本意是以古代《易》义和《朱子语类》《周易折中》等辨证朱子《本义》之是非,或推明其义,或考校异同,或纠正其未当,或补足其未备。然惠栋不信图书、先后天之说,往往以宋代义理与汉代易象合而论之,故有推本发明之长。纪磊认为,惠氏“以汉儒之象数,参宋儒之义理,剖析详明,折中至当,允为朱子功臣”②,但其间亦有疏略、令人质疑之处,有待进一步补辑、参订。观纪磊之书,其所补订之较为重要者约有如下数端:

其一,驳惠氏河图、洛书之说。惠栋认为,河图、洛书之史料记载不可援以为据,孔安国《尚书》乃晋人伪撰,刘歆之说不载于《汉书》,而关子明戴九履一之说乃见于《洞极真经》,乃宋代阮逸(或云杨杰)伪造,故而河洛之说于史无征。纪氏则认为惠栋之说过当,河图、洛书可从经传中找到根据,即《系辞》天地十数一节,不能因

① 〔清〕纪磊:《汉儒传易源流》,《续修四库全书》第35册,上海古籍出版社2002年版。

② 〔清〕纪磊:《周易本义辨证补订》,《续修四库全书》第34册,上海古籍出版社2002年版。下引此书只注书名。

汉儒未曾说过史书缺乏记载就遽疑不信。

其二,《易经》只是“元亨利贞”四字。本义释“大哉乾元”至“万国咸宁”,先以天道阐明乾道,后又阐发元亨利贞作为四德之义。纪磊也强调元亨利贞四者在《易经》中的重要性,“《易经》只是元亨利贞四字而已”“此四字兼消息、该终始,天道人事一以贯之,以下六十三卦只是发明此四字而已”(《周易本义辨证补订》)。在《周易消息》一书中,纪磊又以六十四卦之变化生成规律详细阐述了这一观点,并强调此彖辞乃文王所作,古义如此。

其三,《本义》最可质疑之处在于朱子屡言“不可便以孔子说为文王之说”。纪氏指出了朱子严格区分文王、孔子的用意,“朱子之意以文王之《易》专为卜筮,孔子之说兼及义理”(《周易本义辨证补订》)。依他之见,朱子此举有三点不妥:过度区分文王、周公之异同,造成了一些解释上的对立;太过强调《易》本卜筮之书,虽言及义理而每每置文王、孔子于两端,有失经传之旨;再度引起“十翼”是否为孔子所作的争论,“惑世诬圣,莫此为甚”。

综观纪氏之书,他对朱子、惠栋《易》说多有质疑而少有肯定,如认为惠栋过分笃遵汉代《易》说,朱子则过于强调卜筮之旨,等等。此外,纪氏解释经文常以己意推测,如对经文进行辨伪、以消息说论解经得失,但许多内容都标以“见某书”,亦以该书散佚而难详其说。依此推断,此书当成书于纪氏其他易著特别是《周易消息》之后,故而其意见虽如珠玑散落,亦多以消息思想一以贯之,根本上还是以汉易方法解释宋易著作,其进路与惠栋颇合一辙。

由《汉儒传易源流》《周易本义辨证补订》二书大致可见,纪磊固然觉察到吴派汉学的疏漏,亦对朱子《本义》有所发明,但其学问大体仍是遵从汉易的象数理路和乾嘉以考证为主的治学之道,并未从根本上有所超脱,尤其在义理上鲜有建树。准确地说,纪氏并不是像刘承幹所言的那样主张兼通汉宋，而是力求以易象、消息说通贯前后的易学家。

二、虞氏易研究

三国虞翻可称汉易之集大成者。对于虞氏易学，清代惠栋、张惠言诸家已有深入研究。在此基础上，纪磊又进一步考正得失，并对虞氏易义和逸象间有议论发明：

首先，补注虞氏易义。纪磊认为虞翻之于《参同契》与郑玄推重《乾凿度》不当混作一说，故而对张惠言著作中以《乾凿度》阐解虞翻易的部分悉加改正，从而还原虞翻易之旧观。其屡言“《稽览图》之说亦不足采”“《乾凿度》文不可以混虞氏者此也”甚至“虞义足以明矣，张注亦似可省”云云。例言之，张惠言将“一阴一阳之谓道”解作阴阳相并而生三极，则各正性命、保合太和为道；或言庖牺氏参天两地、六位时成之道；或言易之消息既成，万物复归于道。纪氏则提出反驳，认为一阴一阳并非是阴阳并生之理。以消息言之，正月为寅、二月为卯，此即为一阴一阳之谓道；三月为辰、四月为巳，即所谓“继之者善”；前十一月为子、十二月为丑，即为“成之者性”也。由此例结合纪氏之书可见，其反驳前人，每每以消息、七八九六之位等汉代易说为据。然而，纪氏虽多称当如何如何，却不交代何以作此说，令人不能释怀。就此而言，吴承仕对纪氏固然欲辨张惠言之误，却不及张氏考据有本，“进不本传，推不成义，则惠、张诸如所不为矣”的批评不无道理。

再者，考正虞氏逸象。众所周知，汉代乃至后世易家使用逸象最多者莫过于虞翻。但因其书散佚，后学不断稽考，数量亦颇可观，如惠栋《易汉学》列虞翻逸象三百二十七例，张惠言《周易虞氏义》增一百二十五例，方申《虞氏易象汇编》得逸象一千二百八十七，但其稽考辩证往往不能免于错误、遗漏。纪磊指出，《荀氏九家逸象》举虞翻逸象三百三十一例，虽大略本自经书，授受有据，却也如惠栋所言"间有未和"，故其连同惠栋、张惠言对虞翻逸象之注一并考正，撰作《虞氏逸象考正》等书。此外，纪氏另有对《九家逸象》及惠栋注的考正，同时提出了他对取逸象方法的一些意见。其特点有三，一是判断多本经传。如虞氏将"破"归为坎象，纪磊则称"破字不经见，据象当属兑，兑为毁折，故为破。虞氏以坎为破，非"。又如艮为狼，"狼字不经见，亦狐类也，黔喙之属"①。其二，在惠栋、张惠言之虞氏学研究的基础上试图有所推进，体现了客观、求是的治学态度。第三，其考正分条列目，只闻片语，不免细碎，却也有意识地总结相对普遍的易例，如以乾卦三爻为君子之象、为道，"《易》中凡称君子皆谓三也""《易》中凡言道者皆指三，言三体艮，故与艮同象"；艮为时，"《易》中凡言时者皆兑象，虞氏以艮为时非"；乾为易，"《易经》中凡言《易》者皆谓艮也"。

总体而言，纪磊易学以汉易为宗趣，其著述多以汉易研究为主，而带有个人特色的消息说亦汉易理路之承续；就其易学架构言之，纪氏关注之重点则在于虞翻易学，这与其消息说关系紧密。可以说，虞氏易正是纪磊消息说的理论基础。然而，纪磊之书多随手抄撮，在声音训诂、文字考证、诸经互证等方面有所欠缺。诚如吴承仕所言："纪氏专研易学，而声音训诂之术似非所长。其于他经，复多粗略。故说义拘滞，时亦有之。"

① 〔清〕纪磊：《虞氏逸象考正》，《续修四库全书》第35册，上海古籍出版社2002年版。

三、《周易》消息说

纪磊所撰《周易消息》十五卷,“为其生平精力所萃,其余各种,皆其支流余裔”。“消息”二字,见于《易传》。《彖·剥》曰:“君子尚消息盈虚,天行也。”《彖·丰》曰:“日中则昃,月盈则食,天地盈虚,与时消息,而况于人乎,况于鬼神乎。”西汉孟喜融历入易,以《周易》卦爻涵摄符示年复一年的阴阳消息、四时交替、节气变化,卦气说遂大发其皇。东汉末,五世家传孟氏易的虞翻不仅重申了消息之义,更确立了乾坤消息生十辟、十辟再生杂卦的卦变体系。值得注意的是,纪磊此书虽以消息为名,但对孟京卦气及宋易象数一概不取。在他看来,“汉列学官,跻谶纬而多杂,或传卦气,或尚爻辰、纳甲、纳音,既象悬乎日月,主世主应,亦位协乎玑衡,虽各得夫一偏,究未晢乎全体,自王韩之虚寂,迄孔陆之迂疏,筌蹄既忘,图书何有?况乎主张经世,复滋图象于先天推本无为,遂别卦爻于太极,与夫错综驳杂,交互支离,均未窥三圣之心,究孰测六爻之变某也”①。有别于此,他以《杂卦》为据,建构出独特的阴阳消息说。《周易消息·序》称:

年已知命,质犹童蒙,虽雅慕乎同人,敢妄袪夫大过,唯是十年,不字空怀女子之贞,三接无缘,绝少康侯之锡,既汇征兮失望,遂居业而潜心体艮,时行法乾不息,参盈虚于剥复,验感应于咸恒,开国承家道,不外乎君臣父子,仰观俯察理不越乎

① 〔清〕纪磊:《周易消息·序》,《续修四库全书》第34册,上海古籍出版社2002年版,第397页。下引此书只注篇名。

幽明死生，乐则行而忧则违，既识潜龙之妙，气相求而声相应，还思品物之亨，否泰循环，坎离交媾，欣既济之由渐，惕家人之反睽，遂乃抉三古之微，扼一篇之要，图宗出震义，辨中爻，黜京焦之游魂，补荀虞之逸象，前民用于十有八变之内，范周天于六十四卦之中，乃知六日七分法犹差乎微杪，一十二万言更近于荒唐，既倚数而生爻，遂穷理以至命，探赜索隐，敢言心圣之心两地参天聊可数易之数，岂无知我请挟策而嬉太昊之天如有从游，愿持书而论中古之世。

纪磊此间谈及自己研《易》的心路历程及深切体悟。于他而言，学《易》不是终日辗转书册，而是躬行易道、切实践履。这种情结，其实是古代许多学者的信念。正是通过"体艮""法乾""参剥复""验咸恒""识潜龙""思否泰坎离"等一系列功夫，纪磊才得以"抉三古之微，扼一篇之要"。事实上，他所谓的"三古之微""三圣之心"，即自己发现的三圣消息说："伏羲传十言之教，消息为先。文王演六画之辞，吉凶以断，既弥纶乎天地，自该括乎阴阳，然而道有至微理，难遽喻。……唯我夫子，矢志韦编，源敦厚于一画之先，泄忧患于二篇之内，刚柔立本造化，悉出于乾坤，变通趋时，尽神不离乎鼓舞，既述《文言》之蕴，复传《杂卦》之篇。"(《序》)纪磊认为，伏羲消息、文王杂卦、孔子《杂卦传》一脉相承。《杂卦》"次序亦文王所定，孔子乃为作传以明之"。他释其名曰："杂者，杂也。谓刚柔相杂也，刚柔相杂而成变化，此《易》之所以为《易》也。"(《杂卦传》)它以阴阳消息变化为主旨，反映了易学的基本精神。"《杂卦》一篇，即古之卦变消息，皆从此推出。"(《凡例》)至于《说卦》《系辞》《序卦》《象传》等传文，同样内涵消息之意，是对《杂卦》的补充解释。如其所云："《说卦》一篇，即释《杂卦》之说也。"(《凡例》)《序卦》“上篇三十卦首乾坤、终坎离，下篇三十四卦首咸恒、终既未济，两两相次，一往一来，消息存焉”（《序卦传》）。《系辞》云“天地之数”，又云“河出图，洛出书，圣人则之”。《彖传》曰：“大明终始、六位时成。”《说卦》有“天地定位”“帝出乎震”两节。依《杂卦》推之，“河图是数，故自一至十，皆数也；洛书是文，故自一至九，皆文也。所谓圣人则之者，河图即‘天地定位’一节，乃《杂卦》方位以变化既成言也。洛书即‘帝出乎震’一节，所谓‘大明终始、六位时成’也，以变化言也”（《凡例》）。“‘河出图，洛出书，圣人则之’，经有明文‘则’，圣人之作《易》并则图书可知也。然以十为图，以九为书，先儒虽有是说，而所谓‘则之’者，多未明确，故终无以解世人之疑。今从《杂卦》推之而知《说卦》一篇，即圣人之图说也。”（《河图洛书》）

基于上述看法，纪磊通过解读《杂卦》建立了阴阳消息的象数体系。首先，他以《杂卦》首句“乾刚坤柔”为据，确立乾坤为消息之本：“乾坤为易之门，消息皆从此出，所谓‘刚柔以立本者’也，故曰‘乾刚坤柔’以下，即消息所谓刚柔相推而变化也。”（《杂卦图》）“乾为刚，坤为柔，刚为一三五也，柔为二四上也。‘刚柔者，立本者也。’消息皆从此变，故曰‘乾刚坤柔’。”（《杂卦传》）在他看来，《周易》六十二卦、三百七十二爻皆为乾坤之阴阳爻。“六十二卦皆出自乾坤，至乾坤之来，则疑无所自也。”这一思想，与王夫之的“乾坤十二位”、胡煦的“体卦说”颇为相类。既然六十二卦消息的实质是乾坤两卦消息变化，故其论六十二卦消息时皆用乾坤之爻，而不用本卦之爻。

其次，他以《杂卦》卦序为消息变化之序。《杂卦传》六十四卦排列两两一组，共三十二组：乾坤、比师、临观、屯蒙、震艮、损益、大畜无妄、萃升、谦豫、噬嗑贲、兑巽、随蛊、剥复、晋明夷、井困、咸恒、涣节、解蹇、睽家人、否泰、大壮遁、大有同仁、革鼎、小过中孚、丰旅、离坎、小畜履、需讼、大过姤、渐颐、既济归妹、未济夬。纪磊认为，每组两卦前者为息卦，后者为消卦。息卦生息卦，消卦生消卦，皆依《杂卦》之序前后相生。具言之，乾坤阴阳消息生诸卦。比为息卦，自乾来，师为消卦，自坤来；临为息卦，自比来，观为消卦，自师来；屯为息卦，自临来，蒙为消卦，自观来。其余依此类推。兹以乾生比、比生临为例说明消息生卦的过程：

乾	比	临
乾上坤上	坤五乾五	坤上乾五
乾五坤五	乾初坤初	坤五乾上
乾四坤四	坤上乾上	坤四乾四
乾三坤三	坤四乾四	坤三乾三
乾二坤二	坤三乾三	乾二坤初
乾初坤初	坤二乾二	乾初坤二

乾伏坤。乾初爻居坤五而坤五升上、坤上降四、坤四降三、坤三降二、坤二降初，则成比。比伏大有。比初爻本为坤二，故伏爻为乾二。乾二居比二而比二即坤三升三、比三即坤四升四、比四即坤上升上与乾五合、比上即坤五降五与乾上合、比五即乾初降初与坤二合，则为临卦。

坤生师、师生观与此同理：

坤	师	观
坤上乾上	坤五乾五	乾上坤五
坤五乾五	坤四乾四	乾五坤上
坤四乾四	坤三乾三	坤四乾四

坤三乾三	坤初乾初	坤三乾三
坤二乾二	乾上坤上	坤二乾初
坤初乾初	坤二乾二	坤初乾二

坤伏乾。乾上居坤二而坤二降初、初升三、三升四、四升五、五升上、上降二与乾上合,则为师卦。师上爻伏乾五。乾五居师五,而师五即坤四降四、师四即坤三降三、师三即坤初降初与乾二合、师二即乾上升上与坤五合,则为观卦。由此可见,纪磊的阴阳消息说,形式上是每一卦阴阳爻的变化,但因其以乾坤之爻表示诸卦,故每卦之爻变及由此引起的卦变,实质上都是乾坤两卦阴阳刚柔的推移消息,即由乾坤两卦卦变而来。

再次,阴阳消息周流循环、首尾相续、无有穷止。依他之见,六十四卦按息卦生息卦、消卦生消卦的原则消息变化,乾坤生比师、临观、屯蒙、震艮、损益直至未济夬,而后未济夬复生乾坤。“由杂卦推之,乾变至夬,夬复变乾;坤变至未济,未济复变坤,则乾自夬、坤自未济矣,此其所以循环不穷欤。”(《杂卦图》一)夬生乾的过程,是“乾初息夬初,初升二、二升三、三升四、四升五、五升上”(《杂卦图》一)。夬上爻伏乾初,乾初居夬初,夬之初至五爻分别升为二至上爻,即成乾卦。未济生坤的过程,是“乾上息未济上伏,上降五伏,五伏降四伏,四降三伏,三伏降二伏,二降初伏”(《杂卦图》一)。未济初爻伏乾上,乾上居未济上,未济上爻至二爻依次降为五爻至初爻。根据乾坤爻位和阴阳相伏的原理,未济变为坤卦。

纪磊以《杂卦》卦序为据,不遗余力地推演六十四卦的消息过程,建立了独特的消息说体系。从其推导过程中,不难看到汉易升降、爻位、伏卦、爻变、卦变等体例及王夫之易学和胡煦易学的影响。纪氏此说无疑凸显了《杂卦》的地位,纠正了易学史上长期轻视《杂卦》的倾向，并深刻体现了《周易》的变易精神。以此解说《周易》文本和宋易图书之学可谓新意迭出，且对后世易学研究不无启发。然而，其立论太过牵强，推导极尽烦琐，确实是一大弊端。诚如吴承仕所言："纪氏书名消息，乃不用孟京相传之法。自谓《杂卦》一篇为文王所定而孔子述之。始乾坤比师，归妹为女之终，未济为男之穷。乾变至夬，夬复变乾；坤变至未济，未济复变坤，循环不穷。此即古之卦变，而消息皆从此出。因据此立体例、作卦图，即据图例以解二篇之经、十篇之传，牵引穿穴，鲧言不杀，似有理致而实违旧法。"(《续修四库全书总目提要·经部·易类·〈周易消息〉》)

结　语

纪磊"覃思易学积三十年""学兼综汉宋，而以汉师为归"，于汉易"多自道心得，又与惠、张二家专守师法者不同"(刘承幹《周易消息跋》)。其贡献主要有三点：第一，综述汉易传承脉络，考正虞氏逸象，订正补充惠栋、张惠言等人的著作；第二，补订《周易本义》，继续推进《本义》研究；第三，重视《杂卦》，推演阴阳消息，并以之解释《周易》经传和图书之学，对后世检讨整合汉宋易学具有重要意义。尽管纪磊并非清代易学史上举足轻重的人物，但其易学反映出当时学界的一种倾向，即拒绝墨守成说，力求独辟蹊径、卓异前人，即"与汉唐宋说不相沿袭，卓然成一家言"①。就此而言，纪磊易学固然存在一些问题，却不可断然否定其发明创获。

① 《南浔志》卷二十一《人物》四，民国十一年(1922)刻本。

第四章　汉学、史学、佛学兼采的章太炎易学

章太炎（1869—1936），浙江余杭人，名炳麟，原名学乘，字枚叔。因反清排满意识浓厚，仰慕顾炎武（本名绛）的为人行事而易名为绛。章太炎别名、别号甚多，如膏兰室主人、刘子政私淑弟子、刘子骏之绍述者、菿汉阁主等，世人敬称“太炎先生”。章太炎学问广博，涉及小学、历史、哲学、政治等领域；著述颇丰，今有《章太炎全集》行世。

章氏思想受多方影响，变化历程相当繁复。《菿汉微言》书末“自述”云：“自揣平生学术，始则转俗成真，终乃回真向俗。”①章氏先习“经史、《通典》诸书，旁及当代政书”，了解西方进化论和社会学学说，“不好宋学，尤无意于释氏”（《菿汉三言》附录《自述学术次第》）。因“苏报案”被捕入狱后，章太炎思想逐渐转向唯识学，认为“释迦玄言，出过晚周诸子不可计数；程朱以下，尤不足论”（《菿汉微言》），此可谓“转俗成真”。著成《齐物论释》后，章太炎不再以唯识为唯一标准，认为凡“外能利物，内以遣忧”之学皆有价值，

① 章太炎：《菿汉三言》，辽宁教育出版社2000年版，第61页。下引《菿汉三言》随文注明书名、篇名。

重估古今中外之学，进入“回真向俗”的境界。在易学方面，章太炎亦有造诣，以下略陈其义。

一、《周易》作者及成书

章太炎认为，文字起源于对兽蹄鸟迹的模仿，八卦的创作也是对物象的模拟。他引《抱朴子》之说，以乾坤二卦略作说明，“鸟舒六翮，即成☰象，但取其翮而遗其身，即成☷象”①。

《系辞传》曰：“河出图，洛出书，圣人则之。”然而，此说又与《系辞》“仰观俯察以作八卦”一段有所抵牾。对此，历代学者莫衷一是。汉儒并未明言河图、洛书为何物，宋人则以黑白点附会之，其中又有分化，即“宋刘牧以《乾凿度》九宫之法为河图，又以生数就成数依五方图之，以为洛书，更有《洞极经》亦言河图、洛书，则如刘牧之说而互易之，以五方者为图，九宫者为书”。对此，章氏一概予以驳斥：“其实先天图书荒唐悠谬，要当以左道视之，等之天师一流可矣。”（《国学讲演录》）“河图者，括地者也，获于行迷，而以写青黑黄赤，虽腐败则珍之”“禹之洛书，其犹是图”，可见章氏以河图、洛书为地图。他质疑道：“吾安知夫前乎伏羲者，非有圣哲之士邪？彼且仪其地之象而沦于河，伏羲得之而以为陈宲，斯犹萧何之收秦图籍，以知地形阸塞也。夫何瑰佹矣哉！”②章氏进一步推测，伏羲之前的上古先民未必没有聪明睿智之人，河图、洛书之类的地图册也许就是上古先民观测山川地形所作，后遇洪水而遗失，伏羲

---

① 章太炎：《国学讲演录》，华东师范大学出版社 1995 年版，第 59～60 页。下引该书只注书名。

② 章太炎：《河图第十六》，《〈訄书〉初刻本》，《章太炎全集》（三），上海人民出版社 2014 年版，第 32 页。下引《章太炎全集》只注书名、册数、篇名。

之时又从黄河之中打捞得来。这种推测认定河图、洛书为上古先民智慧结晶,并不是“天赐”的神秘器物。

何人重卦,历来众说纷纭。孔颖达在《周易正义》卷首八论第二篇《论重卦之人》中罗列了四种观点:“王辅嗣等以为伏牺重卦,郑玄之徒以为神农重卦,孙盛以为夏禹重卦,史迁等以为文王重卦。”章太炎对此逐条分析,认为伏羲作《连山》、黄帝作《归藏》,语无凭证,故王弼等人所说不可信从。神农重卦之说源于《系辞下传》,似乎表明其时已有益、噬嗑卦,“然《系辞》所谓‘盖取’,皆想象之辞,乌可据为实事?”司马迁言文王重卦的依据仅在于《系辞下传》“作《易》者,其有忧患乎”一句。孙盛夏禹重卦说蜕化于郑玄之说,郑玄《易赞》及《易论》云,“夏曰《连山》,殷曰《归藏》,周曰《周易》”,孙盛由此出发,以为《连山》即“兼山之艮”,可证重卦始于夏禹。章太炎综合比较各家观点,指出“上列诸说,虽不可确知其是非,以余观之,则重卦必不在夏禹之后,短中取长,则孙盛之说为可信耳”(《国学讲演录》)。

关于卦、爻辞的作者,唐代之前主要有两派观点:一说以为卦、爻辞皆文王所作,郑学之徒并依此说;另一说以为爻辞多载文王以后事,文王不应预言,故爻辞为周公作,马融、陆绩等并同此说。[①]比章太炎略早的今文学者皮锡瑞在其《经学通论》中主张孔子作卦爻辞。章氏搁置古文家法,不取《左氏传》,以《易传》《史记》等书所载为据,指出皮氏论点有十二谬:第一,孔子不可能自作卦爻辞,又自作《彖传》《象传》加以解说。第二,文王拘于羑里七年之久,不可能仅仅正定六十四卦卦名或者仅仅将八经卦重叠为六十四别卦。第三,桓谭《新论》曰:“《连山》藏于兰台,《归藏》藏于太卜。

① 刘玉建:《〈周易正义〉导读》,齐鲁书社2005年版,第92页。

《连山》八万言,《归藏》四千三百言。”《连山》《归藏》已有文辞,《周易》亦应有卦爻辞。第四,孔子所读伏羲、文王之《易》,若仅有卦画及卦名,则不至于“韦编三绝”。第五,《论语》曰“五十以学《易》”,此“学”不应是自习其著作。第六,《系辞下传》载“《易》之兴也,其于中古乎? 作《易》者,其有忧患乎?”若以《系辞传》为孔门弟子所作,则孔门弟子不应以孔子时代为“中古”。第七,《系辞下传》载“《易》之兴也,其当殷之末世、周之盛德邪? 当文王与纣之事邪?”若孔子作卦、爻辞,则孔门弟子不应舍近求远,将兴《易》之功附于文王。第八,卦爻辞所言“箕子”“岐山”,不必为文王以后事,“若作自孔子者,当有成、康之事,五伯之迹。今近不举周世,远不举虞、夏,独以殷事为言,违其情势”。第九,孔子自作《文言传》,若作爻辞,则为自问自答式的设难之文,先秦并无此种说经文体。第十,《系辞传》《文言传》“子曰”有可能是孔门弟子别题,但并不代表《易传》非孔子所作。第十一,《史记·孔子世家》载“孔子晚而喜《易》,序《彖》《系》《象》《说卦》《文言》”,若以“系”为卦爻辞,则《史记》不应将“系”置于“序”“彖”之后。第十二,“太史公世治《周易》,于左氏内、外传所录,悉载在《世家》言”,并不言孔子作卦爻辞。(《章太炎全集》第七册《驳皮锡瑞三书》)由此,章太炎不仅否定了皮氏卦爻辞为孔子所作的观点,而且否定了周公作爻辞的观点,再次肯认了文王作卦爻辞的说法。

传统易家大多以为孔子作《易传》。至北宋,欧阳修在《易童子问》中指出《文言传》《系辞传》《说卦传》相互抵牾,《易传》各篇并非出自一人之手。对此,章氏进行了反驳:“欧阳修经学疏浅,首疑《系辞》非孔子作,以为《系辞》中有‘子曰’字,决非孔子自道。然《史记》自称太史公曰,太史公下腐刑时,已非太史令矣,而《报任少卿书》犹自称太史公。即欧阳修作《秋声赋》亦自称欧阳子,安得谓

《史记》非太史公作、《秋声赋》非欧阳修作哉？商瞿受《易》之时，或与孔子问答，返而题‘子曰’字，事未可知，安得径谓非孔子作哉？欧阳修无谓之疑，犹不足怪，后人亦无尊信之者。”（《国学演讲录》）

宋儒张载言“《易》为君子谋，不为小人谋”，此说得到了后世易学家的广泛认同。章太炎却说：“《周易》所罗，贞邪枉直具举之，诸贪残得志者，《易》所不能刊也。”“《易》虽不为暴人谋，暴人固已得志。《易》虽为善人贤士谋，直其恣睢，独有退避求自安全，而固无损暴人豪末；纵谋所以黜削暴人者，比其就成，暴人享之已数世矣。是使暴人擅无穷之福利，而善士偷瞚息之成功也。”（《章太炎全集》第三册《易论》）《易》为君子谋，是以德性统摄吉凶祸福的儒家价值立场的集中体现，而章氏却说“《易》虽不为暴人谋，暴人固已得志”，言辞中颇有愤懑不平之概。结合其生平经历可知，章氏这种看似消极的言论有其特殊的思想背景。他自幼受家庭熏陶，“夷夏之辨”的观念早已在其思想深处埋下种子。清政府在鸦片战争之后更显腐败无能，对内变本加厉压榨民众，对外卑躬屈膝丧权辱国。身处内忧外患日益严重的时局之下，章太炎的愤懑情绪日益强烈，进而将推翻清廷视为救治国家危难的药方。“《易》本‘衰世之意’，时乱故得失彰；平世贤良，虽尝谕其梗概，非征知也。吾读坎、离二卦，‘习坎’至险，‘君子以常德行，习教事’，然后大人‘继明照’焉。惟前世哀、平、桓、灵之末，严遵之友而有光武，郑玄之门而有昭烈，皆是物也。近观罗马陨祀，国人复求上世文学数百岁，然后意大利兴。诸夏覆亦三百岁，自顾炎武、王夫之、全祖望、戴望、孙诒让之伦，先后述作，讫于余，然后得返旧物。《易》之效，不为虚诬。……以为盖藏，享庙濯，保胤嗣，亦已久矣。”（《章太炎全集》第三册《易论》）章氏此间剖白心迹，明清鼎革，满洲贵族入主中原,顾炎武、王夫之辈虽为“善人贤士”,参加过反清斗争,但终于只能“退避求自安全”,直到辛亥革命爆发、清帝退位时,清朝已享国二百六十余年,即“暴人享之已数世”。

二、训诂解《易》

章太炎出生于书香世家。自其曾祖父起,四世皆为读书人,在汉学方面均有一定素养。其外祖父朱有虔曾严格按照汉学方法对他进行启蒙教育。章太炎后来回忆道:“外王父海盐朱左卿先生讳有虔来课读经,时虽童稚,而授音必审,粗为讲解,课读四年,稍知经训。暇亦时以明清遗事及王而农、顾宁人著述大旨相晓,虽未读其书,闻之启发。”①章太炎日后在文字、音韵方面建树卓然,基础便是此时打下的。1890 年,章太炎入杭州诂经精舍,师事汉学大师俞樾系统研治古文经学。梁启超在《清代学术概论》中称:“在此清学蜕分与衰落期中,有一人焉能为正统派大张其军者,曰:余杭章炳麟。”②章太炎治学以文字训诂、音韵学为进路,可以说是以乾嘉汉学传统为其学术体系之底色。

《周易》文字古奥,后人众说纷纭。章氏运用汉学方法对《周易》中的部分难解字词加以训诂,作有《八卦释名》《说彖象》,以及收录在《膏兰室札记》中的《需于郊不犯难行也》《天下之动贞夫一者也》《需不进也》《其人天且劓》《化益》和收录在《诂经札记》中的《壮于頄解》等文章。

---

① 章炳麟:《民国章太炎先生炳麟自订年谱》,王云五主编《新编中国名人年谱集成》第十辑,台湾商务印书馆 1980 年版,第 2 页。

② 梁启超撰,朱维铮导读:《清代学术概论》,上海古籍出版社 1998 年版,第 95 页。

关于“彖”“象”当作何解,《周易》为何用此二字,后世易学家各执一词。章太炎认为,八卦是对物象的模拟,汉字亦始于象形,“文字之权舆,昉诸八卦,依类象形”。“象”本指“南越大兽”,即今日通俗所言“大象”,章氏引《韩非子》言“人希见生象也,而案其图以想其生”。先秦文化核心位于黄河流域,北人罕见生活于南方之大象,仅能凭借图案加以想象,故“人之所以意想者,皆谓之象”。而“彖”字是“篆”字的最初写法,“豕走谓之彖”“彖字从彑,锐头也”,书写古文大篆时,字之首尾“皆削剡”,八卦符号的刻画亦如此,故《周易》作者用“彖”字指卦。(《章太炎全集》第七册《说彖象》)

《说卦传》曾列出八卦的各种取象。章太炎认为,“德象虽具,谈者多未明其字诂”。意思是说,《说卦》虽将八卦各自代表的物象、德性罗列得清楚明白,但八卦卦名与取象的关联并没有被揭示出来。有鉴于此,章氏从文字训诂出发进行探究。乾依《说文》为“上出”,描述的是草木冤曲萌发的样态,本无“天”义。乾从倝声,读为倝,而倝意为“日始出,光倝倝也”,语转为“昪”,“昪”可称“天”,故乾为天。乾为健的原因是“象声而为训”。“坤”字左土右申,土在申位,故坤为地。坤为顺类似于乾为健,是“象声为训”。震指霹雳振物,故取象雷。震同娠、踬、唇、振诸字,皆训为动。巽,义为“具”,本无“风”及“入”义。巽与選声类同,依据《广雅·释诂》《说文》《尧典》《五帝纪》《列女传》,選有“入”义,又据《春秋传》《荀子·儒效》《释名》,選为“风”,故巽为风、为入。坎为水,象声,训为陷。离本离黄、离丽,皆㸚之假借,尔、爽皆从㸚,尔为丽尔,爽有“明”义,从㸚,从大,象“隙中光”,故离为火、为日。艮读为垠咢,“垠或为圻”,有“岸”义,故艮为山。圻又与“几”声类相似,故垠又取声于畿。畿者,讫事之乐,故艮为止。兑本义当为通道,即"隧"字,以《毛诗传》《老子》《檀弓记》证之,而兑与豙声义相近,则"足相随从谓之兑,志相随从谓之豙,通迥其道谓之兑,闿忻其心谓之说,义相似也"。兑今字为隧,字本从台,山间陷泥地,故兑为泽。(《章太炎全集》第七册《八卦释名》)诸如此类,可谓旁征博引、言必有征,发前人所未发,且能自圆其说。

章氏训诂解《易》,既用《说文解字》《尔雅》之类传统字书资料为训诂依据,又广引《淮南子》《山海经》等子书"以子解经",突破了乾嘉汉学"以经解经"之传统范围。在以文字训诂、考据为手段解读《周易》的同时,他还广泛运用汉易体例,如爻辰、消息、爻体、旁通、两象易等。章氏通过引用汉易象数体例对其考据成果加以佐证,使其立论更加扎实,得出了诸多不同于前人的观点。

兹举一例。《夬》卦九三"壮于頄",郑玄释"頄"作"頯",为"夹面",即九三爻处于下卦乾之上,故作"頯"。王弼释"頄"为"面权",今写作"面颧",以为"頄"当指上六爻,因上六爻处于《夬》卦六爻最上。章氏不同意两家之说,他结合全卦进行分析。初九爻辞称"壮于前趾",九四爻辞称"臀无肤",九三爻位于初九爻与九四爻之间,应指示脚趾到臀部之间的人体部位,而不应直接跃升到面部,由此驳斥郑玄以九三爻为"夹面"的注解。但他又认同郑本写作"頯",认为"頯"为"踌"之假借。"踌"依据《说文》"从弆声,胫肉也,曰曲胫也,读若逵",进而认为"踌"同"弆"。《说文》云:"持弩柎也,读若逵。"《广雅·释器》亦云:"踌,柎也。"柎者,人足、器足之通称,故"踌""弆"声谊通,"足者,自胫至趾之通称也"。初爻言"趾",三爻言"踌",四爻言"臀",正好体现了人体各部位自下而上的顺序。章氏又以《夬》与《履》为两象易。《夬》上兑下乾彼此互易则为上乾下兑之《履》卦。《履》六三爻辞言"跛能履",《夬》九三爻辞言"踌",即曲胫、"跛"。章氏还运用十二辟卦说,以五阳生而决去一阴的《夬》卦配辰月。依据爻辰说，“九三爻辰又属辰，上直寿星角亢”，《天文志》云“大角，两旁各有三星，鼎足句之，曰摄提。晋灼曰：‘如鼎足之句曲也’”，《夬》卦九三爻当大角星，如鼎足勾折弯曲，与“踦”为曲胫相类似。章氏还用郑氏爻体说再次佐证。《夬》九三为艮爻，据虞翻逸象，艮为腓，腓即胫，九三与上六爻相应，九三爻变阴，则《夬》卦变《兑》卦，《说卦传》言“兑为毁折”，虞氏逸象有兑为刑人，腓胫受毁折，即为曲胫。又，《夬》《剥》旁通，则《夬》《剥》爻辞不无关联。《剥》爻辞言“剥床以足”“剥床以辨”，《夬》爻辞言“壮者，亦必为足上物，故一言前趾，再言踦也”。（《章太炎全集》第一册《壮于頄解》）

三、以史解《易》

以史治《易》在易学史上源远流长，其表现形式也多种多样。最早以史学眼光审视《周易》的是《易传》。今本《易传》通过对《周易》成书及作者的追溯和探讨，表现出作者以史事解决易学问题的倾向。汉代郑玄以周礼参证史事、晋干宝本之殷周史揭证《周易》。宋代以降，形成了以李光、杨万里为代表的“史事宗”。清末民初，许多学者在吸收近代学术的基础上，以《周易》为历史资料，深入发掘《周易》中的历史事实。刘师培在《经学教科书》第二册中对易学与史学的关系有粗略的讨论，认为《易经》“可以考周代之制度”“可以补古史之缺遗”“可以考宗法社会之状态”“可以考古代社会之变迁”①。章太炎亦有类似观点。他说：“《周易》是历史的结晶。”“至于《周易》，人皆谓是研究哲理之书，似与历史无关，不知

① 刘师培：《经学教科书》，上海古籍出版社 2006 年版，第 224～225 页。

《周易》实历史之结晶。今所称社会学是也。”①

易学界一般认为《序卦传》对六十四卦次序的推演具有宇宙生成论意义。章太炎积极运用近代社会学、人类文化学理论阐释《周易》，这从其《自述学术次第》《易论》《历史之重要》诸文对卦序历史意义的揭示中可见一斑。“《传曰》：‘夫《易》彰往而察来’‘开物成务’。六十四序虽难知，要之记人事迁化，不越其绳，前事不忘，故损益可知也夫！非谶记历序之侪。”（《章太炎全集》第三册《易论》）

《序卦传》曰：“有天地然后万物生焉，盈天地之间者唯万物。”乾坤为天、地，继而言屯蒙以下六十二卦。章氏认为，屯为草昧，蒙为幼稚，屯、蒙指代人类史前社会。《屯》卦爻辞“即鹿无虞”“匪寇婚媾”表明先民此时仍以渔猎获取生活资料，实行掠夺婚姻。但人类天性中尚有“廉耻智慧”，可“导以礼而厚其生”的因子，即“贞不字”“不如舍”。《蒙》卦“始渐有人道”，故爻辞言“内妇”“克家”，但从爻辞“见金夫，不有躬”可知，当时的婚聘大概类似后世的买卖奴婢，“婚姻聘币，初与买鬻等耳”。《需》卦《大象传》“君子以饮食宴乐”表明人类社会已进入农耕文明时代。有了生产、生活资料，便涉及分配问题，于是有了人与人的“生存竞争”，故继之以《讼》卦。“讼之事小者，但为两造对簿，大者则聚群攻夺”，故继之以《师》卦。人群在生存竞争中，因利益诉求不同而各自结为团体，故继之以《比》卦。“然兵役既兴，势必不能人人耕种，不得不小有积蓄”，故继之以《小畜》卦，此为“政府之滥觞”。“有军与币，而万国和亲，觌威不用，故其象曰‘懿文德’。受之以‘履’，帝位始成，大君以立，由是‘辩上下，定民志’”（《章太炎全集》第三册《易论》），表

① 章太炎：《历史之重要》，《制言》第55期，1935年12月。

明人类社会已进化到君主专制时代。接下来是泰、否二卦。泰卦上阴下阳,阴阳交通,表现出帝制初立,君民尚未隔阂的水乳交融状态。否卦上阳下阴,上下隔绝乖违,表明国家阶级差别扩大,界限悬隔分明,帝王拂逆民意,故“民为邦本”之说于此二卦可见。为打破阶级壁垒,则必须“同人”“以类族辨物”,即“宗盟之后,异姓其族,物细有知,诸夏亲昵,戎狄豺狼者,而族物始广矣。故‘同人于宗’,曰‘吝’;‘于郊’‘于门’,然后其无悔咎也”(《章太炎全集》第三册《易论》)。以上是章氏对人类社会由原始蒙昧时期发展到君主时代的整体推演,仅及于《屯》至《同人》,其下未有论及,“此九卦者,生民建国之常率,彰往察来,横四海而不逾此。过此以往,未之或知也”(《章太炎全集》第三册《易论》)。

章氏在《自述学术次第》中力图从六十四卦中发掘出人类社会宗教、刑罚、婚姻、行政制度诸方面的演进轨迹。如《观》卦卦辞言“圣人以神道设教,而天下服”,章氏认为“《易》明宗教之事唯此耳”,爻辞言“观我生”“观其生”“展转追求,以至无尽,则知造物本无,此超出宗教以上者也”,即观卦体现了由有神之宗教到无神之发展。《观》卦之后是《噬嗑》卦,其《大象传》曰“先王以明罚敕法”,爻辞有“灭鼻”“灭趾”之象,正与人类社会中摧残肉体的刑罚多源自于宗教审判的历史现象相符合。《噬嗑》之后是《贲》卦,“贲”义为“文饰”,表明进入文明时代。其《大象传》曰“君子以明庶政,无敢折狱”,爻辞言“贲其趾,舍车而徒”,说的是废除刖足之刑,代之以髡钳役作,爻辞言“贲其须”,表明废除耏刑。下经《丰》卦《大象传》曰“折狱致刑”,其义与《噬嗑》卦类似,爻辞“折其右肱”亦为肉刑之事。《解》卦《大象传》“赦过宥罪”义与《贲》卦类似,爻辞“解而拇”亦言废除肉刑之事。

《周易》叙述婚姻方式的变化除上文言及的《屯》《蒙》,《贲》卦爻辞“白马翰如，匪寇，婚媾”表明“文明之世，婚礼大定，立轺骈马，于是行矣，然亲迎御轮，亦仿古者劫掠而为之，如繁赤韨以仿蔽前耳，故亦称‘匪寇，婚媾’”。下经《咸》《恒》反映的也是夫妇之道，“其言变事又多矣”。《姤》卦一阴承五阳，反映的是“乌孙、匈奴之妻后母，卫藏之兄弟同室”的特殊情况。《归妹》卦爻辞言“帝乙归妹，其君之袂，不如其娣之袂良”，反映了“东北徼外诸国，以贵种不可外传，故王姬或婚同姓，或适勋臣外戚之子”的特殊婚俗。

《屯》卦“利建侯”之“侯”为国家尚未建立之时的部落酋长，无所统属。《比》卦卦辞言“不宁方来，后夫凶”，《大象传》言“先王以建万国亲诸侯”，表明等级秩序已经确立，比之“侯”统属于王。《豫》卦卦辞言“利建侯行师”，反映的是“周秦汉之侯王，大分圭土，以封功臣，其柄操之自上”的情况。《晋》卦卦辞言“康侯”，章氏训“康”为“空”，说明了“秦汉之关内侯，唐以来之虚封”的历史事实，“罢侯置守，改土归流，《易》无明文，于《晋》乃隐示之意”。依此观之，《周易》卦序不仅是对人类社会既往历史的反映，甚至还有类似于《推背图》一类谶书的某种预言功能，这就在一定程度上违背了以《周易》为古史资料的初衷，使《周易》蒙上了一层神秘色彩。

四、以佛解《易》

以佛解《易》，始于魏晋南北朝。孔颖达《周易正义 · 序》言，当时“江南义疏，十有余家，皆辞尚虚玄，义多浮诞”“原夫易理难穷，虽复‘玄之又玄’，至于垂范作则，便是有而教有。若论住内住外之空、就能就所之说，斯乃义涉于释氏，非为教于孔门也”①。由此可知，唐

① 刘玉建导读：《〈周易正义〉导读》，齐鲁书社 2005 年版，第 86 ~ 87 页。

代已有以佛解《易》的趋势，只不过《周易正义》作为官方正学“必以仲尼为宗”，不取以佛解《易》。宋明时期，以佛解《易》者渐增，如明末智旭即以禅解《易》。章太炎以佛解《易》重在以佛教唯识学及《大乘起信论》等佛教基本理论解说《周易》中有关万物生成的思想。

章太炎在《自述学术次第》中表明青年时期本对佛学无所措意，“余少年独治经史、《通典》诸书，旁及当代政书而已，不好宋学，尤无意于释氏”。三十岁之后，章氏受宋恕影响，开始接触佛学。其时甲午战争的失败，不断加重的民族危难，深深地刺激了他。包括章太炎在内的一大批中国知识分子报国无门，只得将目光转向佛学，希冀从中找到精神支柱。“三十岁顷，与宋平子交，平子劝读佛书，始观《涅槃》《维摩诘》《起信论》《华严》《法华》诸书，渐近玄门，而未有所专精也。”（《菿汉三言》附录《自述学术次第》）因“苏报案”被捕入狱后，章氏始专攻唯识学，“遭祸系狱，始专读《瑜珈师地论》及《因明论》《唯识论》，乃知《瑜珈》为不可加。既东游日本，提倡改革，人事繁多，而暇辄读《藏经》。又取魏译《楞伽》及《密严》诵之，参以近代康德、萧宾诃尔（叔本华）之书，益信玄理无过《楞伽》《瑜伽》者。少虽好周秦诸子，于老庄未得统要，最后终日读《齐物论》，知多与法相相涉”（《菿汉三言》附录《自述学术次第》）。章氏泛观博览，以诸子学、西学与佛学参证，三者共同构成其主要的思想资源。他说：“仆所以独尊法相者，则自有说，盖近代学术，渐趣实事求是之途，自汉学诸公分条析理，远非明儒所能企及。逮科学萌芽，而用心益复缜密矣。是故法相之学，于明代则不宜，于近代则甚适，由学术所趣然也。”①唯识学与汉学在研究方法上有共

① 章太炎：《答铁铮》，见刘梦溪主编：《中国现代学术经典 · 章太炎卷》，河北教育出版社 1996 年版，第 626 页。

通之处。章氏由汉学出发，较易契入唯识学。需要注意的是，章氏所受佛学并不以唯识为唯一来源，他所推崇的《成唯识论》《瑜伽师地论》《摄大乘论》固然属于唯识宗基本典籍，但《大乘密严经》是密宗经典，《大乘入楞伽经》是禅宗教义的最初教本，均不为一般修习唯识学者所采纳。

四库馆臣言："易道广大，无所不包，旁及天文、地理、乐律、兵法、韵学、算术，以逮方外之炉火，皆可援《易》以为说，而好异者又援以入《易》，故易说愈繁。"章太炎亦从"易道广大"这一角度出发，论证了《易》、佛会通的可能性，他说：

> 《系辞》云："夫《易》开物成务，冒天下之道。"谓"冒天下之道"，则佛法自亦在内。李鼎祚《集解序》云："权舆三教，钤键九流。"详李氏此说，非但佛法在内，墨、道、名、法，均入《易》之范围矣。然李氏虽作此说，亦不能有所发明。孔颖达云："《易》理难穷。虽复玄之又玄，至于垂范作则，便是有而教有，若论住内、住外之空，就能、就所之说，斯乃义涉于释氏，非为教于孔门。"然《正义》依王、韩为说，往往杂以清谈。后之解者，因清谈而入佛法。虽为孔氏所不取，然《易》理亦自包含佛法。论说经之正，则非不但佛法不可引用，即《老子》"玄之又玄"之语，亦不应取。如欲穷究《易》理，则不但应取老、庄，即佛亦不得不取。其他九流之说，固无妨并采之矣！（《国学讲演录》）

可见，章氏认为佛学本不可注解儒经，但佛学与易理可以会通，在发挥易理时可以佛学为参证，即"《周易》最难了澈，佛法入中土，乃得会通"（《菿汉三言·菿汉雅言劄记》）。

自章氏研究佛学后，以佛学为镜鉴，重新审视《周易》经传，发现“《易》为开物成务之书，所说皆世间法也。世法之极，于是微著出世之端”。他详细论述道：

> 《传》曰：“作易者其有忧患乎？”文王虽拘羑里，而逆王势尽，不久当就俘灭，未足措意，其所忧患，则“群龙无首”，“生生不已”虽以五戒既济，非入无余涅槃而灭度之，亦终于未济而已。何谓五戒？“妇丧其茀，勿逐，七日得”，知其无盗、无淫也。“东邻杀牛，不如西邻之禴祭”，新菜禴祭以示明信，知其无杀、无妄语也。“濡其首”，《未济》言“饮酒濡首”，此不言饮酒知其无饮酒也。以五戒度人，但足经国宁民而已，人人具足五戒，此为至治之极，而生生不已，终于竞争。是以虽度而未得度也，此文王、孔子之所同忧，非大圣孰能与于斯？（《蓟汉三言·蓟汉微言》）

在章氏看来，《易》不再只是开物成务的世间法，而是言世间法至于极致，上升为出世间法，囊括世间法、出世间法为一。《系辞下传》曰：“作《易》者，其有忧患乎？”文王、孔子等圣人所忧患者，不只是开物成务、经国宁民以治天下，而是如何使民皆入“无余涅槃而灭度之”。此一观点的得出，源于章太炎反对袁世凯称帝而被软禁于龙泉寺三年期间，“癸甲之际，厄于龙泉，始玩爻象，重籀《论语》，明作《易》之忧患，在于生生，生道济生，而生终不可济，饮食兴讼，旋复无穷。故唯文王为知忧患，唯孔子为知文王”（《蓟汉三言·蓟汉微言》）。

章氏不仅以佛学语境重新为《周易》定性，而且借用佛教判教形式重新判定儒家经典体系。他说：“观儒书者，亦当如佛家判教。《易》《论语》有无我之法，《中庸》多天趣之见，若《孝经》与《大学》《儒行》《缁衣》《表记》《坊记》，唯取剀切世务，不及玄旨也。”（《菿汉三言·菿汉昌言·连语一》）言下之意，《孝经》《大学》等儒书仅及世间法，《易》《论语》言出世间法，近于佛学，而优胜于其他儒书。

《系辞上传》言：“易有太极，是生两仪，两仪生四象，四象生八卦，八卦定吉凶，吉凶生大业。”这既是对占筮方法的说明，也含有宇宙生成论的意义，即太极、两仪、四象、八卦到万事万物的生成过程。作为宇宙创始起点的“太极”究竟是指什么，历代易学家有多种解释。汉唐学者往往将“太极”解为天地阴阳尚未分判时的混沌元气，朱子理学则以“太极”为“天理”。在此问题上，章太炎继承并发展了汉儒马融以太极为北辰的观点。他说：“圣人吉凶与民同患，易‘鼓万物而不与圣人同忧’。生生者，未有讫尽，故太极为旋机（马说太极为北辰，即旋机）。群动之所宗主，万物资以流形。乾元恒动曰‘龙’（即今所谓‘永动力’），坤元恒静曰‘利永贞’（即今所谓‘永静力’），而‘天德’固‘不可为首’，是则群动本无所宗，虽‘太极’亦粪除矣。”一方面，太极为“群动之所宗主”。另一方面，“群动本无所宗”“天德不可为首”。二者似乎正好相反。对此，章太炎解释道：“《易》言太极为群动宗，又言‘群龙无首’，则群动本未有宗，言非相反。‘太极’，通俗之言，‘无首’，真审之义。此非守文者所知。”（《章太炎全集》第三册《检论》）在他看来，言太极为群动宗是方便法门，“无首”之说才是对太极本质的真正揭示。在这个意义上，“群动而生，斛溢无节，万物不足供其宰割，壤地不足容其肤寸，虽成‘既济’，其终尤弗济也”（《章太炎全集》第三册《检论》）。如此一来，太极在历代易学家那里所具有的宇宙起点或本体意义被消解掉了，成为一个空概念。

一般而言,《周易》中的阴阳除了表示卦爻属性,其最根本的意义在于指称宇宙中两种相反相对的属性和功能。由阴阳爻构成的乾坤两卦代表天地,生化万物。这种思想观念在《易传》中极为明显。章氏却说:“彼天地者,只乾坤之一象尔。乾知大始,坤作成物。乾即阿赖邪,先有生相,即起能见,能见而境界妄见矣,故曰大始。坤即末那,执此生为实,执此境界为实,皆顺乾也,故曰成物。阿赖邪识有了别,无作用,故曰知。末那恒审思量,思即是行,故曰作。”(《菿汉三言·菿汉微言》)这是以佛教唯识学“阿赖耶识缘起说”重新诠释乾坤生化功能。唯识学主张“万法唯识”,宇宙中的一切均由“识”变现出来。唯识学认为六识学说并不能够完全解读世界,因而增加了阿赖耶识和末那识,构成“八识”。阿赖耶识又可称为藏识,是根本识,前七识均依阿赖耶识才得以流转。阿赖耶识能够含藏无始时起各种善恶的认知和行为所熏习而成的种子,并不断生成新的种子。末那识又称执识、意根识,以阿赖耶识为自身存在的前提,并以阿赖耶识为认识对象,执阿赖耶识为自我,具有恒审思量的功能,执著阿赖耶识本身以及阿赖耶识所开显的境界为实有。阿赖耶识本身不会显现,必须依靠末那识示现,故末那识和阿赖耶识是相互依存的。章氏以阿赖耶识释《乾》,则“乾知大始”表示整个世界根本缘起于阿赖耶识。以末那识释《坤》,则坤“顺承天”而“作成物”表示阿赖耶识不能独自起作用,必须由末那识执定为我识才能将整个世界显现出来。经过章太炎的佛学诠释,乾坤“资始”“资生”的功能转变成了末那识执阿赖耶识而法我得以缘起的唯识学论说。

无始以来,如来藏因无明不觉之动而成为阿赖耶识。章氏以《震》卦与之对应:“羲皇时八卦成列,其方位起震终艮。盖声闻辟支佛之说,故不以乾之阿赖邪造端,而托始于震。震之一动,是即生因也。”（《菿汉三言·菿汉昌言·经言一》）《说卦传》言“帝出乎震”“万物出乎震”，《震》一阳动于二阴之下，天地万物皆本于此。章氏正是把捉《震》卦这一特性，将其与无明之动比附。

除了无明，爱也为十二因缘说中重要一支。章氏将《咸》卦与爱对应，他说：

> 《易》上经始乾坤，下经始咸，先儒或以天道人事比傅。韩康伯非之。然《经》分上下，要非无意。案：佛典言十二缘生第一支，为无明，第八支为爱。无明发业，爱欲润生，由是一切法生，流注不绝。若徒有无明，不以爱为增上，则不得展转结生也。《易》上经首乾坤者，说无明支，下经首咸者，说爱支。爱莫甚于男女，故以夫妇表之，《易》说缘生，较然可知。（《菿汉三言·菿汉微言》）

在章太炎看来，《周易》作者将《咸》卦作为下经第一卦有其深意，强调的是阴阳交感推衍出人道。阴阳交感莫甚于夫妇之爱，阿赖耶识只有经末那我执，“爱欲润生”，才能恒转流注为万法、现象世界。进而，他又对“一阴一阳之谓道”作了重新解读：

> 《系辞》：“一阴一阳之谓道。”依真如起无明，觉与不觉，宛尔对峙，是之谓道，非常道也。“继之者善也”，继，谓相续之断。善者，《释名》云：“善，演也。演尽物理也。”此所谓一切种子如瀑流者也。“成之者性也”，《荀子》云“生之所以然者谓之性”，由意根执前者为我，于是有生也。（《菿汉三言·菿汉昌言·经言一》）

“依真如起无明”表明，章氏所依托的佛学不只是唯识学，亦包含《大乘起信论》之“真如缘起”思想。章氏依据《释名》将“善”释读为“演”，即表示阿赖耶识经末那我识而变现出的现象世界恒流永转。他将“成之者性”解读为末那识执阿赖耶识为我，则生即谓性，“性之本义，直谓生理而已”（《菿汉三言·菿汉昌言·经言一》），人性不再是儒家所言的“天命之谓性”，而直接就是生理本身。依佛教唯识学，万法唯识，人之生理是由末那识执著阿赖耶识为自我而幻化出来的，“由是推之，诸言性善、性恶、性无善无不善、性善恶混者，皆不能于阿赖邪识之外指之”（《菿汉三言·菿汉昌言·经言一》），言性之善恶皆就阿赖耶识立说。具体言之，“以藏识为性者，无善无恶者也；以藏识所含种子为性者，兼具善恶者也。为不善必自惭恨，斯曰性善矣”（《菿汉三言·菿汉昌言·经言二》）。

章太炎还用《艮》卦及《乾》《坤》“用九”“用六”将《周易》性命学说改造为佛教唯识学的修行法门。“《周易》皆说阿赖邪识与意根，而用九、艮卦独舍是，此文王所以为圣也。孔子绝四：无意，无必，无固，无我。《中庸》植根于天，我见坚厚，此子思之书所以非真先君子之言也。”（《菿汉三言·菿汉昌言·经言一》）此处所言文王系乾卦用九、艮卦卦爻辞，孔子绝四，与判定《周易》《论语》为儒家境界最高明经典的论断如出一辙。现象世界因阿赖耶识而起，阿赖耶识被末那我识执定而恒转，则现象世界的矛盾冲突就始终存在。《周易》《论语》虽为世间法，但其中含纳出世间法，二者有“无我之法”，即破除末那我执，则阿赖耶识就不能流转出现象世界。他又说：

终于艮，止则不动。何以止之？即艮卦所谓“不获其身”“不见其人”也。艮言成终可矣，而更言成始者，依羲皇意，固

不断法我。(《蓟汉三言·蓟汉昌言·经言一》)

濂溪谓“一部《法华》,只消一个艮卦”,伊川谓“看一部《华严》,不如看艮卦”,以艮卦称“不获其身,不见其人”,无我相人相也。然则艮者止也,生空观成,无我无人,则恒转如瀑流者止矣,而二公竟亦未能体此。岂知及之仁不能守之邪,亦惧其断灭尔。曰天机,曰生生,曰至诚无息,曰于穆不已,皆此恒转如瀑流者而已。(《蓟汉三言·蓟汉昌言·经言一》)

章太炎特意拈出《艮》卦,在于《艮》卦卦辞言“不获其身”“不见其人”,即佛教断人我见,破除末那我执,不再执着于个体自我,则“无我相人相”,由此取消人我之差别,进而消弭因彼此分立而产生的种种矛盾冲突。由于破除了末那我执,阿赖耶识变幻出的因缘假合环环相扣的现象世界的洪流就被当下斩断了,即“恒转如瀑流者止矣”。而《说卦传》言“艮东北之卦也,万物之所成终而所成始也”,在儒家价值体系中,生存世界是真实恒久存在的,并不像佛教所认为的那样,以现象世界为因缘假合、虚空假有,故艮卦言“止”“终”,同时又言“始”。儒家并不追求破除现象世界的真实存在性,而立足于此世界的生生不息,即章太炎所批评的“不断法我”。在章氏看来,艮卦讲的是断人我见,尚非究竟,还需断法我见:

按《维摩诘经》:“无住则无本。”乾元虽曰资始,其实曷尝有始?坤之有常,承天而时行耳,亦非真常也。是故能用九六,则证得转依,乾坤于是息矣。梁译《起信论》言:“如菩萨地尽,满足方便,一念相应,觉心初起,心无初相,以远离微细念故,得见心性,心即常住,名究竟觉。”又唐译云:“言心初起者,但随俗说，求其初相，终不可得。心尚无有，何况有初？”用九称“见群龙无首”，所谓“觉心初起心无初相”。用六称“利永贞”，所谓“心即常住”。觉心无初相而乾元尽，心常住而后为真常。用九，象曰：“天德不可为首也。”用六，象曰：“以大终也。”所谓无明无始而有终，二用实一事，特于乾言因，于坤言果耳。斯乃佛道究竟之地，则如来乘义也。（《蓟汉三言·蓟汉昌言·经言一》）

无始以来，阿赖耶识因无明之动而变现出现象世界。而万法唯识，念念相续，导致现象世界无尽缘起。只有消解乾元资始、坤元承天时行而资生之功能，“乾坤于是息”。所谓《乾》卦用九“见群龙无首”、《坤》卦用六“利永贞”，以唯识学解读，就是“觉心初起心无初相”而“心即常住”，人穷究念念相续的缘起链条，能觉悟到阿赖耶识的发动是无始以来的无明之动，破除末那我执，当下觉悟则当下斩断缘起链条，观照整个现象世界尽为虚空假有，《乾》卦用九是因，《坤》卦用六是果，二者合言复归清静如来藏的究竟法门。

总之，《周易》中含纳唯识学三乘法门：

艮卦辞称：“艮其背，不获其身，行其庭不见其人。”此即断人我见者，则声闻乘义也。观爻辞数称“观我生”“观其生”，此即辟支佛由观缘生而悟者，其人不说法，但以神变示化，故《观·象》言“圣人以神道设教而天下服矣”，则辟支佛乘义也。如是，《易》中微言，具备三乘，故足以冒天下之道。李鼎祚谓其“权舆三教，钤键九流”，信而有征矣！艮观之人，世或有之，能用九六者唯文王。以之见天则，则化声泯而万物齐；以之宅

天下,则九五之大人又不足道。吾乃今知文王之圣也!(《蓟汉三言·蓟汉昌言·经言一》)

在他看来,《艮》卦"不获其身""不见其人",是断人我见,是声闻乘;《观》卦"观我生""观其生",是辟支佛乘;《乾》卦用九、《坤》卦用六,直指佛道究竟,是如来乘。一部《周易》包含唯识学大、中、小三乘法门,而唯文王能用乾坤九六。实际上,章太炎直接把文王看作为佛教中的"大乘菩萨"(《蓟汉三言·蓟汉微言》)。

结　语

章太炎易学同其思想体系一样,是丰富而复杂的。章氏注《易》,不仅对前人有所继承,更重要的是能立足时代、勇于创新,折射出晚清到民国初年转型时期易学发展的诸多特点,开辟出近代易学研究的新路径。不过,正如章氏在《自述学术次第》中所言,"近欲有所论著,烦忧未果,惟条记数事,亦足以明易道之大",其以训诂手段注解《周易》仅寥寥几篇札记,《蓟汉三言》中也仅有屈指可数的几条以佛解《易》的论述。总体而言,他对《周易》的解读过于零碎,难以把握其整体体系。

客观地说,章太炎对唯识学的认识有其局限性。他所谈的佛学,并非佛学本身,而是多有个人理解掺杂其中。或者说,他无非是从佛学汗牛充栋的经论中抽取借用若干现成的概念、名词罢了。[①] 易道广大,无所不包,易道与佛理有相通之处,以佛解《易》

---

① 参见姜义华:《章太炎思想研究》,上海人民出版社1985年版,第322页。

固然是理解《周易》、诠释《周易》的途径之一。但究其根本,易学与佛学在理论上并非完全兼容,不可彼此代替。章太炎以佛教理论判别儒家经典之高下,不无削足适履之处。乾坤阴阳本代表构成世界的元素以及两种相反对立的功能、属性,佛家以整个世界为因缘假合,阿赖耶识被末那识执为自我而幻化为万法,二识并不具有对反的特性。将乾、坤与阿赖耶识、末那识机械比附,难免有方凿圆枘之感。

第五章　杭辛斋贯通中西的象数易学

杭辛斋(1869—1924),名慎修,又名凤元,别字一苇,浙江海宁人。清光绪十五年(1889)得县试第一,补博士弟子员,次年入北京国子监。后考入同文馆,攻读历算、法文。杭氏一生积极投身社会活动:1897 年在天津与严复、王修植、夏曾佑等人创办了我国第一张民办报纸《国闻报》,宣扬变法维新;甲午战争后上书光绪皇帝,条陈变法自强,两次被密旨召见,授内阁中书,面谕军机章京行走。因其无意为官,光绪帝赠"言满天下"象牙章一枚以示尊敬。戊戌政变失败,杭氏避居山东德州,以行医为生。1904 年末,他又与其连襟彭翼仲在北京创办《中华报》《京话报》,倡导恢复国权、开启民智。1905 年,杭辛斋先后加入同盟会、南社,锐意革命。因揭露清廷腐败被捕下狱,报馆遭封闭,幸得各界舆论支持,免于一死。1908 年,杭辛斋被聘为浙江农工研究会会长,主办《农工杂志》,又与许行彬合办《浙江白话报》,关心下层民众疾苦,为陷入抢米风潮的杭州百姓据理相争。辛亥革命期间,他不顾个人安危,单身入旗营,劝降负隅顽抗的清兵,使杭城免遭兵焚。1915 年,杭氏因坚决反对袁世凯称帝被捕入狱。出狱后南下广州,参加孙中山领导的护法运动,出席国会非常会议,被举为惩戒委员长。1921 年,杭氏受孙中山委派,到上海担任宣传部长,并创办新闻学会。1922 年,杭氏召集部分议员反对曹锟贿选总统。杭氏曾积极参加国民党改组活动，并于1923年被选为国民党一大代表，但因病未能参会。1924年1月24日，杭氏于上海逝世。听闻杭氏逝世，社会知名人士章太炎、于右任、胡汉民、沈钧儒、史量才等纷纷前往吊唁。时值国民党一大召开之际，孙中山闻此噩耗倍感痛惜，特嘱人赠送花圈，挽带上书“忠贞谅直”四字，并临时动议以大会名义致电，对其去世深表哀悼。

杭辛斋与易学结缘始于反袁入狱。被囚禁期间，杭氏有幸结识被袁世凯镇压的河南农民运动军师白狼。此人身怀绝学，在墙壁上写出杭氏入狱及出狱的时间，杭辛斋大为惊奇，随即拜师学《易》，得其易学心法。袁世凯之子袁克文记载称：“当丈之入狱也，忽见壁上题‘某月日杭辛斋当来此’，诧之，犹以为知者所戏书耳。诘其人，则河南寇‘白狼’之记室某也。”①杭氏《学易笔谈自序》云：“顾念吾师忍死狴犴，克期以待，密传心法，冀绵绝学，又曷敢自弃?”出狱后，遂“爰搜集古今说《易》之书”，组织《周易》学术研究会“研几学社”并担任主讲，撰写讲义《易楔》六卷。此外，杭氏又撰《学易笔谈初集》《学易笔谈二集》《易数偶得》《读易杂识》《愚一录易说订》《沈氏改正揲蓍法》等著作。民国八年(1919)，研几学社印行上述诸书，合称《杭氏易学七种》。

一、“显明象数，必知物理”的易学宗旨

尽管历代易学家普遍主张象、数、理、占四要素相即不离、无可或缺，但其研究进路每每有其侧重。概言之，象数派认为象数先于

① 袁克文：《辛丙秘苑》，上海书店出版社2000年版，第55页。

义理,义理本于象数,故其解《易》以辨明象数为重心;义理派则认为先义理后象数,象数不过是阐发义理的工具,故解《易》应以阐发义理为宗旨。此两派攻讦不休而又相互渗透,不断推动易学的发展。在此问题上,杭辛斋继承了乾嘉易学传统,明确主张象数是《周易》的核心内容:

> 《易》之为书,合象数而言。言数必兼象,言象必兼数,二者恒相互而不相离。……《易》数既兼象,而又与阴阳之理及天地流行之气无不相合。①

在他看来,象数足以符示宇宙万有及其变化。"《易》准天地,广大悉备。虽人事递演,世变日繁,要不能出乎此象数之外。"(《学易笔谈初集·学易笔谈述旨》)儒家易学如此,佛道二教之易学亦复如是。"佛教、道教之象数备于《易》","全《易》阴阳爻数,各一百零八,故佛之纪数,皆一百零八""魏伯阳之《参同契》,借《易》卦以明丹学,与《易》义无涉者,犹不与焉"(《学易笔谈初集》卷四《佛教道教之象数备于易》)。因此,易学研究的根本任务即在于"阐明卦爻象数之原理原则"。为了落实这一识见,杭辛斋穷毕生之力,精研象数并辨其得失。他说:

> 讲《易》与诂经不同。诂经当有家法,有体例,义不容杂。而讲《易》则以阐明卦爻象数之原理原则,但以经文为之证明。故凡与象数有涉,足与《易》道相发明者,博采旁

① 杭辛斋:《学易笔谈二集》卷三《数之体用》,《杭氏易学七种》,九州出版社2005年版。下引此书只注书名、卷数、篇名。

搜，不限时地，更无所谓门户派别也。（《学易笔谈初集·学易笔谈述旨》）

这一做法，往往不被学易之人理解，“以只言象数、不谈身心性命相责”（《学易笔谈初集·学易笔谈述旨》）。对此，杭氏反驳道：

显明象数，必知物理。离物理以言象数，亦与离象数而谈性理者，敝正相等耳。（《学易笔谈初集》卷四《化学之分剂与象数合》）

数与象合，而道无不可见。（《学易笔谈初集》卷四《十字架》）

简言之，知物理方可明象数，明象数才能通易道。依他之见，孔子身逢乱世，赞《易》“有因时忌不能显言者，不得不以微言大义，隐寓于象数之中”（《学易笔谈初集·学易笔谈述旨》），故“果象数通解，则身心性命之理，胥在其中，更无待言说为也”（《学易笔谈初集·学易笔谈述旨》）。然而，“向来说《易》者，以空谈性理为高，能精研象数者已不可多得。间有谈象数者，又莫明象数之原理，于是东牵西扯，曲折附会以求合，而不知去《易》之道愈远，而象数反为说《易》之累矣”（《学易笔谈初集》卷四《化学之分剂与象数合》）。他指出，宋明儒者及清代宋学派空谈性理而不论象数，其弊尤甚：“宋后讲《易》，开口言性理、言道统，是犹指梯而称高，看饭而说饱也。今之谈道者，无宋人之学，而立说更高出宋人，自误误人，更不待言。”（《学易笔谈初集·学易笔谈述旨》）正因“空谈性理”者多，明晓象数易学者少，才造成了易道晦而不明的局面。基于这一识见，杭氏总是“以象数之未能尽明为憾”（《学易笔谈初集·学易笔谈述旨》)。他撰写了多部易学著作,且用力最勤亦最为精擅者,始终是象数易学。

二、“心生象数”“即数即象”的象数观

象数起源及二者关系是易学的重要问题之一。对此,历代学者多有论及。春秋韩简主张象先数后:“龟,象也;筮,数也。物生而后有象,象而后有滋,滋而后有数。”(《左传·僖公十五年》)今本《易传》在筮法层面上提出由数定象的思想:“极其数,遂定天下之象。”《易纬·乾坤凿度》曰:“易起无,从无入有,有理若形,形及于变而象,象而后数。”晋韩康伯认为,至精至变至神为万物变化之母,由万物之母而立象数,“斯盖功用之母,象数所由立”(《周易正义》卷七)。数定象,象尽数:“卦,象也。蓍,数也。……蓍极数以定象,卦备象以尽数。”(《周易正义》卷九)唐孔颖达又云太虚生象数:“言象之所以立有象者,岂由象而来,由太虚自然而有象也;数之所以有数者,岂由数而来,由太虚自然而有数也。是太虚之象、太虚之数,是其至精至变也。”(《周易正义》卷七)就《周易》起源而言,伏羲八卦之象在先,文王之蓍数、重卦在后;就行蓍求卦而言,则是由数而立象,“倚数生数,在生蓍之后、立卦之前,明用蓍得数而布以为卦”(《周易正义》卷九)。合而言之,即“数从象生,故可用数求象”(《周易正义》卷九)。及至北宋,邵雍又将《易》之根本归之于数:“太极不动,性也。发则神,神则数,数则象,象则器。”“数立则象生,象生则言彰,言彰则意显。”(《皇极经世·观物内篇》)杭辛斋考察了易学史上的种种看法之后,提出了异于前人的观点:

万物之数,皆天地之数也。然万物之数非人不明,故参天

两地而生人。人即参天两地而倚数。是惟人心之灵于万物，心动而数以生。物无穷尽，数无无穷，而人心之限量亦无穷尽。(《易数偶得》卷一《数有心生》)

盖数由心生，象由心造，故规生于心，心应万事，澈上澈下，由博返约，殊涂同归，万方归一。(《易数偶得》卷二《乾易坤简》)

卦因数衍，数缘象起，象由心生。(《学易笔谈初集·学易笔谈述旨》)

"人心"，实指人的思维器官——大脑。"心动"，即人的思维活动。杭氏认为，"盈天地之间惟万物"(《易数偶得》卷一《数由心生》)，万物皆有象数，而唯人具备思想意识，故万物象数"非人不明"(《易数偶得》卷一《数由心生》)。进一步说，《周易》象数是人类大脑对世间万物的概括抽象，客观事物是无限的，人的意识和思维也是无限的。因此，意识和思维可以用象数反映、表达世界上无限的事物。从这个意义上说，人的思维活动才是象数产生的根源。杭氏又以《管子》《孟子》为据加以论述："《管子》曰：'心生规，规生矩，矩生方。规与矩皆生于心。天地万物之情，莫能越乎此规矩之外。'所以范围天地而不过，曲成万物而不遗者惟《易》，而《易》实具于人心。孟子曰：'万物皆备于我'，又曰'求其放心而已矣'，诚善言《易》者也。"(《易数偶得》卷一《数由心生》)

人的思维活动如何产生象数？杭氏凭借丰富的知识构成对此问题作出了解释。他说，心动是"心应万事，澈上澈下，由博返约"的过程，其实就是大脑对接受到的信息进行处理、加工、抽象的过程。他又把人心分为"本一"与"始一"两个状态，并借用佛教的"本觉""始觉"概念来解释心之发动："在人本一惟心，心不可见，动念之始即属始一。佛经谓之‘本觉’‘始觉’。本觉者，无念心体，《易》之‘无思无为，寂然不动’是也。始觉者，一念乍起，《易》之‘感而遂通’‘不疾而速，不行而至’者是也。”（《易数偶得》卷一《本一始一》）有人质疑说，“半”也是数，若“心生数”，则“半”亦生于心，可人心如何言半？对此，杭氏反驳道：“数生于心，心不可见，所谓本一。即始即终，无在而无不在，数将于何征之？数之起由于动，动则有对。半者，对也，正对心而言也，动则阴阳分（善恶亦阴阳也），半者分也，皆由此心之一动而分者也。”（《易数偶得》卷一《半》）

在“心生象数”的基础上，杭辛斋进一步讨论了象数先后及关系问题。从宇宙起源的层面言之，他以《左传·僖公十五年》“物生而后有象，象而后有滋，滋而后有数”一段为据，肯定了象先数后的观点。宇宙生万物，当先有物之象，而后有物之数，“象先而数后，理固然也”（《学易笔谈二集》卷四《象义琐言》）。但就易学起源而言，象数一时并在、本无先后，象即数，数即象。如伏羲“一画开天，一即数也，画即象也。即象即数，何从分析？更何有先后？”（《学易笔谈二集》卷四《象义琐言》）若以象推数，似先有象而后有数。但以象推数之前，“数已即象而具，非至既推以后而数始生也”（《学易笔谈二集》卷四《象义琐言》）。人们往往从象的角度言说天地阴阳的盈虚消息，如“乾消则坤息，坎盈则离虚”，殊不知阴阳之象的变化同时也是数的变化，“象数相连，象根于数，数亦寓于象，繁复奥衍”（《易数偶得》卷一《盈虚消息》）。

总之，象数实为一体，绝无先后可言。“《易》之有象，以表数也。象之有辞，以演数也。”（《易数偶得》卷一《数由心生》）象是数的符号，“乾兑离震巽坎艮坤，只为其数之符号耳”（《易楔》卷四《先天数》）。行蓍过程则是因数生象，“象由数生”。无论易学起源、经传文本、行蓍过程，还是对现实世界的解释表达，都是“即象即数”的。“执片面之词以攻击非难，已为学人之通病。象数先后，未有一定，强词辨之无当也。”（《学易笔谈二集》卷四《象义琐言》）因此，易学研究必须坚持“言数必兼象，言象必兼数”的原则：“盖《易》之为书，合象数而言。言数必兼象，言象必兼数，二者恒相互而不相离。”（《学易笔谈二集》卷三《数之体用》）“凡言象者，不可忘其数，天一地二天三地四天五地六天七地八天九地十。黄帝而后，皆以干支纪之。卦有定位，即有定数。《易》数乾元用九，乃天一不用，用地二至地十。数定而象之无定者，可因数而定，故观象必倚数。如体物者必准诸度量，测远者必察其角度。自舍数言象，而象茫如捕风矣。”（《学易笔谈初集》卷三《象义一得》）“言数之体用者，亦必能与象及理气相准，而后能融会贯通曲畅无遗。”（《学易笔谈二集》卷三《数之体用》）

三、“即象求经”“玩经合象”的象学

杭辛斋秉承汉易传统，相信圣人系辞皆本于象，《周易》象辞一一对应。他说：

> 圣人彖象之辞皆根于卦象，无一字之虚设，无一义之虚悬。即假借之虚字，亦均与卦象有关。（《学易笔谈初集》卷一《观象之方法》）
>
> 夫《易》之《彖》《爻》，无一不根据于卦象而演绎者也。……故全《易》经文，无一字虚设，无论为虚字、为助辞或假借字，断无不与卦象相关。（《学易笔谈二集》卷一《畸象》）

需要说明的是，杭辛斋理解的象，既包括有形可见的物质，也包括精神层面的内容。他说："象也者，形也。其不曰形而曰象者，形仅以状其物质，而象则并著其精神；形仅能备阴阳之理，而象则兼备阴阳之气也。"(《学易笔谈二集》卷三《数之体用》)他全面考察历代易学之后，发现精通易象、且解《易》能一以贯之者委实不多。两汉孟喜、京房、荀爽、郑玄、虞翻等人贡献甚巨，然"自王弼有'得意忘象'之言，后人未得其意，辄以扫象为扩清芜秽，易学由此荒矣。南宋而后，渐知象之重要，然又未能求诸根本，以邵子大小方圆各图为易象之标准。而《说卦传》八卦之象义，反略焉不讲，或以不解解之。有明来知德氏，研求象学二十余年，颇有发明。然未解者，亦尚什之七八也。前清经师，如黄、毛、朱、王、胡、钱、惠、段、桂、张、焦、端木诸家，各有心得，而是丹非素，不相会通"(《易楔》卷三《卦象》)。有鉴于此，杭辛斋"不限时地，更无所谓门户派别"(《学易笔谈初集·学易笔谈述旨》)，"爰萃众说，择善而从"(《易楔》卷三《卦象》)，在检讨汉宋易学的基础上详细论述了自己的易象观。

(一)执片面以言象，象不可得而见

杭辛斋认为，"盈天地间唯万物，生生不已，《易》亦生生不已。万物之孳乳，日积月累，其数量为巧历所不能计，而《易》之八卦，足以尽之，非神而明之，其孰能与于斯！"(《易楔》卷三《意象·影象》)"易道广大，无所不包，象足以尽物，物不足以尽卦。"(《学易笔谈初集》卷三《逸象》)因此，"执片面以言象，象不可得而见"(《学易笔谈初集》卷三《象义一得》)。具言之，卦象可分为八卦之象、卦别之象与爻象三类。

1. 八卦之象

杭辛斋在《易楔·卦象》中指出，八卦之象有"大象""本象"

“广象”“逸象”“补象”“参象”“五行象”“意象”“影象”等。

“大象”指最基本的自然之象，即“天、地、山、泽、雷、风、水、火，为八卦之大象，《易》之本也”（《易楔》卷三《大象》）。“本象”象征不同物类，主要指动物、人身之象，“昔者圣人之作《易》也，观象画卦，近取诸身，远取诸物，以通神明之德，以类万物之情。而物各有所本，象以象物，亦莫不各有其本，故本象著焉”（《易楔》卷三《本象》）。“广象”，指“大象”“本象”推广引申而来的象。圣人“恐人之泥于物而滞于象也，更推而广之，于一卦各立无方之象以尽其变”（《易楔》卷三《广象》）。“大象”“本象”“广象”三者皆见于《说卦》。

然而，仅凭《说卦》给出的八卦之象远远无法融通全部《易》辞，证明象辞相应，因此，汉代及后世易学家每每以《周易》经传和其他文献为据拓展取象。为了达到注经目的且避免非议，他们把这些《说卦传》以外的卦象称为圣人“逸失”之象，即“逸象”和“补象”。对此，杭氏表示肯定。他说：“孟氏逸象，传自焦氏，亦自本经采取为多。间有互异者，以两汉经师各守师说，传述不同。”（《易楔》卷三《逸象》）“《荀九家易》八卦逸象共三十有一，云出自河内女子献《说卦》后，实皆由本经《彖》《象》采取。其未见者，只坤之‘浆’、巽之‘鹳’二象，去留皆无关宏旨。惟荀爽《集解》去古未远，当有所本。而朱子亦仍陆氏《释文》之旧。”（《易楔》卷三《逸象》）不过，孟喜与《九家易》逸象不无遗漏。“右举象至四百四十余，然犹未能尽也。别本坎下有‘窃’象，巽下有‘系’象，兑下有‘窥’象，殆逸之中又有逸欤。”（《易楔》卷三《逸象》）杭氏相信逸象并非后世杜撰，并论述了其逸失的原因及后世不断发现逸象的过程：“《易》象掌于太卜。周室版荡，典章散迭。东迁而后，未能尽复故物。孔子《说卦》所传，即为掇拾残阙之遗，而又历经劫火，简策散失。比及西汉，两篇、十翼犹阙《说卦》三篇。后得河内女子发于废屋,即今之《说卦》是也。卦象残阙,自所不免。《荀九家》补象,乾有四、坤八、震三、巽二、坎八、离一、艮三、兑二,都三十有一,朱子已取以列入《本义》。而孟氏之逸象,文十倍于《九家》。计乾之象六十有一、坤八十一、震四十九、坎四十七、艮三十七、巽二十、离十九、兑九,共三百二十三,亦云夥矣。而后儒如何妥、干令升、侯果、朱震、来知德及毛锡龄亦均有补象,要皆采自二篇、十翼者为多。如《九家》所补之三十一象,惟坤之'帛'与'浆'、震之为'鹄'、巽之为'鹤'未见于经,余皆经传所有者也。易道广大,无所不包,象足以尽物,物不足以尽卦。《易·说卦》于象曰'其于物也''其于人也',亦举一隅而已,触类旁通,非列举所能尽也。"(《学易笔谈初集》卷三《逸象》)

"参象"是指参合两卦之象而引申出的象。"参象者,乃八卦阴阳交变,未能以一卦之本象或变象尽之,因而参合两卦之象而会通之。"(《易楔》卷三《参象》)例如,离之艮,火焚山,即山败之象。败言为馋,故又有谗言之象;震之离,火反烧木,有女嫁反害其母之象;巽见艮,为山之材,之乾有照以天光之象。事实上,杭氏所谓"参象"得自郑氏《易谱》,"顺德郑氏《易谱》,触类引伸,并证以前史占验之词,列为参象"(《易楔》卷三《参象》)。

"五行象"是五行之气见于八卦之象。"五行非质也,实天地阴阳之气。气有盛衰,而时位乘之,而生克变化之迹著也。气不可见,仍见之于八卦之象。"(《易楔》卷三《五行象》)如乾金,刚;坤土,柔;艮土,阳;兑金,阴;震木,刚;巽木,柔;坎水,阳;离火,阴。值得注意的是,此前学者一般认为八卦五行二土、二木、二金、一火、一水,杭辛斋则主张八卦有五行十种,即二土、二木、二金、二火、二水。他解释说:"兑为坎月之精,天泽明水,太阴真水也。""震得乾阳之初,龙雷之火,太阳真火也。”“水火木金土分阴分阳,有柔刚,各有配偶,共为十象。旧称八卦土金木皆有二,惟水火各一,实未知震兑各具水火之用也。震兑为阴阳出入之门,日月往来之路,不啻五行生化之原,故后天与坎离皆居中位,坎离居先天乾坤之位,震兑即居先天坎离之位。”(《易楔》卷三《五行象》)

“意象、影象者,日本易学之名词也。”(《易楔》卷三《意象·影象》)所谓“意象”,是指人的思维引申想象出的八卦取象,“卦象取用,有所谓意象者,如以震为‘船’、巽为‘剪’、离为‘镜’、艮为‘亭’,类取形似,无甚深意义。但象本无方,意动成象,故得意既可忘象,亦能成象”(《易楔》卷三《意象·影象》)。“日本之所谓影象,类似吾国之伏象,惟不限以震伏巽、艮伏兑,大概与意象略同。”(《易楔》卷三《意象·影象》)“我国虽无意象之名,而京、焦、管、郭之占象,见于本传及《易林》《洞林》诸书者,其以意广古人之象者,固不胜指数。”(《易楔》卷三《意象·影象》)关键在于,意象可以彰明现代事物。如《小过》曰“飞鸟遗之音”,已有今日飞机之象。《既济》《未济》之“曳其轮”,已有汽机之象。至于“影象”,实本于“卦影”说。“影象之说,当本于吾国相传之卦影。卦影之术,始于晋唐,而盛于南宋。严君平亦即其俦,今已失传。”(《易楔》卷三《意象·影象》)

2. 卦别之象

“卦别”本于别卦,又不同于别卦。杭辛斋赞同《易传》八卦相重而成六十四卦的说法,但他基于《周礼》“三易之法”的记载,相信文王之前已有六画别卦。如其所言:“三《易》法虽不同,而经卦、别卦之数皆同,可见文王以前早有六画之卦。”(《易楔》卷三《卦别》)所谓“卦别”,是指历代学者从六画别卦中派生出的卦象。他说:“三代而后,师说纷歧。因卦有正反及上下、左右相易，而皆别成一卦，故类别日多，称名互异，后人几无所适从。爰择要疏录，并各举其例，以便初学。其名异而实同，或名同而各家之说互异者，各从其朔。要皆由别卦所孳乳，故署曰卦别。”（《易楔》卷三《卦别》）概言之，卦别之象有内卦外卦、贞卦悔卦、阴卦阳卦、消卦息卦、往卦来卦、对卦（旁通、错卦、类卦）覆卦（反卦、综卦）、交卦（两象易、上下易）、半对卦、半覆卦、上下对易卦、上下反易卦、之卦、互卦（中爻、约象）、辟卦、月卦、包卦、像卦、命卦（动在其中）、声应卦等。

杭氏对易学史上“名异实同”和“名同实异”的卦别之象进行了梳理甄别。例如，“交卦者，本卦内外两象交相易位，内卦出外，外卦入内。虞氏谓之‘两象易’，亦有谓‘上下易’者，向无定称。今以其内外交易，故名之曰交卦”（《易楔》卷三《交卦》）。“对卦者，阴阳相对，如乾对坤、坎对离、屯对鼎、蒙对革、颐对大过、中孚对小过之类。虞氏谓之‘旁通’，来知德氏谓之‘错卦’，《周易指》谓之‘类卦’，皆对卦也。”（《易楔》卷三《对卦》）“覆卦者，一卦覆之而又别成一卦者也，如屯之覆为蒙，需之覆为讼，师之覆为比。六十四卦除乾、坤、坎、离等八卦，余五十六卦皆①覆卦也。汉人亦曰‘反卦’，来知德氏谓之‘综卦’。”（《易楔》卷三《覆卦》）不过，他对来知德以“综卦”称之表示反对。“来氏谓：‘综者，如织布扣经之综，一上一下者也，故名反复之卦为综。’然覆实上下相倒置，非一上一下之谓，综之名殊未确合，故非议者甚多。”（《易楔》卷三《覆卦》）

杭氏十分推崇清儒端木国瑚，并专门介绍了其《周易指》一书的“命卦”说。“凡卦六爻，《象》下所系之辞言卦名者是也，卦有阴

① 底本作“昔”，据文意改作“皆”。

阳,不论其爻之刚柔。爻无卦名,卦阳六爻以阳论,卦阴六爻以阴论。”(《易楔》卷三《命卦》)以乾、坤、屯、蒙、震为例,乾阳卦,惟九三爻辞有卦名“乾”字,故九三为阳,余以阴论,即命为谦;坤阴卦,诸爻爻辞均无卦名,故皆以阴论,仍为坤;屯阳卦,二五两爻辞有卦名为阳,余爻皆以阴论,即命为坎;蒙为阴卦,初、二、四、五、上爻辞有卦名为阴,三爻以阳论,则命为谦;震为阳卦,六爻皆有卦名为阳,命为乾。其余六十卦依此类推。端木氏又有声应卦之说。“声应卦,亦发例于《周易指》。同声相应,孔子于六爻《象传》赞语,皆有韵以分阴阳,平为阳,仄为阴。”(《易楔》卷三《声应卦》)以《乾》卦为例,《象传》“阳在下也”“德施普也”“反复道也”“进无咎也”“大人造也”“盈不可久也”为六阴声,故应坤卦;《文言·乾》“下也”“时舍也”“行事也”“自试也”“上治也”“穷之灾也”五阴一阳,故应剥卦;又曰“阳气潜藏”“天下文明”“乾道乃革”“位乎天德”“与时偕极”,三阴三阳,故应泰卦,即坤、剥、泰是乾之应声卦。又如,《象传》释《坤》卦六爻曰“致坚冰也”“地道光也”“知光大也”“慎不害也”“文在中也”“其道穷也”,初二四上皆阳、二四为阴,故坤应声中孚。

杭氏不仅转述他人易象,亦有“半对卦”“半覆卦”“上下对易卦”“上下反易卦”等独到发明。他说:“半对半覆以下,古人皆未尝言之。观象玩辞,发见各卦之互见其义,或互见其名者,与卦象无不相关。反复推求,始知皆由于上下两象,各有正对反对之故。彖象经传,不啻自举其例,至为明显。遍征各卦,无不贯通。一旦豁然,如拨云雾,而见天日。”(《易楔》卷三《上下反易卦》)具言之,“半对者,本卦之内外两象有一象易为对卦(如乾易坤、震易巽之类)。或内或外,均与所易之卦象义相关”(《易楔》卷三《半对卦》)。如《归妹》上体震易为巽,则成风泽《中孚》,是上半对卦即

“上对”，故《归妹》《中孚》皆言“月几望”。下卦对易者，如《履》内象之兑易为艮而成《遁》，故《履》曰“履虎尾”、《遁》曰“遁尾”。由此可见，半对卦可证之经文，“无论上下卦对易，与所易之卦象义必相联贯。惟有见于《彖》《象》者，有不见于彖象者。然虽不见于《彖》《象》，而其意义自在。潜心玩之，必有所得也”（《易楔》卷三《半对卦》）。

“半覆卦者，与半对卦同例。或内或外，各以覆象所得之卦求之，其义自见。”（《易楔》卷三《半覆卦》）如水雷《屯》内卦之雷覆为山而成水山《蹇》，是为“下覆”，故《屯》《蹇》皆有“难”。又如，山天《大畜》外象之山覆为雷，则成雷天《大壮》，是为“上覆”，故《大畜》“利贞”“舆说輹”、《大壮》“利贞”“壮于大舆之輹”。覆卦又谓反易，则半覆卦之义往往相反。如地山谦，下覆为地雷复。《谦》曰“利用征伐”，《复》曰“十年不克征”，其最显著者也。

“上下对易者，本卦上下两象自相对易，如泰否、既未济之类。象既对易，卦义必自相对。”（《易楔》卷三《上下对易卦》）如《泰》《否》对易，《泰》“小往大来”，《否》“大往小来”。“上下反易者，本卦上下两象自相反易，如颐如大过及中孚小过之类。象既反易，卦义亦往往见相反之意。”（《易楔》卷三《上下反易卦》）《颐》上下两象自相反易，故《象》曰：“道大悖也。”“悖字古文本从两或字，正反相对。一字之微，其与卦象之适合精当至此，谓非造化之笔哉？颐之名取上下相合，而上止下动，非颐亦无以确肖其象，而象之上下又为反易。玩《彖》《象》六爻，无不各显其义，神矣哉！”（《易楔》卷三《上下反易卦》）《大过》亦上下两象自相反易，故辞曰“枯杨生稊”“枯杨生华”，以示反常之意。

3. 爻

爻是构成卦的基本单元。《系辞传》曰：“爻也者，效天下之动者也。”有见及此，杭辛斋对爻的地位和作用予以如下概括：

> 积爻而成卦，故爻为卦之体。爻动而卦变，故爻又为卦之用。卦之体用，具在于爻。（《易楔》卷五《明爻》）

为了更好地说明爻的属性、意义和特点，他以《系辞》《说卦》《彖传》的相关论述为据，作有既济、未济两卦六爻图：

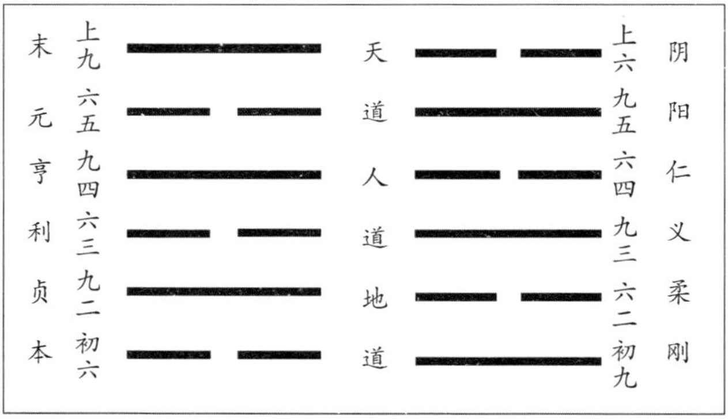

“卦气由下生，故以下为初。”（《易楔》卷五《明爻》）初为本，上为末，“而元亨利贞，亦可以阴阳之升降上下而明其序也”（《易楔》卷五《明爻》）。“重三画之卦为六画，仍分三才。”（《易楔》卷五《明爻》）阴阳配天、仁义配人、刚柔配地。其中，人道两爻至关重要，“中爻为人，曰仁曰义，上下进退，为内外两象之中枢”（《易楔》卷五《明爻》）。就《易传》而言，“《彖传》以内外两象之阴阳刚柔释一卦之义，《象传》则专取中爻联合上下象数，以人合天。……即以人事明天地之道者也。天地之道往复不穷，而人事之千变万化，皆在三四两爻之反复”（《易楔》卷五《明爻》）。在此基础上，杭氏又对爻位、爻象、爻变、爻辰等问题逐一予以讨论。

(1)爻位

依杭氏之见,爻位有阴阳之位、上下之位、三才之位三种。阴阳之位,“即初二三四五上之位也。……位有阴阳,一三五为阳,二四六为阴。刚柔杂居,刚居阳、柔居阴,为当”(《易楔》卷五《六虚》),反之,则为不当;上下之位专指初上两爻。“若以用言,则一卦六爻惟中四爻得用。初未用事,而上则失位。”(《易楔》卷五《六位》)故《乾》上曰“高而无位”,《需》上曰“位不当也”,王弼谓“初上无位”;三才之位,即“初爻二爻为地位,三爻四爻为人位,五爻上爻为天位”(《易楔》卷五《六位》)。以《乾》卦为例,初九在地之下,故称“潜”。九二在地之上,故称“田”。三爻为人之正位,故曰“君子”。四爻不当位,故曰“或”。五爻天位,故曰“在天”。上九在天之上,故曰“亢也”。

杭氏指出,凡爻皆有位,爻是有位之爻,无位则无爻。位是爻之位,无爻则位无所用。然而,二者又有本质区别,即爻动、位不动:“位有一定,而爻则变动无常。”(《易楔》卷五《六位》)爻有刚柔,位分阴阳,刚柔为实,阴阳为虚。实者为飞,虚者为伏。“六爻之下,尚有六虚,皆与此所见之六爻相关。爻为飞,位为伏,实易辨而虚难知。必由实而究其虚,庶遇爻而知其用,于《易》之道思过半矣。”(《易楔》卷五《六虚》)

从卦的角度着眼,爻又有正位、定位和体用。“爻位六而卦有八,八卦于六爻各有其当位之爻,曰正位。”(《易楔》卷五《八卦正位》)《既济》六爻皆正,则八卦于《既济》皆有“正位”。乾、坎以九五为正位,坤、离以六二为正位,震以初九为正位,艮以九三为正位,巽以六四为正位,兑以上六为正位。“卦各有其正位,故六爻具六子之位。”(《易楔》卷五《八卦正位》)不难察觉,杭氏所谓的八卦正位,明显受到了郑玄爻体说的影响。所不同者,在于杭氏在六子卦的基础上又规定了乾、坤二卦的正位。

八卦正位图

六爻定位图

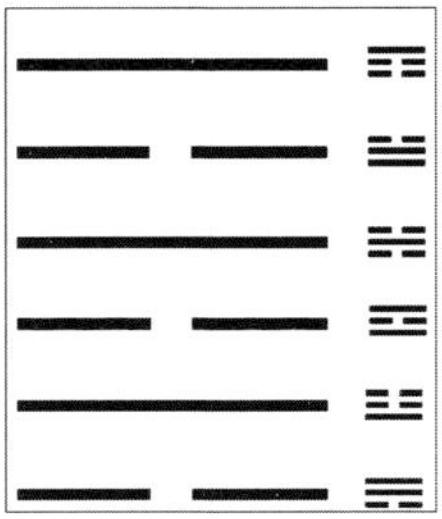

“定位”是就六爻三极而言的。上极即五上两爻为天，中极即三四两爻为人，下极即初二两爻为地。杭氏指出，《未济》离上为南、坎下为北，自下而上依次为巽爻、震爻、离爻、坎爻、兑爻、艮爻，即“六爻上山泽、下雷风、中水火，六爻三极”（《易楔》卷五《八卦正位》）。他解释说，地极二爻震、初爻巽，上震下巽为《恒》。《恒·象》曰：“君子以立不易之方。”天极五、上为兑艮爻，上艮下兑为《损》，《损》曰“三人行”“三人行，乾极与时偕行”（《易楔》卷五《八卦正位》）。人极四、三为坎离爻，上坎下离为《既济》，“于天地上下初终首尾续终，中为人极，兼三才而两之，定上下中极”（《易楔》卷五《八卦正位》）。“六爻三极，天地南北居方，六爻辨物辨等，乾坤六十四卦终下坎北极”（《易楔》卷五《八卦正位》），“此《易》居方、上下、六爻、三极之道也”（《易楔》卷五《八卦正位》）。综上，杭氏以《既济》言八卦正位，用《未济》言六爻定位，《既济》自下而上为震爻、离爻（坤）、艮爻、巽爻、坎爻（乾）、兑爻，《未济》自下而上为巽爻、震爻、离爻、坎爻、兑爻、艮爻，二者阴阳相反，上下居位不同，有隐有显。如《既济》初爻为震位、二爻为离位，《未济》初爻为巽位、二爻为震位。在此基础上，杭辛斋又吸纳了京房易学的飞伏、爵位、世魂诸说作《爻位体用合图》，用以展示“爻位之隐见变

化""爻之飞伏交互":

爻位体用合图

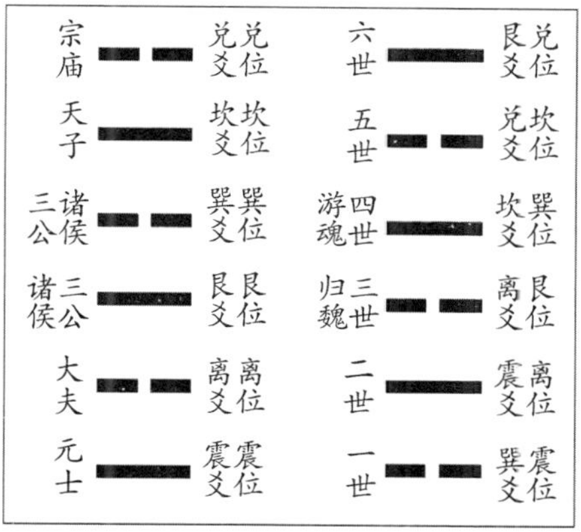

杭氏又借解说《彖传》"大明终始,六位时成"一语阐发了六位形成的理论。在他看来,坎为月、离为日,"日月为大明象"(《易楔》卷五《八卦正位》)。《文言》曰:"本乎天者亲上,本乎地者亲下。"离火炎上,坎水润下,故坎离分居上下而成未济六位。"终始",是指坎离贯穿于未济卦中。未济三上相应,三爻兑、上爻艮,初四相应,初爻巽、四爻震。兑艮中为离、震巽中为坎,坎离日月,故曰"大明终始,六位时成"。

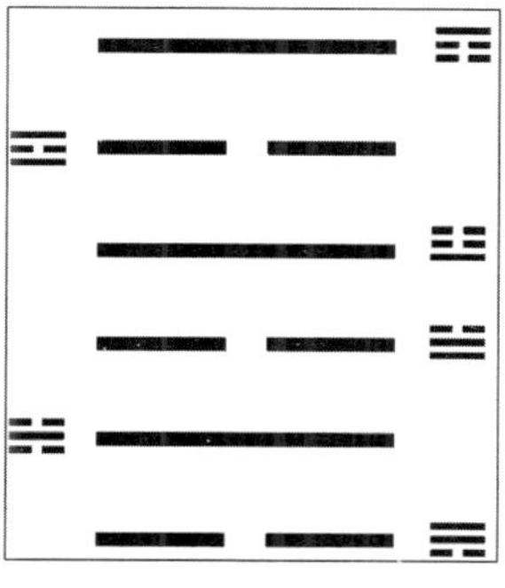

不仅如此,"乾坤上下六十四卦六位,皆此离坎六位终始之"

(《易楔》卷五《八卦正位》)。《周易》上经始于乾坤终于坎离、下经始于咸恒终于既济未济的卦序安排,正蕴含着此一深意:

> 《上经》始乾坤终坎离,其往来卦十八。《下经》始咸恒终既未济,其往来卦十八。十八为二九数,乃离坎二卦日月终始。离一九,寅数止戌。坎一九,申数止辰。此离坎二九,皆乾用九圆。日月为大明象,乾二九十八卦,《上经》始乾坤、终坎离,大明终始六位是也。离坎二卦,南北终始,皆出入于震兑二卦,东西往来,震一九亥数止未,兑一九巳数止丑。此震一九离出震,兑一九坎出兑,皆乾用九圆,而上、下《经》各往来卦十八,始乾终既未济,乾六位成而坤天下平。此离坎上下六位、南北居方卦大明日月也。上下卦十八终始三十六,是为乾四九出入,南北上下为之极。其卦三十六,皆离坎首尾终之始之。而乾坤上下六十四卦六位,皆此离坎六位终始之,是乾用九乾圆象,而六十四卦以成终成始。乾"大明终始,六位时成"是也。(《易楔》卷五《八卦正位》)

上经三十卦、下经三十四卦,除去乾坤、颐大过、坎离、中孚小过八个不变之卦,其余皆为覆卦。上经二十四覆卦合为十二卦,加上六个不变卦为十八卦。下经三十二覆卦合为十六卦,加上两个不变卦为十八卦。离为午火,火起自寅、止于戌,自寅至戌(寅、卯、辰、巳、午、未、申、酉、戌)数九。坎为水,水起于申、止于辰(申、酉、戌、亥、子、丑、寅、卯、辰)亦九。坎离合二九得十八,故上经、下经皆十八卦。离坎又出入于震兑,震为木,木起亥止未,数九,兑起巳止丑,亦九。二九十八,"震一九离出震,兑一九坎出兑",坎离震兑共计三十六。乾用九,其策三十六,是故六十四卦皆以坎离为终始。

(2)爻象与爻变

卦由爻构成,积爻而成卦,故卦象、爻象不可分离:"爻分于卦,卦之象即爻之象。卦由爻变,爻之象亦卦之变象也。"(《易楔》卷五《爻象》)因此,"仅知卦象,而不明爻象,仍未能尽象义之蕴也"(《易楔》卷五《爻象》)。既然卦象有正象和变象,则爻象亦有正象与变象。爻之正象,是指卦象不变,其爻所显现的象。"本卦不变,而分爻取象者,则以其位之上下而象异。"(《易楔》卷五《爻象》)例言之,震为足属正象,震初爻为趾则是爻之正象;乾为首属正象,乾之上爻为颠、为额或为项,即爻之正象。至于六子分乾坤之爻者,皆可依此类推。如艮分乾之上爻,故亦有首象;离得坤之中爻,亦有腹象。

爻之变象,是"因本卦已变,而爻即随其变而易其象,则必以其时其位之不同而各异其义,即各异其象"(《易楔》卷五《爻象》)。如离为目是正象,变巽则为多白眼,是为变象;艮为山是正象,反为震则成陵,是为变象;巽为鸡是正象,反为兑而称鹤,是为变象。

究其根本,卦变与爻变实为一体两面。杭辛斋指出:

> 卦变皆由爻变,言爻变即所以言卦变也。卦变可图,爻变则非图所能尽也。(《易楔》卷五《爻变》)

在他看来,虞翻、李之才、朱震、朱熹等人的卦变图"参差不一,亦不能自圆其说"(《易楔》卷五《爻变》)。至于朱升的卦变图,"更自郐以下,无足言矣"(《易楔》卷五《爻变》)。尽管来知德、胡煦、钱大昕等人"各有变通修正,均不能越其范围"(《易楔》卷五《爻变》)。其共同特点,在于"皆爻变,而不尽为卦变也"(《易楔》卷五《爻变》)。同时,杭氏也反对就卜筮言卦变。他认为,朱熹《易学启蒙》

中的变占之法“决非古人所有”(《易楔》卷五《爻变》),“其无当可断言也”(《易楔》卷五《爻变》)。因《系辞》“大衍”章“挂一”“再扐”之义不明,唐代以来意见纷呈,“要皆书生之见,无当于事,无与于《易》。故历代精于占筮者,皆屏不用,徒留为经生家聚讼之资而已”(《易楔》卷五《爻变》)。

为了明示爻变与卦变,杭氏作《爻变略例图》如下:

爻变略例图

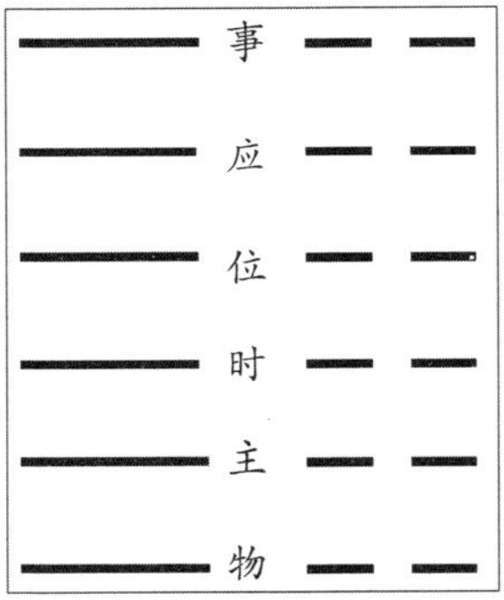

杭氏接续了清初王夫之、胡煦等人的观点,将六十二卦之三百七十二爻皆视为由乾坤十二爻而来:“爻分阴阳奇偶二者而已。卦有六爻,乾坤十有二爻而已。”(《易楔》卷五《爻变》)因而,乾坤阴阳爻的变化即爻变,爻变又引发卦变。一卦可变为六十四卦,六十四卦可变为四千零九十六卦,以此尽天下万事万物之变。杭氏指出,爻变“有时有位,有主有应,有物有事,而数与象,犹不预焉”(《易楔》卷五《爻变》)。不过,“事”“物”“主”“应”“时”“位”等概念只是用于表达事物的属性而已,与乾坤阴阳爻符号并不存在绝对的对应关系。“非事物之必初上,主应之必二五。六爻皆具此六者,而六者又各有变化之不同。如今昔时也,盛衰亦时也,月建日符亦时也;位则有方位,有地位,有贵贱之位。千态万状,何可数限?”(《易楔》卷五《爻变》）同时，他还指出了“不变之变”的两种情况：一是卦爻不变，时与位有变，则吉凶利害情伪不同；二是七八易九六，则爻之阴阳如故，而数与象已不相同。依此观之，“仅知卦爻之变而不知不变之变，不足以言卦，不足以言爻，并不足以言变也”（《易楔》卷五《爻变》）。

（3）爻辰

杭氏对爻辰亦有论及。他说：“先天八卦以阴阳升降，应日月之晦朔弦望，于是乎有纳甲。因而重之，为六十四卦。卦有六爻，卦纳干而爻纳支，于是乎有爻辰。辰者，天度十二宫之次舍。而地支之十二，与天度相应者也。”（《易楔》卷五《爻辰》）在易学史上，京房、郑玄皆有爻辰说。京氏爻辰“为古今术家所遵用，证之于彖象、《十翼》，多能相合。有与经义相发明，为经学家所不能道者”（《易楔》卷五《爻辰》）。其法“以阳顺阴逆，交错为用”（《易楔》卷五《京氏六爻纳辰图》）为原则，先将十二支纳入八纯，然后“以本宫为体”（《易楔》卷五《京氏六爻纳辰图》），其余五十六卦皆视作由八纯交错而成。郑氏爻辰则“以乾阳坤阴十二爻顺逆交错以应十二月，而又以六十四卦之爻合乾坤，分二十八宿之度数、星象合卦爻之象以释经”（《易楔》卷五《爻辰》）。

杭氏比较了京房、郑玄的爻辰说：“郑氏爻辰亦以阴阳六爻相间用事。乾辰子寅辰午申戌，其次与京氏同。而坤则为未酉亥丑卯巳，与京氏异。盖阴阳虽间一位而皆顺行，盖以十二律相生为据也。他卦分乾坤之爻，亦分乾坤之辰，不论纳甲。”（《易楔》卷五《郑氏爻辰图》）二者有三点不同：其一，京房以八纯为体，郑玄以乾坤为体；其二，京房纳支阳顺阴逆，郑玄纳支阴阳皆顺；其三，京房纳甲纳支相即不离，郑玄但取纳支不论纳甲。

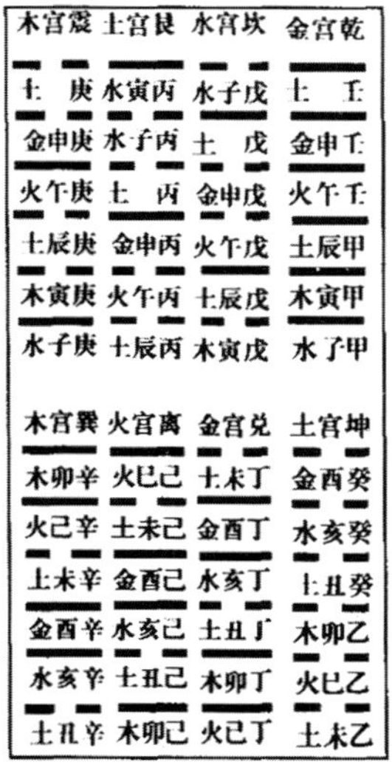

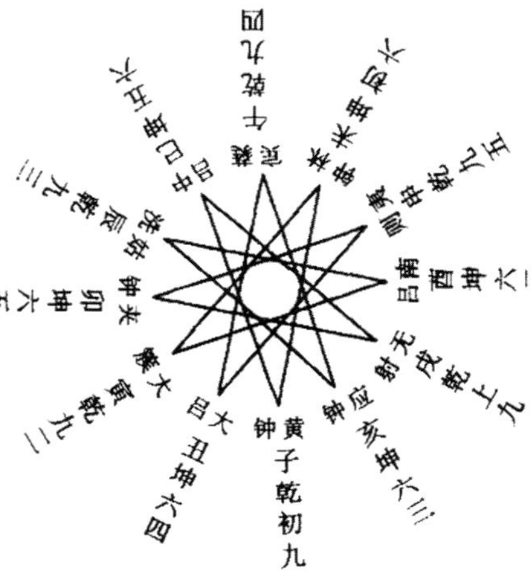

此外，杭辛斋还讨论了爻数、六亲、六神、爻征、六气等内容，这些内容无疑皆属爻象范围。就此而言，杭氏仅把“正象”“变象”归于爻象，恐有一失。

（二）“无不与《易》义悉相通”的图书之学

事实上，杭辛斋的象数学研究始于图书之学。在此问题上，他一面接受了清代易学辨伪的成果，主张“图与《易》犹不相属也”（《易楔》卷一《图书》），一面又对其合理性有所肯定。在他看来，即便前人力辟易图之非，“仍不能废阴阳四象及五行生成、九宫变化之义，而为之图者且层出不穷。盖数理繁赜，卦爻错综，表之以图，说乃易明”（《易楔》卷一《图书》）。

首先，他在考察了宋代以来的种种太极图之后断言，周敦颐太极图出自陈抟，而本于《参同契》；赵㧑谦太极图实为阴阳仪图，“八卦所由此以画”（《易楔》卷一《古太极图》），绝非后人伪造。因老子西出函关挟有此图，故遗留关中。来知德太极图则从古太极图中研索而出,“悉合消息之自然”(《易楔》卷一《来氏太极图》)。不过,“太极”无形无象、不可言说,因而三图虽各有精妙之处,却与《系辞》“太极”之义不能契合。另一方面,“非图又不足以明阴阳显化之妙”(《易楔》卷一《易有太极是生两仪图》),“无象之象,亦因象而显”,所以杭氏又取端木国瑚《易有太极是生两仪图》以明太极、两仪。该图内画一圆,有一竖线中分,即“一至而二分”,“是一是二”。杭氏称,“不名曰‘太极图’,更无语病。学者与前三图合而观之,‘太极’二字之义,可了然矣”(《易楔》卷一《易有太极是生两仪图》)。

易有太极

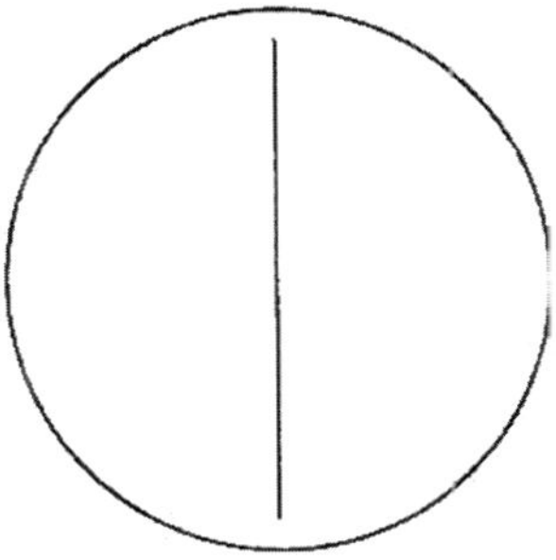

是生两仪

其次,杭氏也对河图、洛书展开了详细讨论。他认为,河图、洛书见于《系辞》,其具体内容已不可考。然而,由陈抟龙图发端的图书之学虽然未必是伏羲时代的产物,但其合理性毋庸置疑。原因在于,汉代扬雄、郑玄等人以五行生成释“天地之数”,极为清晰,“虽未绘为图,已与图无异矣”(《易楔》卷一《河图洛书》)。宋易河图、洛书中的奇偶相得之数，与《系辞》之天地十数数理相通，亦可证之于《彖传》《象传》。他说："所谓神变化而行鬼神者，无不与易义悉相通，而《彖》《象》所不可解者，亦得以数象相证而通其义。虽未敢谓此即为古之河图洛书，而数理之神化，则固建诸天地而不悖，质诸鬼神而无疑，百世以俟圣人而不惑者也。"（《易楔》卷一《河图洛书》）所以，绝不可因后世争议而简单否定之："虽有苏、张之舌，决不能指其为非者也。其数之悉符于易象，顺逆变化之与天地同流，亦虽有苏、张之舌，不能辨其为否者也。"（《易楔》卷一《河图洛书》）

在河图、洛书的关系问题上，杭氏接受了朱熹等人的观点，主张河图为体、洛书为用："其实河图为体，洛书为用。河图即先天，洛书为后天。河图为体，而体中有用，洛书为用，而用中有体。此即万氏图中分圆分方，方含圆，圆又含方之意也。"（《易楔》卷一《河图洛书》）自宋代程大昌以来，学者多从十数河图一六三八不易、二七四九互易即成九数洛书之说。杭辛斋则取"二八易位"说，即一二三四顺排、六七八九逆排，尔后二八互易而成洛书。

数　　原

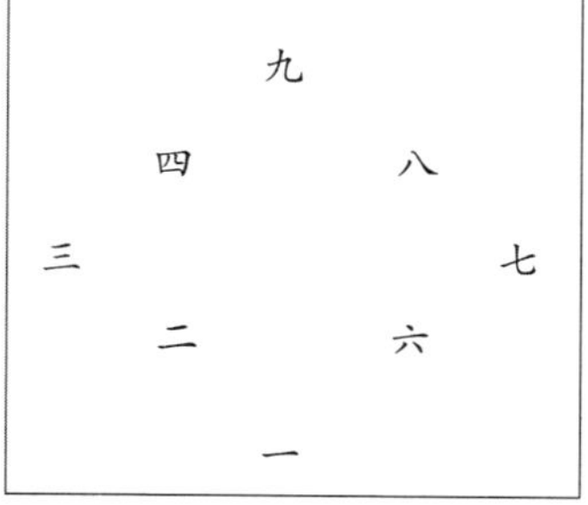

数之书洛成位易八二

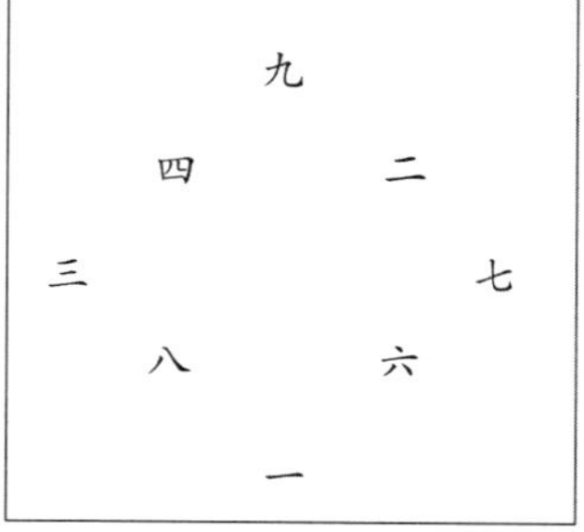

需要指出的是，"二八易位"并非新说，"前人亦有言之者"。但

杭辛斋的创见，在于指出二八易位有五、十之变化。他说，二八之位“在先天卦则巽、震也，在后天卦则坤、艮也。坤艮皆土，为五、十之数。万物皆生于土，皆归于土。成始成终，而皆在于艮之一位矣”(《易楔》卷一《河图洛书》)。因此，就先天卦而言，二八易位即震巽相易。震上巽下为《恒》，《象传》曰“立不易方”，此言其未易之体也。震、巽相易则成《益》，《彖传》曰“自上下下”“天施地生”，言其已易后之用也。就后天卦而言，二八易位即艮坤相易。艮上坤下为《剥》，相易成《谦》。《彖传》曰“天道下而光明，地道卑而上行”“天道亏盈而益谦，地道变盈而流谦，鬼神害盈而福谦，人道恶盈而好谦”及《象传》“裒多益寡”等语，实指二八两位互易。由此可见，二八易位说与《易传》相合。

不仅如此，“二八易位”亦即周敦颐所言“二五之精，妙合而凝”：“原数左五六而右三二，数偏倚而不平。虽有中五，无从化生。以二五交易其位，则左右皆八。《谦》《象》曰：‘君子以裒多益寡，称物平施。’《谦》为坤艮二八之位。二八交易即二五交易也。二八合十为土，二五亦合十为土，阴阳生化，因以不穷。”(《易楔》卷一《二五构精图》)这是说，二八之位即六数图的二五之位，故“二八易位即二五构精之妙用”“实为万物生化之源”(《易楔》卷一《河图洛书》)。

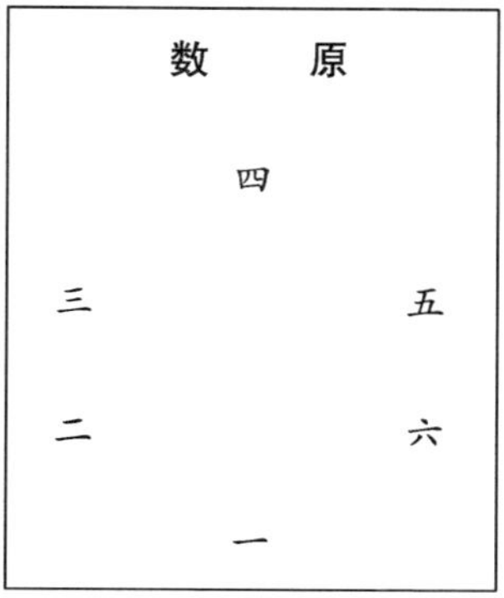

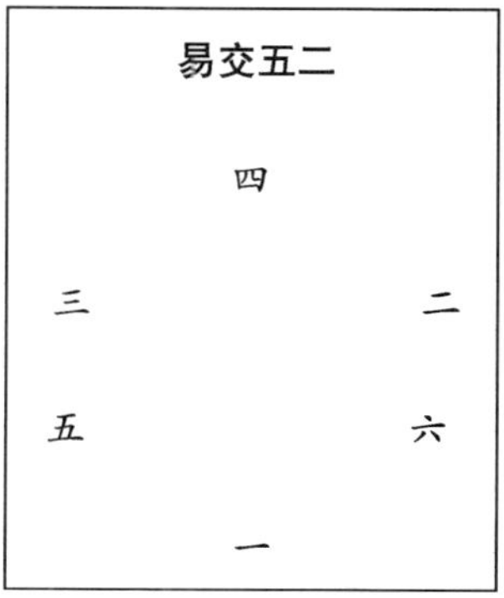

杭氏声称，二八互易之理“数似浅而义蕴极深，两千年来无人道破”(《易楔》卷一《二五构精图》)，遂使图书如万古长夜：“古今丹家千言万语譬喻百端，皆以玄机隐秘，终不肯一语道破，皆由不知图书、易象早已显示其端。学者畏难苟安，不肯从易学根本下手，致枉费心血，暗中摸索，千古长夜，有白首无成者，有终身由之而莫明其妙者，良可慨矣。”(《易楔》卷一《河图洛书》)

基于这一立场，杭辛斋又试图对清初学者力辟图书的做法予以重解解释。他说，毛奇龄、胡渭等人的批判不过是一种名称之辨，并未否定其学理价值：“自明季以来，言汉学者虽尽力攻击，但只能争河洛之名，而于其数则无能置喙焉。欲探易道无尽之蕴，发千古神秘之局者，端在于是。乃舍其实而骛其名，不亦傎哉?”(《易楔》卷一《河图洛书》)至于黄宗羲的批判更是违心之言，目的在于避免因研究数术影响其大儒的身份。表面上看，黄宗羲驳斥图书不遗余力，实则正是为了证明河洛之学的合理性：“余姚黄氏《易学象数论》，其排斥河洛、先天及《皇极经世》诸说最力，为毛西河、胡东樵诸氏之先驱，实则皆梨洲先生违心之论焉。盖先生非不知象数者，少壮之时泛滥百家，于阴阳、禽遁等学实有心得。至晚年学成而名亦日高，恐平日之研求术数近于小道，足为盛明之累，故撰此书，极力排斥，以存大儒之身分。是以言之甚详，斥之正所以存之也。即毛氏、胡氏之书，虽极端辩驳，然所断断以争者，亦仅于名称。而其援引之博、考据之详，且适足为河洛、先天之疏证，较宋学家之崇奉河洛而空谈性理、恙无故实者，力且倍蓰焉。”(《学易笔谈二集》卷二《河洛平议》)

最后，杭氏对宋易的先天后天之说亦持肯定态度。在他看来，“《周易》八卦方位之有先天、后天虽始于有宋，然推之于数而悉符，求之于象而胥合，证之于《彖》《象》《十翼》而确有可据，是乃易象之所固有”（《易楔》卷二《卦位》）。他同宋人一样，将先后天之根据归诸《说卦》：“《说卦》自‘天地定位’至‘神也者’四章，详言先后天八卦方位功用，备极明显。虽未有图，亦与图无异。而‘《易》逆数也’以下，如动、散、润、烜、说、止、君、藏，与下两节之摹拟虚神，更有非图之所能描画者。”（《易楔》卷二《后天卦》）不仅《周易》有先后天之学，《连山》《归藏》亦有之。不过，杭氏并不赞成宋人伏羲先天易、文王后天易的分判，而是主张伏羲并用先天卦与后天卦：“谓‘天地定位’为‘伏羲八卦’可也，谓‘帝出乎震’为‘文王八卦’未免无据。盖伏羲画卦，体用一源，当然先后天并有，不能至文王而始有此八卦之用也。”（《易楔》卷二《卦位》）基于上述识见，他运用考辨方法，分析卦序排列和卦爻象，力证先天、后天乃《周易》本意。

以卦序言之，“《周易》上经首乾坤，下经首咸恒，非‘天地定位，山泽通气，雷风相薄’乎？上经终坎离，下经终既未济，非‘水火不相射’而‘相逮’乎？是《周易》全经，固以先天卦位为体也”（《学易笔谈二集》卷二《先后天八卦评议》）。这是说，《周易》上经始于乾坤，乾为天、坤为地，即“天地定位”；下经始于咸恒，咸上兑泽、下艮山，即“山泽通气”；恒上震雷、下巽风，即“雷风相薄”；下经终于既济未济，上下体坎水、离火，即“水火不相射”而“相逮”。

以卦象言之，比、同人有亲比之意。比上坎下坤，后天坎与先天坤同居北方。同人上乾下离，先天乾与后天离同居南方；噬嗑、节有合之意。噬嗑上离下震，先天离与后天震同居东方。节上坎下兑，先天坎与后天兑同居西方；中孚，有交孚之意。中孚上巽下兑，后天巽与先天兑同居东南；颐、观有相合之意。颐上艮下震，后天艮与先天震同居东北。观上巽下坤,先天巽与后天坤同居西南。“此以卦之名义,可证先后天卦位之不妄者也。”(《学易笔谈二集》卷二《先后天八卦评议》)

以爻象言之,爻辞有取象于先后天者。如同人内卦与睽外卦皆离,后天离与先天乾同位,故有同宗之象。“同人之‘同人于宗’,睽之‘厥宗噬肤’皆离与乾,先后天之同位也。此爻象足为先后天卦位之证也。”(《学易笔谈二集》卷二《先后天八卦评议》)又如,损上艮山、下兑泽,益上巽风、下震雷,“《损》六五曰‘弗克违’,《益》六二曰‘弗克违’,山泽通气,雷风相薄,皆先天相对之卦,此‘先天不违’者也”(《学易笔谈二集》卷二《先后天八卦评议》)。“《蛊》卦称‘干父之蛊’‘干母之蛊’,本卦无父母之象。虞氏以卦变言,谓由于泰卦之乾坤。然卦自泰变者,不尽称父母也。观于先后天之八卦,先天之山风,即后天乾坤之位,此父母两象所由来,不较虞说明确乎?”(《学易笔谈二集》卷二《先后天八卦评议》)更重要的是,经文“先”“后”之辞皆本于先后天卦象,“《同人》五曰‘先号咷而后笑’,《象》曰‘同人之先,以中直也’,《旅》五之‘先笑后号咷’,《震》之‘后笑言哑哑’等‘先’‘后’字,求之卦象,无不与先后天卦位相关。此先天、后天之名,不可更易者也”(《学易笔谈二集》卷二《先后天八卦评议》)。“及他卦之取象,属于先天卦位者尤多。潜心求之,其义自见,有神妙莫可思议,为康节所未言者。又乌可执一以求之哉?”(《学易笔谈二集》卷二《先后天八卦评议》)

杭辛斋还指出,汉代魏伯阳的月体纳甲顺序震、兑、乾、巽、艮、坤,加上坎离二卦即成先天图。依此推断,月体纳甲“虽出于《参同契》、虞氏翻说《易》,皆本于此,与先天八卦方位之阴阳消长悉合。可见自汉以前,必有此说”(《易楔》卷二《先天八卦》)。其实,南宋朱震的《汉上易传》、熊朋来的《五经说》早已指明月体纳甲与先天图相合。但杭辛斋的用意在于以此论证明先天图并非宋人臆造，而是存在已久。“然赵宋以前，虽未有先天之图，而乾坤坎离震巽艮兑之卦位，固早散见于汉人之《易》注。荀慈明之‘升降’、虞仲翔之‘纳甲’，细按之殆无不与先天之方位相合。”（《学易笔谈初集》卷二《先天卦位不始于邵子》）“汉《易》虽鲜专书……取象于先天卦位者甚多。而《参同契》尤先后天并用，特未立此先天、后天之名目耳。”（《易楔》卷二《卦位》）

杭氏还对清初学者的辨伪工作予以反驳。胡渭等人认为，《说卦》“天地定位”章是言匹对，而“与八卦之位无涉”。杭氏则云：“夫《说卦传》本文明明曰‘天地定位’，而曰‘与位无涉’，且‘自为匹者，无位又安见其相匹乎？其恣意辨驳、不顾前后如此。”（《易楔》卷二《先天八卦》）并且，经传虽无乾南坤北、离东坎西之文，“然先王制礼，推本于《易》，固汉学家所公认焉。乾天坤地，离日坎月，亦汉学家所公认焉。《祭义》：‘祀天南郊，祭地北郊，朝日东门，夕月西门。’岂亦‘帝出乎震’一章之方位乎？”（《学易笔谈初集》卷二《先天卦位不始于邵子》）针对部分学者提出的先后天卦位相互抵触的问题，如后天方位乾居北而寒、坤居南而暑，先天卦位乾居南而暑、坤居北而寒，杭辛斋立足于《周易》变易之理予以解释。他说：“易者，一易而无不易，上下易，阴阳易，此所以成天地之用。而乾坤之位，岂有一定而不易之理？”（《易楔》卷二《后天卦》）依他之见，先天乾南坤北是本位，但随着日月运行不已、寒暑昼夜更替，乾坤之位亦有变化。“乾南坤北者，天地之体。阴阳升降，冬寒夏暑，布五行而成四时，天度一岁而一周，此天地之南北以一年而言者也。而日行一日而一周，子南午北，以分昼夜；卯酉东西，以正昏旦，此昼夜之南北以一日而言者也。”（《易楔》卷二《后天卦》）就其卦位而言，一日昼夜之南北，是子北为夜、午南为昼，离午坎子，即后天坎离之位。一年寒暑之南北，是冬至日至南、夏至日至北，乾北而坤南，即后天之乾坤之位。“故论卦位，有一年之南北，有一日之南北。一日之南北，子北在夜，午南在昼。午南而子北，离午而坎子，此人人所知者也。而论一年之南北，则冬至日南至，而夏至日北至，体用相错，则子午不啻易位，坤居南而乾在北矣。”（《易楔》卷二《后天卦》）

杭辛斋在全面研究了汉宋易学的种种象数学说之后，就易象在解《易》中的作用提出了自己的观点。他说：

> 即象以求经，而意固可通；即经以求义，而象无不合。“书不尽言，言不尽意”，故“圣人立象以尽意”。经有不得者，当求诸象。（《学易笔谈二集》卷四《象义琐言》）
>
> 学者宜详玩经文，而合之于象，准之于数，融会贯通，由一卦以推各卦。而观一卦，更必遍取各卦，参互比例，而后能得其真确之意义。不可因字义注释之已明，而不复研求深意之所在焉。（《易楔》卷二《卦材》）

此间，“即象以求经，而意固可通”是说解《易》的方法，“即经以求义，而象无不合”“详玩经文，而合之于象”则是说解《易》的标准。那么，如何以象解《易》呢？杭氏强调，取象应在本于经文的基础上灵活处理：“盖圣人仰观俯察，实见乎易之为道，无时无地而不在焉，无人无物而不赋焉。……近取诸身，吾身则全乎易也。远取诸物，则一物皆有一易也。然犹恐人之泥于物而滞于象也，更推而广之，于一卦各立无方之象以尽其变，俾读《易》者即象可以见《易》，即物可以求象，不滞于理而能妙乎理。”（《易楔》卷三《广象》）既不可“扫象”,又不可“泥象”。“扫象者妄,泥象者凿,皆未为知《易》也。”(《学易笔谈二集》卷二《先后天八卦平议》)所谓“扫象”,显然是指王弼重义理而不重象数的解《易》路数。“自王弼有‘得意忘象’之言,后人未得其意,辄以扫象为扩清芜秽,易学由此荒矣。”(《易楔》卷三《卦象》)“泥象”,则是仅仅拘泥于三画、六画之象而不知灵活变通。“腐儒不明象义,又不熟经文,仅知于一卦三画中求象。求而不得,于是以刚柔之卦画,以己意揣测而附会之,而不顾其理之是非。此言象者之所以授人口实也。”(《学易笔谈初集》卷三《象义一得》)“执片面以言象,象不可得而见;泥一义以言象,象不得可而通也。”(《学易笔谈初集》卷二《象义一得》)“实则《说卦》广象,简而能赅,提纲挈领,各卦彖爻之象,无不可会通演绎,而各得其变化,及根本之所在。必字字而拟之补之,则泥象以言《易》,而《易》反不可见矣。”(《易楔》卷三《补象》)

综上可见,杭辛斋在精研历代易学的基础上,通过整合融通汉宋以来的象学成果建立起包罗万象、囊括古今的庞大象数学体系。从这个意义上说,杭氏易学可谓象学之集大成者。

四、“古今中外算术”“初无二理”的数学

数在古代早期社会中主要用于计算和纪事。当它被运用到古代巫文化活动中成为筮数时,便成了古人崇拜的对象。20世纪以来考古发现的大量数字卦,足以证明数与古代宗教活动息息相关。在《周易》成书过程中,数的作用仍然不可或缺,它是大衍筮法赖以成立的关键。因乎数与《易》关联紧密,历代易学家尤其是象数派学者多有会通数学与易学之举。晚清杭辛斋有感于“易数晦盲,沉沉千载”(《易数偶得·绪言》),再度凸显了易数的重要意义。

他说：

> 辛斋愚不自量，钻研群籍，偶获一隙之明，恍然易数非他，与《九章》《十书》初无二理，与西来之《几何原本》及近今之代数微积尤一一吻合。古今中外之种种算术，无不根本于河洛之百数、大衍之五十。而古圣人相传之修身、齐家、治国、平天下之道，皆无不由于絜矩，即无不以数理为之节度。更悟孔门"忠恕"一贯之道皆实有其理、实有其数，非空言心性所能了解也。尧之传舜，舜之传禹，皆曰"天之历数在尔躬"，实古圣帝王相传之心法。(《易数偶得·绪言》)

杭氏所说的"易数"，包括卦爻之数、天地之数、大衍之数、五行之数、九宫河洛之数等。他在"数由心生""易数根于心"的立论基础上，进一步强调了易数的普遍性。在他看来，数不仅可以表征自然事物，亦可以表征社会伦理。如其所云："人第知一二三四之为数，而不知善恶、是非之亦为数也。人第知加减乘除之为数，而不知进退往来之亦为数也。数以纪事，亦以纪物。物生无尽，事变无穷，惟数足以齐之壹之。"(《易数偶得》卷一《数由心生》)《周易》象辞，同样也是数的表现形式："《易》之有象，以表数也；象之有辞，以演数也。乾坤坎离震巽艮兑，亦代数之符号，与几何之甲乙丙丁亦相类耳。"(《易数偶得》卷一《数由心生》)易数作为解释世界的理论工具，不仅可以表达事物的多少、繁简，还可以表达吉凶善恶的价值判定。"有理有气，非特表其数之多寡、象之繁简而已。而吉凶情伪，醇漓善恶，莫不奇偶阴阳而判别之。"(《易数偶得》卷一《数由心生》)为了最大限度地解释世界，易数也在不断拓展，"八卦不足，因而重之为六十四；又不足，益之以天干地支六十甲子；又不足，更益之以星宿神煞诸名。无非皆为代数之符号而已”(《易数偶得》卷一《数由心生》)。这就意味着,“学者必能返求之心,明乎心之体用,然后可以言数,然后可以言《易》”(《易数偶得》卷一《数由心生》)。

杭辛斋详细解释了天地十数的意义。他把“一”视为易数之本体,万物之数以一为本,一生万物之数。一又有“本一”和“始一”两层涵义。“本一”是具有本体意义的一,它的特点之一是超乎阴阳,不能用感官把握。“本一可见而不可见,如天之有形而无迹也,如道之有名而无可状也。”(《易数偶得》卷一《数不变》)“本一者,‘大衍之数五十,其用四十有九’,虚其一不用,是即太乙,超乎两仪之上,无实无虚,目不可得见,耳不可得闻,而实确有此一为诸数之根。”(《易数偶得》卷一《本一始一》)其特点之二是永恒不变。一乘一、再乘一,乘至无穷仍为一:“不但一乘之,其数不变也,即再乘之,而一之数仍不变。盖一乘平方,为面得一百,一也;再乘立方,为体得一千,象虽再易,而一之为一,仍如故也。即累至亿兆京垓,一之为一,仍如故也。此不变之一为本一。”(《易数偶得》卷一《数不变》)“始一”,则是说“一”为诸数之源,“积数无穷,莫不由一起”(《易数偶得》卷一《本一始一》)。此“一”为形下之一,是有形可见的成数。杭氏曾从三方面加以论述:“始一者,天地成形之始,一画开天,在数积十还一,已属成数之一,而非不成数之一矣。‘挂一以象三’之一,即此一也;《老子》曰‘天得一以清,地得一以宁’,即此一;‘一生二’之一,亦此一;在人本一惟心,心不可见,动念之始,即属始一。”(《易数偶得》卷一《本一始一》)从“心生数”的角度言之,“一者心,心静止不动,则为一;动则起念,有念则有对象,对象与所动之念便为二,故曰‘一生二’”(《易数偶得》卷一《数由心生》)。“一者中也,正也。于文一止为正,止则寂然不动。《中庸》曰‘喜怒哀乐之未发谓之中’,一也;发则一生二矣;发而皆中节,或不中节,二生三矣。”(《易数偶得》卷一《数由心生》)“本一”与“始一”都是“一”,其本质区别在于前者是形上的不变之体、后者是形下的象变之用。“本一体也,天地一体。始一用也,其用不穷。”(《易数偶得》卷一《一数不变》)

进而,他又借几何学的点、线、面、体论说一二三四五六:“一为点,二为线,三为角而成面,四加一成五则为心,至六则成立方体,而体之用备。”(《易数偶得》卷一《二四六》)

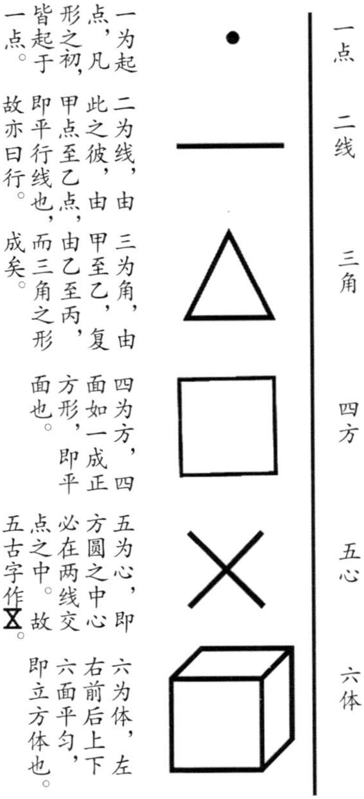

天数一、三、五为阳之生数,其和为九,九是成数;地数二、四是阴之生数,其和为六,六是成数。六六三十六,将六十四卦反覆两卦合

为一卦，则为三十六卦。二四六和为十二，十二为地支数。一三五中数三，二四六中数四，三四为七，二五、一六之和亦七，“故七能尽一二三四五六之用”（《易数偶得》卷一《七》）。七七四十九，恰为大衍用数。其中，成数九、六至关重要。筮法有九六之变，故爻亦以九六名之。九六和为十五，即生数一二三四五之和。九六相乘得五十四，“即天地之数五十有五，虚一不见之数”（《易数偶得》卷一《九六》）。“夫阳九阴六，故乾九坤六，皆天地阴阳自然之数，非可以人意为加减去取者也。天圆地方、奇圆偶方，观夫方圆而九六之数可不言自明矣。”（《易数偶得》卷一《九六》）几何图示如下：

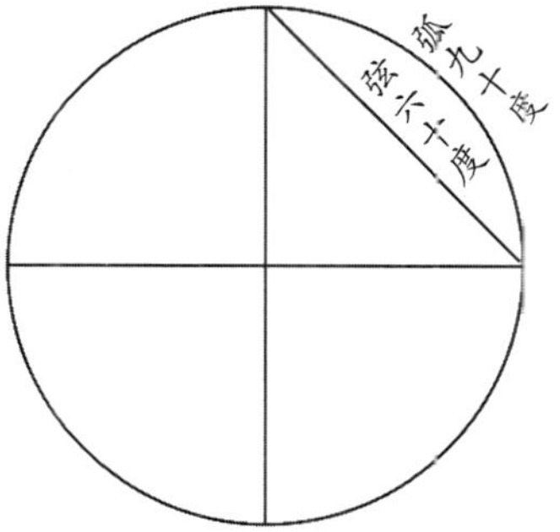

杭氏指出，弧、弦内含九六之数。“圆周三百六十分为四象，每一象限之弧线各得九十，则其弦必为六十。四九三十六，四六二十四，即尽方圆之度。是故乾策三十六，坤策二十四，用九用六，以御方圆各度，无不尽之。”（《易数偶得》卷一《九六》）不仅如此，“以测阴阳各候”“天地之理之数”“亦无不尽之”（《易数偶得》卷一《九六》）。总之，“用九用六不但《易》卦，即《九章》《几何》算理，亦莫能外此。而道氏释氏，亦无不用此。道家用九而藏六，释家用六而藏九”（《易数偶得》卷一《九六》）。如佛教“六成就”之说即用六，“六者何？曰时、曰处、曰主、曰伴、曰法、曰闻。其最显见者，至华严数之乘除，其数更无不与《易》相合。而九六之为用不穷，更可知矣”（《易数偶得》卷一《九六》）。

杭辛斋又用勾股定理解释大衍数及洛书数。众所周知，数学中的勾股定理是说任意直角三角形两直角边长的平方和等于斜边长之平方。杭氏则认为，“勾股之数，确出于河图洛书。黄帝造甲子，著《九章》，推日迎策，历数已备勾股之法，与《九章》相表里，必创于黄①帝无可疑也”（《易数偶得》卷一《勾股》）。具言之，大衍之数五十恰为勾三、股四、弦五之平方和。“勾三自乘九，股四自乘十六，弦五自乘二十五，皆正方。三数合并共五十，适符大衍之数也。”（《易数偶得》卷一《勾股自乘合大衍数》）

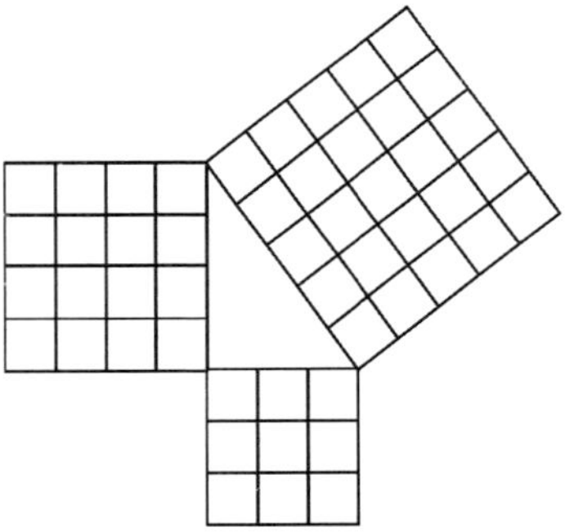

勾股亦可得洛书九数。勾股拉直为一，勾弦拉直为二，勾股弦分别为三、四、五，三四五相乘得六十，六十即六，勾三股四和为七，勾三弦五和为八，股四弦五和为九，故有一二三四五六七八九之数，即所谓“勾三股四弦五，其幂为六，勾股较为一，勾弦较为二，勾股和为七，勾弦和为八，股弦和为九，备具自一至九之数，合洛书四十五数。与勾股弦各自乘五十，又有暗藏一五数在，其微妙良不可

① 底本作“皇”字，据文意改作“黄”字。

思议也”(《易数偶得》卷一《勾股和较备洛书数》)。

此外,他还用数学方法论证了乾坤策数、圆方互容、天干地支、龙图分合、音声律吕等与易学相关的问题。事实上,会通数学解说易学者历代不乏其人,如汉代郑玄、北宋邵雍、明代黄道周、清代焦循等。杭辛斋接续了象数派的这一传统,广泛运用中西数学知识讨论易数,确有超越前人之处,对开阔易学研究的视野不无裨益。然而,为了印证易学与数学的相互契合,他不遗余力地引入数学,不仅模糊了二者的应然分界,更有弄巧成拙之嫌,以致其易数论极为庞杂,牵强附会的缺点亦暴露无遗。

五、贯通中外、融旧铸新的新易学

晚清的中国,正处在天翻地覆的剧变之中。自鸦片战争以来,灾难的阴霾始终笼罩着大清帝国。强大的欧洲军队陆续打开了中国的大门,中法、中日战争先后爆发,一系列不平等条约的签订,使中国一步步沦为西方列强的殖民地与半殖民地。加之轰轰烈烈的太平天国运动、捻军运动和义和团运动也在不断重创着风雨飘摇的清廷,“天朝上国”的神圣威严早已荡然无存。就在欧西诸国凭借先进的枪炮武器闯进中国的同时,西学亦得以源源不绝地传入中华大地。随之而来的,便是中西文化间激烈的冲突与碰撞。在此时局之下,一批内心激荡着高度家国天下情怀的知识分子迅速从天崩地裂般的惊悸中觉醒,随即踏上了反思中国贫瘠落后、危机重重之深层原因的文化征程。他们发现,作为中国传统学术主流形态的经学,千百年来始终囿限在解经的固有条框之中,从未真正弥缝脱离现实的致命弱点。因而,面对晚清中国的强烈震动和急剧变化,传统经学不可能提供合理的解释。若要摆脱忧患、救亡图存,唯有把经世致用确立为学术的根本宗旨。同时,军事实力的鲜明对比和中西文化的冲撞交融,也使部分中国学者原本牢固的华夷之防愈发松动,逐渐意识到西学确有所长。于是,他们自觉地吸纳西学积极成果,通过涵化其思想观念和思维方法来梳理检讨传统经学,进而重构一种符合时代需求即“民富国强、众安道泰”的全新学术理论,就成了晚清学者的历史使命。在此文化时局之下,杭辛斋一面尊重传统,一面以其强烈的社会责任感和高度的学术使命感,用新知识、新方法、新思维来审视检讨传统易学,进而形成了异于传统、极具时代特色的新易学。

(一)冲破旧式经学,提倡“以世界之眼光观其象”

中国经学以经典注疏为主要形式,通过训解、诠释古代典籍揭示出天人之道和圣人之意。就风格而言,传统经学又有汉学、宋学之别:前者长于文字训诂,以探求经典本义为归,类似于陆九渊所说的“我注六经”;后者注重义理阐发,着力表达解经者个人悟得的深层意蕴,即陆氏所谓的“六经注我”。此两派经学各有渊源,相互攻取,几经辗转而又绵延不绝。及至清代,经学诸家针对此两种研究方法往复辩论,是为“汉宋之争”。具体到易学,则表现为象数派与义理派的两峰对峙。杭氏论及汉宋易学时曾云:

> 自来言《易》者,不出乎汉宋二派,各有专长,亦皆有所蔽。汉学重名物,重训诂,一字一义,辨析异同,不惮参伍考订,以求其本之所自、意之所当,且尊家法,恪守师承,各守范围,不敢移易尺寸,严正精确,良足为说经之模范。然其蔽在墨守故训,取糟粕而遗其精华。且《易》之为书,广大悉备,网罗百家,犹恐未尽,乃株守一先生说,沾沾自喜,隘陋之诮,云胡可免?

宋学正心诚意，重知行之合一，严理欲之大防，践履笃实，操行不苟，所谓"和顺于道德而理于义，穷理尽性以至于命"者，亦未始非义经形而上学之极功。但承王弼扫象之遗风，只就经传之原文，以己意为揣测，其不可通者，不惮变更句读，移易经文，断言为错简脱误，此则非汉学家所敢出者也。（《学易笔谈初集》卷一《汉宋学派异同》）

此间，杭氏对汉宋两派易学特征的概括可谓平正公允、完备精确。然而，作为传统学术的汉宋经学，毕竟都根植于中国旧有的社会形态，这决定了儒家经学所涵具的政治方略、现实关切在很大程度上只能适用于传统社会。换言之，无论怎样在汉学与宋学间去两短、合两长，终究还是传统学术体系内部的抉择互补，根本不能对此一时期中西文化碰撞的宏观文化语境作出积极回应，更无从实现在激烈动荡的新社会格局下救亡图存的现实理想。对此，杭辛斋深有觉察。他意识到，传统经学的根本症结即在于门户深峻、固步自封、方法守旧、思想僵化，重玄道而轻实用，重家法而排异端。"历来讲《易》家，无论其为汉学、为宋学，而有一宗牢不可破之锢蔽，即将'经学'二字横梗于胸中是也。埋其庞然自大之身于故纸堆中而目高于顶，不但对于世界之新知识、新思想深闭锢拒，而于固有之名物、象数、气运、推步之原本于《易》者，亦皆视为小道，而不屑措意。凡经传所未明言、注疏所未阐发者，悉目为妄谈、为异端，排斥攻击不遗余力，而不知'《易》之为书，广大悉备'，上自天地之运行，下及百姓所日用，无不弥纶范围于其中。"（《学易笔谈初集》卷一《讲易家之锢蔽》）

正是开放精神和包容心态的严重缺乏阻碍了经学自身的发展，使国人无法直面当下的社会剧变，进而与时代脱节。依杭辛斋之见，当下唯有会通西学方能弥补汉宋易学之不足。汉易善训诂、重名物。然而，在社会变迁的过程中，新生事物层出叠现，传统文字学、训诂学早已无法涵盖纷繁复杂的新内容。因此，新形势下的易学诠释，必须有意识地吸纳“世界通用之名词”：“世界大通，事物之纷纭繁变十百倍蓰千万于古昔，而所用之文字乃不能随世事递演递进以应所需。且小学中绝，音移义晦，经典固有之字因废置已久，不复为人所识者十殆四五，故说《易》者往往于《易》之一字一义，累千万言之解释而仍不能明。然必待小学既明而说《易》，又如临渴掘井，不能济目前之用。且不能令多数之学子尽通小学焉，则虽说亦如无说，而《易》仍不能明，则不如假世界通用之名词以代之，以补文字之阙憾，而阅者亦易于了解也。岂非《易》之一助乎？”（《学易笔谈初集》卷一《新名词足与经义相发明》）宋易则以形上废形下，重玄思轻应用，蹈空涉虚而不知践履实地，“崇虚黜实，末流之弊，举国皆无用之学”（《学易笔谈初集》卷四《十字架》）。相形之下，西学“不尚空谈，立一说必征诸实验，制一器必极其效用”（《学易笔谈初集》卷四《十字架》）。杭氏基于“理学空疏之害，尤备尝苦痛，力求自拔于沉沦”（《学易笔谈初集》卷四《十字架》）的一己经历，号召学者“合中西之学，融会而贯通之，以此所有余助彼所不足，截此之所长补彼之所短”（《学易笔谈初集》卷四《十字架》）。“吾人既能师西人之所长，以极数致其用，则由数而求象，亦已事半而功倍。更变而化之，以合穷变通久之道，则由物质文明而进于精神，由形下更进而形上。”（《学易笔谈二集》卷一《制器尚象》）

西学与易学何以能相互融通？杭氏深信，《周易》博大精深、包罗万象，弥纶天地之道，涵盖宇宙万象，宛若明镜、物来即照：“《易》如大明镜，无论以何物映之，莫不适如其本来之象。如君主立宪、义取亲民为《同人》象；民主立宪、主权在民为《大有》象；社会政治无君民上下之分为《随》象；乃至日光七色见象于白《贲》；微生虫变化物质见象于《蛊》。凡近世所矜为创获者，而《易》皆备其象、明其理。”（狄楼海《学易笔谈初集序》）基于这一识见，他广泛援引“世界通用之名词”即当时传入中国的西方哲学、法学、地理、物理、化学、生物、进化论等知识来注解《周易》。如以哲学释“太极”：“‘太极’二字，均无物质、无精神可言，更无其他之词义足以相并相对，可以谓之名，亦可以谓之非名。”（《易楔》卷一《太极》）以法学之“司法独立”释《贲》《丰》两卦《象传》：“《贲》之《象》曰：‘君子以明庶政，无敢折狱’，明示以折狱之必有专职，行政者虽明，亦无敢越俎。非司法独立之精义乎？《丰·象》曰：‘君子以折狱致刑’，明示以用刑为折狱者之专责，凡非折狱者，皆不许有用刑之权。非司法独立之明证乎？”（《学易笔谈初集》卷二《司法独立》）以“博爱”“自由”“平等”观念解释“元亨利贞”四德：“夫‘元者善之长’，仁也，博爱则近乎仁矣；尊重自由，不侵他人之自由，则协乎礼矣；平等则‘裒多益寡，称物平施’，事无不当，而合于义矣；具此三者，则贞固干事，自绰乎有余裕矣。故博爱、自由、平等，与文王‘元亨利贞’、孔子‘立仁与义’之旨，均异地而同情、殊涂而同归。”（《学易笔谈二集》卷二《进化新论》）以地理知识释八卦之象：“今则万国交通，重洋无阻，《易》卦象数，即推诸五大洲仍无不合也。试以先天八卦方位言之，乾为南极、坤为北极，南北皆冰洋，故乾为‘寒’、为‘冰’，坤亦为‘坚冰’。自震东北至兑东南，为东半球之象，故曰‘震旦’。自艮西北至巽西南为西半球之象，故曰‘泰西’。”（《读易杂识·八卦合天地之象》）以物理学的向心力和离心力解说《系辞》之“辟翕”：“如《易》言‘坤，其静也翕，其动也辟’，而翕与辟之义以旧文字释之，则翕为聚也、合也，辟为开也。……若假新名词以解之，则辟者即物理学之所谓离心力也，翕者即物理学所谓向心力也。凡物之运动能循其常轨而不息者，皆赖此离心、向心二力之作用。地球之绕日，即此作用之公例也。以释辟翕则深切著明，而阅者亦可不待烦言而解矣。"(《学易笔谈初集》卷一《新名词足与经义相发明》)又以声光雷电现象释《噬嗑》卦象："是以测雷之远近者，以见光及闻声相距之时间求之，此可见雷电之相合也。"(《学易笔谈二集》卷四《雷电噬嗑》)以化学六气配六子卦象，即轻气震象、养气坎象、淡气艮象、绿气巽象、炭气离象、喜气兑象。进而依此解说别卦，如《蒙》上艮为淡气、下坎为养气。"西人物质之化分，译之为化学者，乃近世纪所发明者也。不谓地隔三万里、时阅七千年，而吾《易》之象数，能与之一一吻合无毫厘之差。"(《学易笔谈初集》卷四《化学之分剂与象数合》)以微生物论《蛊》卦："《蛊》者，变化之卦也。"蛊乃从虫，而物之变化"皆微生蛊为之"。(《学易笔谈二集》卷一《蛊为变化之卦》)以进化论审视《周易》一书："《易》者，进化之书也。……天地间万事万物，由变化而进化之理，亦莫备于《易》。"(《学易笔谈二集》卷二《进化新论》)

总之，中西学术碰撞交融的文化时局，造就了杭辛斋的宏伟期许。如何让中国易学朝着世界化、现代化的方向迈进，是他心头久久萦绕、挥之不去的问题意识。最终，杭氏以其开放的心灵、敏锐的目光和卓荦的器识，在深入省察传统易学之不足的基础上，竭力以会通西学的方法改造之。经过他的解释，西学之"新思想与新学说足与吾《易》相发明者甚多"(《学易笔谈初集》卷一《新名词足与经义相发明》)。他的易学不再拘于传统囿限，而得以成为贯通古今中西的全新象数之学。尤为难得的是，杭氏敏锐地觉察到，中西学术的相互融合已成不可扭转之势，欲挺立中华文化之主体性，绝不可拘执墨守、因循守旧，必须积极主动地回应这一历史潮流。有鉴于此，他以高昂的学术担当和文化使命感，热烈呼吁学界冲破旧学桎梏，以世界眼光研究易学："吾辈丁兹世运绝续之交，守先待后，责无旁贷，亟宜革故鼎新，除门户之积习，破迂拘之谬见，以世界之眼光观其象。"(《学易笔谈初集》卷一《今后世界之易》)"辛斋知浅力薄，又未能专心一志，惟不敢稍存成见，不立门户，不分派别，不论古今，不限中西，但求其说之足与吾《易》相发明。"(《读易杂识序》)并且，他对这种新型学术满怀自信。中西会通有如婚姻，二者深度融合生发出的全新中国文化，日后必将在世界范围内发出耀眼光芒："自西教东渐，于是天然配偶之两代表乃日相接近。又迭经几许之岁月，始得消除种种之障害隔阂而日即亲洽。今殆去自由结婚之期会不远矣。结婚以后，必能产生新文明之种子，为我全世界放一异彩。吾将掺券期之，拭目俟之矣。"(《学易笔谈初集》卷四《十字架》)

(二)"师西人之所长"，"尽制器之能事"

鸦片战争以来，清军的屡屡惨败，在不断摧残着晚清士人的民族尊严和民族自信的同时，也激发了他们深深的思索。知识精英们相继从"天朝上国"的迷梦中惊醒。他们意识到，大清帝国面对西方军队的坚船利炮之所以如此不堪一击，正是因为千百年来的中学太过于偏重"闻道"的一面，而对"器物"文明多有遗落。这一反思，使得传统哲学的"道器之辨"再度成为当时学界的核心论题。对他们而言，《易传》所谓"道""器"，不再单纯指涉哲学领域形而上的抽象本体和形而下的具体事物，而应从思想与科技、精神文明与物质文明的角度加以理解。尽管《易传》及后世儒者多番申明道器相即、不可偏废，但中国学术一向重道轻器，即热衷弘扬道体而忽略器物之用。相反，西方世界则是重器轻道的典范。他们依托科学的高度发展创造出大量财富，铸就了强大的军事武器，进而充分显发了“器”在社会生产、征服世界、掠夺资源中的巨大作用。在中西会通的文化格局下，晚清道器之辨的核心，实质上是精神与物质、思想与科技的关系问题。为了实现这一话语转换，学者们围绕中西、体用、本末等范畴纷纷展开论证。其中，《周易·系辞下》提出的“观象制器”“制器尚象”等命题，一跃成为讨论焦点。“观象制器”和“制器尚象”，其原本涵义是指《易》象不仅在《周易》形成、文本解释、筮法应用中不可或缺，在认识世界和改造世界的活动中也意义非凡。《易传》的作者认为，上古先圣创造文字、发明工具、建立制度与其对卦象的观察体悟密不可分。当然，这一说法未必符合历史实情，晚清学者却从中找到了中国古代重器思想的早期渊源。在他们看来，《系辞》的“观象制器”说足以证明古圣先贤原本道器并重，后世儒者不明此旨，在重道轻器之路上渐行渐远，才造成了近代中国器物文明大大落后于西方的局面，并最终招致了鸦片战争以来大清帝国的屡战屡败。惨痛的现实已经证明，唯有富国强兵，方能救亡图存。更重要的是，经过这种解释，重视“制器”、发展科技就非但不是以西废中、一味西化，反而是对中国早期传统的复归。

在晚清思想家中，杭辛斋的道器之辨可谓别出机杼。首先，他对《周易》的性质进行了判定，“《易》者，明道之书也”（《学易笔谈初集》卷一《孔子之易》），明确反对朱熹“《易》本卜筮之书”的论断，“占筮固《易》之一端，而圣人修《易》以明道，实非尽为占筮”（《学易笔谈述旨》）。究其根本，则“明道”又以“用世”为旨归：“《易》者，用世之书也。……《易》六十四卦无一非用。”（《易楔》卷六《用》）具言之，《周易》用世之功的实现当有两途：一是圣人本于易道开出政道与治道，规范人伦，化民成俗；二是通过体察《易》

象制造出生产、生活和文化器具，观象制器，为民所用。也就是说，《周易》既以“义理”显“道”，又以“象数”制“器”。这样一来，“道”“器”二者便分别对应“义理”与“象数”。进而，杭氏又在象数、义理一体圆融的易学语境下重申了道器之间合一不二的关系：

> 夫理与数，本不可以须臾离，故圣人倚数，必参天而两地。故形上之道与形下之器虽相生相成，无偏重亦无偏废。舍道而言器，则器为虚器；离器而言道，则道尽空谈。……道不可见，故圣人示之以象。象无可稽，故圣人又准之以数。数与象合，而道无不可见。制器尚象，而器以立。载道以器，而道不虚。理象数一贯之道，皆出诸《易》。（《学易笔谈初集》卷四《十字架》）

此段文字内涵两层深意。就经学本身而言，杭氏所论无疑是对传统易学两派争胜局面的深刻反省。象数、义理原本相即不离、无所偏重，可《易传》之后，诸家言《易》往往落入一偏、不见中道：义理派注重弘道，却对象数符示的器多有忽略，故其言道未免空疏玄远；象数派拘执于器，牵连缠绕、繁杂琐碎，以致遮蔽了义理大道。其实，《周易》道不离器，器以载道，理假象显，象中有理。唯有道器相即、象数义理一贯，方为易学研究之正途。当然，杭氏此论绝非单纯的经学兴趣使然。一如其他学者早已不再沉醉于书斋里的穷经皓首，杭辛斋的道器之辨也同样涵具高度的现实关切。在道器被赋予精神文明与物质文明的时代语境下，二者“无偏重亦无偏废”的结论乃意在呼吁思想发展与器物创制的齐头并进。在此问题上，他吸收了同时期学者的思想，再次点明了《系辞》“观象制器”说的重要意义：“《易》穷则变，变则通，通则久”一语晓示后世“通变”

之道，并透过乾坤两卦揭示出“通变”即“观象制器”之关键所在；复举“作结绳而为网罟，以佃以渔，盖取诸《离》”等十三卦令后世效法；“上古穴居而野处，后世圣人易之以宫室。古之葬者厚衣之以薪，后世圣人易之棺椁。上古结绳而治，后世圣人易之以书契”等三例，“皆所以通变宜民，而致世道日进于文明者也”。总之，“孔子不惮烦复，一再言之，深望后之人能变通尽利”（《学易笔谈二集》卷一《制器尚象》）。值得注意的是，杭氏所谓“器”相较其他学者更为宽泛。依他之见，《周易》的卦爻象数足以符示世界上的一切存在及其属性。所以，观察《易》象不仅能发明与狩猎、农耕、交通、生活等密切相关的有形器具，还可以据此制定历法、礼仪、法律、人伦和种种典章制度。遗憾的是，“向来说《易》者，以空谈性理为高，能精研象数者已不可多得。间有谈象数者，又莫明象数之原理，于是东牵西扯，曲折附会以求合，而不知去《易》之道愈远，而象数为说《易》之累矣”（《学易笔谈初集》卷四《化学之分剂与象数合》）。千百年来义理兴盛、象数式微的易学格局，使得《易传》“制器尚象”的要义屡遭漠视。既然不能了悟到《周易》象数对于变通尽利、经世致用的巨大价值，自然也就不能推陈出新、发展科技，这才最终造成了中国的物质文明远远落后于西方的被动局面：

> 乃三千年来，易学晦塞，讲汉学者溺于训诂，宗宋学者空谈性理，视“制器尚象”之一道，以为形而下者，不屑深究。于是，网罟仍为结绳，不能易之以新法；耕稼仍为耒耜，不能易之以机器；日中为市仍守墟集之旧，不能易之以通商；舟楫仍刳木剡木，不能易之以机轮；引重致远仍赖牛马，不能易之以汽机；重门击柝，不能易之警察；臼杵之利，不能易之以滚轮；弧矢之威，不能易之以枪炮。种种利器，古圣既尚象作之于先，

吾人乃不能变通改进以后，而一一皆让西人占其先着。（《学易笔谈二集》卷一《制器尚象》）

正是出于矫枉纠偏的目的，杭辛斋高扬象数，并在解读、检讨历代诸家的基础上融会贯通，“凡与象数有涉，足与《易》道相发明者，博采旁搜，不限时地，更无所谓门户派别也”（《学易笔谈述旨》），从而建立了熔汉宋象数成果于一炉的宏大易学体系。他期望，这种“以阐明卦爻象数之原理原则，但以经文为之证明”（《学易笔谈述旨》）的易学解释方式能够唤起知识精英们对“制器尚象”的普遍关注，进而积极投身于器物创造、振兴中国的历史潮流之中。同时，杭辛斋也清醒地意识到，若要走出中国时下的现实困境，绝不可仅凭一己之力闭门造车，亦须师西人所长以补己之短。与“我国数千年来专尚儒家，以空言谈经，鄙术数为小道，崇虚黜实，末流之弊，举国皆无用之学。所谓形而上者，几坠于地矣”（《学易笔谈初集》卷四《十字架》）的根深固弊恰恰相反，“泰西之学则不尚空谈，立一说必征诸实验，制一器必极其效用，不以理想为止境，不以无成而中辍，千回百折，精益求精。于是科学功能，几侔造化；器物利用，无阻高深。形学发达，于斯为盛”（《学易笔谈初集》卷四《十字架》）。“西人未尝见吾圣人之象，但得其数，极深研几，已能尽制器之能事，极物质之文明。吾人既能师西人之所长，以极数致其用，则由数而求象，亦已事半而功倍。”（《学易笔谈二集》卷一《制器尚象》）

殊为难得的是，杭辛斋在客观认肯西方科技发达、物质文明繁盛的同时，也冷静地洞见到其物欲横流、恃强凌弱，发动侵略战争、破坏世界秩序的残暴：“然极其弊，则谓世界将可以力争，强权几足以胜天演。物欲无限，而生人者适以杀人，杀人者即以自杀。物质之文明浸成儳焉,不可终日之势。”(《学易笔谈初集》卷四《十字架》)在他看来,这深刻反映出西学重器轻道、崇尚物质而漠视精神的内在缺陷。“此倚重于数之一偏,与倚重于理之一偏,各趋极端,其末流之失,亦正相等也。”(《学易笔谈初集》卷四《十字架》)对此,西方世界已有觉察。他们深刻反思一味注重器物所导致的偏失,更极力以哲学之道弥补之:“近西人极物质文明之益,既倦而知返,更探其原于哲学。”(《学易笔谈初集》卷四《十字架》)与此相反,中学症结在于扬道抑器,故理应尊奉《周易》道器不二、象数义理一贯的原则,大力推动科技发展,以“观象制器”来落实义理,在中西之间合两长、去两短,“更变而化之,以合‘穷变通久’之道,则由物质文明而进于精神,由形下更进而形上”(《学易笔谈二集》卷一《制器尚象》),从而真正改变中国贫弱不堪的现状。

(三)“悟易理进化之道”,“力求改革”

在大清帝国遭遇的一系列重创中,尤以甲午战争的失败对国人民族尊严和自信的伤害最深。如果说清军不抵欧洲各国的坚船利炮更多暴露的是中国科技军备方面的落后,那么,败于蕞尔邻国日本则只能归咎于清廷的昏庸无能。晚清思想家们由此领悟到,中国积贫积弱、被动挨打的真正原因绝不仅仅是器物建设的停滞不前,政治制度的千疮百孔、治国之道的根本缺陷才是核心症结所在。所以,要彻底扭转中国的弱势局面,除了学习西方先进科技、大力发展实业,关键在于摒弃陈旧腐朽的政治观念、改革弊端丛生的政治体制。

在亲历戊戌变法、辛亥革命等一系列重大历史事件的过程中,杭辛斋接受了达尔文的进化论。按照他的理解,进化论并非西方所独有,中国古代的《周易》即一部讲进化之理的经典。“《易》者,进化之书也。进化者何？‘随时变易以从道也。’‘穷则变，变则通，通则久。’自有天地以来，气运之迁移殆无日不变、无时不变，但变之微者，人不自觉。积微成著，阅时已千百年，人之寿又不能待。是以世之人恒不能睹其变之迹，而穷变通久非征之历史无以见焉。”(《学易笔谈二集》卷二《进化新论》) 比如，《系传》“制器尚象”之十三卦即对社会进化的描述：“由游牧以佃以渔取诸《离》而进于农商，耒耨取《益》、日中为市取诸《噬嗑》；由穴居野处而进于宫室，由衣薪葬野而进于棺椁，由结绳为治而进于书契，上古进化之迹因历历可考焉。”(《学易笔谈二集》卷二《进化新论》) 继而，杭氏在进化论的学术视野下对《周易》进行了一番系统考察后指出，六十四卦的排列实已将自然与人类社会的进化史囊括殆尽：

> 考之吾《易》之卦象，则文王所序，固已将世界开辟以来逐渐进化之次序已列举无遗，与西人进化史所述不但大致相同，且其爻象之显著俨如图缋，有不待烦言而解者。(《学易笔谈二集》卷四《卦象进化之序》)

具言之，《周易》卦序所反映的世界进化历程共分十六期：《乾》《坤》象第一期，天开地辟；《屯》象第二期，地球初成，水陆未分；《蒙》象第三期，水陆既分，万物滋长；《需》象第四期，万物既生，各得所养，制作初创；《讼》象第五期，争讼乃进化之渐，因竞争而进步；《师》象第六期，民众立法之时代；《比》象第七期，天灾人祸，有君出而临万邦；《小畜》象第八期，开国之君比贤而亲民；《履》象第九期，皇权极盛之时，君道愈尊、臣道愈卑；《泰》象第十期，上下交而其志同；《否》象第十一期，天地不交，万物不通；《同人》象第十二期，君主立宪政体实现；《大有》象第十三期，民主政治之时代；《谦》

象第十四期,“裒多益寡,称物平施”,财产平均分配,无有贫富之别;《豫》象第十五期,礼明乐备,万象休和;《随》象第十六期,进化至此,生人之道始见完备。天地人相合,仁至义尽。人皆安守其职而自力自治,政府不复存在,此乃太平盛世。尔后终则有始,《蛊》《临》“又从乾坤另起一局,别开生面”(《学易笔谈二集》卷四《卦象进化之序》)。

根据这一理论,杭辛斋解释了中国落后于西方的原因。在他看来,尽管《周易》一书涵具的进化思想十分完备,可千百年来从未有人真正了悟圣人的良苦用心,以至于中华之进化每每在泰否两期之间往复循环,不得突破而进入同人:“吾国数千年以来之历史,皆颠倒往复于否泰,如牛之转磨,盘旋不已,始终不离此一圈之地。无进步之可言者,则以不悟易理进化之道,未能变易其方式以求之也。”(《学易笔谈二集》卷四《卦象进化之序》)“吾国数千年历史皆一治一乱、循环往复,致人事永无进步,不能与世界列强相抗衡者,正以吾人只知以益求益,而不能以损求益。故极其功只能转否,而不能化否。……孔子赞《易》,又一再言之。乃三千年来竟无一人能察圣人之象,味圣人之言,以求日进而无疆。坐令锦绣之乾坤,困于一治一乱之轮回,而无发展之机,不亦深可痛哉!”(《学易笔谈初集》卷四《损益盈虚》)杭辛斋进而指出,当下时势已刻不容缓,有识之士亦幡然觉醒。唯有改革社会、革除积弊,方能推动进化、顺应潮流,亦即“化否而变同人”:“今值世运日新,环球大通,当午运离明、万物皆相见之会,虽深闭固拒而有所不能,即不欲自变其方式,亦必有强迫而为之者。于是国中知几之士,猛然觉悟,力求改革。此乃由否而进于同人,不反于泰,庶可免历来一治一乱之复,以求日进于文明。此其义,作《易》之圣人已昭示于数千载于上,即‘物不终否,而受以同人’之深意也。”(《学易笔谈二集》卷四《卦象进化之序》)“能化否,则否变同人,同人而进于大有,世运始有进步,始避泰否之循环线而入于倾否之螺旋线,然后得合于进化之正轨也。故孔子又于益之《彖传》申明之,曰:‘益动而巽,日进无疆。’此损益之大道。”(《学易笔谈初集》卷四《损益盈虚》)

总之,经过杭辛斋的上述解释,进化论就成了《周易》一书的固有之义。依他之见,这不仅足以证明我国的进化论思想早于欧洲,就理论本身而言,中学亦有远超西学之处。“达、赫二氏之误,在混人物而一之,谓人之竞争等于物之竞争,人之优劣等于物之优劣,是已自绝灭其人道。无怪弱肉强食,卒之有强权而无公理,安得不陷人类于惨境,遗世界以荼毒哉?”(《学易笔谈二集》卷二《进化新论》)西方进化论的根本失误在于抹煞了人与其他动物的区别,以为自然界“物竞天择,适者生存”的原则同样适用于人类。正是由于这种进化论思想的错误指引,西方世界才屡屡发动战争:“二十年来,一因朝鲜而酿日俄之大战,再因塞尔维亚而酿联邦与协约国之互争,劳师逾千万,血战经五年,名城为墟,白骨蔽野,流毒几遍于全球,损失数难以亿计,皆此不经之学说阶之厉也。”(《学易笔谈二集》卷二《进化新论》)在这一点上,《周易》的进化论思想恰可以纠正西方之偏,秉持世界公义、避免战乱频仍:“吾作《易》之圣人在距今七千年以前,忧天下后世,必有生齿日繁,非争不能自存之一日。故‘参天两地而倚数,观变阴阳而立卦’,发挥刚柔,穷理尽性,乘示易象以树之准,以立万世精神上之宪法。使强权无可恃之道,而公理有必伸之日;使弱肉强食之祸,不能蔓延于世界,而天下万世胥莫能违其则焉。”(《学易笔谈二集》卷二《进化新论》)既然我国的进化论思想相比西方渊源更为久远、理论更加优越,则有识之士自当奋力以求。只要在《周易》进化之道的理论指引下,顺应时势、积极改革,中华之再度崛起必将实现。关于这一点,杭氏虽谦称其学力远不足以缝补传统学术之不足，实则内心深信自己所揭示的《周易》进化之理终将在未来彰显光大：“辛斋何人，于古先大师大儒之学，曾不能仰望其肩背，讵谓能发前人所未发、明前人所未明，以补数千年之罅漏？或者时事相催，劫运当复，天诱其衷，困诸囹圄，导诸良师，开其一隙之明，畀引其端。庶圣意不致终晦，后人得藉此发挥而光大之，以臻世界之大同，未可知也。九仞之山，成于蚁垤，辛斋其亦一蚁而已。”（《学易笔谈初集》卷四《损益盈虚》）

结 语

文化是时代的镜子。晚清经学的演变，同样与其所处的历史发展进程息息相关。面对大清帝国的迅速败落和社会的急剧震荡，囿于解经、脱离现实的传统经学无法作出合理的解释，更不可能成为救亡图存的良药。加之西学东渐的巨大冲击，旧式经学已然奄奄一息。值此内忧外患之艰难时局，冲破传统、学习西学进而融会中西，就成了当时学者的不二选择。换言之，晚清学术之变乃历史所趋。对此，史革新先生曾从三个方面予以论述：“晚清时期，中国学术发生的变化是异常剧烈的。在治学宗旨上，进步知识分子改变了乾嘉汉学漠视社会现实生活、崇古信古的治学老路，把治学与救国救民的历史责任联系起来，注意发挥学术在现实生活的作用。在治学内容上，他们引进丰富的西方学术知识，运用活泼的学术风格，深刻地影响了中国知识界，使中国学者进一步认识到封建文化专制主义的束缚与弊端，开始批判儒学思想，破除儒学本体观念，扩大学术研究的范围，开始对中国传统学术作初步性的研究和清理。在治学方法上，进步知识分子把当时传入中国的一些科学方法，如历史进化论、比较研究法、逻辑学方法等，广泛地引进学术研究领域，提出了一系列有价值的观点，取得初步的研究成果，为民国年间近代学术事业的开展奠定了基础。”①

作为经学分支之一的易学，也必然同步于时代学术的整体脉动。乾嘉时期，惠栋、张惠言、姚配中等人重拾汉学训诂、象数之法解《易》，汉易遂成易学之主流。在此过程中，其种种弊端也随之暴露无遗。于是，方东树等人基于宋学立场对汉学大加指责，进而引发了清代的“汉宋之争”。同时，这种汉宋易学的对峙局面，也使学者们对双方的是非短长有了进一步的认识，并催生出丁晏、黄式三父子等人汉宋兼采式的易学研究。然而，道咸以来大清帝国的屡屡挫败，造就了晚清易学格局的深刻变化。学者们在对国运衰败原因的追寻中渐渐悟出，传统学术脱离现实的痼疾与国家政治层面的软弱乏力不无关联。继续拘执门户之见、一较汉宋短长，对于扭转衰势、富国强兵毫无裨益。唯有彻底凸显易学的经世功用，并吸纳西学所长，才能成为救亡图存的理论指导。基于这一理念，严复、章太炎、刘师培等一批晚清学人一面深入反思传统经学之偏弊，一面冲破旧学桎梏，积极援引西学来解释中学。他们或在重释道器关系的易学话语下提倡学习西方先进科技、发展器物制造，或用进化论思想比附《周易》，力主改革、宣扬革命。总之，晚清的社会剧变，使得此时期易学的内容和方法都呈现出融会中西、兼收并蓄，融旧铸新、继往开来的崭新面貌，并由此开启了传统易学向现代易学过渡的滥觞。

① 史革新：《晚清学术文化新论》，北京师范大学出版社 2010 年版，第 254 页。

在晚清易学发展史上，杭辛斋的易学可谓独树一帜、极具慧见。尽管晚清学人不乏以西学解《易》的尝试，但大多只有零散的论述，尚未形成系统。“严复尚非《易》家也，不过为阐易道以欧学者之大辂椎轮而已。”①章太炎、刘师培等人，亦复如是。在同时期的思想家中，全面而系统地融通西学与易学者当属杭辛斋。诚如钱基博所言：“至海宁杭辛斋出，精研《易》义，博及诸家传注……推而大之以至于无垠，而异军突起，足为易学辟一新途者焉。”②概言之，杭辛斋本着救亡图存的宗旨，以其宏大的学术视野和渊博的文化知识，建立了饱含现实关切的易学体系。他在深入分析象数、义理两派易学各自偏失的基础上，突破了传统易学研究或偏于象数训诂、或侧重义理阐发的既定框架，并在中西学术会通的时代文化背景下广泛吸纳西学知识，提出了“以世界之眼光观其象”（《学易笔谈初集》卷一《今后世界之易》）的易象论；从象数、义理一贯和道器相即不离的角度论证了象数在易学和科技发展中的地位，力图从《周易》象数中开显出物质文明，以此扭转传统学术重道轻器的倾向，提倡学习西方先进科技以富国强兵；又用西方进化论学说比附《周易》，否定中国几千年来的封建帝制，宣扬变法、革命等先进思想。杭氏强调，易学研究的目的在于“明道”，而“明道”终究以“致用”为旨归。因此，他每每在重释传统易学问题的过程中赋予其崭新的内容，从而直接回应救亡图存的时代课题，积极探索扭转现实危机的良策。

一方面，杭辛斋综合继承和全面阐发了晚清以来的易学思想，极为典型地反映出晚清学术演变的自身特点，同时还对传统易学发展史上的重大问题和研究方法均有涉及，堪称晚清象数学之集

① 钱基博：《周易解题及其读法》，上海书店1991年版，第57页。

② 钱基博：《周易解题及其读法》，上海书店1991年版，第57～58页。

大成者;另一方面,他也深刻改变了易学研究的旧有形态,开启了易学话语的现代转换。依此观之,杭辛斋易学实乃古代易学向现代易学过渡的标志性成果。民国初期,中国文化正式转型,科学与民主成为时代的主题。相应地,学界争论的焦点集中在科学与玄学、中西文化的关系问题上。与此同时,这一全新的学术文化语境"使古老的易学发生转变,出现了以新思想、新方法研究易学的新思潮。主要表现在义理易学变为人文易学,使传统儒家之学向现代学术思想发展,象数易学由传统的互体、爻辰、河图洛书等向科学易学转化,考据易学受实证主义的影响,传统观念提出挑战,引史证《易》建立比较系统的颇有进化论特色的《易》古史观,总之,易学突破了固有的框架,开始向现代易学迈进。此乃易学新思潮的最大特色"①。受此时代思潮的感召,杭辛斋也自觉地将科学、民主等思想引入易学研究当中。更重要的是,他在象数易学与西方科学之间建立互诠关系的"格义"方法,对此后学者以西方哲学和现代科学解说《周易》产生了深远的影响。易学前辈高明指出,杭氏"调剂中西末流之偏……为后来《易》学辟无数之新门径矣"②。尤其是民国学人薛学潜、沈仲涛、丁超五掀起的以易学解释西方科学、或用西方科学诠释易学的科学易思潮,在很大程度上得益于杭辛斋的开创之功。关于这一点,丁超五在其《科学的易·自序》中曾直言不讳③。综上可见,杭氏易学可谓承前启后、继往开来,它既宣告了晚清易学的终结,也标志着现代新易学的开端。

---

① 汪学群:《清代中期易学》,社会科学文献出版社 2009 年版,第 439 页。

② 高明:《五十年来之易学》,见黄寿祺、张善文编:《周易研究论文集》第一辑,北京师范大学出版社 1987 年版,第 522 页。

③ 丁超五:《科学的易》,《无求备斋易经集成》本。

参考文献

〔汉〕许慎著,〔清〕段玉裁注:《说文解字》,清陈昌治刻本。

〔魏〕王弼著,楼宇烈校释:《王弼集校释》,中华书局 1980 年版。

〔魏〕王弼、〔晋〕韩康伯注,〔唐〕孔颖达疏,李学勤主编:《周易正义》,北京大学出版社 1999 年版。

〔唐〕陆德明撰,黄焯断句:《经典释文》,中华书局 1983 年版。

〔唐〕李鼎祚著,陈德述整理:《周易集解》,巴蜀书社 1991 年版。

〔宋〕刘牧:《易数钩隐图》,《文渊阁四库全书》第 8 册,台湾商务印书馆 1986 年版。

〔宋〕周敦颐著,陈克明点校:《周敦颐集》,中华书局 1990 年版。

〔宋〕邵雍著,卫绍生校注:《皇极经世书》,中州古籍出版社 2007 年版。

〔宋〕程颢、程颐著,王孝鱼点校:《二程集》,中华书局 2004 年版。

〔宋〕朱震撰,王婷、王心田点校:《朱震集》,岳麓书社 2007 年版。

〔宋〕朱熹撰,廖名春点校:《周易本义》,中华书局 2009 年版。

〔宋〕朱熹撰,朱杰人、严佐之、刘永翔主编:《朱子全书》,上海古籍出版社、安徽教育出版社 2002 年版。

〔宋〕陆九渊著,钟哲点校:《陆九渊集》,中华书局 1980 年版。

〔宋〕黎靖德编,王星贤点校:《朱子语类》,中华书局 1986 年版。

〔宋〕俞琰:《读易举要》,《文渊阁四库全书》第 21 册,台湾商务印书馆 1986 年版。

〔明〕来知德撰,张万彬点校:《周易集注》,九州出版社 2004 年版。

〔明〕张介宾:《类经》,学苑出版社 2005 年版。

〔清〕孙奇逢著,张显清主编:《孙奇逢集》,中州古籍出版社 2003 年版。

〔清〕孙奇逢著,朱茂汉点校:《夏峰先生集》,中华书局 2004 年版。

〔清〕刁包:《易酌》,《文渊阁四库全书》第 39 册,台湾商务印书馆 1986 年版。

〔清〕顾炎武著,〔清〕黄汝成集释:《日知录集释》,上海古籍出版社 1985 年版。

〔清〕顾炎武撰,华忱之点校:《顾亭林诗文集》,中华书局 1959 年版。

〔清〕顾炎武:《音学五书》,中华书局 1982 年版。

〔清〕黄宗羲撰,郑万耕点校:《易学象数论(外二种)》,中华书局 2010 年版。

〔清〕黄宗炎:《周易象辞》,《文渊阁四库全书》第 40 册,台湾商务印书馆 1986 年版。

〔清〕王夫之撰，李一忻点校：《船山易学集成》，九州出版社2004年版。

〔清〕王夫之：《张子正蒙注》，《船山全书》第12册，岳麓书社1996年版。

〔清〕毛奇龄：《仲氏易》，上海古籍出版社1990年版。

〔清〕毛奇龄撰，郑万耕点校：《毛奇龄易著四种》，中华书局2010年版。

〔清〕毛奇龄：《西河文集》，《文渊阁四库全书》第1320—1321册，台湾商务印书馆1986年版。

〔清〕朱彝尊：《经义考》，《文渊阁四库全书》第677—680册，台湾商务印书馆1986年版。

〔清〕胡渭撰，郑万耕点校：《易图明辨》，中华书局2008年版。

〔清〕张烈：《读易日钞》，《文渊阁四库全书》第42册，台湾商务印书馆1986年版。

〔清〕李光地：《周易通论》，《文渊阁四库全书》第42册，台湾商务印书馆1986年版。

〔清〕李光地：《周易观象》，《文渊阁四库全书》第42册，台湾商务印书馆1986年版。

〔清〕李光地：《注解正蒙》，《文渊阁四库全书》第697册，台湾商务印书馆1986年版。

〔清〕李光地：《榕村集》，《文渊阁四库全书》第1324册，台湾商务印书馆1986年版。

〔清〕李光地著，陈祖武点校：《榕村语录》，中华书局1995年版。

〔清〕陈梦雷：《周易浅述》，《文渊阁四库全书》第43册，台湾商务印书馆1986年版。

〔清〕胡煦著,程林点校:《周易函书》,中华书局 2008 年版。

〔清〕李塨:《周易传注》,《文渊阁四库全书》第 47 册,台湾商务印书馆 1986 年版。

〔清〕惠士奇:《惠氏易说》,《文渊阁四库全书》第 47 册,台湾商务印书馆 1986 年版。

〔清〕江永著,徐瑞整理:《河洛精蕴》,巴蜀书社 2008 年版。

〔清〕惠栋:《九曜斋笔记》,《丛书集成续编》第 20 册,台湾新文丰出版公司 1989 年版。

〔清〕惠栋:《松崖笔记》,《丛书集成续编》第 20 册,台湾新文丰出版公司 1989 年版。

〔清〕惠栋撰,郑万耕点校:《周易述》,中华书局 2007 年版。

〔清〕惠栋:《九经古义》,《文渊阁四库全书》第 191 册,台湾商务印书馆 1986 年版。

〔清〕全祖望撰,朱铸禹汇校集注:《全祖望集汇校集注》,上海古籍出版社 2000 年版。

〔清〕戴震著,赵玉新点校:《戴震文集》,中华书局 1980 年版。

〔清〕钱大昕撰,吕友仁标校:《潜研堂集》,上海古籍出版社 1989 年版。

〔清〕钱大昕:《嘉定钱大昕全集》第 10 册,凤凰出版社 2016 年版。

〔清〕姚鼐:《惜抱轩文集》,《续修四库全书》第 1453 册,上海古籍出版社 2002 年版。

〔清〕翁方纲:《复初斋文集》,《续修四库全书》第 1455 册,上海古籍出版社 2002 年版。

〔清〕江藩、方东树著,徐洪兴编校:《汉学师承记(外二种)》,中西书局 2012 年版。

〔清〕张惠言著，黄立新校点：《茗柯文编》，上海古籍出版社1984年版。

〔清〕焦循：《易余籥录》，《丛书集成续编》第29册，台湾新文丰出版公司1989年版。

〔清〕焦循著，陈居渊点校：《雕菰楼易学五种》，凤凰出版社2012年版。

〔清〕焦循：《雕菰集》，《续修四库全书》第1489册，上海古籍出版社2002年版。

〔清〕焦循：《论语通释》，《续修四库全书》第155册，上海古籍出版社2002年版。

〔清〕焦循：《论语补疏》，《皇清经解》第6册，上海书店1988年版。

〔清〕焦循：《周易补疏》，《续修四库全书》第27册，上海古籍出版社2002年版。

〔清〕焦循：《焦里堂先生轶文》，《丛书集成续编》第193册，台湾新文丰出版公司1989年版。

〔清〕焦循：《里堂家训》，《续修四库全书》第951册，上海古籍出版社2002年版。

〔清〕焦循撰，沈文倬点校：《孟子正义》，中华书局1987年版。

〔清〕阮元：《揅经室集》，《续修四库全书》第1478—1479册，上海古籍出版社2002年版。

〔清〕王引之：《经义述闻》，《续修四库全书》第174—175册，上海古籍出版社2002年版。

〔清〕方东树：《仪卫轩文集》，清同治七年（1868）刻本。

〔清〕包世臣：《艺舟双楫》，《续修四库全书》第1082册，上海古籍出版社2002年版。

〔清〕方申:《虞氏易象汇编》,《续修四库全书》第 30 册,上海古籍出版社 2002 年版。

〔清〕方申:《周易卦象集证》,《续修四库全书》第 30 册,上海古籍出版社 2002 年版。

〔清〕方申:《周易互体详述》,《续修四库全书》第 30 册,上海古籍出版社 2002 年版。

〔清〕方申:《周易卦变举要》,《续修四库全书》第 30 册,上海古籍出版社 2002 年版。

〔清〕朱骏声:《六十四卦经解》,中华书局 1958 年版。

〔清〕朱骏声:《传经室文集》,《续修四库全书》第 1514 册,上海古籍出版社 2002 版。

〔清〕朱骏声著,樊波成点校:《经史答问校证》,华东师范大学出版社 2010 年版。

〔清〕李富孙:《校经庼文稿》,《续修四库全书》第 1489 册,上海古籍出版社 2002 年版。

〔清〕李富孙:《李氏易解剩义》,《续修四库全书》第 27 册,上海古籍出版社 2002 年版。

〔清〕宋翔凤撰,梁运华点校:《过庭录》,中华书局 1986 年版。

〔清〕李道平撰,潘雨廷点校:《周易集解纂疏》,中华书局 1994 年版。

〔清〕姚配中:《周易姚氏学》,《续修四库全书》第 30 册,上海古籍出版社 2002 年版。

〔清〕姚配中:《姚氏易学阐元》,《续修四库全书》第 31 册,上海古籍出版社 2002 年版。

〔清〕姚配中:《周易通论月令》,《续修四库全书》第 30 册,上海古籍出版社 2002 年版。

〔清〕丁晏:《易经象类》,《续修四库全书》第 31 册,上海古籍出版社 2002 年版。

〔清〕丁晏:《周易解故》,《续修四库全书》第 31 册,上海古籍出版社 2002 年版。

〔清〕丁晏:《周易述传》,《续修四库全书》第 31 册,上海古籍出版社 2002 年版。

〔清〕丁晏:《读经说》,《丛书集成续编》第 15 册,台湾新文丰出版公司 1988 年版。

〔清〕刘毓崧:《通义堂文集》,《续修四库全书》第 1546 册,上海古籍出版社 2002 年版。

〔清〕俞樾:《春在堂全书》,凤凰出版社 2010 年版。

〔清〕张之洞撰,范希曾补正,徐鹏导读:《书目答问补正》,上海古籍出版社 2001 年版。

〔清〕纪磊:《汉儒传易源流》,《续修四库全书》第 35 册,上海古籍出版社 2002 年版。

〔清〕纪磊:《周易本义辨证补订》,《续修四库全书》第 34 册,上海古籍出版社 2002 年版。

〔清〕纪磊:《虞氏逸象考正》,《续修四库全书》第 35 册,上海古籍出版社 2002 年版。

〔清〕纪磊:《周易消息》,《续修四库全书》第 34 册,上海古籍出版社 2002 年版。

〔清〕永瑢等:《四库全书总目》,中华书局 1965 年版。

〔清〕皮锡瑞:《经学通论》,中华书局 1954 年版。

〔清〕皮锡瑞著,周予同注释:《经学历史》,中华书局 1981 年版。

〔清〕曹元弼:《周易学》,《无求备斋易经集成》本。

章太炎:《菿汉三言》,辽宁教育出版社2000年版。

章太炎:《国学讲演录》,华东师范大学出版社1995年版。

章太炎:《章太炎全集》,上海人民出版社2014—2017年版。

杭辛斋:《杭氏易学七种》,九州出版社2005年版。

赵尔巽等:《清史稿》,中华书局1977年版。

王钟翰点校:《清史列传》,中华书局1987年版。

徐世昌等编纂,沈芝盈、梁运华点校:《清儒学案》,中华书局2008年版。

谭嗣同:《谭嗣同全集》,中华书局1981年版。

尚秉和:《周易尚氏学》,中华书局1980年版。

尚秉和:《尚氏易学存稿校理》,中国大百科全书出版社2005年版。

梁启超撰,朱维铮导读:《清代学术概论》,上海古籍出版社1998年版。

王国维:《观堂集林》,中华书局1959年版。

熊十力:《熊十力全集》,湖北教育出版社2001年版。

钱基博:《周易解题及其读法》,上海书店1991年版。

王云五主持:《续修四库全书提要》,台湾商务印书馆1972年版。

丁超五:《科学的易》,《无求备斋易经集成》本。

钱穆:《中国近三百年学术史》,商务印书馆1997年版。

高亨:《周易古经今注》,中华书局1984年版。

李镜池:《周易通义》,中华书局1981年版。

李镜池:《周易探源》,中华书局1978年版。

牟宗三:《周易的自然哲学与道德函义》,台湾文津出版社1988年版。

杨向奎:《清儒学案新编》,齐鲁书社 1994 年版。

黄寿祺、张善文编:《周易研究论文集》第一辑,北京师范大学出版社 1987 年版。

杨廷福、杨同甫编:《清人室名别称字号索引》,上海古籍出版社 1988 年版。

张世英:《哲学导论》,北京大学出版社 2002 年版。

朱伯崑:《易学哲学史》第四卷,华夏出版社 1995 年版。

潘雨廷:《读易提要》,上海古籍出版社 2003 年版。

张岂之:《中国思想学说史·明清卷》,广西师范大学出版社 2008 年版。

史革新:《晚清学术文化新论》,北京师范大学出版社 2010 年版。

陈居渊:《汉学更新运动研究——清代学术新论》,凤凰出版社 2013 年版。

林庆彰:《清初的群经辨伪学》,华东师范大学出版社 2011 年版。

廖名春、康学伟、梁韦弦:《周易研究史》,湖南出版社 1991 年版。

林忠军:《象数易学发展史》第一卷,齐鲁书社 1994 年版。

林忠军:《象数易学发展史》第二卷,齐鲁书社 1998 年版。

林忠军:《周易郑氏学阐微》,上海古籍出版社 2005 年版。

王新春:《周易虞氏学》,台湾顶渊文化事业有限公司 1999 年版。

王新春、吕颖、周玉凤:《〈易纂言〉导读》,齐鲁书社 2006 年版。

丁四新:《楚竹简与汉帛书〈周易〉校注》,上海古籍出版社 2011 年版。

郑吉雄:《清儒名著述评》,台湾大安出版社 2001 年版。

汪学群:《清初易学》,商务印书馆 2004 年版。

汪学群:《清代中期易学》,社会科学文献出版社 2009 年版。

李申:《易图考》,北京大学出版社 2001 年版。

陈詠琳:《姚配中〈周易姚氏学〉研究》,花木兰文化出版社 2013 年版。

洪汉鼎主编:《理解与解释——诠释学经典文选》,东方出版社 2001 年版。

[德]伽达默尔著,洪汉鼎译:《真理与方法——哲学解释学的基本特征》,上海译文出版社 1999 年版。

[德]伽达默尔著,夏镇平、宋建平译:《哲学解释学》,上海译文出版社 2004 年版。

后　　记

自孔子传《易》、释《易》始，易学解释绵延不绝，历经几千年，以独特的方式发展演进。两汉易学以《易传》“观象系辞”为据，偏于象数与训诂，追溯易学文本之本义；晋唐易学从《易传》“立象尽意”出发，以老庄注《易》，宗义理斥象数，转换易学解释话语；两宋易学秉承晋唐义理之风，再次以儒家视域审视易学解释，重塑了儒家以理解《易》的新系统。清代以降，汉易早已式微，宋易成为易学研究主流。然而，清代易学家以汉易“去古未远”为出发点，以反对宋代易学、恢复汉易为宗旨，通过解读汉易经典，恢复和重建汉代易学象数系统与音训方法，创立了以辨伪求实为内容的朴学易，从而实现了易学话语系统的转换。

清代易学总体上虽以“汉易”自居，却因朴实方法运用和象数体系重建，与汉代易学不尽相同，更与崇儒理兼“图书”的宋代易学有着本质区别。按照晚清学者章太炎、梁启超等人的说法，清代易学有惠栋、张惠言、焦循三大家或惠栋、张惠言、焦循、姚配中四大家，他们是清代易学最具代表性的易学家，展现了清代易学鲜明的特色。然而，仅仅用乾嘉时期的三家或四家远远不能概括和反映一个朝代的易学。真实的清代易学要复杂得多。清初，程朱易学定为一尊。习易者多以程朱易学为圭臬。与此同时，逐渐兴起了一股包括易学在内的经学辨伪思潮，以毛奇龄、黄宗羲、胡渭等为代表的易学家，以事实为根据，旁征博引，力辟宋代图书之学。乾嘉时期，惠栋等人笃信汉易，在清算宋代图书之学的同时，开始搜罗和整理失散的汉代易学资料，力图恢复汉失传的易学文本、师法家法和象数训诂方法，并以汉儒象数与训诂方法疏解汉易文本。张惠言继起，推崇虞翻易学，通过疏解残缺不全的虞氏易注，重建了虞氏“消息”易学体系，回应了易学史上以虞氏易为代表的汉易支离破碎、毫无体系之说。姚配中以郑玄为宗，兼取其他家，诠释汉易，建构以“元”为核心的易学体系。李道平整合了惠栋、张惠言等人的汉易研究成果，全面而系统地诠释遗留下的汉易文本。以王念孙父子、李富孙、朱骏声等为代表，专注文字训诂解释易学文本，建立了一套易学文字训诂的范式。焦循融通象数、训诂、天文、算术，在汉儒易学的基础上，发明错综、比例、时行之解易体例，建构了以“实测”为特色的象数体系，进而融《周易》《论语》《孟子》为一体，通过注疏与阐发，引申出义理之学，从形式上完成了象数、义理统一。乾嘉之后，朴学易开始衰落，义理易学再度兴起，汉宋易学、象数义理，由冲突对抗渐趋统一。晚清随着中国社会的巨大变动，易学发生很大变化。一方面，乾嘉易学继续流传，如俞樾、纪磊坚持以象数训诂解释易学文本；另一方面，随着外域入侵，西学东渐，国人觉醒，传统的易学开始转型，现代易学开始萌芽。严复、章太炎、杭辛斋等易学家融合中西，开始以西学解释易学问题，探求富国强兵、救国救民之路。

总之，重象数与训诂，辨伪求真，是清代易学特色。但是如何做到清代易学研究重点突出，兼顾其他，真实地全面再现清代易学全貌？这是清代易学之研究者共同关心的问题。观海内外学界，对于清代易学研究有两种倾向：一是清代易学重点研究。所谓重点研究，是指把乾嘉易学作为研究重点，其他从略。二是非重点研究。所谓非重点研究，是指专门研究乾嘉以外的、被人忽略的易学家或易学著作。前贤这些研究各有所长，对我们研究清代易学有一定的启发和借鉴。经过深入思考和讨论，我们终于达成了一个共识：对于人物或著作选择，既考虑其地位和影响，又照顾易学内容和特色；在内容取舍方面，突出重点，兼顾其他，以点带面，以小见大。更为重要的是，我们将清代易学研究延伸至晚清；就研究方法而言，既有传统历史方法和训诂方法，又有现代哲学方法，力图撰写出一部最为全面的、全新的清代易学史。

《清代易学史》是教育部人文社会科学重点研究基地山东大学易学与中国古代哲学研究中心重大项目“明清易学”之部分研究成果（《明代易学史》已于2016年6月出版），是课题组研究人员集体完成的。大部分内容由课题负责人林忠军、赵中国、张沛完成。张沛在书稿通审和润色方面做了大量工作。具体分工如下：

林忠军

第二编：第一章、第二章、第三章、第四章、第五章。

第三编：第一章、第二章、第三章、第六章。

第四编：第二章、第三章（部分）、第五章。

赵中国

第一编：第一章、第二章、第三章、第四章、第五章、第六章、第七章。

第二编：第六章。

张沛

第三编：第四章二、第五章、第七章一。

胡士颍

第三编：第四章一、第七章二、第七章三。

第四编:第三章(部分)。

乔宗方

第一编:第八章。

尹辰霆

第四编:第四章。

郭小娟

第四编:第一章。

正因为本书由多位作者分别撰稿,文风和体例并不完全一致。以卦名为例,有的作者为了有效区分经卦与别卦,故别卦卦名用书名号,经卦不用;有的作者则是在引用某卦经传文句时用书名号,否则不用。考虑到上述做法皆有理据,统稿时并未强行统一。特此说明。

本课题的完成及成书,与山东大学易学与中国古代哲学研究中心的全力支持是分不开的;刘大钧先生高度重视此课题进展,亲自为本书题签;李秋丽、苏建强、赵晓翠、刘砢言等博士以及刘淑君、刘永昆、牟晓琳等硕士为本书的校对付出了艰辛劳动;齐鲁书社领导及责任编辑孔帅先生为本书的出版给予大力支持,在此一并深表谢忱!

由于清代易学的复杂性和撰写者的学识所限,本书难免会出现一些纰漏与失误。每每想到此,我们总感到忐忑不安,故敬请海内外方家赐教。

林忠军

2018 年 8 月

图书在版编目(CIP)数据

清代易学史：全2册 / 林忠军等著. -- 济南 ：齐鲁书社,2018.9
ISBN 978-7-5333-3963-0

Ⅰ. ①清… Ⅱ. ①林… Ⅲ. ①《周易》—研究—中国—清代 Ⅳ. ①B221.5

中国版本图书馆CIP数据核字(2018)第133575号

清代易学史
QINGDAI YIXUESHI
林忠军 张 沛 赵中国 等著

主管单位 山东出版传媒股份有限公司
出版发行 齊魯書社
社　　址 济南市英雄山路189号
邮　　编 250002
网　　址 www.qlss.com.cn
电子邮箱 qilupress@126.com
营销中心 (0531)82098521　82098519
印　　刷 山东德州新华印务有限责任公司
开　　本 880mm×1230mm　1/32
印　　张 25
插　　页 6
字　　数 626千
版　　次 2018年9月第1版
印　　次 2018年9月第1次印刷
印　　数 1–1800
标准书号 ISBN 978-7-5333-3963-0
定　　价 **198.00**元(上、下册)

国家出版基金项目
NATIONAL PUBLICATION FOUNDATION

清代易學史

（上册）

林忠军　张　沛　赵中国　等著

齊魯書社

国家出版基金资助项目

教育部人文社会科学重点研究基地重大项目
“明清易学”（07JJD720041）成果

教育部人文社会科学重点研究基地
山东大学易学与中国古代哲学研究中心资助

泰山学者工程专项经费资助

目 录

第二编　清初易学辨伪思潮

第三编　朴学易的兴起与鼎盛

第四编 晚清汉易的衰落与象数学的转型

概 述

清代是易学研究蓬勃发展的时代，也是易学研究的转型期。自春秋时期孔子整理《周易》古经、《易传》十篇开启以义理为主、兼顾象数训诂的解《易》路径之后，《周易》一书即被纳入学术视野，彻底实现了由卜筮之书到儒家经典的话语转换。而后，在西汉天人感应的宏观文化思潮下，易学与天文、历法等自然科学知识的融合愈发紧密，从而形成了长于言天的象数之学。及至东汉，象数学又与文字训诂相结合，并得以成为解释《周易》的主流方法。然而，由于东汉经师笃守着圣人“观象系辞”的信念，夸大了象数在《周易》文本形成过程中的作用，以致其《易》注繁琐牵强、支离破碎的弊病暴露无遗，遂最终激发了魏晋玄学易的崛起。王弼等人一洗汉易象数之弊，融合儒道、辨名析理，以清新简洁的语言和深邃理性的思维重构易学。此后，义理解《易》便一跃占据魏晋尤其是唐代易学的主导地位。宋代以降，理学家为了扭转儒学的颓势、抗击佛老的形上学理论，纷纷以《周易》为学术根基，通过创造性的重释而建构起深邃博大的理学体系。程颐秉承王弼易学传统，彰明儒理。朱熹则以求实为旨，主张《易》本卜筮之书，同时阐发图书先天之学，补程氏之未尽处。随着程朱理学被尊奉为官方正学，其易学思想亦成为绝对主导。然而，与汉唐经师甚有不同，宋明学者并不逐一训解《周易》经传之字词本义，而是希望透过文意开掘出圣人之

意和大道至理。为了建构思想体系,他们解释经典时不惜妄加删改、断章取义、刻意曲解。例如,河图洛书、先天之学虽然回答了易学起源的问题,但其相去《周易》原典实已不啻天渊。因此,反思检讨以往易学即成为学术发展之必然趋势。而清代易学,正是在对此前易学的解构中形成确立并渐次展开的。

一

大体而言,清代学术的演进经历了清初、中期、后期三个阶段:顺治、康熙、雍正三朝,是理学式微、清学兴起期;乾隆、嘉庆二朝,是清学鼎盛期;道光、咸丰、同治、光绪、宣统五朝,是清学转变和衰微时期。① 与此同步,清代易学的发展也相应分为三个阶段:清初宋易衰落与易学辨伪之学兴起;清中期(乾嘉)汉易复兴与重建;清后期(道光以后)汉易衰微。

清人入关后,清廷借鉴了前朝的文化政策,定程朱于一尊。因而在易学领域,程朱易学仍然占据统治地位。顺治帝命傅以渐编修《易经通注》,力辟明代《周易大全》"繁冗芜陋","刊去舛讹,补其缺漏",颁之学馆。康熙"服膺朱子之书,而悦心研虑",命牛钮撰《日讲易经解义》,又命李光地编《周易折中》,冠以《程传》、次以《本义》,兼采汉宋二百余家《易》注,发明程朱,大兴宋易。王夫之、孙奇逢、陈梦雷、魏荔彤、张烈、张英、刁包、胡煦等人,或借全面解释程朱易学,或部分修正之,以建构其义理易学体系。其中,王夫之作《周易外传》《周易内传》《周易内传发例》等书,"以乾坤并建为宗,错综合一为象;彖爻一致,四圣同揆为释;占学一理,得失吉

① 见林庆彰:《清初的群经辨伪学》,华东师范大学出版社 2011 年版,第 3 页。

凶一道为义；占义不占利，劝戒君子，不渎告小人为用；畏文、周、孔子之正训，辟京房、陈抟，日者黄冠之图说为防”①。为了达成这一宗旨，他在张载气学的视野下对历代象数和义理易学均予以深刻反思，进而建构了自家庞大的易学体系。孙奇逢一面继承程朱，发明义理、切近人事，一面又对心学易有所吸收，提出“圣心之易”。其释《易》不求一字一词皆有确解，而是“由《象传》通一卦之旨，由一卦通六十四卦之义”，且少言图书。张烈以朱熹《周易本义》为宗，作《读易日钞》，用“因象设事，就事陈理”的方法阐发《周易》义理。李光地的《周易通论》和《周易观象》长于谈义，亦兼证易象，“在宋学中，可谓融会贯通，卓然成一家之说”②。“其大旨虽与程朱二家颇有出入，而理足相明，有异同，而无背触也”（《四库全书总目·周易观象》）。陈梦雷的《周易浅述》以朱子《本义》为主，融通《周易正义》《东坡易传》《周易大全》和来知德的《周易集注》，对诸家未及或不同之处，皆阐发己意明之。其易学对朱子有所发展，既切人事，亦能明象。清初易学大家胡煦撰《周易函书约存》《周易函书约注》等书，一则建立了以多种易图为基本内容的象数之学，从而较为圆通地注释了《易经》卦爻辞，一则在象数学的视域之下，通过阐述天、道、性等概念重新构建了义理体系，深化了程朱所代表的宋代易学。总之，因乎清初官学的确立，以程朱为代表的宋易随即成为易学研究的显学。尽管此时不乏异于程朱者，亦有学人治《易》兼象与义，但宋易义理总体上占尽风流已成定局。

不过，就在程朱易学即将一统天下之时，一股以检讨宋易图书之学为主要内容的辨伪思潮正在兴起。事实上，北宋欧阳修的《易

---

① 〔清〕王夫之撰，李一忻点校：《周易内传发例》二十五，《船山易学集成》下册，九州出版社 2004 年版，第 382 页。

② 〔清〕永瑢等：《四库全书总目》，中华书局 1965 年版。下引该书只注书名。

童子问》质疑《文言》《系辞》为孔子所作,已开辨伪之先河。明代中后期杨慎等人推崇汉唐古注,以汉学训诂、考辨方法研究易学,直指朱子《易学启蒙》以《易传》释先天、后天、太极诸图的做法乃颠倒源流。① 清初学者的辨伪风潮正是承接杨慎等人而起。他们以《周易》文本为标尺,对两宋以来流行的图书、先天之学进行了全面检讨。顾炎武、毛奇龄、黄宗羲、黄宗炎、胡渭等人相继著书立说,以图书源自道教且违背《周易》经传为核心论据,认定宋易的图书学和先天学乃是后起之伪学。与顾炎武同时的王夫之虽然隐居山林,并未直接参与清初辨伪工作,却以宏大的学术视野和卓越的哲学思辨,自觉、全面、系统地总结了此前历代易学的得失利弊。概言之,清初易学辨伪开启了三大转变:一是由批判明代官学易转向批判宋易象数学。顾炎武的批判重心在于《周易大全》,兼及陈、邵之图书。他认为,该书割裂朱子《本义》,与《周易》经传和孔门易学相悖,继而主张恢复程朱之书以存《易》。二是由回归文本转向回归汉易。顾炎武、黄宗羲、胡渭等人不仅对宋易象数大加挞伐,亦对汉易经说嗤之以鼻,因而绝无恢复汉易之意图。但毛奇龄有所不同,他在力辟宋易象数的同时,又在涵化汉易卦变思想的基础上建立了"推移说"。依此观之,毛奇龄已然开始了汉易风格的象数重构。三是由奢谈义理转向不谈义理。王夫之反对汉易"不要诸理",指责晋唐易学流于"老庄虚无之旨"、程颐"纯乎理事"、朱熹"专言象占","辟京房、陈抟,日者黄冠之图说",兼收并蓄,重建以张载为核心的义理之学。黄宗炎由"图学非古"的观点出发,辨宋易图书之伪。他从卦画、卦名"确乎一体"、"卦画者文字之根原"的象辞观和"无象斯无理"的象理观出发,以"即象见理"的方法"求

① 〔明〕杨慎:《升菴集》卷四十一,《文渊阁四库全书》第 1270 册,台湾商务印书馆 1986 年版。

性命之理”。顾炎武、黄宗羲、胡渭等人从文本出发，考镜源流、明辨是非，对恢复文本和探求经典本义有重要的价值。其倡导的考据方法朴实而严谨，为清中期乾嘉易学的形成奠定了基础。清初致力于辨伪的学者对象数多有评议，却大多未能建构义理体系，故学界往往以辨伪思潮之失视之。然而，一旦我们把清初辨伪思潮的兴起与义理之学的繁盛联系起来，便可知晓清初辨伪少言义理的原因乃是因当时程朱之说已然成为显学，不谈义理并非易学辨伪之失，而是基于学术纠偏之目的。

清代乾嘉时期，学者们在检讨宋易图书之学的基础上，进一步辑佚、董理汉代经说。此时，易学研究的主流在于对唐代李鼎祚《周易集解》所录四十余家《易》注进行全面整理，并遵循汉代易学方法和解《易》体例阐发其义。吴派惠栋四世家传汉易，其《周易述》一书运用象数、训诂之法“发挥汉儒之学，以荀爽、虞翻为主，而参以郑玄、宋咸、干宝诸家之说，融会其义，自为注而自疏之”(《四库全书总目·周易述》。惜惠栋撰《周易述》未竟而卒，缺《鼎》至《未济》十五卦及《杂卦》《序卦》。其后学江藩、李林松遂秉承惠氏家法补作之，依原书体例赓续其书。常州张惠言继起，撰《周易虞氏义》《周易虞氏消息》等书独宗虞翻一家，探赜索隐，旁通其义，深得其要，号称虞氏易之专家。尔后，复有胡祥麟作《虞氏易消息图》申明张惠言之虞氏学，方申作《虞氏易象汇编》述虞氏易象，李道平的《周易集解纂疏》大量吸收惠、张等人的汉易研究成果，逐一疏解《集解》所辑汉魏诸家，“于虞氏之隐辞奥义，阐发详尽，俾读者可一览而知其门径，他家之说，亦随文诠释，句疏字节，家法了然”①。

整理汉易主要是以汉代人物为线索，对唐代李鼎祚《周易集

① 王云五主持:《续修四库全书提要》，台湾商务印书馆 1972 年版。下引该书只注书名。

解》中的易学文献加以归纳分类，并全面收集《集解》之外的散见汉易材料，将之辑佚成册，力图再现佚失的汉代易学典籍。如惠栋的《易汉学》《增补郑氏周易》、张惠言的《易义别录》《周易郑氏注》《周易郑荀易》《周易荀氏九家易》、孙堂的《汉魏二十一家注》及清中后期马国翰的《玉函山房辑佚书》、黄奭的《黄氏逸书考》等。除汉易辑佚，著录书目、汇辑校勘历代易著也是清人易学研究的重要贡献。如朱彝尊《经义考》著录易类 1904 部①；卢见曾为表彰包括易学在内的汉学刻印《雅雨堂丛书》，该书集有《郑玄周易》、《李氏周易解》、《易纬乾凿度》、朱彝尊《经义考》、惠栋《周易述》等书；纪昀等人撰修《四库全书》，收乾隆以前的易学书籍 158 种，存目 500 余种；阮元作《周易注疏校勘记》，撰修《皇清经解》收易学著作 16 部（147 卷，约 124.5 万字）；清末王先谦《皇清经解续编》收易学著作 22 部。这些整理资料工作，无疑对汉易的保存和传承意义重大。

重建汉易，是指一面解构汉宋易学尤其是汉易成说，一面延续东汉重象数兼训诂的易学传统来建立具有汉学特色的全新易学体系。其代表人物非扬州焦循莫属。他在东汉荀、虞易学的基础上，熔易学、音韵训诂、天算数学于一炉，发明“旁通”“时行”“相错”诸例通解《周易》经传，进而以其《论语》《孟子》注疏倡发义理。姚配中撰《周易姚氏学》，以郑玄易学为宗，兼收汉代荀爽、虞翻等人观点，建构了以“元”为核心的易学体系。此外，高邮王念孙、王引之父子远绍两汉训诂明经之传统，近承清初顾炎武的治学之方，专以文字训诂解经。在易学上，王氏父子出于汉易而不囿于汉易，以“诸说并列，则求其是”，“以己意逆经义”“证以成训”的原则研究易学，反对墨守汉儒旧说，建立了一整套以训诂为核心方法的易学

① 见周玉山《易学文献原论（二）》，《周易研究》1994 年第 1 期。

解释学。其间多有前人未发之论，影响极大，随即成为后学治经的典范。朱骏声、李富孙、宋翔凤继之而起，训诂治《易》遂风行天下。

清代后期，乾嘉易学步入式微。事实上，早在汉学极盛时期，方东树既已站在宋学立场上对汉学多有非议。道、咸以后，宋学更是迎来复兴之势，相继涌现出一批认肯宋学的经学家。他们主张道学即圣学，注重义理阐发，并以不合三圣本义为据大肆指责汉易象数，极力扭转此前“辟图象”“宗虞氏”“论变通”“说升降”的易学风气。例如，陈澧批判郑玄、荀爽、虞翻，亦否定惠栋、张惠言、钱大昕。另一方面，汉学阵营内的学者也态度坚决地予以回击。如林庆炳作《周易述闻》，将矛头对准批判汉代象数学的王念孙、王引之父子，试图为汉易翻案。正是双方的相互攻讦、往复辩难，造就了晚清易学汉宋对峙的局面。在此过程中，汉宋易学和经学的是非优劣也得以全面显现。于是，又催生出以丁晏和黄式三父子为代表的汉宋兼采式的易学研究。即便如此，晚清时期的汉易仍有一定程度的发展。例如，纪磊作《虞氏易义补注》和《虞氏逸象考正》补惠栋、张惠言之缺，又倾数十年之功作《周易消息》发明《杂卦》消息之说。俞樾是乾嘉之后的象数易学重镇。他一面吸纳焦循等人的象数建构，一面沿袭王氏父子的训诂方法，通过对汉宋象数易学的双重解构，铸就了兼象数、训诂于一体的新汉学体系。曾钊的《周易虞氏义笺》较之张惠言，虽“不过循途守辙，小有补苴”，“不可同日而语”，但“补惠言之疏漏，一准虞氏家法，其驳证惠言之义，尤为审细”（柯劭忞语）。戴棠撰《郑氏爻辰补》，以郑玄爻辰说通释《周易》六十四卦三百八十四爻。陈寿熊的《读易汉学私记》、吴翊寅的《易汉学考》对惠栋《易汉学》之失当处多有纠正。此外，黄奭的《黄氏逸书考》大量搜辑散存古代文献，成为有清一代汇辑易学资料最全的著作。孙诒让《札迻》之校勘《易纬》，有极高的学术价值。尽管这些著作的规模和深度已无法与乾嘉汉易相媲美，但

它们在一定程度上纠正了清代汉学所暴露的弊端，使乾嘉学派的研究方法得以延续、流传，且在某些方面取得了新的成就。

随着晚清封建社会的解体、民族矛盾的加深和西学的持续传入，古老的易学也开始了现代转型，日益呈现崭新的面貌。俞樾的高足章太炎不仅能运用传统的训诂学、史学、佛学释《易》，还在接受西学的基础上，以古希腊哲学解释易道，用民主观念解释《丰》《旅》两卦，以社会进化论解释《周易》卦序。推崇焦循易学的刘师培在《经学教科书》中用数学、化学、社会学、哲学等西学来解释《周易》。近代翻译家严复大力提倡以西学治《易》，其《天演论自序》将逻辑学的演绎法视为《周易》之学，并用牛顿力学和斯宾塞尔的天演论阐发乾坤之理。晚清学术转型的亲历者杭辛斋深谙汉宋易学与经学之是非，本着发展科技、救亡图存、推进社会变革的宗旨，组织了《周易》学术研究会"研几学社"，担任《周易》主讲。在《易楔》《学易笔谈初集》《学易笔谈二集》《易数偶得》《读易杂识》《愚一录易说订》《沈氏改正揲蓍法》等一系列著作中，他以宏大的学术视野和渊博的文化知识审视、检讨中国历代象数易学和当时传入中国的西学，进而融通传统易学象数与西方哲学科技，建立起具有现实意义的全新象数学体系，改变了中国古代经学式的易学研究形态，真正实现了传统易学向现代易学话语的转换。就此而言，杭氏易学乃是古代易学向现代易学过渡的标志性成果。

二

大体而言，清代易学研究的核心问题有如下数端：

（一）图书、先天是非之争。宋易主于义理，兼及象数。概言之，其义理乃是借鉴王弼易学传统以倡发理学宏旨，其象数则主要是发端于宋初、流行于两宋的图书学和先天学。北宋时期，刘牧作

《易数钩隐图》,称九数河图、十数洛书为圣人作《易》之源,并详加推演。邵雍以数为基点,假借伏羲之名,区分先天易与后天易。周敦颐作《太极图》并《说》以诠释宇宙创化万物之理。此后,南宋朱熹又将三者熔为一炉。及至清代,如何对待这些宋易象数学内容,即成为易学研究的议题之一。除《周易折中》等"御纂"易著极力称许程朱,李光地、胡煦、江永等崇奉朱学的学者亦笃信河图洛书、先天之学为易学起源,并予以解说阐发。与此相反,黄宗羲、黄宗炎、毛奇龄、胡渭、惠栋、张惠言等人进行了大量的考证,他们立足于经传文本,以充分的文献证据证明了先天、图书、太极诸说绝非《周易》所固有,而是与道教渊源颇深的后起之说,进而否认河图洛书、先天之学的价值。

(二)汉易是非之争。如何对待汉易,是清代易学研究的又一个问题。汉易的显著特征是崇尚象数、注重训诂,即融通自然科学建立贯通天人的象数体系,并用《易》例和训诂逐一揭示《周易》文辞的象数依据和字词涵义。清代易学研究的主流是汉易,但学者们对待汉易的态度并非完全一致,约有以下几种情况:1. 崇尚汉易,以恢复与解释汉易为易学研究的基本目标。如四世家传汉易的惠栋,一准汉儒之师法家法,极力恢复汉易大义,并对两汉孟喜、京房、郑玄、荀爽、虞翻诸家《易》例予以疏通分介。又如张惠言《周易虞氏义》专攻虞翻,姚配中以郑玄易学方法解读《周易》,李道平在广泛吸收乾嘉汉学成果的基础上作《周易集解纂疏》,对汉易资料进行了全面疏解。2. 修正、革新汉易。毛奇龄、焦循、俞樾等人洞察到汉代易学中存在的问题,但依然秉承象数、训诂治《易》之法,并依据自家理解重建象数体系以解说《周易》。3. 注重训诂,而又反对以汉易体例解经。如清初顾炎武擅长文字训诂,但对汉易象数一概不取。王念孙、王引之父子一面发扬汉学精于训诂的治经方法,一面对纳甲、爻辰等汉易旧例多有指摘。4. 否定汉易。如

方东树、陈澧等人大肆抨击汉代及乾嘉易学。

（三）易学文本之争。易学研究的目标是回归《周易》经传，还是复原汉易？在某种意义上，清代易学研究的种种方法和形态，皆可以视为对此问题的不同回答：惠栋、张惠言等尊奉汉易者相信“汉犹近古，去圣未远”，即汉代经说中存留着《周易》古义，且汉儒训诂精当，“古训不可改也，经师不可废也”①，“训诂必依汉儒”②。因而，此派学者主张易学研究当以汉易为准，其注解《周易》固守汉儒家法，并将汉易作为绝对标尺评判其他易学。凡与汉易相合者，则阐明其义。若与之不合，则皆应摒弃。有别于此，顾炎武、王引之等学者认为，评判易学优劣得失的准绳绝不是汉儒《易》注，只能是《周易》经传。换言之，易学研究当以契合《周易》经传为归。唯与《周易》文本相符方可是之，反之则必非之。由此出发，他们对背离经义的爻辰、旁通、之正、卦变、纳甲等汉易体例进行了大肆批判。

（四）易学方法之争。训诂与义理的关系是经学研究中一个很重要的问题。大体而言，汉学重训诂，宋学崇义理。相应地，清代汉宋之争的焦点之一即训诂考据、义理阐发孰轻孰重之辨。具体到易学，则又表现为“象数优位”与“义理优位”的治《易》路数之争。一般地说，汉代易学家深信圣人“观象”而“系辞”，认定象数是经传文本形成的关键，即先有象数、后有文辞，故其注解《周易》经传除训释字词涵义，更逐一指示出《易》辞的象数根据，此即“象数优位”的治《易》原则。宋代义理学家则大多秉承王弼易学传统，认为义理是象数的根基，象数只是表达义理的工具。因而，解《易》的

---

① 〔清〕惠栋：《九经古义·述首》，《文渊阁四库全书》第191册，台湾商务印书馆1986年版。

② 〔清〕钱大昕：《潜研堂集》卷二十四《臧玉林经义杂识序》，上海古籍出版社1989年版，第391页。

目标在于透过象数阐发天人之道、圣人之意,即“义理优位”。概言之,清代学者对待训诂考据与义理阐发的不同态度分为两派:一则注重训诂考据、反对空谈义理,或主张从前者中开出后者。顾炎武曾云:“读九经自考文始,考文自知音始。以至诸子百家之书,亦莫不然。”①惠栋曰:“五经出于屋壁,多古字古言,非经师不能辨。经之义存乎训,识字审音乃知其义。”②其《易微言》上下卷分言天道、人道,是以训诂代义理,即“义理存乎古训”之证。钱大昕曰:“训诂者,义理之所由出,非别有义理出乎训诂之外者也。”③戴震曰:“故训明则古经明,古经明则贤人圣人之理义明,而我心之所同然者,乃因之而明。贤人圣人之理义非它,存乎典章制度者是也。”④“经之至者道也,所以明道者其词也,所以成词者字也。由字以通其词,由词以通其道。”⑤阮元曰:“圣人之道,譬若宫墙,文字训诂,其门径也。门径苟误,跬步皆歧,安能升堂入室乎?学人求道太高,卑视章句,譬犹天际之翔,出于丰屋之上,高则高矣,户奥之间,未实窥也。或者但求名物,不论圣道,又若终年寝馈于门庑之间,无复知有堂室矣。”⑥王引之述其父王念孙语云:“说经者,期于得经

① 〔清〕顾炎武:《亭林文集》卷四《答李子德书》,《顾亭林诗文集》,中华书局1959年版,第73页。

② 〔清〕惠栋:《九经古义·述首》,《文渊阁四库全书》第191册,台湾商务印书馆1986年版。

③ 〔清〕钱大昕:《潜研堂集》卷二十四《经籍纂诂序》,上海古籍出版社1989年版,第392~393页。

④ 〔清〕戴震:《戴震文集》卷十一《题惠定宇先生授经图》,中华书局1980年版,第168页。

⑤ 〔清〕戴震:《戴震文集》卷九《与是仲明论学书》,中华书局1980年版,第140页。

⑥ 〔清〕阮元:《揅经室集》卷二《拟国史儒林传序》,中华书局1993年版,第37~38页。

意而已。前人传注不皆合于经则择其合经者从之,其皆不合则以己意逆经意,而参之他经,证以成训,虽别为之说,亦无不可。”①

另一派学者则认为,经学研究当以义理为重,而后兼及训诂考据。姚鼐驳斥了戴震“考据、义理为上,文章为下”的论断,认为“义理”“考证”“文章”三者当善用之“则皆足以相济”,既反对“言义理之过”,亦反对“为考证之过”②。其弟子方东树则基于宋学立场对钱大昕、戴震的“训诂明义”说提出了质疑:“夫谓义理即存乎训诂,是也。然训诂多有不得真者,非义理何以审之?”“主义理者,断无有舍经废训诂之事;主训诂者,实不能皆当于义理。何以明之?盖义理有时实有在语言文字之外者。”③在他看来,惠栋等人“以六经为宗,以章句为本,以训诂为主,以辨博为门,以同异为攻。不概于不道,不协于理,不顾其所安。……其为说,以文害词,以词害意”④。翁方刚则以义理作为取舍考据的标准:“考订之学以衷于义理为主,其嗜博嗜琐者,非也,其嗜异者非也,其矜己者非也。……凡所为考订者,欲以资义理之求是也。”⑤

(五)中西之争。清初以来,随着西方科技的不断传入且与中国原生科技相互交汇,中西问题亦成为学者们普遍关注的问题。

---

① 〔清〕王引之:《经义述闻·序》,《续修四库全书》第174册,上海古籍出版社2002年版。

② 〔清〕姚鼐:《惜抱轩文集》卷四《述庵文钞集序》,《续修四库全书》第1453册,上海古籍出版社2002年版。

③ 〔清〕方东树:《汉学商兑》卷中之下,见〔清〕江藩、方东树著,徐洪兴编校《汉学师承记(外二种)》,中西书局2012年版,第283、291页。

④ 〔清〕方东树:《仪卫轩文集》卷一《辨道论》,清同治七年(1868)刻本。

⑤ 〔清〕翁方纲:《复初斋文集》卷七《考订论上之一》,《续修四库全书》第1455册,上海古籍出版社2002年版。

乾嘉时期,清廷和知识精英们在接受西方科技的同时,大多抱有“西学中源”的态度。也有学者持保留意见,主张中西学术各有所长,故应会通中西而非主于一偏。不过,这一观点广受非议,“一些深入研究过西学,提出中西各有优劣,主张会通中西诸法的著名经学家如江永、戴震、汪莱等都程度不等地遭到来自社会方面的批评”①。如梅瑴驳江永、江临泰批戴震以维护“西学中源”说,李锐与汪莱对西方数学的理解不同而发生争执,焦循、凌廷堪充分肯定西学“实测”“目验”的科学方法,力挺中西会通。这一中西科学之争实为中西文化之争的先声。晚清之际,随着封建社会解体、民族矛盾日益加深和西学的持续传入,追寻中国贫瘠落后和社会危机的深层原因,探索救亡图存、富国强兵之路,遂成为时代的文化课题。围绕此一主题,有识之士站在不同立场,展开了广泛而深刻的讨论。或主张全面向西方学习,“师夷长技以制夷”,以西学解释中学;或坚持“中学为体,西学为用”。在此文化时局下,一部分学者开始自觉地运用西学知识来解说《周易》。如前所言,严复曾用西方物理学、进化论、逻辑学解释《周易》乾坤之理。“然严复尚非易家也,不过为阐易道以欧学者之大辂椎轮而已。”②同理,章太炎、刘师培亦非易学专家,故其以西学论《易》的尝试仍是零碎而缺乏系统的。真正全面融通西学与易学者,莫过于杭辛斋。诚如钱基博所言:“至海宁杭辛斋出,精研《易》义,博及诸家传注……推而大之以至于无垠,而异军突起,足为易学辟一新途者焉。”③

① 陈居渊:《汉学更新运动研究——清代学术新论》,凤凰出版社 2013 年版,第 233 页。

② 钱基博:《周易解题及其读法》,上海书店 1991 年版,第 57 页。

③ 钱基博:《周易解题及其读法》,上海书店 1991 年版,第 57 ~ 58 页。

三

尽管清代易学有汉宋之争和中西之争，且因时代变迁而呈现纵横交错、此起彼伏、相互攻击的复杂局面，但擅长训诂考据的朴学易毕竟是清代易学研究的主流，也是清易的特色所在。宏观地讲，清代朴学易属于汉易，即以汉代易学为研究对象，注重象数与训诂，其主要内容是对汉易的梳理、解读和阐发。可相较汉易，清代朴学易又有其独特之处。刘师培比较汉清两代经学后指出，清人“治汉学者未必尽用汉儒之说，即用汉儒之说，亦未必用以治汉儒所治之书。是则所谓汉学者，不过用汉儒训故以说经，及用汉儒注书之条例以治群书耳”①。这一论断也适用于清代易学。究其根本，清代汉学易以求是、求古为宗旨，以文献事实为根据，运用训诂考据方法清算宋易象数学和整理、解释汉代易学成果而形成的辩伪学或称考据学。就文字训诂和象数方法而言，清易较之汉易，亦不无所推进发展。这一点，在焦循、俞樾等人的易学研究中表现得格外明显。因此，清代易学不能简单地视为与汉易等同。其特出贡献有二：一是纠正了易学解释脱离文本繁衍滋生及忽略训诂、偏重义理的倾向，重塑严谨笃实的学风，并运用考证方法检讨宋代以来流行的图书、先天之学，捍卫了《周易》文本的权威性和合法性，辨清易学源流，对探讨易学文本的形成和揭示其本意有着重大的学术意义；二是辑佚整理汉代易学文献，最大程度地再现了失传已久的汉代象数易学，使之得以承传延续，并以象数、训诂方法建立了一整套《周易》解释学范式。必须指出，立足文本，运用训诂考据

① 刘师培：《近代汉学变迁论》，《刘申叔先生遗书》第 49 册，宁武南氏 1936 年刊本。

和象数方法，是易学解释的重要环节和必由之路，也是易学研究者应当掌握的基本方法。可我们必须认识到，易学和经学研究绝不能盲目秉承汉学，亦须采纳宋学之长：既要精于象数训诂，又要开显义理。依此观之，乾嘉易学长于训诂、疏于义理，是一弊；拘执古义、乏于创新，又是一弊。梁启超先生曾用"功罪参半"评价乾嘉易学，不可谓不中肯："笃守家法，令所谓'汉学'者壁垒森固，旗帜鲜明，此其功也；胶固、盲从、褊狭、好排斥异己，以致启蒙时代之怀疑的精神、批评的态度，几夭阏焉，此其罪也。"①

以解释学的视野观之，乾嘉学者的易学解释方法类似于"独断型诠释学"，宋代义理易特别是心学易类似于"探究型诠释学"②。前者将文本意义视为绝对、惟一、不变的，其解释的目的是客观地重构、复制作者的意图，从而更好地接近、把握文本的意义。然而，固守和传承《周易》经传的本义固然重要，却绝非易学研究的终极目标。事实上，通过对《周易》文本的创造性诠释以赋予文本新的意义，深入开掘内中的圣人之意和天人之道，重新构建具有时代意义的的理论体系，乃是易学研究的题中之意。伽达默尔指出："每一时代都必须按照它自己的方式来理解历史流传下来的本文③，因为这本文是属于整个传统的一部分，而每一时代则是对这整个传统有一种实际的兴趣，并试图在这传统中理解自身。当某个本文对解释者产生兴趣时，该本文的真实意义并不依赖于作者及其最初的读者所表现的偶然性。至少这种意义不是完全从这里得到的。因为这种意义总是同时由解释者的历史处境所规定的，因而

① 梁启超撰，朱维铮导读：《清代学术概论》，上海古籍出版社1998年版，第33页。

② 洪汉鼎主编：《理解与解释——诠释学经典文选》，东方出版社2001年版，第14页。

③ 有的译本译作"文本"。

也是由整个客观的历史进程所规定的。”①理解和解释的意义在于创新,创新是文本与解释者视域融合的过程。在这个意义上讲,易学和经学的发展即对经典文本不断重释、不断创新的过程。历史上的每个易学体系都是迎合时代需求而形成的,它反映了那个时代的学者对易学的独特理解。其存在价值与合理性,就在于为易学发展提供了新的方法、思路和观点,并对当时的社会问题有所观照,或直接或间接地为这些问题的解决提供理论指导。扬州焦循在反思吴皖两派早期汉学的过程中,对此已有觉察:

> 近世考据之家,唯汉儒是师,宋元说经弃之如粪土,亦非也。自我而上溯之,汉古也,宋亦古也。自经而下衡之,宋后也,汉亦后也。唯自经论经,自汉论汉,自宋论宋,且自魏晋六朝论魏晋六朝,自李唐五代论李唐五代,自元论元,自明论明,抑且自郑论郑,自朱论朱。各得其意而以我之精神血气临之,斯可也。②

正因如此,我们绝不可轻易否定任何一种学说存在的价值。站在严格的考据学立场上审视,清代易学辨伪的确在一定程度上道破了实情:河图、洛书确属宋人吸纳汉易资源基础上的再造,先天之学更是邵雍的自家发明,二者皆与《周易》本义无涉。但从学术史的角度评价,是否拥有充足的经典文献依据与其学理价值的高低乃是两个完全不同的问题。即便宋易先天、图书之说属于“伪学”,

① [德]伽达默尔著,洪汉鼎译:《真理与方法——哲学解释学的基本特征》,上海译文出版社1999年版,第380页。

② [清]焦循:《里堂家训》卷下,《续修四库全书》第951册,上海古籍出版社2002年版。

也不应因此一概摈弃之。其实,问题的关键并不在于"图书"之真伪,而在于它折射出宋代易学研究的宏观问题意识。当以文字笺注为方法、追求本义为目标的汉唐经典解释学已然不能满足学术发展的需要而走向式微,以问题意识为核心、透过文本词句阐发圣人之意、期许希贤成圣的宋代理学便应运而生。此一学术转向,为经学研究注入了巨大活力,使之以新的形式发展、繁荣,故宋代绝非经学"积衰时代"之始,而是经学的创新时代。北宋刘牧和邵雍探赜索隐、揣摩圣贤,越出文字笺注形式的囿限而推出崭新的图书、先天之学,正是此一时期易学创新之先河。尽管其未必契合本意、证据充分、结论正确,但足以体现宋代易学家在新文化语境之下的不懈努力。这些清新直观、内涵数理的全新图式,不仅是对两汉象数易学的变相复活,更是对《周易》起源和圣人之意的艰深探索。我们不妨作如下设想:倘若恢复原义即易学研究的唯一目标,则其最终结果只能是承认"《周易》本为卜筮之书"。这样一来,不单图书之学是伪学,程颐、王弼甚至《易传》十篇,皆与《周易》的卜筮本旨相去甚远。那么,易学研究是否就只能在卜筮的层面上探讨字词含义?果真如此,则《周易》与其他术数之书又有何区别?它对中国文化之悠悠长河复有何价值可言?综上可知,对清代儒者的辨伪考据成果,我们既要予以充分重视,又不能盲目地以"伪说"的理由一概否认宋易象数学的独到价值,这才是平正公允的态度。

伽达默尔指出:"在构成我们的存在的过程中,偏见的作用要比判断的作用大。这是一种带有挑战性的阐述,因为我用这种阐述使一种积极的偏见概念恢复了它的合法地位……偏见并非必然是不正确的或错误的,并非不可避免地会歪曲真理。事实上,我们存在的历史性包含着从词义上所说的偏见,它为我们整个经验的

能力构造了最初的方向性。偏见就是我们对世界开放的倾向性。"①换言之,任何一种对于文本的理解和解释,都是一种合理趋向真理的偏见。无论汉学还是宋学,皆应作如是观。值得注意的是,清人的学术反思,已然对汉宋经学各自之偏见有所触及。例如,纪昀在《四库全书总目》中谈论汉宋经学时说:

> 夫汉学具有根柢,讲学者以浅陋轻之,不足以服汉儒也。宋学具有精微,读书者以空疏薄之,也不足以服宋儒也。消融门户之见而各取所长,则私心祛而公理出,公理出而经义明矣。盖经者,非他,即天下之公理而已。(《四库全书总目·经部总叙》)

清末民初的杭辛斋在精研汉宋易学的基础上,对二者之长短优劣进行了精辟概括:

> 自来言《易》者,不出乎汉宋二派,各有专长,亦皆有所蔽。汉学重名物,重训诂,一字一义,辨析异同,不惮参伍考订,以求其本之所自、意之所当,且尊家法,恪守师承,各守范围,不敢移易尺寸,严正精确,良足为说经之模范。然其蔽在墨守故训,取糟粕而遗其精华。……宋学正心诚意,重知行之合一,严理欲之大防,践履笃实,操行不苟,所谓"和顺于道德而理于义,穷理尽性以至于命"者,亦未始非羲经形而上学之极功。但承王弼扫象之遗风,只就经传之原文,以己意为揣测,其不可通者,不惮变更句读,移易经文,断言为错简脱误,此则非汉

① [德]伽达默尔著,夏镇平、宋建平译:《哲学解释学》,上海译文出版社2004年版,第8~9页。

学家所敢出者也。①

在此基础上,他对包括汉学、宋学在内的旧式经学研究予以否定:"乃三千年来易学晦塞,讲汉学者溺于训诂,宗宋学者空谈性理,视制器尚象之一道,以为形而下者,不屑深究。"②杭氏认为,面对当时的中国现实,易学家唯有"以世界之眼光观其象",并用西学改造易学进而赋予其全新意义,方能对救亡图存、富国强兵的时代课题作出积极回应。

学术总是时代的镜子。同宋代理学标榜超迈汉唐、回归孔孟一样,清代易学家去除宋学遮蔽、恢复《周易》本旨的最终成果,必定不是对经典原义的全盘照搬,而是将时代精神充分灌注其中的崭新创造。海德格尔指出:"把某某东西作为某某东西加以解释,这在本质上是通过先有、先见和先把握来起作用的。解释从来不是对先行给定的东西所作的无前提的把握。如果按照正确的本文解释的意义,解释的特殊具体化固然喜欢援引'有典可稽'(dasteht)的东西,然而最先的'有典可稽'的东西只不过是解释者的不言自明的无可争议的先入之见(Vormeinung)。任何解释工作之初都必然有这种先入之见,作为随着解释就已经'设定了的'东西是先行给定了的,这就是说,是在先有、先见和先把握中先行给定了的。"③正因解释者的"先见"或"前理解"千差万别,加之时代语境不断变化,无论学者声称其研究方法如何客观合理、思路如何正

① 〔清〕杭辛斋:《学易笔谈初集》卷一《汉宋学派异同》,《杭氏易学七种》,九州出版社 2005 年版,第 281 页。

② 〔清〕杭辛斋:《学易笔谈二集》卷一《制器尚象》,《杭氏易学七种》,九州出版社 2005 年版,第 475 页。

③ 〔德〕海德格尔:《理解和解释》,见洪汉鼎主编:《理解与解释——诠释学经典文选》,东方出版社 2001 年版,第 120 页。

确,甚至其结论看似与文本原意不差毫厘,也必定不会等同于经典本义。尽管清代学者坚信凭借训诂考据方法足以复制、再现文本固有的意义,其研究成果终究只是一家之言。即便如此,我们也不必攻讦挞伐。事实上,这正是中国传统学术一贯的诠释学进路,也是先秦儒学、汉唐经学、宋明理学、清代朴学各有其独到价值的原因所在。分而观之,一代自有一代之特胜处;统而言之,它们共同组成了慧命相续的中华文化长河。因而,今天的我们,唯有摒弃入主出奴的意气、多一些平和宽舒的从容,才能真正从汉宋之争的余音中走出。也唯有如此,传统文化才能跟随时代的脉动不断勃发新的生机,继而传衍不息、春意永在。

第一编
清初义理易学的盛行与式微

第一章　孙奇逢的“圣心之易”

孙奇逢(1585—1675),字启泰,号钟元,河北容城人,晚年南迁至河南辉县苏门山,定居夏峰村,故又号夏峰。孙奇逢一生经历坎坷,气节奇烈,学术醇正,名满一时,17 岁考中举人,但在以后的十余次会试中皆名落孙山。他虽不能由科举之路名正言顺地进入仕途,却又拒绝明清两朝前后十一次征聘。他关心国事,与东林党人结交,并在魏忠贤陷害左光斗、魏大中、周顺昌等人的过程中,千方百计加以营救。崇祯九年(1636)清兵进犯京畿地区时,他率众成功固守容城,后来又在五峰山结寨,抗战自保。清朝统治大局已定,他遂从河北南迁河南,在宋代大儒邵雍曾经隐居的苏门山研习经典、聚徒讲学,使北方学脉传承不断、儒家思想得以发扬。因其影响巨大,孙奇逢与西北李颙、东南黄宗羲并称为当时“三大儒”。

孙奇逢的传世著作有《读易大旨》《书经近指》《四书近指》《理学宗传》《中州人物考》《畿辅人物考》《夏峰先生集》《诸儒评》《孙征君文稿三种》《日谱》《游谱》等,张显清先生主编的《孙奇逢集》基本收全了孙氏流传至今的作品。孙奇逢的易学著作是《读易大旨》,该书目的不在于逐字逐句解释《周易》,而是立足《周易》古经、结合《易传》尤其是《大象》和《彖传》来体贴《周易》彖辞主旨,从人事的角度发明《周易》蕴含的深奥道理。因此,《读易大旨》言简意赅,表现出鲜明的义理易学特征。另外,在孙氏文集、语录及

《日谱》中，亦有零星易学论述。本章以《读易大旨》为核心，对孙奇逢的易学思想加以探讨。

一、专责人事而不废象数的易学诠释观

孙奇逢易学属于典型的义理易学。义理易学的根本特点，是以卦象和卦爻辞为基础去阐发《周易》蕴含的种种人事道理。如其所云："圣人作《易》，专责人事"①，即明确表达义理易学的诠释路向，这也决定了他注重在人事论域中阐发《周易》奥旨。但是，《周易》古经文本首先是卦象和具有强烈卜筮色彩的卦爻辞，如何从中阐发出丰富的人事义理呢？

孙奇逢采取了立足卦象阐释义理的方法。他首先分析了古经文本的结构特征：

> 先儒曰六十四卦、三百八十四爻通是一象，是也。盖圣人之意本欲以吉凶悔吝之理开天下，但无所依据假借，则此理无由著见，故伏羲之易假象以寓理，乃事理仿佛近似而可以想象者也，非造化之真体也。文王有彖以言其材，彖者，象之材也，乃卦之德也。周公有爻以效其动，爻者，象之变也，乃卦之趋时也。则吉凶由此而生，悔吝由此而著矣。……要皆据其象而已，故舍象不可以言《易》也，岂圣人作《易》前民用以教天下之心哉！（《读易大旨》卷三《系辞下传》）

① 〔清〕孙奇逢著，张显清主编：《孙奇逢集》上册，中州古籍出版社 2003 年版，第 138 页。下引《孙奇逢集》只注书名、卷数及篇名。标点有改动者，不另出注。

《周易》古经的基本结构是伏羲之卦象、文王之卦辞、周公之爻辞。其中，卦象并非“造化之真体”，但蕴含了种种道理，所以义理寓于卦象之中；卦辞说明了卦象之材，表现了卦象之德；爻辞表现了卦象的变动，象征了卦爻的时境。如此一来，结合卦象、卦辞和爻辞，就可以确定一个卦象所代表的时机、时况，这个时机、时况未必是历史或当下真实发生过的，却是“可以想象”的。它体现在学《易》者的生活视野中，就是一个典型的人事。因为某个人事必然是一个人际关系结构，所以此人际关系结构对于某人来说，就有或吉或凶、或悔或吝等种种态势，而学《易》者解释古经的关键，就是详细体会某个人事所具有的态势，站在儒家价值观立场上，阐发出人事所蕴含的道理。

当然，在把卦象解释为人事的过程中，还需要卦体、卦德、阴阳爻性、爻位之中、正、应等释《易》体例的帮助。由这些释《易》体例切入，继而考察卦爻辞的意蕴，卦象就能够被转换为具有代表性的人事。如孙奇逢释《萃》卦曰：

> “萃，亨”，“亨”字，人君之亨。下“亨”字，人臣之亨。五，刚、中、正，大人之象。二，柔、中、正，见大人之象。九四，不中、正，势邻于五，有权门私萃象，故“利贞”。神人两萃为骨体萃象，以尽保萃之道。在萃之时，只当从君，不论正应，四正应反为乱，易无典要也。爻言“引”，《象》言“变”，皆从四生。初应四而三比四，苟非二之“引”，几为四党矣。
>
> 六三，阴、柔，不中正之人也。四非正应，为四所弃，二以中正应五，又为二所不与，不获萃而嗟恨，无所利也。惟往而从上六，上六巽顺而受之，故无咎。
>
> 卦惟两刚，五为萃主，四不中正而迫近之，故云必得“大吉”，然后为“无咎”也，勉忠补过之意。

九五虽应有六二之贤，然上有佞臣，下有权臣，故天下不能无“匪孚”。“元”者，仁也，“永贞”只是成就个仁。

“涕洟”“无咎”，君子不罪其有过而取其悔过。凡外体艮者，五、上多吉，外体兑者，五、上多咎。刚在上则止，柔在上则佞也。(《读易大旨》卷二《萃》)

值《萃》之时，就六爻而言，九五阳爻为刚，处中又正，为“大人”、为君，众人汇聚当以九五为中心；六二阴爻为柔，处中又正，与九五相应，故为贤臣；九四不居中，阳爻处阴位为不正，且同比邻的九五阳爻一样能够吸引其他阴爻，有与九五之君争民的倾向，所以是权臣；初六与九四相应，倾向九四，并未意识到应汇聚在九五之君的周围；六三为阴为柔，不中不正，与九四相比，亦与九四相萃，但九四、初六相应而不顾六三，故六三只得与上六交往；上六为阴为柔，居于兑体之上，一味取悦于九五之君，所以是佞臣。由此可见，在释《易》体例的帮助下，卦爻象即被转化为君臣交往的人际关系结构，这就是一个典型的人事。详细探究此一人事，便可进一步阐发出儒者应当遵守的价值观。如批评九四权臣、上六佞臣，宣扬“只当从君”，主张九四“补过”、上六“悔过”等。如此一来，孙奇逢在把古经象辞转化为人事的基础上，宣扬了儒家的价值规范。

在这种易学诠释方法之下，《周易》六十四卦、三百八十四爻之象辞就成了一系列典型事件的汇编。学《易》之人仔细考索，发掘体悟内中道理，就能达到自我教育、提高人生境界、化客观之《易》而为我之《易》的目的，所以孙奇逢说：“虽云八卦之性情，实以直指人心之体。学者于此而真能领会，则八卦之性情不在八卦，而在我矣。”(《读易大旨》卷四《说卦传》)一言以蔽之，学者通过学习、诠释、体悟《周易》，即可达到与易道易理合一的理想状态。

据上所论，孙奇逢易学的诠释方法属于义理易学诠释方法，他

的易学论域也集中在人事之中。问题在于，孙奇逢是否反对图书象数之学呢？对此，四库馆臣言道：

> 奇逢说《易》不显攻图书，亦无一字及图书。大意发明义理，切近人事。以《象传》通一卦之旨，由一卦通六十四卦之义。凡所训释，先列己说而后附以旧训。其平生之学主于实用，故所言皆关法戒，有足取焉。(《四库全书总目》卷六《读易大旨》)

四库馆臣认为孙奇逢无一字论及河图、洛书，但严格说来，这一论断并不准确。事实上，《读易大旨》固然没有把《周易》化为星图、奕谱之类，亦未录入河图洛书、先天诸图并详加论述，但通观该书可知，孙奇逢其实是赞成河图洛书、先天之学的。其《说卦传》“帝出乎震”一节注云：

> 此文王圆图，以“帝”字为主。上节乾坤分立，此揭帝者，以乾统坤也。……此章首震，即行夏之时，造化之妙最不易言，自“出”至“成”，创设虚象，形容实化，借喻奇险，寄意真切，就方位见时令，就时令见物化，就物化见真宰。“出”也，“齐”也，“相见”也，“致役”也，“说”也，“战”也，“劳”也，“成”也，皆帝也。此因文王圆图“帝出乎震”八句，孔子解之。虽八卦震、巽、离、坤、兑、乾、坎、艮之序，实春、夏、秋、冬五行循环流行之序也。(《读易大旨》卷四《说卦传》)

这是继承邵雍易学，视“帝出乎震”一节本于《文王八卦方位图》即《文王圆图》。孙奇逢还认为，此图同时蕴含着方位、时令、物化和真宰四层含义，这是他对《文王圆图》的进一步发挥。在注释“雷以

动之，风以散之，雨以润之，日以烜之，艮以止之，兑以说之，乾以君之，坤以藏之”一节时，孙奇逢认为《说卦传》是在描述“伏羲八卦相错，生物成物之功”，并且接受了明人来知德的说法：“来矣鲜云‘天地定位’‘雷以动之’二章，言伏羲圆图之对待。”（《读易大旨》卷四《说卦传》）这又表现出孙奇逢接受了《先天八卦方位图》亦即《伏羲圆图》的观念。

事实上，孙奇逢不但接受了先天学，也认肯河图、洛书。他在阐释《系辞上传》第八章时说道：

> 此章言天地筮卦之数而赞其为神也。首节主天五地十，统生、成二天。象先无极，数尚未有图、书、八卦，图、书是象后有极，自相表里。“天数”至“鬼神”，图之里，兼神、易而里之，成象之道也。“大衍”至“成卦”，书之表，兼神、易而表之，效法之道也。“小成”至“能事”，合图、书而作《易》，通于成文定象。“显道神德行”节，合图、书而体易，通于参两倚数。书数五、十非突出，根图象五、十，转根天五地十耳。图、书，五统先天八卦，十统后天八卦，中虚神极之象，则二天之主也。论神于象先，妙无方而绝名迹，论神于象后，寄虚中而制无穷。神者，理而已，与鬼神不同。鬼神分阴阳，神专太极。阴阳非神理，则堕幻气入异端矣。（《读易大旨》卷三《系辞上传》）

天地之前唯有“无极而太极”之理，尚未有河图、洛书和八卦，在天地之象有形世界产生以后，则先有河图、洛书，且河图、洛书自相表里、相辅相成。五十五数河图为“里”，蕴含神理与易道，象征天地“成象之道”，四十五数洛书为“表”，表现神理与易道，象征天地“效法之道”。一方面，河图、洛书是圣人作《易》的根据之一，表征由“象先”之理到“象后”之形的过程。另一方面，结合河图、洛书来

体悟《周易》，探究其中的易道易理，则又表现着从“象后”之形到“象先”之理的过程；再就河图、洛书之数而言，“中五”属“生数”，象征先天，“统先天八卦”，“中十”属“成数”，象征后天，“统后天八卦”。河图、洛书“中虚”之象则象征神理，神理是先天、后天之主宰。显见，在孙奇逢的视野中，河图、洛书一则象征从形上之神理到形下之形象的过程，一则是圣人作《易》的思想资源之一，同时还统摄着先天八卦和后天八卦。其图书学无疑包含着深刻的宇宙论思考，怎能说“无一字及图书”呢？

由是观之，孙奇逢虽然没有在《读易大旨》中画出河图、洛书、先天图、后天图等易图，也没有像象数学家那样专门建构图书象数之学，但他的确赞同图书象数之学。在《兼山堂答问易》中，孙奇逢在简单介绍了河图、洛书、伏羲八卦图、文王八卦图、周子太极图以及《周易》卦序与先天图的联系之后说道：“一披图而天地万物之情见焉，诸大圣人拟议变化之妙灿焉。谓图不足尽《易》之蕴，而必待于赞说，恐说愈烦而《易》愈晦矣。孔子赞而又赞，犹曰：‘书不尽言，言不尽意’，盖其蕴原非言之所能尽也。”（《读易大旨》卷五《兼山堂答问易》）毫无疑问，在孙奇逢看来，易图表现着天地万物的变化之情，河图、洛书的地位更是举足轻重。

二、“易理浑融于心”的学《易》观

《易传》作者不仅表达了圣人“幽赞于神明而生蓍，参天两地而倚数，观变于阴阳而立卦，发挥于刚柔而生爻”的作《易》观以及“《易》与天地准，故能弥纶天地之道”的易道观，还明确提出了“君子居则观其象而玩其辞，动则观其变而玩其占。是以自天祐之，吉无不利”的学《易》观。作《易》观和易道观凸显了《易》与天道的一致性，学《易》观则强调通过学习《易》之象辞变占以体

悟天道，最终达致天人合一之境。孙奇逢在继承这些思想的前提下，进一步突出了《周易》天人合一的哲学意蕴，并力图探索达致天人合一的方法。他认为，学《易》的目的在于令天道天理在一己生命中呈现，而天道天理的呈现又在于“易理浑融于心”（《读易大旨》卷三《系辞上传》）。“易理浑融于心”的理想结果，就是“圣心之易”。圣心之易既是圣人之心，亦包蕴易道易理。它一方面是贯通天道天理和人之生命的关键，另一方面则贯通了本然的易道易理与《周易》之书。所以学《易》之关键，即在于探究、阐发和体证圣心之易。

圣心之易来源于孙奇逢对“易”的深层思考。他认为，“易”应从“造化本来之易”“圣心之易”“《易》书之易”“咸用之易”四个层面来理解。其中，“造化本来之易”是本然的天道天理，“盖未画《易》之前一部《易经》已列于两间”（《读易大旨》卷三《系辞上传》），这“列于两间”的《易经》就是天道天理。天道天理本具乾坤、贵贱、刚柔、吉凶、变化等特征，“无思无为，能寂能感，神、易合一，在图书、卦爻先”（《读易大旨》卷三《系辞上传》），它是《易经》的本原，“圣人之《易》不过模写其象数而已，非有心安排也”（《读易大旨》卷三《系辞上传》）。“《易》书之易”是圣人体贴天道天理、模写天地象数而作的《易经》。“咸用之易”则是《易经》在社会中的大用，即“通天下之志”“开物成务”，通过儒者来完成社会中的功业。造化本来之易与《易》书之易、咸用之易的关系，就是易之本原、文本和功用的关系。

需要特别强调的是“圣心之易”。孙奇逢说：“至精、至变、至神，是圣心之易。……有本来之易，然后有圣心之易，有《易》书之易，有咸用之易，井井条条，一以贯之。”（《读易大旨》卷三《系辞上传》）这是以“至精”“至变”“至神”为“圣心之易”。“至精”“至变”“至神”出自《易传》，原本形容易道易理洁净精微、变化无穷、神妙

莫测的特征，但孙奇逢认为，它们反映了“圣心之易”的内涵：“易道虽本之天地，而实具于圣人之一心，以圣人之心具有天地之全体也。”（《读易大旨》卷三《系辞上传》）为何“圣人之心具有天地之全体”呢？这是因为圣人心中具有天道天理：

> 用易之人统体是易，则圣人即蓍、卦、六爻矣。凡吉凶之机，兆端已发，将至而未至者，曰来。吉凶之理，见在于此，一定而可知者，曰往。知来者，先知也。藏往者，了然蕴蓄于胸中也。来者不知，由往者未得了然蕴蓄于胸中也。气运之盛衰废兴，人事之得失休咎，往事昭然，来者可鉴。夫子曰百世可知，正所以验往也，藏往、知来非二事，用神而不用蓍，用智而不用卦，无卜筮而知吉凶……此圣人之心易，乃作《易》之本。（《读易大旨》卷三《系辞上传》）

圣人因乎“藏往”而能“知来”，“知来”“藏往”的根本原因则在于事物之理了然于胸。圣人把握了事物变化发展之理，自然能知晓国家社会的盛衰废兴与人事之得失休咎，面对新的情况便能“先知”。而把握事物变化发展之理，则须“用神”“用智”而非“用蓍”“用卦”，即超越卜筮而究心神理、用智处世。孙奇逢认为，这一过程就是“洗心”：“洗心非以蓍、卦、爻洗心，却以神、智、易洗心，而其所以洗心者，只是无思之极，若以易理洗涤然者尔。”（《读易大旨》卷三《系辞上传》）“以易理洗涤”就是学习易理，“洗心”的过程就是通过学习《周易》来穷究天道天理的过程，“洗心”的结果就是“圣人之心易”的境界。质言之，孙奇逢的“圣心之易”，其实就是儒者通过学习《周易》蕴含的事物之理，达到天道天理蕴于胸中的境界。在此境界下，天道人心合而为一，圣人之心即天道天理，圣人之心发而为书，也就是《易》书之易，圣人之心成为大易的一个层面，成

为造化本来之易呈现为《易》书之易的关键桥梁,因而在易学的视域中,圣人之心也可称为圣心之易。

孙奇逢提出“圣心之易”,主要的目的是使“易理浑融于心”,达到天人合一、心易合一的境界。他说:“圣人善学天地,全在于《易》。求易于《易》,何者是《易》? 求易于心,无之非易。心之所在即性之所成,而圣人第以存存而不已者。浚心易之源,则道义皆从此出,而德以之崇,业以之广。”(《读易大旨》卷三《系辞上传》)学《易》最终归结为求易于心,此心就是圣人之本心,也就是圣心之易。它是道义的来源、德业的基础。在结合本心的前提下学习《易经》所蕴含的种种道理,客观的卦象必然变化成为我之卦象:“虽云八卦之性情,实以直指人心之体。学者于此而真能领会,则八卦之性情不在八卦,而在我矣。”(《读易大旨》卷四《说卦传》)

总之,依孙奇逢之见,《易经》的本原是天道天理,天道天理在人生命之中的呈现就是“圣心之易”。在“圣心之易”的境界中,天人合一、心易合一。儒者学《易》,应当在体察到天道天理、圣人之心、《周易》之书三者同一的情况下,以神、智、易“洗心”,践履德业,从而不断接近天人合一的境界。这种天人合一的境界,正是孙奇逢易学的终极价值关怀。以一心穷究易理而浑融为一,则是学习易学的关键之处。

三、贯通天人的儒者修身观

孙奇逢是正统的儒者。他在国家危亡之际讲学不息,使北方学脉得以传承。其讲学内容不单涉及对国家现实的思考,也对儒者的生存方式进行追问。他的生活,即对其道德信念的积极履行。《读易大旨》一书曾对儒者修身进行了多方阐发,主要包括“君子体道,继善成性”“贞于天理,易知简能”“自然境界,无思无虑”三个

部分。其中,“君子体道,继善成性”阐明了天人相贯的理论结构,“贞于天理,易知简能”说明了道德践履的具体原则,“自然境界,无思无虑”则表明了儒者修身的崇高境界。

1. 君子体道,继善成性

儒者精神信仰的核心是天道,存在的意义就是在当下的生命中呈现天道。《周易》是天人之书,《易传》“一阴一阳之谓道,继之者善也,成之者性也”一语曾对天道内涵和人性本原予以简约而精确的表达。孙奇逢完全继承了这一思想,并结合《诗经·周颂·维天之命》“维天之命,於穆不已。於乎不显,文王之德之纯”的天命观念诠释之:

> “继之者善”,是天之所以为天,“於穆不已”者,谓此纯粹之善也。“成之者性”,是人之所以成人,“纯亦不已”者,谓此天命之性也。此天人合一之源。孟子道“性善”,正从此看出。夫曰善曰性,莫非道也。(《读易大旨》卷三《系辞上传》)

孙奇逢认为,“继之者善”是论天道本体。天道本体流行不息、大生广生,故至善无恶;“成之者性”是论天人之际。天人相贯处在天而言为命,在人而言为性,所以人性的本质是天命之性,从本原上说也是纯粹至善的,此即孟子言“性善”之根本原因。这就意味着,儒者应以体证天道、继善成性为要务。

天地之道一阴一阳、生生不息,万物皆依凭天道生生而得生长繁荣。在中国传统文化中,这种天地万物共同生生的境界被称为“仁”。因而,体证天道也就是“体仁”:

> 天地之道,生生之道也,生生之谓易,易即仁,仁乃生生,生生不已而形象分,则阴阳之体已立,乃所以为富有也,生生

> 不已而占事在，则阴阳之用以行，乃所以为日新也，如此生生不已，而一阴一阳之妙莫测所在，是之谓神，此君子体道之功。（《读易大旨》卷三《系辞上传》）

生生、仁、神，乃天道的不同称谓。体道就是体证生生、体证仁、体证神。仁之要义，即在于爱人、与人同体："《同人》，与人同也。体仁者，浑然与人同体者也。卦惟一柔，得位得中，以应乎《乾》，心与天通，善与人同，然后能以一心通万心，通天下为一心而于野，其同若昵比近私，则一膜之内自隔藩篱，此身亦眇乎小矣，人孰与我？张子曰不能与人同，未足为正也。天下之心，天下之志，自是一物，何常有如此间别？"（《读易大旨》卷一《同人》）仁者没有自私隔膜，浑然与物同体，在当下的生命中呈现天道大生广生的德能，所以仁就成了孙奇逢大力宣扬的价值观念。这一思想，显然与程明道的"识仁"说渊源颇深。

2. 贞于天理，易知简能

体道体仁、继善成性偏重于说明天人相贯的理论结构，可现实生活中的道德践履如何展开，仍需进一步具体化。对此问题，孙奇逢在《读易大旨》中主要发挥了"贞"和"易知简能"的观念。

在易学哲学中，乾之四德"元""亨""利""贞"中的"贞"，其主要涵义是"正"，即万物各得其正。孙奇逢继承了这一观念，如云："圣人一部《易经》皆利于正，故吉凶者以贞而胜，不论其吉凶也。"（《读易大旨》卷三《系辞下传》）"非礼勿履，是自处以正，乃所以为大壮，《大壮》以贞作主。"（《读易大旨》卷二《大壮》）在此基础上，他又把"贞"释为天道之必然："贞者，天之道，民之心也。"（《读易大旨》卷二《兑》）如何贞，如何正呢？孙奇逢说：

> 一身之动，主之者贞，而胜道亦在贞。不问德之为刚为

柔，惟贞以立本，则得不易之道而吉，否则凶。贞以趋时，则得常易不易之道而吉，否则凶。总之常胜之道归于贞耳。贞非执一不变者，神理所主中焉而已。体不易者如天地日月之立本，配先天也；用常易者，如天地日月之趋时，配后天也。然总归不易之理，非贞而何？（《读易大旨》卷三《系辞下传》）

达到贞的标准，就是神理主中，也就是不问吉凶依照天理而行。“曰止，曰光明，曰位，都着理上看，心一于理，乃是真正当止之时，静而守之，则不失正之道也。”（《读易大旨》卷二《艮》）“不失正”，就是“心一于理”。这样一来，孙奇逢在以天道之必然释“贞”的同时，又将其具体化为依据天理而行，即“随时随处体认天理”（《夏峰先生集补遗》卷上）。而天理主要指传统社会中的价值和行为规范，这就使儒者有了切实可循的规范和方法。

贞是天道之必然，天道即乾坤之道，“乾以易知，坤以简能”，所以贞于天道天理，势必要效法乾之易知、坤之简能。“天下之动虽千端万绪，惟贞自一。一者，何？即乾坤之易、简也。乾惟贞，故确然示人易；坤惟贞，故隤然示人简。圣人作《易》，使不效象乎此，则圣人之《易》与天地不相似矣。”（《读易大旨》卷三《系辞下传》）圣人法天地之道作《易》，关键就是要阐发乾坤之易知、简能，并使人效法。孙奇逢说：

乾惟知大始，是“乾以易知”矣，坤惟能成物，是“坤以简能”矣。人之所知，如乾之易，人之所能，如坤之简，则是所知所能者，皆性分之所固有，职分之所当为，岂不易知？岂不易从？……《易》之理一也，知、能取譬一身两用。共成一身，明其为一也。乾坤一体，人不能信，取譬两用合一，亲切易晓。开发仁人一体天下之量，以生理得成位之意。知乃身之精明

灵爽，能则身之才力强干，见有理一分殊、各就条理、各得其所之妙用，成位其中，上下与天地同流也。圣学全功止此，此全经之总领也。（《读易大旨》卷三《系辞上传》）

乾坤之易知、简能，主要是从造化生生之德的角度而言的。乾之知“始物”而易，坤之能“成物”而简，天人相贯，故人亦有知有能。“知”是主宰身体的“精明灵爽”，即精神、意识，“能”是身体所拥有的“才力强干”，即才干、体力。乾坤之知能表现出易简的特征，人效法乾坤之易简发挥知能的作用则有“理一分殊”“各就条理”“各得其所”的妙用。这种“理一分殊”“各就条理”“各得其所”的状态，其实就是天理流行的状态，是人贞于天理的必然结果。换言之，依孙奇逢的理解，贞与易知、简能本质相通，皆儒者依据天理而行的必然要求。

3. 自然境界，无思无虑

儒者生命的价值本体是天道，儒者生存的意义在于天道在生命中的呈现，天道在生命中的呈现使儒者的生命和生活表现出易、简的特征，使自然和社会表现出“各就条理”“各得其所”的状态，而个人的生命、生活，以及自然和社会之所以能够表现出上述特征，又是因为天道之大生广生本来自然而然、无所营虑，人类体证天道必然也是自然而然、无所营虑、易知简能的。因此，在孙奇逢的修养观念中，如果儒者体道、体仁，继善成性，贞于天理，易知简能，就必然在生命、生活中呈现无思无虑的自由境界：

尝思之，道在自然，无容思虑。即造化物理之屈伸，皆有自然，亦无容思虑。至精义利用，此当用之思虑，非憧憧之思虑也。所谓由思虑之不可无者，以还于无可思虑之天也。此圣学也。……憧憧者，不能顺其自往自来之道，而过思过虑

也。如来而思迎之，便成意、必矣，往而思留之，便成固、我矣。可谓贞乎？自在物言，同以太极为归，特所出之途殊耳。途之殊固无害于归之同也。自在心言，一以心极为致，特所出之虑百耳，虑之百固无害乎致之一也。处一可贞百度，玄同可驭万殊。何以思虑为哉？全经要语也。（《读易大旨》卷三《系辞下传》）

万物之屈伸有其不容思虑、自然而然的发展倾向。于人而言，生存固然需要“利用”、需要思虑，但这种思虑应当遵循天理，而非“过思过虑”。“过思过虑”总是违背天理，试图违反事物的自然发展倾向以成全一己之私，所以是意、必、固、我的表现。相反，依照天理的思虑虽然也是思虑，但私意已然消尽，体现着无思无虑的自由。这种自由境界，就是理学家推崇的“孔颜乐处”：“君子所以饮食晏乐者，身安无所营为，心愉无所谋虑，此蔬水箪瓢之趣味，宁直日用饮食之微，为人之所必需哉！”（《读易大旨》卷一《需》）日用饮食本是常事，但在天理流行的境界中，人身安心愉，充满了同于天道的自由之乐。需要指出的是，达到无思无虑境界的关键在于消解私意：“道不远人，以私意行之故失，去其私意，则道在我矣。”（《读易大旨》卷一《讼》）“去其私意”，就是在日常生活中依照儒家价值规范行事，“如父子、君臣、夫妇、朋友、长幼，接乎其身者甚殊也，然父子有亲之理，君臣有义之理，夫妇、朋友、长幼有序、别、信之理，吾惟尽其理而已，外何庸心焉？”（《读易大旨》卷三《系辞下传》）父子、君臣、夫妇、朋友、长幼之间的规范，就是天理。究其根本，孙奇逢修养论中的体证天道天理，就是要在日常生活中完全遵照传统社会的道德规范。在这种道德践履中，儒者得以从小我中解放出来，同于天道天理，从而感到一种莫大的自由和快乐。显然，从“君子体道，继善成性”，到“贞于天理，易知简能”，再到“自然境界，无思

无虑”，不但表现出天人相贯的理论架构，也表现出修养理论落实在生活之中的一种自由之乐。

四、理学、心学兼容并包的学术观

理学和心学是宋明儒学的两大思潮。前者由二程兄弟奠基、南宋朱子集大成，后者起自南宋陆九渊、发展于明代王阳明。宋代以来，尽管两派之间的往复辩难、相互攻讦从未止息，但试图融通调和二者的思想家亦不乏其人。观《读易大旨》可见，孙奇逢对理学、心学即持有一种兼容并包的学术态度。

在本体论层面上，孙奇逢承认“理”是天地人物的终极根基：“凡益之道，非理本无而强增益之也，乃理之当其可而后增益也。如曰‘日进无疆’者，以人事当然之理而益也，曰‘其益无方’者，以造化自然之理而益也。理之所在，当益而益。”(《读易大旨》卷二《益》)无论是对人事还是万物，增益的标准都是“理”。“学以圣人为归，无论在上在下，一衷于理而已矣。理者，乾之元也，天之命也，人之性也”(《理学宗传·叙一》)、“圣学本天”①、“天者，理也”(《日谱》卷二十二)等表述，更是其理本论思想的明证。同样，他也继承了朱子理学的太极观：

> 太极者，极至之理也。(《夏峰先生集》卷十三《语录》)
>
> 道、器不相离，如有天地就有太极之理在里面，如有人身此躯体就有五性之理藏于此躯体之中，所以孔子分形上形下，不离形字也。(《读易大旨》卷三《系辞上传》)

---

① 〔清〕孙奇逢著，朱茂汉点校：《夏峰先生集》卷四《道一录序》，中华书局2004年版，第137页。下引《夏峰先生集》只注书名、卷数及篇名。

> 天地间凡万物之生成变化，总八卦之所为也。八卦之性情各异，故所生之物自各从其类也。……神也者，妙万物而为言，八卦之神不可见，而万物其象也。任举一物焉，莫非八卦所变现而出。八卦，一阴阳也。阴阳，一太极也。一物各具一太极，万物统体一太极。太极本无极，易道之所以无穷也。（《读易大旨》卷四《说卦传》）

显见，孙奇逢所论太极、道器诸义皆本于朱熹。“一物各具一太极，万物统体一太极”一语，更是出自《朱子语类》。然而，孙奇逢又对心学思想有所吸纳。如云：“吾心即天地万物，就是博文；天地万物即吾心，就是约礼。”（《读易大旨》卷五《兼山堂答问易》）这无疑是受到了陆九渊所言“宇宙便是吾心，吾心即是宇宙”①的影响。再如：“圣人见盈天地之间，理总是吾心之理，于是近取诸身，会作一个，分作千万个。”（《读易大旨》卷三《系辞下传》）此间“理总是吾心之理”的论断似乎又主张天理不外于心，即阳明所谓“心外无理”。诸如此类，确实在一定程度上表现出心本论的倾向。

需要说明的是，在孙奇逢的思想中，二者看似矛盾，实则不然。原因在于，孙奇逢一面认肯理为宇宙本体，一面将“心”界定为同于圣贤、达于天地人物一体大全的心：“心，一物耳。圣贤言心，须合天下、国家、身、心、意、知、物而一贯之，才是心之全谱。故一尽心，而知性知天，无余事矣。”（《日谱》卷三十四）在心与物、心与理彻然贯通、相即不离的意义上，心自然“便是宇宙”，理自然“总是吾心之理”。不过，孙奇逢固然吸收了陆王心学的部分思想，对心的意义予以突出，但在总体上还是更为倾向程朱理学。这一点，从其

① 〔宋〕陆九渊著，钟哲点校：《陆九渊集》卷三十六《年谱》，中华书局1980年版，第483页。

“中孚者,信诸心也。信诸心者,信诸理也。有见于理而信之,乃所以信诸心也”“理也者,天也,心之所以为心也”(《读易大旨》卷二《中孚》)等强调理为心之本质的表述中不难获知。

就功夫论而言,孙奇逢一面有取陆九渊的“发明本心”,主张挺立人的道德主体性,一面又延续程朱理学传统,注重“格物穷理”。《读易大旨》论“发明本心”处,兹具数例:

> 初六,比之始也。天下万事惟初心为正,初心渝矣,人谁与我?惟本初心一念,充之中诚,无他终其有他吉乎!(《读易大旨》卷一《比》)
>
> “六二,直方”。直者,不曲而已。方者,如物之方,不可转移而已。曰直曰方,皆形容道心之言,非有二理也。此道甚大,乃人心之所自有,不假修习而得。《象辞》以动为言,惟动乃验其实于应酬万变,而未尝不直不方者,地道之光如此,人道之光如此。(《读易大旨》卷一《坤》)
>
> 圣人善学天地,全在于《易》。求易于《易》,何者是《易》?求易于心,无之非易。心之所在即性之所成,而圣人第以存存而不已者。浚心易之源,则道义皆从此出,而德以之崇,业以之广。(《读易大旨》卷三《系辞上传》)

此间强调“初心一念”、强调“此道甚大,乃人心之所自有,不加修习而得”、强调“心之所在即性之所成”,立足点皆在于人之本心。儒者修养,即要扩充、发明此一本心。心体至善无恶,故发用之初心必“为正”;心体原本具足,故“不假修习”;心乃天之所命,故“心之所在即性之所成”。凡此种种,皆与陆王心学颇有渊源。

另一方面,孙奇逢对“学易”的诠释又明显继承了程朱理学的“格物穷理”工夫。《兼山堂答问易》载有如下问答:

问：人心有知，一天德良知，有能，一天德良能，其寂其感，一天之寂感也。《易》赞卜筮云“前民用”而极于神，夫人自致其心之神明而可矣，奚外假哉？

曰：此正自克之尽而无己之至也。盖人生有身则有心，有心则有知，知多自私，不学以致之，则昏。即其致之，守己者固，从人者轻，于天盖梦梦然。非自克之尽，未有能自致者也。夫《易》有天之天，有天之人，有人之天，有人之人，此四象之象，不可不察也。圣人知天之天，立象系辞，裁变定占焉，著之《易》以明民；知人之天，俾观象玩辞，观变玩占焉，学夫《易》以达天，虽其自筮，必湛其斋，必肃其戒，虽有明圣之心，毋敢自遂，必进受命而断其志焉，诚惧乎天之人萌其中，而人之天汩如也，无己之尽也。况于中人有蔽之心，人而人尔，危莫危焉，其内恒险，其外多阻，忧患之来不可为量数，而往往徇见知，自蔽执已，是自固也，物之则未格，人之天未定，天之天未至，即欲致知，何自而致之？（《读易大旨》卷五《兼山堂答问易》）

这里的发问，显然代表了部分阳明后学的识见，即主张心体良知当下呈现便能“自致其心之神明”，无需外求天理而“极于神”。孙奇逢则认为，心体良知之即寂即感只能存在于工夫的尽头，绝不是工夫本身。在修养过程中，儒者还是需要“自克”，需要格物致知。这是因为，现实人生往往“知多自私”，不学“则昏”，儒者必须用工夫克尽私意、体证天理，才能让本心朗显，达致天人合一。以易学论之，则是“天之天”“天之人”“人之天”“人之人”四象。其中，“天之天”纯乎天道。圣人知天之天，发而为书便是《易》；“人之天”即人之天性，它决定了儒者通过学习《周易》和德性涵养可以体证天道；

"天之人"和"人之人"则属于意、必、固、我等私意。若无危惧之心、无自克之功、未曾格物致知，则天之人、人之人势必如故，人之天又如何显发挺立？天之天又如何呈现流行？因此，学者务须穷究物理。具体到学《易》上，即要研习六十四卦、三百八十四爻所蕴含的道理。"盖六十四卦三百八十四爻，皆理之所在也。圣人以是理穷之于心，则识见超迈，日进于高明，而其知也；崇循是理而行，则功夫敦笃，日就于平实，而其礼也。……《易》是个甚？只是尽天理便是易也。"（《读易大旨》卷三《系辞上传》）应当承认，孙奇逢对"格物穷理"的重视，对革正心学末流一味向内求证、忽视经典研习的蹈空涉虚之弊不无积极意义。

综上可见，孙奇逢对理学、心学持有兼容并包的态度。他在《道一录序》中写道："道原于天，故圣学本天。本天者愈异而愈同，不本天者愈同而愈异。……道之一，正于至不一处见一，所谓殊途而同归，一致而百虑耳。"（《夏峰先生集》卷四《道一录序》）在孙奇逢看来，理学、心学的具体内容虽不尽相同，但其学理基础乃一本于天。因此，二者互补必定会对天人合一境界的达成有所益助。孙奇逢对理学、心学兼容并包的学术态度，正是这一认知的必然推论。

结　语

孙奇逢是明末清初的大儒。他安贫乐道，勤于著述，讲学不息，在当时具有很大的影响。其儒学思想被概括为"以慎独为宗，体认天理为要，以日用伦常为实际"（《夏峰先生集·夏峰先生本传》）。其中，"慎独"具有较强的心学色彩，"体认天理"具有明显的理学意味，"以日用伦常为实际"又表现出某些实学思潮的时代特征。这一精到总结，充分说明了孙奇逢在儒学史中的地位和意

义。他不仅调和理学与心学，推动了儒学的进一步发展，也为明清实学的发生发展贡献了力量。

大体而言，孙奇逢易学的意义有如下三端：其一，他主要继承了程颐易学的义理诠释方法，同时又受到朱熹重视图书、先天之学的影响，既善言人事，又不废象数。这种易学诠释观在一定程度上影响了清代大儒胡煦和李光地。在清代易学史上，胡、李二人占有极其重要的地位，前者贯通了图书学、先天学和《周易》文本，后者则是清代官方易学的重要代表。孙奇逢于二人之前既论人事义理，又论图书、先天，并试图结合二者，可谓早具慧眼。其二，孙奇逢易学的重要特色在于“圣心之易”的提法。在对圣心之易的阐述中，他把心置于易之本源、易之文本、易之发用的序列中加以思考，认为圣人之心与天道天理贯通为一，发而为《易》书，行而成德业。这一思想，使得孙奇逢易学表现出一定的心学易色彩。其三，《读易大旨》通求一卦总旨，呈现卦爻时境，进而彰显出儒者值此时境下的当行之道。由于孙奇逢生逢乱世，希冀以讲学传承文化、拯救人心，故该书儒家价值观主题鲜明，教化世人的目的很强，这也是其易学的社会文化意义所在。

第二章　刁包“酌朱合程”之易学

刁包（1603—1669），字蒙吉，号用六居士，直隶祁州（今河北省安国市）人。明天启七年（1627）举人，后见天下将乱，遂弃举子业，家居教授，以学道自任。李自成军进攻州城，刁包散家财纠众固守，城得不破。后来李自成欲授其官职，刁包誓死拒之。刁包入清终身不仕。刁包至孝，父卒而“三日勺水不入口”，“须发尽白，杖而后起”，①居母忧，尽以哀毁卒，门人私谥文孝先生。刁包生平为学以明道为主，喜读高攀龙书，诸经尤深于《易》《春秋》。刁包著有《易酌》十四卷、《四书翼注》十六卷、《辨道录》八卷、《潜室劄记》二卷、《斯文正统》十二卷、《用六集》十二卷。

刁包易学宗程朱，推崇“四圣二贤之《易》”。“四圣”即伏羲、文王、周公、孔子，“二贤”即程颐、朱熹。于此可见他对程朱易学的高度推崇，其《易酌》一书虽斟酌诸家，但实以程朱为首。刁包还提出心、身、易合一之观念，强调人心、人身与易道的一致性，主张儒者应当学习易道易理以修养身心。以下分别论述。

---

① 徐世昌等编纂，沈芝盈、梁运华点校：《清儒学案》卷十五《用六学案》，中华书局2008年版，第696页。下引《清儒学案》只注书名、卷数及篇名。

一、崇尚“四圣二贤”的易学史观

传统易学的主流观点认为,《周易》经传成书,历经伏羲画卦、文王作卦辞、周公作爻辞、孔子作十翼方才完备。刁包接受了这一观点:

> 《易》何昉乎?自庖羲一画始也,而康节教学者直溯诸未画以前。夫画前之易,生天生地生人者也。举天地不能出其范围,而易于是乎见矣。学画前之《易》,即心见《易》,学画后之《易》,即《易》见心。故曰“《易》,心画也”。由一画而加之,至三百八十有四,交易变易,妙有权衡,故用“酌”,或仰酌诸天,或俯酌诸地,或中酌诸人,变化生心,万理具备,聊以待夫神而明之者,而未获一遇也。越数千载,文王作于前,周公继于后,一则酌羲之画合而为彖,有彖下之辞,一则酌羲之画分而为爻,有爻下之辞,读其辞离奇奥衍,非上智茫不得其解,洁净精微之教难言矣。越数百载,天纵孔子而假之年,画酌羲,彖酌文,爻酌周公,用成十翼,《易》由此为古今完书,开五经之祖,标四书之宗,神灵呵护,虽秦火不能焚也。①

画前之《易》实为天地之道,画后之《易》则指《周易》一书,从画前之《易》到画后之《易》的关键转折在于伏羲画卦。伏羲画卦是“即心见《易》”的过程,亦即仰观俯察天地之道,心通于理,继而发为卦画的过程。伏羲画卦之后,文王观卦画之合而创作卦辞,周公观卦

① 〔清〕刁包:《易酌·原序》,《文渊阁四库全书》第39册,台湾商务印书馆1986年版。下引该书只注卷数、篇名。

画之分而创作爻辞，孔子又在卦画、卦辞、爻辞的基础上创作“十翼”。卦画、卦辞、爻辞、十翼，构成了完备的《周易》。此一“四圣之《易》”说，明显是对传统易学思想的继承。

同时，刁包还对程颐和朱熹易学给予了高度评价。他称许二人继承了“四圣之《易》”的真意，可称“二贤之《易》”。他说：

> 越千四百载，得伊川程子，其人以周元公为师，《太极图》《通书》既有以酌其源流，以明道为兄，家庭间讲习讨论又有以酌其体用，行年七十有三，尚冀少进，不轻以其书示人，竭终身之力破除术数小技，归乎纲常名教，洗涤注疏陋说，征乎日用行习，原本孔翼发挥之圣之蕴，以教天下来世于无穷，一人而已。虽然，作者固难，知者亦未易。孔子而后唯伊川为能作是书，唯考亭为能明是书。《本义》翼程，为二传功臣，正犹程传翼孔，为十翼功臣也。读者不察，判然视为两书，可谓知言乎？（《原序》）

程颐得天独厚，一面从其师周敦颐学习《太极图》《通书》而知易道源流，一面与其兄程颢终日讲习论学而见易道体用，且力辟术数，使易学归于纲常名教，可谓是发挥了四圣之《易》的真实蕴含。由于这些贡献，程颐堪称四圣之后“一人而已”。

相较程颐《易传》说理详备，朱熹《周易本义》明显简略。但刁包认为，朱子易学恰能辅翼《程氏易传》，绝不可因《周易本义》浅略而忽视之。他说：

> 学《易》者，博以《程传》，约以《本义》，亦可以弗畔矣。夫《程传》其至矣乎！说《易》者固有深于《程传》者矣，或失则凿，固有浅于《程传》者矣，或失则支，深而不凿，浅而不支，舍

《本义》其谁与归！陈惕龙曰“朱子《本义》太浅略”，非也。《程传》深矣，故《本义》以浅出之，若又加深焉，则涉于晦。《程传》详矣，故《本义》以略出之，若又加详焉，则涉于烦。浅以翼深，略以翼详，正善用《易》者也。(卷首《读易法》)

依刁包之见，《周易本义》固然浅略，但“能明”《周易》、能辅翼《周易程氏传》，“浅以翼深，略以翼详”，故不可将程朱易学截然二分，“二贤之《易》”当合而观之。

二、斟酌程朱的易学诠释特征

与崇尚“四圣二贤”的易学史观相应，刁包非常重视《周易程氏传》和《周易本义》。《易酌》一书释卦辞、爻辞、《彖传》时，几乎每一段都引用《程传》和《本义》，且多有“立义精矣”“精甚”“二义俱精”等赞誉之词。诚如刁包所言，其《易酌》之宗旨实乃“酌朱以合于程，酌程以合于孔，酌孔以合于羲、文、周公，统四圣二贤之《易》为一心之《易》”(《原序》)。

当然，斟酌于程朱并不等于一味盲从。事实上，刁包对程朱《易》解亦有所指摘，并明确提出自己的见解。例如，《易酌》释《彖·谦》“天道下济而光明”之“济”字云：“天以下济为道，天之谦也。《传》曰济当为际，谓下交也。窃意济以天施言，不必作际。”(卷三《谦》)《贲》卦六五爻辞释文称：“五君位，而《本义》以为丘园之象，恐不类。敦本尚实亦不称六五德位，且于有喜何干？《程传》之说尤艰曲难从，不若先儒作聘贤说为确。”(卷四《贲》)释《需》卦九二“小有言”曰：“小有言，《传》《义》俱以为言语之伤灾害之小者，余意未然。小字紧贴言字说，谓二以刚阳之才居柔守中，虽有小疵而不能以大恶相告也。然究不能累其中正之体，故终吉。”(卷

二《需》)解《随》卦六三象辞云:“三不中正,与初同体,而比邻九四,四在上,丈夫也,可系而不可失也;初在下,小子也,可舍而不可系也。系丈夫,失小子,视六二有间矣,而无应,更无随之者,三系四,故四随三,随故惟三所欲者,求必得也。《程传》《本义》俱以随为三,愚独以随为四,何也?卦中三阴爻,俱言系不言随,随独于阳爻言之,故知其为四也。且九四随有获,正承此随字接去。”(卷四《随》)同类例证在《易酌》中并不少见,这足以表明刁包治《易》虽以继承发扬程朱易学为己任,但非敷衍并取,而是有自己的独立判断。

还需提及的是,刁包在斟酌程朱的同时也对其他易家多有借鉴,如《易酌》曾引《子夏易传》、《荀氏九家易》、郑玄《周易注》、王弼《周易注》、孔颖达《周易正义》、张载《易说》、李纲《周易本传》、苏轼《东坡易传》、李舜臣《周易本传》、项安世《周易玩辞》、吕祖谦《易说》、张栻《南轩易说》、杨万里《诚斋易传》、冯椅《厚斋易学》、潘梦旂《大易约解》、吴澄《易纂言》、胡炳文《周易本义通释》、胡一桂《周易启蒙翼传》、徐几《易辑》、薛瑄《易说》、蔡清《周易蒙引》、邹德溥《易会》、何楷《古周易订诂》、高攀龙《周易易简说》、焦竑《易筌》等书,并依自家识见予以褒贬。总的来说,《易酌》以程朱为主、兼引别家、明抒己见的注《易》取向,在一定程度上影响了其后《周易折中》一书的纂作。

三、心、身、易三者合一的易学观念

刁包义理易学的核心观念是心、身、易三者合一,即主张人之心、身实乃易道心、身的体现。他说:

此心凝聚处,即是太极,此凝聚之心无有形象依倚,即无

极。无极而太极，正于反观内照得之。易有太极，心有太极也。（卷首《读易法》）

易有太极，心有太极，不见吾心之太极，则无以见易也。薛文清曰人之动静语默寤寐，皆易也。尝试反躬而求之，一动一静，一语一默，一寤一寐，其对待之易乎，所谓交易，为体也；动而静，静而动，语而默，默而语，寤而寐，寐而寤，循环无端，其流行之易乎，所谓变易，为用也。动静必以礼，语默必以义，寤寐必以敬，则太极之理真实在我，而浑身于是乎见易矣。（卷首《读易法》）

易道有太极，人心亦有太极。心之凝聚处为太极，无有形象为无极，故人心与易道实无二致；人身一动一静、一语一默、一寤一寐体现了易道的对待、交易之理，动静、语默、寤寐往复则体现了易道的流行、变易之理。动静、语默、寤寐必有理可循，此即太极之理在人身中的体现，故人身与易道合一。概言之，“内观吾心，一易之秘藏也；外观吾身，一易之流行也。心也，身也，易也，一而已矣”（卷首《读易法》）。

心、身、易三者合一，不仅从理论上证明了易道广大，而且有着重要的道德践履意义，即以易道易理来修心修身。刁包说：

乾纯阳，阳刚故健。坤纯阴，阴柔故顺。震、坎、艮，阳卦，生于二阴之下，则刚而进，故动；在二阴之中，则刚为阴所溺，故陷；出二阴之上，虽刚亦无所往矣，故止。巽、离、兑，阴卦，阴成于二阳之下，以顺而伏，故入；在二阳之中，以顺而附，故丽；在二阳之上，以顺而见，故说。……学《易》者反而体之于身，有一毫柔懦之心，非乾矣。有一毫乖拂之心，非坤矣。有一毫宴息之心，非震矣。有一毫浮溢之心，非巽矣。知坎之陷，宜思处忧患之道。知离之丽，宜思慎交游之道。知艮之

止，宜思定性之学。知兑之说，宜悬乐天之学。不然，未可云学《易》也。（卷十三《说卦传》）

八卦各具卦德，此卦德乃天道天理之体现。学《易》之人，当反诸一己之身心性情以效法八卦之德，从而朗显在我之天道天理。“修身必先正心。复者，天地之心也。以天地之心为心而身安，有不修者乎修？如修我墙屋之修，去其疵累，还吾粹精之本体也。”（卷五《复》）“尝试反而求之一身，人欲者，吾心之小人也，天理者，吾心之君子也，人欲外往，天理内来，则心泰而身亦泰矣，未有不吉亨者也。”（卷二《泰》）天理赋予人而为人之根本，唯有在生命中呈现天理，方能身心俱泰。“修心”的关键，在于“诚敬”：“六十四卦生自乾坤二卦，乾坤二卦画出诚敬二字，圣人心里时时刻刻如那揲蓍求卦一段，以此洗涤洗濯其心，教他洁洁净净，无纤毫私欲来污染他，如是那有一些驰骛，那有一些渗漏，才会退藏于密，此所谓无思无为，寂然不动也。”（卷十一《系辞上传》）诚敬可保心体洁净、天理朗现，从而获得心灵的自由。至于“修身”，则主要强调人在社会中的道德践履，“行事者，言体之于身，非但凛之于心也”（卷一《乾》），即据易道易理成就德业：“拟而后言，只是比拟于《易》而言，谓多寡、烦简中节也。议而后动，只是商议于《易》而动，谓久速、仕止当时也。口无妄发，身无妄动，兢兢焉，惟恐失之，岂曰循行数墨已乎？经权合宜，正自小心谨慎中来，拟议以成其变化也。”（卷十一《系辞上传》）大《易》囊尽天下道理，学《易》之人则当“比拟”“商议”卦爻象辞来认知体证其中道理，从而指导一己言行，成就圣贤之德：“德者，心之存也。行者，身之发也。存诸心，发诸身，无非《易》者，然后可以几于德行也。”（卷十一《系辞上传》）

结　语

客观地说，从易学发展史的角度观之，刁包易学着实无甚新见。然而，他对程朱易学的高度推崇，在乱世中起到了响应官方学术、传承文化传统、推广易学义理的作用。四库馆臣评价《易酌》“推阐易理，亦大抵明白正大，足以羽翼程朱”（《四库全书总目》卷六《易酌》）。其心、身、易合一的易学观，亦为儒者立定切实修身、成就德业的学《易》目标提供了理论支持。

第三章 王夫之“真通天人之故”的易学

王夫之(1619—1692),字而农,号姜斋,湖南衡阳人。明末清初著名思想家、易学家、哲学家。崇祯年间中举,明亡后积极投身于反清复明运动,多次组织起义,一度供职于南明永历朝廷,后因意见相左告归。后半生僻居衡阳西乡石船山旁,故学者尊称船山先生。王夫之一生著述甚丰,易学作品主要有《周易稗疏》《周易考异》《周易外传》《周易大象解》《周易内传》《周易内传发例》及《张子正蒙注》和《思问录》的相关章节。

王夫之易学体系非常庞大,他曾自述其易学大旨“以乾坤并建为宗,错综合一为象;彖爻一致,四圣同揆为释;占学一理,得失吉凶一道为义;占义不占利,劝戒君子,不渎告小人为用;畏文、周、孔子之正训,辟京房、陈抟,日者黄冠之图说为防”①。以下从易学观、象数论、太极观、乾坤观、道论、学《易》观等六个方面对王夫之易学进行介绍。

一、易学观

王夫之的易学观包括论“易”之本质与易学史观两个部分。概

① 〔清〕王夫之:《周易内传发例》二十五,《船山易学集成》下册,九州出版社2004年版,第382页。下引《船山易学集成》只注书名、卷数、篇名。

言之,“易”的本质是阴阳二气的交感作用,在逻辑上可分为“不易”“相易”两个层面;其易学史观主张“四圣同揆”,即强调四圣之易的一贯性而非差异性。

(一)“易”之“不易”“相易”

王夫之认为,《易》书之名是就“易”之实质而言的。易的实质是“互相推移以摩荡”(《周易内传》卷一上《上经乾坤》),亦即阴阳二气的交感作用。在《周易》六十四卦皆由阴阳二爻构成、道呈现为阴阳二气作用的前提下,如此言“易”,则能透过《周易》之书与道之概念彰显其共通的内在本质,并在此基础上展现《周易》与道的相即关系。

易为阴阳之交感作用,从逻辑上又可分为“不易”与“相易”。不易者,阴阳二气之健顺体性;相易者,阴阳二气互不分离,存在于交感作用之中。一方面,阴阳二气虽然相互推移摩荡而无分离之时,但其体性有别,阳健阴顺而不混淆,所以易有不易之义;另一方面,阴阳虽然体性有别,但绝无有阴无阳、有阳无阴之时,阴阳的基本存在样式就是阴阳相互作用的交感状态,所以易有相易之义。王夫之说:“阴阳者,定体也,确然隤然为二物而不可易者也;而阳变阴合,交相感以成天下之亹亹者,存乎相易之大用。”(《周易内传》卷一上《上经乾坤》)阴阳相易之大用,也就是宇宙之生生不息、万物之生成发展。阴阳相易各有其象、各有其时,《周易》一书即通过卦象展示阴阳相易之时,故而蕴含了天人之道:“唯万物之始,皆阴阳之撰。夫人之情,皆健顺之几。天下无不可合之数,无不可用之物,无不可居之位,特于其相易者各有趋时之道,而顺之则吉,逆之则凶。圣人所以显阴阳之仁,而诏民于忧患者,存乎《易》而已矣。故曰:‘忧悔吝者存乎介。’介者,错综相易之几也。此《易》之所以名,而义系焉矣。”(《周易内传》卷一上《上经乾坤》)一言以蔽之,阴阳相易而成物、成人、成象、成时,所以意在展现这些象、时、

理的著作《周易》名之曰“易”。

就《周易》之书而言,不易与相易分别对应《易》之体与《易》之用。不易为阴阳之体性,表现为象即乾坤二卦。乾之六阳象阳之健,坤之六阴象阴之顺,乾坤并建为《易》之体,象不易之体性;乾坤阴阳互相交感,则六十二卦错综往来为《易》之用,象相易之必然。不易、相易并存而蕴含天人之道,即《周易》六十四卦蕴含天道人事之理:“纯乾纯坤,未有易也;而相峙以并立,则易之道在,而立乎至足者为《易》之资。屯、蒙以下,或错而幽明易其位,或综而往复易其几,互相易于六位之中,则天道之变化、人事之通塞尽焉。而人之所以酬酢万事、进退行藏、质文刑赏之道,即于是而在,故同道也,失则相易而得,得则相易而失,神化不测之妙,即在庸言庸行一刚一柔之中。”(《周易内传》卷一上《上经乾坤》)阴阳刚柔变化而见天道、庸言庸行而见天理,《易》以象囊括之,是故《易》即天人之道。超越《周易》文本形式而从道的层面言之,《易》诚可谓“天地不能违之以成化,而况于人乎!”(《周易内传》卷一上《上经乾坤》)

(二)“四圣同揆”的易学史观

因乎朱子学在元明两朝被不断推尊,朱熹“有天地自然之易,有伏羲之易,有文王、周公之易,有孔子之易”①的“四易分观”说也愈发为学者们广泛接受。对此,王夫之予以严厉批评。他说:“谓文王有文王之《易》,周公有周公之《易》,孔子有孔子之《易》,而又从旷世不知年代之余,忽从畸人得一图、一说,而谓为伏羲之《易》,其大谬不然,审矣。”(《周易内传发例》一)在《周易内传发例》中,王夫之详细阐释了他对四圣之易的理解:

① 〔宋〕朱熹撰,廖名春点校:《周易本义》,中华书局2009年版,第28页。下引《周易本义》只注书名、卷数及篇名。

伏羲氏始画卦，而天人之理尽在其中矣。上古简朴，未遑明著其所以然者以诏天下后世，幸筮氏犹传其所画之象，而未之乱。文王起于数千年之后，以“不显亦临，无射亦保”之心得，即卦象而体之，乃系之彖辞，以发明卦象吉凶得失之所由。周公又即文王之彖，达其变于爻，所以研时位之几而精其义。孔子又即文周彖爻之辞，赞其所以然之理，而为《文言》与《彖》《象》之传，又以其义例之贯通与其变动者，为《系传》《说卦》《杂卦》，使占者、学者得其指归，以通其殊致。

盖孔子所赞之说，即以明《彖传》《象传》之纲领，而《彖》《象》二传即文周之彖、爻，文周之彖、爻即伏羲之画象，四圣同揆，后圣以达先圣之意，而未尝有损益也，明矣。使有损益焉，则文、周当舍伏羲之画而别为一书，如扬雄《太玄》、司马君实《潜虚》、蔡仲默《洪范数》之类臆见之作。岂文、周之才出数子之下，而必假于羲画？如焦赣、京房、邵尧夫之异说。岂孔子之知出数子之下，乃暗相判而明相沿以惑天下哉？（《周易内传》卷一上《上经乾坤》）

王夫之承认四圣之易各具特点：伏羲画卦而未明言卦画之“所以然”，文王立足卦象发明“吉凶得失”，周公在文王卦辞的基础上精研卦爻时位变化，孔子又进一步阐明了《易经》的“所以然之理”。然而，四圣之易特点不同，并不妨碍其主旨一贯：孔子《易传》是阐明文王卦辞和周公爻辞的纲领，卦辞和爻辞的目的则是为了发明伏羲卦画之内蕴。换言之，在四圣相继作《易》的过程中，后圣皆旨在显发前圣之意而并非别树一说。表面观之，四圣之易有所不同；究其实质，却“未尝有损益”。确切地说，四圣分撰《周易》象辞所展现的乃同一天理，此即“四圣同揆”的深意所在：“若夫《易》之为道，即象以见理，即理之得失以定占之吉凶，即占以示学，切民用，

合天性，统四圣人于一贯，会以言、以动、以占、以制器于一原。则不揣愚昧，窃所有事者也。”（《周易内传发例》三）

二、象数论

象数是《周易》之根基所在。这一特征，决定了即便是以阐发大道宏旨为目标的义理派易学家，也绝无可能尽废象数而空论义理。事实上，象数思想在王夫之易学体系中占有重要地位。概言之，约有如下五端：

（一）象数观

王夫之论象数虽然聚焦于《周易》文本中的卦象与易数，但其思考定位乃是在天道运化的视野下展开的。依他之见，象数的本质是天地之法象，它们因阴阳二气交易、变化、融结而产生，并体现着天道运行与人事变化之理。因此，考察王夫之的象数观，必从象数的本质和象数之文本形式着眼。

1.《易》之象数，天地之法象

王夫之认为，《周易》象数是“天地之法象”。原因在于，象数产生的本质在于阴阳二气的交易变化，“由理之固然者而言，则阴阳交易之理而成象，象成而数之以得数”（《周易内传》卷六上《系辞下传》）。“阴阳与道为体，道建阴阳以居。相融相结而象生，相参相耦而数立。”（《周易外传》卷五《系辞上传》）阴阳相融相结产生了天地之法象，阴阳相参相耦产生了数目。显然，这是在宇宙论的视野下以阴阳之形质为象、以阴阳之量差为数。阴阳之变化即天道之变化，故“《易》之象数，天地之法象也”（《周易内传》卷五上《系辞上传》）。

既然《周易》象数反映了阴阳交易之理，则易道即天地之道。由是，王夫之对《易传》“《易》与天地准”一语多有发挥：“乾坤统其

全，卦爻尽其变，其体与天地合也。”（《周易内传》卷五上《系辞上传》）“天地之道，弥纶于两间者，此而已矣。而《易》以六位为阴阳十二之全体，一聚一散，一屈一伸于其间，以迭为幽明生死物变，则准之以弥纶天地之道，诚然之几无不著明，而吉凶之故亦必无爽忒矣。”（《周易内传》卷五上《系辞上传》）这就是说，乾坤阴阳的聚散、屈伸等变化，反映了天地的运行规律和人事的吉凶趋势。

2.《易》统天道、人道，以著象而立教

《周易》象数为天地之法象，反映着阴阳变化之理，呈现着物理人事之变，故“《易》统天道、人道”（《周易内传》卷五上《系辞上传》）。王夫之认为，《周易》六十四卦卦象足以完满涵具天人之道：

> 乾坤之生，广大如此，故《周易》并建以为首，而六十二卦之错综以备物化，而天道尽于此也。（《周易内传》卷五上《系辞上传》）
>
> 六十四卦具，而中有阴阳互杂之爻，则物理人事之变，皆其所备著矣。（《周易内传》卷六上《系辞下传》）
>
> 天道之流行于事物者，卦象备著，而其当然之理皆显于所画之象。（《周易内传》卷五上《系辞上传》）
>
> 由理之固然者而言，则阴阳交易之理而成象，象成而数之以得数。……象者，理之所自著也。故卦也，爻也，变也，辞也，皆象之所生也，非象则无以见《易》。然则舍六画奇耦往来应违之象以言《易》，其失明矣。（《周易内传》卷六上《系辞下传》）

六十四卦卦象阴阳互杂、错综以列，充分体现了阴阳变化之理、物理人事之变。既然《周易》通过象来表现天人之道，学者研《易》就应首先体味六十四卦卦象。

具体地说，卦象有三才六位，阴阳变动往来于六位之中，从而

形成了不同的关系结构，即不同的“时”。而处于某一特定“时”局下的爻，便有了吉凶悔吝等不同情状。“八卦既各有象，其贞悔交错而为六十四卦，皆天化物情之象也。爻、彖，其辞也。‘情’者，既成象而变动，必有情实也。杂居而得失异，得则吉，失则凶，未之或爽也。占者于其象之相杂而求其辞之情，则吉凶之故显矣。”（《周易内传》卷六上《系辞下传》）究其根本，学《易》就是要观象玩辞以求圣人之意：“辞虽有尽，而卦象通变之切于人事者，圣人达其意于辞中，以劝善惩恶，歆动而警戒之，则鼓舞天下之权，于辞而著，是利用出入，使民咸用之神所寓也。如是以玩索于《易》，然后系辞之得失吉凶，皆藏密之实理，而无不可尽之于书矣。”（《周易内传》卷五下《系辞上传》）圣人立象、系辞，都是为了表达其同于天道天理之意。学者学《易》，自然须从相即不离的象、辞二者入手来求索圣人之意、体证天道天理。

（二）卦画起源

1. 因河图而画八卦

关于八卦的起源，《系辞传》曾有一段经典表述：“古者包牺氏之王天下也，仰则观象于天，俯则观法于地，观鸟兽之文与地之宜，近取诸身，远取诸物，于是始作八卦。”然而，这仅仅指出了天地人物是伏羲画卦的参照，却未能对画卦的机制和过程作出详细说明。及至北宋，刘牧本于《系辞》“河出图，洛出书，圣人则之”一语，并在部分吸纳汉代象数学思想资源的基础上推出了崭新的图书之学。这一易学创造在南宋朱熹予以明确认肯后，更是为易学家们所津津乐道。

在卦画起源的问题上，王夫之继承了宋明易学传统，对“圣人则河图作《易》”的说法进行了再度诠释：

天一至地十……此言八卦之画肇于河图……五十有五，

河图垂象之数也,阳曰天,阴曰地,奇数阳也,偶数阴也……天垂象于河图,人乃见其数之五十有五,阳二十五而阴三十,各以类聚而分五位,圣人乃以知阴阳聚散之用,虽无心于斟酌,而分合之妙必定于五位之类聚,不溢不缺以不乱,遂于其相得而有合者,以类相从以几相应,而知其为天地雷风水火山泽之象,则八卦之画兴焉。(《周易内传》卷六上《系辞下传》)

因七、五、一而画乾,因六、十、二而画坤,天道下施为五为七,以行于地中,地道上行为十为六,以交乎天位,乾止于一不至于极北,坤止于二不至于极南,上下之分所谓天地定位也。……因左八、三、十而画坎,因右九、四、五而画离,离位乎东不至乎西,坎位乎西不至乎东,五与十相函以止而不相逾,所谓水火不相射也。……因一、三、二而画为兑,因二、四、一而画为艮,一、二互用参三、四而成艮兑,所谓山泽通气也。……因九、六、八而画为震,因八、七、九而画为巽,八、九互用参六、七而成震巽,所谓雷风相薄也。……八卦画而六十四卦皆由此以配合焉,其阴阳之互用以成象者变化也。(《周易内传》卷六上《系辞下传》)

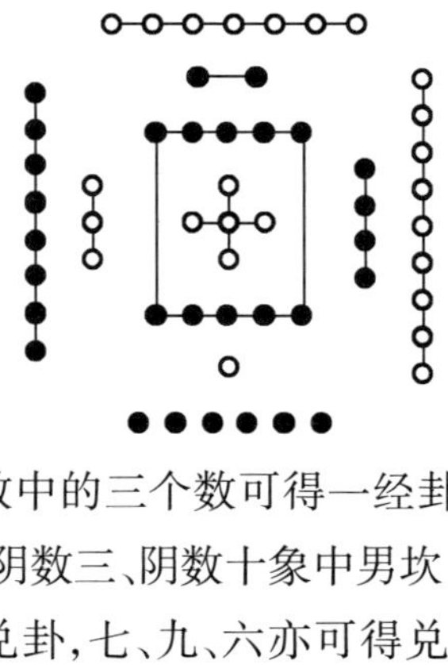

王夫之指出,河图十数中的三个数可得一经卦。如三阳数七、五、一象三阳之乾,阳数八、阴数三、阴数十象中男坎,其余以此类推。但问题在于,一、三、二象兑卦,七、九、六亦可得兑卦,为何画兑独取一、

三、二而不取七、九、六？九、六、八象震卦，三、二、四亦得震卦，为何画震独取九、六、八而不取三、二、四？诸如此类问题，王夫之并未给予进一步说明。由此可见，他与宋明信奉河图、洛书的易学家一样，在论述"因河图而画卦"的观点时总不免有牵强附会之处。

2. 因三画卦而重为六画卦

在易学史上，多数学者据《系辞》"八卦成列，象在其中矣；因而重之，爻在其中矣"一语认定六十四卦是由八卦相重而来。王夫之虽也坚持三画卦重为六画卦，但其重卦法独树一帜，与以往诸家颇有不同。这种方法的实质是"因八卦之体，仍而不改，每画演而为二，以具阴阳、柔刚，仁义之道也。……'重'者，一爻立而又重一爻也"（《周易内传》卷六上《系辞下传》）。也就是说，经卦三爻上各增一爻，三画卦即可重为六画卦。根据这一"参三才而两之，合二爻而为一位"（《周易内传》卷六上《系辞下传》）的原则，王夫之作《重卦图》如下：

因乾而重 乾　同人　小畜　夬 家人　革　需　既济	因坤而重 坤　师　豫　剥 解　蒙　晋　未济
因震而重 睽　噬嗑　损　归妹 颐　震　临　复	因巽而重 蹇　井　咸　渐 大过　巽　遁　姤
因坎而重 鼎　旅　蛊　恒 艮　小过　升　谦	因离而重 屯　节　随　益 兑　中孚　无妄　履
因艮而重 讼　否　涣　困 观　萃　坎　比	因兑而重 明夷　泰　丰　贲 大壮　大畜　离　大有

概言之，经卦三爻之上各增一阳爻或阴爻即可得出八个别卦。

其次序是：“阳卦先阳，而阴自下变；阴卦先阴，而阳自下变。”（《周易内传》卷六上《系辞下传》）如乾为阳卦，其初中上三爻上各增一阳爻得《乾》，初爻上增一阴爻、中上两爻上各增一阳爻得《同人》，中爻上增一阴爻、初上两爻上各增一阳爻得《小畜》，上爻上增一阴爻、初中两爻上各增一阳爻得《夬》，初中两爻上各增一阴爻、上爻上增一阳爻得《家人》，初上两爻上各增一阴爻、中爻上增一阳爻得《革》，中上两爻上各增一阴爻、初爻上增一阳爻得《需》，初中上三爻上各增一阴爻得《既济》。又如，离为阴卦，其三爻上各增一阴爻得《屯》，初爻上增一阳爻、中上两爻上各增一阴爻得《节》，中爻上增一阳爻、初上两爻上各增一阴爻得《随》，上爻上增一阳爻、初中两爻上各增一阴爻得《益》，初中两爻上各增一阳爻、上爻上增一阴爻得《兑》，初上两爻上各增一阳爻、中爻上增一阴爻得《中孚》，中上两爻上各增一阳爻、初爻上增一阴爻得《无妄》，初中上三爻上各增一阳爻得《履》。由此可见，尽管王夫之八卦相重而得六十四卦的重卦法与邵雍先天学六爻依次叠加的卦爻推演规则存在本质不同，但这种“每画演而为二”的方式与“加一倍法”实有某些相近之处。

值得注意的是，图中坎卦重而得《艮》、离卦重而得《兑》、艮卦重而得《坎》、兑卦重而得《离》与传统重卦说即六纯卦必然源于六子经卦明显不同。王夫之对此解释道：“坎重艮、离重兑、艮重坎、兑重离，皆阴阳偶合之条理，自然之变化，不可以意为推求。”（《周易内传》卷六上《系辞下传》）此一结果反映了阴阳变化的自然规律，并无其他特殊意义，不可妄加推求。事实上，王夫之非常注重六画卦成卦过程中象与义的逻辑先后性。他说：

> 盖象成而后义见，此方在经营成象之初，未尝先立一义以命爻。《易》之所以以天治人，而非以人测天也。故于八卦言

象，而于重言爻。重卦但备爻以该三才之道，初不因象而设。爻备而复有象，象在爻后，则《彖传》《大象》之说，取二体之德与象立义，自别为一理，不可强通之于因重。若京房乾生姤、震生豫之说，则又下文刚柔相推之余义，非伏羲重三为六之本旨，其说又别，所谓《易》之为道屡迁也。（《周易内传》卷六上《系辞下传》）

所谓“象成而后义见”，是说先有八卦之象和亶卦之象，而后才有六爻之特殊意义。至于《彖传》和《大象》取上下二体和卦德论述其义理，实属象成之后的论说，不可将这种上下卦叠加的观念与伏羲因重之本旨混淆。

（三）卦象十二位

经卦有初、中、上三位，别卦有初至上六位，这已成为一种易学常识。但王夫之认为，别卦六位仅仅是表面现象，六十四卦皆有十二位。“一卦之中向者背者六幽六明而位亦十二也。”（《周易内传发例》七）卦象十二位之所见六位，即初、二、三、四、五、上。此为“六明”“向者”；还有不可见的六位，即“六幽”“背者”。简单地说，任一别卦十二位上皆有六阴六阳。该卦为“向者”，则其错卦或称变卦、旁通卦即为“背者”。例如，《中孚》为“向”，则《小过》为“背”，反之亦然。王夫之认为，这是卦象的内在规律，《周易》卦序以乾坤并列即说明了这一点：“十二者，象天十二次之位，为大圆之体。太极一浑天之全体，见者半，隐者半，阴阳寓于其位，故毂转而恒见其六。乾明则坤处于幽，坤明则乾处于幽。《周易》并列之，示不相离，实则一卦之向背而乾坤皆在焉。非徒乾坤为然也，明为屯、蒙则幽为鼎、革，无不然也。”（《周易内传发例》七）《周易》卦序看似以综为主，但实为错综并行，“乾坤、坎离、颐大过、小过中孚，

已具其机，抑于家人睽、蹇解之相次，示错综并行之妙”（《周易内传发例》七）。

王夫之进一步指出，“《易》以综为用，所以象人事往复之报”（《周易内传发例》七）。而“错”即幽明、向背十二位，更是具有重要的意义。“夫阴阳各六，圜转出入以为上下，而可见者六，不可见者六。可见之上，与不可见之下而相际；可见之下，与不可见之上而相际。”（《周易外传》卷一《泰》）六阴六阳在十二位中环转上下，体现出阴阳变动周流之意。以上坤下乾之《泰》卦为例，“坤返其舍，而乾即其位也。坤之阴有一未离乎下，则乾之阳且迟一舍而不得以来。乾之阳有一尚滞乎上，则坤之阴且间一舍而不得以往。往者往而之下，来者来而上之，则天地之位，仍高卑秩然而无所杂也”（《周易外传》卷一《泰》），“前乎此者为损，后乎此者为恒”（《周易外传》卷一《泰》）。

就义理而言，卦象十二位的思想，首先旨在说明卦象体现了“天地之撰”与“神明之德”。王夫之解《系辞》“乾，阳物也；坤，阴物也；阴阳合德而刚柔有体，以体天地之撰，以通神明之德”一段时说：

> 言凡阳爻皆德之阳、凡阴爻皆坤之阴也。“合德”，相合以成德。“体”，卦已成之体也。阴阳合而成六十二卦，各有性情功效，而体因定焉。阳卦体刚，阴卦体柔，体立而用因以著也。“撰”，其所作也。凡物理之不齐、人事之至赜，皆天地健顺之德所变通而生。乾坤之良能，体物不遗，而变之通之者，神明为之也。六十四卦具而乾坤之能事毕，变通之动几尽焉。（《周易内传》卷六上《系辞下传》）

就卦而言，每一卦皆有体有德。体或刚或柔，实质为天地之撰，卦

之德则是阴阳相合之妙用。就宇宙而言，万事万物也有体有德，其体其德乃乾坤阴阳交感变通而成。体和德是事物的一体两面，但体可见，德乃神明为之而不可见。卦象十二位有隐有见，正体现了天地之撰和神明之德："夫阳奇阴偶，相积而六。阳合于阴，阴体乃成；阴合于阳，阳体乃成。有体乃有撰。阳亦六也，阴亦六也。阴阳各六，而见于撰者半，居为德者半。合德撰而阴阳之数十二，故《易》有十二；而定位于六者，撰可见，德不可见也。"（《周易外传》卷六《系辞下传第六章》）阴阳相合而成体，基于体而有撰有德，可见的六位象征撰，不可见的六位象征德，合德撰而有十二位阴阳，有乾坤变化、六十四卦及万事万物。

其次，卦象十二位亦旨在说明宇宙有"隐见""幽明"而无"有无"，进而在宇宙论的层面上反驳佛老的空无思想。王夫之说：

> 乾极乎阳，坤极乎阴，乾坤并建，而阴阳之极皆显；四象八卦、三十六象六十四卦摩荡于中，无所不极，故谓之太极。阴阳之外无理数，乾坤之外无太极，健顺之外无德业。合其向背幽明而即其变以观其实，则屯蒙、鼎革无有二卦，而太极之体用不全，是则"《易》有太极"者，无卦而不有之也，故张子曰：言幽明不言有无。言有无则可谓夜无日而晦无月乎？春无昴、毕而秋无氐、房乎？时隐而时见者，天也，太极之体不滞也。知明而知幽者，人也，太极之用无时而息也。屈伸相感，体用相资，则道义之门出入而不穷。（《周易内传发例》七）

阴阳是太极的实体，六阳之乾与六阴之坤并建是太极的必然呈现。乾坤交感摩荡而成三十六象六十四卦，则太极蕴含于三十六象六十四卦之中。这一特征的首要表现，就是每一卦皆有其向背、有其幽明，向背、幽明十二位中包含的六阴六阳就是太极之体、太极之

用。无卦不有太极,无卦不有向背、幽明,所见者为向、为明,所不见者为背、为幽,向、明为有,背、幽虽不能见却不可言无。依此审视,佛老崇无正是因其对宇宙缺乏正确的理解。

还需强调的是,王夫之以"见"与"不见"论卦象六阴六阳,是以其自然观为基础的。他说:

> 今夫七曜之推移,人之所见者半,其所不见者半。就其所见,则固以东为生,以西为没。而道无却行,方其西没,即所不见者之西生矣。没者往也,生者来也。往者往于所来之舍,来者来于所往之墟。其可见者,则以昏、旦为期;兼其不可见者,则以子半、午中为界。阴阳之成化于升降也亦然。著候于寒暑,成用于生杀。碧虚之与黄垆,其经维相通也,其运行相次也,而人之所知者半,所不知者亦半。(《周易外传》卷一《泰》)

天体运行有可见的部分,也有不可见的部分。可见部分表现为东生西没,不可见的部分则为西生东没,它们互相联结,往来无穷。阴阳的升降与之相同,有往来上下而无生灭有无。表现于卦象,则是六阴六阳在十二位中环转不息。

(四)卦序

《周易》六十四卦以纯阳纯阴之乾坤为首较易理解,其余六十二卦何以如此排列则存在解释空间。尽管《序卦传》曾对卦序排列加以解说,但其基于卦义串联六十四卦的做法实乃倒因为果,颇多牵强。在王夫之看来,《序卦传》是"舞文以相附合"(《周易外传》卷七《序卦传》),绝非圣人之书。他一面指出了《序卦传》在天道认知层面和论证方法上的错误,一面从太极论和道论出发,以八经卦与十二经卦说解释了《周易》卦序排列的规律和内涵。

1. 对《序卦传》的批评

《序卦传》在解释既存卦序何以如此的同时，也流露出一些简单的天道思想。对此，王夫之批评道：

《序卦》非圣人之书也。

乾坤并建而捷立，《周易》以始，盖阴阳之往来无淹待而向背无吝留矣。故道生于有，备于大，繁有皆实，而速行不息，太极之函乎五行二殊，固然如斯也。

有所待非道也；续有时则断有际，续其断者必他有主，阴阳之外无主也。有所留非道也；存诸无用则出之不力，出其存者必别有情，往来之外无情也。是故六阴六阳，十二皆备，统天行地，极盛而不缺，至纯而奠位，以之为始，则万物之生，万物之化，质必达情，情必成理，相与参差，相与夹辅，相与补过，相与进善，其情其才，其器其道，于乾坤而皆备。抑无不生，无不有，而后可以为乾坤，天地不先，万物不后。而《序传》曰："有天地，然后万物生焉。"则未有万物之前，先有天地，以留而以待也。是以知《序卦》非圣人之书也。(《周易外传》卷七《序卦传》)

阴阳即道、道即阴阳，器即道、道即器，阴阳与器物之外无道，道即在阴阳与器物之中。道、阴阳、天地、器物四者是互相蕴含融贯的共时关系而非先后关系。因此，在其中任何一个环节划上界限都是错误的。在先后关系的视野下，前者有所"留"于后者，后者有所"待"于前者，二者无法自足而在其之外存在促成"留"与"待"的道。如此一来，道与阴阳、天地、器物便分而处之，无法融贯，势必会造成道为何物、处于何所、何以有如此之能以及天地为何物的问题。然而，这些问题是不能解答的。《序卦传》开篇即云："有天地，

然后万物生焉。”在王夫之看来，这是主张万物之前先有天地，有天地而生万物，表达出一种宇宙层面的先后关系。这对天地而言是有所“留”，对万物而言是有所“待”，因为天地与万物都不是自足的，同时又造成“留”与“待”的存在者，这又意味着还有一个存在于天地与万物之外的道。这恰恰是王夫之所批评的宇宙论观点。他由此判定，《序卦传》非圣人之书。

除了作为解释基础的宇宙论，《序卦传》对六十四卦的先后顺序还进行了种种论说。王夫之认为，这些论说所蕴含的关系包括相因、相成、相反三种：“相因者，‘物生必蒙’之类也；相成者，‘物稚不可不养’之类也；相反者，‘物不可以苟合’之类也。因之义穷则托之成，成之义穷而托之反，唯其意之所拟，说之可立，而序生焉，未有以见其信然也。”（《周易外传》卷七《序卦传》）然而，这三种关系都不能成立。关于“相因”，王夫之说：

> 天地之间，皆因于道。一阴一阳者，群所大因也。时势之所趋，而渐以相因，遂私受之，以为因亦无恒，而统纪乱矣。且因者之理，具于所因之卦，则屯有蒙，师有比，同人有大有，而后卦为赘余矣。况如随之与蛊，渐之与归妹，错卦也，相反之卦也，本非相同，何以曰“以喜随人者必有事”“进必有所归”耶？如是者，因义不立。（《周易外传》卷七《序卦传》）

此间，他从三个方面驳斥了《序卦传》的相因义：第一，万事万物皆因于一阴一阳之道，事物存在与否在于其是否合乎天道，而非仅仅为时势所趋。《杂卦》之相因义着眼于时势转换，而未能察觉事物皆因于天道，同时还会造成统纪废乱的后果。第二，前后卦相因，而相因之理必具于前卦之中，则后卦成为赘余而不必有。第三，《序卦传》论述相因的例子中还有相反之卦，这明显存在矛盾。所

以，卦序中的相因义不成立。关于“相成”，他说：

> 受成者器，所可成器者材，材先而器后。器已成乎象，无待材矣。前卦之体象已成，岂需待后卦乎？假无后卦，而前卦业已成矣，何以云“履而泰然后安”“革物者莫如鼎”耶？若无妄之承复，萃之承姤，阴阳速反而相报，非相成明矣。而曰“复则不妄”“相遇而后聚”。如是者，成义不立。（《周易外传》卷七《序卦传》）

就成之理而言，有材然后成器。若已有此器，则不待它材以成此器。《序卦传》主张前后之卦互成，可前卦之象既已存在，何以还待后卦而成？同时，某些卦本是“阴阳速反”而非相成，《序卦传》却以相成解之。总之，相成义也不成立。关于“相反”，他说：

> 阴阳各六，具足于乾坤，而往来以尽变。变之必尽，往来无期。无期者，惟其无心也。天地之既无心矣，淫亢孤虚，行乎冲委，而不辞其过。故六十四象有险有驳而不废，一隆世之有顽谗，丰年之有蕛稗也。险而险用以见功，驳而驳用以见德，胥此二气之亭毒。险易纯驳，于彼于此，不待相救而过自寡。谓寡过者必待后起之救也，吾未见贲立而噬嗑之合遂不苟，遁来而恒可舍其所而弗久居也。以此卦之长，补彼卦之短，因前卦之屈，激后卦之伸，然则南粤之暄，致北胡之冻，诘旦之风，解今日之暍乎？是以极重相争者与艰难之际，抑亦乱必安之土而强施檃括于阴阳矣。如是者，反义不立。（《周易外传》卷七《序卦传》）

就天道而言，阴阳之道无心而化。就《周易》而言，阴阳往来没有必

然之预期,六十四卦卦象有险有驳,但无论为险为驳皆有其用,皆为阴阳之道所化育,顺阴阳之道以呈诸卦象之用,则诸卦象自能寡过,不必待他卦之救。事实上,认为诸卦之间相反相成,如同认为南粤之热导致北胡之冻一样荒唐,这都犯了人为曲解阴阳之道的错误,也是不成立的。

概言之,王夫之批驳《序卦传》相因、相成、相反义的核心,就是六十四卦卦象是由阴阳之道而来,它们由阴阳之道决定并体现了阴阳之道。一般来说,六十四卦卦象之间并不存在先后关系,所以也不存在基于先后关系的相因义、相成义和相反义。

2. 八经卦、十二经卦及其属卦

既然《序卦传》解卦序有误,那么当如何解释《周易》卦序的内涵呢?王夫之说:"《周易》何以为序耶?曰:《周易》者,顺太极之浑沦而拟其动静之条理者也。"(《周易外传》卷七《序卦传》)六十四卦之象皆由太极而来,卦序并非基于卦意的简单串联,而是整体体现了太极衍化的条理。太极衍化为六十四卦卦象,根本在于阴阳在隐见十二位中的消长往来,"消长有几,往来有迹,而条理亦可得而纪矣"(《周易外传》卷七《序卦传》)。

《周易》六十四卦排列的条理,首先体现为十二经卦与八经卦的次序。王夫之所谓的"十二经卦",即乾、坤、泰、否、临、观、剥、复、遁、大壮、夬、姤十二辟卦。此十二卦突出表现了阴阳消长之几,所以被认作六十四卦之"经":"乾坤定位,而隐见轮周,其正相向者,值其纯阳,旋报以纯阴,则为乾坤;欹而侧也,则或隐而消,或见而长,为泰、否、临、观、剥、复、遁、大壮、夬、姤。故消长之几为变化之所自出,则之十二卦者以为之经。"(《周易外传》卷七《序卦传》)"八经卦"即乾、坤、坎、离、震、艮、巽、兑八个纯卦。此八卦突出表现了阴阳之相感相受与卦象之往来错综,所以也被认作"经卦":"乾坤合用,而乘乎不测,以迭相屈伸于彼此,其全用而成广大

之生者，则为乾坤；乾不孤施，阴不独与，则来以相感，往以相受，分应于隐见之间，而为坎、离、震、艮、巽、兑。故往来之迹，为错综之所自妙，则之八卦者以为之经。此二经者，并行而不悖者也。”（《周易外传》卷七《序卦传》）

由此出发，王夫之建立了与《序卦传》截然不同的卦序论。值得注意的是，八经卦与十二经卦所体现的往来错综、阴阳消长虽极为明显，但它们在《周易》六十四卦中的分布并不均匀整齐。王夫之认为，这是天道神妙的必然体现：“自八卦之所统、十二卦之所络而言之，往来不以均，消长不以渐。交无适交，变无定变，故化不滞，进退乘时之权也。盛不益盛，衰不浸衰，故道不穷，阴阳弥纶之妙也。”（《周易外传》卷七《序卦传》）像邵氏先天学那样齐整的卦序排列反而无法体现天道阴阳之妙。

进而，王夫之在天道运化的视野下，对八经卦和十二经卦的意义进行了诠释。关于八经卦的排列意义，王夫之认为，《周易》以乾坤并建为首，是由于乾坤在六十四卦之中居于统摄地位：“乾坤首建，位极于定，道极于纯，十二位阴阳具足，为六子五十六卦阖辟显微之宗。”（《周易外传》卷七《序卦传》）坎离次于乾坤，是因为“卦以中位为正，坎得乾之中，离得坤之中也”（《周易外传》卷七《序卦传》）。震、艮、巽、兑次于乾坤、坎离，是因为乾坤、坎离“四卦为往来之定经，而震艮、巽兑以交为往来，一经一纬之道也”（《周易外传》卷七《序卦传》）。乾坤、坎离论错不论综，不体现往来义。震艮、巽兑论综而不论错，体现往来义，共同表现了“一经一纬之道”。至于震艮先于巽兑，是因为震艮为阳、巽兑为阴，“阳先阴后，理之顺也”（《周易外传》卷七《序卦传》）。

八经卦皆有其属卦。所谓属卦，就是《周易》中继于某对经卦之后的一系列别卦。八经卦之属卦如下：

乾坤之属二十六卦，象有十四：

屯䷂蒙　需䷄讼　师䷆比　小畜䷈履
泰䷊否　同人䷌大有　谦䷎豫　随䷐蛊
临䷒观　噬嗑䷔贲　剥䷖复　无妄䷘大畜
颐䷚　大过䷛

坎离之属二十卦,象有十:

咸䷞恒　遁䷠大壮　晋䷢明夷　家人䷤睽
蹇䷦解　损䷨益　夬䷪姤　萃䷬升
困䷮井　革䷰鼎

震艮之属四卦,象有二:

渐䷴归妹　丰䷶旅

巽兑之属六卦,象有四:

涣䷺节　中孚䷼　小过䷽　既济䷾未济

显然,八经卦之属卦数量参差不齐。对此,王夫之从卦德、卦数及卦位等方面加以解释:“乾坤之德纯,其数九十而得中,故其卦多。坎离之位正,其数九十,与乾坤均。阴阳合德,水火相入,故其卦次多。震艮毗阳,巽兑毗阴,德既不合,用亦相违,其数非过则不及,故其卦少。”(《周易外传》卷七《序卦传》)至于八经卦属卦的内部次序,王夫之往往以经卦本象与阴阳交感来分析属卦的地位。如其论乾坤属卦曰:

天地之交感以阳始,故一索得震,再索得坎,而为屯;再索得坎,三索得艮,而为蒙。阳倡其先,阴定其体,故为物始生而蒙昧之象焉,此以继天地之生者也。自此而天以其神生水者为需、讼,地以其化成水者为师、比,而皆以受天地之中者成天地之化矣。天乃以其全体生巽生兑,而下交乎阴,为小畜、履。天既施阴,则合乎地而为泰、否,天于是乎成火而为同人、大有。地受天施而效其化,亦以其全体应乎阳,生艮生震,而为

谦、豫。(《周易外传》卷七《序卦传》)

按照这种思路,坎离之属卦皆以坎离两卦为基础再加以阴阳交感,震艮、巽兑之属卦皆以震艮、巽兑为基础再加以阴阳交感。坎离、震艮、巽兑又由乾坤二卦相索而来。如此,则在八经卦的视域中,《周易》六十四卦即表现出乾坤相索而生坎离、震艮、巽兑,并以乾坤、坎离、震艮、巽兑基础上的阴阳往来变化而成诸卦的体系。显然,这种卦序论贯穿着阴阳交感而成万事万物的宇宙论观念。

需要强调的是,《周易》末两卦既济、未济的意蕴较为丰富,它们不仅仅是巽兑的属卦,更与乾坤、坎离、震艮皆有关系:"既济、未济,水火交定,而乾坤相交之极致,亦于是而成。一上一下,水火相交而成化;一阴一阳,乾坤相错而成章。其于震、艮、巽、兑也,则既济震阳上升于五,巽阴上升于二,艮阳下降于五,兑阴下降于二;未济则震阳上升于二,巽阴上升于五,艮阳下降于二,兑阴下降于五:皆升降相应,往来而得中者也。"(《周易外传》卷七《序卦传》)《周易》首两卦极纯、末两卦极杂,而纯杂之间由阴阳交感而成的《周易》诸卦正体现了天道变化之理:"自屯蒙以来,阴阳相交相错,迨是而始定,乃殊途之极则,百致之备理也。故列乾坤于首,以奠其经;要既济未济于终,以尽其纬;而浑沦无垠。一实万变之理皆具,此《周易》之所以合天也。"(《周易外传》卷七《序卦传》)

关于十二经卦的排列意义,王夫之指出,乾坤并建为首的原因与八经卦相同:"乾坤首建,极阴阳之至盛,以为变化之由,故曰'乾坤其《易》之门邪!'消长之数,皆因此而生。"(《周易外传》卷七《序卦传》)这再次强调了纯阴纯阳之乾坤在六十四卦中的统摄地位;乾坤立而相交,泰否继其后,"继乾坤以泰否,不以复姤,则非渐长;不以夬剥,则非渐消。继之以泰否者,乾坤极盛,泰否次盛"(《周易外传》卷七《序卦传》),泰否次盛,是因为对乾坤而言,每一卦六阴

六阳隐见于向背，而泰否则是六阴六阳俱全而错综于向背，故泰否极盛而能起变，类似乾坤而次于乾坤；次以临观、剥复，则是因“消长之机，阳先倡之，长则必有消，用之广则必反之约，故次以二阳之卦二，次以一阳之卦二也”（《周易外传》卷七《序卦传》），即从阳之消息、用广反约的原则来说明临观、剥复次于泰否的原因；遁大壮、夬姤复次，是因为“阳变而阴必合”（《周易外传》卷七《序卦传》），所以二阴之卦、一阴之卦次于二阳之卦、一阳之卦。这种二阳之卦、一阳之卦、二阴之卦、一阴之卦依次派列的顺序，反映了“阴阳迭为主”（《周易外传》卷七《序卦传》）的道理。

十二经卦之属卦排列如下：

乾坤之属八卦，象有四：

屯䷂蒙　　需䷄讼　　师䷆比　　小畜䷈履

泰否之属六卦，象有三：

同人䷌大有　谦䷎豫　　随䷐蛊

临观之属两卦，象有一：

噬嗑䷔贲

剥复之属八卦，象有六：

无妄䷘大畜　颐䷚　　大过䷛　　坎䷜　离䷝　咸䷞恒

遁大壮之属八卦，象有四：

晋䷢明夷　　家人䷤睽　蹇䷦解　　损䷨益

夬姤之属二十卦，象有十一：

萃䷬升　　困䷮井　　革䷰鼎　　震䷲艮

渐䷴归妹　　丰䷶旅　　巽䷸兑　　涣䷺节

中孚䷼　　小过䷽　　既济䷾未济

关于十二经卦属卦数目多少不齐，王夫之解释说：“乾坤者众变之统宗，故其属卦八，酌其中也。泰否则减，而属卦六。临观，二而已。剥复而复八，消极则长也。遁大壮阴消之始，其卦八。夬姤

阴消之极，阴消而阳大有功，故属卦最多。”(《周易外传》卷七《序卦传》)依他之见，属卦数目与阴阳消长相关。如夬姤为一阴之卦而属卦最多，此即天道扶阳抑阴之德的体现。

至于十二经卦属卦的内部次序，王夫之则以经卦为基础并以阴阳消长论之。如论乾坤及其属卦：

> 《彖》曰：“刚柔始交而难生。”刚柔者，乾坤也。屯、蒙阳生阴中，以交阴而消之，消之故难生。一阳始交于二阴之下，继交于二阴之中，为屯；继交于二阴之中，遂交于二阴之上，为蒙；阳道不迫以渐升也。阳用其少以丽于阴之多，变之始也。始交乎阴，不致一而内外迭用二阳，变之未甚，其数犹丰也。需、讼二阴交阳之卦，阴之未长者也。乾以二阳交阴为屯、蒙，坤以二阴交阳为需、讼，阴阳盛，各致其交，于此四卦为始合。阳生得中，阴生不得中，阴之始化不足以中，柔道然也。初长而即消：师、比，乾之消也；小畜、履，坤之消也。凡消长之理，不遽不渐，出入百变，旋往旋复，旋复旋往。(《周易外传》卷七《序卦传》)

显然，这是在乾坤相交的前提下，以阳交阴而消之论屯、蒙，以阴交阳而消之论需、讼，屯、蒙象征阳长，需、讼象征阴生，但天道神妙、初长即消，所以继以师、比象征乾之消，继以小畜、履象征坤之消。比较十二经卦与八经卦可知，八经卦之属卦排列偏重于阴阳交感，十二经卦之属卦排列偏重于阴阳消长。这无疑与八经卦、十二经卦的自身特质直接相关。

3. 总论八经卦与十二经卦

王夫之在太极衍化、乾坤并建的视野下，从阴阳消长之几的角度提出十二经卦、从阴阳往来交感的角度提出八经卦，并在此基础

上对六十四卦排列进行了富于创新的诠释。这种诠释，旨在强调《周易》卦序乃太极衍化的结果，太极即在《周易》之中。“是故《易》有太极，无极而太极。无所不极，无可循之以为极，故曰无极。往来者，往来于十二位之中也。消长者，消长于六阴六阳之内也。于乾、坤皆备也，于六子皆备也，于泰、否、临、观、剥、复、遁、大壮、夬、姤皆备也，于八错之卦皆备也，于二十八综之卦皆备也。错之综之，两卦而一成，浑沦摩荡于太极之全；合而见其纯焉，分而见其杂焉，纯有杂而杂不失纯，孰有知其始终者乎？故曰：‘太极无端，阴阳无始。’”（《周易外传》卷七《序卦传》）阴阳往来消长的规律备于乾坤、六子、十二经卦、八错二十八综，而乾坤六子即八经卦、十二经卦与八错二十八综正是《周易》卦序排列的基本框架，故《周易》卦序深刻体现了太极衍化和阴阳消长往来之理。

值得注意的是，《周易》中八经卦与十二经卦的排序，与后世成说有所不同。在易学史上，八纯卦通常按照由长及少、先男后女即乾坤、震巽、坎离、艮兑的顺序排列，《周易》则以坎离、震艮、巽兑承接乾坤；汉易十二辟卦以阴阳消息为序，即复、临、泰、大壮、姤、乾、夬、遁、否、观、剥、坤，《周易》中十二经卦则是乾、坤、泰、否、临、观、剥、复、遁、大壮、夬、姤依此排列。王夫之认为，这是天道神妙的体现：

> 为之次者，就其一往一来之经纬而言之尔。往来之序，不先震、巽而先坎、离；消长之几，不先复、姤而先泰、否。道建于中以受全体，化均于纯以生大用，非有渐也明矣。如以渐而求之，则乾必援震，坤必援巽，乾必授姤，坤必授复，强元化以稚、老、生、死之几，而元化之始终可执，其不肖天地之法象明矣。
>
> 无待也，无留也。无待，则后卦不因前卦而有；无留，则前卦不资后卦以成。浑沦之中，随所变合，初无激昂，又何有相反？而规规然求诸名象以刻画天地，不已固乎！

二经交错，各行其化，属卦之多寡，阴阳之登耗，不相值也。故六子之属，与十二卦之属，犬牙互相函受，而无同分之轸以成断续之迹。取诸法象，则日月五纬经星之相错，旷万年而无合璧连珠之日，《易》亦如是而已矣。故曰："神无方而《易》无体。"(《周易外传》卷七《序卦传》)

在他看来，阴阳的渐次消息与天道运化的实际情形不符，认定前后两卦存在必然关联亦是拘于一规而刻画天地。殊不知天道神妙，阴阳运行虽有其条理，却并非如刻画一般。总之，这种八经卦、十二经卦及其属卦相交相错而成的《周易》卦序看似杂乱，实则正是天道神妙的深刻体现。

(五)对传统象数易学的批判

既然《周易》象数是天道的体现，则认知、理解象数须在天道的视野下进行，绝不可拘执卦画而不悟天道神妙。学《易》当体证天道天理，崇尚德义而非求利。

由此出发，王夫之对汉代易学和邵氏先天学等传统象数易学进行了批判。

依他之见，传统象数易学的首要弊病在于不知天道神妙：

"无方"者，无方而非其方，"无体"者，无体而非其体；不据以为方、体也。吉凶之数，成物之功，昼夜之道，皆天地已然之际，有方者也。而所以变化屈伸，"知大始"而"作成物"者，其神也；絪缊之和，肇有于无，而无方之不行者也。《易》之阴阳六位，有体者也。而错综参伍，消息盈虚，则无心成化，周流六虚，无体之不立者也。故《周易》者，准天地之神以御象数，而不但以象数测已然之迹者也。后之为《易》者，

> 如卦气，如游魂、归魂、世应，如纳甲、纳音，如乾一兑二、方圆整齐之象，皆立体以限《易》，而域于其方，虽亦一隅之理所或有，而求以肖无方之神，难矣哉！（《周易内传》卷五上《系辞上传》）
>
> 神者，道之妙万物者也，易之所可见者象也，可数者数也。而立于吉凶之先，无心于分而为两之际，人谋之所不至，其动静无端莫之为而为者神也。使阴阳有一成之则升降消长，以渐而为序，以均而为适，则人可以私意测之，而无所谓神矣。（《周易内传》卷五上《系辞上传》）

天地有吉凶、成物、昼夜等已然之迹，而“所以变化屈伸”则为神。前者有方有体，属现象界。后者则无方无体，是前者之所以如此者。神为天道本体之能，虽不离于事物现象，却不等同于事物现象。象数可以测算估量事物现象，却不可以测算估量天道神妙。就此而言，汉易卦气、世应、游归、纳甲诸说以及先天学中的方圆之图，均属于有体有方之象数。其虽不无道理，却毕竟不能体现天道神妙无穷。

其次，传统象数易学每每测算天道人事之必然，以致陷入宿命论而对人之德性多有忽略，进而悖离了儒家崇德之传统。王夫之说：

> 至宋之中叶，忽于杳不知岁年之后，无所授受而有所谓先天之学者。……其经营砌列为方圆图者，明与孔子不可为典要之语相背。而推其意之所主，将以何为？如方圆图方位次序之饾饤铺排者，可以崇德邪？可以广业邪？可以为师保父母使人惧邪？可以通志成务、不疾而速、不行而至邪？不过曰，天地万物生杀兴废，有一定之象数，莫能逾于大方至圆之

体。充其说，则君可以不仁，臣可以不忠，子可以不尽养，父可以不尽教，端坐以俟祸福之至。呜呼，跖也，夷也，尧也，桀也，皆不能损益于大方至圆之中者也。即使其然，而又何事哓哓前知，以炫明觉乎？故立一有方有体之象以言《易》，邪说之所由兴，暴行之所由肆，人极之所由毁也。魏伯阳以之言丹术，李通玄以之言《华严》，又下而《素女》之淫妖亦争托焉，故学《易》者不辟先天之妄，吾所不知也。(《周易内传发例》二)

在王夫之看来，邵雍试图用象数来描述天地运行规律的做法，正是不知天道神妙、易道不可为典要的表现。视天道有一定之数，将人之吉凶祸福归于宿命，必然会消解儒学的道德诉求。应当指出，王夫之的上述批评，一面反映出他对认肯图书、先天的朱子易学有所不满，一面也表现出其易学高昂的崇德意识。

三、太极观

太极是易学的重要概念。在王夫之看来，阴阳未分即为太极，太极分化即为阴阳。如果说厘清阴阳变化对理解《周易》有着提纲挈领的作用，那么认清太极则能对《周易》乃至万事万物有一统率性认知。概言之，王夫之的太极观可分为四个方面：太极浑沦、太极为“阴阳之本体”、太极无象无数、《易》有太极和万物皆有太极。

（一）太极浑沦

太极与具体的卦象和万物不同，卦象与万物的具体性体现在其个别的有形有象之特征上，太极超越此有形有象而具有无形无象的特征。如果说具体的卦象和万物是殊相，则太极就是相对于一切具体殊相的共相。不过，太极并不是纯粹作为抽象概念存在

的共相或隔绝于具体殊相的共相,它就存在于万事万物之中并发挥其功用。既超越具体事物而具有无形无象的特征,又具有存在于万事万物之中的特征,这就是太极的浑沦性。如其所言:"'太'者极其大而无尚之辞。'极',至也,语道至此而尽也;其实阴阳之浑合者而已,而不可名之为阴阳,则但赞其极至而无以加,曰太极。……阴阳之本体,细缊相得,合同而化,充塞于两间,此所谓太极也。"(《周易内传》卷五下《系辞上传》)"极至而无以加"就是相对于具体性的超越性,"阴阳之浑合者""阴阳之本体""充塞于两间"就是存在于阴阳或万事万物之中。太极因其浑沦性而表现出与万事万物迥然不同的特点。王夫之说:

> 太极之在两间,无初无终而不可间也,无彼无此而不可破也,自大至细而象皆其象,自一至万而数皆其数。故空不流而实不窒,灵不私而顽不遗,亦静不先而动不后矣。夫惟从无至有者,先静后动而静非其静;从有益有,则无有先后而动要以先。……要此太极者混沦皆备,不可析也,不可聚也。以其成天下之聚,不可析也;以其入天下之析,不可聚也。(《周易外传》卷五《系辞上传第九章》)

从时间上考察,太极无有间断;从空间上考察,太极不可破碎。象皆其象,数皆其数,具有一切特征而非一切特征,太极"混沦皆备",不可析聚,难以言说。

(二)太极为"阴阳之本体"

太极相对于具体的万事万物具有超越性,且太极即在万事万物之中。换言之,太极就是宇宙万物的本体。从逻辑上来说,在太

极和万事万物之间,还有阴阳这对范畴。阴阳是“气之二体”①,是一气所表现出来的分别具有健、顺特性的气。不过,阴阳并非截然不同、互相分离,而是阴中有阳、阳中有阴,因为它们皆由一气分化而成。阴阳虽然表现有二,但它们存在的前提乃一气之“一”。事实上,这一气之“一”,就是太极。在这个意义上说,太极即“阴阳之本体”(《周易内传》卷五下《系辞上传》),阴阳即太极之呈现。阴阳由太极分化而出,进一步构成万事万物的存在基础,“阴阳之消长隐见不可测焉,天地人物屈伸往来之故尽于此”(《张子正蒙注·太和篇》),“阴阳二气充满太虚,此外更无他物,亦无间隙,天之象,地之形,皆其所范围也”(《张子正蒙注·太和篇》)。

在学术史上,学者们对太极分化为阴阳大体有两种理解:一是过程意义上的分化,即先有太极后有阴阳;一种是逻辑意义上的分化,即太极阴阳没有时间上的先后,只有逻辑上的先后。前者表现出宇宙论的意味,后者表现出本体论的意味。主张前者的学者们往往以周子《太极图说》“动而生阳,静而生阴”一语为据,认为先有太极,太极动静而有阴阳。王夫之则取道后者,即从本体论角度看待太极与阴阳的关系。他说:

> 周子曰:“动而生阳,静而生阴。”生者,其功用发见之谓,动则阳之化行,静者阴之体定尔。非初无阴阳,因动静而始有也。(《周易内传发例》八)
>
> 误解《太极图》者,谓太极本未有阴阳,因动而始生阳,静而始生阴。不知动静所生之阴阳,为寒暑、润燥、男女之情质,乃固有之蕴,其絪缊充满在动静之先。动静者即此阴阳之动

① 〔清〕王夫之:《张子正蒙注·太和篇》,《船山全书》第12册,岳麓书社1996年版,第23页。下引《张子正蒙注》只注书名、卷数及篇名。

> 静，动则阴变于阳，静则阳凝于阴，一震、巽、坎、离、艮、兑之生于乾、坤也；非动而后有阳，静而后有阴，本无二气，由动静而生，如老氏之说也。(《张子正蒙注·太和篇》)

阴阳二气是物质实体，动静是物质实体的功用，先有阴阳而后有阴阳之动静，而非先有动静而后有阴阳。在本体论的视野下，太极为一气之一，阴阳为一气呈现出的两种具有不同体性的气，动静是阴阳之功用，太极、阴阳、动静没有时间上的先后，这在逻辑上是无懈可击的。而在宇宙论的视野下，若以动静在阴阳之先，则动静必然是太极之动静。可是，太极既然是与阴阳无关的虚无，又何以能动静？"今有物于此，运而用之，则曰动；置而安处之，则曰静。然必有物也，以效乎动静。太极无阴阳之实体，则抑何所运而何所置邪？"(《周易内传发例》八)这就陷入了悖论。因而王夫之认为，过程意义上的先有太极、后有动静阴阳的思想存在漏洞，太极与阴阳动静绝无时间先后可言，这对太极论无疑是一种完善。

(三)太极无象无数

太极作为宇宙万物的本体具有浑沦性的特征，它虽不同于万物但又遍在于万物之中。那么，万物有象有数，太极是否有象有数？在易学史上，多数学者认为太极并无具体形象，但太极有数的观念确实存在。如韩康伯《系辞》"大衍之数"一节注云："王弼曰：演天地之数，所赖者五十也。其用四十有九，则其一不用也。不用而用以之通，非数而数以之成，斯易之太极也。"①这显然是以太极

① 〔魏〕王弼、〔晋〕韩康伯注，〔唐〕孔颖达疏，李学勤主编：《周易正义》，北京大学出版社 1999 年版，第 279 页。下引《周易正义》只注书名、卷数及篇名。

为“一”。对此，王夫之进行了专门辩驳：

> 大衍五十，而一不用。一者，天之始数也，亦地之始数也。一一而二，二固始于一也。由是而十，由是而五十，皆以一为始。太极之有数生于动，《易》之变化，亦动也。动，君动，则一可不用，以君四十有九。故自此七八九六，合符而不爽，岂非其固然者哉！
>
> 不用之一，以君动而不以君静，故大衍之数，常者五十，而乘乎变者四十有九。一因动以为君，未动则合五十而为一。合而为一者，太极混沦周遍之体，而非动而倚数，于五十之中立一以为一矣。立一以为一，而谓之太极，韩康伯之臆说也。立一于数外，与四十有九参立，乃自外来而为之君，此老氏之所谓一也。《易》固不曰“挂一以象太极”，太极不可与阴阳析处而并列也。（《周易外传》卷五《系辞上传第九章》）

王夫之认为，大衍不用之一乃天地的始数，它表示太极原初之动而非太极自身。有此一方有天地之数、大衍之数、七八九六。在筮法中，不用之一为君，四十九皆因一而变。太极本身“混沦周遍”，是合大衍之数五十而为“一”，是合天地万物而为“一”。此合一之“一”非数，而是用其表示混沦性。依此观之，韩康伯以天地始数一为太极之“一”是误用数来测太极。一在四十九数外又与四十九并列，则又犯了主宰四十九数变化的“君”在四十九数之外的错误。这两点错误的深层原因在于将太极、阴阳分列。而在王夫之的视野中，“混沦周遍”的太极即在阴阳、万物之中。“要此太极者混沦皆备，不可析也，不可聚也。以其成天下之聚，不可析也；以其入天下之析，不可聚也。”（《周易外传》卷五《系辞上传第九章》）因其不可析、不可聚，故太极无象无数。“太极之一〇也，所以冒天下之数

也，而恶乎测之？"（《周易外传》卷五《系辞上传第九章》）但是，太极为万物之本体，万物之象数又皆为太极之象数，故"太极之在两间，无初无终而不可间也，无彼无此而不可破也，自大至细而象皆其象，自一至万而数皆其数"（《周易外传》卷五《系辞上传第九章》）。

（四）《易》有太极、万物皆有太极

太极不可以数测之，体现了太极相对于万物的浑沦性。这一特征，不仅说明太极并非具体的个体，而且强调了具体的个体皆太极的呈现，即万物皆有太极，太极在万物之中。就《周易》言之，即诸卦皆有太极，太极在诸卦之中。"是故乾纯阳而非无阴，乾有太极也；坤纯阴而非无阳，坤有太极也。剥不阳孤，夬不阴虚；姤不阴弱，复不阳寡，无所变而无太极也。卦成于八，往来于六十四，动于三百八十四，之于四千九十六，而皆有太极。策备于五十，用于四十九，揲于七、八、九、六，变于十有八，各尽于百九十六，而皆有太极。故曰'《易》有太极'，不谓'太极有《易》'也。唯《易》有太极，故太极有《易》。"（《周易外传》卷五《系辞上传第十一章》）此即王夫之理解的"《易》有太极"之核心意义。而"万物皆有太极"，则是对此命题的进一步深化。

王夫之强调，"《易》有太极"的"有"字具有两方面意义："'《易》有太极'，固有之也，同有之也。"（《周易外传》卷五《系辞上传第十一章》）他在讨论"有动静而始有阴阳"时说道："误解《太极图》者，谓太极本未有阴阳，因动而始生阳，静而始生阴。不知动静所生之阴阳，为寒暑、润燥、男女之情质，乃固有之蕴，其絪缊充满在动静之先。动静者即此阴阳之动静，动则阴变于阳，静则阳凝于阴，一震、巽、坎、离、艮、兑之生于乾、坤也。"（《张子正蒙注·太和篇》）这是认为，阴阳为"固有之蕴"，在动静之先而生六子卦。阴

阳即太极之实体，则太极自然也是“固有之蕴”。《易》“固有”太极、固有阴阳，阴阳交感生万物而有诸卦，所以王夫之说“固有之则生”(《周易外传》卷五《系辞上传第十一章》)，此“生”就是太极必然呈现为阴阳、四象、八卦、六十四卦。在更宽泛的哲学语境中，即太极必然呈现为阴阳、呈现为万物。

所谓《易》“同有”太极，则是强调太极、阴阳、四象、八卦、六十四卦之间互相依存、一时俱生、无有先后的特征。“太极生两仪，两仪生四象，四象生八卦，固有之则生，同有之则俱生矣。”(《周易外传》卷五《系辞上传第十一章》)太极、两仪、四象、八卦一时俱有，太极不在两仪、四象、八卦之先而在其之中。“固合两仪、四象、八卦而为太极。其非别有一太极，以为仪、象、卦、爻之父明矣。”(《周易外传》卷五《系辞上传第十一章》)基于这一认识，王夫之认为《乾凿度》在无形的层面上构造出四个先后层次可谓不知太极真义。他说：“《乾凿度》曰：‘有太易，有太初，有太始，有太素’，危构四级于无形之先。哀哉！其日习于太极而不察也！”(《周易外传》卷五《系辞上传第十一章》)《乾凿度》的症结即在于构造了一系列脱离万物的先在本源。由此可知，王夫之强调的“同有”，意在消解太极的宇宙论色彩，凸显其本体论意蕴。

同时，“《易》有太极”的“固有”“同有”之义，还有反驳魏晋玄学“崇无”观念的意图：“不知其固有，则绌有以崇无；不知其同有，则奖无以治有。无不可崇，有不待治，故曰‘太极有于《易》以有《易》’，不相为离之谓也。”(《周易外传》卷五《系辞上传第十一章》)不知《易》固有太极，才会认定太极的内涵是脱离诸卦之象的“无”，从而“绌有以崇无”；不知《易》同有太极，故崇本举末，试图在太极之无的视野下“治有”。事实上，万物皆有太极，太极即在《易》与万物之中。《易》、万物与太极本不相离，所以绝不可像崇无论那般偏于太极而忽视万物。这正是崇无论太极观的根本失误所在。

四、乾坤观

太极分化而有阴阳二气，二气交感而有万事万物。《周易》乾坤两卦象征阴阳二气健顺之体性，六十二卦象征阴阳二气之交感作用。阴阳二气之交感是阴阳二气健顺体性的必然表现，六十二卦则是乾坤二卦互相推移、摩荡、交互作用的必然结果，所以乾坤二卦在《周易》六十四卦中居于首要地位。

（一）乾与乾之四德

概言之，王夫之对乾卦的认识主要包括两个方面：第一，在天道层面上认识乾的根本意蕴；第二，在卦画层面上认识乾卦的根本特征。就第一方面而言，王夫之认为，乾是指阳气或阳气舒健的特性：

> 乾，气之舒也。阴气之结，为形为魄，恒凝而有质。阳气之行于形质之中、外者，为气为神，恒舒而毕通，推荡乎阴而善其变化，无大不居，无小不入，其用和煦而靡不胜，故又曰“健”也。此卦六画皆阳，性情功效皆舒畅而纯乎健。（《周易内传》卷一上《上经乾坤》）

一气分化成阴阳的“分”是特性之分而非实体之分。阴标志气的凝、顺特征，阳标志气的舒、健特征，阴阳二气交感推荡成就宇宙之大化流行与万事万物。究其根本，乾就是指具有舒、健特征的阳气。

就第二方面而言，王夫之认为，乾卦六阳爻正是为了表现阳气的舒、健特征。他说：

> 古今之遥，两间之大，一物之体性，一事之功能，无有阴而无阳，无有阳而无阴，无有地而无天，无有天而无地，不应立一纯阳无阴之卦；而此以纯阳为乾者，盖就阴阳合运之中，举其阳之盛大流行者言之也。六十二卦有时，而乾、坤无时。（《周易内传》卷一上《上经乾坤》）

尽管阴阳相即不离、本为一气，现实中并不存在纯阳无阴或纯阴无阳的情形，却不妨用乾表示阳气及其舒、健特征，以乾卦六阳爻表示阳气之流行发用。

万事万物皆由阴阳交感、推荡、融合而成。阴阳必有其生发之德，而万事万物由此得以产生、存在和发展。具言之，阳气之德即是乾之元、亨、利、贞：

> 元、亨、利、贞者，乾固有之德，而功即于此遂者也。“元”，首也，取象人首，为六阳之会也。天下之有，其始未有也，而从无肇有，兴起舒畅之气，为其初几。形未成，化未著，神志先舒以启运，而健莫不胜，形化皆其所昭彻，统群有而无遗，故又曰“大”也。成性以后，于人而为“仁”，温和之化，恻悱之几，清刚之体，万善之始也。以函育民物，而功亦莫侔其大矣。“亨”，古与烹、享通。……乾以纯阳至和至刚之德，彻群阴而欣合之，无往不遂，阴不能为之碍也。“利”者，功之遂、事之益也。乾纯用其舒气，遍万物而无所吝者，无所不宜，物皆于此取益焉。物莫不益于所自始，乾利之也。“贞”，正也。天下唯不正则不能自守；正斯固矣，故又曰正而固也。纯阳之德，变化万有而无所偏私，因物以成物，因事以成事，无诡随，亦无屈挠，正而固矣。（《周易内传》卷一上《上经乾坤》）

在王夫之看来,“元”强调乾资始万物的兴发功能,为万事万物形成之初几;“亨”强调乾以至刚统阴、无往不遂的功能;“利”强调乾周遍万物而益其成的功能;“贞”强调乾无偏私,因万事万物之宜而成之的功能。一方面,万事万物得以存在、发展,乃因其内在涵具着纯阳之乾的功能;另一方面,乾之功能又必然体现落实于万事万物。显然,王夫之对乾德的阐述,典型地体现了其本体事物相即不离的一贯思维方式。

在乾之四德中,“元”无疑占据最重要的地位,故常称“乾元”。乾元资始万物的兴发功能,不单体现在事物上,亦落实于人。就人而言,乾元是人性为善的根本原因。“乃至人所成能,信、义、智、勇,礼、乐、刑、政,以成典物者,皆纯乾之德;命人为性,自然不睹不闻之中,发为恻悱不容已之几,以造群动而见德,亦莫非此元为之资。在天谓之元,在人谓之仁。天无心,不可谓之仁;人继天,不可谓之元;其实一也。故曰元即仁也;天人之谓也。”(《周易内传》卷一上《上经乾坤》)乾元凝于人即为仁,它是为人性纯善无恶的本体前提。现实中恶的存在,则是人心杂于物欲的结果。人若能“体乾以为初心”(《周易内传》卷一上《上经乾坤》),便能为善无恶、同于天理。

(二)坤与坤之德

乾卦纯阳,由六阳爻构成。坤卦纯阴,由六阴爻构成。《周易》乾坤并举,不仅是由于其卦象相反,更因其意蕴对显而明。如前所述,一气分化而有阴阳二气,乾指阳气及其舒、健特征,坤则指阴气及其凝、顺特征。王夫之说:

> 乾者阳气之舒,天之所以运行。坤者阴气之凝,地之所以

翕受。天地，一诚无妄之至德，生化之主宰也。乃乾行不息于无声无臭之中，坤受无疆而资不测之生，其用至费，而用之也隐，人不可得而见焉……唯其健，故浑沦无际，函地于中而统之，虽至清至虚，而有形有质者皆其所役使，是以尊而无尚；唯其顺，故虽坚凝有实体之可凭，而静听无形之抟捖，不自擅而唯其所变化，是以卑而不违；则于尊卑之职分，而健顺之德著矣。（《周易内传》卷五上《系辞上传》）

乾卦六阳强调一气舒、健、不息的一面，坤卦六阴强调一气凝、顺、无疆的一面。只有乾，则无形质可成。只有坤，则凝重而无生化不息之能。唯有乾有坤、有健有顺，才有天地之大化流行、万事万物之生生不息。如同乾卦只是象征阳气及其舒、健特征，并不意味存在有阳无阴之物一样，坤卦也只是象征阴气及其凝、顺特征，并不真实对应有阴无阳之物。

阴亦有其德。“坤之德‘元亨’，同于乾者，阳之始命以成性，阴之始性以成形，时无先后，为变化生成自元而有之初几，而通乎万类，会嘉美以无害悖，其德均也。”（《周易内传》卷一上《上经乾坤》）在万事万物存在和发展的过程中，坤和乾一样具有资始和亨通之德。然而，坤既然为阴，势必与乾有所区别：“阴，所以滋物而利之者也。然因此而滞于形质，则攻取相役，而或成乎惨害，于是而有不正者焉。故其所利者‘牝马之贞’，不如乾之神用而不息，无不利而利者皆贞也。”（《周易内传》卷一上《上经乾坤》）乾阳神用不息，于万物无所不宜、无所不利。坤阴“滋物”，偏于事物形质之成，但正因有形质而有攻取、惨害，便有不正的情形。如此一来，坤之“利”有所局限，“贞”自然也不能真正达成。所以，坤之“元”“亨”虽与乾相同，其“利”“贞”却不像乾那般圆满完善。

（三）乾坤并建与六十二卦

太极一气分化而有阴阳，阴阳交感、推荡、融合而生万事万物，这是王夫之太极本体论的总思路。值得注意的是，对太极而言，阴阳是其生化作用的必然呈现；对事物而言，阴阳是其存在、发展的基础和前提。由此可知，阴阳在太极本体论中具有重要意义。体现在易学论域，即乾坤二卦的突出地位。王夫之曾用“乾坤并建”来描述乾坤之间的关系及其在《周易》中的地位：“乾、坤，谓《易》所并建以统卦爻者。言天下之至健者，唯乾之德行也；天下之至顺者，唯坤之德行也。举凡天化物情运行而不挠者，皆阳气上舒；其运焉而即动，嘘焉而即灵，无所不效以成能者，皆阴性之固然。”（《周易内传》卷六上《系辞下传》）乾德至健、坤德至顺，天下健顺皆乾坤之德的体现，万事万物之运行、效法皆阴阳之性的体现。体现在《周易》中，即卦爻排列变化多端，却无不为乾坤所统摄。

“乾坤并建”可从三方面观之。首先，就卦象而言，乾坤二卦纯阳纯阴，其余六十二卦阴阳相杂，均为乾坤相交而成；其次，就数而言，乾卦纯阳皆为奇一，坤卦纯阴皆为偶二，六十二卦奇偶相杂，皆为乾坤相交而成；再次，就乾坤之德而言，“乾者阳气之舒，天之所以运行。坤者阴气之凝，地之所以翕受。……乃乾行不息于无声无臭之中，坤受无疆而资不测之生，其用至费，而用之也隐，人不可得而见焉……唯其健，故浑沦无际，函地于中而统之，虽至清至虚，而有形有质者皆其所役使，是以尊而无尚；唯其顺，故虽坚凝有实体之可凭，而静听无形之抟捖，不自擅而唯其所变化，是以卑而不违；则于尊卑之职分，而健顺之德著矣。”（《周易内传》卷五上《系辞上传》）乾健坤顺之德著，则有天地之大化流行、万事万物之生生不息。总之，“乾坤并建而统《易》，其象然，其数然，其德然，卦画之所设，乃固然之大用也”（《周易内传》卷五上《系辞上传》）。

当然，现实世界中并不存在有阴无阳或有阳无阴的事物，因而逻辑上的纯阳纯阴必然互相感通、交流、融结而成万事万物。与之相应，并建之乾坤必然交感而呈现为六十二卦。“乾坤各具六爻之全体大用，而卦唯六位，乃六位之中所错综互见者，无非此健顺之德所弥纶以为其实。六位不足以容阴阳之十二，则纳两仪于六位之中，必有变有通，而成乎六十四象。”(《周易内传》卷五下《系辞上传》)整体而言，乾坤两卦已经从健、顺两个方面体现了易之大用，其他卦象则是六阴六阳交感之呈现，但卦象仅有六位，不可能同时涵摄六阴六阳于其中，所以其他卦象就是在乾坤基础上“有变有通”而成。“《周易》并建乾、坤为太始，以阴阳至足者统六十二卦之变通。”(《周易内传》卷一上《上经乾坤》)

王夫之指出，在由乾坤到六十二卦的过程中，六子卦是重要的过渡环节：“阳下起而鼓动乎阴，成雷霆之象而为震；阴入阳下，而散阳之亢以使和浃，成风雨之象而为巽；阴阳交相映相函以相运，则成日月寒暑相易之形象而为坎、离；乾以刚而致其奇于耦中，阴以柔而致其耦于奇内，则成男女之形而为艮、兑；皆形象之固有。而《易》于六位之中，备其各成之变化，既鼓既润，既运既成，则由是以变化无方，以生五十六卦，皆此至足之健顺不容已于摩荡者为之也。此《周易》之穷理达化，所以极其至而立义精也。”(《周易内传》卷五上《系辞上传》)乾坤阴阳交感而成震、巽、坎、离、艮、兑六子，继而在乾坤六子等八经卦的基础上“变化无方”而成五十六卦，由此组成了《周易》全体卦象。

不过，必须强调的是，从乾坤到六子、再到其余五十六卦的过程只是一种逻辑上的先后。太极不在两仪、四象、八卦之先，而是一时俱有、涵具其中。尤有进者，阴阳即存在于阴阳交感之中，存在与活动亦无时间先后可言。事实上，六十四卦必然是同时产生的：“太极生两仪，两仪生四象，四象生八卦，固有之则生，同有之则

俱生矣。”(《周易外传》卷五《系辞上传第十一章》)“非太极为父，两仪为子之谓也。”(《周易内传》卷五下《系辞上传》)

五、道论

道是中国传统哲学的核心范畴。《周易》中有大量的“道”字，如“乾道”“坤道”“天道”“地道”“人道”“一阴一阳之谓道”等。相应地，王夫之的易学体系也包括了极为丰富的道论思想。

(一)道的内涵

1. 道为太和、为太极

在王夫之的宇宙本体论视野下，万事万物皆由阴阳交感而成，阴阳本于一气分化。“絪缊太和，合于一气，而阴阳之体具于中矣。”“自太和一气而推之，阴阳之化自此而分，阴中有阳，阳中有阴，原本于太极之一。”(《张子正蒙注·参两篇》)太和，强调的是阴阳絪缊合同而不相悖害的理想状态：“阴阳异撰，而其絪缊于太虚之中，合同而不相悖害，浑沦无间，和之至矣。未有形器之先，本无不和，既有形器之后，其和不失，故曰太和。”(《张子正蒙注·太和篇》)由此可知，太极突出的是万事万物本体的浑沦性，太和则突出了万事万物本体的和谐性，二者皆属本体概念，所以道即太和，亦即太极。王夫之说：“道者，天地人物之通理，即所谓太极也。”(《张子正蒙注·太和篇》)这是从道为统摄宇宙全体之通理的角度说明道为太极，太极遍在于万事万物之中。“言太和絪缊为太虚，以有体无形为性，可以资广生大生而无所倚，道之本体也。”(《张子正蒙注·太和篇》)这是从道之内容的角度说明道为太和，太和絪缊为万事万物之本然，也就是道的内容。总之，太极、太和、道在王夫之哲学中都是指谓本体的概念，则道为太极、太和自然顺理成章。

2. 道为神、为理

本体之道是万事万物之本然，它不但具有和谐与浑沦的特征，而且具有生化之功能，蕴含运化之条理。生化万事万物是道之用，这种生化功能用专门的概念指称就是神，故道为神；阴阳二气运化与万事万物运行皆有条理，这些条理用专门的概念指称就是理，故道为理。

在王夫之哲学中，神为气之神，气指称实体，神则指运化之能："气，其所有之实也。其絪缊而含健顺之性，以升降屈伸，条理必信者，神也。"（《张子正蒙注·神化篇》）"神者，气之灵，不离乎气而相与为体。"（《张子正蒙注·太和篇》）"天以神御气而时行物生。"（《张子正蒙注·神化篇》）阴阳之气交感、推荡、融合而成万事万物，体现了神的作用。"天以神为道，性者神之撰，性与天道，神而已也。"（《张子正蒙注·神化篇》）可见，在王夫之看来，道即神，二者皆指本体生化之功能。而生化本身是妙而不乱、具有条理的过程，所以神蕴含着理。道即神，则道即理。因此，王夫之有时将神、理、道三者并列："神之有其理，在天为道，凝于人为性。"（《张子正蒙注·太和篇》）"若夫神也者，含仁义中正之理而不倚于迹，为道之所从生，不能以一德名之。"（《张子正蒙注·天道篇》）"未生则此理在太虚为天之体性，已生则此理聚于形中为人之性，死则此理气仍返于太虚，形有凝释，气不损益，理亦不杂，此所谓通极于道也。"（《张子正蒙注·诚明篇》）

综上，道为本体，为太和，为太极，为神、为理。太和指本体之和谐状态，太极指本体之浑沦性，神指本体运化之能，理指本体蕴含之条理，四者皆为道之内涵。

（二）道之用

道的根本作用是生天下之用。在王夫之看来，太虚絪缊，蕴含

健顺之体性而生阴阳二气,阴阳二气交感而成万事万物,万事万物消散又成阴阳二气。万事万物的产生、发展和消亡即阴阳二气交感的自然过程。但王夫之还具有一种本体事物观,即把事物内蕴的存在发展之功能称为道。道具有生化万事万物的功能,但它并不外在于物,而是蕴含其中,此即王夫之所言:“道,体乎物之中以生天下之用者也。”(《周易外传》卷一《乾》)

道生天下之用,而阴阳为道之实。道对阴阳运化具有调节作用:“《易》固曰:‘一阴一阳之谓道。’一之一之云者,盖以言夫主持而分剂之也。”(《周易外传》卷五《系辞上传第五章》)所谓“主持”,是指使阴阳二气在合的基础上有所主而不乱;所谓“分剂”,是指使阴阳二气在分的基础上有所配合而能成。主持和分剂,促成了阴阳既合又分的状态,从而使阴阳运化呈现出秩序性与规律性,并最终达致生生不息成事成物的结果。

王夫之又说:“阳躁以廉,往有余而来不足;阴重以啬,来恒疾而往恒迟;则任数之固然而各有竭。”(《周易外传》卷五《系辞上传第五章》)这是认为,阴阳各有其性,阳躁而往多来少,阴重而来疾往迟。如果听任其性则阴阳必竭,故须对阴阳运化加以调节:

> 阳易迁而奠之使居,阴喜滞而运之使化,迁于其地而抑弗能良。故道也者,有时而任其性,有时而弼其情,有时而尽其才,有时而节其气,有所宜阳则登阳,有所宜阴则进阴。故建一纯阳于此,建一纯阴于此,建一阴老而阳稚者于此,建一阳老而阴稚者于此,建一阴阳相均者于此,建一阴阳相差者于此,建一阴阳畸倍者于此,建一阴少而化阳者于此,建一阳少而主阴者于此,建一相杂以统同者于此,建一相聚以析异者于此。全有所任,而非刚柔之过也;全有所废,而非刚柔之害也。两相为酌,而非无主以浑其和也。(《周易外传》卷五《系辞上

传第五章》)

“一”“一”云者,相合以成,主持而分剂之谓也。无有阴而无阳,无有阳而无阴,两相倚而不离也。随其隐见,一彼一此之互相往来,虽多寡之不齐,必交待以成也。一形之成,必起一事;一精之用,必载一气。浊以清而灵,清以浊而定。若经营之,若抟捥之,不见其为,而巧无以逾,此则分剂之之密,主持之之定,合同之之和也。此太极之所以出生万物,成万理而起万事者也,资始资生之本体也,故谓之“道”。亘古今,统天人,摄人物,皆受成于此。(《周易内传》卷五上《系辞上传》)

阴阳二气是宇宙的基质,万事万物皆由其构成。二气交感而成万事万物的过程,就是阴阳两相为酌、互相配合的过程。一味听任阴阳之性,则刚柔必过。一味废阴阳之性,则刚柔必害。只有在有分有合的基础上协调配合才能相宜有成,最终达到分剂有密、主持有定、合同有和的理想状态。这一状态,正是阴阳运化的本然状态。阴阳言道之实,道言阴阳之本。道即阴阳、阴阳即道,而成万事万物。

必须强调的是,生天下之用的道就在天地万物之中。“道者天地精粹之用,与天地并行而未有先后者也。”“夫道之生天地者,则即天地之体道者是已。”“使先天地以生,则有有道而无天地之日矣,彼何寓哉?而谁得字之曰道?天地之成男女者,日行于人之中而以良能起变化,非碧霄黄垆,取给而来贶之,奚况于道之与天地,且先立而旋造之乎?”(《周易外传》卷一《乾》)这种道物共时而无先后的关系,是一种宇宙本体论而非发生论的关系。

(三)道与器

《系辞上》曰:“形而上者谓之道,形而下者谓之器。”对此,王夫

之解释道：“‘形而上’者，当其未形而隐然又不可逾之天则，天以之化，而人以为心之作用，形之所自生，隐而未见者也。及其形之既成而形可见，形之所可用以效其当然之能者，如车之所以可载，器之所以可盛，乃至父子之有孝慈，君臣之有忠礼，皆隐于形之中而不显。二者则所谓当然之道也，形而上者也。”（《周易内传》卷五下《系辞上传》）依他之见，“形而上者”细究起来有两种意义：一种是未形之时的天则、神理，亦即天化、人心、形象之本体，一种是有形事物所呈现的效能。这两种意义虽有差别，但均属无形之道。至于“形而下者”，“即形之已成乎物而可见可循者也”（《周易内传》卷五下《系辞上传》）。在此基础上，王夫之从“道者器之道”“器敝而道未尝息”“道器不相离”等三个层面论述了道器关系。

就“道者器之道”而言，王夫之说：“天下唯器而已矣。道者器之道，器者不可谓之道之器也。”（《周易外传》卷五《系辞上传第十二章》）这显然是其气本宇宙论思想的延伸。对此，他一面采用实例加以论证：“无其器则无其道，人鲜能言之，而固其诚然者也。洪荒无揖让之道，唐、虞无吊伐之道，汉、唐无今日之道，则今日无他年之道者多矣。未有弓矢而无射道，未有车马而无御道，未有牢醴璧币、钟磬管弦而无礼乐之道。则未有子而无父道，未有弟而无兄道，道之可有而且无者多矣。故无其器则无其道，诚然之言也，而人特未之察耳。”（《周易外传》卷五《系辞上传第十二章》）一面用逻辑推理加以论述：“形而上者，非无形之谓。既有形矣！有形而后有形而上。无形之上，亘古今，通万变，穷天穷地，穷人穷物，皆所未有者也。”（《周易外传》卷五《系辞上传第十二章》）概言之，“道者器之道”具有两点重要意义：一是强调“治器”的重要性：“古之圣人，能治器而不能治道。治器者则谓之道，道得则谓之德，器成则谓之行，器用之广则谓之变通，器效之著则谓之事业。”（《周易外传》卷五《系辞上传第十二章》）“‘作者之谓圣’，作器也；‘述者

之谓明'，述器也。'神而明之存乎其人'，神明其器也。识其品式，辨其条理，善其用，定其体，则默而成之，不言而信。皆有成器之在心而据之为德也。""君子之道，尽夫器而已矣。"(《周易外传》卷五《系辞上传第十二章》)二是证明佛老空无思想的荒谬："器而后有形，形而后有上。"(《周易外传》卷五《系辞上传第十二章》)"老氏瞀于此，而曰道在虚，虚亦器之虚也。释氏瞀于此，而曰道在寂，寂亦器之寂也。淫词炙輠，而不能离乎器，然且标离器之名以自神，将谁欺乎？"(《周易外传》卷五《系辞上传第十二章》)在王夫之看来，佛老无视实在之形器而追求空无虚寂，实在是自欺欺人。

就"器敝而道未尝息"而言，王夫之说"形而上，即所谓清通而不可象者也。器有成毁，而不可象者寓于器以起用，未尝成，亦不可毁，器敝而道未尝息也"(《张子正蒙注·太和篇》)。必须指出，这一观念看似与"道者器之道"存在抵牾，但此间"器敝而道未尝息"的"器"其实是指某一具体器物，意谓具体器物的毁灭绝不代表阴阳运化之道止息。他接着说：

> 以天运物象言之，春夏为生、为来、为伸，秋冬为杀、为往、为屈，而秋冬生气潜藏于地中，枝叶槁而根本固荣，则非秋冬之一消灭而更无余也。车薪之火，一烈已尽，而为焰、为烟、为烬，木者仍归木，水者仍归水，土者仍归土，特希微而人不见尔。一甑之炊，湿热之气，蓬蓬勃勃，必有所归，若庵盖严密，则郁而不散。汞见火则飞，不知何往，而究归于地。有形者且然，况其絪缊不可象者乎！未尝有辛勤岁月之积，一旦悉化为乌有，明矣。(《张子正蒙注·太和篇》)

在上述例证中，"器"皆指有成有毁的某一特殊事物，而无成毁者实

为阴阳之气。王夫之提出"器敝而道未尝息"的命题,亦有批判佛教生灭之说的目的:"曰往来,曰屈伸,曰聚散,曰幽明,而不曰生灭。生灭者,释氏之陋说也。倘如散尽无余之说,则此太极浑沦之内,何处为其翕受消归之府乎?"(《张子正蒙注·太和篇》)

就"道器不相离"而言,王夫之说"形而上之道隐矣,乃必有其形,而后前乎所以成之者之良能著,后乎所以用之者之功效定,故谓之'形而上',而不离乎形。道与器不相离,故卦也,辞也,象也,皆书之所著也,器也;变通以成象辞者,道也。民用,器也。鼓舞以兴事业者,道也,圣人之意所藏也。合道、器而尽上下之理,则圣人之意可见矣"(《周易内传》卷五下《系辞上传》)。生化之良能与大用之功效皆为形上之道,但此形而上者不能离形独存。有了形,形所以成之良能才能呈现,形所以用之功方得确定。由道之良能即器而著、道之大用即器而定可知,道器不相离的关键实在于器。值得注意的是,这里的形上之道包含了两种意义,而形器既可以指普遍意义的形器,也可以指某一特殊形器。因其所指更加宽泛,对道器关系的约束较多,故相较前两个命题,王夫之此论更为允当。

总而言之,在王夫之的视野中,太虚函健顺之体性而生阴阳之气、阴阳之气交感而成万物、万物消散复归阴阳之气与太虚,三者共时、互相关联,绝无不生阴阳之气的太虚、不成万物的阴阳、不蕴含阴阳与太虚之性的万物,所以形上之道与形下之器相即不离。这一道器观与其宇宙本体论思想是完全适应的。

(四)道与性

人性论是中国传统哲学的重要论题之一。在此问题上,王夫之继承了宋明理学传统,认为天道落实于人而为人之性:"'一阴一阳之谓道',推性之所自出而言之。'道'谓天道也。'阴阳'者,太

极所有之实也。……合之则为太极,分之则谓之阴阳。不可强同而不相悖害,谓之太合,皆以言乎阴阳静存之体,而动发亦不失也。然阴阳充满乎两间,而盈天地之间唯阴阳而已矣。'一''一'云者,相合以成,主持而分剂之谓也。……此太极之所以出生万物,成万理而起万事者也,资始资生之本体也,故谓之'道'。亘古今,统天人,摄人物,皆受成于此。其在人也,则自此而善,自此而性矣。”(《周易内传》卷五上《系辞上传》)合之为太极,分而为阴阳,主持、分剂之则为道,凝于人则为性。总之,天道本体呈现于人者即为性。

据此,王夫之对《系辞》“一阴一阳之谓道,继之者善也,成之者性也”一语作出了如下诠释:

> 人物有性,天地非有性。阴阳之相继也善,其未相继也不可谓之善。故成之而后性存焉,继之而后善著焉。言道者统而同之,不以其序,故知道者鲜矣。
>
> 性存而后仁、义、礼、知之实章焉,以仁、义、礼、知而言天,不可也。成乎其为体,斯成乎其为灵。灵聚于体之中,而体皆含灵。若夫天,则未有体矣。
>
> 相继者善,善而后习知其善,以善而言道,不可也。道之用,不僭、不吝,以不偏而相调,故其用之所生,无僭、无吝,以无偏而调之有适然之妙。妙相衍而不穷,相安而各得,于事善也,于物善也。若夫道,则多少阴阳,无所不可矣。
>
> 故成之者人也,继之者天人之际也,天则道而已矣。道大而善小,善大而性小。道生善,善生性。道无时不有,无动无静之不然,无可无否之不任受。善则天人相续之际,有其时矣。善具其体而非能用之,抑具其用而无与为体,万汇各有其善,不相为知,而亦不相为一。性则敛于一物之中,有其量矣。

有其时，非浩然无极之时；有其量，非融然流动之量。故曰“道大而善小，善大而性小”也。(《周易外传》卷五《系辞上传第五章》)

从道到善再到性有一个逻辑上的过程。就道而言，其所主持与分剂之阴阳无所不可、自然而然，所以无所谓善恶；道之用则是就事物而言，道促成事物各自存在、发展，事物因道以成，所以就事物与人而言，道之用于己即为善；就人而言，道凝于人为性，此性已经蕴含了道之用的善，故性为善。在此逻辑过程中，道为基础、为本体，无时不有，是就宇宙之整体而言的；善是道之用于己，万物各有其善，诸善皆有其时，是就事物与人而言的，所以道大善小；性则仅就人而言，从万物各有其善到人之性又有了进一步规定，所以善大性小。

道大善小、善大性小这一思想，一则指示出道、善、性各有其对象范围，一则又说明了三者之间的一贯性。道无善恶，但道生善，善生性，性至善无恶。如果认识不到道大善小、善大性小，就会混淆三个概念，从而导致错误。王夫之说：“小者专而致精，大者博而不亲。然则以善说道，以性说善，恢恢乎其欲大之，而不知其未得其精也。恢恢乎大之，则曰‘人之性犹牛之性，牛之性犹犬之性’亦可矣。当其继善之时，有相犹者也，而不可概之已成乎人之性也，则曰‘天地与我同根，万物与我共命’亦可矣。当其为道之时，同也共也，而不可概之相继以相授而善焉者也。惟其有道，是以继之而得善焉，道者善之所从出也，惟其有善，是以成之为性焉，善者性之所资也，方其为善而后道有善矣，方其为性而后善凝于性矣。”(《周易外传》卷五《系辞上传第五章》)概念的规定范围小则专而精，范围大则虽博不亲。把原本小范围的概念拓展到大范围，便不能得其精义。就像把人性扩大到万物继善之时的程度，则无法区别人性与牛之性、犬之性等万物之性。如其所云：“犬牛之性，天道广大

之变化也，人以为性，则无所不为矣。”（《张子正蒙注·诚明篇》）人性、牛性、犬性虽皆源于天道而有其共性，但个性差异也不容忽视。在道的层面上，认为天地万物存在共同之处并无不可，却不能把道认作是万物，因为道指示整体性、共同性，万物则是各有差异，如果把事物等同于道，则人与万物亦无善、无性，进而归于混沌，这就会导致“天地与我同根，万物与我共命”的错误。

质言之，性至善无恶是逻辑的结果，是一种理想状态。它之所以是理论上的必然，是因为其本体为天道，是太虚神理。王夫之说：“性以健顺为体，本太虚和同而化之理也，由是而仁义立焉。”（《张子正蒙注·诚明篇》）“未生则此理在太虚为天之体性，已生则此理聚于形中为人之性。”（《张子正蒙注·诚明篇》）“性者，神之凝于人；天道，神之化也。”（《张子正蒙注·有德篇》）这都是说，性之本质即太虚神理，太虚神理即阴阳健顺之体性，而性善的根本原因就是阴阳健顺之德本善，“性者，气顺理而生人，自未有形而有形，成乎其人，则固无恶而一于善，阴阳健顺之德本善也”（《张子正蒙注·诚明篇》）。人性之善源于本体之善，“穷仁义中正之所自出，皆浑沦太和之固有，而人得之以为性，故率循其性而道即在是”（《张子正蒙注·中正篇》）。这种观念似乎与性就人而言、不可称道为善的论点相矛盾，但实则不然。原因在于，人性之善其实是以道所蕴含的善性为根基。王夫之强调道不可言善，是因为道着眼于宇宙整体之大化流行，其主持、分剂阴阳，但阴阳多少无所不可，皆能于其时于其物而成就之，所以道无善无恶而有其神妙。道虽无善无恶，但是作为道之实体的阴阳有其健顺之德的体性，健顺之德一面呈现为阴阳交感无穷而成万事万物，一面也涵具善义，但天道过程只是阴阳交感之能的呈现过程，此交感之能无所谓善恶，健顺之德本善于此不显，仅就人而显，所以道不可言善，人方可言性善。

问题在于，性之本质至善无恶，但现实人生中存在的恶又当如何解释？王夫之认为，这是人不能“继善”导致的。“继”就是继续、继承、呈现天道天理。宇宙之所以大化流行、繁而不乱，是因为天道能够相继，“道之不息于既生之后，生之不绝于大道之中，绵密相因，始终相洽，节宣相允，无他，如其继而已矣。以阳继阳而刚不馁，以阴继阴而柔不孤，以阳继阴而柔不靡，以阴继阳而刚不暴”(《周易外传》卷五《系辞上传第五章》)。天道自身之相继，其实就是道主持、分剂阴阳运化的过程持续不断，发挥大用保证宇宙万物生生不息、繁而不乱。而对人而言，则需觉于天道天理，且奋力继之：“继，谓纯其念于道而不间也。”(《张子正蒙注·中正篇》)“善端见而继之不息，则终始一于善而性定矣。”(《张子正蒙注·诚明篇》)“继善者，因性之不容掩者察识而扩充之，才从性而纯善之体现矣，何善恶混之有乎?”(《张子正蒙注·诚明篇》)性虽本善，能继此善方可纯善无恶。若不能继善，则人心汩乱于物而不免有恶。

六、学《易》观

究其根本，易学家对《周易》的种种诠释阐发，最终还是要落脚于学《易》对人生践履的意义。要之，王夫之的学《易》观包括即占即学的学《易》进路和成就君子人格的修养论两个方面。

(一)即占即学

《易经》本为卜筮之书。《易传》的问世，使《周易》涵具了丰富的德性意蕴，从而成为儒家教化的重要典籍。在易学史上，易学家们或注重解读《易经》的占筮功能，或侧重于阐发哲理、弘扬德性。尽管部分学人主张兼及二者，但总体而言，注重《易》占者往往疏于论理，弘扬义理者大多轻视《易》占。王夫之将上述两种倾向分别

称为“占”与“学”，并认为二者皆有所偏：“京房、虞翻之言《易》，言其占也。自王弼而后至于程子，言其学也。二者皆《易》之所尚，不可偏废，尤其不可偏尚也。”（《周易内传发例》五）他进而指出，“即占即学”才是对待《周易》的正确态度。

事实上，王夫之得出此论是基于他对占学二者的深刻理解。依他之见，占与学的差别，在于前者言“吉凶”，后者论“得失”。常人学《易》、问《易》只是为了获知筮占结果，从而能在现实生活中趋吉避凶。如此，则仅为知利而难知天理。“若后世《易林》、《火珠林》、先天观梅之术，言赜、言动而不察物宜，不循典礼，故屠贩盗贼皆可就问利害，是训天下以乱，而可恶甚矣。”（《周易内传》卷五下《系辞上传》）显然，这是对只占不学、只论利害不论德义的严厉批评。与此相反，君子学《易》不论事态的发展趋势，而是以超越吉凶、合于天理为务。在君子的视野中，“吉凶，两端而已。吉则顺受，凶无可违焉，乐天知命而不忧。前知之而可不忧，即不前知之，而固无所容其忧。……唯夫得失者，统此一仁义为立人之道，而差之毫厘者，谬以千里，虽圣人且有疑焉”（《周易内传发例》四）。

然而，学《易》应当轻吉凶、重得失，立人道、合天理，却并不等于以学废占。事实上，天道微妙难测，筮占亦对学《易》不无裨益，故王夫之主张“即占即学”：

> 一刚一柔，一进一退，一屈一伸，阴阳之动几；不疾而速、不行而至者，造化之权衡；操之于微芒，而吉凶分涂之后，人尚莫测其所自致。故圣人作《易》，以鬼谋助人谋之不逮，百姓可用，而君子不敢不度外内以知惧，此则筮者筮吉凶于得失之几也。固非如《火珠林》者，盗贼可就问以利害。而世所传邵子牡丹之荣悴、瓷枕之全毁，亦何用知之以渎神化哉！是知占者即微言大义之所存，崇德广业之所慎，不可云徒以占吉凶，而

非学者之先务也。(《周易内传发例四》)

阴阳交感、天道变化神妙莫测,人们难以把握,圣人作《易》则是用"鬼谋"来帮助"人谋",是在显露得失之几的基础上呈现吉凶,而非不论得失专论吉凶。这种占问吉凶,不同于《火珠林》之但问利害,也不同于《梅花易数》之预知来事,其深意在于体察《周易》的微言大义从而崇德广业。唯有如此,方能在占学一理的视野下,超越论占不论学和论学不论占的各自偏失。在王夫之看来,占是天道的自然呈现,学则是人的价值追求。只占不学,即顺从事物发展的自然趋势并在利欲的诱导下趋吉避凶,必然会忽略人之为人的价值维度;只学不占,虽然强化了人的道德追求,但会因对天化物情之变缺乏认知,致使修己治人难以时中。而即占即学,既可对天化物情了如指掌,又能以精义穷理、崇德安身为目标,故能成就一番大业。应当承认,王夫之"即占即学"的学《易》观着实是一种契合易学精神的深刻识见。

(二)精义入神、利用安身

尽管王夫之崇尚张载气学而对程朱、陆王皆有批评,但其工夫论仍然受到了理学与心学的重要影响。他对"精义入神"的诠释,即与程朱理学"格物穷理"的工夫不无渊源:

若夫学《易》者,尽人之事也。尽人而求合乎天德,则在天者即为理,天下无穷之变,阴阳杂用之几,察乎至小、至险、至逆,而皆天道之所必察。苟精其义、穷其理,但为一阴一阳所继而成象者,君子无不可用之,以为静存动察、修己治人、拨乱反正之道。故否而可以"俭德辟难",剥而可以"厚下安宅",归妹而可以"永终知敝",姤而可以"施命诰四方";略其德之凶

危，而反诸诚之通复，则统天、地、雷、风、电、木、水、火、日、月、山、泽已成之法象，而体其各得之常，故乾大矣而但法其行，坤至矣而但效其势，分审于六十四象之性情以求其功效，乃以精义入神，而随时处中。天无不可学，物无不可用，事无不可为，由是以上达，则圣人耳顺从心之德也。故子曰："五十以学《易》，可以无大过矣。"(《周易大象解·序》)

卦象为一阴一阳所成，内中蕴含着天理。学《易》就是要穷卦中之理，探其精义，并在实际生活中践行之。显然，"精义穷理"就是"格物穷理"的易学表达。不过，仅仅"精义穷理"还不够，还要达到"入神"的境界。"'入神'者，义之已精，不但因事物以择善，益求之所以然之化理，而不测之变化皆悉其故，则不显之藏昭彻于静存，而与天载之体用相参也。"(《周易内传》卷六上《系辞下传》)如果说"精义穷理"是在行事应物中寻求事物之善理，"入神"则是对万事万物何以如此即天道神妙进行探究。事物之条理、善理因事物而呈现，没有具体事物则无所谓条理、善理。但具体事物的背后是天道神妙，有此天道神妙才有具体事物的生成发展，所以在精义入神的基础上还要进一步把握、体证天道神妙，这就是入神。既然部分不离全体、形下形上相即，则同属穷理的精义与入神亦不可分离。

"精义入神"偏重于立体，"利用安身"则强调达用。王夫之说：

"利用"者，观物之变而知之明、处之当，则天下之物，顺逆美恶，皆唯吾所自用而无有不利。"安身"者，随遇之不一，而受其正、尽其道，则素位以行而不忧不惑，无土而不安；则动而出应乎天下，非欲居之以为德，而物不能乱，境不能迁，则德自崇，张子所谓"素利吾外，致养吾内"也。(《周易内传》卷六上《系辞下传》)

“利用”，即面对事物处理得当，从而无有不利；“安身”，即逢各种人生境遇皆能尽道其间，从而不忧不惑。无论利用还是安身，关键都在于依理而为、依道而行，这和王夫之易学的崇德宗旨完全一致。

精义入神与利用安身一内一外、一体一用，合之则动静皆准天道：“此内外交养之功，动为信，静为屈；静而致用，则不穷于往；动而崇德，则益裕其来；故朱子谓‘推屈伸往来之理以言学’。乃精义入神以立体，利用安身以起用，体立而用乃可行。”（《周易内传》卷六上《系辞下传》）体立用行，则随时处中、贞于天理。

（三）重视心之初几

王夫之还多次强调了心之初几的重要意义，这显然是受到了心学的影响。心涵性而有知觉。知觉若知性、尽性则合于天道，若汩没物欲而不知返则为恶。所以，儒者当重视心之初几，使其时时继道知性、为善避恶。王夫之说：“心者，翕辟之几，无定者也。”（《张子正蒙注·诚明篇》）“心者，万感之主，贞淫判于一念之应。”（《周易内传》卷三上《下经咸》）“心之初动，善恶分趣之几，辨之于早，缓则私意起而惑之矣。”（《张子正蒙注·至当篇》）重视心之初几，须从心之一念初发着手：“人之有明，待后念之觉者，牿亡之余，仅存之夜气，终不可恃也。若昭质之未亏者，一念初发，中道灿然于中，自能虚以受天下之善，而不蔽于固陋；殆其已知，更求察焉，则感于情伪而利害生、私意起，其所明者非其明矣。故愚尝有言：庸人后念贤于前念，君子初几明于后几。天理在人心之中，一丽乎正，而天下之大美全体存焉。”（《周易内传》卷二下《上经离》）“初几之动，恻隐之心，介然发于未有思、未有为之中，则怠与欲划然分裂，而渐散以退。由是而羞恶、恭敬、是非之心，怵惕交集，而无一念之敢康，鸡鸣而起，孳孳以集万善，而若将不逮。”（《周易内传》卷

四上《下经震》)后念已发时,情伪、利害已然掺杂。而在一念初发时呈现天理,则天理自在人心而无不善。

王夫之又以阳之动解说心之初念,修养工夫即要呈现阳之动并极力扩充之:

> 阳之动也,一念之几微发于俄顷,于人情物理之沓至而知物之与我相贯通者不容不辨其理,耳目口体之应乎心者不容于掩抑,所谓恻隐之心是已。恻者,旁发于物感相蒙之下;隐者,微动而不可以名言举似,如痛痒之自知,人莫能喻也。此几之动,利害不能摇,好恶不能违,生死不能乱,为体微而为用至大。扩而充之,则忠孝友恭、礼乐刑政,皆利于攸往而莫之能御。则夫天地之所以行四时、生百物,亘古今而不息者,皆此动之一几,相续不舍,而非窅然而清,块然而宁之为天地也,审矣。(《周易内传》卷二下《上经复》)

人心阳动之几虽然微妙,但不容掩抑、必辨其理,也就是孟子所谓的"恻隐之心"。此动几虽微,可生死利害不能动摇。其为用至大,一切善的价值及合理制度皆本之而成。甚至天地生生不息,也正是此动几连续不断地呈现与发用。所以,儒者修身必以一念初几为始:"一念之动,以刚直扩充之,而与天地合其德矣,则'出入无疾,朋来无咎',而攸往皆利。故曰:作圣合天之功在下学,而必于此见之也。"(《周易内传》卷二下《上经复》)

结　语

综上可见,王夫之易学博大精深,几乎涉及了易学领域的所有重要论题。重卦法、卦象十二位、乾坤并建、道大善小与善大性小

诸说新见迭出，极大地丰富了传统易学。其特胜处在于高度和深度：一方面，他每每站在天道的高度上审视易学问题，如基于阴阳之道论易之内涵、以四圣之易皆在阐发天道天理来论证“四圣同揆”、将象数本质归结为“天地之法象”、以天道规律论述卦象十二位等。另一方面，其太极观、乾坤观、道器观表现出来的思维深度更是卓异前人。因此，在中国易学史和哲学史上，王夫之是当之无愧的重镇。后世学者更是赞誉有加，如谭嗣同说：“五百年来学者，真通天人之故者，船山一人而已。”①钱穆说：“船山则理趣甚深，持论甚卓，不徒近三百年所未有，即列之宋明诸儒，其博大宏阔，幽微精警，盖无多让。”②

---

① 转引自梁启超：《梁启超史学论著四种》，岳麓书社 1985 年版，第 35 页。

② 钱穆：《中国近三百年学术史》，商务印书馆 1997 年版，第 106 页。

第四章　张烈“因象设事，就事陈理”的易学

张烈(1622—1685),字武承,顺天大兴(今属北京)人。康熙庚戌年(1670)进士,己未年(1679)举博学宏词,历官右春坊、右赞善。少聪颖,读书一目数行,长而博通群籍,精研理学诸书。幼年受程朱理学教育,青年又嗜阳明心学,后知其弊而转守朱子家法,作《王学质疑》专辨《传习录》之非。尤精于《易》,著有《读易日钞》,其子称“删润凡四十余次”(《清儒学案》卷二十三《孜堂学案》),可见其治《易》用力之勤。

《读易日钞》具有明显的程朱义理易学特征。其“因象设事,就事陈理”的诠释方法与程颐易学基本一致,书中部分具体观念也曾受到朱熹的强烈影响。不过,张烈对象意问题有着深刻的思考。他认为,象具有“握定”“万事起根之地”的特征,并探讨了易象何以尽意的问题,主张“非得意不可观象”,指出学《易》者的知识水平和精神境界会影响到对《周易》真意的理解。以下从象意观、诠释方法及修身观三个方面对《读易日钞》加以介绍。

一、“立象明意,得意观象”的象意观

宋明学者普遍认为,在《周易》产生之前,无穷之理已存在于天

地之间。圣人仰观俯察，融天地之理于心，进而通过作《易》呈现此理以教化百姓。对此，张烈指出：“圣人意中有无穷义理，欲举以告人，势不得不假之于言，以言教人，势不得不假之于书，然而书终不能尽言，言终不能尽意也。”①这个问题不得解决，无穷的义理就无法妥善地呈现于学者的视野中。原因在于，书虽能承载义理，言虽能表达道理，但书与言都是有限的，天下之事、万物之理是无穷的，以有限的载体来表达无穷的内涵，自然达不到目标。因此，圣人才立象以尽之：

> 圣人以为一言止该一事，言有限，事无穷，然天下事何者不由于阴阳？本阴阳以立为奇偶之象，则万事起根之地握定于此，且不直指其事，而假立为象，则事无不可通，理无不可兼，凡意之不可以言尽者，立象焉尽之矣。（卷七《系辞上传》）

张烈认为，有限之言虽然不能表达无穷之事，但天下之事皆由阴阳而来，潜蕴着阴阳交融的结构，所以超越具体事物并依阴阳立奇偶之象，则能贯通万事、兼容万理。如此，有限之书、言所不能承载表达的事物和义理，就能被象所贯通兼容。事实上，象之所以具有此种功能，乃因象具有超越性而非直接描述事物的具体性。“言有限，事无穷”，表明张烈已经把握到有限之言与无限之事的矛盾。“万事起根之地”与“不直指其事”，表明他认识到象不同于具体事物的超越性特征。据此，立象尽意的问题才能得到明确解答。

立象能够尽意，但此处之象还只是狭义的阴阳奇偶之象，广义的象则为六十四卦卦象，卦象更能够充分地表达事物之理。“象既

---

① 〔清〕张烈：《读易日钞》卷七《系辞上传》，《文渊阁四库全书》第42册，台湾商务印书馆1986年版。下引该书只注卷数。

立矣，由是即此两画相摩相荡，遂设为六十四卦，凡事物之善而为情，不善而为伪者，无不曲尽其中。盖卦者，象之所衍，情伪者，亦正圣人意中所欲示也。”（卷七《系辞上传》）阴阳奇偶之象虽能贯通万事、兼容万理，但因过于简略，还不能完整表现事物发展的种种情态。而六十四卦卦象是由阴阳奇偶之象摩荡形成的复杂结构，所以能表达更为丰富的内容，能够“曲尽”事物之“情伪”。尤有进者，张烈认为卦爻辞在一定程度上也起着象的功能。他说：“由象、卦而系辞焉，即至虚之象以发至实之理，象无倚，辞亦无倚，凡言之不尽于书者，惟此象中之辞有以尽之也。”（卷七《系辞上传》）阴阳奇偶、六十四卦为至虚之象，它们仅仅在超越的阴阳变化层面上象征着事物。圣人所系之辞，则以切实的语言表达道理，但这种表达不是具体之言的表达，而是类似于象之超越性的表达。象不偏倚于具体事物，卦爻辞也不偏倚于具体事物。因乎这种无偏无倚的超越性，卦爻辞才能贯通万事、兼容万理。换言之，“象中之辞”具有普通的“言”所不具备的优越性，能够“尽言”“尽意”。

尽管张烈强调立象能够尽意，但他非但不认为学者通过观象即可得意，反而主张“非得意不可以观象”（卷七《系辞上传》）。也就是说，得意是观象的前提而非结果。这又是为什么呢？张烈解释道：

> 立象尽意非圣人不能，而学《易》者欲即象以悟意，得意以忘象，亦甚不易也。是故，以尽意之象言之，盖圣人有以见天下之赜，而拟诸其形容，象其物宜，是故谓之象。圣人之象，非偶而设，后之观象者，其见不及圣人，未足与言象也。以尽言之爻言之，盖圣人有以见天下之动，而观其会通，以行其典礼，系辞焉以断其吉凶，是故谓之爻。圣人之爻非偶而系后之，观爻者其见不及圣人，未足与言爻也。（卷七《系辞上传》）

《周易》象辞绝不是随意而作，“尽意之象”是圣人深刻体察天地变化之后而设，“尽言之爻”是深入分析变动会通之理而系。倘若学《易》者不像圣人那样考索天地之理，便不能从《易》之象辞中体证到圣人本旨。所谓“非得意不可以观象”，即强调只有充分学习理解作《易》圣人的知识与境界，才能真正读懂圣人的作品。

那么，学者当如何达至圣人境界，体会阴阳之象、六十四卦卦象以及卦爻辞的真实意义呢？张烈认为，根本要求有两条：一是方法上的不执，二是精神的神明境界。所谓“不执”，就是“将所值之象，所占之辞，能不执其旨而又不悖其旨，神之极其无方，而明之极其不谬”（卷七《系辞上传》）。《周易》贵在变易，要准确把握象辞的意义，就不能偏执、固化地理解之。“所谓神明者，临变通之时，心自虚明，不关言说，默焉之间，神明之体已具足而完成，绝无事于言说也。”（卷七《系辞上传》）它一面要求心灵保持虚明、纯净、自由的状态，一面要求在变通之际妥当地完成事情。这种高明的境界，来自于长期的修养：“而实实具是神明若此者，岂可袭取？必其平素理得于心而为德，理积于身而为行，乃能如此默成也。有德行而后能默成，能默成而后能神明，岂非存乎其人耶？”（卷七《系辞上传》）质言之，穷理而得于心，并在生活中实实在在地践履而成为自然的生命状态，方能达此神明之境。“学《易》者欲即象以悟意，得意以忘象，亦甚不易也。”（卷七《系辞上传》）然而，学者不达此境，就难以通过观象来理解圣人寄于《周易》之中的真意，所以张烈坚持“作《易》者，非立象不可以明意，而学《易》者，非得意不可以观象”（卷七《系辞上传》）。

二、“因象设事，就事陈理”的易学诠释方法

圣人仰观俯察天地之道而作《易》，《易》蕴含人事、造化之理，

学习《周易》，呈现并践履其中的道理，就是学《易》的根本目的。张烈说："圣人作《易》本诸天下之理，故《易》之既作，有以尽天下之用，在人善推详其意也。"（卷七《系辞上传》）那么，学《易》者如何推详《周易》之意呢？这就需要"因象设事，就事陈理"的诠释方法。所谓"因象设事"，就是在卦爻象的基础上结合卦爻辞，将其转化为某种类型的人事；所谓"就事陈理"，就是以已经解读出来的人事为基础，在儒家价值观的视野下阐发出种种义理。没有"因象设事"，《周易》便只是玄妙的图画；没有"就事陈理"，《周易》就难以发挥教化之功。通过"因象设事"和"就事陈理"，《周易》得以由玄奥的卦象转为儒者的精神理念。

问题在于，如何把阴阳爻画组成的卦象解读为事件，即"因象设事"呢？这就需要《易》例的运用。以《同人》卦为例，《读易日钞》曰：

> 六二，同人于宗，吝。
>
> 二虽中正，然专应于五，不能大同而系于私，惟同人于宗党而已。本以善相取，而专系同好，视大道为公之志，不有愧乎？吝。
>
> 九三，伏戎于莽，升其高陵，三岁不兴。
>
> 刚而不中，上无应与，欲下同于二，而二专同于五，使三以柔处此，则亦已矣。过刚不中，必欲间二五而夺之，潜毒密计如伏兵戎于林莽之中，觇探顾望，欲乘其隙，如升其高陵。然九五阳刚，非三所能攻，故至于三岁之久而终不能兴也。读此象者，可以知阴阳攻取之由，穷小人忮冒之状，又见图非己有者，徒劳而无功如此。虽然，致此争者谁乎？二不得辞其过。
>
> 九四，乘其墉，弗克攻，吉。
>
> 刚不中正，又无应与，亦欲同于六二，而隔三一爻，隔三攻

二，为乘墉以攻之象，然以刚居柔，尚能自反，知二为五正应，非己正应也，退而弗攻，是能改过而得吉也。

九五，同人，先号咷而后笑，大师克相遇。

五与二以中正相应，而为三、四所隔，五不胜愤抑，而至于号咷。然五与二以同德相应，义理之同也，势利之同可间，义理之同不可间，故其后又遂其同而笑焉。然六二柔弱，而三、四刚强，必用大师以胜之，然后能与二相遇，此其后笑之由甚不易也。（卷二）

可见，此四爻关涉的人事在“与人同也”的基本视域下展开：六二居中得正，与九五相应而不能应其他阳爻，故不能实现大同而只应“同好”；九三不处中，与上九又不应，故试图与六二阴爻相“同”，但六二与九五相“同”，所以九三表现出试图离间二爻并夺取六二的特征；九四不居中、不得应，意欲隔九三爻与六二相“同”，但因其处于四爻柔位，故相较九三能够自反而退；九五居中得正，虽与六二相应，但为九三、九四所隔，故“不胜愤抑”而“号咷”。不过，九五、六二是符合义理的相“同”而非出于势利的相“同”，所以不被他人所离间，并进一步通过对九三、九四的征伐，最终能够实现与六二之同。可见，经过张烈的解读，此四爻活灵活现地表现出一副生动的人际事件。此一事件的呈现，乃根据卦象中四爻的性质、其所处时位、是否中正、有无相应之爻等诠释体例，并结合卦爻辞而完成的，这就是“因象设事”。在这些人事的基础上，张烈论六二有私而无大道为公之志，论九三“潜毒密计”试图离间他人的小人之状，论九四能改正错误最终得吉的结果，论九五与六二为义理之同而非势利之同，最终不被他人所离间而得以相“同”的情况，鲜明地宣扬了儒家价值观的大道为公之理，支持了知错能改的态度，批评了因个人私利而试图离间他人的行为，贬低了以势利相交的情况，这些

都属于“就事陈理”的范围。

总之,通过这种“因象设事,就事陈理”的诠释方法,六十四卦的卦爻象和卦爻辞就能够被转化为六十四类人事,进而阐发出其中蕴含的种种道理。需要指出的是,张烈的这种易学诠释方法,乃继承《程氏易传》而来。程颐的易学诠释方法是“因象以论时,因时以论理”,“时”是指一定的时境、时况,实质就是社会中一定的人际关系结构事件。张烈“因象设事,就事陈理”的逻辑与程颐的“因象以论时,因时以论理”完全相同。事实上,程颐所论之理主要是符合儒家价值观的社会制度、行为规范等道理,而张烈《读易日钞》所显发的各种义理亦与之相类。换言之,张烈与程颐的易学诠释理路完全一致。

三、法乾坤之易简的修身观

圣人作《易》仿象于天地,《易》蕴含天地造化人事之理。学者研习《周易》,不但是为了诠释经典,更是为了在日常生活中贯彻大《易》之理,提升其生命境界。“学《易》者于己之言,必观象、玩辞、观变、玩占,拟度于易理而后言之,于己之动,亦必观象、玩辞、观变、玩占,商议于易理而后动之。盖言有浅深详略之宜,动有行止久速之异,变化不可执一,学者所当拟议于《易》,以成其言、动之变化也。”(卷七《系辞上传》)拟议于《易》的过程,就是体贴、践履《周易》六十四卦所包蕴的种种道理的过程。这些道理内容丰富、不一而足,而在张烈看来,最重要的莫过于法乾坤之易简。

乾为阳、代表天道,坤为阴、代表地道。乾坤为《易》之门,“《易》理无外于乾坤,极之天地之功化,贤圣之德业,莫不尽于乾坤者”(卷七《系辞上传》),所以学习《周易》首先要学习乾坤之理。乾坤之于万物与人的根本意义,在于其资始能成的本体功能,“乾

者，至阳之气，有乾以施于先，而物之生气起焉。故凡物生之始，而生理即无所不全者，皆乾管之也，此天道也。坤者，至阴之气，有坤以受于后，故乾方资始，而坤即起而成之，此地道也"(卷七《系辞上传》)。万物有始有成，其始乃乾至阳之气所资，其成乃坤至阴之气所成，乾坤阴阳交互作用，乃有天地的大化流行，乃有万物的生生不息。乾坤所起的资始能成实为宇宙生生本体之大用，但此大用又表现出易简的特征："惟乾知大始，则其始物非必逐物以始之也。乾自行其动健之性，无意始物而物自资以为始，在乾本无难也，是以易而知大始矣。惟坤作成物，则其成物非有劳于乾施之外也，坤自守其顺静之性，有一始自有一成，在坤本不烦也，是以简而能成物矣。以天地功化之大，而其事无非易简，可见天下之理不出乾坤外也。"(卷七《系辞上传》)乾之始物，不是有意地关注于某物而始之，而是乾之阳气自动呈现其刚健动用之性于万物，万物自能随而资取而成其始，此过程于乾而言只是自动呈现而无困难，所以为"易"。坤之成物，不是劳烦于乾之阳气施用之外，而是表现出顺静于乾的特征。乾有一始，坤则自然有一成，坤之成物并不烦难，所以为"简"。正因乾坤大用具有易简的特征，乾坤才能大生广生、造就万物，才能促成宇宙之日新月异而生生不息。

儒者效法乾坤，就是要在生命中贯彻乾坤之易简。那么，易简在生命中呈现的具体标准是什么呢？张烈认为，是无私与循理："人诚能健以去私，而存心如乾之易，则其心明白无私，而人易知之矣。能顺以循理，而处事如坤之简，则其事要约不扰，而人易从之矣。"(卷七《系辞上传》)人能无私，则其心为公，坦然明白，自然为易；人能循理，则事事顺理而行，自然简单无烦。如此，乾坤之易简就被转化为无私与循理这对体现儒家价值观的道德规范。事实上，张烈在注释《周易》的过程中曾多次强调无私与循理的重要性。如其注释《乾·文言》"君子学以聚之，问以辨之，宽以居之，仁以行

之,《易》曰‘见龙在田,利见大人’,君德也”一句道:

> 天下之理贵有以聚之,又贵有以辨之,所聚所辨贵有以居之,又贵有以行之,君子必也多闻见,勤体求,举凡理之在事物,在方册者,皆欲聚为我有也。然所聚之理,有是非,有精粗,必考问师友以辨析之于至明也,至于所聚所辨之理,既浩博无尽,又须我心宽阔,不执一见之私,不取迫求之效,公虚悠裕以居贮之,使其细大皆容而条理自见也。及其事至物来之时,则又审其外当于理,而内无私心,如是以行之也。君子由此四者以成大人之德,故《易》直谓之大人,以其君德已备也。(卷一)

君子如果力成大人之德,必须聚理、辨理、居理、行理。聚理则理为我有,辨理则理明,居理则包容众理而条理自现,行理则事物来临而循理无私。就聚理、辨理、居理、行理而言,前二者为穷理,后二者则为穷理之目的,即人能同于理而在生活中处处循理。在聚理、辨理、居理、行理的过程中,无私与居理、行理直接相关,有一己之私则理不能居于心,不能行于事。所以,君子成大人之德的根本要求,还是循理和无私。

又如,张烈注释《坤·文言》“直,其正也。方,其义也。君子敬以直内,义以方外,敬义立而德不孤。直方大,不习无不利,则不疑其所行也”一段曰:

> 夫直者,其本心无私之体也,正也。方者,其应物裁制之用也,义也。君子何以直?人心怠玩,故惟见私意胶扰,君子则主敬,收敛严肃,心常惺惺,使其胸次洞然,无纤毫委曲,才敬则内已直,是敬以直内也。何以方?人处事不奉义理为权

衡，故是非长短偏私互见，君子则辨义，本天理之公以为裁制区画，使其是者决是，非者决非，截然方正而不可移易，才义则外自方，是义以方外也。夫人之修德义而无敬，则中心无主，而义亦莫能自辨，敬而无义，则公私不明，而敬亦不克独存，是皆孤也。若一敬主乎内，一义防乎外，二者并立夹持吾心，使神明之内非敬即义，更无闲余，且敬足以生义，义又足以生敬，始觉吾德有所持循依助而不孤，所以日造于盛大也。故曰直方大。不习无不利者，正以敬义功纯，直方德备，则本心洞达，天理流行，日用之间沛然行之而无疑，又何待于习也。（卷一）

在张烈的视野中，“直”偏重于内在的人心，用以形容“本心无私之体”，“方”偏重属于外在的行事，用以表述“应物裁制之用”。人之所以不能“直”，是因为有“私意胶扰”；之所以不能“方”，是因为“处事不奉义理”。儒者解决这两类问题的修养方法，则为“敬以直内、义以方外”。“敬以直内”的本质意蕴，是内心对大公无私、天理流行的时时自觉。“义以方外”，则是行事依循天理之公而无偏无私，只有内外兼修、敬义并举才能使君子之德业“日造于盛大”。显然，“敬以直内、义以方外”的修养方法，是对循理、无私的另一种表达。

尤有进者，儒者在生命中贯彻易简而循理无私，则他人易知、易从。这种与他人一体的良好关系，为成就德业创造了坚实的基础。“易知，则我之心即人之心，人孰不与之同心？故有亲。易从，则我所为皆人所欲为，人孰不与之协力？故有功。有亲，则因信从之众，而验吾理之不可易，虽进于久可也。有功，则兼天下之力，而所图无不成，所为无不备，虽进于大可也。夫人心孰无所得？而人不信之，后且自疑，惟可几于久，则所得有大过人者，是贤人之德也。人之于事孰无所成？而人不助之，所就甚小，惟可几于大，则

所成有大过人者，是贤人之业也。”（卷七《系辞上传》）我明白无私则他人易知，因而造就了我与他人同心的亲密关系；我循理无扰则他人易从，由此促成了我与他人协力共事、共成其功。我与他人有亲密的关系，信从我者多，说明我所为之理正确，我之德行、我之所为必然长久；我与他人能共成其功，则我能兼天下之力而成就伟大的事业。这长久的德行与伟大的事业，正是贤人才能达到的德业。可见，虽然易简，虽然只是循理无私，却有亲有功、可久可大，而最终成就贤人之德业。如此德业，更是与天地相参的德业。张烈说：

> 由可久可大而进之，立心一纯乎易，止此明白共见之心，即天下所共然之理，易者是理，不易者非理，吾易之外无余理，则天下之理无一不具于吾心之中矣。制事一纯于简，止此要约不烦之事，即天下所共由之理，简者是理，不简者非理，吾简之外无余理，则天下之理无一不见于事为之际矣。易简而天下之理得矣。至于举天下之理而悉归于易简之中，则德为盛德，业为大业，天以易在上，地以简在下，而吾心兼之，可与天地并立而成位乎中矣。信乎！易理之包括天地者，惟在一乾坤，人学《易》而能体备乾坤之德，亦即可与天地并大也。（卷七《系辞上传》）

儒者立心无私，纯粹地体证乾之易，则此心能包蕴天下共然之理。儒者行事要约不烦，纯粹地体证坤之简，则事事必然符合天理。如此，则立心、行事皆能符合天道天理的标准。至此，儒者与乾坤合一、与天地之道合一，最终与天地并立相参。这正是儒者的最高追求。所以，学习《周易》的关键，就是要体证、践履乾坤之易简。“学者观《易》于未画之先，验《易》于既画之后，极其合撰天地之妙，而要归之乾坤易简，可知所以学《易》矣。”（卷七《系辞上传》）

结 语

张烈易学具有明显的程朱易学特征。如前所述，其“因象设事，就事陈理”的易学诠释方法，实质上与程颐的“因象以论时，因时以论理”相同。此外，张烈的一些易学观念亦与朱熹完全一致。例如，朱子《周易本义》释《蛊》卦卦辞曰：“蛊，坏极而有事也。其卦艮刚居上，巽柔居下，上下不交。下卑巽而上苟止，故其卦为蛊。或曰刚上柔下，谓卦变自贲来者，初上二下；自井来者，五上上下；自既济来者兼之，亦刚上而柔下，接所以为蛊也。”（《周易本义》卷一）张烈《读易日钞》则称：“蛊，坏极而有事也。此卦艮刚居上，巽柔居下。卦变自贲来者，初上二下；自井来者，五上上下；自既济来者兼之，总皆刚上柔下之象也。”（卷二）事实上，《读易日钞》中运用的卦变之例，几乎照搬了《周易本义》。因此，四库馆臣评价《读易日钞》“一以朱子本义为宗”（《四库全书总目》卷六《读易日钞》）。汪学群先生把张烈易学归为清初“儒臣的程朱易学”，并称其“以程朱易学，尤其是朱熹易学为宗旨”①，可以说是比较准确的判断。

然而，张烈易学虽受程朱的影响较重，却不等于他毫无个人见解。必须指出，张烈的象意观具有重要的价值。众所周知，王弼在《周易略例·明象》中提出的言象意之辩，对后世义理易学的发展贡献甚大。不过，王弼以象能尽意为当然的前提，对于象何以能够尽意的问题却未给出进一步说明。对此，张烈进行了深入的思考。依他之见，象从“万事起根之地”“握定”万事万物，具有“不直指其事”的超越性，故能贯通万事、兼容万理。这一思考结果，从理论上

① 汪学群：《清初易学》，商务印书馆2004年版，第485页。

说明了象能尽意的根本原因，对义理易学是一个重要的贡献。同时，其“非得意不可以观象”的命题强调“得意”在“观象”之前，突出学习《周易》过程中前期知识准备的的重要性，更是揭示了学《易》的复杂性，给予学者深刻的启迪。应当承认，张烈的这一看法与学习经典的实际过程颇为契合：除非学者有一定的知识积累和人生境界，否则不会与经典产生共鸣，而圣人寄托于经典的真精神，也不会轻易地呈现出来。综上，张烈易学固然有强烈的程朱易学印迹，但他在易学史上亦自有其贡献和价值。

第五章 李光地“平正通达”之易学

李光地(1642—1718),字晋卿,号榕村,福建安溪人。康熙九年(1670)进士,授翰林院编修,历任侍读学士、内阁学士、兵部侍郎、顺天学政、直隶巡抚、吏部尚书、文渊阁大学士等,康熙五十七年(1718)卒于任上,谥号“文贞”。李光地为官兢兢业业、清正廉洁、多有业绩[①]。数十年与康熙君臣相得,康熙有重要事务多与之共谋,称“朕知之最真,知朕亦无过光地者”[②]。皇帝对儒臣的这种高度评价,在历史上并不多见。在学术上,李光地既尊奉程朱理学又视野开阔,于儒学各派思想多有赞颂吸纳。他著作宏富,曾奉康熙之命编纂《性理精义》《朱子全书》《周易折中》等官方理学著作,又著有《大学古本说》《中庸章段》《中庸余论》《读孟子札记》《周易观象》《周易通论》《易义笺选》《礼记纂编》《朱子礼纂》《孝经注》《经书源流》《三礼仪制》《古乐经传》《离骚经注》《阴符经注》《历象本要》《二程子遗书纂》《朱子语类四纂》《通书注》《注解正蒙》

---

① 许苏民先生在其专著《大家精要:李光地》中把李光地的业绩总结为十个方面:蜡丸上疏、推荐施琅、治理水患、革除“圈地”、维护民众利益、整饬科场、澄清吏治、平反冤狱、荐拔人才、振兴学术。见许苏民:《大家精要:李光地》,云南教育出版社 2009 年版,第 13 ~ 46 页。

② 赵尔巽等:《清史稿》第 33 册,中华书局 1977 年版,第 9899 页。下引该书不另出注。

《榕村讲授》《古文精藻》《韩子粹言》《榕村藏稿》《榕村诗集》《榕村语录》《榕村续语录》《榕村集》《榕村别集》《榕村续集》等书，对传统儒学的重要论域如本体论、理气观、心性论、修养论、知行观等皆有深刻论述。其儒学思想以性本论为根基，继承宋明理学而多有发明，在儒学发展史上具有重要地位。

李光地精于易学。其易学代表作为《周易通论》和《周易观象》。需要说明的是，李光地虽为《周易折中》"总裁"，但该书实为诸位大臣的集体智慧，未必皆李光地本人的观点，同时还要考虑康熙帝的喜好，所以《周易折中》固然属于李光地的易学贡献，却未必能代表李光地的易学识见。相较而言，李光地的个人著作《周易通论》和《周易观象》更能如实反映其易学思想。其中，《周易通论》是通论性质的作品，对一些重要的易学问题进行了深入思考，表达了李光地的易学观，《周易观象》则是注释性质的作品，同时也渗透着《周易通论》所表达的观念。因此，两书构成了不可分割的整体，完整体现了李光地的易学思想。四库馆臣评论《周易通论》称："是书综论易理，各自为篇，一卷、二卷发明上、下经大旨，三卷、四卷则发明《系辞》《说卦》《序卦》《杂卦》之义，冠以《易本》《易教》二篇，次及卦爻象、彖、时、位。"(《四库全书总目》卷六《周易通论》)

大体而言，李光地的易学思想主要有四个方面：第一，对《周易》经传表述形式及意义的反思；第二，易学论域中的宇宙本体论；第三，《周易》蕴含的心学思想；第四，象数易学。以下分别详述。

一、对《周易》经传表述形式及意义的多角度反思

在《周易通论》的前三卷中，李光地对五十余个易学论题进行了探讨。其中，较有创见者约有如下七端："文、周之书所为二而一"；元、亨、利、贞、吉、凶、悔、吝等占辞在卦爻辞中的出现情况及

意义;通过阐发“观象过半”来说明卦辞的意义前提及其在卦爻符号结构中的地位;对“对卦”“卦名相对”“取象相对”“卦意相对”“卦意相似”“卦义相似”的讨论;《彖传》解释卦名的九种体例;《大象传》前后半句的三种表述方法;《小象传》的意义及两种误解。

(一)“四圣之书,先后如一人之所为”

在易学史上,南宋朱熹曾提出“四易分观”说:“有天地自然之《易》,有伏羲之《易》,有文王、周公之《易》,有孔子之《易》。自伏羲以上,皆无文字,只有图画,最宜深玩,可见作《易》本原精微之意。文王以下,方有文字,即今之《周易》。然读者亦宜各就本文消息,不可便以孔子之说为文王之说也。”(《周易本义·图目》)“文王之心,已自不如伏羲宽阔,急要说出来。孔子之心,不如文王之心宽大,又急要说出道理来。所以本意浸失,都不顾原初圣人画卦之意,只认各人自说一副当道理。”①李光地虽然推崇朱熹,但对此观点并不认同。他说:“若四圣之书,先后如一人之所为,互发相备,必合之而后识化工之神,则未可以离异观也。”②其逻辑论证分为三步:第一,文王系卦名、卦辞与伏羲画卦的一致性。“伏羲之画无文而无所不包。文王命之以名,则既偏于一矣。然其审于象也精,而天道民故备焉。此所以为杂而不越,因忧患而有作者也。其辞也,所以发名之意也,如是以开物成务其亦足矣。”(《周易通论》卷一《论卦名、辞、爻辞》)尽管伏羲之画无所不包、文王卦名则偏于一端,但卦名是从卦象而来,卦辞阐发卦名之意,故卦名、卦辞的内容亦包蕴天道人事,与伏羲卦画并无二致。第二,周公之爻辞与文王之卦名、卦辞一致。“卦者,原始

① 〔宋〕黎靖德编,王星贤点校:《朱子语类》卷六十六,中华书局1986年版,第1630页。

② 〔清〕李光地:《周易通论》卷一《论经传次序仍王本》,《文渊阁四库全书》第42册,台湾商务印书馆1986年版。下引该书只注书名、卷数、篇名。

终以为质，错上下以取象者也。然既有始终矣，则孰为始，孰为终？不可不极其变也。既有上下矣，则孰为上，孰为下？不可不辨其物也。有始终、上下，则有消息、当否矣。而孰为息，孰为消，孰为当，孰为否？不可不研其几而撰其德也。……卦包乎爻而举其纲，爻析乎卦而穷其分，爻不立无以发卦之缊而冒天下之道。是故，卦爻者相为表里、相为经纬者也。此文、周之书所为二而一者也。”（《周易通论》卷一《论卦名、辞、爻辞》）从形式上说，六画卦表现了总的时况，但总的时况必然有主体间的时空关系结构，如有始有终、有上有下、有消有息、有当有否，而爻正凸显了总体时况中的某个具体时况。卦为总体，爻为部分，卦爻相得益彰、互不分离。相应地，卦爻辞也相辅相成，即文王之易与周公之易“所为二而一”。第三，孔子《易传》与《周易》古经的一致性。李光地首先强调了《彖》《象》二传对理解古经的重要作用：“盖上以释文王名辞之意，而下以得周公系辞之心，故《彖传》为卦爻之枢要。至于《大象》，则卦之命名所取为多，故夫子特表而出之，凡《彖传》释名有兼取数义者，有直释名辞者，其兼取数义者，命名之意广有所取也，其直释名辞者，命名之意专在《大象》也，‘易者象也，象也者像也’，此《大象》所以尤为一卦之要也。《小象》之传辞则简矣，而义至精，或推言爻之德位而本之于时，或旁及爻之与应而参之以比，或广其言外之意而言中之指愈明，或略其言中之词而所言之理愈备，后之贤者重言累释而不能尽，圣人辄以单辞括之，此皆经传之相为发明者，学者当作一意求之，则其文宜相附近。”（《周易通论》卷一《论经传次序仍王本》）其次，他又举例说明经传互相“补备”，相互显发：“《乾·彖》曰‘元、亨、利、贞’，未有四时之义也，《彖传》释之而曰‘资始’‘流形’，曰‘各正’‘保合’，则知四德之即四时矣。《坤·彖》曰‘西南’‘东北’，未有四德之义也，《文言》释之于西南曰‘含物’‘化光’，于东北曰‘顺天时行’，则知四方之即四德矣。乾爻之总辞曰‘见群龙无首’，著乾之居首而不为首也，《象传》则于

坤曰‘以大终’,著《坤》之居终而不为终焉。坤爻之总辞曰‘用六,永贞’,明用六之义所重在贞也,《象传》则于乾曰‘乾元用九’,明用九之义所重在元也。此又经传之相为补备者,所谓先后如一人之所为也”。(《周易通论》卷一《论经传次序仍王本》)

基于以上三步论证,李光地确信四圣之易是一贯的。事实上,四圣之易涉及一致的文本基础、共同的理论问题,其间必然存在一致性,但其并非出于一人之手,作者视域的差异必然导致文本意义的差异,所以其间也必然存在差异性。依此观之,突出其一致性或差异性都有一定的道理,但在一定程度上不免以偏概全。这是我们对待李光地、朱熹二人所持不同观点时应有的立场。

(二)论占辞

按照朱熹的说法,诸卦爻辞可分为象辞与占辞两个部分。象辞是对卦爻象的文字表述,占辞则是吉凶判断。李光地对占辞的研究非常细致,他对卦辞、爻辞中出现的元、亨、利、贞、吉、凶、悔、吝进行了深入分析。他注意到,卦辞中有“元亨利贞”,爻辞中却无“元亨”而只有“元吉”“大吉”“亨”,爻辞中有“吉”“凶”“悔”“吝”,卦辞中却没有“吝”,“悔”也仅见于《革》卦《象传》。何以如此?李光地解释说:“元、亨、利、贞者,天道之常而贯乎人事者也。吉、凶、悔、吝者,人事之致而通乎天道者也。卦本乎天道,而元、亨者,天道之大者也,故爻不得而用之也。爻主乎人事,而悔、吝者,人事之细者也,故卦不得而及之也。”(《周易通论》卷一《论卦爻占辞》)他认为,爻辞中不见“元亨”的原因在于二者为“天道之大者”,爻则主乎人事,天道人事虽然贯通但毕竟有别,故爻辞不得用之。同样,“悔吝”为人事之细,卦则本乎天道,所以卦辞不得用之。其关键在于,天道人事通中有别,而元、亨、利、贞、吉、凶、悔、吝八字之天道、人事意味实有厚薄之殊。

李光地认为，卦辞只言"元亨"不言"大亨"而爻辞既言"元吉"又言"大吉"亦有深意。"《彖辞》言'元亨'，无言'大亨'者，而夫子以'大亨'释之，则大与元本一义也，然《爻辞》或言'元吉'，或言'大吉'，则亦不能无少差别。"（《周易通论》卷一《论卦爻占辞》）差异在哪里呢？他详细对比了爻辞中"元吉"和"大吉"的用法：

> 考之《坤》五、《讼》五、《履》上、《泰》五、《复》初、《大畜》四、《离》二、《损》五、《益》初、《益》五、《井》上、《涣》四皆言元吉，惟《家人》四、《萃》四、《升》初、《鼎》上言大吉。盖《坤》五以中顺之德配乾，《离》二亦以中顺而合坤德，故《坤》曰"牝马"，配乾之义也，《离》曰"牝牛"，肖坤之义也，其辞皆曰"黄"，以此也，德至中和而极，故占皆"元吉"。《履》上则德之成也，《复》初则德之本也，其占亦元吉。此四爻皆以其德之纯言也。余则凡言元吉者，多指吉之在天下者也。凡言大吉者，多指吉之在一人者也，故均之益也，《家人》四，富其家者也，《益》五，富天下者也；均之聚也，《萃》四聚其下，而犹恐有树私之嫌，《涣》四涣其群，则已极乎大公之善也；均之进也，《益》初之义在忘身以酬上，《升》初之义在见允而得升也；均之养也，《井》之义为养民，则在上而养道成者，是民得养也，《鼎》之义为养贤，则至上而养道成者是已得养也。至于《讼》五、《畜》四，则有无讼刑措之风焉。《泰》五、《损》五，则有虚中受下之美焉。是皆非一人之吉而天下之吉，此所以不特曰大而曰元也。（《周易通论》卷一《论卦爻占辞》）

《坤》五、《离》二、《履》上、《复》初皆表现"德之纯"，是以"元吉"。其他爻辞之"元吉"，也大多指向天下而非个人。相反，"大吉"则多言个人而非天下。一言以蔽之，"大吉"指一人之吉，"元吉"则超越

个人而指天下之吉。

李光地还对卦爻辞中的“利”与“不利”、“用”与“勿用”进行了厘析。他认为，“凡言利者，皆其事后之利”，如《同人》卦辞“同人于野，亨，利涉大川”，是先“同人”而后“利涉大川”，所以为“事后之利”；“凡言用者，则即今而可用”，如《升》卦辞“升，元亨，用见大人，勿恤”，是指当下可见大人而无忧；“凡言不利者，事无可为之称”，如《剥》卦辞“不利有攸往”，指当此小人道长、君子道消之时，事无可为；“凡言勿用者，暂且勿用之意”，如《遁》初六“遁尾厉，勿用有攸往”，指大势当去，此时暂且“勿用”。总之，以上四辞有急有缓，“不利”为“终无可为”，属于急词；“用”为当下可用，亦属急词；“利”通事后而论，属于缓词；“勿用”为暂且勿用，亦属缓词。其间差别不容不辨。

事实上，在蓍占活动中占得某爻，则此爻象征的事态吉凶应当只有一种，即占辞本身的吉凶意义应该是固定的，不能是两解或多解。同理，六十四卦、三百八十四爻中相同的占辞也应该表达相同的吉凶，而不应是两解或多解。否则，《周易》占辞便不再具有决疑功能。正是基于这一认识，李光地坚决反对灵活解释占辞之吉凶。他说：“先儒说‘贞凶’，有云‘虽贞亦凶’者，有言‘贞乎此则凶’者，有言‘决定是凶’者，是有三例也。说‘无咎’既为‘补过’之义，又云‘自取凶害无所归咎’，是有两例也。夫苟二三其例，则是适以眩夫占者，而又何以断天下之疑乎？”（《周易通论》卷一《论占辞无两例》）那么，“贞凶”“贞吝”“贞厉”“无咎”究竟当作何解？李光地认为：“夫贞者，正也，固也。……凡言‘贞凶’‘贞吝’‘贞厉’者，主乎固之义，盖自以为正而固守之也。其设戒亦不纯蒙上句，盖有与上句相反为义者，如《泰》道之终‘城复于隍’矣，斯时也，‘勿用师，自邑告命’则可矣，如固守其常而力争之，则吝也。《晋》道之极‘晋其角’矣，斯时也，惟自治其私则虽危而吉无咎矣，如固守其常知进

而不知退,则吝也。此皆不蒙上句而相反为义者。如‘弟子舆尸,贞凶’‘晋如鼫鼠,贞厉’‘丧其资斧,贞凶’,则蒙上句直说,谓固常如此而不知反,则危且凶也。二者文意不同,然要为不可固守之,占则无两例明矣。”(《周易通论》卷一《论占辞无两例》)这是认为“贞凶”“贞吝”“贞厉”皆有“固”义,即固守某种状态,但具体而言又分两种情况,一种是与上句相反,如《泰》上六爻辞“城复于隍,勿用师,自邑告命,贞吝”,“贞吝”上句为“勿用师,自邑告命”,而“贞吝”之“贞”与其相反而试图“用师”,所以才有“吝”。此种情况是固守与上句相反的状态。一种是与上句一致,如《晋》九四爻辞“晋如鼫鼠,贞厉”,“贞厉”之“贞”是保持与“鼫鼠”一样的状态,故“厉”。这是固守与上句一致的状态。无论是哪一种,“贞凶”“贞吝”“贞厉”都是强调不可固守,固守则凶。

关于“无咎”,他说:“《传》言‘无咎者,善补过也’,则无咎非凶辞可知,但以《大过》之上、《节》之三,遂谓有变例焉。”(《周易通论》卷一《论占辞无两例》)如程颐注《大过》上六云:“小人狂躁以自祸,盖其宜也。复将何尤?故曰‘无咎’,言自为之,无所怨咎也。”注《节》六三则云:“己所自致,无所归咎也。”①李光地认为,这种变例不能成立:“《过》上际时穷而有处之之义,《节》三失时义而有改悔之机,是皆可以补过之例求之,不必变也。”“然《过》上际时穷而有处之之义,《节》三失时义而有改悔之机,是皆可以补过之例求之,不必变也。盖过涉灭顶时穷而凶矣,然以柔为说主,不与时争则无咎之道也。”“‘不节若’,宜得凶矣,然因不节而遂‘嗟若’,亦无咎之道也。”(《周易通论》卷一《论占辞无两例》)显然,李光地的解释,更能保证《周易》注疏的前后一致。

---

① 〔宋〕程颢、程颐著,王孝鱼点校:《二程集》,中华书局2004年版,第843、1007页。

（三）论“观象过半”

《系辞》“知者观其彖辞，则思过半矣”一语，曾明确指出卦辞对理解六十四卦的重要意义。对此，李光地进行了如下阐发：

> 文王既名卦而系之辞矣。然其系辞也，必杂取夫卦义，其取夫卦义也，又取诸爻之刚柔、上下、内外、比应、善恶、当否者为多，故名之所以命也，间用主爻之义，然以两象二体为括要之宗者也。辞之所以系也，兼论二体之德，然以六爻刚柔为取用之材者也。惟其如是，是以六爻未系而其粲然分列者已具于浑然涵蓄之中。周公之系爻也，盖本此以为权度者也，或彖辞所耑指之爻则其意可以发明，或彖辞所未及之爻则其义可以推广。文、周一心者也，彖、爻一贯者也。故夫未观爻辞者，拟议悬度可以预知其得失之所归；已读爻辞者，寻绎覆视可以确定其吉凶之有故。吁！此智者之事，学《易》之方也。（《周易通论》卷三《论观象过半》）

究其实质，文王系辞一为命卦名、一为系卦辞，卦名的意义前提是六爻之情状，略说则是“两象二体”、旁及主爻，卦辞同样是以六爻刚柔和二体之德为意义前提。这说明，文王所系之辞有两大基础，一为六爻情状，二为上下体的卦象卦德。所以在周公尚未系以爻辞的情况下，作为对一卦之意浑然表述的卦辞已然蕴含了六爻之象、六爻之义。周公系爻辞，则是在卦象、卦辞的基础上，把六爻象义进一步明确地表达出来。正因文王卦辞与周公爻辞具有源与流的关系，即“文、周一心者也，彖、爻一贯”，理解了卦辞，就在很大程度上把握了卦象和爻辞。这就是《系辞》言“知者观其彖辞，则思过半矣”的原因所在。

（四）论“对卦”“卦名相对”“取象相对”“卦意相对”“卦意相似”“卦义相似”

李光地从卦意、卦象的角度探讨了卦与卦之间的联系。具体而言，有“对卦”，有“卦名相对”之卦，有“取象相对”之卦，有“卦意相对”之卦，有“卦意相似”之卦，有“卦义相似”之卦。

所谓“对卦”，是指“《易》有两卦反对而义互相发者，往往当以首尾颠倒观之”（《周易通论》卷二《论对卦》）。可见，“对卦”即“义互相发”的“反对卦”，如《泰》与《否》、《剥》与《复》、《损》与《益》、《夬》与《姤》、《渐》与《归妹》、《既济》与《未济》等。

“卦名相对”之卦，有《小畜》与《大畜》、《小过》与《大过》、《大畜》与《大有》、《小畜》与《小过》、《大过》与《大壮》五组。

“取象相对”之卦，有《咸》与《艮》、《井》与《鼎》两对。“《咸》《艮》皆以身取象，著人一身动静之理也。”（《周易通论》卷二《论取象相对》）《咸》论感、论动，《艮》论止、论静。“《井》《鼎》皆以物取象。《井》者，在邑野者也，故取养民为义。《鼎》者，在朝庙者也，故取养贤为义。”（《周易通论》卷二《论取象相对》）

“卦意相对”，有《离》之明与《明夷》之昏相对、《家人》之内与《旅》之外相对、《萃》之聚与《涣》之散相对、《节》之约束与《贲》之文相对。

“卦意相似”之卦，有《困》与《坎》相似、《升》与《晋》相似、《巽》与《蛊》相似。

“卦义相似”之卦，有“《大壮》之四阳盛长与五阳决阴义相似也”，“《萃》以二阳聚众阴与《比》以一阳比众阴义相似也”。（《周易通论》卷二《论卦义相似》）

表面观之，李光地的上述归类并无太大意义，但这种在全面理解六十四卦卦象、卦意基础上的综合比较，在一定程度上有益于加

深六十四卦的理解。例如,李光地比较《咸》《艮》两卦后,对《咸》九四本为“心”之位而爻辞不言心之咸、《艮》六四为“背”之位而爻辞言“艮其身”的原因作出了解释:“《咸》之感以心,《艮》之止以背,心、背之象皆在四而皆未能纯乎卦义,故《咸》四不言咸,恐其憧憧而动于私也。《艮》四不言背,但止其身而未进于忘也。”(《周易通论》卷二《论取象相对》)《咸》九四不中不正,不能“纯乎卦义”,不能尽合感之理,故爻辞不言心之咸而云“憧憧往来,朋从而思”,意在强调避免感应过程中的私心私意;《艮》之六四虽然“柔正而居上体”却“不中”①,“背”则象征止、静,六四仅能控制身体不使之乱动,而不能纯乎止、静到达“忘我”即纯乎天理的状态,所以爻辞不言“艮其背”而云“艮其身,无咎”。李光地的这种解释可谓发人所未发,对学者深化卦象、卦意、爻辞的理解不无裨益。

(五)《彖传》解释卦名的九种体例

李光地认为,《彖传》解释卦名有如下九种体例:其一,“凡释名须上有一字起下有一字结,或止用一字起而以虚字助辞结之,或止用一字结,皆正体也”,包括《蒙》《讼》《小畜》《同人》《大有》《豫》《随》《蛊》《恒》《解》《革》《需》《履》《剥》《大过》《大壮》《蹇》《夬》《姤》《困》《鼎》《中孚》《噬嗑》《明夷》《井》二十五卦;其二,“有虽已释名而文意不断者,其义为下释辞之所根也”,包括《临》《无妄》《晋》《睽》《损》《益》六卦;其三,“有众义皆切卦名而又可以分释辞者”,包括《屯》《贲》《大畜》《咸》四卦;其四,“有以卦名连辞一字释者”,包括《师》《比》《复》《遁》《家人》《小过》六卦;其五,“有卦名似无凶而实凶者,则先论其理而后及卦义之不善以释卦名,盖变例也”,如《归

---

① 〔清〕李光地:《周易观象》卷八《艮》,《文渊阁四库全书》第42册,台湾商务印书馆1986年版。下引该书只注书名、卷数及篇名。

妹》;其六,“有非卦所以名而于所以名卦之意甚切者,则用故字以别之”,如《萃》与《丰》;其七,“有卦名义在于《大象》而《彖传》无释者,则直释辞而已”,包括《升》《渐》《旅》《涣》《节》《既济》《未济》七卦;其八,“有名义不专在《大象》而《彖传》又无释者,则以卦、爻互发可见,或其义别见则不更释也”,如《谦》与《颐》;其九,“释名之后释辞之前,有悬设一义者,皆以足卦意而起释辞之端也”,包括《夬》《井》《鼎》三卦。(《周易通论》卷二《彖传释名总例》)值得注意的是,上述九种体例中并无八纯卦。李光地认为,“八纯卦无以卦体释名义者”是因为“八卦德、象,《说卦》已具,重卦之象,《大象》又已明,无可更释故也”。(《周易通论》卷二《彖传释名总例》)

李光地还指出,《彖传》对卦名的解释有时只有一种说法,有时则并列诸说。此时,应以第一种说法为主:“《彖传》释名,有专取一义者,有兼取数义者。然其兼取数义者,必以首句之义为重。如‘动乎险中’‘雷雨满盈’皆《屯》意也,然震、坎之相继也,震一阳在阴下,初生而必奋,坎一阳在阴中,被陷而必出,则始交难生之义于《屯》最重也。内陷溺而外阻塞,亦《蒙》意也,然天下之丛翳而幽昧者,莫如岩崖之下、溪壑之间,则山下有险之义于《蒙》最重也。”(《周易通论》卷二《论彖传释名所取》)

(六)论《大象》的三种形式

《大象》释经,通常以两体卦名、卦象结合该别卦卦名构成前半句,后半句则常以“君子以……”收之,从而构成先叙上下二体而后论及道德的句式,如“云雷屯,君子以经纶”。由于《大象》以上下二体为基础,故李光地称其为“二体象传”。进而,他又对其形式进行了细致区分。

李光地认为,《大象》前半句的作用在于揭示上下两象与卦名、卦意的关系,包括三种情况:第一,“有卦名所以取者”,如“地天为

《泰》,天地为《否》,火地为《晋》,地火为《明夷》,泽水为《困》,水泽为《节》,水火为《既济》,火水为《未济》之类是也”(《周易通论》卷二《论二体象传》)。这些卦的卦名与上下两象直接相关。第二,“有卦名虽别取而象、意亦甚切者”,如“一阳统众所以为《师》,而地中有水亦似之。一阳御下所以为《比》,而地上有水亦似之。一阳来反所以为《复》,而地中有雷亦其时也。一阴始生所以为《姤》,而天下有风亦其候也。此类皆是也”(《周易通论》卷二《论二体象传》)。此类卦之上下两象虽与卦名并无直接关联,却与其基本卦意关系密切。第三,“有卦名别取,象、意本不甚切而理亦可通者”,如“《随》之为随,刚来下柔也,泽中有雷阳气下伏亦有其象焉;《蛊》之为蛊,刚上柔下也,山下有风阴气下行亦有其象焉;四阳居中则为《大过》,泽之灭木亦气盛而大过之象也;四阴居外则为《小过》,山上有雷亦气微而小过之象也。此类皆是也”(《周易通论》卷二《论二体象传》)。此类卦的上下两象虽与卦名、卦意皆无直接关联,但两象潜蕴之理与卦意存在联系。

《大象》后半句也可分为三类。第一,“有直以卦意言者”,如“《乾》之‘自强’、《坤》之‘厚德’、《师》之‘容民畜众’、《比》之‘建国亲侯’、《噬嗑》‘明罚敕法’、《颐》‘慎言语、节饮食’之类是也”(《周易通论》卷二《论二体象传》),即君子所效法之德,可直接从其卦意而得。第二,“有就卦意而推广言之者”,如“《晋》之‘自昭’、《明夷》之‘用晦’、《损》之‘惩忿窒欲’、《益》之‘迁善改过’之类是也”(《周易通论》卷二《论二体象传》),即君子所效法之德并非直接本于卦意,而是有所推衍。如《晋》本为“进”“升”之意,《大象》则言“自昭明德”。复其天性之意虽与《晋》相关,但属于对本意的引申。第三,“有本卦意而偏指一事言者”,如“《豫》之‘作乐’、《随》之‘宴息’、《革》之‘作历’、《涣》之‘立庙’之类是也”(《周易通论》卷二《论二体象传》),即君子所效法之德仅为卦意所

涵之一事，如《豫》卦本为欢豫和乐之意，“作乐”则为其中一事。

（七）《小象》不可忽略视之

李光地对《小象》也非常重视。在他看来，因《小象》解释六爻用辞精简，后世解《易》者往往不能领会。“学者往往失其解者，一则忽略视之以为凑足之词，二则就文求之失其立文之意，由是不足以发明爻义，且因以病乎爻义者多矣。”（《周易通论》卷二《论六爻象传》）

关于第一层原因，李光地举例分析说：“‘包荒，得尚于中行’……说者以为省文而已，不知‘包荒’其本也，然无下三者则非‘光大’而不合乎‘中行’矣。”（《周易通论》卷二《论六爻象传》）部分学者认为，《泰》九二《小象》无非是对爻辞“包荒，用冯河，不遐遗，朋亡，得尚于中行”的省略而已。但李光地相信，圣人为文精严，绝无敷衍，《小象》之所以在“包荒”之后紧跟“得尚于中行”，而不提“用冯河，不遐遗，朋亡”三者，是为了突出“包荒”的重要意义：“包荒者，尊贤容众之谓”，“包荒者，天地之心也，覆载之量也。”（《周易观象》卷三《泰》）关于第二层原因，他又举例分析道：“如‘同人于郊，无悔’，本善也。因‘志未得’之辞，则以为荒僻。……不知‘于郊’固善也，惟未至于‘野’，故其志‘未得’而仅‘无悔’也。……不然卦义‘于野’而曰‘亨’矣，何止于‘无悔’哉。”（《周易通论》卷二《论六爻象传》）部分学者基于“志未得”一语判定《同人》上九“荒僻”而不与人同，故非佳爻。李光地则认为，“志未得”只是上九“同人于郊”相较卦辞“同人于野，亨”才有的结果。“同人于野”是为“大同”，所以有“亨”，“郊”虽不及“野”但近于“野”，已经超越了“同人于门”“同人于宗”，怎能说是“荒僻”而不与人“同”呢？依此观之，《同人》上九亦是“本善”之爻。

总之，李光地对《小象》有着深刻的体贴。他指出：“其忽略者既于爻义无所发明，而其说之失者则因以误解爻义而重为之蔽也。

此《象传》之学所以最切于学者而不可不讲者欤。”(《周易通论》卷二《论六爻象传》)由此可见其研《易》之精深。

二、对《周易》宇宙本体论的反思

李光地通过对《周易》相关命题的阐释,在易学论域中构建了自己的本体论和宇宙论。在其本体论视野中,宇宙存在两个相即不离而又不能混同的层面,即超越的天道本体与具体的万事万物。本体有主宰、神妙、生生、超然、规律、至善六义,为天地万物之大本大源,万物生生不息、成而不乱有赖于此,天地之性直贯人之生命而为人之善性亦有赖于此。天道本体在李光地的视野中常常被称为性或天地之性,故其本体论可称为性本论。他通过阐发《周易》“天地之心”与“生生”的观念确立了天道本体及其本质和功能,通过阐释“乾元”与“乾道”说明了本体及其发用的逻辑过程,通过论述“继之者善也,成之者性也”说明了天道本体直贯人生而为人性之善。性本体六义中的生生义、主宰义、神妙义、至善义都是通过诠释《周易》确立的,《周易》在李光地性本论的构建中占有非常重要的地位。

(一)天心与帝、神:本体的内涵

“天心”一词见于《尚书·商书·咸有一德》,但李光地所论“天心”主要是指《周易·彖传·复》“复其见天地之心”一句中的“天地之心”。复卦初九一阳初生,学者多将其解作万物凋零时一阳来复,象征天道生生,如程颐说:“一阳复于下,乃天地生物之心也。”①此种理解只是泛泛地将复卦一阳认作天心之体现,并未深究

① 〔宋〕程颢、程颐著,王孝鱼点校:《二程集》,中华书局2004年版,第819页。

天心的本质、天心与天道及万物的关系如何。李光地则认为:“《四书》《五经》《太极》《西铭》,无一语不是从天心摘出来的。”①依他之见,“天地者,万化之源也”(《周易观象》卷一《坤》),万物生化的本源是天地,而天地的本质就是“天心”。“人有性,天亦有性,人有心,天亦有心,无丝毫之异。”(《榕村语录》卷十一《周易三》)人性是人的本质,人心是人生之主宰,如果天有性、有心,则天性或天心即天地的本质和主宰②。“圣人之学,只是希天。天只一团生意,以生物为事,无一息之停,那一点好生的心,干干净净,一无所为。”“天地好生之心,万古如此,不曾有一毫自私自利、有所为而为之意。圣希天,天浩浩荡荡,从何处希起?希其心而已。此无所为而为之心,天心也,故曰‘有天德,始可以行王道’。此心,天德也。……所以《中庸》从‘戒惧’‘慎独’说到‘天地位,万物育’,末又收归‘暗然为己’,一直说到‘无声无臭,上天之载’方住,总是发明此理。此一点无所为而为之心,即是天地生物之心,又纯,又粹,又精。”(《榕村语录》卷九《周易一》)万物因天地“生生”而发生发展,此“生生”由天心而呈现,天心具有“干干净净”“无所为而为”的特征。总之,在李光地的视野中,就天地万物的大化流行、生生不息的过程来说,有具体的万事万物,有超越万事万物但不离万事万物而为其提供生化之能的天道本体,此天道本体就是天心。无天心则无生生,则无万事万物之大化流行。

天心包括“帝”和“神”两个方面。“帝”和“神”在《周易》中曾多次出现,李光地则将二者统合并纳入其本体论框架中:“以主宰言谓之帝……以妙用言谓之神……帝与神皆天之心也。以其实而

① 〔清〕李光地著,陈祖武点校:《榕村语录》卷九《周易一》,中华书局1995年版,第163页。下引《榕村语录》只注书名、卷数及篇名。

② 在李光地的本体论思想体系中,天心即天性,这与人心、人性不能混用是有区别的。

有主,故称帝焉。以其虚而无方,故称神焉。神虚而帝实,故帝诚而神明。”(《周易通论》卷四《论图象八》)概言之,“帝”强调了天道本体的主宰义,“神”强调了天道本体的神妙义。

天道本体为万物之主宰。“日月、寒暑、水火、山泽、风霆、雨露,各有专司,而皆以育养成就为职,如百官有司之恪事,知其主之者帝也。”(《周易通论》卷四《论图象八》)万物皆有其职、皆有其能而又尽其职、尽其能,如人有心而四体不乱、人类社会有皇帝而百官恪尽职守,关键就在于宇宙中也有一个主宰之帝,“帝者,天之主宰”(《周易观象》卷十二《说卦传》)。“一切风雨雷霆,都是天之材料,而中间有个主宰之帝,各项职掌,无不听命于帝。其生杀舒敛,气候一到,无有巨细,莫不响应。如人一身,其五官百体,皆人之材料,亦各有职掌,而主宰乃心也。”(《榕村语录》卷十一《周易三》)本体虽超越于具体事物,但因事物之变化而见。就八卦而言,帝之主宰义正是通过八卦之作用而见,“主宰一尔,而八卦之用不同,则帝行乎其间焉。震之德自内而动,故帝于是出而生物也。巽之德入而能制,故帝于是遍齐万物也。离之德丽而光明,故帝于是与万物相见。坤之道顺而能养,故帝于是为万物劳役也。兑之德说,故帝于是而遂物之生意。乾之德健,故帝于是而胜群阴,而天命之行也不息矣。坎之德为习熟,习熟则可以休宴,故帝之力于是劳。艮之德止,止则动而不穷,故帝之功于是成也”(《周易观象》卷十二《说卦传》)。八卦各有其德、各有其能,而其德其能正是天道本体的作用。在这里,八卦贯通着超越的本体和具体的万物,是天道本体主宰义的具体执行者。

天道本体的神妙义,突出了万物发生发展过程中的同一性。此同一性决定了万事万物不因差异而相互隔绝,能够互相作用、相辅相成。此同一性亦是天道本体之内涵,天道本体遍在万物之中而生成之,则万事万物皆得以生、得以立、得以成。“日月、寒暑、水

火、山泽、风霆、雨露，其气各异而不相通，其道并行而不相悖，如耳目手足之捷应，知其妙之者神也。”（《周易通论》卷四《论图象八》）此“神”就是天道本体之“一”，就是万物的同一性。“神者，两物相感之几，互根之妙，其原只是一理。”（《榕村语录》卷十一《周易三》）“动中有静之理，故于动便知有静；静中有动之理，故于静便知有动。阴有阳，阳有阴，相生相克，止是一理。”（《榕村语录》卷十一《周易三》）。就天道本体而言，“神”为“一”；就万物而言，“神”在万物之中而“妙万物”。“观变化之道，必知神之所为。故水火异气而相赴，雷风殊用而相须，山泽不同形而相注，以其本一物而两在，是以虽异位而同功，此则神之所以妙乎万物而变化成物之本也。”（《周易观象》卷十二《说卦传》）“能知化之所以相反而相成，则知神之所以两在而合一……如水火之质则异矣，冬夏之气则殊矣。然雨旸寒暑相用以成物者，何也？惟天地之神寄于阴阳者不二也。”（《周易通论》卷四《论神》）天道本体既为“一”，又在万物之中发挥作用，这种难以测度的精妙特征就是“神”。

总之，“天心”指谓“生生”本体、“帝”与“神”分别突出其主宰义和神妙义，三者共同表明了天道本体的内涵。

（二）乾元与乾道：本体及其发用

在易学史上，诸家对“乾元”一词的理解不尽相同。如王弼认为“乾元”是天德之健，孔颖达认为是元气之德，周敦颐认为是“诚之源”，朱熹认为是乾德之首即“天德之大始”。就这些看法而言，王弼以天为形、健为“用形者”似乎贯彻了本末观念，但其哲学体系的本体是“无”而非乾元之“健”；孔颖达则是在宇宙论而非本体论的层面上解释乾元；周敦颐在诚本论的视野下定位乾元与乾道，已经含有“乾元”为宇宙本体的意味；朱熹以“乾元”为“乾德之首”虽然是宇宙论层面的论述，但他并没有用“乾元”指称天道本体。

李光地在上述认识的基础上有所发展。他在本体论的视野下以本体与发用的关系来界定分疏乾元与乾道：“天地之为天地，无有他事，生万物而已。”①究其实质，此功能在于乾元与乾道。“乾元者，生物之心。乾道者，造物之用。心一而已，故万物皆资始焉。用则变化而参差不齐，于是各以所赋受者自成，而莫不完全乎天之生理，是则乾之利贞也。”（《周易观象》卷一《乾》）乾元为天心、为本体，乾道为本体之发用，本体发用即在万事万物之中而呈现为万物的生生不息。所以，乾元、乾道和具体万物从逻辑上说各有差别、不可混同；就实际存在而言，本体及其发用固然不可分离，而乾元与乾道也就在万物之中起生化作用而非离万物独存。

乾元、乾道各有其特征。乾元为本体、为一，此一又有纯、粹、精三个特点。《文言・乾》曰：“大哉，乾乎！刚健中正，纯粹精也。”李光地以此形容乾德，并予以进一步发挥：“纯是无一毫驳杂，粹是无一毫恶浊，精是无一毫渣滓。”（《榕村语录》卷九《周易一》）纯与驳杂相对、粹与恶浊相对、精与渣滓相对，驳杂、恶浊、渣滓为多，且有不善之意。与此对照，正可见本体完美、纯一。“纯、粹、精，又以乾元之能利天下不言所利者言也。盖人心有私则其所及隘而不能忘，乾之刚健中正一贯之以生物之心，无私之至也，故其用溥遍而不滞于一偏，其体则真静而不累于名迹，滞累则杂且驳矣，杂驳则粗矣，至纯至粹而无一毫疵颣之参焉，此所以为‘上天之载，无声无臭’也，非天下之至精哉！圣人之语天德至是无余蕴矣。”（《周易观象》卷一《乾》）

乾元为本体，乾道为其发用。发用关乎具体事物、呈现为多，故必超越“一”之纯、粹、精而进入天地气化之中：“乾道者，兼乎天

---

① 〔清〕李光地：《榕村集》卷七《初夏录二・太极篇》，《文渊阁四库全书》第1324册，台湾商务印书馆1986年版。下引该书只注书名、卷数及篇名。

地之气之化而言者也，其各正而成之者，是人物之差也，分殊者也。乾元惟大，故公而不私。乾道惟变化，故差而不齐。”（《周易通论》卷三《论继善成性》）与乾元之纯一相比，乾道的本质特征就是多与变化。乾道之“多”在于乾元呈现于二气五行以及万物之中，“乾道变化者，二气五行之错综也，人得之以为人，物得之以为物”（《榕村集》卷二十四《讲义二·〈通书〉诚上章》）。乾道“变化”在于二气五行相互交感、万物生生不息，乾元神妙不可以变化论，乾道之本质则正在于变化。由此可见，李光地对乾道或道的理解与程朱理学不同。程朱以理为本，认为“道者，理也”，道、理无动静、为形上，如朱熹解释“一阴一阳之谓道”说：“阴阳迭运者，气也，其理则所谓道。”解释“形而上者谓之道”说：“卦爻阴阳皆形而下者，其理则道也。”（《周易本义》）但李光地论道或乾道不以理论之。《周易观象》释“形而上者谓之道”曰：“形上超于形者，即乾坤之理，圣人所欲言之意也。”（《周易观象》卷十《系辞上传》）是以乾坤之理为形上，却未明言“道”为形上。《榕村集》更是直接否定道为形上：“在人者率性为道，天地何独不然？一阴一阳之道，亦天地率其至善之性而为之者也。故曰立天之道曰阴与阳，立地之道曰柔与刚，立人之道曰仁与义，言道则可以对待言，若性则不可以对待言。”（《榕村集》卷七《初夏录二·人心篇》）性为形上，不可以对待而论，道已形下，自然可以对待言。这一看法的基础在于，李光地认为形上者为本体，此本体在不同语境中为天心、为乾元、为性，而道或乾道只是本体的发用而已。“性者，道之源也”①，“性者，理之总名耳，著而为道”（《注解正蒙》卷上《诚明篇第六》）。一旦发用，已是就二气五行与万物而言，不可以形上论之。这是李光地对道或乾道的一

① 〔清〕李光地：《注解正蒙》卷上《诚明篇第六》，《文渊阁四库全书》第697册，台湾商务印书馆1986年版。下引该书只注书名、卷数及篇名。

个重要看法。

李光地关于乾元、乾道的识见在一定程度上受到了周敦颐的影响。他讲解《通书·诚上》“诚者,圣人之本。‘大哉乾元,万物资始’,诚之源也。‘乾道变化,各正性命’,诚斯立焉”一段时说:“诚者,天之所以为命而人之性禀焉。圣人之所以圣者,尽性而已,非有加于性之外也。故曰‘诚者,圣人之本’。此句是一章之纲,以下皆发明其意。乾元者,天地生物之心也,万物各得其心以为心,是诚之所自来也,故曰‘源’。乾道变化者,二气五行之错综也,人得之以为人,物得之以为物,品质一定,不相假借,是诚之所以成也,故曰‘立’。”(《榕村集》卷二十四《讲义二·〈通书〉诚上章》)当然,李光地对乾元、乾道关系的界定虽然基于周子之说,但在本体论的高度上定位“乾元”确是其独到贡献。

(三)性善:作为人性基础的本体及其至善特征

《彖传》曰:“大哉乾元,万物资始。……乾道变化,各正性命。”《系辞上》曰:“一阴一阳之谓道,继之者善也,成之者性也。”尽管就文义而言,这两句话并不一定必然导出性善论,但李光地在本体论的视野中对其进行分疏而彰显了自己的性善论。他解释“继之者善也,成之者性也”时说:“继犹继体、继志之继。盖天赋人受交接之间也,天地之性纯粹至善,人、物得是理以有生则莫不有天命之善焉。然乾道变化,二五参差,气异质殊,品类各正,是则为人物之性,故不特人与物通塞偏正较然异也,就人之中仁知之见各倚于所禀,百姓之愚行习而不知,此所以与天地不相似而仁义合一之道鲜也。”(《周易观象》卷十《系辞上传》)这是认为天地之性本来至善,人与物继天地之性而成为各自存在的基础,所以人和物皆有天命之善;不过,人与物的生成不仅继此天地之性,且在二气五行交感变化中展开,故必有所偏,即人与物又各有其性。作为人和物存在

基础的天地之性尽善，而当下“气异质殊”的个体所具有的人物之性则有所偏、有所不善。就基础而言，性为天地之性、为善，就当下之呈现而言，人物之性则有不善。

天地之性为何至善？“天只一团生意，以生物为事，无一息之停，那一点好生的心，干干净净，一无所为。”(《榕村语录》卷九《周易一》)“天地好生之心，万古如此，不曾有一毫自私自利、有所为而为之意……此一点无所为而为之心，即是天地生物之心，又纯，又粹，又精。”(《榕树语录》卷九《周易一》)此生生无一毫私意，无一毫渣滓，所以本来至善。此生生之善的重要表现就是天人一贯为仁：“仁者，即天地生物之德，而人、物得之以为心之德之实体也。”(《周易通论》卷三《论继善成性》)天地之性作为天地本质而透显于人物，为何又有不善产生？李光地对此解释道：

> 形上谓之道，形下谓之器。道者，浑具之性。器者，发用之材也。性既善，材亦无有不善。然性一而已矣，材则取备焉。备则错综变化，巧历不能穷也，参差多寡而偏正生矣。又性无形，气有迹，有迹则又有精粗醇醨之异。譬之五味皆旨也，或不备或多寡，失其齐则变而为恶味。五色之相参杂也亦然。且色味既有形之物，则必有菁英苴淤、淳厚淡薄，固不能以均齐也。人受天地之中，阴阳五行会萃均和，得其正者也。物则偏而不能全乎天地之性。然就人之中又有正而偏者为愚、不肖之不移，物虽偏而亦有偏中之正，故有形类性情与人似者。(《榕村集》卷七《初夏录二·太极篇》)

第一，天地之性为纯善之一，现实世界的人物为多，多则有错综变化，有参差不齐，所以有偏有正；第二，性为形上，组成具体万物的气则为形下，有形则有精粗之别、醇醨之分。概言之，具体事物本身存在差

异性,因差异而有精粗,即有好坏之分,而阴阳五行在交感聚合成就万物之时也不能物物均和,其中聚合得宜者能全天地之性,不得宜者则不能全天地之性。所以,“多”本身的差异性及其间聚合是否得宜,造成了现实中有善有恶。现实虽然如此,但作为万物本体的性则是至善的。这在李光地看来并不矛盾,它们结合在一起,既解释了性本善,又解释了恶的存在。

需要强调的是,如同乾元、乾道的观念一样,李光地的性善思想同样受到了周敦颐的影响。这主要表现在李光地把《彖传》“大哉乾元,万物资始。……乾道变化,各正性命”和《系辞》“一阴一阳之谓道,继之者善也,成之者性也”两个命题结合起来阐释性善。“夫子之言性与天道不可得而闻也,自《乾·彖传》《文言》始发之。”(《周易通论》卷三《论继善成性》)《彖传》言“大哉乾元,万物资始。……乾道变化,各正性命”是论述天道,《文言》曰“元者,善之长也”是论述乾元本善,但此两句并未阐明天人之际,而《系辞》“一阴一阳之谓道,继之者善也,成之者性也”一语恰恰对此有所填补。周敦颐《通书》首章言道:“诚者,圣人之本。‘大哉乾元,万物资始’,诚之源也。‘乾道变化,各正性命’,诚斯立焉。纯粹至善者也。故曰:‘一阴一阳之谓道,继之者善也,成之者性也。’”①这一方面确立了乾元为诚之来源,另一方面说明了乾道变化是诚的发用,同时结合《系辞》的“继善成性”强调了乾元、乾道即天人之际的意义。如此一来,则天人一贯,故性本善。李光对此评价甚高:“周子引《彖传》之言与《系传》互相发其指,深矣。”(《周易通论》卷三《论继善成性》)当然,李光地并不是简单地继承周敦颐,而是在自己的本体论框架内予以进一步发挥。

① 〔宋〕周敦颐著,陈克明点校:《周敦颐集》,中华书局1990年版,第12~13页。

（四）定位之体与流行之用：宇宙论视野下的体用观念

“《易》以道阴阳”，易学视野下的宇宙论以阴阳为中间环节从太极指向万物。太极无形至简至约，万物之理过于繁琐，阴阳存在之理则成为宇宙论所考察的重要对象。李光地受前人解读先天图、后天图蕴含对待流行之理启发，进一步强调了阴阳可分为定位之体与流行之用两个互不分离的层面。

定位之体“如天地日月之类是也”，即万物有互相对待者。凡对待必有差异，但差异中又有感通交流之作用，否则便成无关之物而不得为对待；流行之用，是定位之体“又以流行动静而分阴阳”，“如天地之气，一寒一暑，日月之行，一昼一夜之类”。这种定位之体和流行之用，是对天地万物大化流行中必有相对作用者及其所呈现的流变进行的概括。其意义约有如下数端：其一，作为物质载体的体以及体所呈现的流变作用；其二，体并不是单一的，而是既有差异又有联系的互相对待者；其三，体之间的联系作用为互相对待者之间的感通交流；其四，体的作用呈现也不是单一的，而是在时间过程中此时某一方占主导，彼时与其对待的另一方占主导；第五，体用在逻辑上虽有殊别，但不可分离。用是体之用，体是用之体。从这五个角度来理解宇宙及其变化之理，虽然简略但比较准确。李光地认为，无论是《系辞》还是《说卦》都阐述了这种道理：“《系辞传》首章先言天地高卑，刚柔动静，方物象形，一一定位，然后气机相摩相荡，而雷霆风雨聚散乎其间，昼夜寒暑运行乎其际。此圣人所以道阴阳之实也。《说卦》亦先叙列八卦对立之体，然后及于动、散、润、晅周流之用，正与《系传》首章同意。”（《周易通论》卷三《论易言阴阳之序》）

如果用更加直接的易学语言来表述，以上观念又可以简化为三个概念，即不易、交易与变易。“不易”即定位之体，“交易”即定

位之体中的互相对待者之间的感同和交流等联系作用，“变易”即定位之体在时间过程中呈现的流变作用。三者互不分离，“流行者，变易也，而定位者，则已具交易于其中，则交易者，变易之本也”，“交易者，阴中有阳，阳中有阴，互藏其宅者也。变易者，阴极而阳，阳极而阴，互为其根者也。互藏其宅，故其情相求而相须。互为其根，故其道相生而相济。此皆所谓行乎其间之易。然离设位成列者求之则亦不可得而见矣。”（《周易通论》卷三《论易言阴阳之序》）三者虽然互不分离，但在逻辑上有先后之别，“凡《易》中阴阳皆当以定位者为本，其所谓动也，静也，消也，息也，然后以此推之而已矣”（《周易通论》卷三《论易言阴阳之序》）。即先有定位之体，后有流行之用。如果不强调这一点，离体而言用，则容易堕入论空讲无之异端。

需要强调的是，定位之体的“体”是宇宙论而非本体论视域下的体。本体论的“体”是不离于万物但超越万物的性、天心、太极、乾元，定位之体的“体”则是具体的物质，是本体所呈现者。此二者之差别不容不辨。

（五）幽明、死生、鬼神之说

《系辞上》曰：“易与天地准，故能弥纶天地之道；仰以观于天文，俯以察于地理，是故知幽明之故；原始反终，故知死生之说；精气为物，游魂为变，是故知鬼神之情状。”在易学的视野下穷索天道，就能知晓幽明之故、死生之说、鬼神之情状。此三者皆自然中的重要问题，对它们的理解、认知无疑有助于宇宙论体系的建构。

关于“幽明”，李光地说：

天文之大者，三光而已。地理之大者，五行而已。而皆不

离乎阴阳。故天阳也，地阴也。自在天者言之，日阳也，月阴也。自在地者言之，木、火阳也，金、水阴也。张子曰：火日外光，能辟而施；金水内光，能翕而受。神与形，天与地之道与！是故天施而地受者也，日施而月受者也，木火施而金水受者也。施者其体实，受者其体虚。实者著显而易见。故凡明之类皆视此也。虚者隐暗而难知，故凡幽之类皆视此也。（《周易通论》卷三《论幽明之故》）

就天文三光、地理五行而言，天阳地阴、日阳月阴、木火阳金水阴，阳能施，阴能受，施者实，受者虚，实者光明易见，故属明之类，虚者隐暗难知，故属幽之类。这是从阴阳出发，根据二者不同的功能和特征来说明幽明之不同。事实上，阴阳既有差异而又互根互生。“施者有所丽，受者有所涵。惟其能受而涵之也，故虚而非虚，且虚而能生实也。此阴阳所以不穷而万物所以生生，幽明之理尽于此矣。”（《周易通论》卷三《论幽明之故》）阳能施，但阳必附丽于阴而施，阳之所施是施于阴；阴能受，阴必虚而能涵阳之所施，所以阴不是纯虚，而是虚中有实，虚能生实。阴阳互根互生而促成万物之生生不息。如此一来，幽明问题就被解释为阴阳问题，同时具有了天道生生不息的意义。

关于死生之说，李光地认为应从两个角度加以理解。一是事物有无变化的角度，这个角度着眼于个体的产生与消亡，二是事物体现与保存生之理而流转不息的角度，这个角度着眼于事物的生生不息。关于前者，李光地说：“聚则物之所以有，散则物之所以无。感则事之所以生，寂则事之所以止。其生而有也有所自，其止而无也有所归。死生之变如此而已。”（《周易通论》卷三《论死生之说》）这把事物的生死高度概括为气聚则有、气散则无，有感则生、无感则寂止，生有所来、死有所归，完全是从事物的形式来说明

生死之变的。关于后者,李光地说:“天之生物也,岂使之徒然而生,徒然而死哉?盖必有所以生者焉,所谓全而生之也。有所以死者焉,所谓全而归之也。百谷草木之生,能蕃其根,畅其枝,以至于成其实,则所以生之理完矣。剥落之后,其实必充美,而又可以蕃衍于无穷。盖性之流传不可息也。”(《周易通论》卷三《论死生之说》)这种看法超越了表面形式的生死观,而是从“所以生者”“所以死者”的高度进行思考。“所以生者”即“全而生之”,是“所以生之理”在个体生命过程中的全幅展现,“所以死者”即“全而归之”,是“所以生之理”在个体生命过程中全副展现的同时又全副收摄到籽实当中以促成下一代的生命展现。从“全而生之”到“全而归之”,再到新的“全而生之”,生命不息、繁衍无穷。这种观念超越了个体的生死,而强调了“生之理”的不断实现和展现。这种以植物为例论述的生死之理对人有何意义?李光地解释说:“人心之造事也,如其事之理而无亏欠,及乎事已心休,则泯然而有以自得,且可以生异日之善,而为后事之师也。否则,迹虽往而萦怀者不释,甚则过既成而追讼者无穷。”(《周易通论》卷三《论死生之说》)如同其他生物的生死是“生之理”的实现、展现与传承,人之所思与所行亦需遵理,事来照理而行,事过不留而内心有德。有德之心类似植物之籽实,能够成全他日之善,其中关键在于始则始矣、终则终矣,遵理行之而无憾,不可萦怀不释而牵于私欲。那么,人之生死的终极意义是什么呢?“人生于天地间,其生其死盖终始之大者,较之物类、事类,又相远矣,而圣人所谓朝闻而夕可者,盖亦等其理于一事物逡巡晨暮之间,此之谓死生之说也。”(《周易通论》卷三《论死生之说》)这就本于孔子“朝闻道,夕死可矣”一语突出了人的道德价值追求。上升到此一境界,便不会将个体生死萦绕于心。这正是死生之说的更高层次。

关于鬼神的问题,李光地有取儒家立场,不语“怪力乱神”。他

对鬼神问题只是从人之生命和当下世界的角度加以解释。“精气、游魂皆以吾身之生生者言之尔。筋骨血肉，精之为也。呼噏营卫，气之为也。二者合而成物，物之体也。精之灵曰魄，气之灵曰魂。魄主静，故常居。魂主动，故曰游。游者，或聚或散之称也。其聚也，乘于气而思虑动作兴焉。其散也，藏于魄而思虑动作泯焉。是故精之魄为鬼，气之魂为神。游魂之聚而乘于气者为神，其散而藏于魄者又为鬼。精气魂魄常在鬼神之长流而不息者也。游魂之变无方，鬼神之旋伸而旋屈者也。”(《周易通论》卷三《论鬼神之情状》)人由精气构成，其中精之灵为魄，气之灵为魂，魂主动，故称“游”，有聚有散，聚则能用气而有思虑动作，散则藏于魄而思虑动作停歇。就人之身体总体状态而言，魄即为鬼，魂即为神；就魂之状态而言，魂之聚而能用气为神，魂之散而藏于魄为鬼。无论何种理解，这里的鬼神都是就人之生命而论。以此为基础推广至天地造化，则有自然造化视野下的鬼神。他说：“以造化言之，则天气地质犹吾身之精气，天神地灵犹吾身之魂魄也，游气纷扰犹吾身之游魂，感遇聚散以为万物之终始死生，犹吾身游魂之变也。”(《周易通论》卷三《论鬼神之情状》)相比人身的精气、魂魄、鬼神，天气似气、地质似精、天神似魂、地灵似魄，游气纷扰似游魂，气之聚散则成万物之终始死生，所以天道层面的鬼神情状和人身层面的鬼神情状是相通的，表现形式有一定的差异，但道理是一样的。“经所谓鬼神者，通造化而言者也。造化之鬼神不可知，故以人身之鬼神知之也。推而极之，则造化之鬼神不可求，亦以人身之鬼神求之也。知之则质而无疑，求之则感而遂通，何则？一体故也。”(《周易通论》卷三《论鬼神之情状》)其所以相通，乃因天地万物本为理气构成，理皆相同，气皆一体，人身与天地万物相通，故人身之鬼神自然可推延至天地万物。照此理解，则鬼神问题毫无玄秘色彩。可是，为何常人每每对鬼神问题充满疑惑？李光地分析说：“世俗之惑盖在

于人消、物化而不知其所归，故以为有无难明也。然自吾身之游魂观之，则凡耳目之所涉，思虑之所营，必有所藏也，有所寄也，孩稚之习老大而不忘，旦昼之为梦寐而不泯。惟精气之长在而魂魄之周流，故动静之一根而隐显之无间。然则鬼神之有无可知矣。”（《周易通论》卷三《论鬼神之情状》）依他之见，以精气为基础的鬼神是有的，民间所谓的那种神秘鬼神则是虚无的。

幽明、死生、鬼神之说在易学视野下其实是相通的：幽明就阴阳而论，鬼神就精气而论，精属阴、气属阳，精气与阴阳相通，幽冥与鬼神之说能互相启发，即“是故仰观天文，俯察地理，则以吾身之精气为物者当之，幽明之故通而鬼神之情状已明”（《周易通论》卷三《论鬼神之情状》）；人之死生就游魂之聚散而论，天道之鬼神就游气之聚散而论，人之游魂似天地游气，所以死生之说又与鬼神之说相通，这就是“原始反终，则以吾身之游魂为变者当之，死生之说得而鬼神之情状益著”（《周易通论》卷三《论鬼神之情状》）。

三、对《周易》与心学关系的反思

李光地认为《周易》具有心学的维度。他一方面分析了《复》《无妄》《离》《中孚》四卦的心学意义，一方面主张“图象皆心学也”（《周易通论》卷四《论图象七》），并阐发了先天图与后天图的心学意义。需要强调的是，这里的“心学”是指心性修养之学，而非心本论之学。李光地突出《周易》的心学维度，更加鲜明地突出了大《易》在心性修养方面的重要意义。

（一）《复》《无妄》《离》《中孚》四卦与心学

1.《复》

《复》卦一阳在下初生，在上五阴虽然势盛但前途必为渐生之

阳所制。在阳善阴恶的意义上审视,《复》卦的阴阳态势即象征着天理与人欲之间的关系。天理即道心,人欲为人心所涵,故《复》卦亦与道心人心之说存在关联。李光地说:“夫所谓天地之心者,道心也。一阳在内而甚眇,故道心微。群阴在外而甚盛,故人心危。”(《周易通论》卷二《论复心学》)又云:

> 惟精惟一,则微者著矣。有不善未尝不知,精也。知之未尝复行,一也。其殆庶几乎,言能著其微也。初之不远复是也。允执厥中则危者安矣。作德日休者,安也。敦厚不迁者,安也。以其得中故也。二五之休复,敦复是也。未能遏人欲则甚危,然遏之而已矣。三与阳相背而处动体之极,故虽复而厉,言其危也。未能存天理则甚微,然存之而已矣。四与阳相应而处群阴之中,故虽复而独言其微也。天理灭而人欲肆,则微者愈微矣,危者愈危矣。微,故有迷复之凶;危,故有灾眚之及。用师则大败,无以胜人欲之强也。凶及于国君,无以安主宰之位也。至于十年弗克征,又何望于七日之来哉!虽然,此皆心之失其职尔。若心得其职,则以之克己而必胜,天君泰而百体从令矣。又何败亡之凶之有?故其传曰反君道也。(《周易通论》卷二《论复心学》)

这就把人心修养过程中的天理人欲关系及其在社会层面所可能产生的效果和《复》卦象辞结合起来,其实质即在道心人心、天理人欲的视野下解读《复》卦。

2.《无妄》

“无妄”为诚、为有常。在李光地看来,《无妄》与心性修养的关联有二点:其一,无妄之有常为常于天性。“朱子曰人欲尽处天理流行,此无妄之所以利有攸往而可守以为常也。初,震之主也。

四，健之初也。乾之初画一索得震，所谓刚自外来而为主于内者，故其往也曰得志，于所性无加焉，其守也曰固有，于所性无损焉。”（《周易通论》卷二《论无妄心学》）此间“得志”与“固有”皆指天性、天理；其二，《无妄》六三、上九二能见义命之学。“三、上，二体之穷也，穷则有灾，然三行而有灾，上则有行皆灾也。然则在三者安于灾而已矣。在上者止于行而已矣。灾自外至，非由己作，然必能安于在外者，又能反于在己者，斯为无妄。不然，犹妄也。是故，事之初，断于义而论也。无妄为天命之正，而何行之不利、何处之不安？事之中，参义命而论也，行吾义焉，而不计其利与害，守吾义焉，而不计其安与危。事之终，极于命而论也，命有时而拂逆安之，而后其行义也果而不惑，命有时而穷困顺之，而后其守义也隤而不息。义命之学，吾于无妄之卦见之矣。”（《周易通论》卷二《论无妄心学》）这是通过六三、上九象征有灾之时的分析，强调如何于灾难之时处之有道。即在事情发展的初始阶段要“断于义”，于事情发展的中间阶段要“行义”“守义”，于事情发展的终极阶段要通过“守义”而“安命”“顺命”。总之，《无妄》即不妄于义而非妄于命。

3.《离》

八卦皆为心之德，心之德本明，但落入实际生活则有不明之人，亦有不明之时。德之所以有昏之时，根本原因在于“性为情汩”（《周易通论》卷二《论离心学》）。天赋之性本善，但情动于物则可能遮蔽本明之性，这就造成了昏德。“圣人之发必中节，故喜、怒、哀、乐无非和者，而德常昭明”（《周易通论》卷二《论离心学》），常人则性不能节情，须转化昏德，使其本性常常呈现而不被汩乱。

《离》六二“黄离元吉”，原因在于“以中德为明”（《周易观象》卷五《离》），“其发为喜而吉”（《周易通论》卷二《论离心学》）；九三爻辞有“日昃”与“凶”之辞，原因在于日过中则昃，于是有昏，“人之德衰而向昏”则不能性其情而有凶；九四有“突如”“焚如”之

辞,德性进一步昏乱,“为至昏所迫,不能安详坚定”,“天理熄则人欲炽”,为情所乱而大凶;六五言“沱若”“嗟若”“吉”,“昏极明生也,其发为哀而悔常存乎日中”(《周易通论》卷二《论离心学》),“其悔悟深切,至于出涕兴嗟,如此则虽昏必明,虽弱必振”(《周易观象》卷五《离》),是以有“吉”。

总之,君子要“性其情”而不能为情所汩乱,其关键在于“敬与克”:“敬之于未失之先,如晨兴而接物舄履相错也,无所不用吾恭焉。克之于既失之后,如乱极而兴治苞蘖必拨也,然后可伸吾威焉。此之谓惧以终始,其要无咎。”(《周易通论》卷二《论离心学》)

4. 论《中孚》

《中孚》有诚、实之德,李光地说:“《中孚》者,有实心也,有实德也。无实心则文貌徒备而推诚者不至,无实德则声闻过情而自守者不坚。”(《周易通论》卷二《论中孚心学》)实心决定了君子能“推诚”于人,实德决定了君子能坚守其道。《中孚》之实心、实德是儒者修心的必备根本。

就《中孚》六爻而言,九五、六四为君臣之交而有实心实德之意,所以无咎:“居上位则以实心为重,为其推诚有以及物也。在下位则以实德为重,为其自守有以成身也。六四者,近君之臣,九五者,化邦之主。是故有绝类之忠以结其上,则臣节盛矣。有挛如之恩以逮其下,则王化行矣。”(《周易通论》卷二《论中孚心学》)初九、六三在是否有实德而安于自守的方面形成了鲜明对比。有实德则吉,情移于物则凶:“虞也者,乐也。燕也者,安也。或鼓或罢,无以自安也。或泣或歌,无以自乐也。……故虞则吉,而有他则不燕,志专于内也,初之所以吉也。得意则跃跃以喜,不得意则戚戚以泣,情移于物也,三之所以凶也。”(《周易通论》卷二《论中孚心学》)九二、上九之修德一则为己、一则为人:“九二刚中有实德者也。虽无应于上而诚则必动,故其象为鹤鸣于阴,其子必和,好爵

在我,必有与靡之者。……盖有实德者,虽潜隐不务于外,然懿德之好出于自然,所谓同声相应同气相求者,此爻之义也。”(《周易观象》卷九《中孚》)上九“孚之道积于内不暴于外,修于己不扬于众。上处外而居上,又下有系应,虚声远闻而实德病矣”,故“贞凶”。(《周易观象》卷九《中孚》)总之,“声盛则实微,名长而德消,末俗之所矜而君子之所痛”(《周易通论》卷二《论中孚心学》),君子修养务求己之有德,不求名之远播。这样一来,《中孚》六爻即具体呈现了是否具有实心实德的不同修养状况及其结果。

(二)卦图与心学

事实上,邵雍易学的本体论涵具着一定的心学意义。然而,李光地“图象皆心学也”(《周易通论》卷四《论图象七》)的论断尽管有化用邵雍“先天之学,心法也”①的痕迹,但其具体理解与邵雍及阳明后学王畿存在着较大的差异。

具体就先天图而言,体悟乾坤二卦可知其为“诚明之学之源也”。乾为天、坤为地,“天清虚而与太极为体,故实;地凝实而一顺成乎天,故虚”,乾天形态虽清虚而有太极之实,坤地形态虽凝实而有顺承之德之虚。更进一步,虚、实分别是心与形色之性的特征,“心,神明不测,至虚者也”,“形色天性,至实者也”,但心“以其具乎性之真,故其道则实而配乾”,形色“以其涵乎心之妙,故其道则虚而配坤”,所以通过由乾坤而天地、由天地而虚实、由虚实而心与形色的推论,乾坤与心、形色就联系了起来。“是故《乾》之《文言》曰‘存诚’、曰‘立诚’,实而尽性之谓也。坤之《文言》曰‘敬’、曰‘义’,虚而顺理之谓也。存忠信之实心,则诚之始,立谨信之实事,

---

① 〔宋〕邵雍著,卫绍生校注:《皇极经世书》卷十三《观物外篇》上,中州古籍出版社 2007 年版,第 518 页。下引该书只注书名或篇名。

则诚之终。居敬而清明在躬，则明之体；精义而利用安身，则明之用。”（《周易通论》卷四《论图象七》）乾德为健、为诚、为实，坤德为顺、为敬、为义；效乾则诚始诚终，诚始诚终则实心实事相贯，法坤则明体达用，明体达用则敬义双立。由此可见，乾坤因含有“诚明之学之源”的德性而具有心学的意义。

震、坎、艮、巽、离、兑六卦也各自具有心性修养论的意义：“以先天图观之，震者，动也，志之奋也，又惧也，心之惕也。离者，丽也，智之藉也，又明也，睿之通也。兑者，说也，理之融，心之裕也。自诚而明，故归于乾焉；巽者，入也，察之深也，又制也，治之断也。坎者，险也，行之艰也，又劳也，习之熟也。艮者，止也，积之厚，性之定也。自明而诚，故归于坤焉。”（《周易通论》卷四《论图象七》）质言之，震卦之动德能呈现为“心之惕”，离卦之明德能呈现为“睿之通”，兑卦之说德能呈现为“心之裕”，三者虽偏于心、偏于体，但由体达用，“自诚而明”，最终归于乾。巽卦之入德能表现为察深、治断，坎卦险、孚之德能表现为行艰、习熟，艮卦之止德能表现为积厚、性定，三者虽偏于事、偏于用，但由用见体，“自明而诚”，最终归于坤。统而言之，先天图乾统四卦具有“自诚而明”的修养意义，坤统四卦具有“自明而诚”的意义。儒者通过研习卦象卦辞、体悟卦德，能够在修养途中日有所进。李光地总结道：“先儒言知之明好之笃，离兑之德也。行之果守之固，坎艮之德也。然其言学之本，必曰立志持敬，言行之要，必曰知几谨独，斯则所谓益动而巽、日进无疆者乎！”（《周易通论》卷四《论图象七》）

后天图之要义在于“诚者成始成终而明在其间”。乾统震、坎、艮，四阳卦有诚之德，坤统巽、离、兑，四阴卦有明之德。后天图从震卦始，为诚，历巽、离、坤、兑之明，终于乾、坎、艮之诚，即“诚者成始成终而明在其间”。对应儒者之修养，则“自心之震动警戒而入而察之者与之俱，是震巽两卦之义也。明于理而

和顺于事,是离、坤、兑三卦之义也。事之既终则形气息而天命行,是乾卦之义也。更习之熟而居者安,涵养之深而藏者密,是坎艮两卦之义也”(《周易通论》卷四《论图象七》)。可见,从心之警到察于事、明于理、和顺于事,再到变化气质“形气息”从而天命流行,最后“习熟”“居安”“养深”“藏密”达至圣人境界,显然有一个从心到事、从格物到明理、从变化气质到天命流行,最终安于圣人境界的符合修养实际的逻辑过程。这就是后天图在“心学”论域中的内涵。尤有进者,先天、后天二图存在一致性:“二图之序不同而皆以震巽为诚明之根,在先天则震先而离兑次之,巽先而坎艮次之也,在后天则震巽并居先而离兑坎艮次之也”,所以这再次论证了“先圣后圣其学岂有二哉!”(《周易通论》卷四《论图象七》)

据上所述,李光地认为“图象皆心学”的根本逻辑是心学为心性修养、诚明之学,而先天图和后天图所包含的八卦蕴含着心性修养的意义。所以,无论是先天八卦还是后天八卦,都表达着心学的观念,属于心学范围。李光地的这种理解与邵雍和王畿明显不同。邵雍强调先天之学是心学,乃因心为先天本体之一义,王畿认为先天学蕴含心学义,是在良知学的框架内通过“正心”“诚意”之辩发挥了邵雍的先天后天之论。而李光地“图象皆心学”的心学,则是性本体基础上的心性修养之学。正是在这一向度上,李光地阐释了八卦所蕴含的修养论意义。这是我们准确理解李光地“图象皆心学”思想的基本前提。

四、对象数易学的反思

李光地的象数思想主要体现在两个方面,即对河图、洛书和先天学的论述。以下逐一论之。

(一)论河图

1.“河图之缊而圣人所因以作《易》之源”

李光地认为:“圣人之则图作《易》也,非规规于点画之似、方位之配也,其理之一者有以默启圣人之心而已。”(《周易通论》卷三《论河图二》)也就是说,河图、洛书所蕴含的道理和《周易》是一致的,圣人正是在体悟河图、洛书之理的基础上创造了《周易》。

李光地认为,河图所蕴含的天道之理关键在于交易和变易。他说:“今以图观之,除五、十为体数居中,则一、三、七、九者,奇数之始终也。二、四、六、八者,耦数之始终也。”“阳始于北,盛于东,极于南,而终于西,此图一、三、七、九之序也。阴始于南,盛于西,极于北,而终于东,此图二、四、六、八之序也。”进一步而论,“在北、在东,则奇内而耦外,奇为主而耦为宾,奇为生数而耦为成数,此则阳主事而阴受命,阳息而阴消之象也。在南、在西,则耦内而奇外,耦为主而奇为宾,耦为生数而奇为成数,此则阴用事而阳仰成,阴息而阳消之象也”。如此观之,河图不但有阳数阴数排列的大小趋势,而且有阴阳互为宾主、互为消息之象。合而观之,阴阳“并立而同运者固不容一息而相离”,“又无一息之不相推而相变也”。在天道的层面上,这就是“自其合一之妙言之,谓之鬼神”,“自其推行之迹言之,谓之变化”。“推行者,变易为用而其体不可执;合一者,交易为体而其用不可知。”(《周易通论》卷三《论河图》)如此,则河图十数交错有序的排列彰显着变易、交易之理。这才是圣人作《易》的本源,所以李光地总结道:“此河图之缊而圣人所因以作《易》之源也。”(《周易通论》卷三《论河图》)

关于其具体过程,李光地解释道:“天一地二,数之源也,则圣人所取以定两仪者也;五位相得而各有合,象之成也,则圣人所取以定四象、八卦者也。”根据一、二而定两仪,关键在于“一、二之数

起，则凡三、五、七、九皆一之变矣，四、六、八、十皆二之变矣”。以一、二为基础，自然数分成奇耦两类，奇数对应阳爻，耦数对应阴爻，“故奇耦之画由此而定也”。至于四象八卦，“相得有合之象列，则阴阳之宾主辨而交易之妙具矣，阴阳之消息序而变易之机行矣，故四象八卦之设由此而定也”（《周易通论》卷三《论河图二》）。这是根据河图十数的分布规律来解释四象八卦的出现，但语焉不详。事实上，河图与八卦本无关联，若精细阐发势必不能自圆其说，所以李光地主要从理的层面上说明河图为《周易》之源，对于具体过程则一语带过，不作详论。

2. 河图与先天图、后天图的一致性

李光地不但相信河图为《周易》之源，而且认为河图与先天、后天二图亦有一致性。首先，比照先天图和河图，“先天之左右、阴阳、内外、终始，固与图象无二”，比照后天图和河图，“后天之北、东皆阳卦也，南、西皆阴卦也，图象在北、东则阳为主，在南、西则阴为主”，所以河图与先天、后天二图相通。其次，“河图兼中数，故备于十，《易》卦除中数，故止于八。中数者何也？以一而统四，则数之主也，又倍五而为十，则数之全也。此无极之真，所以主宰包含二五之精，所以停蓄完备而为分播迭用之本者也。《易》虽不用其数而必曰《易》有太极，《说卦》叙图象既曰帝又曰神，太极也，帝也，神也，卦画所无也，然而以为《易》有之焉，则河图中数之精缊，象虽不立而理行乎其间者也”（《周易通论》卷三《论河图二》）。河图中五中十为“无极之真”，是万物之本源。大《易》所论太极、帝、神无法用卦画表示但确有其理，正对应先天、后天图中心之空白，它与“无极之真”一样都是指天道本体。从这个角度来说，河图与先天图、后天图也有一致性。

(二)论先天图、后天图

1."先天卦位之为作《易》之本"

李光地在精研《说卦传》的基础上对先天八卦方位加以考察,得出了先天图为作《易》根本的结论。他根据太极一气到阴阳再到万物的宇宙生成论来解说先天八卦:

> 自八卦始成而圣人名之以象,纯阳纯阴之为天地不可易已。震、巽,阴阳之初,故方生而有气,阳为雷阴为风也;坎、离,阴阳之中,故既聚而成精,阳为水阴为火也;艮、兑,阴阳之终,故已滞而成质,阳为山阴为泽也。此八物者两两相偶。以全体言之,天地阴阳也,而合德也;以气言之,雷风阴阳也,而相应也;以精言之,水火阴阳也,而互根也;以质言之,山泽阴阳也,而交感也。分定而情通,此所谓交易者也。及其流行于天地之间,则迭王而相禅,故雷与风之发各有其时,水与火之盛各有其候,山与泽之滋各有其节,天与地之所主各有其分,此所谓变易者也。是故易之为道有不易、有交易、有变易。(《周易通论》卷四《论图象》)

概言之,易道蕴含了三方面内涵:"不易",即阴阳有别而不可变。它由天地定位之乾坤、阴阳初交而有气之震巽、阴阳中交而成精之坎离、阴阳终交而成质之艮兑来表现,强调了阴阳及其构成之物的差异性。"交易",即阴阳之交融、流通、感应。它由天地合德、雷风相应、水火互根、山泽交感来表现。震巽为阴阳交于初位、坎离为阴阳交于中位、艮兑为阴阳交于终位,这都是交易的表现形式,反映了阴阳及其构成之物既相对相交又相感相通的情况。"变易",即宇宙发展过程中天地万物大化流行、八卦各有所主各有其时的

情形。雷风之发、水火之盛、山泽之滋、天地所主各有其时，时节转换则八卦所主各有盛衰，呈现出变易之道。当然，易道之不易、交易、变易三者既有殊别又并行不悖：“不易者，天高地下，万物散殊者也；交易者，合同而化者也；变易者，流而不息者也。不易者为体，变易者为用，然非有交易者存则不易者何以相远而相亲，变易者何以相反而能相成哉！”（《周易通论》卷四《论图象》）据此，李光地对《系辞》首章作出了如下解说：“‘天尊地卑’者，乾坤也，‘卑高以下’，山泽、雷风、水火之伦也，是皆于定分之中而具交易之性者；故继之曰‘刚柔相摩，八卦相荡’。相摩者，所谓对待之交也，相荡者，所谓错综之而无所不交也；交易之情通，则变易之事起：雷霆、风雨、寒暑者，六子之功也，乾始、坤成者，天地之化也。变化以生成万物而皆有其常职，则亦归于定分而已矣。”（《周易通论》卷四《论图象》）

由此可知，《说卦》是立足图象阐发天道，《系辞》则是直言天道而契合古经。理解了《系辞》首章的真义，才能知晓《说卦》先天卦位的重要性。“《系传》以造化言而切易书，《说卦》以图象言而包造化。知《系传》首章之为易理之宗，则知先天卦位之为作《易》之本矣。”（《周易通论》卷四《论图象》）一言以蔽之，唯有在天道视野下审视先天图，方知其包蕴天道、为作《易》之本。

2. 后天图的含义

依李光地之见，《说卦》震、巽、离、坤、兑、乾、坎、艮的后天八卦次序蕴含着事物发展的规律，即“阳为主于始终，阴佐阳于中间，天地万物之理莫不皆然”（《周易通论》卷四《论图象五》）。他认为，后天图以阳卦震为始，巽、离、坤、兑四阴卦从之，而后又为乾、坎、艮三阳卦，即阳居始终、阴卦居中的排列次序体现了两点重要思想：其一，在事物的发展过程中，阳统摄始终；其二，阳虽统摄始终，但阴的辅助作用不可或缺。“盖论阳之统贯则自始至终无非阳也，

然中间一节则有藉于阴，而阴功见焉。”（《周易通论》卷四《论图象王》）李光地以实例证之曰：“草木之种实阳也，枝条花叶阴也，土中之种即树上之实，然无种遽成实者，必历乎枝条花叶之繁而始成也。人之男阳也，女阴也，子为父之体，然无父遽生子者，必资乎嫡媵之众而始生也。”（《周易通论》卷四《论图象王》）这是从草木之种的发芽、生长、结实以及男人娶妻生子的过程来说明事物发展过程以阳为主、阳必藉阴的道理。

此外，后天卦序还体现了人心修养之理。李光地说：

> “帝出乎震”，即是人心动处，人心无事时，原自寂然，到有事便动出来。至巽，则所以做事之意已定，故曰“齐”。然必此心干干净净方能齐，故下文添出“洁”字。“洁”字甚精。离只是明底意思，故曰“相见”，又曰“向明而治”。到得坤，正是做事时节，故曰“致役”。“说言乎兑”，则事已心休了。乾卦伏羲原放在南边，此是天的正位；文王却放在西北，妙处正在此，不可放过。大凡人做事已完，则此心必懈了，不然则昏了。故放一乾卦在此，欲人提醒此心，使常常分明。孔子下一“战”字最妙，此时不战，便昏惰了。如人日间做了许多事，到得夜来睡后，便昏昏沉沉，不省觉了。此是不战之故。必提醒此心，使虽在梦寐，常有清明之气始得。此一卦是文王最用意处。“劳乎坎”，则休息了。“成言乎艮”，言事至此而始成也。（《榕村语录》卷十一《周易三》）

“帝出乎震”对应人心之动，“齐乎巽”对应做事之意已定，“相见乎离”对应人心明了，“致役乎坤”对应做事，“说言乎兑”对应事已做完，“战乎乾”对应提醒此心，“劳乎坎”对应休息，“成言乎艮”对应做事成功。总之，后天八卦次序展现了人在社会中做事实践的完

整逻辑过程。

如上所论，李光地对先天、后天方位皆予以认肯。他认为，先天图符合天道之理绝非臆造，而“后天即《易》之本图，非先有先天而变为后天也”（《榕树语录》卷十一《周易三》）。“文王后天之说亦出于邵氏，然证之《周易》则其大且至正者，无不泯合。”（《周易通论》卷四《论图象三》）

概言之，后天图与《周易》有四点一致处。第一，后天图阴卦与阳卦的卦位与《周易》相符。就天道而言，东、南为阳，西、北为阴。“阳之生物虽至春而可见，而其气则已肇于冬之初，阴之成物虽至秋而乃就，而其气亦已凝于夏之始”（《周易通论》卷四《论图象三》），因而有必要从两个角度看待阴阳之位，“取其用之可见者则曰东南、曰西北，本其体之自生者则曰东北、曰西南”（《周易通论》卷四《论图象三》）。就可见之用来说，阳为东、南，阴为西、北。就阴阳所生处而言，阳为东、北，阴为西、南。《坤》：“西南得朋，东北丧朋。”《蹇》：“利西南，不利东北。”《解》：“利西南。”李光地解释道：“合《坤》《蹇》《解》三辞观之，盖皆以先后为义。东、北阳也，居先者也。西、南阴也，居后者也。在坤则先迷后得，在蹇则往蹇来誉，在解则其来复吉，皆处后之义也。”（《周易观象》卷六《蹇》）这是从阴阳所生处界定阴阳方位，并解释卦辞。就后天图而言，“图之序则入用，故始东方终东北不改乎人时之旧；卦之序则推本，故乾统三阳于东、北，坤统三阴于西、南，独契乎天道之精也”（《周易通论》卷四《论图象三》）。震、巽、离、坤、兑、乾、坎、艮之序属于阴阳之用的层面，阳生物之始位于东方而终于东北，是人之时用的体现；就阴阳两类卦位而言，四阳位于东、北，四阴位于西、南，则属于阴阳所生的层面，体现了天道精微。

第二，后天图中的阴阳始终之义在《乾》《坤》之“用九”“用六”中有所体现。就所自生而言，阳实首于巽、离、坤、兑四阴结束后的

乾卦，但以用而论则震为首，这就是"乾之为首不可见"（《周易通论》卷四《论图象三》）的原因。李光地认为，《乾》用九曰"见群龙无首"正是此意。与坤卦之盛相对而言，阴终于艮。就四阴卦卦位而言，阴终于兑。可见，无论从哪个角度观之，阴都不终于坤位，即"阴之终者非阴也"（《周易通论》卷四《论图象三》）。《坤·象》言"用六永贞，以大终也"正是说"贞，终也，而承天终始则是以大终也，即用六之义也，以大终则坤道无终，亦如乾之无首矣"（《周易观象》卷一《坤》），即坤道顺应乾道而无终始。

第三，后天图卦序可证之于乾坤二卦爻辞。"《乾》爻始于潜，于图为北方幽隐之象，陷而止也。至见焉则出矣，出则必惕，惕者震之，恐惧自修也。惕则必疑，疑者巽之进退不果也。由是而飞焉则相见，圣人作而万物睹者也。于是受之以坤而致役焉，则乾道不亢矣。"（《周易通论》卷四《论图象三》）如此，则乾之六爻及爻辞分别对应坎、艮、震、巽、离、坤六卦。"《坤》爻始于履霜，巽之伏也，洁而齐之。至于地道光焉则明矣。无成有终者，致役之义也。括囊慎密所以保其终也。黄裳者，中顺之积而和悦之充。由是阴成而听于阳焉，岂复有交争而战之事哉！"（《周易通论》卷四《论图象三》）如此，则坤之六爻及爻辞分别对应巽、离、坤、艮、兑、乾六卦。

第四，后天图所蕴含的阴阳、尊卑、淑慝之义体现在《周易》六十四卦之中。后天图以阳统摄始终、阴为辅而居于中间本身就体现了阳尊阴卑、阳清阴浊之义，"阳尊而阴卑，故阳主而阴役。阳清而阴浊，故阳洁而阴污"（《周易通论》卷四《论图象三》）。《周易》亦有此义："坤之象曰得主，守其役之分也；曰得朋，引其役之类也；曰丧朋，始终于主而绝类上也。守其分，故从王事而终吉；引其类，故贯鱼而无不利；绝其类，故涣群而元吉。凡《易》之言尊卑者，例此矣。坤之爻曰履霜、坚冰，阴始凝也，凝则滞而不洁矣；又曰其血玄黄，阴阳之杂，杂则混而污之甚也。故于其凝也则柅豕以牵之、

包爪以陨之，非然，则有苋陆之侵、有包无鱼之虑；于其杂也，则扬庭以去之、孚号以戒之，非然，则用行师终有大败、无号而终有凶。凡《易》之言淑慝者，例此矣。”（《周易通论》卷四《论图象三》）“凡《易》之精意大义无不自此而出，故信其为文王所建图也。”（《周易通论》卷四《论图象三》）

朱熹曾说：“至于文王八卦，则熹尝以卦画求之，纵横反复，竟不能得其所以安排之意。”①李光地对后天图进行了多角度的阐发，力证其一则符合天道人事之理，一则契合《周易》之书，无疑是一重要的理论贡献。

3. 先天图与后天图的一致性

先天、后天二图卦位虽有不同，其根本道理却并无二致。首先，从乾坤之义来看，乾为天、坤为地，乾南坤北居正位是先天图方位的基础。但阳气始于北、阴气始于南，故乾亦可居北、坤亦可居南，后天图正是以此为基础的。先天图之乾坤卦位象征天地，后天图之卦位则象征阴阳二气之始，二者都是天道的体现，并不矛盾。至于后天图乾卦不处正北而居于西北、坤卦不在正南而居于西南，则是因为“盖天道流行初无止息，至无之中万有肇焉，此之谓全体，此之谓大本，不待乎萌动而后有以见其心矣。南者，正阳之位也，坤功虽显于此，然避正阳之位而不居，故长养万物至西南而极盛”（《周易通论》卷四《论图象四》），即正北虽为阳气之始，但万物之本源不在阳气萌动之时而在萌动之前的天心处，此为“全体”“大本”，故乾位西北。正南虽为阴始之位，但为阳气正盛之时，阳大阴小，故坤避此位而居于西南。

① 〔宋〕朱熹：《答袁机仲》，见［宋］朱熹撰，朱杰人、严佐之、刘永翔主编：《朱子全书》第21册，上海古籍出版社、安徽教育出版社2002年版，第1676页。

至于其他六卦，李光地亦做出了解释。就先天图而言，“天地之大义既立，故先天以阳画之消息为序，自北以终于南也，以阴画之消息为序，自南以终于北也”（《周易通论》卷四《论图象四》）。震、离、兑、乾体现阳画之息，巽、坎、艮、坤体现阴画之息，符合天道；就后天图而言，“后天以阳卦统始终为序，自震以终于艮也，以阴卦效职于中为序，自巽以终于兑也”（《周易通论》卷四《论图象四》），即阳统始终为主、阴处中间为辅正体现了事物发展的道理，亦与天道相符。

总之，先天、后天卦位虽有不同，其深层意义却是一致的。究其根本，它们从不同角度反映了同一天道。因此，人们认识天道，须将二者结合起来。正是在这个意义上，李光地说：“先儒以先天为体后天为用，要皆义理精微之奥古，圣人所以经纬天地而出入鬼神者，非二图互发则不备。”（《周易通论》卷四《论图象四》）

结　语

李光地的易学贡献，并不仅在于编纂《周易折中》，更在于其易学创见。其易学思想大体包括三个部分：一、对《周易》经、传表述形式及意义的多角度反思；二、对《周易》宇宙本体论的反思；三、对象数易学的反思。其中，第一部分充分反映出李光地易学研究的细致程度，第三部分则可以说是对朱熹易学思想的进一步落实。要之，李光地易学思想的关键处在于其性本论建构。通过易学诠释，他对天道之本质、功能、发用及天人贯通等问题展开了详细论述。其性本论思想在儒学史上占有重要地位。自宋代儒学转型以来，本体论便成了儒学的重要论域。然而，对本体的不同理解在一定程度上也造成了解释效力的不同。如程朱的理本论无法从本体层面上说明万物何以生生不息；张载的气学一面以气为宇宙的统

一性基础,一面又以太虚为本,这在理论上就有陷入矛盾的危险;又如陆王心学始终意在凸显道德伦理,而对宇宙大化的终极根基等问题兴趣不足。李光地的性本论则具有主宰、神妙、生生、超然、规律、至善六义。其中,神妙义强调了本体非动非静而呈现为动静,从而得以解释宇宙何以生生不息,这与程朱理学不同;主宰义突出了性本体的纯一特征,这与张载气本论的复杂性不同;超然义与生生义能够呈现本体的创生功能,这又与陆王心学不同。综上可见,李光地绝非敷衍旧说、调和诸论而无所发明,而是有其独到的深思体悟,并力图建构一个圆融的本体论,这是李光地对儒学发展的特出贡献所在。

第六章　陈梦雷“《本义》为主”“参之他家”的易学

陈梦雷（1650—1741），字则震，号省斋，号天一道人，晚年又号松鹤老人，福建闽县（今福州）人。陈梦雷资质聪敏，少有才名。康熙九年（1670）进士，选庶吉士，散馆后授编修。康熙十二年（1673）十二月回乡省亲，翌年恰值靖南王耿精忠在福州举兵反清，虽被胁迫入耿幕但心向清廷，与当时也被迫来福州的同年李光地密约请清兵入剿。据说陈梦雷主拟请兵疏稿，但事后李光地上康熙“蜡丸疏”消去陈梦雷名。后平耿精忠乱，李光地大受康熙帝赏识，青云直上，而陈梦雷因有附逆之嫌被判死刑，后经人营救减刑戍奉天。陈梦雷认为李光地卖友邀功，于是写下《告都城隍文》和《与厚庵绝交书》，把二人之间的事情和矛盾公开化，造成了清朝历史上著名的“蜡丸疏”一案。此事真相如何，学界尚未定论。陈梦雷的人生虽几经波折，但从未放弃读书深思，“读书五十载”“涉猎万余卷”。因研读广博，陈梦雷终受康熙帝赏识，承命编《古今图书集成》。该书采集广博、内容丰富，正文10000卷，目录40卷，共5020册，在图书史上具有重要地位。此外，他还著有《松鹤山房集》十六卷、《天一道人集》一百卷、《闲止堂集》两卷等。陈梦雷对易学亦颇有研究，曾著《周易浅述》。其易学大致以朱熹《本义》为主，且参以己意，有所发展。

一、“知象则理数在其中”“有象即有占”的理数象占观

《周易》有象、数、理、占四要素，但不同的易学家因其先在的解读偏向，往往注重某一方面而相对忽略其他方面。陈梦雷则采取了一种兼容的态度。他说：“《易》之为书，义蕴虽多，大抵理、数、象、占四者尽之。有是理乃有是数，有是数即有是理。”①正是由于他理数兼重，所以《周易浅述》全篇虽多阐发《易》之义理，但书末附有好友杨道声的《图说》以展示象数之学。

陈梦雷认为，理与数的共同基础在于“象”。他说：“六经皆言理，独《易》兼言数，顾数不可显，理不可穷，故但寄之于象。夫子谓立象以尽意，而全彖六爻之传皆称‘象曰’，则理数之备于象可知。”（《凡例》）正是通过象，理与数才得以阐发彰显。但需注意的是，这里的“象”不仅包括卦爻画，还包括卦爻辞。他与朱熹的看法有所区别。朱熹认为，卦爻辞可分为象辞、占辞两类，但陈梦雷主张“有象即有占，《本义》分龙马日月之辞为象，吉凶悔吝之辞为占，然占即在象中。盖龙马日月之辞，象也，即占也。吉凶悔吝之辞，占也，亦卦爻中有此象也”（《凡例》）。就占而言，“吉凶悔吝”本身并不只是一个占断的结论，而是卦爻中本有此象、有此义，所以占即在象中。就象而言，它指喻着一种“时”的态势，又有占断的意义，所以象“即占也”。总之，象即占，占即象，象占不可截然二分。正是基于这一认识，陈梦雷说：“《系辞传》谓‘居则观其象而玩其辞，动则观其变而玩其占’，然必平日审于象，既筮乃明于占，盖观象贵能变通，临筮乃以我所问之事合之，所占自能分其义类以定可否矣。”（《凡例》）

① 〔清〕陈梦雷：《周易浅述·凡例》，《文渊阁四库全书》第43册，台湾商务印书馆1986年版。下引该书只注卷数及篇名。

二、"以《本义》为主""参之他家"的诠释特点

《周易浅述》为义理易学著作,其诠释特点主要是效法朱熹的《周易本义》,同时参以王弼注、孔颖达疏、胡广等人的《周易大全》和苏轼的《东坡易传》。就此看来,陈梦雷的参照文本并不丰富,四库馆臣对此说道:"盖行箧乏书,故所据止此。"(《四库全书总目》卷六《周易浅述》)可知《周易浅述》之成书不易。然而,陈梦雷在诠释方法上效法朱熹,有一大端却与之不同。朱熹认为"《易》自是不惹著事,只悬空说一种道理,不似它书,便各著事上说"①,即主要是从象的层面上理解卦爻辞。陈梦雷虽然强调卦爻辞皆象,对卦爻辞的解释需从象的角度着手,但陈梦雷在诠释中往往从象的层面上再进一步,多方阐发卦爻辞的人事义理。这种特点,与陈梦雷主张《周易》"大旨无非扶阳而抑阴,随时而守正,教人迁善改过,忧勤惕厉以终其身"(《凡例》),而非仅仅为卜筮之书有关。

在具体观象时,陈梦雷与朱熹亦有不同。例如,朱熹以卦变释"来""往",陈梦雷则与朱震、来知德相类,以反对即综卦释之。如解《讼》"刚来而得中"曰:"'刚来而得中',按《本义》以卦变言。《易》言卦变者始于此。自上而反下为来,自下而升上为往为进。……今按卦变之说本于虞翻。先儒亦多异同,义多牵强。今俱以综卦论之。"(卷一)他指出,"凡《彖传》言卦变者,《程传》《本义》多异同,朱子亦多存疑义,三覆再三,究未得其不易之解"(《凡例》)。由于卦变说在注经运用中并无定准,陈梦雷将之一概舍弃。由此可知,《周易浅述》的总体诠释特点虽类似于朱熹易学,但其具

① 〔宋〕黎靖德编,王星贤点校:《朱子语类》卷六十七,中华书局1986年版,第1663页。

体内容实与《周易本义》存在一定差异。

三、“五行之生成在未有变化之先也”

陈梦雷解释《系辞》“天数五，地数五，五位相得而各有合。天数二十有五，地数三十，凡天地之数五十有五，此所以成变化而行鬼神也”一段，亦与朱熹不同。朱熹说：“变化谓一变生水而六化成之，二化生火而七变成之，三变生木而八化成之，四化生金而九变成之，五变生土而十化成之”，即先有变化、后有五行，变化主体为天地，变化生成者为五行。对此，陈梦雷不以为然。他说：

> 盖五行之生成在变化之前，此所谓变化疑在五行生成之后，又以“变”字“化”字分属，亦未得其解。窃意水体阳而用阴而质最清，故天以一生水地以六成之，火体阴而用阳而质次清，故地以二生火天以七成之，木为少阳而质渐浊，故天以三生木地以八成之，金为太阴而质更浊，故地以四生金而天以九成之，土中宫而质最浊，故天以五生土而地以十成之，五行各位其方，而四方即为四象。盖自有天地而即有之，此五行之生成在未有变化之先也。及五行既具，二气运行，错综不一，所谓四象变化而庶类繁，圣人画卦则由此而定先后天之位，而揲筮以求阴阳之数不外此，自一至十之数，千变万化皆从此出，故此所谓“变化”宜在五行生成之后，不必复以五行之生成分配变化也。（《周易浅述》卷七《系辞上传》）

依他之见，有天地即有五行，有天地五行则二气运行，由此千变万化，万物生焉，故五行生成当在“变化”之先。朱熹认为先有变化后有五行，那么变化的主体是什么？十个数何以能变化出五行？陈

梦雷认为，朱子所言有说不通的地方，故主张五行乃天地所有，五行四象多方变化而有万物产生。这种观念强调有生成的主体即天地，有生成的规则即数，同时强调变化主体为天地五行，变化生成者为万物，有逻辑秩序地贯通了天地、五行与万物，显然要比朱熹的说法更加圆融。

四、“以屈信相感发明何思何虑”

《易传》曰：“‘憧憧往来，朋从尔思。’子曰：‘天下何思何虑？天下同归而殊途，一致而百虑，天下何思何虑！’”一般说来，学者多从天下万事皆有定理，君子当依理而行不必以个人私意参杂其间的角度解之。后文又曰：“日往则月来，月往则日来，日月相推而明生焉。寒往则暑来，暑往则寒来，寒暑相推而岁成焉。往者屈也，来者信也，屈信相感而利生焉。”“尺蠖之屈，以求信也。龙蛇之蛰，以存身也。精义入神，以致用也。利用安身，以崇德也。”对此，学者往往从自然有屈伸之理类推学问有内外交养之功的角度解之。陈梦雷对上述文句的解释可谓别具一格。他说：“然细按上文之意，似以屈信相感发明何思何虑之一言。”（《周易浅述》卷七《系辞下传》）具言之：

> 大抵人情但知信之为利，不知屈之为利，所以思虑愈多，卒求信而不得，故此节发明屈即为信之理，而教人以素位而行之学，不出其位之思也。尺蠖之行，不屈则不能伸，伸而再行，则又屈，是屈乃以求伸也。龙蛇至冬不蛰，则来岁不能奋，故蛇冬见者多死，是龙蛇之蛰正所以藏身也。此四句犹诗之兴体。“精义”四句即应上言物理如此，人之学问亦宜然。“精义”二句以知言，“利用”二句以行言，人惟不安于屈，妄意求

伸，是以思虑百出，究皆无当。不知天下之理，屈即为伸，随时随地有我之所宜知宜行者，如精义至于入神，吾方屈以求其所宜知也，而可以致用则伸矣。利用只求安身，吾方屈以求其所宜行也，而德之崇则伸矣。况乎知尽行至，过此以往，穷神知化不可得而知，屈而伸至于如此，人又何以思虑为乎！（《周易浅述》卷七《系辞下传》）

如此一来，“屈信相感”等两段就与“天下何思何虑”一段联系了起来。应当承认，陈梦雷的这一解释颇具新意。

结　语

概言之，相较朱熹《本义》，陈梦雷的不同之处主要有几个方面：第一，就易学诠释方法而言，朱熹以《易》为卜筮之书，卦爻辞往往为虚说的象，故较少论及《易》辞之理。陈梦雷则以《易》为天道人事之书，故既论天道之理，又言人事之意。第二，陈梦雷理、数、象、占四者并重，与程颐重理、朱熹重象有所不同。第三，陈梦雷的某些具体观点与朱熹之说不尽相同，如“五行之生成在未有变化之先也”，又如以“屈信相感”发明“何思何虑”。

第七章　胡煦“酌于汉宋”的易学

胡煦(1655—1736),字沧晓,号紫弦,河南光山人,清初易学大家。他出身贫寒,一意向学,在易学领域卓有建树。他五十八岁中进士,六十岁时,康熙召见于乾清宫,称其为“真是苦心读书人”①,并命值南书房,同大学士李光地分纂《周易折中》。胡煦易学博大精深,涵盖象数、义理,其象数易学贯通河图、洛书、先天、卦爻,强调“全部《周易》俱是先天”(《周易函书别集》卷一《易学须知一》)。其义理易学阐发太极本体及发用,彰显人性本善,论述天人合一之旨,且象数、义理二者在本体论的高度上得以有机贯通。其传世易学著作为《周易函书》。

一、太极之本体义

“太极”是易学的核心范畴。在传统易学史上,学者们对太极的解释主要有气、无、理三种。尽管这些解释存在差异,但把太极视为宇宙本源或本体这一点是一致的。胡煦进一步明确了太极的本源与本体地位,并从太极为万物之所由以生、太极不可以有无

① 〔清〕胡煦著,程林点校:《周易函书》,中华书局 2008 年版,第 1440 页。下引《周易函书》只注书名、卷数、篇名。

论、太极有发用之能三个方面阐释了本体之内涵。

(一)万物之所由以生

在胡煦看来,生生不息、日新月异、繁而不乱的天地万物,源于同一太极。“若敦化之太极,为生天生地之大源头,岂可言无?若源头果无,则如许大之天地,如许多之万物,何能生成出来?”(《周易函书别集》卷十二《篝灯约旨六》)他把“太极”认作天地万物的源头,根据在于《系辞》“是故《易》有太极,太极生两仪,两仪生四象,四象生八卦,八卦定吉凶,吉凶生大业”一段。胡煦解释道:

> 须知《易》有太极,是孔子于两仪四象既生之后,逆溯两仪四象之所由以生,原有一种不可言说道理,而因称为太极。“太”者,尊上之辞。“极”者,无以复加之谓。是言两仪肇生,先有尊上而无以复加者存,故以为易之有也。(《周易函书别集》卷一《易学须知一》)
>
> “太极”二字是孔子言理最精最密之妙旨。“太”者,尊上之称。“极”者,至极无加之谓。言两仪肇生之始,本有此至尊至贵,极至无加之道理,原在两仪之先。此时理数未起,是万物之大原,立于无思无为之先,周通于有作有为之后,不容思议,难可名言,故特以太极二字赞之。(《周易函书约注》卷十四《系辞上传二》)

这里主要阐明了三个观念:第一,太极所指谓者,是孔子“逆溯两仪四象之所由以生”的结果。简而言之,天地万物必有“所由以生”,亦即一个源头。第二,“太”为“尊上之辞”,“极”为“无以复加之谓”,太极一词即指“万物之大原”。第三,太极不只是“立于无思无为之先”的天地万物源头,在天地万物产生之后,它继续发挥着生

化天地万物的作用,即“周通于有作有为之后”。如此一来,太极就不仅是宇宙论意义上的本源,还是本体论意义上的本体。

(二)太极不可以有无论

太极是万物的本源与本体,它发挥着生化天地万物的作用,那么如何认识太极呢?胡煦认为,认识太极和认识普通事物不同,太极只可“默识其意”(《周易函书别集》卷十三《篝灯约旨七》),无法获得较为形象的感知。“须知生天生地之太极,是可想而不可说,可以意会而不可以图传者也。”(《周易函书别集》卷一《易学须知一》)胡煦从太极作为宇宙本体必然具有的实存性与超越性出发,推出太极不可以有无论。他说:

> 太极之真,虚灵之妙,原不可以有无言也。如以为有,而两仪未形之先,必不能确指其所由以形之故。如以为无,而两仪四象实由此生,故孔子但以为太极。太也者,尊上之称。极也者,指其无以复加之妙而言也。此孔子会三圣之妙,言两仪未生以前,其理之尊上无加,实有如此。(《周易函书别集》卷十三《篝灯约旨七》)

如果以太极为有,则太极作为宇宙的源头在两仪之先,相对天地万物及阴阳两仪具有超越性,不能对其进行“确指”,所以太极不是普通的“有”;如果以太极为无,那么两仪四象、天地万物不可能无端而生,必然有一个本原存在,这个实存的本原自然不能说成是“无”。总之,因乎太极的超越性,它不能说是“有”;因乎太极的实存性,亦不能说是“无”。

作为本体不可以有无论,故对太极的描述只能用“太极”本身。“极也者,极至而无以加也。太也者,尊上之也。因两仪既形,推出

所由以生之之故。其中包含蕴藉，有无混合，可想而不可知，乃始以太极二字赞之。……后人不知太极二字止是赞辞，而或有或无，各竞一解矣。然欲直谓为无也，而两仪四象实由此生。欲直谓为有也，乃当两仪未生之时，又实不知其所由以生。故凡学《周易》穷道理，不若止存太极二字，不必别置一解，犹不失孔子系《易》之实理也。”（《周易函书别集》卷十二《篝灯约旨六》）

（三）太极有发用之能

作为天地万物本体的太极，不同于佛教的空寂，而是不断发挥生生作用的本体，“太极者，至精至微，深妙莫测，其蓄难量，其出不穷也”（《周易函书别集》卷十一《篝灯约旨五》），太极的“其出不穷”，也就是它生化天地万物的大用不穷。这种生生之用深妙莫测，其最初、最精微的表现，就是太极所生之两仪，“夫太极者，浑浑沦沦，活泼泼地，其出不穷，其生不已者也。而要其为体，则夐不可知，不可思议，不可言说，故孔子于乾之一元，但曰万物资始而已。其所生者，则两仪也，所以谓之为几”（《周易函书别集》卷十二《篝灯约旨六》）。两仪包含阴阳动静。称其为“几”，是为了强调太极发用的精微之处。“太极敦化者也，几者太极所生，方亨之作用也，故曰动之微。”（《周易函书别集》卷十二《篝灯约旨六》）太极生化天地万物，也就是从几开始、从两仪开始。

还需强调的是，太极本体既在天地万物之先，又在天地万物之中。太极发用为两仪，即在两仪之中，“太极阴阳非有二也，阴阳即太极之既动，能亨太极之大用者也。太极者，主宰之阴阳；阴阳者，运行之太极也。特因太极无形，主宰于中，不可言说，故第从太极之动处说起”（《周易函书别集》卷十三《篝灯约旨七》）。太极、两仪本非有二，太极强调本体的一面，两仪强调发用的一面。体用不离，故太极两仪一贯。

综上所述，就万物运化而言，本体及其发用可用太极、阴阳、道这三个基本概念来描述。就天人一贯而言，本体及其发用可用天、性、道来描述。同时，它们都落实在具体的事物之中。太极与天对应，代表了宇宙与人的本体、本原；阴阳与性对应，说明了万物运化与人之生命的本质；道则指谓呈现在人物之中使万物如此而不同于具体事物的本体大用。太极、阴阳与道一以贯之，天、性与道亦一以贯之。称谓虽有不同，但皆为本体及其发用的不同层面。知此，则知万物一原、万物一体，则知天人合一，则知性善。

（四）哲学史意义

在胡煦易学体系中，太极本体论占有核心地位。其象数易学和义理易学都是以太极本体论为基点展开的。就中国传统哲学而言，胡煦的太极本体论也具有重要的意义。众所周知，经过朱子的诠释、建构和推广，理学影响越来越大，并成为中国传统社会意识形态的重要组成部分。然而，朱子理学的本体论也有难以克服的困难：太极即理无动静，动静属阴阳之气，作为本体的太极仅仅具有动静之理而无动静之能。可是，宇宙之生生不息、大化流行不仅有其存在根据，也有其运化之能，否则宇宙只是死寂而非生生之世界。本体作为宇宙之所以如此者，不但应涵具存在之根据义，也应涵具运化之能的意味，否则本体就是不完全的。事实上，朱子理学的“太极”只是存在的根据，却不具备运化之能。

与之相较，胡煦的太极本体论则不存在这一问题。在其本体论中，太极不但具有本体义，亦有发用义。一方面，太极是天地万物之本体本源，不可以有无论；另一方面，太极之发用就物而言呈现为阴阳，而阴阳既包蕴存在根据之理，又有动静之能，是生化万事万物的直接动力，促成着万事万物生生不息的繁荣

发展。太极发用就人而言呈现为性,性作为人之存在根据的同时又具有知觉运动之能,它既表现为至善,又促成儒者位育天地的道德践履。由此可见,胡煦的太极本体论在一定程度上解决了程朱理本论的问题,推动了儒学的发展。借用牟宗三先生的说法,程朱理学的理本体是"只存有不活动"的,胡煦的太极则是"即存有即活动"的。

二、象数易学

胡煦的象数易学主要探讨了易图、卦象、爻象三类对象。就易图而言,胡煦一面贯通河图、洛书与先天四图、《周易》经传等四圣之《易》,并以其宏大易学视野分析阐发了河图、洛书、先天诸图蕴含的奥妙精义,一面又在深刻体悟天道运化、精研河图、先天的基础上创作《循环太极图》,以之明天道、配诸图,论《周易》无不言之成理,论说圆融。胡煦研究卦象的成果,主要在于其体卦主爻说。该说比较圆融地解释了乾坤两体和六十二卦的生成关系,同时成功地解释了《彖传》的"往来""内外""上下",且以此为基础批评了传统易学的卦变说和卦综说。胡煦论爻象包括对爻之见、伏、动、变四通,交、生、索三义,以及"八字命爻"的意蕴。总之,从诸多易图到六十四卦卦象再到爻象,胡煦都有深入的思索。

(一)论易图

1."天显道以图"

胡煦认为,河图、洛书及先天四图一方面反映天道,蕴含了天道变化的种种道理,另一方面经圣人的观察体悟而指向《周易》象

辞。诸图能反映天道的原因在于其构成:“图也者,数之聚,象之设,而理之寓也。”(《周易函书约存》卷首上《原图约》)有数之变化,则有天道流行,有象之设定,则有阴阳之本质与方位,数与象共同表达着神妙之理。数、象、理合而为一所成之图,“是无辞之《周易》,而有言之伏羲也”(《周易函书约存》卷首上《原图约》)。伏羲不能言,但伏羲之心即在其中。诸图简洁精妙,已将《周易》之意涵纳其中。“顾文字浩繁而图象简约,文字显易而图象隐深,藏万于一,纳须弥于芥子,穷幽测奥,实费且难。”(《周易函书约存》卷首上《原图约》)

2. 论河图、洛书

(1)“合”为河图大旨

胡煦所绘河图比一般河图更圆,且奇数一、三、七、九,耦数二、四、六、八各自连成一线,从形式上说当是吸收了阴阳太极图漩涡的特征。依他之见,河图之大旨是“合”,“玩河图者,须向合处留神”(《周易函书约存》卷一《生成之数》)。所谓“合”,即合内外。内即在内之生数一、二、三、四,外即在外之成数六、七、八、九。生数为数之始,象征太极之生发作用,“其中包罗含蓄不可限量,后此无穷作用随所成就者,皆由此生”,太极生发作用纯粹精妙,但万物皆得以成。从逻辑上来说,先有太极本体生发之用,后有万物之成,所以内为生数,外为成数。本体非悬空之本体,必在万事万物之中,而万事万物并非简单现象,必含蕴精微生生本体,所以相对于生数,“以成数附于其外”,相对于成数,“必附于生数而两不相离,明事物所成其始,必各涵有生机”。可见,胡煦以合内外之生数成数论河图,目的在于突出数字排列背后的天道,而天道的根本特征在于生、成合一。“夫成似非先天所有,而河图有之,明能成之理即具生理中”,这是强调后来之成,本具于生理之中;“乃生数各随成数而附之者,谓无一事之成不即此生机而具”,这是强调万事万

物本蕴生生之机之理而得以成。一言以蔽之,“总以见能成之妙即能生之理所由该,能生之机即能成之用所由著”(《周易函书约存》卷一《生成之数》)。显然,胡煦所谓河图之合,正是本体与万物之合。

胡煦还特别突出了河图的两个特征:

> 其一,须知成数各各附于生数。故伏羲之画图也,两仪附于太极,而遂居其外。盖两仪由太极而成,太极则所以生两仪者也,故孔子曰太极生两仪。四象附于两仪,而遂居其外。盖四象由两仪而成,两仪则所以生四象者也,故孔子曰两仪生四象。八卦附于四象,而遂居其外。盖八卦由四象而成,四象则所以生八卦者也,故孔子曰四象生八卦。……盖六十四卦,莫非八卦之所重,故孔子遂无八生十六之说。试看伏羲所画,生者在内,成者在外,是即内为生数,外为成数,而体用殊时,内外异等之象也。两仪不离太极,四象不离两仪,八卦不离四象,是即成数必附于生数,生数即含成数之象也。……
>
> 其一,须知奇偶各各相连。盖一奇生于北内,三奇长于东内,七奇盛而出于南外,九奇尽于西外。二偶生于南内,四偶长于西内,六偶盛而出于北外,八偶尽于东外。凡生而未盛者皆在内,已盛而就终者皆在外,是亦生数在内,成数在外之义也。其中有奇偶相连之妙,有内外微盛之象,有上下定位之秘,有根阴根阳之旨,有循环不息之机。故伏羲所画,悉则其图而为之。(《周易函书约存》卷首上《原图约》)

河图具有“成数附于生数”“奇偶相连且未盛在内、已盛在外”两个突出特点。这两个特点,对伏羲则河图画先天图意义重大。成数附于生数,决定了先天图中两仪附于太极、四象附于两仪、八卦附

于四象的特点；奇偶相连且未盛在内、已盛在外，决定了先天图亦表现出有内有外、上下定位、阴阳相因的特点。胡煦此论，显然意在指明河图与先天图之间的联系。

(2)洛书三义

相比河图，胡煦对洛书的阐发较少，主要包括以下三义：

第一，河图之要义在合，洛书之大义在分。“洛书中阳数居正而阴数居隅，以万物生于阳而成于阴也，其生成相间而各居则内外之体别矣。其奇耦亦相间而各居，则阴阳之体又别矣。凡皆于分处示之象也。”(《周易函书约存》卷首上《原图约》)

第二，洛书为用。“洛书者，天地之用数也。”“其在《系辞》曰‘参伍以变，错综其数’，皆言用也。参伍者，十五也。十五者，九六之合也。九老阳，六老阴也。阴阳既合而大用以行，故以九六为天地之用。特九六之合参差不齐，故《系辞》既以为变，而又以为错综。”九六即乾坤之用，合为十五，则洛书纵横斜十五之数体现了用。“今观洛书纵之横之，何非参伍？何非九六之合？如东三奇内矣，而四八之阴合之于外，非一错综，非一九六乎？然阳内而阴外矣，南九奇内矣，而二四之阴合之于外，非一错综，非一九六乎？然阳内而阴外矣，以至西北上下错综斜交，莫不皆然。”(《周易函书约存》卷三《循环太极配洛书》)

第三，洛书表现了循环不息、生生不已之妙。“洛书既为用数，天地之用原无间断，故循环不息之义存焉。”(《周易函书约存》卷三《循环太极配洛书》)就图而言，奇数排列一、三、七、九体现着阳气由生而息、而盛，如天道左旋，偶数排列二、四、六、八体现着阴气由生而息、而盛，如地道右迁。阴阳奇偶互相依附，“盛阳又复含阴，盛阴又复含阳者，此阴阳循环不息，生生不已之故也”(《周易函书》附编四《召对录》)。

3. 论先天图与后天图

（1）先天图非伪作

胡煦非常推崇先天图，他说：“先天四图，伏羲开天之道也。”（《周易函书约存》卷二《象数五》）“河图、洛书，天以图示也。先天八卦，圣人以图教也。”（《周易函书约存》卷首上《原图约》）他坚信先天图为伏羲所创，绝非后出之说。对后世易家把先天图归诸邵雍的做法，胡煦予以严厉批评：“止缘后人乐读文字义理之书而不能窥图象隐深之秘，因致卦之与图不能相通。始以诞妄而分之，旋复置之，旋复失之，汉魏诸儒尽有未见者矣。何待宋明以下，人方疑为伪作哉？然皆不善读经，未能穷理之故耳。”（《周易函书约存》卷首上《原图约》）

胡煦还通过两步设问来论证先天图并非伪作。第一，“今试问文王作《易》之卦为文王自画者乎？抑亦有所本乎？如属文王自画，则文王时当亦有龟龙之出矣。如不待龟龙之出，便能率意作为卦画，则圣人则之一语不为赘乎？然而《系传》固曰‘庖牺氏之王天下也，于是始作八卦’，则是卦画之设自伏羲始也”（《周易函书约存》卷首上《原图约》）。这是强调文王系卦名、卦辞必有所本，绝非凭空自作。第二，伏羲画卦是凌乱随机还是蕴含深意？“如谓庖牺所画止是零零星星六十四个卦体，则是初画之时已先无一定之法，已先无甚深之意，而孔子《系传》彰往察来亦何所指哉？其于《彖传》何忽有往来上下之说哉？其于《说卦》何忽有往顺来逆之语哉？”（《周易函书约存》卷首上《原图约》）如果伏羲乃随意画卦，并无规律潜藏其中，则孔子《易传》之“彰往察来”何意？“往来上下”何意？“往顺来逆”何意？基于上述两步设问，胡煦得出结论：“夫以疑传疑，而不能考正得失，则亦徒矜博雅而究无心得者耳。不知伏羲所画之图，即伏羲传心之道，即至文王既开其图逐卦表扬，无非表扬伏羲之图与伏羲之心而已。”（《周易函书约存》卷首上《原图约》）

(2)论先天图来源

胡煦认为,四圣之易虽然贯通,但其间历经发展。伏羲之图的重点就是从太极到两仪、四象、八卦的过程,且此两仪、四象、八卦与文王易有所不同,即尚未以阳爻阴爻连断为标志,而是以白黑为标志:

> 既未开而为卦,则非如今之《周易》所有卦象以连断为文矣。想其时,当止以二色别之而已,若非别以二色,安得有东阳西阴之辨哉?必如后来之卦,以连断为文,则两仪当为三画,安得仍命为两仪哉?故知两仪相连,别以二色者,伏羲初画之本图,所以定太极两仪四象八卦之体。逮于文王开而为卦,欲以一色分别阴阳,则非一连一断,而阴阳两象无由剖判矣。此羲图文卦二易分别关头,不可不辨者也。(《周易函书约存》卷首上《原图约》)

胡煦认为,伏羲图以白黑二色表示阴阳。至于阴阳二爻及三画卦、六画卦的产生,都是文王在伏羲图基础上的发展。这就意味着,胡煦认定的伏羲本图与先天圆图并不等同。

(3)缝卦图

《缝卦顺布图》和《缝卦逆布图》是胡煦立足于先天八卦圆图并受启于邵雍诗句而创作的易图。

缝卦顺布图

缝卦逆布图

胡煦对此解释道：

> 看先天图既有如上诸法，知其浑沦无著，本属先天，原不可以对待论之。又知其圆转流通，本具循环不息之妙。今观邵子《天根月窟》一诗，亦莫非联络无间之旨也。其诗曰“乾遇巽时观月窟，地逢雷处见天根”，说者全以复姤二卦当之，不知此非概论六画之卦也。是于先天八卦图中看出流行不息之妙，知其前进必有所遇，原非截然谓此地为坤，而遂不复与一阳之震相为流通也。此皆八卦圆图气机周流之妙，虽指阴阳始生之两卦为言，其实八卦圆转流通皆是如此。因于两卦缝中，前已欲离于坤，后已将交于震，其中疑前疑后之际，乃合先后二卦而会为一卦，所以有遇巽逢雷之说。因推广邵子之意，作为缝卦图。（《周易函书约存》卷首上《原图约》）

胡煦首先肯定了先天图浑沦无著、圆转流通、循环不息的特点，其次对邵雍“乾遇巽时观月窟，地逢雷处见天根”的诗句予以重释。他指出，天根为《复》、月窟为《姤》的理解有误，该句实是指卦与卦之间流转不断、气机流行不息，如乾卦前进必遇巽，坤卦前进必遇震。因乎卦与卦间周流往复，故先天八卦圆图之相邻两卦可合为一六画卦，以示先天图之圆转流通。如乾、巽相邻，相遇合为《姤》《小畜》，同理，坤、震相邻，相逢合为《复》《豫》。至于缝卦图的“顺布”和“逆布”，显然是先天八卦图分别按顺向、逆向的次序组合而成。

事实上，胡煦进一步推展先天八卦圆图而作的缝卦图，不仅意在传达阴阳二气圆转不息的思想，亦在注经当中发挥了重要作用。

(4)从先天八卦到后天八卦

在胡煦看来，先有河图、洛书，后有伏羲先天之易，再有文王之

《周易》古经。问题在于，伏羲先天图是则河图、洛书而成，文王后天图又是如何产生的呢？它与先天图究竟有何关联？在此问题上，邵雍主张先天为体、后天为用。此后，朱熹、王畿等人更试图对先天变后天的具体过程加以解释，但颇多牵强、难以圆通。

有鉴于此，胡煦从理论上作了提升，从方法上作了改进。他说：

> 洛书为河图之交象，乾坤一交，而无穷之化源具焉。由先天生后天，由无形生有形，皆此一图之妙。藉非此图之分，何自而显河图之合？非此图之布散有定而为后天，何自显河图之凝聚浑成而为先天？知后天洛书即出于先天河图，则知天地自然之易，体用一如，相须而不悖矣。
>
> 洛书者，河图既分之象。如图中一六合，书中一六分是也。分则各居其位，各司其职，与浑沦圆转者不同。此天地之大体大用，不烦卦画，自然之《周易》也。（《周易函书约存》卷二《洛书后天》）

胡煦认为，后天八卦图是先天八卦的交象，其实质是乾坤阴阳之交，蕴含着“先天生后天”“无形生有形”的意义。先天八卦图与后天八卦图合而为一，象征着天地之道体用一贯。

那么，先天图如何相交成后天图呢？胡煦解释说，共有中交、逆交、四隅交三步。所谓“中交”，是指先天八卦图乾坤相交，即乾卦中爻与坤卦中爻互易而成离、坎，离代乾而位于南，坎代坤而位于北。所谓“逆交”，是指先天八卦图坎离相交，即离上与坎初互易而成震、兑，震代离居东，兑代坎居西。所谓“四隅交”，是指先天八卦图震兑相交、艮巽相交，即震上与兑初、震初与兑上互易而成巽、艮，艮代震位于东北，巽代兑位于东南，巽上与艮初、巽初与艮上互

易而成乾、坤，乾代艮位于西北，坤代巽位于西南。至此，先天八卦图即变为后天八卦图。

对于相交过程中的一系列问题，胡煦逐一予以解释。例如，乾坤相交为何是中爻互易？胡煦说：“交于初末则偏，交于中则含胎包孕，为化育所自起，所由坤卦有含章括囊，美在其中之说。乾坤二用后，坎卦所由独言用也。”（《周易函书约存》卷二《中交》）坎离相交为何是离上交坎初，而非离初交坎上？胡煦说：“离性炎上，上者不下，不可以交，今抑其在上者而使下。坎性润下，下者不上，不可以交，今举其在下者而使上，则离变为震，坎变为兑矣。故震有半离，兑有半坎之形，所由谓为坎水而塞其下流也。若使顺其炎上之性而以离下交于坎上，顺其润下之性而以坎上交于离下，则为艮巽。艮巽之卦不能有为，故先后天皆居四隅，不得如后天之震兑，司日月往来之门户也。”（《周易函书约存》卷二《逆交》）四隅交为何是震兑相交、艮巽相交，而非相对之震巽相交、兑艮相交？胡煦说：“然震不与巽交，艮不与兑交者，《周易》具阴阳相循之妙，故两始必不能骤交，两终必不能骤交也。若兑之与震，则阴终与阳始得相交。巽之与艮，阴始与阳终得相交矣。”（《周易函书约存》卷二《交象》）震为阳始、巽为阴始，兑为阴终、艮为阳终，阴阳流行即阴终阳始、阳终阴始，不应两始、两终骤然相交，故震交于兑、艮交于巽。

先天图到后天图的转化，不仅是方位及起主导地位作用的卦发生变化，同时也体现出一种“用”的意蕴。胡煦说：

> 乾坤一交，即退处西南西北无为之地，所以明天开地辟以后，皆男女构精之作用。其天地细缊之始，已不可得而悬拟之，所以命为先天。而乾之用九，遂以为无首。迨于坎离用事，六象胥由以成矣。其在《易》曰“天地细缊，万物化

> 醇”,便是天地相交之始,便是河图之妙。男女构精,万物化生。男女即阴阳,坎离即阴阳之交,构精正阴阳相交之事,便是洛书之妙。此后有形有象,何一非水火交错而成?故全归功于坎离,而谓为构精生万物也。后天所配洛书,全是化醇以后之事,其在《周易》乾坤二用后,直至坎象始言时用,岂为无因?当知代天地而宣化者,日月即天地之阴阳。代乾坤而宣化者,坎离即乾坤之男女。(《周易函书约存》卷二《坎离代乾坤》)

先天图重先天浑沦、生生不息,本体不可言,故名先天。后天则有形有体,阴阳相交的过程及结果,正通过坎离两卦来表现。所以,先天图以乾坤为主导,象征天地相交之始且生生不息。后天图则以坎离为主导,象征阴阳相交、男女构精而成就了有形之物大化流行。

(二)论卦

1. 体卦、体卦之用、主爻

体卦即乾坤二卦。就三画卦而言,坎、艮、震、巽、离、兑六子皆由乾坤相交而来;就六画卦而言,其余六十二卦由乾坤二卦而来。六卦或六十二卦,皆以乾坤为本来之体,故有体卦之称。“乾坤为大父母,诸卦俱由乾坤而生,莫不各具乾坤之体,所以有体卦之设。”(《周易函书约存》卷首中《原卦约》)体卦之用即乾坤二体相交。具言之,震、坎、艮三男为乾一阳来交坤体,此一阳即乾“用九”;巽、离、兑三女为坤一阴来交乾体,此一阴即坤“用六”。“用九”与“用六”,就是体卦之用。

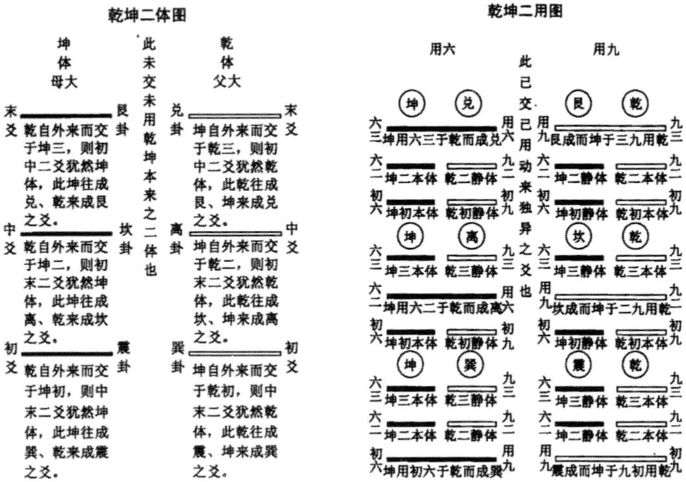

体卦相交所成六卦，蕴含动静之态势。静，指原乾坤之体的被动态势，如震、坎、艮之二阴本于坤体，此坤体为静，巽、离、兑之二阳本于乾体，此乾体为静；动，指来交之一爻，即用九或用六。用九、用六动而交，乾体或坤体受交为静。六卦有动有静，动静合一而成六卦。三男二阴一阳，以坤为体，一阳为用。体静用动，静体二阴力均而不能为主，一阳动用主二阴，故三阳卦以一阳为主。三女二阳一阴，以乾为体，一阴为用。体静用动，静体二阳力均而不能为主，一阴动用主之，故三阴卦以一阴为主。

乾坤二体相交成六十二卦，象征着阴阳相交成就万事万物。在胡煦看来，天地万物有其本体，本体即太极，其大用则呈现为阴阳。万事万物皆由阴阳运化，表现在易学上，即六十二卦来自乾坤相交。"盖六十二卦莫非乾坤既交所成，故凡言阴阳往来，非九之用于坤，则六之用于乾。其两爻相同者，则静而为体者也。其独异之爻，则来交而为动用者也。体静而用动，体内而用外，不相假也。"（《周易函书别集》卷二《易学须知二》）在相交过程中的动用之爻，就是主爻。显然，正是太极生阴阳、阴阳运化万物的思想，促

成了胡煦以乾坤为体卦、六十二卦为体卦相交，且动用之爻为主爻的观念。

2. 对卦变、卦综的批判

胡煦对其体卦及体卦之用的理论颇为自信。他说："全部《周易》成卦之妙全在'用九''用六'两节，此义不明，自汉以来，《周易》全无真解，职是故也。"（《周易函书约存》卷首中《原卦约》）原因在于，这一理论可以较为圆融地解释乾坤二卦之"用九"与"用六"以及《彖传》《系辞》中的相关表述。如"《系传》中'一索''再索''三索'，凡皆指其动用之机而言之。《彖》中之往来、内外、上下，凡皆指其动用之机而言之"（《周易函书约存》卷首中《原卦约》）。在他看来，《彖传》"往来""上下""内外"的主语，乃乾坤体卦之用九、用六。"往""上""外"指示外卦，"来""下""内"指示内卦。显然，胡煦此论与以往易家用卦变、卦综之说解释《彖传》的做法迥然有异。依他之见，"体立于此而不动，用交于外而忽来，则以能动者为用。……《易》爻称九、六，俱从动变处言也。《易·彖》指说往来、上下、进退、内外，俱自动用之一爻指其为主于卦中者言也。不知二用之妙，则《彖传》之辞全不得解，而'卦变''卦综'遂致支离之远矣"（《周易函书约存》卷首中《原卦约》）。

(1) 对卦变说的批评

胡煦对传统易学史上的各种卦变说皆有所指摘。首先，他批评了荀爽、虞翻的汉易卦变说："古卦变图，虞仲翔所传。其法自一阴一阳、二阴二阳、三阴三阳、四阴四阳而外，以中孚、小过为变例，其下复注之曰：'凡变皆从乾坤来。'惟此一语，方见得圣人传卦之始，未尝有卦变之说也。盖乾坤即阴阳之名，二用之所自出，六十四卦之所由成也。"（《周易函书约存》卷首中《原卦约》）这是认为，虞氏卦变唯"凡变皆从乾坤而来"一语符合圣人之意，至于"十辟生杂卦"的种种论述皆属无根之谈。

其次，他也不取李之才的《变卦反对图》和《六十四卦相生图》。“变卦反对图，邵子得于李挺之，挺之得于希夷。其首题曰乾坤二卦为《易》之门，万物之祖图第一。此处不言变，而下之所列方始言变，便可识用九、用六之机，而诸卦所变悉由乾坤出矣。其下所列俱以乾坤二字居首，此大父大母所由归于乾坤，必无杂卦复从杂卦变来之理也。至六十四卦相生之图，则又题曰乾坤一交再交三交。如上二图皆不离乾坤二象，方足明《彖》中往来之旨，然犹取所变之卦而立之图，是溺于习说，未能尽数扫除，未能深探本原者也。”（《周易函书约存》卷首中《原卦约》）

最后，他对程颐的乾坤卦变说亦有所不满。胡煦承认，程颐不取汉易卦变而言乾坤卦变生诸卦，是其深悟易道的表现。然而，乾坤卦变说仅言上下两体互易，并未点出各卦皆具乾坤之体，说明程子仅知乾坤互易之用，不晓乾坤为诸卦之体。需要指出的是，胡煦对程颐的卦变思想存有某些误解。通观《伊川易传》可见，程颐对阴阳升降式的卦变理论时而反对、时有所取。胡煦说程子“只据两体互易而言”，显然是以偏概全。此为误读之一。更重要的是，程颐曾明确主张诸卦皆由乾坤而来，胡煦称其“未见各卦皆具乾坤之体，是达于用而未达于体”，颇有武断之嫌。当然，胡煦的核心意图不难理解。他无非是强调，程颐并未在体用视野下分析六十四卦卦象，亦未明言乾坤二卦为体，其卦主的确定更与乾坤动用之爻无涉。总之，以自家易学为尺度来衡量，程颐易学尚有种种不足之处，这正是胡煦批评程颐的原因。

（2）对卦综说的批评

与虞翻、程颐皆有不同，明人来知德不取卦变，而以“综卦”即“反对”解释《彖传》之“往来”“上下”：“八卦既相综，所以象即寓于综之中。如噬嗑‘利用狱’，贲乃相综之卦，亦以狱言之；旅、丰二卦亦以狱言者，皆以其相综也。有以上六下初而综者，‘刚自外来，而

为主于内'是也。有以二五而综者,'柔得中而上行'是也。"①"又如以某卦自某卦变者,此虞翻之说也,后儒信而从之。如讼卦'刚来而得中',乃以为自遁卦来,不知乃综卦也。需讼相综,乃坎之阳爻来于内而得中也。"(《周易集注·原序》)来氏指出,综卦是阴阳二气大化流行、不常不拘的反映:"盖《易》以道阴阳,阴阳之理流行不常,原非死物胶固一定者,故颠之倒之、可上可下者,以其流行不常耳。"(《周易集注》卷首上《易经字义》)

然而,在胡煦眼中,"以错综论卦,其误仍与卦变相同"(《周易函书别集》卷二《易学须知二》)。他说:

> 独思来氏错综之说,本欲矫卦变之非,而不知其愈离而愈远也。今执所综之两卦,以一覆而为往来,是未知往来之的旨也。夫来则必出于内,而往则必行于外者也。故卦称内为来,而外为往。谓内为来,是原其所生之有自;谓外为往,是究其发舒之有渐也。如谓上之覆也即为初,二之往也即为五,不唯垂尽之末不可称为方生之初,即二覆为五,越三四而超然以往,亦未知卦气之升,逐爻渐进之旨矣。即谓阴阳互根皆由穷极而返,亦是阳极生阴,阴极生阳,安有阳之尽也复生阳,阴之尽也复生阴乎?(《周易函书·自序》)

卦综说以覆象论往来,是不知往来真意的表现。内与来,实指一卦之生有其本源,外与往,表示一卦有其发舒。若以为上爻颠倒成初爻、二爻颠倒成五爻,则与阴阳之理相悖。原因在于,上爻为穷极之末,不能为方生之初。二爻也不可能越过三、四两爻而成为五

① 〔明〕来知德撰,张万彬点校:《周易集注》卷首上《易经字义》,九州出版社2004年版,第79页。下引该书只注书名、卷数及篇名。

爻。阴阳二气虽能穷极而返，但此返乃阴阳互根，即阳极阴生、阴极阳生，绝非如卦综一般阳极生阳、阴极生阴。

胡煦又说：

夫彼所谓错，即古所谓伏也。彼所谓综，即古所谓覆也。伏有伏象，覆有覆象，缘有是象，乃为是辞，故欲达辞，必先明象。《易》中之象，错互皆有之，伊综独无，安有是理？第以综论象可也，以综论往来则不可也。（《周易函书·自序》）

至于文王《序卦》，颠倒两卦而连为一处者，正谓有阴则必有阳，有朝则必有昏，有此则必有彼，是欲人颠倒其妙，以穷尽观玩之法，非谓卦变非而卦综是也。（《周易函书别集》卷二《易学须知二》）

须知错综之说非来往之正义，然既有《杂卦》一传，则颠倒其爻而较量其性情，固亦观象之法也。（《周易函书别集》卷三《易学须知三》）

究其根本，“往来”表现的是太极阴阳变化之理，以综为理则与太极阴阳之理相悖。所以，综卦同错卦、互卦一样，只能作为一种观象之法，却不可以综卦论往来。

（三）论爻

1. 四通：见、伏、动、变

爻之四通指见、伏、动、变。它是胡煦在卦与伏卦的基础上，增加了动与变的变化形式，用以表达爻象之间互相变化的学说。其中，“见”指现成的一卦，一般指阳卦；“伏”指此卦之伏卦；“动”指见卦某位之爻与伏卦其他五位之爻结合；“变”指伏卦某位之爻与见卦其他五位之爻结合。由此可知，“见”与“伏”是基础，“动”“变”则是“见”与“伏”相交。也就是说，见、伏、动、变四通既基于

卦象，又着眼于爻象之间的变动与转化。其深层意义在于，爻象四通象征着阴阳之间的相根相因、往复流通。胡煦说：“阴阳之义，往复流通，原无停滞，见阳而伏阴，中交而变动出焉。象者四而通者四，无有逾此者也，故见伏动变可以相易。”（《周易函书约存》卷首下《原爻约》）阳或阳卦为见、阴或阴卦为伏，两卦之爻相交而成动、变。如此一来，则见、伏、动、变的卦爻象之间也是往复变化、互相贯通的。

尤有进者，若按见、伏、动、变及《周易》贵阳、阳卦主见①的观念考察六十四卦，则六十四卦可分四类：纯阳之卦十六、纯阴之卦十六、半阴半阳之卦各十六。其中，纯阳之卦是指上下二体皆为阳卦即乾、坎、艮、震，纯阴之卦是指上下二体皆为阴卦即坤、巽、离、兑，半阴半阳之卦则指上下二体一阴一阳。据此，十六阳卦皆为“见”，十六阴卦相应为“伏”，“见”“伏”之间的“动”“变”之卦则由半阴半阳之卦按规律排列而成。乾、需、讼、坎、震、艮、大壮、无妄、解、屯、蹇、大畜、遁、蒙、颐、小过十六阳卦之见伏动变参照下图：

十六阳卦图

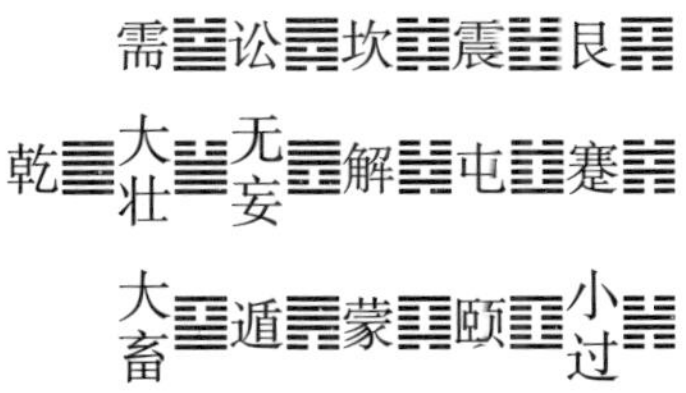

胡煦之所以不惮其烦地对六十四卦做如此排列，不仅是意在凸显见伏动变所蕴含的宇宙论思想以及卦爻象之变化无穷，更因其可以比较圆融地解释《周易》爻辞。他说：“见知见在，伏知将来，覆以穷其相反之情，变、动、中爻以尽其曲折之妙。兼是六者，而一

① 胡煦说：“阳之见也，大明终始之义，《周易》之所贵也。”（《周易函书约存》卷首下《原爻约》）

爻之性情著矣。”(《周易函书约存》卷首下《原爻约》)考察见、伏、变、动、覆、中,可以清楚呈现爻的特征。“见伏动变,循环迭易,如坤初为见,则乾初为伏,而姤复包其中矣。如复初为见,则姤初为伏,而乾坤又包其中矣。至其性情之同,则伏与动变,总与所见之爻互相发明。”(《周易函书约存》卷首下《原爻约》)卦爻之见、伏、动、变并非一成不变,而是互相转化的。坤、乾为见、伏,则姤、复为动、变;复、姤为见、伏,则乾、坤为动、变。也就是说,见、伏、动、变不但在形式上四通,在宇宙论上象征阴阳交流、互根互因,在爻之“性情”特征上也有一致之处。如此一来,就可以为解读《周易》爻辞提供一种互相比量的参考。

阳卦总爻图

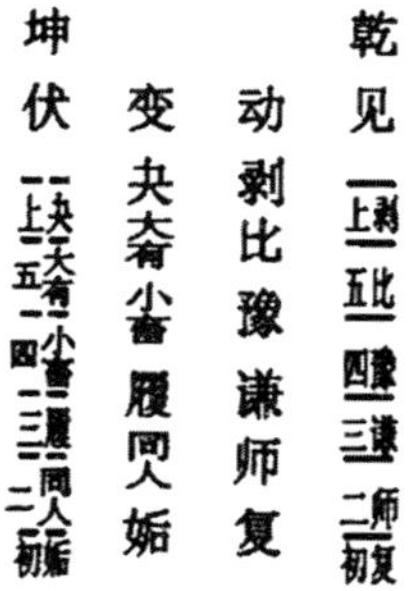

2. 三义:交、生、索

胡煦又拈出“交”“生”“索”三字以说明爻象之间的变化,并由此解释《周易》经传中某些概念、命题的含义。

“交”与“生”对显而明。“交”即乾坤二体相交,“生”则是指乾坤二体相交后,乾体或坤体中“生出”的阴爻或阳爻。“交”与“生”为考察六十四卦卦象提供了如下角度:乾坤二卦为纯阳纯阴之体,其余六十二卦皆由乾坤相交而得。这一方面是对阴阳二气生成万物的模拟:“如以交言,则阳不可无阴,阴不可无阳之义。如以生言,则阳根于阴,阴根于阳之义。”(《周

易函书约存》卷首下《原爻约》）“盖天地之气往来其间，止有升降聚散阖辟已耳。圣人以图象卦爻拟议之，无一而非象也。夫天气不能不下降，地气不能不上跻，则所谓交也。地既涵天之气，胞胎密固，以渐发育出来，则所谓生也。”（《周易函书约存》卷首下《原爻约》）另一方面，亦可较为合理地解释《周易》中的“来”字之义：“今试于《彖传》中举一‘来’字，便具此交字生字两义。即如无妄‘刚自外来而为主于内’，盖以内象本为坤体，坤之为象原未有阳，而忽来此一阳，是为自外而来。自外来者，以坤阴为主，而乾阳来交，此交字之义也。一交而阳掩其阴，则坤初遂为之伏矣。既交以后，坤中忽现此一阳，有似于坤中生出者然也，故又以所生者为来。”（《周易函书约存》卷首下《原爻约》）

“交”与“生”说明了爻象之间的变化及其所反映的阴阳关系，“索”则兼具二字之义。“索”字本于《说卦》“父母六子”章之“一索”“二索”“三索”，由于该字用以描述乾坤相交生六子的过程，故“索之一字便兼交生之两义”（《周易函书约存》卷首下《原爻约》）。那么，为何《易传》不用“交”“生”而用“索”字？胡煦认为，这是因为“索”字更能够表现“兼取与两端”（《周易函书约注》卷十七《说卦传》）的意义。“交而谓之为索，是先与后取之义。”（《周易函书约存》卷首下《原爻约》）“盖索犹索债之索，索者求也，先有以与人，而求以得之于己也。夫有求于彼，而即以获助于彼，则与取之两义具矣。”（《周易函书约存》卷首下《原爻约》）“与”“取”即给予、索取，更加形象地描述了阴阳互根、阴阳相因的本质关系：“《周易》六十四卦自刚柔始交而下，无有一卦不由交得，无有一卦之往来上下，不从交处发挥。先有交而后有生，交则其与，生则其取也。”（《周易函书约存》卷首下《原爻约》）“一与一取，但操一术而两用借来，灵妙

无比，阴阳之相因本如是耳。”（《周易函书约存》卷首下《原爻约》）“索”之“与”“取”，成就了乾坤之外的六十二卦。

3. 八字命爻：初、上、九、六、二、三、四、五

胡煦认为，《周易》六十四卦皆由上下二体即两个三画经卦组成。经卦为何三画，而非两画、四画？原因在于，卦象反映了客观世界的“时”与“位”。万事万物变动不居，所以有“时”；处于联系之中，所以有“位”。时有三候，“譬自盘古开天以及尧舜，其中历年原不可考，今以三候约之，曰此古之初，此古之中，此古之末，即无不可以意会者。又如一岁十二月，今以三候约之，为岁之初，岁之中，岁之末，即无不可以意会者”（《周易函书约存》卷首下《原爻约》）；位有三等，“譬若立五尺之竿于此，今以三等约之，上者上，中者中，下者下，尽之矣。又立千尺百尺之竿于此，以三等约之，上者上，中者中，下者下，尽之矣。是形器之属或高或卑，或广或狭，均无有逾此三等者也”（《周易函书约存》卷首下《原爻约》），是以经卦三爻。

那么，为何六十四卦并未止于三爻，而是成于六爻？这是因为，三爻虽能符示三候、三等，却不如六爻意蕴丰富。六爻能同时表达三候和三等：“就三爻而立之名，取时也则必遗位，取位也则必遗时。圣人知阴阳无偶，则生化之源绝，而凡物之生又先气而后形，于是乎立为重卦。”（《周易函书约存》卷首下《原爻约》）就此而言，圣人重卦是为了准确表征客观世界。

尽管六爻的时空意蕴极为丰富，但其名称即“爻题”只有“初九、九二、九三、九四、九五、上九、初六、六二、六三、六四、六五、上六”等“十二样笔法”（《周易函书约存》卷首下《原爻约》）。胡煦指出，此“十二样笔法”实可以“初、上、九、六、二、三、四、五”八字尽之。他相信，圣人用此八字绝非偶然，必有深意存乎其间。例如，初爻方从太极而来，名之曰“初”，一则知其为有形之始，

一则可溯本求源发明太极：

> 《周易》所有卦爻，皆本伏羲大圆图开而成焉者也。其六十四卦之初，在圆图中则两仪也。两仪生于太极，而太极无象可求，故文王以两仪初成之爻命名为初，为其有形可睹自此一爻而始，故二、三、四、五皆纪之以数，乃初之一爻非数所能始，以有太极在其前也。……缘其分位本属两仪，又不得上侵太极之一，论其成质，实居有形之最先，又不得连太极而序之，以下侵中爻之二，故以初字命爻，使人探本穷原，由其能来之故，而追索于所以有初者耳。此系有无分界关头，非此初字不能标出也。（《周易函书约存》卷首下《原爻约》）
>
> 今以上之一字比诸初，则初当曰下。以二、三、四、五之义比诸初，则初当曰一。乃不曰下，不曰一，而特命为初，此圣人寓义之最精者也。《周易》卦爻原本先天图，而先天四图原本图书，凡要推到天地未辟以前，探无极之幽深，标太极之精蕴，用以开天而明道耳。逮于乾元一亨，万物之始，悉资于此。但当未有形质之先，止有气耳。此气初萌，莫不托始于乾元，毓灵于太极，此时既无形象可以指证其位，非考之以时，曷由辨乎？顾时有三候，而初则气机之将萌，方从太极天心流衍而出，故特用一初字，以发明卦爻从出源头。……文、周命爻用此初字，正以传伏羲画图之心，以上契图书之秘奥而已。（《周易函书约存》卷首下《原爻约》）

《易》之根本不在卦爻而在太极，卦爻实源于太极。初爻为太极所生之始，以“初”名之，意在呈现太极与事物之间的精微分界。同

理，上爻象征终极处，故命名为“上”。胡煦接着说：

二、三、四、五，别之以数，不与初上同类，何也？曰圣人立卦之法，取象于天地之化育已耳。上爻覆之于上，天也。初爻承之于下，地也。其中所有，则资始资生之化，所称为万物者也。万物成形之后，其类最繁，非纪以数，曷由能辨？圣人立卦设象，正欲求尽万物之类，安得不纪之以数乎？（《周易函书约存》卷首下《原爻约》）

上爻象天、初爻象地，中间四爻象征万物。万物有其数目，人类据此数目辨别、认知万物，故中四爻以二、三、四、五表示。数字又对应时位，用数字标识中间四爻，亦与初之时义、上之位义相类。

胡煦又道：

其中四爻，九、六字乃复在上，不与初、上相同，明天地所生可以数纪者，莫非阴阳之运，是阴阳之流衍为重，故九、六字必在上。且事物之形见，必先有阴阳可征，乃始有可纪之数，若无阴阳之形见，曷凭而纪以数乎？（《周易函书约注》卷一《乾》）

初、上二爻，九、六在下；二、三、四、五，九、六在上。何也？曰卦至初爻既成，阴阳两象确有定体，然后审定阴阳所至之分数，如阴阳到得二分，便以为九、六之二，阴阳到得三分，便以为九、六之三矣。譬若男女既生以后，业有男女之可辨矣。然后能分辨其长短小大，少长肥瘠也。故二、三、四、五在九、六下也。（《周易函书约存》卷首下《原爻约》）

二、三、四、五与初爻有所不同。值此之时，阴阳两象已有定体，需要从数量上分析阴阳特征，以象征天地所生之物必用数来计量。

三、观象之法

就以象解《易》而言，胡煦在继承前人乘承比应、互体、辟卦、半象、爻变、覆象、积体等体例的同时，也作出了一定的创新发展。概言之，约有三端：以体卦主爻说释“往来”“内外”“上下”；以先天图释“遇”“邻”“婚”；以月体纳甲释“西南、东北”“先甲后甲”“先庚后庚”“月几望”等。其中，前两者发前人所未发，后者则是在传统月体纳甲说的基础上进一步纳入先天图和日月交光等内容，从而对月体纳甲说有所发展。胡煦之所以能在观象方法上取得突破，无疑与其方法背后的深刻易学识见关联紧密。

（一）以体卦主爻说释“往来”“内外”“上下”

体卦、主爻说前已论及。胡煦认为，《彖传》所云“往来”“内外”“上下”一般是就主爻而言的。他说：

> 重卦具内外两象，然自乾坤而外，凡其往来上下者，非九用于坤，则六用于乾矣。只缘六子皆系乾坤相交而成，而本然之体三爻原自相等，今忽变此一爻，是所存之两爻为体而主静，而所变之一爻为用而主动。周公于乾坤两卦特著用九、用六之说，明此往来上下者皆为动用之爻也。……孔子《彖》辞所由有往来上下之说，无非示人观象之法，用以审择主爻而已。……《彖》中之往来内外上下，凡皆指其动用之机而言之。

（《周易函书约存》卷首中《原卦约》）

这是以六子卦之形成来证明“往来”“内外”“上下”皆言主爻。六子为乾坤二体相交，两爻静体、一爻变动。“往来”为动词，指示主爻动用；“内外”“上下”，则标示主爻之位。

胡煦释“往来”，如解《彖·讼》“刚来而得中”曰：“下卦称来，二居柔得中，故能有孚而窒而惕，及中而止。”（《周易函书约注》卷三《讼》）解《彖·贲》“柔来而文刚”曰：“柔来文刚，谓离二之柔自外来，分乾体为二也。刚上之刚谓上九，文柔之柔谓四五，分刚上而文柔，谓艮上一阳自乾用分出，饰坤迷之体，使光明也，此谓下主柔上主刚耳。凡卦皆以乾坤为体，及二用往来上下，始论动用之刚柔，故言分也。”（《周易函书约注》卷五《贲》）解《彖·无妄》“刚自外来而为主于内”曰：“刚谓震阳，来谓居初。自外来者，二、三两阴本坤之静体居内，乾用其九一交于初，则为自外来矣。外来者对居内之静坤言也。卦以震刚为主，圣人教人观象以择主爻，故有为主于内之说。凡一卦三画，其两画相同者皆静体也。其往来上下之爻称为主爻，动用故也。”（《周易函书约注》卷六《无妄》）解释《彖·涣》“刚来而不穷”曰：“刚来，谓坎阳居下中而为卦主也。不穷者，坎为通，即心亨之说。”（《周易函书约注》卷十二《涣》）以上对《彖传》“来”字的解释，皆指下体中自外而来的动用主爻。胡煦释《彖·蹇》“往得中”曰：“往得中谓一刚往而居五，此自下而上往，观象而择主爻者也。”（《周易函书约注》卷八《蹇》）释《彖·解》“利西南，往得众也”曰：“震本坤体，乾来交坤，利西南而释为得众者。坤得乾则得朋，乾得坤则得众，此为主阳言也。震动于外故称往。”（《周易函书约注》卷八《解》）可见，“往”亦

就主爻而言，只是此主爻居于上体，故称“往”而非“来”。①

“内外”亦与体卦主爻关系密切：“须知内外之说必先认取体卦，识得乾坤为大父母方可。盖内外之说有二，其以下为内卦，上为外卦，此通例也。其以体卦为内，来交于体卦者为外，则未有知其故者。……如以坤为体卦，而乾爻之或初或中或末，来一交之，是体卦先立于此，故谓为内，动用之爻自外来交，斯为外矣。体卦在内而主静，来交者自外而主动，《周易》以动变为用者也。”（《周易函书别集》卷三《易学须知三》）据此，胡煦释《彖·涣》“柔得位乎外而上同”曰：“柔得位乎外，柔居四而为外卦主也。”（《周易函书约注》卷十二《涣》）此为通例。释《彖·无妄》“刚自外来而为主于内”曰：“刚谓震阳，来谓居初。自外来者，二、三两阴本坤之静体居内，乾用其九一交于初，则为自外来矣。外来者对居内之静坤言也。”（《周易函书约注》卷六《无妄》）此例中的内外则分指体卦与交于体卦者。②

类似地，主爻位于外卦称“上”，位于内卦称“下”。如胡煦解《彖·谦》“天道下济而光明”曰：“济，施也。下卦地位，乾三一阳居之，故云下济。”（《周易函书约注》卷四《谦》）此是以谦三为主爻；解《彖·随》“刚来而下柔”曰：“乾刚坤柔，男刚女柔。内为来，外为往。内为下，外为上。震男下而兑女上，初阳下而二、三两阴上，是为刚来下柔。兑主上柔，震主下刚。上穷不取，取震，故刚来

① 需要说明的是，《彖传》中尚有“往有功”“利有攸往”“不利有攸往”等辞句，胡煦认为这些“往”字只是一般意义上的汉语表达，并不对应象数体例。此外，泰、否、复三卦彖辞亦言“往”“来”。胡煦解泰“小往大来”和否“大往小来”时，亦将之视为一般表达。唯解复“朋来无咎”曰：“自内出外为往，自外入内为来，谓坤体而乾来者，此言交也”（《周易函书约注》卷六《复》），这是以主爻解“来”字。

② 有必要指出，泰、否、明夷、家人、兑、涣、中孚诸卦《彖传》亦言“内外”，但胡煦并未以主爻释之。

下柔。”(《周易函书约注》卷五《随》)

(二)以先天图释“遇”“邻”“婚”

“遇”“邻”“婚”在《周易》古经中合计出现十七次,但以往易家并未予以特别重视,不过随文解义而已。有别于此,胡煦“因见周公爻辞每有‘邻’‘遇’二字,用意推求,既久而得之,始知‘邻’‘遇’二字皆指始初相比之二卦既已分居,而变动之爻复得相比,故云然也”(《周易函书别集》卷一《易学须知一》)。所谓“始初相比”,是指先天八卦圆图中相邻之卦,“复得相比”是指《周易》某卦之上下体,或爻变、互体所得某卦之上下体在先天八卦圆图中恰为相邻之卦。胡煦认为,“邻”“遇”二字实为提示“始初相比”、或由“始初相比”到“复得相比”而设,“婚”字则是对先天八卦圆图中相对两卦关系的描述。

1.“遇”

《周易》古经言“遇”凡六卦七爻:

《噬嗑》:六三,噬腊肉,遇毒,小吝,无咎。

《丰》:初九,遇其配主,虽旬无咎,往有尚。

《睽》:九二,遇主于巷,无咎。

上九,睽孤,见豕负涂,载鬼一车,先张之弧,后说之弧,匪寇婚媾,往遇雨则吉。

《夬》:九三,壮于頄,有凶。君子夬夬,独行遇雨,若濡有愠,无咎。

《同人》:九五,同人先号咷而后笑,大师克相遇。

《小过》:六二,过其祖,遇其妣,不及其君,遇其臣,无咎。

胡煦据先天图、缝卦图解之曰:

《易》爻言遇者六卦，噬嗑、丰、睽、夬、同人、小过是也。噬嗑，离遇震也。六三由震变离，又遇。夬，乾遇兑也。九三由乾变兑，又遇。丰之震离遇也。九四由震变坤，又遇。睽之离兑遇也。九二由兑变震，则震与离遇。九四由离变震，则离与震遇。同人虽非缝卦，九五大师克相遇者，此卦未变，中爻巽，乾与巽遇。既变，中爻兑，离与兑遇。小过虽非缝卦，然六二中爻巽变乾，则巽与乾遇。九四震变坤，则震与坤遇。上六震变离，则震与离遇。……知缝卦言遇，全说图中流行之气，比又看图之一法也。（《周易函书约存》卷首上《原图约》）

噬嗑上离下震、丰上震下离、睽上离下兑、夬上兑下离，四卦上下体在先天八卦圆图中皆为相邻之卦，所以称"遇"。同人、小过上下体虽不相邻，但同人二至四互巽，与上体乾相邻。五爻变后三至五互兑，与下体离相邻，故同人九五爻辞有"遇"字；小过二至四爻互巽，二爻变则为乾，乾巽相邻。上体本震，四爻变则上体成坤，震坤相邻。或上爻变而上体成离，震离相邻，故小过爻辞亦有"遇"字。

2."邻"

在《周易》古经中，"邻"字见于五卦。小畜九五："有孚挛如，富以其邻。"胡煦解之曰："三阳同德称邻，先天图乾巽相比故称邻。"（《周易函书约注》卷三《小畜》）震上六："震索索，视矍矍，征凶。震不于其躬，于其邻，无咎，婚媾有言。"胡煦解之曰："离震相邻。"（《周易函书约注》卷十《震》）既济九五："东邻杀牛，不如西邻之禴祭，实受其福。"胡煦解之曰："《周易》卦爻皆据先天图而言，其邻字遇字详具噬嗑、睽、姤诸卦。此爻变坤互震，则坤震邻也，震离亦邻也。坎位图西，而震离皆在图东，故有东邻西邻之象。"（《周易函书约注》卷十二《既济》）泰六四："翩翩，不富以其邻，不戒以

孚。”谦六五：“不富以其邻，利用侵伐，无不利。”胡煦对此两卦虽未明言，但不难推知泰六四“互震变震”（《周易函书约注》卷四《泰》）、谦三至五互震，皆与上体坤为“邻”。

3.“婚”

《周易》古经言及“婚”字如下：

《屯》：六二，屯如邅如，乘马班如，匪寇婚媾，女子贞，不字，十年乃字。六四，乘马班如，求婚媾，往吉，无不利。

《贲》：六四，贲如皤如，白马翰如，匪寇婚媾。

《睽》：上九，睽孤，见豕负涂，载鬼一车，先张之弧，后说之弧，匪寇婚媾，往遇雨则吉。

《震》：上六，震索索，视矍矍，征凶。震不于其躬，于其邻，无咎，婚媾有言。

胡煦解贲卦时说：“凡婚媾皆先天相对，相配者也。四变则先天艮兑相配，后天震兑相配。”（《周易函书约注》卷五《贲》）贲上艮下离、本不相配，但四爻变后三至五互兑，艮兑相对可称“婚”。又贲三至五互震，震兑在后天图中相对，亦可称婚。解震卦又云：“凡言婚媾皆先天图相对之卦，相对则有相配之义。故或见于本卦，或见于变卦，多言婚媾。虽多见于震坎相遇，然屯之二、四两变，则先天之艮兑，后天之震兑，皆具也。贲互震坎，四变则先天艮兑，后天震兑，皆具也。睽上变震互坎，中爻坎离，先后天皆相对。此爻互坎变离，故言婚媾。”（《周易函书约注》卷十《震》）总之，若本卦上下二体并非相对，仍可通过爻变、互体找出其所以称婚的象数依据。

（三）以月体纳甲说释“西南、东北”“先甲后甲”“先庚后庚”“月几望”

胡煦继承了虞翻易学以月体纳甲注《易》的传统，同时又有所

发展。他在日月交光的视野下，以先天图为基础对卦辞及《象传》中的“西南、东北”“先甲后甲”“先庚后庚”“月几望”进行了详细解说。

1.“西南、东北”

古经中涉及“西南”“东北”者凡三卦：

《坤》：元，亨，利，牝马之贞。君子有攸往，先迷后得主，利。西南得朋，东北丧朋，安贞吉。

《蹇》：利西南，不利东北，利见大人，贞吉。

《解》：利西南，无所往，其来复吉。有攸往，夙吉。

胡煦解释说，因乎月体本身黑质无光，必得日光照射而有光，故日月交光方成月相变化，月相又与卦象相配。坤爻皆阴，象征月相全黑无光。阴以阳为朋，黑质得日光而有亮，所以“得朋”“丧朋”是指阴是否得阳，即月体能否得日光照射而言。他说：

丧朋者，阳光已尽，黑质孤存时也。顾此黑质先在下弦，上面犹有一阳，其象为艮。艮在先天，虽居西北，艮在后天，实居东北。不云西北丧朋，而云东北丧朋者，盖先天止以象其气之流行，而后天则以著其位之一定。故凡言时者皆考于先天，凡言位者皆考于后天也。犹云二阴之艮象，上面一阳既尽，乃始转为三阴之坤，谓阴本以阳为朋类，其阳既丧，遂成全晦之体，是即以东北字代艮字，而以丧朋说阳之终耳。盖由循环不息而论，则必由二阴，然后及于纯阴，故圜之以先天图，以明其候。以盈虚消息而求，则必至东北艮方，而阳光始尽，故列之以后天图，以定其位。所由谓为东北丧朋，凡欲人因时以考其位，因位以征其象耳。亦可知文王后天图，皆所以发明先天一

图之蕴也。(《周易函书约存》卷四《东北丧朋》)

“丧朋”即为阳光已尽、月体全黑之时。不过,在坤“丧朋”之前犹存一阳之艮,故“丧朋”是指由艮到坤的过程。艮在后天图中位居东北,称“东北丧朋”。之所以用后天方位而不用先天方位,是因为先天图象气之流行,后天图象位之一定。论时用先天图,论位用后天图。同理,“得朋”指一阳初生、月体渐亮之时。其所以称“西南”,是因为“全晦既象纯坤,若使坤体不纯,下面忽露微阳,是为震象。必在三日之昏,此时月之离日几三十度,日入而月见,其体必在西南,西南庚方也,庚方初见震象,故遂以西南字代震字,所以谓为西南得朋”(《周易函书约存》卷四《西南得朋》)。“三阴为坤,坤生一阳为震,震为阳始,艮为阳终,兼此两象,始显纯坤之体。故大明终始特言之于乾,明阳之前后际俱交于阴。而丧朋得朋特言之于坤,明阴之前后际俱交于阳也。”(《周易函书约存》卷四《西南得朋》)这种“阴之前后际俱交于阳”,表现着月相的盈虚变化。于坤之全阴而言,震之一阳生于西南,象征“西南得朋”;艮之一阳终于东北,象征“东北丧朋”。

按照这一思路,蹇“利西南,不利东北”和解“利西南”亦可获得理解。“坎艮合蹇,坎得乾中而正位于五,是坤之西南得朋也,故利西南。本非坤有,而今在其中,故为得,得故利。东北艮也,月之阳明至此而尽,故以为道穷,即丧朋也。丧则有何利乎?”(《周易函书约注》卷八《蹇》)蹇无震而言“利西南”,则是因为“上坎得阳于中,与西南得朋之震同义,故利西南得朋矣。……卦本无震而亦曰西南,止取坎象得阳之义”(《周易函书约注》卷五《蛊》)。“解卦有震无艮,故止曰利西南。”(《周易函书约注》卷八《解》)

2.“先甲后甲”“先庚后庚”

《蛊》彖辞曰:“元亨,利涉大川。先甲三日,后甲三日。”“蛊”

本为“敝坏”之意，何以“元亨”？胡煦解释说：“盖当敝坏时，必须从新整顿，然后能得其通也。利涉大川即振作鼓舞，不辞艰险，是元亨之由。”（《周易函书约注》卷五《蛊》）这是从人的角度说，只要鼓舞人心、振作精神，值敝坏之时亦能“元亨”。从天道循环的角度说，当下虽蛊，却必有出蛊之时。“先甲二句，又从天道循环说必能元亨之理，欲人鼓舞奋兴以治蛊也。元亨本象也。利涉句借人事以明更始之故，先甲后甲借天道而言好还之理。”（《周易函书约注》卷五《蛊》）问题在于，“先甲三日，后甲三日”为何代表天道循环？胡煦认为，这与先天图和月体纳甲相关：

> 阴阳之义配日月，悬象著明莫大于日月，乃日则常明，而月则有盈亏，阳饶阴乏故也。今月至晦后生明，三日震象出庚，八日兑象见丁，相望则乾象满甲。甲，东方。乾象至此而盛满也。今言甲不言乾，且但言甲之先后，谓阴足于阳，深慎夫始甲终甲者也。三日即三爻，借岁令而言爻理也。一卦六爻，故有先三后三。先三者，先甲三日之前。互兑，阴尽而甲成也。后三者，后甲三日之后，下巽阳尽而阴生也。先兑阴终，后巽阴始，总征于甲方，即先天图左兑右巽是也。孔子所由曰终则有始，天行也。十七阴生，巽象见辛。廿三阴盛，艮象见丙。廿七明尽，全晦于乙。皆天行也。（《周易函书约注》卷五《蛊》）

三日震象，初生之月出于庚方；八日兑象，上弦月出于丁方；望日乾象，满月出于甲方；十七巽象，生魄出于辛方；二十三艮象，下弦出于丙方；晦为坤象，出于乙方。所谓“先甲”“后甲”即先乾、后乾。“先甲三日”即兑象之时，“后甲三日”即巽象之时，兑为阴终、巽为阴始，其间为纯阳之乾，故“先甲三日，后甲三日”实指阴终而阳盛、

阳盛而阴始的变化态势。如此一来，“先甲三日，后甲三日”便具有了天道循环的内涵。

《巽》九五爻辞“先庚三日，后庚三日”亦可依此方法获得理解。震为巽之伏卦，“先庚”“后庚”即先震、后震。“先庚三日”为坤象之时，“后庚三日”为兑象之时，其间震卦一阳初生。爻辞称“先庚三日，后庚三日”，正是以贵阳观念来印证“贞吉悔亡，无不利”。①

3.“月几望”

“月几望”在古经中凡三见：

> 《小畜》：上九，既雨既处，尚德载，妇贞厉，月几望，君子征凶。
>
> 《归妹》：六五，帝乙归妹，其君之袂，不如其娣之袂良。月几望，吉。
>
> 《中孚》：六四，月几望，马匹亡，无咎。

胡煦释《小畜》“月几望”时说：“互离日变坎月，巽伏震互兑，震东

① 这里存在一个问题：先庚、后庚既指震卦而言，为何“先庚三日，后庚三日”不系于震卦而系于巽卦？对此，胡煦解释道：“乃先庚后庚，不言于坤，不言于震，而独说入巽卦，何也？曰为伏震，故言震。《周易》贵阳，杂卦所由曰巽伏也。先庚三，内震也。后庚三，外震也。三之先，指纯阴之坤。三之后，指二阳之兑。所以明此一阳之由来，与此一阳之进盛也。其必言于巽者，正以易道言始必要其终，言终必究其始，所以有变动不居，往复相循之义。故其象或取诸伏，或取诸覆，或取诸互。由伏取者，对待者也。由覆取者，往复者也。由互取者，上下卦之合也。……又况先庚三日，已说向纯阴之坤，是巽下初萌之微阴所由极。后庚三日，斯渐入二阳之兑，是巽上就消之二阳所自来。故言巽即言震也。”（《周易函书约存》卷四《震象出庚》）易道变动不居，有就伏卦而言，有就覆卦而言，有就互体而言，不可执一而论。震为巽之伏卦，且先庚为坤，恰为巽一阴发展而至；后庚为兑，其二阳自巽之二阳而来，故言巽即言震。

兑西,日月相望。煦按望谓乾也,月必至望,始见三阳纯乾之象。几,近也。谓望前之近望者,为兑阴之终,即乾先三之始也。望后之近望者为巽阴之始,即乾后三之终也。此义自具先天图。……《易》言几望者三,皆不离兑巽,归五下兑互巽①,五又变兑,阴终而又始,故言几望。孚四上巽下兑,其阴一始一终,故言几望。阴之始终必交于乾,故此卦借月以言乾。"(《周易函书约注》卷三《小畜》)"望"即满月乾象,"几望"谓近于满月,亦即先甲之兑与后甲之巽。小畜二至四互兑、上体为巽,归妹下兑、上震伏巽、五变上体又成兑,中孚上巽下兑,故三卦皆有"月几望"之辞。

关键在于,胡煦对"月几望"的解释中更有借卦象揭示阴阳进退之几的意图。如其解中孚"月几望"云:"兑为阴终,巽为阴始,其中正见乾象。巽兑皆与乾近,故曰几望。若论阴阳之理,止是微阴垂尽,变为纯阳之乾,故曰月几望,马匹亡也。……《易》之卦爻,总明阴阳进退之几也。"(《周易函书约注》卷十二《中孚》)概言之,有阴阳进退,才有月相之变,继而有卦象的变化。

(四)观象之法的易学观基础

胡煦对其发明的观象之法颇具自信。《周易函书·凡例》开篇即云:"《易》象失传自王弼始,犹幸李鼎祚《集解》一书尚存十分之一二,来矣鲜得之,已增十分之二三,煦复于《集解》《来易》两书合证而推广之,其于象义庶未有遗也。如'遇'字、'邻'字、'婚姻'等字之解,及'西南东北''先甲后甲''先庚后庚'并'月几望'之旨,悉皆取先天圆图,非意为之也。"

---

① 此处当作"下兑覆巽",因归妹互体无巽。胡煦解中孚"月几望"时称:"归妹之五,以震伏巽,兑覆巽,故皆言月。"(《周易函书约注》卷十二《中孚》)

事实上，胡煦对观象之法的感悟创见绝非偶然，而是与其易学观紧密关联：其体卦之说，本于太极生阴阳、阴阳生化万事万物的宇宙本体论；以先天图解释“遇”“邻”“婚”，显然基于其先天图与《周易》卦爻一贯的思想；月体纳甲引入先天图和日月交光，则是因其注重透过卦爻象辞来考察天道之阴阳消息。例如，胡煦对太极阴阳观念的重视，致使先天图一则成为其象数易学的重要组成部分，一则成为其注释《周易》的基础理论之一。依他之见，太极本体非有非无、不可思议，但有其大用。伏羲“开天明道，启圣传心”（《周易函书约存》卷首上《原图约》），用象数来表示此一由体及用的过程，就是先天图中太极、两仪、四象、八卦、六十四卦的依次展开。文王则基于先天图“开而为卦”，便有了六十四卦之象辞。“《周易》一书，即伏羲大圆图中所有六十四象，文王开而为卦，各予以名，各系以辞，遂名《周易》。其三百八十四爻，又即文王之六十四卦，而周公拆之，加以爻辞者也。”（《周易函书别集》卷一《易学须知一》）“《易》中所有之卦既出先天图，则所系之卦辞即莫非表章图蕴者矣。”（《周易函书别集》卷一《易学须知一》）“文王之卦得于先天，则全部《周易》无有一卦一爻不是先天。”（《周易函书别集》卷一《易学须知一》）“《周易》六十四卦皆拆先天图而有之，皆是说先天图中道理。”（《周易函书别集》卷五《易解辨异二》）因乎此一识见，胡煦才得以建立先天图与“遇”“邻”“婚”等《易》辞之间的联系。

又如，以往的月体纳甲说固然建立了月相变化及其出现方位与《周易》卦象之间的对应，但其蕴含的阴阳消息之意并未获得充分阐发。虞翻注《彖·坤》“东北丧朋，乃终有庆”虽言“阳丧灭坤，坤终复生，谓月三日震象出庚，故‘乃终有庆’。此指说易道阴阳消

息之大要也"①,但其所谓"易道阴阳消息之大要",还是相对偏重卦象内部结构所体现的阴阳消息,没有上升到本体论高度。胡煦则不然。他说:"《易》之卦爻总明阴阳进退之几也。"(《周易函书约注》卷十二《中孚》)"日月,天地流转自然之阴阳也。"(《周易函书约注》卷五《蛊》)"日月即天地间来往运动可见之阴阳,代天而宣化者。"(《周易函书约注》卷八《蹇》)在他看来,日月交光这一现象本身即阴阳进退的表现,先天图不仅反映出天道阴阳消息之理,也是对日月交光过程的模拟。"日月交光,皆天地自然之易,而伏羲之图正所以仿象其精蕴者也。"(《周易函书别集》卷一《易学须知一》)于是,以先天图为基础,在日月交光的视野下运用月体纳甲注《易》,就成了胡煦观象之法的一大亮点。

结　语

胡煦精研《周易》数十年,其易学体系庞大,多有精妙之论。例如,作为其易学体系重要组成部分的体卦说颇具卓识、独树一帜,丰富了象数易学的内容,具有重要意义。尽管体卦说与程颐的乾坤卦变说在主张乾坤生六十二卦这一点上存在相近之处,但二者之差异也十分明显:首先,程颐所谓乾坤卦变的实质乃阴阳爻之间的转化,胡煦乾坤相交生六十二卦的要义则在于阴阳相交;再者,程颐虽曾明确反对阴阳升降式的汉易卦变,但其随、蛊、涣、恒四卦《彖传》注文②仍然沿用了这一方法。在这一点上,胡煦对体卦说的贯彻比较彻底,对卦变的反对态度

① 〔唐〕李鼎祚著,陈德述整理:《周易集解》卷二,巴蜀书社1991年版,第22页。

② 见〔宋〕程颢、程颐著,王孝鱼点校:《二程集》,中华书局2004年版,第783、784、789、860、1001页。

相较程颐也更为坚决；其次，程颐虽主张“体用一源”，但他以理为体、以象为用，并未将体用观念落实到卦象分析当中，所以胡煦批评道：“程子专以乾坤言卦变，此程子卓识，极有体认处，与汉儒执泰否以言卦变者相似，均未失孔子观象之法也。然亦止据两体互易而言，未见各卦皆具乾坤之体，是达于用而未达于体也。”（《周易函书约存》卷首中《原卦约》）与程颐不同的是，胡煦乾坤为体、相交之爻为用的思想，在卦象层面上已然表现出体用观念；最后，程颐的乾坤卦变说与卦主说并无必然关联，胡煦则根据体卦相交确立主爻。凡此种种，足以证明胡煦的体卦说虽有其易学史渊源，但更多的是一己穷思力索而得。

胡煦对观象之法的创新与发展同样值得重视。尽管以体卦、先天图、月体纳甲诸说注解《周易》经传难免有牵强之处，但公允地讲，这些别具一格的解释在理论上实可自圆其说，对深化《周易》象辞的认知不无裨益，同时也进一步丰富了易学史的内容。

因易学贡献巨大，胡煦备受后世推崇。四库馆臣赞其兼收并蓄，发前人所未发，“酌于汉学宋学之间，与朱子颇有异同”（《四库全书总目》卷六《周易函书》）。李去侈序文称：“大抵先生之于《易》也豁达而不流于旷渺，精深而不泥于训诂，博采而不役于方技，凡皆默符四圣心原，通达旨趣，故能搜奇探赜，致远钩深，而详人所略，凿凿言之有若斯也。”（《周易函书·序》）近代学者杭辛斋在著作中亦屡屡言及胡煦，誉之为清代“独抒己见”的易学家，并将他与李光地、胡渭、惠栋等人相提并论①。熊十力先生认为：“清世易家，独胡煦犹承宋学一脉，其《周易函书》颇有新义，足以羽翼前

① 见杭辛斋《学易笔谈初集》卷一《胜朝之易学》《八字命爻》等篇，《杭氏易学七种》，九州出版社 2005 年版，第 275～309 页。

贤，治《易》者不可不究心于其书也。”①马一浮的《复性书院讲录》亦将《周易函书》列为研习易学之必读书目。现代学人中，推许胡煦不遗余力者莫过于牟宗三。在他看来，“胡煦是中国的最大哲学家，且在中国，除了公孙龙，唯有他始足称哲学这个名目”，“假若汉人的思想可说是科学的，则胡煦将即是科学的哲学，即他要给汉易树基础，所以我说胡煦是中国的最大之纯粹哲学家”②。

① 熊十力：《熊十力全集》第3卷，湖北教育出版社2001年版，第915页。

② 牟宗三：《周易的自然哲学与道德函义》，台湾文津出版社1988年版，第12、167页。

第八章　江永的图书之学

江永(1681—1762),字慎修,又字慎斋,婺源县江湾村(今属江西)人。清朝中期杰出的经学家、天文学家、音韵学家,皖派经学的开创者。他性情平和,道德高尚。江藩说:“永为人,和易近人。处里党,以孝悌仁让为先,人多化之。”江永一生潜心著述讲学,于天文、历算、经学、历史、音律、水利、西方新学等方面用功尤深,在科学与实学的探索上做出了鲜明表率,对理学到朴学的学术转向贡献巨大。钱大昕誉其为郑玄之后第一人,当时名儒戴震、程瑶田、金榜皆其得意门生。

江永著述颇丰,主要作品有《群经补义》《周礼疑义举要》《礼记训义择言》《仪礼释宫增注》《礼书纲目》《乡党图考》《深衣考误》《近思录集注》《考订朱子世家》《律吕阐微》《律吕新论》《春秋地理考实》《读书随笔》《古韵标准》《四声切韵表》《音学辨微》《河洛精蕴》《推步法解》《七政衍》《金水二星发微》《冬至权度》《恒气注历辨》《岁实消长辨》《历学补论》《中西合法拟草》《数学》《续数学》等。其易学思想主要见于《河洛精蕴》一书。此外,《群经补义》中亦有少量易学论述。

一、“图书卦画妙和无间”

江永易学思想的核心在于对河图、洛书的精深体悟。他在继

承前人图书之学的基础上，详细探讨了河图与洛书、河图与先后天图的关系、河图到八卦的转化过程等一系列问题。

（一）河图五、十生先天八卦论

江永笃信河图、洛书。他说："天不爱道，地不爱宝，河出马图，洛出龟书，天地之大文章也。天以光气昭烁于三辰，地以精华流行为五行，其为文章也大矣。复假灵于神物，出天苞，吐地符，示之图焉，倍五为十而显其常；又示之书焉，藏十于九而通其变。"①天地之光气精华展现为日月星三光与金木水火土五行，又借龙马、灵龟呈现河图、洛书。

江永赞同朱子一脉的"河十洛九"说，亦以河图主常、洛书主变。同样，他也相信圣人是受启于河图、洛书而作《易》。其言："天地不自若②其妙道至宝，所以牖圣人，而启其聪明，发其神智，又将有不尽之文章于是乎起也。卦画者，圣人之文章也。一奇一偶，太极呈焉，仪象出焉；三画既成，八象肖焉，万汇该焉……虽圣人之聪明神智，仰观俯察，远求近取，随处皆可会心，而以天地自来之文章，心领而神契者尤深。故曰：'河出图，洛出书，圣人则之'，非虚言也。"（《序》）既然卦画本于图书，则"卦其子孙，而图书其祖宗也"。

关于圣人则河图、洛书画卦的具体过程，江永解释说："相传河图出于伏羲之世，则圣人之作《易》也，必于河图为最先。《易》卦之作，所谓《易》有太极，是生两仪，两仪生四象，四象生八卦者也。"（卷一《圣人则河图画卦图说》）依他之见，《易》卦"加一倍法"推演

---

① 〔清〕江永著，徐瑞整理：《河洛精蕴·序》，巴蜀书社2008年版，第1页。下引该书只注卷数、篇名。

② 观上下文意，似当为"匿"。

过程中的太极、两仪、四象、八卦，原本就内含在河图之中。

圣人则河图画卦图

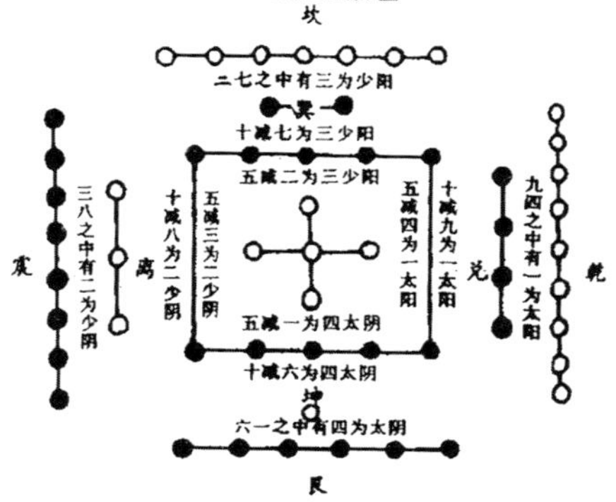

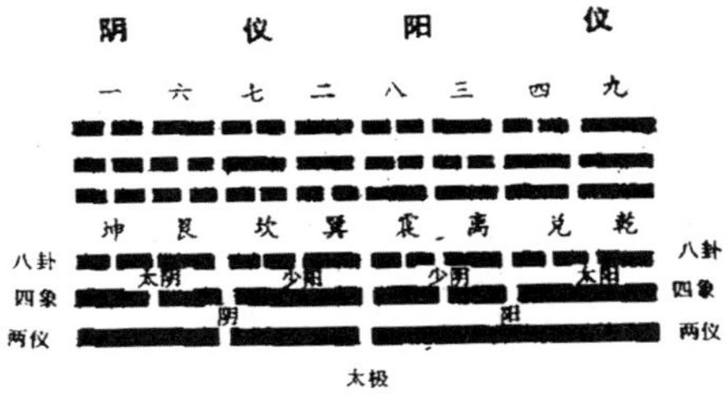

首先，江永继承了朱熹、蔡元定等人的思想，以河图中数五、十为“太极”，四象、八卦皆由中宫五、十而来。但是，他对河图四象的解释与以往诸家颇有不同。概言之，江永既不取河图四方成数九、六、七、八直接对应“大衍筮法”之阴阳老少四象，也不赞同四方生数一、二、三、四直接对应“加一倍法”太阳为一、少阴为二、少阳为三、太阴为四的四象次序。他说：“大抵先儒之说有两失，其一以河图之方位即为八卦之方位，不知伏羲画卦先横而后圆，非即以圆为圆；其一以河图之一、二、三、四即为四象之位，不知河图之四象由中宫五、十而生，隐于四方之中，非即以现出之点为四象之位也。”（卷一《图书八卦余论》）江永认为，河图四象必由中宫五、十而来：“一、二、三、四由中宫之五、十而生，隐藏于四方、八数之中，隐藏者其体，现出者其用，非即以图之一、二、三、四为四象之位也。太阳

居一,藏于西方之九、四。九减十为一,四减五为一,九为太阳,而四亦为太阳;少阴居二,藏于东方之三、八。八减十为二,三减五为二,八为少阴,而三亦为少阴;少阳居三,藏于南方之二、七。七减十为三,二减五为三,七为少阳,而二亦为少阳;太阴居四,藏于北方之一、六。六减十为四,一减五为四,六为太阴,而一亦为太阴。”(卷一《圣人则河图画卦图说》)河图中十、中五各减太阳数一得九、四,故太阳藏于西方九、四之中;河图中十、中五各减少阴数二得八、三,故少阴藏于东方八、三之中;河图中十、中五各减少阳数三得七、二,故少阳藏于南方七、二之中;河图中十、中五各减太阴数四得六、一,故太阴藏于北方六、一之中。如此一来,河图四象之数及其方位即已确定。江永进一步论证说:“西方,物成之方,阳之坚也,阳中之阳为太阳;东方,物生之方,阳之稚也,阳中之阴为少阴;南方,物长之方,阴之始也,阴中之阳为少阳;北方,物藏之方,阴之极也,阴中之阴为太阴。四象确当如此分布,若谓图之一、二、三、四即太阳、少阴、少阳、太阴,则西方非极阴之地,何以四之太阴居之?北方岂盛阳之地,何以一之太阳居之?”(卷一《图书八卦余论》)

进而,江永在此基础上解释了“四象生八卦”。需要说明的是,其理论前提在于对河图阴阳的三种分类:“一以奇偶分阴阳,天数五、地数五是也。一以生数、成数分阴阳,一、二、三、四,其卦为坤、巽、离、兑。六、七、八、九,其卦为艮、坎、震、乾是也。一以纵横为分阴阳,九、四、三、八横列者为阳,其卦为乾、兑、离、震。二、七、六、一纵列者为阴,其卦为巽、坎、艮、坤。”(卷一《圣人则河图画卦图说》)事实上,江永对“四象生八卦”的解释,主要根据的是其中第二种分类,即四生数配四阴卦、四成数配四阳卦的法则。他说:

> 于太阳之上加一奇，纯阳也，九为成数之最多当之，命之曰乾；太阳之上加一偶，以偶为主，阴卦也，四为生数之最多当之，命之曰兑；少阴之上加一奇，以中画之偶为主，阴卦也，三为生数之次多当之，命之曰离；少阴之上加一偶，以下画之阳为主，阳卦也，八为成数之次多当之，命之曰震，是为阳仪之四卦，以其下画皆阳也。少阳之上加一奇，以下画之偶为主，阴卦也，二为生数之次少当之，命之曰巽；少阳之上加一偶，以中画之阳为主，阳卦也，七为成数之次少当之，命之曰坎；太阴之上加一奇，以奇为主，阳卦也，六为成数之最少当之，命之曰艮；太阳之上加一偶，纯阴也。一为生数之最少当之，命之曰坤，是为阴仪之四卦，以其下画皆阴（卷一《圣人则河图画卦图说》）。

照此说法，八卦恰与河图中宫之外的八个数相配，即乾九、兑四、离三、震八、巽二、坎七、艮六、坤一。其中，乾、兑、离、震四卦恰配河图横列的九、四、三、八，巽、坎、艮、坤四卦则配河图纵列的二、七、六、一。此正与上述阴阳第三种分类相合。江永指出，此说并非凭空而造，先贤实已论及："今有《六经奥论》一书，未知何人所著，或云是夹漈郑樵渔仲之书，有一条云：'宓羲画八卦，以阳道主变，其数以进为极；阴道主化，其数以退为极。阳以进为极，故乾为父而得九，震长男而得八，坎中男而得七，艮少男而得六，凡成数皆阳主之；阴以退为极，故坤为母而得一，巽长女而得二，离中女而得三，兑少女而得四，凡生数皆阴主之。'此说甚精，何以先儒皆未尝见耶？"（卷一《图书八卦余论》）而后，令河图横列的乾九、兑四、离三、震八依次居左，纵列的巽二、坎七、艮六、坤一依次居右，即成先天八卦方位图；抑或根据八卦所纳河图数，将诸卦置于洛书八数所在方位，亦可得先天八卦图。此即"以数观之，乾父坤母，当九一；

震长男、巽长女，当八二；坎中男、离中女，当七三；艮少男、兑少女，当六四。数与卦自相配，而洛书八方之位，正与先天八卦相符。”（卷一《圣人则洛书列卦图说》）基于此，江永认为乾一、兑二、离三、震四、巽五、坎六、艮七、坤八的先天八卦序号只是“虚数”，八卦所配河图、洛书之数才是“实数”：“八卦之数乃是乾九、兑四、离三、震八、巽二、坎七、艮六、坤一。此由河图、洛书来，意自希夷以来，此秘未启。”（卷一《图书八卦余论》）

圣人则洛书列卦图

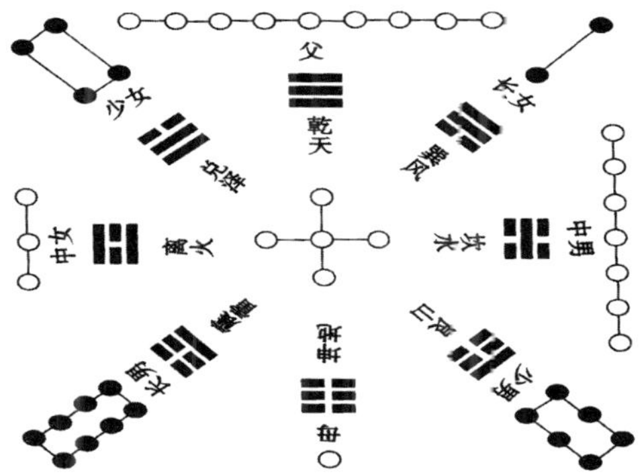

乾为父得九　坤为母得一
震长男得八　巽长女得二
坎中男得七　离中女得三
艮少男得六　兑少女得四

更重要的是，河、洛之数皆可得先天八卦图，也证明了河图、洛书二者绝非彼此孤立。江永认为，河图之九四、三八即洛书之九四、三八，只是河图横列而洛书左连；河图之二七、一六即洛书之二七、一六，只是河图纵列而洛书右连；河图横列的九、四、三、八左旋，与纵列的二、七、六、一对接，即成洛书。

由此可见，洛书不过是河图横纵相交的两列数字一左一右重新排列的结果，所以江永说：“图书卦画，所以有相为经纬、相为表里之妙。”（卷一《圣人则洛书列卦图说》）从学术史的角度观之，江

氏此论亦可视作对刘歆“河图、洛书相为经纬，八卦、九章相为表里”一语的证明。

二、“河图方位即后天八卦方位”

依江永之见，河图不仅是先天之本，亦含有后天之位：“河图本先天八卦之本，而水北、火南、木东、金西已含后天之位，则河图又为后天之本，但五行有变化耳。”（卷二《河图变后天八卦图说》）河图一六水在北、三八木在东、二七火在南、四九金在西已然包含了五行之位，而后天八卦实与五行相通。他认为：“说《易》者每谓《易》不言五行，以五行言《易》者非《易》本旨。然人不知八象与五行相通之理耳，知其理，则言八象即是言五行。”（卷二《后天八卦图说》）具体而言，八卦类象灵活变通，故得以与五行关联。如坎为水，亦为云，水、云同类；离为火、为日、为电，则火、日、电同类；坤为地，艮为山，地、山同类；巽为风，亦为木，医家言厥阴风木，可知风、木同气；震为雷，雷动则龙随之，磷虫属东方，苍龙为东方之宿，故震亦属木；“惟兑泽属金，人不肯信，不知海水与天连，犹山与地连，兑实与天同气也。”（卷二《后天八卦图说》）又，肺主气，主司呼吸而上通于天，亦可证泽、天相连而同属金；乾为金、为玉，又为万古不变的纯刚之气，故五行属金。综上，基于八象、五行相通之理，可知一六水配坎、三八木配震巽、二七火配离、四九金配兑乾、五十土配艮坤。

江永进一步说明了河图变后天八卦的过程：

> 河图以一、二、三、四，为坎、离、震、兑，四方之正位。坎、离专也，故一为坎，而六并之；二为离，而七并之；六、七既并，则东方之八，进居东南隅，为巽阴木；西方之九，退居西北隅，

为乾阳金；而东北、西南二隅为虚，于是中央之五、十入用，五随三阳，而位于东北，为艮之阳土；十随三阴，而位于西南，为坤之阴土。盖以二土为界，而二金、二木与水、火之对克，皆不得不然矣。（卷二《河图变后天八卦图说》）

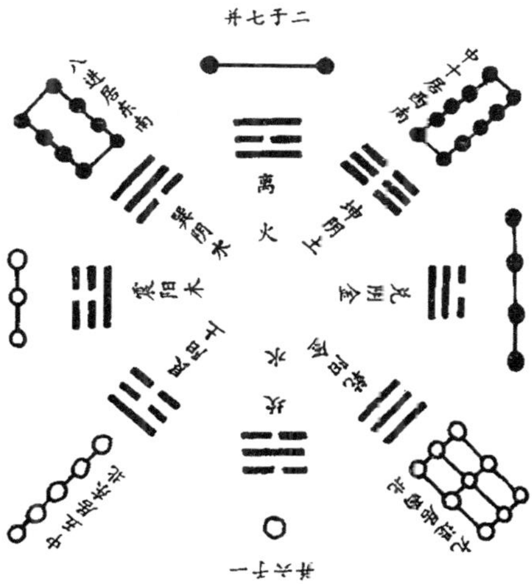

值得注意的是，江永此间乃将河图五行直接配入八卦，从而得出后天八卦方位图。这与推导先天八卦所依据的乾九兑四、离三震八、坤一艮六、巽二坎七的数理法则不同。对此，江永解释说："八卦五行，水火一而木金土各二，此后天一大节目，六十四卦之分宫属五行定于此，其源自一水、二火、三木、四金、五土。即已分清浊、分气质，亦是河图四象之变化。太阳九四，定为乾、兑金不变；太阴一、六本为水，变为坤、艮土；少阴三、八本为木，而三变为离火，八则仍为震木；少阳二、七本为火，而二变为巽木，七变为坎水，于是水、火各一，木、金土各二矣。"（卷二《后天八卦图说》）此为河图四象所变五行。又"归其五行之本数，则一为坎水而六并之，二为离火而七并之，六并则九为乾金而居西北也，七并则八为巽木而居东南，仍有东北、西南之两

隅，则中宫之五、十居之，为艮、坤之二土。此河图之变体，别有图明之，然非圣人有意安排，自是不得不然之理”（卷二《后天八卦图说》）。此为河图后天之五行。

三、“图书卦画万理之本、万法权舆”论

在论述了河图与先后天八卦的关系后，江永又以其渊博学识论证了图书、卦画在诸多领域的应用，即“河洛之蕴”。在他看来，因乎图书、卦画反映了宇宙万事万物之理，故人体之五脏六腑、气血流注、五运六气、左右六脉皆可援引图书、卦象论之；五行之纳甲纳音、乐理之五音六律、音韵之字母清浊、数学之勾股乘方、天文之七曜恒星、堪舆之罗经理气、择日之斗首奇门等，皆与易学关联紧密。下文仅以中医为例，简要展示一下图书、卦画与人体气血运动变化法则的关系。

（一）洛书八卦合人体经脉

江永认为，人居天地之中，本与天地相仿。河图、洛书乃天地之文章，效法河图、洛书的八卦则蕴含了天地间的至理，故其必与人身相通。《说卦》虽言乾为首、坤为腹、震为足、巽为股、坎为耳、离为目、艮为手、兑为口，但这仅仅是粗略地以八卦对应人身部位。为了进一步彰显八卦蕴含的人体之理，江永又依五行法则将洛书先天八卦与人体十二经脉对应起来。人身有任、督两脉。督脉从下体两阴之间，经尾闾循行脊背而上达头顶，沿人体正中线而下经鼻抵达人中穴位，止于唇上；任脉则从前阴沿人体正中线向上循行，抵达口唇下。督脉统帅一身之阳，任脉统领一身之阴，二者乃天地在人体经脉上的全息缩影，故乾为天、为阳、为督脉，坤为地、为阴、为任脉。任、督两脉，即人身之天地。至于其余十二经脉与

八卦的对应关系，江永以洛书数的表里关系以及八卦卦画的相错关系加以解说。他指出，洛书数九与一、四与六、三与七、八与二相加皆十，与之相配的乾坤、兑艮、离坎、震巽八卦两两相错，可知其一显一隐、互为表里。在此基础上，江永建立了人体经脉之表里与八卦的对应关系。

首先，江永确立了人体十二经脉的六组表里关系。中医认为，人体有肺经、大肠经、心经、小肠经、心包经、三焦经、胆经、肝经、肾经、膀胱经、脾经、胃经十二经脉。其中，肺与大肠五行属金，兑卦亦属金，故肺与大肠经配兑卦；脾胃五行属土，艮卦亦属土，则脾胃经配艮卦；心与小肠五行属火，离卦亦属火，故心与小肠经配离卦；肾与膀胱五行属水，坎卦亦属水，故肾与膀胱经配坎卦；三焦与心包络为相火，震卦虽属木，但震为雷、为龙，即大自然的龙雷之火，与人身相火对应，故三焦与心包络配震卦；肝胆五行属木，巽卦亦属木，故肝胆经配巽卦。又，人体分为三阴、三阳，即阳明金、少阴火、少阳火、厥阴木、太阳水、太阴土。将此五行与八卦五行相联系，可知兑为阳明、离为少阴、震为少阳、巽为厥阴、坎为太阳、艮为太阴。兑艮、离坎、震巽互为表里，则阳明与太阴、少阴与太阳、少阳与厥阴亦为表里。这恰与中医理论的三阴、三阳之表里关系完全一致。笼统地讲，肺、大肠与脾、胃一表一里，心、小肠与肾、膀胱一表一里，心包络、三焦与肝、胆一表一里。如此一来，任、督两脉即人身之“天地定位”，肺金脾土、大肠金胃土即人身之“山泽通气”，心火肾水、小肠火、膀胱水即人身之“水火不相射”，心包络三焦之相火与肝胆之阴木即人身之“雷风相薄”。

其次，江永又依经脉循行重新厘定了表里关系。手太阴肺经从脏走手，手阳明大肠经从手走头，是肺与大肠相表里；足阳明胃经从头走足，足太阴脾经从足走腹，是脾与胃相表里；手少阴心从

脏走手，手太阳小肠从手走头，是心与小肠相表里；足太阳膀胱从头走足，足少阴肾从足走腹，是肾与膀胱相表里；手厥阴心包络从脏走手，手少阳三焦从手走头，是心包络与三焦相表里；足少阳胆从头走足，足厥阴肝从足走腹，是肝与胆相表里。按照这种经脉间的表里关系，结合上述经脉五行归属，即可发觉先天八卦图阳仪之卦兑、离、震脉行于手，阴仪之卦巽、坎、艮脉行于足。对此，江永颇为感慨："自然之理，千古未经人道也。"（卷九《人身督任脉手足经脉应洛书先天八卦图说》）

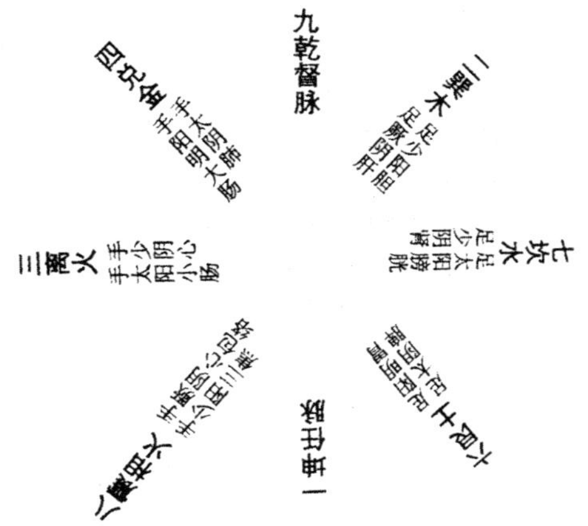

人身督任脉手足经脉应洛书先天八卦图

（二）先天八卦合气血流注

传统医学以天人一体为基本理念。人体气血有如自然界之泉水、河溪奔流不息，而十二经脉之气血盛衰则与十二时辰相应。也就是说，某一时辰内，与之对应的经脉必定气血最旺盛，即寅时肺、卯时大肠、辰时胃、巳时脾、午时心、未时小肠、申时膀胱、酉时肾、戌时心包络、亥时三焦、子时胆、丑时肝。古人将其归纳为十二经流注时序歌诀："肺寅大卯胃辰宫，脾巳心午小未中。膀申肾酉心

包戌，亥三子胆丑肝通。”①表面观之，十二经脉气血流注的规律性并不明显，但江永认为，先天八卦横图正与此相契。首先，依五行属性将十二经脉配入八卦：乾为督脉，主一身之阳；兑为金，主肺与大肠；离为火，主心与小肠；震为雷火，主心包络与三焦；巽为木，主肝胆；坎为水，主肾与膀胱；艮为土，主脾胃。其中，六子卦按气血流注排列为兑、艮、离、坎、震、巽。结合先天八卦方位图可知，人体气血流注的规律是由先天八卦阳仪之兑卦开始，继而流向对冲的阴仪艮卦，而后折返回到阳仪离卦，再流向对冲的阴仪坎卦，接着折返回到阳仪震卦，最后流向对冲的阴仪巽卦。并且，阳仪兑、离、震之先天八卦序数二、三、四递增，阴仪艮、坎、巽之先天八卦序数七、六、五递减。

		乾	督脉主一身之阳	
卯	大肠	兑	肺	寅
未	小肠	离	心	午
亥	三焦	震	心包	戌
子	胆	巽	肝	丑
申	膀胱	坎	肾	酉
辰	胃	艮	脾	巳
		坤	任脉主一身之阴	

人体气血流注规律与先天八卦横图

由上图可见，寅时肺朝百脉。兑、离、震为阳仪，则先脏后腑。卯时气血流注入与肺脏相表里的大肠腑。巽、坎、艮为阴仪，则先腑后脏。辰时气血流注入胃腑，巳时气血再注入与胃腑相表里的脾脏。气血依次流动，正好构成整齐的先天八卦横图。倘若代入各个经脉所代表的时辰，则规律性更加明显：兑、离、震代表的脏为

① 〔明〕张介宾：《类经》，学苑出版社2005年版，第1709页。

肺、心、心包，其对应地支寅、午、戌恰成三合火局；兑、离、震代表的腑为大肠、小肠、三焦，其对应地支卯、未、亥恰成三合木局。木、火属阳，兑、离、震皆阳仪之卦。巽、坎、艮代表的脏为肝、肾、脾，其对应地支丑、酉、巳恰成三合金局；巽、坎、艮代表的腑为胆、膀胱、胃，其对应地支子、申、辰恰成三合水局。金、水属阴，巽、坎、艮皆为阴仪之卦。就天干配脏腑而言，甲为胆、乙为肝、丙为小肠、丁为心、戊为胃、己为脾、庚为大肠、辛为肺、壬为膀胱、癸为肾。心为一身之主，正当午时之阳。胆为甲木之首，则应子时之始。正因乎此，针灸家依据气血流行状况发明的治疗手段被称为“子午流注”，但“医家知其然而不知其所以然者，应横图之六子也”（卷九《横图应气血流注图说》）。

结　语

自北宋图书之学兴起以来，有关河图、洛书的非议就从未止歇。如宋欧阳修、叶适，元陈应润，明刘濂等人，皆对图书真伪有所质疑。及至清初，河图、洛书更是成为经学辨伪的焦点之一。经过黄宗羲、黄宗炎、毛奇龄、胡渭等学者不遗余力的批判，河图、洛书与《易》无涉几已成为学界共识。在此学术时局下，江永并未随波逐流，而是自觉地接续了宋代以来的图书学传统，搜罗古籍，潜心论证河图、洛书之真实不妄，其精神委实可贵。更重要的是，江永论图书思路明晰、条理通达，持之有故、言之成理，新意迭出、极具启发性，对图书之学的传承和发展做出了重要贡献。

需要特别提及的是，融通吸纳自然科学本是历代易学尤其是象数易学的一贯传统。因乎明清以来西学的不断传入，经学与科学的双向会通更是成为清代中期学者的普遍共识。受此文化思潮

的感召,江永积极地运用各类自然科学知识来阐释河洛精蕴。此一研究方法,在一定程度上影响了民国时期的杭辛斋易学以及现代的科学易。尽管其论述不免有牵强附会之处,但江永对易学转型的促进作用绝对不可抹杀。

第二编

清初易学辨伪思潮

第一章　顾炎武的易学辨伪与音韵方法

顾炎武(1613—1682),原名绛,字忠清,明亡后改名炎武,字宁人,亦自署蒋山佣,江苏昆山人。因故居旁有亭林湖,学者尊称亭林先生。顾炎武一生嫉恶如仇,反对宦官擅权,批判八股考试。清兵入关后,他积极投身于反清复明斗争,起义失败,遂开始漫长的逃亡生涯,遍游华北。顾炎武阅历深广,学问渊博,于经史百家、音韵训诂、金石考古、方志舆地、国家典制、郡邑掌故、天文仪象乃至水利河漕、兵农田赋、经济贸易等方面皆有精湛造诣,是清代学术的开创者之一。在经学上,顾炎武继承明季学者的反理学思潮,注重实据,辨别源流,审核名实,不仅痛斥心学流弊,且在性与天道、理气、道器、知行、天理人欲诸多范畴上显示出迥异于程朱的为学旨趣;其音韵学亦成绩斐然。他考订古音,离析《唐韵》,撰作《音学五书》,在阐明音学源流和分析古韵部目上有承前启后之功,被誉为古音学之奠基者。顾炎武并无易学专著,其易学思想散存于《日知录》和《音学五书·易音》之中。

一、《连山》《归藏》非《易》,重卦不始于文王

在易学史上,学者多据《周礼》“太卜掌三易之法,一曰《连山》,二曰《归藏》,三曰《周易》”一语,将《连山》《归藏》《周易》并

称为“三易”。对此，顾炎武不以为然。在他看来，唯有《周易》可称为“易”，“《连山》《归藏》非《易》也”。原因在于，“夫子言包羲氏始画八卦，不言作易，而曰‘易之兴也其于中古乎’，又曰‘易之兴也，其当殷之末世周之盛德邪，当文王与纣之事邪’，是文王所作之辞始名为《易》”①。由此可知，《易》专指《周易》，并不包括《连山》《归藏》。依此标准，《左传》筮例凡引《周易》文辞者方可称《易》，引文未见于《周易》者则不是《易》。如《左传·僖公十五年》条载，秦伯伐晋，卜徒父筮之曰吉。其卦遇《蛊》，曰：“千乘三去，三去之余，获其雄狐。”又如，成公十六年晋楚战于鄢陵，公筮之，史曰吉。其卦遇《复》，曰：“南国蹙，射其元王，中厥目。”顾炎武指出，此二例“皆不用《周易》，而别有引据之辞，即所谓三易之法也”（《日知录》卷一）。基于此，他对《周官·大卜》的“三易”说作出了另一番解释。他认为，“三易”是“后人因易之名以名之也。犹之墨子书言周之春秋、燕之春秋、宋之春秋、齐之春秋。周、燕、齐、宋之史，非必皆春秋也。而云春秋者，因鲁史之名，以名之也”（《日知录》卷一）。换言之，《连山》《归藏》不是易，是后人随《周易》书名而称之。

平心而论，顾炎武通过辨析《连山》《归藏》《周易》名称之不同来指明三者内容之差异，无可非议。然而，他对《周礼》所谓“三易”的解释却难以令人信服。事实上，“易”在古代是筮占的通称，如郑玄注“三易”之“易”曰：“易者，揲蓍变易之数，可占者也。”“夏曰《连山》，殷曰《归藏》，周曰《周易》。”也就是说，凡以蓍草为工具的筮占方法皆可称“易”。尽管《连山》《归藏》以七八占、《周易》以九六占，但三者在以蓍草占算这一点上并无区别。因此，将《连山》

① 〔清〕顾炎武著，〔清〕黄汝成集释：《日知录集释》卷一，上海古籍出版社 1985 年版。下引该书只注书名、卷数。

《归藏》称为“易”实无不妥。

在易学史上,“重卦起于何人”的问题亦众说纷纭。《周易正义·卷首》曾列出四种观点:伏羲重卦、神农重卦、夏启重卦、文王重卦。其中,又以第四种观点即文王重卦说影响最大。对此,顾炎武表示明确反对。他指出,文王之前已有六画卦,故重卦绝非始于文王。其证据有二:其一,《周礼》曰:“大卜掌三易之法,其经卦皆八,其别皆六十有四。”其二,“考之《左传·襄公九年》,穆姜迁于东宫,筮之遇《艮》之《随》。姜曰:是于《周易》曰:‘随,元亨利贞,无咎。’”由穆姜“独言是于《周易》,则知夏商皆有此卦,而重八卦为六十四者,不始于文王矣”(《日知录》卷一)。时至今日,数字卦和《归藏》六画卦等出土文献已然否定了文王重卦说①,这也证明了顾氏此论确有见地。

二、卦爻外无别象,汉儒穿凿附会象外生象

在易学史上,郑玄、虞翻等人基于《易传》的“观象系辞”说,笃信《周易》象辞之间存在着严格的对应关系。为了达到逐一指示象辞相应的注经目的,他们相继发明创设了一系列象数体例。正是这种“以象生象”“象外生象”的做法,造成了汉易牵强繁琐的弊病。对此,顾炎武进行了严厉批评。他认为,圣人系辞、作《传》所根据的象只有《周易》卦爻,“卦爻外无别象”:

> 圣人设卦观象而系之辞,若文王周公是已,夫子作《传》,《传》中更无别象。其所言卦之本象,若天地雷风水火山泽之

---

① 林忠军:《王家台秦简〈归藏〉》出土的易学价值》,《周易研究》2001年第2期。

外，惟"颐中有物"本之卦名，"有飞鸟之象"本之卦辞。而夫子未尝增设一象也。(《日知录》卷一)

依顾炎武的理解，《周易》经传中的象主要是指"天、地、雷、风、水、火、山、泽"等八卦之象。唯"颐中有物"和"飞鸟之象"需要特别说明。《彖·噬嗑》"颐中有物曰噬嗑"本来是讲卦象的，即《噬嗑》䷔本于《颐》卦䷚。《颐》䷚初上为阳、中间皆阴，阳实阴虚，有口颐之象。在《颐》䷚中加一阳爻，则为《噬嗑》䷔，即《颐》和《噬嗑》卦名本于卦象。然而，《颐》《噬嗑》上下二体并无口颐和颐中有物之象，故顾炎武以为《噬嗑》"颐中有物"不是讲卦象，而是从"噬嗑"卦名而来，即"颐"字训"口颐""噬嗑"是口咬合之义；《小过》䷽中间二阳，上下各有二阴，内刚外柔，似飞鸟展翅之象，但《小过》上震下艮，震、艮无鸟象，故顾炎武认为《彖·小过》"有飞鸟之象焉"乃基于卦辞"飞鸟遗之音"及爻辞"飞鸟以凶""飞鸟离之"。

就卦象而言，顾炎武主张《序卦》和《杂卦》中有旁通卦和反对卦。他说："《序卦》《杂卦》皆旁通之说。先儒疑以为非夫子之言，然《否》之'大往小来'承《泰》之'小往大来'也，《解》之'利西南'承《蹇》之'利西南、不利东北'也，是文王已有相受之义也。《益》之六二即《损》之六五也，其辞皆曰'十朋之龟'。《姤》之九三即《夬》之九四也，其辞皆曰'臀无肤'。《未济》之九四即《既济》之九三也，其辞皆曰'伐鬼方'，是周公已有反对之义也，必谓六十四卦皆然。"(《日知录》卷一)从中可见，他所谓的"旁通"不同于虞翻，实指虞翻之"反对"，亦即孔颖达之"覆卦"。而其所谓"反对"，是指因两卦反覆而发生的爻位变换。由"卦爻外无别象"一语可以推知，顾炎武认为旁通、反对皆属《周易》卦爻固有之象。

基于"卦爻外无别象"的论断，顾炎武对汉儒"象外生象"的做法多有批评：

> 荀爽、虞翻之徒，穿凿附会，象外生象。以"同声相应"为震巽，"同气相求"为艮兑，"水流湿、火就燥"为坎离。"云从龙"则曰乾为龙，"风从虎"则曰坤为虎，《十翼》之中无语不求其象，而《易》之大指荒矣。岂知圣人立言取譬，固与后之文人同其体例，何尝屑屑于象哉。(《日知录》卷一)

虞翻注《乾》九五《文言传》云："同声相应"，"谓震巽也"；"同气相求"，"谓艮兑"；"水流湿、火就燥"，"离上而坎下"；"云从龙"，"乾为龙"；"风从虎"，"坤为虎"。而在顾氏看来，虞翻相信《易传》一字一句皆依象而立的观点是由于不了解圣人"立言取譬"，不"屑屑于象"，从而远离了《易》之大旨。在这一点上，他非常赞赏王弼和程颐的义理解《易》方法："王弼之注，虽涉于玄虚，然已一扫易学之榛芜，而开之大路矣，不有程子大义何由而明乎。"(《日知录》卷一)

顾炎武也明确反对汉儒的注经体例。他说："《易》之互体卦变、《诗》之叶韵、《春秋》之例月日，经说之缭绕破碎，于俗儒者多矣。"在卦变的问题上，他赞同程颐的乾坤卦变说，而不取汉易卦变之例："卦变之说不始于孔子，周公系《损》之六三已言之矣，曰：'三人行，则损一人；一人行，则得其友。'是六子之变皆出于乾坤，无所谓自《复》《姤》《临》《遁》而来者，当从《程传》。"(《日知录》卷一)此外，顾炎武虽承认春秋时期已有互体，但否认《易传》有互体之例。他说："凡卦爻二至四、三至五两体交互各成一卦，先儒谓之互体，其说已见于《左氏》庄公二十二年：'陈侯筮遇观之否，曰风为天于土上山也。'注：自二至四有艮象，艮为山是也，四爻变故。然夫子未尝及之后人以'杂物撰德'之语当之，非也。其所论'二与四、三与五同功而异位'

特就两爻相较言之，初何尝有互体之说。”（《日知录》卷一）因此，他也不认为朱熹《大壮》注文采用了互体之法：“朱子《本义》不取互体之说，惟《大壮》六五云‘卦体似兑，有羊象焉’，不言互而言似。似者，合两爻为一爻，则似之也。然此又创先儒所未有，不如言互体矣，《大壮》自三至五成兑，兑为羊，故爻辞并言羊。”（《日知录》卷一）按照顾炎武的理解，朱熹注文中的“似兑”是指“合两爻为一爻”，即初二、三四、五上各为一爻，则《大壮》成兑。但他同时指出，此种解释乃朱子自创，而互体早已有之，故《本义》此解不如以互体释之。综上，在互体问题上，顾炎武一面承认互体，一面又反对《易传》言互体。这种看法的实质，是在对互体说给予一定程度认肯的同时，坚决反对互体在注经中的过度运用。

三、希夷之图、康节之书，道家之易也

据朱震《汉上易传》记载，宋代兴起的象数之学与道教颇有渊源：“陈抟以先天图传种放，放传穆修，修传李之才，之才传邵雍。放以河图、洛书传李溉，溉传许坚，坚传范谔昌，谔昌传刘牧。修以太极图传周敦颐，敦颐传程颢、程颐。”①刘牧的河洛之学、邵雍的先天之学经过朱子的弘扬，更是成为宋明易学中的显学。凡言《易》者，无不将其源头上溯至河图、洛书。然而，顾炎武基于儒学立场对图书、先天诸说进行了冷静的反思。他说：

> 圣人之所以学《易》者，不过“庸言”“庸行”之间，而不在

① 〔宋〕朱震：《周易集传·进书表》，见〔宋〕朱震撰，王婷、王心田点校：《朱震集》，岳麓书社2007年版，第1～2页。

乎图书象数也。今之穿凿图象以自为能者,畔也。(《日知录》卷一)

若"天一地二""易有太极"二章,皆言数之所起,亦赞《易》之所不可遗,而未尝专以象数教人为学也,"是故出入以度,无有师保,如临父母",文王、周公、孔子之易也。希夷之图、康节之书,道家之易也。自二子之学兴,而空疏之人、迂怪之士,举窜迹于其中,以为《易》而其易为方术之书,于圣人寡过反身之学,去之远矣。(《日知录》卷一)

数往者,顺造化人事之迹,有常而可验,顺以考之于前也。知来者,逆变化云为之动,日新而无穷,逆以推之于后也。圣人神以知来,知以藏往,作为《易》书以前民用所设者未然之占,所期者未至之事,是以谓之逆数。……已然者为往,往则有顺之之义焉;未然者为来,来则有逆之之义焉。……若如邵子之说,则是羲、文之《易》已判而为二,而又以震、离、兑、乾为数已生之卦,巽、坎、艮、坤为推未生之卦,殆不免强孔子之书以就已之说矣。(《日知录》卷一)

顾炎武对待图书之学的态度,透显出强烈的实学精神。在他看来,图书之学穿凿附会,有违于儒学宏旨。他又据《易传》分析了邵雍等人解释文本的失误之处。例如,《系辞》所云天地之数、太极生八卦皆言易数,非是"专以象数教人为学",更非专指图书。又如,《说卦》"数往者顺,知来者逆"当以义理解之。"数往者"是说既往之事可考可验,"知来者"是指推知未来发生之事。"已然者为往,往则有顺之之义焉;未然者为来,来则有逆之之义焉。"邵雍则以己意强为之解,即按先天圆图乾一、兑二、离三、震四、巽五、坎六、艮七、坤八的次序,"以震、离、兑、乾为数已生之卦,巽、坎、艮、坤为推未生之卦"。如此一来,"羲、文之《易》已判而为二"(《日知录》卷

一)。

在此基础上,顾炎武明确区分了儒家易与道家易。儒家易,“文王、周公、孔子之易也”;“希夷之图、康节之书,道家之易也”。前者是“寡过反身之学”,乃易学之正宗。后者多言方术,“空疏之人、迂怪之士,举窜迹于其中”(《日知录》卷一),故二者绝不应等量齐观。

四、复程朱之书以存《易》

顾炎武反对朱熹倡导的图书之学,却不反对朱子订正的《周易》文本。相反,他对《周易本义》给予很高的评价,明确主张“复程朱之书以存《易》”(《日知录》卷一)。显然,这一观点是针对长期以来《周易》文本编次混乱而发的。

顾炎武论述了《周易》文本的演化历程。文王、周公作《周易》古经上下篇,孔子作《易传》十篇。西汉时期,《周易》被列为官方经学,古经、大传合为《易经》十二篇。然而,费氏易一脉分传附经之举,致使《周易》文本原貌不在,后世愈发经传不分。“自汉以来,为费直、郑玄、王弼所乱,取孔子之言逐条附于卦爻之下,程正叔传因之。”(《日知录》卷一)有鉴于此,朱熹《周易本义》据吕祖谦《古周易》而厘定之,“乃复孔氏之旧云”。可惜的是,“洪武初,颁五经天下儒学,而《易》兼用程朱二氏,亦各自为书。永乐中修《大全》乃取朱子卷次割裂附之《程传》之后,而朱子所定之古文仍复殽乱”(《日知录》卷一)。因此,顾炎武对明代《周易大全》予以猛烈的批判:

> 《大全》之本乃朝廷所颁,不敢辄改,遂即监版传义之本刊,去《程传》而以程之次序为朱之次序,相传且二百年矣。惜

> 乎朱子定正之书，竟不得见于世，岂非此经之不幸也夫。(《日知录》卷一)
>
> 秦以焚书而五经亡，本朝以取士而五经亡，今之为科举之学者，大率皆帖括熟烂之言，不能通知大义者也。而《易》《春秋》尤为缪盭，以《彖传》合《大象》，以《大象》合爻，以爻合《小象》，二必臣，五必君，阴卦必云小人，阳卦必云君子，于是此一经者为拾沈之书，而《易》亡矣。(《日知录》卷一)

在顾氏看来，明代易学研究步入歧途与《周易》版本混乱关联紧密。针对汉儒分传附经的做法，朱子《本义》已然拨乱反正，可明代官学易竟然割裂《本义》分附《程传》，致使经传原貌被再度破坏，这才阻碍了明代儒者对《周易》的理解。不仅如此，《周易大全》专取胡一桂、胡炳文、董真卿、董楷等人而排斥别家，乃以偏概全。在他看来，包括《周易大全》在内的三部《大全》“无非窃盗而已”，纯粹是对前人成说的因袭拼凑。“上欺朝廷，下诳士子”，最终造成了“人士尽弃宋元以来所传之实学，上下相蒙，以饕禄利而莫之问”的局面。以此作为科考书目选拔人才，不仅误人子弟，也对经学伤害极大。“自宋之末造以至有明之初年，经术人材于斯为盛。自八股行而古学弃，《大全》出而经说亡。”(《日知录》卷十八)“呜呼！经学之废，实自此始，后之君子欲扫而更之亦难乎其为力矣。”(《日知录》卷十八)显见，顾炎武由批判明代官学著作《周易大全》的版本和内容入手，进而抨击了明代的科举制度。既然《周易大全》危害甚大，则恢复朱子《本义》理应成为易学研究的首要任务。正是基于此一识见，顾炎武才提出了“复程朱之书以存《易》”的号召。

五、"知音""考文"的易学方法

顾炎武经学研究的主要贡献,在于其"以经治经"和"以音韵通经"的方法以及由此形成的考据之学。其中,用音韵方法解释经典是其经学研究的突出特点。郑吉雄教授指出:"亭林发明经学研究的方法,除清儒普通认同'以经释经'之外,主要在于指出利用音韵文字之学以通经典的途径。"①需要说明的是,顾炎武以音解经的学术方法,是迎合经学发展要求而形成的。我们知道,汉代经学有今古文之分。东汉以后,古文经行而今文经亡。自唐代始,今文渐兴而古文遂泯,经学研究"疑经惑传"、随意改经、曲解经义等风气,在宋代更是愈演愈烈。在顾炎武看来,其之所以如此,乃因学者不通音韵,不知音学经历二变,未晓古音与今音之不同。"三代《六经》之音,失其传也久矣,其文之存于世者,多后人所不能通。以其不能通,而辄以今世之音改之,于是乎有改经之病。始自唐明皇改《尚书》,而后人往往效之。……至于近日锓本盛行,而凡先秦以下之书率臆径改,不复言其旧为某,则古人之音亡而文亦亡,此尤可叹者也。"②不通音韵而随意改经,正是经学研究之大病。"嗟夫!学者读圣人之经与古人之作,而不能通其音;不知今人之音不同乎古也,而改古人之文以就之,可不谓之大惑乎?"(《亭林文集》卷四《答李子德书》)以《周易》为例,"《易·渐》上九:'鸿渐于陆,其羽可用为仪。'范谔昌改'陆'为逵,朱子谓以韵读之良是。而不知古人读仪为俄,不与逵为韵也。《小过》上六:'弗遇过之,飞鸟离之。'

① 郑吉雄:《清儒名著述评》,台湾大安出版社 2001 年版,第 36 页。

② 〔清〕顾炎武:《亭林文集》卷四《答李子德书》,见〔清〕顾炎武撰、华忱之点校:《顾亭林诗文集》,中华书局 1959 年版,第 72 页。下引该书只注书名、篇名。

朱子存其二说，谓仍当作‘弗过遇之’，而不知古读离为罗，正与过为韵也。《杂卦传》：‘晋，昼也；明夷，诛也。’孙奕改‘诛’为‘昧’，而不知古人读‘昼’为注，正与‘诛’为韵也”(《亭林文集》卷四《答李子德书》)。有鉴于此，顾炎武将审字识音视为理解经义的前提条件：“读九经自考文始，考文自知音始。以至诸子百家之书，亦莫不然。”(《亭林文集》卷四《答李子德书》)

为了让时人熟悉掌握古音及古音、今音之分，从而更好地理解古代典籍，顾炎武撰作了《音学五书》。该书先列《诗本音》《易音》，次列《唐韵正》，再列《古音表》《韵补正》。依此次第，“学者读之，则必先《唐韵正》而次及《诗》《易》二书，明乎其所以变，而后三百五篇与卦爻彖象之可读也”(《亭林文集》卷四《答李子德书》)。其中，顾炎武的音韵解《易》方法，详见于《易音》。他相信，文王作《易》辞“用音止此所以然者，《易》之体不同于《诗》，必欲连比象占，牵合上下，以就其音”(《亭林文集》卷四《答李子德书》)。

《易音》对《易》辞古音辨析极精，进而由古音通达文意。如《小畜》九三“舆说辐”之“辐”，顾氏曰：“《子夏传》、马融、郑玄、虞翻并作‘舆说輹’，今从之。按辐字，《诗·伐檀》：与、侧、直、亿、特、食韵，《正月》：与、载、意韵。《荀子》引《逸诗》：与、塞、息韵，目字。《左传》宣二年：与、腹、复韵。成十六年：与、蹶韵，《老子》：与、腹韵，不可以强合也。作‘輹’为是。《说文》：‘輹，轴缚也。’《左传》僖十五年：‘车脱其輹。’注：‘輹，车下缚也。’《正义》曰：‘《子夏易传》云：輹，车下伏兔也。今人谓之车屐形如伏兔，以绳缚于轴，因名缚也。’熊朋来《五经说》曰：‘輹，谓辀上伏兔。’《考工记·辀人》‘为辀’，‘自伏兔不至轨七寸’，即此輹也。故《大畜》九二亦云：

‘舆说輹’，而《大壮》九四云‘壮于大舆之輹’。”①又如《贲》卦之“贲”，前人多有争议。陆德明《释文》云：“李轨：府汾反，傅氏云：贲，古班字，文章貌。郑云：变也，文饰之貌。王肃：符文反。云：有文饰，黄白色。”顾炎武以音韵证之曰：“今按六四‘贲’‘皤’‘翰’三字似同为一韵，犹《屯》六二之‘屯’‘邅’‘班’三字亦同为一韵也。当从王肃音为定。”（《易音》）《贲》“如皤”之“皤”，陆德明《释文》云：“董遇，音槃，云：马作足横行曰皤。郑玄、陆绩本作蹯，音烦。”顾炎武辨之曰：“今按此句与下‘翰如’为韵，当从郑、陆为是。今皤字入八戈韵。汉蔡邕《述行赋》‘乘马蹯而不进兮，心鬱悒而愤思’即此字。”（《易音》）

顾氏对《易传》音韵亦有讨论。例如，《彖·乾》“大哉乾元”之“元”，元韵；“万物资始乃统天”之“天”，“一先”韵；“云行雨施品物流形”之“形”，青韵；“大明终始六位时成”之“成”，清韵；“时乘六龙以御天”之“天”，韵同上；“乾道变化各正性命”之“命”，“古音弥吝反，见《诗蝃蝀》”；“保合太和乃利贞”之“贞”，清韵；“首出庶物，万国咸宁”之“宁”，青韵。他还归纳了《易传》的总体音韵特点。“按：真、谆、臻不与耕、清、青相通，然古人于耕、清、青韵中字往往读入真、谆、臻韵者，当繇方音之不同，未可以为据也。《诗》三百五篇并无此音，孔子传《易》于《屯》曰‘虽盘桓，志行正也；以贵下贱，大得民也’。于《观》曰‘观国之光，尚宾也；观我生，观民也；观其生，志未平也’，是‘平’‘正’皆从‘民’字读矣。于《革》曰‘天地革而四时成，汤武革命顺乎天而应乎人’。于《兑》曰‘说以利贞，是以顺乎天而应乎人’。于《节》曰‘天地节而四时成，节以制度，不伤

① 〔清〕顾炎武：《易音》卷一，《音学五书》，中华书局1982年版，第193页。下引该书只注篇名。

财，不害民”。于《系辞传》曰‘君不密则失臣，臣不密则失身，几事不密则害成’，是‘成’‘贞’皆从‘人’‘民’‘臣’字读矣。……而《乾·象传》‘形’‘成’‘贞’‘宁’，皆从‘天’读。《文言》‘正’‘精’‘情’‘平’皆从‘天’读，《讼·象传》‘成’‘正’皆从‘渊’读，《大畜·象传》‘正’从‘贤’‘天’读，又《萃·象传》、《临》《晋》《姤》三《象传》‘正’从‘命’读，今吴人读耕、清、青皆作真音，以此知五方之音，虽圣人有不能改者。此《传》以平去通为一韵。”（《易音》）

客观地讲，顾炎武倡导的以音求义，的确是易学研究不可或缺的方法。其价值在于，通过古音韵可以校勘文本、解释文本，恢复经典的本来意义，纠正前人随意改经的陋习。面对历代争讼的疑难卦爻辞时，此法尤显重要。因此，后世易家多将其奉为圭臬。不过，《周易》经传毕竟不同于《诗经》，并非全以音韵而作。因此，一味追求以音解《易》，必有偏颇之处。如四库馆臣所言：“《易》之本书则如周秦诸子之书，或韵或不韵，本无定体，其韵或杂方音，亦不能尽求其读，故彖辞爻辞不韵者、多韵者亦间有，十翼则韵者固多，而不韵者亦错出其间……炎武于不可韵者，如《乾》之九二、九四中隔一爻，谓‘义相承则韵亦相承’之类，未免穿凿。又如六十四卦彖辞，惟四卦有韵，殆出偶合标以为例，亦未免附会。然其考核精确者，则于古音亦多有裨，固可存为旁证焉。”（《四库全书总目》卷四十二《易音》）

结 语

顾炎武易学的显著特点在于其复古精神和辨伪精神。所谓“复古”，是指回归《周易》原典，如《易音》以“《易》周秦之文为正，

质验字旁，分者并之，合者离之，使古书无二音，然后得复其旧”①。又如《日知录》以旁通互证之法求其古义，力图复原《周易》的本来面貌。所谓“辨伪”，是指以《周易》文本和孔子儒家为依据检讨审视历代易学。凡与《周易》文本和孔子儒家解释相契者，即易学本义。如八卦之象、旁通之象、反对之象、程颐卦变说及朱子《周易本义》之文本编次，皆应肯定；反之，则为“穿凿附会”之学，如汉易“象外之象”、宋易图书先天之说、明代《周易大全》，必须力辟其非。应当承认，顾炎武易学的复古和辨伪未必尽合《周易》本义，但确有正本清源、拨乱反正之功。正是这种复古、辨伪及其彰显的求实精神和考据方法，开创了清初崭新的易学风尚。

明清易代后，清廷为了巩固新政权、稳定社会秩序，相继推出了一系列官学著作。就易学而言，顺治、康熙二帝的三部“御纂”《易经通注》《日讲易经解义》《周易折中》，仍然延续了宋明义理易学的传统，定程朱于一尊。值此之际，顾炎武、黄宗羲等明朝遗民却在追寻旧朝覆灭原因的过程中普遍意识到宋明理学所注重的“性与天道”对现实政治的消极意义。于是，他们共同掀起了一场儒学重整运动。其中，顾炎武居功甚伟。他以音韵、考据的质朴治学方法一扫晚明空疏之风，且对清初乃至乾嘉学者影响深远。如清初黄宗羲、黄宗炎、毛奇龄、胡渭等人的易学辨伪，黄宗羲、万斯同、全祖望的史学考辨，阎若璩的《尚书》研究，万斯大的三礼之辨，乾嘉时期以惠栋为首的吴派汉学“识字审音”的治学方法、戴震领军的皖派汉学“古训明则古经明”的为学主张，都在很大程度上得益于顾炎武的开创之功。正因乎此，顾炎武被后人誉为清学的“开山始祖”。江藩的《汉学师承记》对顾炎武有如下评价：

---

① 〔清〕李光地：《榕村全集》卷三十三《顾宁人小传》，清乾隆年间刻本。

> 有明一代，囿于性理，汩于制义，无一人知读古经注疏者，自梨洲起而振其颓波，亭林继之，于是承学之士知习古经义矣。
>
> 梨洲乃蕺山之学，矫良知之弊，以实践为主，亭林乃文清之裔，辨陆王之非，以朱子为宗。故两家之学皆深入宋儒之室，但以汉学为不可废耳。
>
> 二君以环异之质，负经世之才，思见用于当世，垂勋名于来叶，读书论道，重在大端，疏于末节，岂若抢残守缺之俗儒、寻章摘句之世士也哉！然黄氏辟图书之谬，知尚书古文之伪，顾氏审古韵之微，补左传杜注之遗……国朝诸儒究六经奥旨，与两汉同风，二君实启之。

汪喜孙跋也有类似评语："至若经史、词章、金石之学，贯穿勃穴，靡不通擅，则顾宁人导之于前，钱晓征及先君子继之于后，可谓千古一时也。"（《汉学师承记》）徐世昌亦云："亭林之学实事求是，不分汉、宋门户，经世致用，规模闳峻，为有清一代学术渊源所自出。后之承学者因其端以引申之，各成专家，而兢兢以世道人心为本，论学论治，莫能外焉，此其学之所以大也。"（《清儒学案》卷六《亭林学案》）梁启超更是称顾炎武为清学"黎明运动"第一人①，对清儒经学有筚路蓝缕之功②。这些评价虽然着眼于顾氏经学的复古精神及古音方法，但同样适用于其易学研究。在清初程朱易学占主流的背景下，顾炎武敢于逆势而动，提倡以古音求古义，并用

---

① 梁启超撰，朱维铮导读：《清代学术概论》，上海古籍出版社 1998 年版，第 9 页。

② 梁启超著，夏晓虹、陆胤校：《中国近三百年学术史》，商务印书馆 2011 年版，第 68 页。

考据方法反对宋易图书先天之学，表现出极大的学术勇气，实无愧于清学“第一人”的赞誉。

然而，必须强调的是，尽管顾炎武对清代考据学的形成做出了不可磨灭的贡献，但他一面力辟图书先天之非，一面又推崇朱熹，故其易学辨伪与黄宗羲、毛奇龄、胡渭等人有所不同。确切地说，他对宋易象数学的批判并不彻底，尚有一定程度的保留。更重要的是，顾炎武提倡复古尊经，却对汉代易学颇为反感。这足以说明，其易学方法虽对乾嘉易学不无影响，但其复古的目标在于还原《周易》经传，绝非像惠栋、张惠言等人一样以恢复汉易为归。今天看来，顾炎武的某些具体观点尚有讨论余地，但他对清代易学的巨大贡献是不容置疑的。

第二章　毛奇龄的“移易说”与易学辨伪

毛奇龄(1623—1713)①,字大可,一字齐于,本名甡,号秋晴,浙江萧山人。祖籍河南,世居城厢镇西河沿,学者称西河先生。生于明末,明亡后藏身城南山,筑土室,博览经史。顺治二年(1645)参加抗清活动,但因恃才傲物,出口伤人,得罪同乡而被追杀,改名王士方,亡命浪游。康熙十八年(1679)以原名复出,受荐参与博学鸿儒科,试列第二,授翰林院检讨,充《明史》纂修官。康熙二十四年(1685)任会试同考官,在馆七年,因病告归,遂不复仕。② 后居杭州,以著述授徒为业。先后结识施闰章、阎若璩、姚际恒、朱彝尊等人,与之论学。李塨、陆邦烈、盛唐、王锡、章大来、邵廷采皆师从之。

毛奇龄“淹贯群书”,擅诗文史学,通音韵乐律,鸣世则在经学。著作甚多,《四库全书》及《四库全书存目丛书》共收录六十三种,后人辑有《毛西河先生全集》。毛奇龄曾受刘宗周影

---

① 毛奇龄卒年尚有争议,一说卒于康熙五十五年(1716)。

② 王钟翰点校:《清史列传》卷六十八《儒林列传下一·毛奇龄》,中华书局 1987 年版,第 5456 页。

响，从陆王入门，后反对宋学，且对前人多有非议，“并汉以后人俱不得免，而其所最切齿者为宋人，宋人之中所最切齿者为朱子”①，针对朱熹《四书集句》作《四书改错》。注重训诂，“说经贵有据”，好为辩驳，多标新立异。“他人所已言者，必力反其词”②，如《经问》专攻当时学术权威顾炎武、阎若璩、胡渭三人；《诗传诗说驳议》驳斥丰坊伪造《子贡诗传》《申培诗说》；阎若璩作《古文尚书疏证》引经据典，确证《古文尚书》及孔传之伪，毛奇龄则作《古文尚书冤词》八卷，力辨其为真。毛氏所著《春秋毛诗传》《春秋简书刊误》《春秋属辞比事记》等，条例明析，考据精赅，多有先儒未及处。音律著作有《竟山乐录》，以及为讨好皇帝撰作的《圣谕乐本解说》《皇言定声录》。

毛奇龄精于易学，著有《仲氏易》《推易始末》《易小帖》《河图洛书原舛编》《春秋占筮书》《易韵》等书。其中，《仲氏易》三十卷，是其易学代表作。“初，奇龄之兄锡龄邃于《易》，而未著书，惟时时口授其子文辉。后奇龄乞假归里，锡龄已卒，乃摭文辉所闻者以己意润饰成是书。或传奇龄假归之后，僦居杭州，一日著一卦，凡六十四日而卦成。虽以其兄为辞，实即奇龄所自解。”（《四库全书总目》卷六《仲氏易》）该书将《周易》大旨概括为变易、交易、转易、对易、移易五义，颇具新意；《推易始末》四卷，是毛奇龄综核卦变的著作；《易小帖》五卷为易学杂说，由门人编辑成书，凡一百四十三条；《河图洛书原舛编》一卷排击异学，考辨宋代以来的河图、洛书之非；《太极图说遗议》一卷，力辨周敦颐《太极图》并《说》源于释道二教；《春秋占筮书》

① 钱穆：《中国近三百年学术史》，商务印书馆1997年版，第258页。

② 王钟翰点校：《清史列传》卷六十八《儒林列传下一・毛奇龄》，中华书局1987年版，第5457页。

三卷取《春秋内外传》与汉晋以下言占筮者类列成书，以推三代之筮法。然而，因其纵横博辩，肆为排击，语多过激，曾谓"元明以来无学人，学人之绝，盖于斯三百年矣"，时人忌之，后人亦多贬之。其著作流传、影响有限，盖因乎此。

一、移易说

《周易》之"易"当作何解？历代学者众说纷纭。《易传》曰"生生之谓易"，把"易"解释为生生不息、大化流行。汉代《易纬·乾凿度》提出"三易"说："易者，易也，变易也，不易也。"《乾坤凿度》又增补一"日月为易"说："易名有四义，本日月相衔，又易者，又易，易定。"东汉郑玄则在《乾凿度》的基础上赋予新解："易之为名也，一言而函三义。易简一也，变易二也，不易三也。"宋代以降，胡瑗、程颐等人尤重"变易"一义，南宋朱熹又据先天图点出"变易""交易"之旨。毛奇龄在整合前人思想的基础上，提出了"五易"说：

> 《易》有五易，谓变易、交易、转易、对易、移易，而实有不易之理该乎其中。①
>
> 《易》有五易，世第知两易，而不知三易；故但可言"易"，而不可以言"周易"。夫所谓"两易"者何也？一曰"变易"，谓阳变阴，阴变阳也；一曰"交易"，谓阴交乎阳，阳交乎阴也；此两易者，前儒能言之，然此只伏羲氏之《易》也。是何也？则以画卦用变易，重卦用交易也；画卦、重卦，伏羲之事也。若夫三

① 〔清〕毛奇龄：《仲氏易》，上海古籍出版社 1990 年版，第 12 页。下引该书只注书名。

易:则一曰“反易”,谓相其顺逆,审其向背而反见之;一曰“对易”,谓比其阴阳,絜其刚柔而对观之;一曰“移易”,谓审其分聚,计其往来,而推移而上下之:此三易者,自汉魏迄今,多未之著,而《周易》之所为《易》,实本诸此。是何也?则以序卦用转易,分经用对易,演《易》系辞用移易也。夫序卦分经者,文王之为《易》也;演《易》系辞者,则亦文王之为《易》,而或云周公之为《易》也。夫文王、周公之为《易》,则正《周易》也,今既说《周易》而曾不知周之为《易》也,而可乎?(《仲氏易》)

所谓“变易”,是指阴阳互变,如乾变坤,坎变离。所谓“交易”,是指阴阳相交,如乾坤交为《泰》《否》,坎离交为《既济》《未济》。“转易”又称“反易”,其实就是虞翻的“反对”、孔颖达的“覆卦”、来知德的“综卦”,如《屯》䷂转为《蒙》䷃、《咸》䷞转为《恒》䷟。所谓“对易”,是说一组反易卦与另一组反易卦相对,如上经《需》䷄《讼》䷅反易,下经《晋》䷢《明夷》䷣反易,此两组反易卦相对,以地对天,以水对火。又如,上经《同人》䷌《大有》䷍反易与下经《夬》䷪《姤》䷫反易,五阳对五阳,一阴对一阴。所谓“移易”,是指阴阳爻类聚而推移,如《泰》䷊为阴阳类聚之卦,移三爻为上爻,即三阳往而上阴来,则成《损》䷨。又如《否》䷋为阳阴类聚之卦,移四爻为初爻,即四阳来而初阴往,则成《益》䷩。他特别强调,“移易”说不同于朱子的卦变说。朱子卦变是以筮占为用,移易则以注经为用:“若诸卦变则皆从两卦递变,而顺逆相接以变占,不以推演矣,此取推前演爻辞,不取变后占象数者。”(《仲氏易》)

毛奇龄认为,伏羲画卦用“变易”、重卦用“交易”,故“变易”“交易”为伏羲易。对此,前人多有论及。然而,“反易”“对易”“移

易”是文王易则少有人知。也就是说,发现文王“序卦用转易,分经用对易,演《易》系辞用移易”,是自己的独到慧见。而在“反易”“对易”“移易”三者中,“移易”是文王“独其演系辞则于序卦分篇之外,又特创一法”,是《周易》成书的关键。他说:“《周易》者,移易之书也。虽《易》例有三,一曰倒易,叙卦用之;一曰对易,分篇者用之,而必以移易一例为演易属辞之用。”①因此,毛奇龄重点探讨了“移易”的内涵:

> 阳与阳聚,阴与阴聚,无所间错者,而乃从而分移之,移阳于阴,亦移阴于阳,《大传》所谓“乾坤成列”,则阴阳聚也。其所谓“分阴分阳”,则从而分之者也。所谓“刚柔相推”,则移之也。推者移也。而总以二语概之曰:“方以类聚,物以群分”,然后推移之旨全焉。(《推易始末》)
>
> 吾欲演《易》,则必使《易》之为义行于辞间,取六十四卦之已成者,相其阴阳之各萃与夫阴阳之相间者,而两判之其各萃者,则谓之聚。谓阴与阴聚,阳与阳聚也,以中无间之者也。其相间者则谓之分,谓分阴于阳,分阳于阴也。若因其已聚而分之者也,而于是就已成之聚与已成之分者,而为之移易焉。(《推易始末》)

他以《系辞》“乾坤成列”“刚柔相推”“方以类聚,物以群分”为据,认为《周易》六十四卦的卦画由阴阳聚分构成。聚,指阴阳不杂;分,指阴阳杂居。依此,六十四卦可分为聚卦和分易卦两

① 〔清〕毛奇龄:《推易始末》,见〔清〕毛奇龄撰,郑万耕点校:《毛奇龄易著四种》,中华书局2010年版,第3页。下引《推易始末》《河图洛书原舛编》《太极图说遗议》《易小帖》皆以该书为准,不另出注。

大类。阴阳相聚的卦是聚卦，阴阳杂居的卦是分易卦。聚卦是母卦，分易卦由聚卦阴阳推移而成。具言之，根据六爻阴阳分布的不同特点，易卦又可分为“聚卦”“半聚卦”“子母聚卦”“分易卦”四类：

“聚卦”是“阴阳各聚于一方以待移”（《推易始末》）之卦，共有十二：六阳之《乾》和六阴之《坤》，一阳五阴之《剥》《复》，二阳四阴之《观》《临》，三阴三阳之《否》《泰》，四阳二阴之《遁》《大壮》，五阳一阴之《姤》《夬》，亦即汉儒所谓“十二辟卦”。其中，《乾》《坤》阴阳聚而成列，无可移易，故为不易之卦。其余十卦为待移之卦，即真正的聚卦实为十卦。

“半聚卦”又名“环聚卦”，其特征是阳聚分阴聚、阴聚分阳聚。“阳聚于中，则阴两分；阴聚于中，则阳两分。只半聚而半实分焉。……其又曰环聚，则以所分者，初与上可环接也。”（《推易始末》）例如，《小过》䷽二阳聚于中，分上下二阴；《中孚》䷼二阴聚于中，分上下二阳。毛奇龄解释说：“《中孚》，二阴间四阳，《小过》，二阳间四阴，皆非聚卦。然二阳聚者，不能移之为《小过》，四阳聚者，不能移之为《中孚》，则亦聚矣。盖上下环转，原一聚例。”（《仲氏易》）

“子母聚卦”亦称“子母易卦”。此类卦既可由他卦推移而来，又可易为他卦。毛奇龄说：“子母十卦，皆以相环为聚母，然仍为子者，以皆有所来耳。”“谓本卦为他卦所移为子，然又可移之作他卦之母者也。《大传》所云‘分阴分阳，迭用刚柔’是也。”（《仲氏易》）依此观之，“子母聚卦”说的根据在于《系辞》“分阴分阳，迭用刚柔”一语。其特点是以阴阳相环为聚。“聚”，则可为他卦之母，故称“子母聚卦”。凡十卦：二阳四阴者有三，《颐》《萃》《升》，三阳三阴者有四，《咸》《恒》《损》《益》，四阳二阴有三，《大过》《无妄》《大畜》。此十卦中，《咸》《恒》与《损》《益》两组恰互为子母卦。

“分易卦”又称“分推卦”，是由“聚卦”“半聚卦”“子母聚卦”推移而成的卦。“谓移所聚而易其画，则阴阳俱分。《大传》所云‘物以群分’是也。第聚卦与易分卦，受易与易者，每一卦可易四卦，至九卦止。受易者，则每一卦可易二卦，至四卦止，往来推移，神明存焉。《大传》所云‘往来不穷谓之通’，又曰‘刚柔相推而生变化’，此之谓也。”(《仲氏易》)分易卦具体推演如下：

“聚卦”一阳五阴之《剥》《复》、一阴五阳之《姤》《夬》各移四卦，凡十六卦。

剥䷖

上依次移二、三、四、五成师䷆　谦䷎　豫䷏　比䷇

复䷗

初依次移二、三、四、五成师䷆　谦䷎　豫䷏　比䷇

姤䷫

二、三、四、五依次移初成同人䷌　履䷉　小畜䷈　大有䷍

夬䷪

二、三、四、五依次移上成同人䷌　履䷉　小畜䷈　大有䷍

二阳四阴之《观》《临》《小过》各移八卦，凡二十四卦。

观䷓

五依次移初、二、三、四成颐䷚　蒙䷃　艮䷳　晋䷢

上依次移初、二、三、四成屯䷂　坎䷜　蹇䷦　萃䷬

临䷒

初依次移三、四、五、上成升䷭　解䷧　坎䷜　蒙䷃

二依次移三、四、五、上成明夷䷣　震䷲　屯䷂　颐䷚

小过䷽

三依次移初、二、五、上成震䷲　解䷧　萃䷬　晋䷢

四依次移初、二、五、上成明夷䷣　升䷭　蹇䷦　艮䷳

“子母卦”《颐》《萃》《升》每卦可移六卦，凡十八卦。

颐䷚

初依次移二、三、四成蒙䷃　艮䷳　晋䷢

上依次移三、四、五成明夷䷣　震䷲　屯䷂

萃䷬

四依次移初、二、三成屯䷂　坎䷜　蹇䷦

五依次移初、二、上成震䷲　解䷧　晋䷢

升䷭

二依次移初、五、上成明夷䷣　蹇䷦　艮䷳

三依次移四、五、上成解䷧　坎䷜　蒙䷃

《否》《泰》每卦可移九卦，凡十八卦。

否䷋

四依次移初、二、三成益䷩　涣䷺　渐䷴

五依次移初、二、三成噬嗑䷔　未济䷿　旅䷷

上依次移初、二、三成随䷐　困䷮　咸䷞

泰䷊

初依次移四、五、上成恒䷟　井䷯　蛊䷑

二依次移四、五、上成丰䷶　既济䷾　贲䷕

三依次移四、五、上成归妹䷵　节䷻　损䷨

“子母卦”《咸》《恒》《损》《益》每卦可移八卦，凡三十二卦。

咸䷞三、四、五移分别成随䷐、困䷮、既济䷾、井䷯、渐䷴、丰䷶、恒䷟、旅䷷

恒䷟二、三、四移分别成丰䷶、咸䷞、旅䷷、归妹䷵、困䷮、未济䷿、井䷯、蛊䷑

损䷨初、二、上移分别成蛊䷑、未济䷿、涣䷺、贲䷕、噬嗑䷔、益䷩、归妹䷵、节䷻

益初、五、上移分别成涣䷺、渐䷴、损䷨、贲䷕、噬嗑䷔、节䷻、既济䷾、随䷐

《遁》《大壮》《中孚》每卦可移八卦，凡二十四卦。

遁䷠三、四、五、上分别移初、二成

无妄䷘　讼䷅　家人䷤　巽䷸　离䷝　鼎䷱　革䷰　大过䷛

大壮䷡初、二、三、四分别移五、上成

大过䷛　鼎䷱　革䷰　离䷝　兑䷹　睽䷥　需䷄　大畜䷙

中孚䷼初、二、五、上分别移三、四成

巽䷸　讼䷅　家人䷤　无妄䷘　大畜䷙　睽䷥　需䷄　兑䷹

“子母卦”《大过》《无妄》《大畜》每卦可移六卦，凡十八卦。

大过䷛二移初成革䷰，三移初成兑䷹，三移上成讼䷅，四移初成需䷄，四移上成巽䷸，五移上成鼎䷱

无妄䷘初移二成讼䷅，四移三成家人䷤，五移二成睽䷥，五移三成离䷝，上移二成兑䷹，上移三成革䷰

大畜初移四成鼎䷱，初移五戎巽䷸，二移四成离䷝，二移五成家人䷤，三移四成睽䷥，上移五成需䷄

综上，六十四卦按“移易说”分类如下：

主易之卦二：乾坤。

聚卦、半聚卦十二：泰、否、临、观、剥、复、大壮、中孚、姤、夬、中孚、小过，上下经各六卦。

子母聚卦十：咸、恒、损、益、萃、升、颐、无妄、大畜、大过。

分易卦四十：一阳五阴四卦，师、比、谦、豫。

一阴五阳四卦：小畜、同人、大有、履。

二阳四阴九卦：屯、蒙、坎、晋、明夷、蹇、解、震、艮。

二阴四阳九卦：需、讼、离、家人、睽、革、鼎、巽、兑。

三阳三阴七卦：随、噬嗑、困、渐、旅、涣、未济。

三阴三阳七卦：蛊、贲、井、归妹、丰、节、既济。

以数量言之，推移之主卦即不易聚卦有十四卦：乾、坤、泰、否、临、观、剥、复、大壮、中孚、姤、夬、中孚、小过；推移卦又可分为两易卦、三易卦、四易卦。两易卦，是指一卦可由两卦推移而来，共十八卦：师、比、小畜、履、同人、大有、谦、豫、无妄、大畜、颐、大过、咸、恒、损、益、萃、升。三易卦，是指一卦可由三卦推移而来，共十四卦：随、蛊、噬嗑、贲、困、井、渐、归妹、丰、旅、涣、

节、既济、未济。四易卦，是指一卦可由四卦推移而来，共十八卦：屯、蒙、需、讼、坎、离、晋、明夷、家人、睽、蹇、解、革、鼎、震、艮、巽、兑。

毛奇龄强调，“移易”是文王系辞“特创一法”，孔子作《易传》又重申之。“在羲画之时，未尝先画聚而后画分也，即序卦之时亦未尝序聚先而序分后也。而文以为吾演卦演爻则必从其已聚之卦而移而易之，而然后系之以辞，故其分卦之为象则必与聚卦之所移有相发者。分爻之为象，则必与聚爻之所移有相应者而无如。”（《仲氏易》）为了证明“移易”为《周易》所固有，毛氏又以经文证之。他认为，文王“观象系辞”多取聚卦：“演《易》属辞概有十例：曰名曰义，曰象，曰方位，曰次第顺逆，曰大小体，曰互体，曰时，曰气，曰数目，曰乘承敌应。而第在当时，抽辞比旨，多取成卦之聚画。”（《仲氏易》）

首先，卦名有因移易而定者，“是当其命卦名时固早已豫启其例”（《推易始末》）。例如，《损》上艮下兑，“艮兑名《损》，山泽无所为损也”。《损》䷨之名，是因其由《泰》䷊三爻移上而来，故有“减损”之义。《益》上巽下震，“巽震名《益》，风雷何以有益也”，实因《益》䷩由《否》䷋四爻移初而成，有“增益”之义。《萃》上兑为泽、下坤为地，“泽高于地则不聚，而反名聚”。“萃”为“聚”义，是因《观》䷓上移四成《萃》䷬，“阳而不间则犹有聚”。《升》上坤为地、下巽为风，“风入地下则不升，而反名升”，是因为《小过》䷽四阳易二成《升》䷭，“柔而上行则亦名升”。

其次，卦爻辞有取移易而系者。例如，《蒙》䷃为《临》䷒初九移上而来，故彖辞曰“初筮”。《比》䷇为《剥》䷖《复》䷗两卦所移，属两易卦。“原者，再也”，故称“原筮”；《临》䷒二移至五成《屯》䷂，《屯》六二与《临》九二阴阳对易，有“婚媾”之象。子母卦《升》䷭九

三移上成《蒙》䷃，蒙六三不能与上九相配，有“勿取女”之象(《仲氏易》)。“《讼》䷅六三为《大过》䷛上六所移，而今将《讼》上，故‘食旧德’，《象传》所云‘从上吉也’。”“《比》䷇九五为《剥》䷖上所移，而今处五后且在《剥》为阳，故称‘夫’，《象传》所云‘无首’以此。”《履》上乾为天，下兑为泽，“天难入泽安有‘其旋’。《履》䷉上九为《夬》䷪之三阳所移，苟仍返为阳，则纯乾矣，故曰‘其旋元吉’。不然上天下泽无所旋返”。“《小畜》䷈初九本《姤》䷫四所移，今初四相畜不过，还其所相易者，故曰‘复自道’，不然五阳一阴有何复道。”(《推易始末》)

最后，《易传》“刚柔”“上下”“往来”之辞本于移易。例如，《彖·随》“刚来而下柔”，言《随》由《否》上九移三、《咸》九三移初而来；《彖·咸》“柔上而刚下”，言《咸》由《否》六三移上而来；《彖·无妄》“刚自外来而为主于内”，言《无妄》初九系《遁》三移初，为内震之主；《彖·贲》“柔来而文刚”“分刚上而文柔”，言《贲》为三易卦，即由《泰》《损》《益》移易而成。《泰》二刚与上柔移，上柔来二。《损》九二与六三移，三柔之二，是谓“柔来而文刚”。《益》九五与六三移，是刚在上位者文三之柔。(《推易始末》)

从易学史的角度审视，“移易”的实质无非是说因爻之推移变化而使一卦变成另一卦。无论是从内容还是从注经作用来看，移易说与卦变说皆无本质区别，似卦变说的翻版而已。关于这一点，毛氏亦直言不讳：“移易一例文周倡之，夫子早发明之，而汉初田何受易，传及孟喜，有外黄令焦延寿者，实始嬗移易之学。……夫《易林》本以六十四卦变之至四千九十有六，是占变之词与六十四卦、三百八十四爻本词不同意，必焦氏当时卦变之外另有推易而后儒不知混之为一。……乃东汉儒臣自

马融、郑玄外，凡说《易》家如宋衷、干宝、虞翻、荀爽、陆绩、侯果、蜀才、卢氏以及蔡景君、伏曼容诸儒各守师承以立说。……延及赵宋，则仅晓王学而不识汉学，程颐作传专斥诸卦变，而考其为传，周章难明，其万不通处，亦终不能不仍取卦变而杂补之。《损》之‘损下益上’，则曰‘下之成兑，由三变，上之成艮，由上变也’;《渐》之‘得位得中’，则曰‘艮巽之交在中二爻，巽四交三以阳而易阴，艮三交四以阴而易阳也’，是即移易也。是以陈抟之徒不闻正学，反能摭京焦余唾推作卦变，取移易、倒易二义杂组之，以为变卦反对之图，而南宋朱汉上震曾录其图于《易传·丛说》之中。至朱文公熹又谓：‘汉上易变只变三爻，则似于《彖传》不能尽通。’于是又别为之图。自一阴一阳起至五阴五阳止分作五部，庶几尽变而爻止一移，卦无三易……元儒朱升作十辟卦变并六子卦变，而明儒来氏知德即以反对作变易，何元子楷专以乾坤为往来，虽名例稍殊而意不甚远。”(《推易始末》)至于推易之说，“虽发自仲氏，而诸儒实先启之。西京以后，六季以前必有早为是说者，而汉学中衰，遂致沦没”(《推易始末》)。于是，他以移易说为尺度检讨、考辨了易学史上的种种卦变说，旨在证明此说不仅有《易传》的理论根据，亦与历代卦变有相合之处，即所谓“从列代论变一线相沿者，稍参订之，以求合于仲氏之旨”(《推易始末》)。

当然，毛奇龄的移易说绝不是对前人理论的全盘照搬或简单修正，而是从其全新的象数易学视域出发，通过解读《周易》经传发现的卦爻排列规律。概言之，移易说与以往卦变理论的不同之处约有如下数端：

其一，理论依据不同。尽管移易与卦变皆本自《易传》的阴阳之变，但二者对生卦和被生卦的界定不同。卦变说以阴阳消息为

前提，故以乾坤为本、以十辟卦为生卦之母；移易说则以《系辞》“乾坤成列”“刚柔相推”“方以类聚，物以群分”为据，依阴阳爻排列区分聚卦与分卦。

其二，以往卦变说大多偏于某一方面，“或主旁通，或主正变，或以乾坤为父母，或以泰否为胚胎，或兼宗六子，或专本十辟，而罣十漏一，依彼失此，初未尝不与推移相合，究之守一则不能相通，遍易则无所自主，补苴傅会未免牵强”（《推易始末》）。与一卦只能由特定某卦变来的汉易卦变说不同，移易说主张一卦可由多卦变来，这就为灵活解释《周易》象辞的对应关系提供了极大便利。

其三，汉易乾坤生十辟、辟卦生杂卦的卦变理论本来是层次分明、前后贯通的圆融体系。然而，当其无法契合注经需要时，汉儒便迫不得已打破成规而多言变例。尽管朱熹在一定程度上克服了汉易卦变说的弊端，可又疏于注经之用。“因于作《本义》时，凡一十九卦惟讼、晋二卦与图相同，而余即多立变法，全与图异。”明儒来知德以综卦取代卦变，“然仍多不合，盖推易、倒易截然两事，而欲强溷而一之宜，其舛也”（《推易始末》）。就此而言，毛氏的移易说不仅在体系建构上圆融贯通，而且在注经运用中也能保证前后一致。这无疑是对前人卦变理论的超越。

二、清算图书之学

（一）宋儒“河图”“洛书”“未得实据，仅成虚说”

毛奇龄在《河图洛书原舛编》中考察了河图洛书的产生及演

化。他指出，河图、洛书之名“自古有之”，但语焉不详。“大抵图为规画，书为简册，无非皆典籍之类。第未尝实指为是何规画，是何简册。而其所以出之者，则又未知谁将之，谁取之也。”因此，汉人对河图洛书的解释也不尽相同，或指书册，或河图为画八卦之依据、洛书为叙九畴之依据，或图文即卦、书文即畴。“在汉诸儒彼我相传，其参差不过如此。”“《易纬》妄推其说，亦不过指之为文字之类，如《河图要元篇》可验也。”“此皆谶纬之学，杂以方术，不足以信者。”(《河图洛书原舛编》)

及至宋代，图书之学大兴，学者多以陈抟所传之黑白点图为河图、洛书。毛奇龄详细考察其学术渊源后指出，十数之“河图”乃依据郑玄《易》注“五行生成数”一段而作。郑注“天地之数五十有五”曰：“天一生水在北，地二生火在南，天三生木在东，地四生金在西，天五生土在中。然而阳无耦，阴无配，未相成也。于是地六成水于北，与天一并；天七成火于南，与地二并；地八成木于东，与天三并；天九成金于西，与地四并；地十成土于中，与天五并，而大衍之数成焉。”该说虽与河图十数相合，但郑玄并未据此作图，亦即陈抟河图实为窃取郑玄《易》注而来：

> 抟之所为图，即“大衍”之所为注也。然而大衍之注之断非河图者，则以河图之注之别有在也。……则此所为注，非即抟之所为图乎？康成但有注而无图，而抟窃之以为图，康成之注即可图，亦非河图，而抟窃之以为河图，其根其柢，其曲其里，明白显著，可谓极快。(《河图洛书原舛编》)

后世学者之所以对十数河图信以为真，原因有二：“其天生地成，地生天成，或北或南，为水为火，能方能圆，有单有复，按之

可为形，指之可为象，则河图有之，‘大衍’不得而有之也。而孰知大衍之数其为形为象，原自如此，而人初不知，其长夜一。一则魏晋以后，俗尚王学而郑学稍废。……比在刘、邵言《易》时皆未之见。今抟得其说而不言所自，或亦转得之他人，而并其所自，而亦不之知，皆未可定，则冥冥矣，其长夜二。”（《河图洛书原舛编》）

九数“洛书”则源于九宫之说。九宫的相关记载，见于《管子·幼官》《吕氏春秋·十二纪》《礼记·月令》《黄帝内经·灵枢经》《大戴礼记·明堂》《易纬·乾凿度》及郑玄注等。其中，《易纬》郑玄注及《大戴礼记》更已明言九数。因此，毛奇龄认为：“今之洛书，则《易纬》家所谓‘太乙下九宫法’也。……其在《乾凿度》下篇有以一阴一阳合为十五之说，遂创为‘太乙下九宫法’，取阴阳卦数，以行九宫。”具言之，“以坎之在北也，坎数一，则履一也。坤之在南也，坤数九，则戴九也。震位东，数三，则为左三。巽位西，数七，则为右七；离二西南，兑四东南，则二为右肩，四为左肩。乾六西北，艮八东北，则六为右足，八为左足。中央无卦偶为太乙之所息，则其数五为太乙之数，而太乙四周不复再息于中央而上升紫宫，则太乙之数亦止于五数而无十数焉。惟无十，则中宫得合八卦而可定为九。惟无十，则四正四维从衡延袤，皆可减三分之十而定为十五。所谓创太乙下九宫之法，以合之阴阳十五之数，其说凿凿。乃当时儒生间取其数为形家之用，如张衡入奏，曾以律历、卦候、九宫、风角并称有验，而未尝曰此洛书之文。即《大戴（礼记）·明堂篇》亦以二九四七五三六一八为明堂九室之制，而未尝曰此洛书之数”。“是无论九宫行卦，其为法在有卦之后，必不可以坎离水火漫加之羲皇未经画卦之前，而即以是图断之。……若犹是汉

魏有之,则汉魏间人从无曰世尚有图书者,且从无曰此出自图出自书者,而以为此图此书不亦冤乎!"(《河图洛书原舛编》)

宋易河图、洛书之说不单由窃取汉人而来,且宋元陈抟、刘牧、程大昌、朱熹、雷思齐、张理等人各执一说,相互抵牾之处甚多。对此,毛奇龄分析道:"夫图、书非他,神圣之事也。岂有神圣之事而一人授之,一二人受之,授者无凭,受之者无据,而或四或五,或方或圆,或羲或禹,或卦或范,彼此可以争,先后可以易,一室两家,茫无定准,其为不足道亦可见矣。"究其根本,"彼言图书者亦只以上古亡文,骤出自挽近,而其所以出之者,则又方外异氏,无足取重,即既出之后,又且同室戈矛,早示人以间隙之端,自贻败漏。况乎龙文龟甲亦微与?点注勾画,保臬兀于心,则不得不多为授受之人,以冥合诸龟龙之迹,而不谓愈支愈劣,愈饰愈露。授受之人既不能出一姓氏,而龟龙之迹则又牵强附会,而终竟不合。然而,自明迄今耐之者多,争之者亦不少,而未得实据,仅成虚说"(《河图洛书原舛编》)

(二)伏羲先天图"伏羲画卦次第如是不可通"

在《仲氏易》中,毛奇龄对先天图进行了批判。他说:"夫世信以为伏羲画卦,如陈氏所授先天之说,由两而四、而八、而十六、而三十二、而六十四,为画卦之终始乎?夫两仪四象者,生卦之序也,非画卦之序也。因而重之者,以三重三,非谓二可重一、四可重二、八可重四也。故就其成卦而观之,则由二而四、由四而八、由八而至六十四,未为不可。而就其画卦而观之,则不然。夫伏羲但画八卦耳,何曾画六十四卦乎?"在他看来,先天图有八点错误:

一、画繁;二、四五无名;三、三六无住法;四、不因;五、父

子母女并生；六、子先母、女先男、少先长；七、卦位不合；八、卦数杜撰无据。具此八误，而以为伏羲画卦次第如是，不可通矣。(《仲氏易》)

“画繁”，是指画卦复杂而不合理，“自一画为阳，二画为阴，三一为乾，三二为坤，而其画已毕，未有画至六十四卦者。今图取巧，便但以黑为阴、白为阳耳，此非羲画法也。若羲画原法则黑皆两画，是六十四卦在阳有一百九十二画，在阴有三百八十四画，太不惮烦矣。此非自然因重之数也，其误一也”。“四五无名”，是说“加一倍”过程中的四画、五画者于理不通。“连嗣加画则何以三画，有名四画、五画只空画，更无名也。”若称四画者为四象，则八卦生四象，“四象分四画，为太阳、少阴、少阳、太阴，今增至十六画，又增至三十二画，则可名十六象、三十二象乎？抑仍名四象乎，若仍名四象，则八卦又生四象矣，其误二也”。“三六无住法”，谓先天图中三画、六画与四画、五画一样连续不止，无法凸显八卦与六十四卦，“惟只有三画并无四画五画之加，故三画而止，便可名之为八卦。……且何以见画之当止于三，当止于六也，其误三也”。“不因”，指先天图与《系辞》所云“八卦成列”“因而重之”不符。“乾坤成列，始画八卦；八卦成列，始作重卦，故曰‘因而重之’。因者，因成列之卦也。若一连画去，何所因乎，其误四也”。“父子母女并生”，是说先天图中父母、子女一同生成，有悖于《说卦》“父母六子”说。“乾父坤母合生六子，此系词明言次第也。今八卦并生，其误五也”。先天八卦数坤八而兑二，即“子先母”，兑二而震四，即“女先男”，兑二、离三、巽五，即“少先长”。“六子俱先坤，兑离先震，巽先坎，兑又先离，离又先巽，于一索再索之叙俱失尽矣，羲画次第必不如是，其误六也。”先天方位以《说卦》“雷风相薄，水火不相射”为证，认为震巽、坎离相对。然“薄，迫也，近也”，故“雷风相薄”实指震巽相近而

非相对。“射者,相对发也”,故“水火不相射”是指坎离不对立,此即“卦位不合”。“不相射则显然与图位离东坎西相反”,“而引以取证可乎。其误七也”。“卦数杜撰无据”,是说“卦原无数,但以大衍之数推之,则乾西北卦,正当地六相成之数,故曰乾六。坤西南卦,正当天九相成之数,故曰坤九。今无故而有乾一兑二离三震四之数,此何据乎,其误八也”。总之,先天图与《易传》无甚关联,“实本魏氏《参同契》‘乾坤运轴,坎离匡郭’之图,而妄名先天”。(《仲氏易》)

至于伏羲六十四卦图,虽号称以“易有太极,是生两仪,两仪生四象,四象生八卦”一语为据,但毛奇龄受其子启发反复审读《系辞》后,认为此段是“申言揲筮”而非画卦之意,进而驳斥了宋儒创作先天图的理论依据。他说:“此为揲筮三致意也。夫只一揲筮而本乾坤,而全民用至于如是,是故未揲之先合五十之数,聚而不分有大中之道焉。《说文》:极,中也。屋极,谓之中。言不分于一隅也。崔憬云:舍一蓍为太极是也,而于是分之为二以象两,则是太极生两仪也。李氏《易解》云:只四十九数而未分为太极,分之为阴阳是也。而于是揲之以四以象四时,则是两仪生四象也。虞翻谓四象,即四时是也。而于是一扐再扐、再变三变而八卦成焉,则是四象生八卦也。”(《仲氏易》)他从《系辞》文意出发,否定了伏羲画卦式的理解。“旧以太极两仪泛指天地,则于易有太极、易有四象、两仪有不合:一、谓是伏羲画卦时,则画卦是作卦,不是生卦。系辞凡言生,如生变化、生吉凶、生情伪、生利害皆是筮卦非画卦也。二、伏羲画卦是由乾而坤,而八纯,而因重以至六十四。此夫子本辞自言之,并无由一而二、而三、而四之法。三、太极只中而不分之义而为图为说,聚讼不决,此必不可为训者。四、四象从来无解。五、且后文明云‘易有四象所以示也’与下‘所以示所以断’同。若指画卦言,则阴阳老少,但画时取资之象,谓可以示世告世,断吉凶

乎。”(《仲氏易》)

(三)《太极图》“实本之二氏之所传”,“总出于《参同契》”

毛奇龄在《太极图说遗议》中对周敦颐的《太极图》进行了深入的考辨。他说:

> 太极无所为图也。况其所为图者,虽出自周子濂溪,为赵宋儒门之首,而实本之二氏之所传。《太极图》一传自陈抟,一传自僧寿涯。或云:陈抟师麻衣,麻衣即寿涯也。则时稍相去,濂溪或不能从学,然其说则从来有之。乃其所传者,则又窃取魏伯阳《参同契》中“水火匡廓”与“三五至精”两图而合为一图。
>
> 或云:其图在隋唐之间,有道士作《真元品》者,先窃其图入品中,为《太极先天之图》,此即抟之窃之所自始。且其称名有“无极”二字,在唐玄宗《序》中。初亦疑之,及观其图,则适于南宋绍兴间朱内翰震所进图合。
>
> 则必隋唐先有其图,而抟又从而转窃之,然且分图为二:一曰先天,一曰太极。其在当时,传太极者,颇知所自,悉不以其图为然。故宋元间人,凡言《易》家辄自为一图,而钩深抉隐,穿凿变怪之害生焉。

毛奇龄认为,朱震所进《太极图》为周子原图,该图源于道教。隋唐间有道士作《上方大洞真元妙经品》,将魏伯阳《周易参同契》“水火匡廓”和“三五至精”两图合而为一,加以改制,则成《太极先天之图》。“唐玄宗时,则实有《上方大洞真元妙经品》,为《太极图》之所自始。而玄宗敕赐入藏,且御制以序。”尔后,陈抟剽窃此图,分先天图、太极图为二,而周氏《太极图》

即本于后者。

水火匡廓图

三五至精图

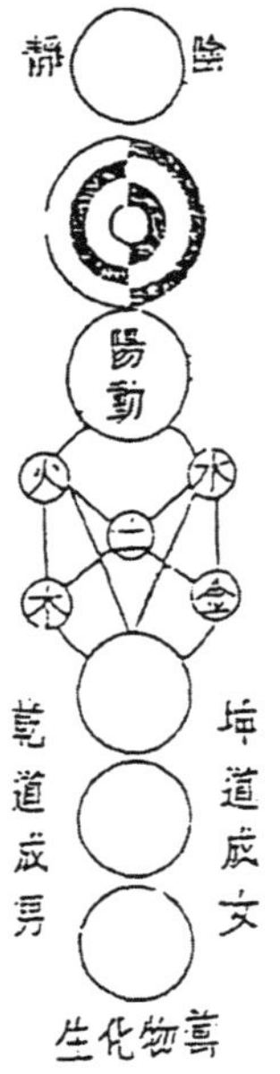

《真元品》太极先天图

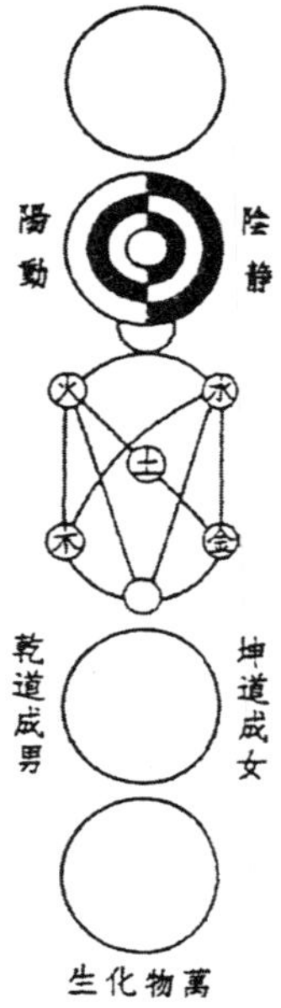

周敦颐太极图

另外，佛教亦以此图解说佛理。周敦颐曾师事润州霍林寺僧人寿涯，故毛奇龄推断，佛教乃周子《太极图》的又一渊源。“旧说

《太极图》，但据一时所见，便尔草草。如纪、顾诸名言，皆超隽有余趣，自惭脱漏，不能遍举，且有要领俱失处，不止于此。明知是图本于二氏，然仅仅以希夷、寿涯当之。昨见黄山中洲和尚，有太极本于禅宗说。其所为《太极图》，即唐僧圭峰之《十重图》也。……此在陈抟授图之前已行世者。是抟所为图，一本于《道藏·真元品》，一本于圭峰《禅源诠集》，而总出于《参同契》，是真赃实据，凿凿要领，今第知《真元品》而不知《禅源诠集》，是举褛失襋，究竟脱漏。"①

结　语

毛奇龄在整合以往卦变说的基础上提出移易说，揭示了阴阳聚分的思想，进一步阐明《周易》象辞关系，无疑是对象数易学的发展、丰富。诚如四库馆臣所云："其言甚辨，虽不免牵合附会，以词求胜之失，而大致引据古人，不同于冥心臆测者也。"（《四库全书总目》卷六《仲氏易》）同时，他运用考据方法对图书之学进行了全面的检讨，以大量论据证明了河图、洛书并非伏羲时代的产物及《周易》之源，而是宋人基于汉人成说的再度创造。这种考辨工作，不但在一定程度上剥去了图书之学的神秘面纱，还原了其真实面貌，更使宋明易学遭受了沉重打击，促进了易学研究的转型。阮元曾云：

> 国朝经学盛兴，检讨首出于东林蕺山空文，讲学之余，以经学自任，大声疾呼，而一时之实学顿起。当是时，充宗起于浙东，朏明起于浙西，宁人、百诗起于江淮之间。检讨以博辨

① 〔清〕毛奇龄：《西河文集》卷十八《复冯山公论〈太极图说〉〈古文尚书冤词〉书》，《文渊阁四库全书》第1320册，台湾商务印书馆1986年版。

之才，睥睨一切论不相下，而道实相成。迄今学者日益昌明，大江南北，著述授徒之家数十，视检讨而精核者固多，谓非检讨开始之功，则不可。①

梁启超虽对毛奇龄的立异、独断、狂妄有所批评，但也给予了较高的评价：

若论清学界最初之革命者，尚有毛奇龄其人。所著《河图原舛篇》《太极图说遗议》等，皆在胡渭前，后此清儒所治诸学，彼亦多引其绪。但其言古音则诋顾炎武，言《尚书》则诋阎若璩，故汉学家祧之不宗焉。……平心论之，毛氏在启蒙期，不失为一冲锋陷阵之猛将。②

西河有天才而好立异，故其书往往有独到处。有《河图洛书原舛编》《太极图说遗议》，辨图书之伪，在胡东樵《易图明辨》前，有《仲氏易》……这部书驳杂的地方也很多，但提倡汉儒——荀爽、虞翻诸人的易学，总算由他开创。后来惠定宇之《易汉学》，却受他的影响。③

不仅如此，朝鲜易学家丁若镛也受到了毛奇龄的深刻影响，其《周易四笺》《易学绪言》以聚卦、分卦解释推移说，显然与毛氏易学关联紧密。

不过，毛奇龄的经学研究也存在许多问题。清人全祖望曾

① 〔清〕阮元：《揅经室二集·毛西河检讨全集后序》，《四部丛刊》本。

② 梁启超撰，朱维铮导读：《清代学术概论》，上海古籍出版社1998年版，第15～16页。

③ 梁启超著，夏晓虹、陆胤校：《中国近三百年学术史》，商务印书馆2011年版，第209页。

作《萧山毛检讨别传》和《毛氏纠谬》,指责他“信口臆说”“不考古而妄言”,是非倒置,“贸然印证而不知是非”①,甚至多有编造典故、师承之举。江藩批评道:“毛奇龄《仲氏易》《推易始末》《春秋占筮书》《易小帖》四书颇宗旧旨,不杂芜词,但以变易、交易为伏羲之易,反易、对易之外,又增移易为文王周公之易,牵合附会,不顾义理,务求词胜而已。”(《汉学师承记》)总体而言,上述批评比较中肯。“移易”并非《周易》固有,以此解《易》确有难通之处。如用聚卦解《说卦》“天地定位”一节,“不免牵合附会,以词求胜之失”(《四库全书总目》卷六《仲氏易》)。同时,其易学辨伪所用论据亦有不实之嫌。将古代河图、洛书认作典籍,无所依据;先天图“八误”之中,不免有牵强无力之论;周子《太极图》源于佛道二教之说,更是缺乏坚实的证据支撑,故今人多有质疑。② 毛奇龄认为:“汉晋唐儒凡说易者,从无绘图之事。易图绘起于宋。”③清华简《筮法》有八卦方位图,其图除了坎离颠倒,其他皆与《说卦传》“帝出乎震”一节所言天八卦方位吻合。如清华简《筮法》整理者所言,“《筮法》还有将八卦分置八方的卦位图,在迄今所见《易》图中是最早的。其八卦方位多同于《周易·说卦》中后世讲的所谓后天八卦,唯坎、离二卦互相背反。”(清华简《筮法·说明》)④故毛氏观点失之偏颇。

---

① 〔清〕全祖望:《鲒埼亭集外编》卷十二《萧山毛检讨别传》,见〔清〕全祖望撰,朱铸禹汇校集注:《全祖望集汇校集注》,上海古籍出版社2000年版,第985~989页。

② 参见李申:《易图考》,北京大学出版社2001年版,第22~41页;郭彧:《易图讲座》,华夏出版社2007年版,第66~77、84~86页。

③ 〔清〕毛奇龄:《仲氏易》卷二十八,上海古籍出版社1990年版。

④ 李学勤主编:《清华大学藏战国竹简(肆)》,中西书局2013年版。

更重要的是,毛奇龄把儒家易学奉为正宗,因其相信《太极图》与佛道二教有关,便彻底否定其学理价值,只能归结为门户之见。正如朱伯崑先生所指出:"毛奇龄对图书之学和周氏图说的批评,重视考证,其思想资料及其观点的历史渊源,以此证明图书之学出于道教和佛家,进而否定其为儒家学说。此种治学态度,虽然揭露了宋易中的象数之学同二氏特别道教系统易学的联系,但由此否定其在易学史和哲学史上的地位,特别是在理论思维方面的贡献,显然是一种门户之见。"①

① 朱伯崑:《易学哲学史》第四卷,华夏出版社 1995 年版,第 275 页。

第三章　黄宗羲的象数学与辨伪学

黄宗羲(1610—1695),字太冲,号南雷,晚年自称梨洲老人,浙江余姚人。黄宗羲曾自述生平曰:“初锢之为党人,继指之为游侠,终厕之于儒林。”其父黄尊素,东林党人,因弹劾魏忠贤被削职归籍,不久下狱,受酷刑而死。崇祯元年(1628),十九岁的黄宗羲“袖长锥,草疏,入都讼冤”,击杀狱卒,哭祭于诏狱中门,浩气震动内外,崇祯帝叹其为“忠臣孤子”。黄宗羲归乡后发愤读书,“愤科举之学锢人,思所以变之。既,尽发家藏书读之,不足,则钞之同里世学楼钮氏、澹生堂祁氏,南中则千顷堂黄氏、绛云楼钱氏,且建续钞堂于南雷,以承东发之绪”(《清史稿》卷四百八十)。崇祯十一年(1638),联合一百四十人公布《南都防乱公揭》,抨击魏党余孽阮大铖的祸国殃民之罪。崇祯十七年(1644)明朝灭亡,马士英、阮大铖等立福王朱由崧为帝,建立弘光政权于南京,黄宗羲遂遭迫害入狱。清顺治二年(1645),清军南下,福王政权崩溃,鲁王朱以海监国。黄宗羲招募里中子弟数百人组成“世忠营”,在余姚举兵抗清达数年之久,鲁王政权授其以监察御史兼职方之职。复国活动失败后,漂泊海上。顺治十年(1653),黄宗羲始返回故里,课徒授业,著述以终,接连拒绝康熙帝两次征召及主持明史修纂之邀,至死不仕清廷。

黄宗羲幼年从学于其父,后尊父命师从刘宗周。他多才博

学，于经史、天文、地理、算术、律历、释道、诗文无不涉猎，而史学尤精。黄宗羲与顾炎武、王夫之并称为“明末清初三大家”，与弟黄宗炎、黄宗会号称“浙东三黄”，又与顾炎武、方以智、王夫之、朱舜水并称为“清初五大师”。黄宗羲著述五十多种、三百余卷，主要作品有《明儒学案》《宋元学案》《明夷待访录》《孟子师说》《葬制或问》《破邪论》《思旧录》《易学象数论》《明文海》《行朝录》《今水经》《大统历推法》《四明山志》等。亲自编定《南雷文案》，后删订为《南雷文定》《文约》等。其中，《易学象数论》从《周易》文本出发，对汉代象数易学和宋代的图书之学进行了详尽考辨和深刻检讨，“一一疏通”后认定其“非经文所有”，“于《易》本了无干涉”，而赞王弼、程颐之易学“理到语精”，“有廓清之功”，故以“摘发传注之讹，复还经文之旧”为志①。四库馆臣概括该书内容称：“前三卷论河图、洛书、先天方位、纳甲、纳音、月建、卦气、卦变、互卦、筮法、占法，而附以所著之原象为内篇，皆象也。后三卷论《太玄》《乾凿度》《元苞》《潜虚》《洞极》《洪范》数、《皇极》数以及六壬、太乙、遁甲为外篇，皆数也。大旨谓圣人以象示人，有八卦之象、六爻之象、象形之象、爻位之象、反对之象、方位之象、互体之象，七者备而象穷矣。后儒之为伪象者，纳甲也，动爻也，卦变也，先天也，四者杂而七者晦矣。”（《四库全书总目》卷六《易学象数论》）

一、论图书之学

黄宗羲根据《系辞》“仰观俯察”一段，断定河图、洛书皆古代地

① 〔清〕黄宗羲：《易学象数论自序》，见〔清〕黄宗羲撰，郑万耕点校：《易学象数论（外二种）》，中华书局2010年版，第11～12页。本章所引黄宗羲原文皆出自该书，不再逐一注明。

理图。他说:"'天垂象,见吉凶,圣人象之'者,仰观于天也。'河出图,洛出书,圣人则之'者,俯察于地也。谓之'图'者,山川险易、南北高深,如后世之图经是也;谓之'书'者,风土刚柔、户口扼塞,如夏之禹贡、周之职方是也;谓之'河、洛'者,河、洛为天下之中,凡四方所上图书,皆以'河、洛'系其名也。"他指出,汉儒从未称天地十数和九宫数为河图、洛书:"孔安国、刘歆皆以八卦为河图,《洪范》本文为洛书。郑玄依纬书则云:'河图有九篇,洛书有六篇。'自唐以前皆祖其说,而无有异同。"一六、二七、三八、四九、五十分居五方之说,扬雄、《乾坤凿度》、虞翻、《黄帝内经》"皆以为天地之数,初未尝以此为河图也",戴九履一之图,《乾凿度》、张衡、魏伯阳"皆以为九宫之数,初未尝以此为洛书也"。"至宋而方士牵强扭合,儒者又从缘饰以为授受之秘,而汉、唐以来之议论一切抹煞矣。"

在此基础上,黄宗羲对宋代以来的图书之学展开了全面批判。首先,他分析了宋儒关于图书的分歧。刘牧、李觏、张行成、朱震等人主张河九洛十,朱熹、蔡元定则主张河十洛九。朱熹提供了两点论据:其一,证之邵子"盖圆者河图之数,方者洛书之文";其二,证之关子明"河图之文,七前六后,八左九右。洛书之文,九前一后,三左七右,四前左二前右,八后左六后右"。黄宗羲则引魏了翁之说,断定邵氏方圆之象非指九十之数。若以象观之,九为圆、十为方。"偶者为方为阴,奇者为圆为阳,十偶而九奇",故朱子的第一项论据不能成立;第二点理由同样不足为据,"关子明伪书也,不可为证"。或云"关氏之书者非伪,后人之托夫关氏也",且《大戴礼记·明堂》有"二九四七五三六一八",郑玄注云"法龟文也"。黄宗羲考之《艺文志》曰:"郑玄注《小戴礼》,未尝注《大戴礼》。""郑氏明言'河图九篇''洛书六篇',岂又以九宫为洛书,自背其说哉!"综上可知,"在宋以前,二数未尝有图、书之名,安得谓此九彼十?"

再者,黄宗羲分析了天地数与河洛数的异同:"就二数通之于

易，则十者有天一至地十之系可据，九者并无明文。此朱子争十为河图之意长于长民也。”他认为，天地之数见于《系辞》，为《易》所固有。至于五行生成数及其方位，则与《易》无涉。“自一至十之数，《易》之所有也；自一至十之方位，《易》之所无也。一三五七九之合于天，二四六八十之合于地，《易》之所有也；一六合，二七合，三八合，四九合，五十合，《易》之所无也。天地之数，《易》之所有也；水火木金土之生成，《易》之所无也。”“知天一至地十之数，于五行无与矣。是故言五行天生地成可也，言地生天成不可也；言奇数属天偶数属地可也，言某行属奇数某行属偶数不可也。”

其次，黄宗羲辨析了河洛数与八卦的关系。在易学史上，唐代崔憬首以天地之数配卦，即天三配艮、天五配坎、天七配震、天九配乾、地二配兑、地十配离、地八配巽、地六配坤，一四无配而虚之。北宋刘牧则以河图四十五数释八卦方位：“五行成数者，水数六、金数九、火数七、木数八也。水居坎而生乾，金居兑而生坤，火居离而生巽，木居震而生艮，已居四正而生乾坤艮巽，共成八卦也。”①意谓天地之数一二三四各加五而为六七八九四象，水六为坎居北、金九为兑居西、火七为离居南、木八为震居东，尔后六九七八各减三而得三画之乾、六画之坤、四画之巽、五画之艮且分居四隅；南宋朱熹则言河图虚中五、十为太极，奇数二十、偶数二十为两仪，一二三四变为六七八九为四象，析四方之合为乾坤离、补四隅之空为兑震巽艮为八卦。对上述三家所言，黄宗羲逐一予以批评：“同此一数而三家所指不同。如此配卦之论，始于崔憬。憬但言其数，不言其位。乾、坤、震、巽数有可据，其附会者，坎、离、艮、兑耳。长民兼位数而言，六为水而坎属之，七为火而离属之，八为木而震属之，九为

---

① 〔宋〕刘牧：《易数钩隐图》，《文渊阁四库全书》第 8 册，台湾商务印书馆 1986 年版。

金而兑属之。以四卦之五行迁就其位数,未为不可,至于乾、坤、艮、巽则不可通矣。朱子主先天之说,以乾南坤北者,伏羲之卦位也;离南坎北者,文王之卦位也。河图出于宓戏,其时尚无离南坎北之位,硬以乾南坤北配之,则更无一合者矣。"

最后,黄宗羲还批评了张理对《龙图序》的误读。《龙图序》见于《宋文鉴》,相传为陈抟所作,有河图十数之论。"朱子辨刘牧九为河图之非,不取此为证者,以其为假书也。"元人张理则以"三陈九德"比附之,遂有龙图三变之说。第一变是龙图天地未合之数,即天数二十五、地数三十两图。第二变是龙图天地已合之位。天数图变为一居上、二居下、三居右、四居左、五居中,地数图变为一五居下、二五居上、三五居左、四五居右、五五居中。① 第三变是龙图天地生成之数,天数图左旋后与地数图合而为一即成十数河图。黄宗羲认为,张理的上述推演有明显的错误:"张理注以第一图为'未合之位',第二图为'已合之位',盖不知序言'后既合也'为第三图。又以'天一居上为道之宗'一语误解在南为上,于是第二图上位置一于南、置二于北、置四于东、置三于西。以之合于下位,则二六居下,一七居上,四八居左,三九居右,不可通矣。"按照黄宗羲的理解,《龙图序》第一变是龙图天地未合之数,此与张理无异。第二变是五行生成图,即五行生数一居下、二居上、三居左、四居右、五居中,五行成数六居下、七居上、八居左、九居右,此与张理不同。第三图是将二变两图合为河图,"已合之位即今之所谓河图是也。自未合至已合,其图有三,亦犹九卦之三陈也"。

值得注意的是,尽管黄宗羲指责河图、洛书出于宋人伪造,非《易》所本有,"《序》之为说固不能无疑,谓河出未合之图,'伏羲合

① 林忠军:《象数易学发展史》第二卷,齐鲁书社1998年版,第523~524页。

而用之’,是伏羲画卦又画图矣”,“既以其数托之于《易》,又与《易》背,宜乎?朱子以为假也”,但对图书之学仍有一定程度的保留。例如,他在解释《龙图序》时承认河图为伏羲画卦的依据,并试图澄清后人误读,“正之以复希夷之旧”。

二、论先天图

黄宗羲对先天图的看法与毛奇龄有相同之处,亦有所补充,大体可归纳为如下几点:

第一,邵雍所谓老少阴阳四象与《系辞》“阳卦多阴,阴卦多阳”之说矛盾,乾一、兑二、离三、震四、巽五、坎六、艮七、坤八的次序亦与《说卦》不符:“康节均二卦为一象,乾、离、坎、坤于四象之位得矣;兑之为老阳,震之为少阴,巽之为少阳,艮之为老阴,无乃杂而越乎?《易》言‘阳卦多阴,阴卦多阳’,震、艮之为阳卦,巽、兑之为阴卦,可无疑矣。反而置之,明背经文,而学者不以为非,何也?至于八卦次序,乾、坤、震、巽、坎、离、艮、兑,其在《说卦》者,亦可据矣。而易为乾一、兑二、离三、震四、巽五、坎六、艮七、坤八,以缘饰图之左阴右阳,学者信经文乎?信传注乎?”

第二,“加一倍法”是对《系辞》“易有太极,是生两仪,两仪生四象,四象生八卦”的误读。依黄宗羲之见,太极生两仪是指一阴一阳。六十四卦三百八十四爻,阴阳各一百九十二,此即一阴一阳。“以三百八十四画为两仪,非以两画为两仪也”;两仪生四象,是指由阴阳构成的三画卦分为老阳、老阴、少阳、少阴,“乾为老阳,坤为老阴,震、坎、艮为少阳,巽、离、兑为少阴”,“三画八卦,即四象也”。黄宗羲证之曰:“今观《彖传》,必发明二卦之德,则象之为三画八卦明矣。是故四象之中,以一卦为一象者,乾、坤是也;以三卦为一象者,震、坎、艮与巽、离、兑是也。”按照黄宗羲的理解,太极、

两仪、四象、八卦的表现形式虽有不同,但实为一有机整体。八卦可分为两仪、四象,通过两仪、四象而表现;两仪、四象则是八卦的两仪、四象,没有八卦就没有两仪、四象。“由是言之,太极、两仪、四象、八卦,因全体而见。盖细推八卦之中,皆有两仪四象之理,而两仪四象初不画于卦之外也。”而《系辞》此段的“生”字,实为生生不息之意。“其言生者,即‘生生谓易’之生,非次第而生之谓。”邵雍以“加一倍法”解之,遂距《易传》不啻天渊。“康节加一倍之法,从此章而得,实非此章之旨。又何待生十六生三十二而后出经文之外也。”邵雍自谓“补羲皇之阙,亦谓之先天”,殊不知其误即在于此。《系辞》“观象制器”章说明伏羲时已有六十四卦,“‘仓牺氏始作八卦’,其下文自《益》至《夬》所取之十卦,已在其中,则八卦之该六十四亦明”。邵雍“不知此章于六十四卦已自全俱,补之反为重出”。事实上,《系辞》“因而重之”绝非此意,“生十六、生三十二、生六十四,是积累而后成者,岂可谓之重乎!”故“据《易》之生两生四生八,而后知横图之非也”。

第三,先天八卦方位与《说卦》不合。黄宗羲认为,《说卦》“帝出乎震”一节明言八卦方位,下文“动万物者莫疾乎雷,挠万物者莫疾乎风,燥万物者莫熯乎火,说万物者莫说乎泽,润万物者莫润乎水,终万物始万物者莫盛乎艮”一段亦可证离南坎北,而非离东坎西。由此可见,黄宗羲深信后天方位为《易》之本意,画卦时既已有之,并非始于文王。“离南坎北之位见于经文,而卦爻所指之方亦与之相合,是亦可以无疑矣。盖画卦之时,即有此方位。《易》不始于文王,则方位亦不始于文王,故不当云‘文王八卦方位’也。乃康节必欲言文王因先天乾南坤北之位改而为此。”至于“天地定位”一节,则与先天方位无关。所谓“天地定位”,是指天居于上、地位于下;“山泽通气”,是指山泽相资而通气;“雷风相薄”,是说震正东、巽东南,方位相近而合,故有相薄之意,“远之则不能薄矣”;“水火

不相射”，是说南方炎、北方寒，冬冷夏热。邵雍不明乎此，而据《说卦》“天地定位”一节作先天八卦方位图，其谬可想而知。“夫卦之方位，已见‘帝出乎震’一章。康节舍其明明可据者，而于未尝言方位者重出之，以为先天，是谓非所据而据焉。”基于此，黄宗羲回答了朱熹关于后天八卦方位图的疑惑：“凡此数说，有何不可晓。巽当春夏之交，万物毕出，故谓之齐。观北地少雨，得风则生气郁然可验也。夏秋之交，土之所位，故坤位之，非言地也。若如此致难，则先天方位巽在西南，何不疑东北无风耶？其余七卦莫不皆然。乾主立冬以后、冬至以前，故阴阳相薄。观《说卦》，乾之为寒为冰，非西北何以置之！万物告成于秋，如何不说。朱子注‘元亨利贞’之‘利’曰：‘利者，生物之遂，物各得宜，不相妨害。于时为秋，于人为义，而得其分之和。’非说乎？顾未尝以肃杀为嫌也。然则朱子所以致疑者，由先天之说先入于中，故曰‘主张太过’也。……夫气化周流不息，无时不用。若以时过为不用，则春秋不用者子午，冬夏不用者卯酉，安在四正之皆为用位也？必以西南、西北为不用之位，则夏秋之交、秋冬之交，气化岂其或息乎？康节又曰：‘乾、坤纵而六子横，易之本也；震、兑横而六卦纵，易之用也。’由前之说，则后自坎、离以外皆横也；由后之说，则前自坎、离以外皆纵也。图同而说异，不自知其迁就与？是故离南坎北之位，本无可疑，自康节以为‘从先天改出，牵前曳后’，始不胜其支离。朱子求其所以改之之故而不可得，遂至不信经文，吁可怪也。”

此外，黄宗羲还根据朱震所载图书传承推断邵雍之图本于陈抟，故“凡先天四图，其说非尽出自邵子也”。“天根月窟”说则是道教性命双修之学，与《易》无涉：“盖康节之意，所谓天根者，性也；所谓月窟者，命也。性命双修，老氏之学。其理为《易》所无，故其数与《易》无与也。”

三、论易象

黄宗羲基于义理易学立场，在清算宋图书之学的同时，也对汉代象数学的种种体例进行了评析。

（一）月体纳甲乱其序，于五行不符

对于魏伯阳和虞翻的月体纳甲说，易学史上褒贬不一。朱震据虞氏易作纳甲图，并把纳甲列为取象五法之一。项安世、丁易东、吴澄等人亦取之注经。与此相反，王弼、程颐等人不谈纳甲。朱熹虽称纳甲不可诋毁，却并不以《易》例视之。俞琰也认为纳甲与经文不符，"惟术家用之，于《易》无预焉"①。

黄宗羲在详细考察了纳甲说的渊源之后，重点引证了宋人赵汝楳和元人朱升的观点。赵汝楳曰："昼夜有长短，昼短日没于申，则月合于申望于寅。昼长则日没于戌，则月合于戌望于辰。十二月间，三日之月未必昼见庚，十五日之月未必昼见甲。合朔有先后，则上下弦未必尽在八日、二十三日，望晦未必尽在十五日、三十日。震、巽位于西，兑、艮位于南，乾、坤位于东，与《大传》之卦易位。兑画阳过阴，艮画阴过阳，不能均平，与上下弦月体相符。"朱升曰："以乾三画纯阳为望，以坤三画纯阴为晦，其明魄消长当以五夜当一画。则震当为初五夜之月，而非生明；兑当为初十夜之月，而非上弦。望后巽、艮亦然。此月之明魄与画卦不类也。地之方位，甲庚相对，既以望夕之月为乾而出甲，则初生之月不见于庚矣，上下弦之昏旦，同见于南方之中，亦初无上弦见丁、下弦见丙之异

① 〔宋〕俞琰：《读易举要》卷三，《文渊阁四库全书》第21册，台湾商务印书馆1986年版。

也。况月之行天，一岁十二月，其昏旦出见之地，夜夜推移，无定位可指，来月所纳之甲，非今月所纳之甲矣。”概言之，赵汝楳、朱升的批判主要有三方面：其一，因乎昼夜长短不同，各月月体位置不固定，与纳甲方位不符；其二，兑艮卦画阴阳不均，与上下弦月相不符；其三，乾坤凡六画，平分每月三十日，则每爻主五夜，震应为初五，兑应为初十，巽应为二十，艮应为二十五，此与纳甲不同。

黄宗羲进一步从天干与卦爻顺序、五行属性等方面批驳了月体纳甲说。他说：“以为坎为月，则月者八卦中之一也。八卦纳甲而专属之月可乎？同此八卦，或取象于昏，或取象于旦，亦非自然之法象也。故沈存中不主月象，谓是‘天地胎育之理，乾纳甲壬，坤纳乙癸者，上下包之也。六子包于腹中，其次第震、巽宜纳丙丁，艮、兑宜纳庚辛。今反是者，卦自下生，先初爻，次中爻，末上爻，是以长下而少上也’某又不然。甲乙至壬癸，乃先后之次第，非上下之次第也。震、巽庚辛，艮、兑丙丁，是乱其先后矣，不得以爻为解。以方位言之，乾金坤土震木巽木坎水离火艮土兑金，在《说卦》可证。今乾纳甲壬，坤纳乙癸，其为木耶水耶？震、巽之为金，坎、离之为土，艮、兑之为火，将安所适从耶？若置之不论，则又无庸于纳也。”这是说，天干次序是甲乙丙丁戊己庚辛壬癸，八卦次序则是乾坤父母、震巽长男长女、坎离中男中女、艮兑少男少女，二者不能相合。从五行属性看，天干甲乙木、丙丁火、戊己土、庚辛金、壬癸水，而乾纳甲壬、坤纳乙癸、震纳庚、巽纳辛、坎纳戊、离纳己、艮纳丙、兑纳丁，其五行亦相悖。

黄宗羲还对纳甲筮法提出了质疑。在他看来，纳甲筮法配入天干却不用之，是轻重倒置：“然观其所用五行，惟十二辰，而十干无与焉。卦为体，爻为用，干为主，辰为客。有用而无体，舍主而用客，则是失轻重之伦也。假如生在卦，克在爻，自当去爻而从卦，干则凶，支则吉，岂得昧大而见小。纳甲之说，将古有其名而无其实

与？抑传之者失其真与？不然，乾初爻止当云子为水，不必配为甲子；坤初爻止当云未为土，不必配为乙未。既配以甲乙，自当用其五行矣。”（《纳甲二》）且纳甲筮法将八纯卦之四十八爻纳入天干地支，然后以八卦为基础装卦，相较六十一甲子数缺少十二干支。“今以四十八爻而纳六十甲，所余之十二甲将焉置之。岂卦不足以包五行耶？”

（二）卦气非伏羲文王所创，“于象于名两无当”

卦气说是汉代乃至后世易学家把握天道、解说《周易》的重要方法，其实质是一种自然哲学。黄宗羲对西汉孟喜和《易纬》的卦气说进行了简要说明：“以坎、震、离、兑主二十四气，其余六十卦起自中孚。卦有六爻，爻主一日，凡主三百六十日，余五日四分日之一。每日分为八十分，五日得四百分，四分日之一得二十分，积四百二十分。均于六十卦，六七四十二，每卦得六日七分。又于六十卦之中，别置复、临、泰、大壮、夬、乾、姤、遁、否、观、剥、坤十二以为辟卦，每爻各主一候。自复至乾为息卦，曰太阳；自姤至坤为消卦，曰太阴。息卦所属者曰少阳，消卦所属者曰少阴。”

在此基础上，他以孔颖达《正义》为例，说明卦气与历法不合，“于象于名两无当”。如《彖·复》“反复其道，七日来复”孔疏曰：“剥卦阳气之尽，在于九月之末。十月纯坤用事，坤卦之尽则复卦阳来。坤卦有六日七分，举成数故言七日。”王昭素曾驳之曰：“坤卦之尽，复卦阳来，则十月之节终，一阳便来，不得到冬至之日矣。据其节终尚去冬至十五日，则卦之七日之义，难用《易纬》之数。”对此，黄宗羲分析道：“某以为昭素驳之是矣。然昭素未悉卦气之法，不能针其痼疾也。以十二辟卦言之，剥之至复，所隔惟坤六爻，其一爻当一候，一候得五日五分六分分之五，六爻得三十日三十五分，非七日也。以六十卦言之，一卦六日七分，剥之至复，中隔艮、

既济、噬嗑、大过、坤、未济、蹇、颐、中孚九卦，计五十四日六十三分，非一卦也。孔氏牵合两者，故其说不能合《易》之‘七日来复’。取卦之反易为义，反剥为复，所历七爻，以一日为一爻，故曰‘反复其道’，反复即反覆也，与卦气何与？即使孔氏之疏能合卦气，则《易》之辞无乃为卦气图说乎？为卦气之法者，宓戏耶？文王耶？先儒之议卦气者，谓冬至不起于中孚，而起于复。中孚为大雪之终，气至冬至而始尽，故系于冬至之下。中孚之于冬至，于象于名两无当也。然观《太玄》之辞曰：‘阳气藏于黄宫，信无不在其中。’则中孚之直冬至者，顾以其名耳。《太玄》之释卦序，自辟卦之外，无不以其名为义也。又何独疑于中孚乎？所谓六日七分者，六日既尽，七分便为来日之始，非必取足八十分，而自为一日也。赵汝楳乃以余算归之一卦，于是有一卦直七日者，失其意矣。叶氏则以七分为之气盈，六十卦余五日二十分，若积余以置闰者，是一卦直六日，且并焦、京之学失其传也。”

黄宗羲进一步分析了易学史上有孟喜六日七分、焦延寿卦主一日、京房卦主六月、魏伯阳《周易参同契》两卦直一日、邵雍先天卦气、史绳祖卦气起中孚、张理方图卦气等种种卦气理论的原因。他说：“诸家之不同如此，盖初无一定之理，各以意之所见为之。是故六日七分之外，有一卦直一日者，有两卦直一日者，一爻直一日者，四爻三分强直一日者。总卦与日之大数，而后分配其小数，或多或少，不顾其果否如是也。”事实上，《周易》卦序本无时序节气之意，汉宋卦气诸说皆属无中生有，因而无所谓是非优劣。“其卦之排比，惟序卦可据，序卦之义，于时日不可强通。故汉儒别求其义于卦名，而有中孚之起。然扬雄氏所传之卦义，未免穿凿附会，未尝为《易》之笃论也。宋儒始一变其说，以奇偶之升降消长为言，而于经文四时可据之方位，一切反之。然则宋儒之画、汉儒之义，犹二五之为十也。孰分其优劣哉！”

(三)卦变“以反对为义”,“非以此卦生彼卦”

一般说来,卦变是指一卦中阴阳两爻互易而使一卦变为另一卦的学说。在此问题上,黄宗羲不赞同汉儒以卦变升降解释《彖传》“往来”“上下”的做法,而是吸收了朱震、来知德的思想,以“反对”即“综卦”定义“卦变”。换言之,如《无妄》《大畜》互变、《丰》与《旅》互变,即卦变。他说:

> 卦变之说,由《泰》《否》二卦彖辞“小往大来”“大往小来”而见之,而夫子《彖传》所以发明卦义者,于是为多,顾《易》中一大节目也。上经三十卦,反对之为十二卦,下经三十四卦,反对之为十六卦。乾、坤、颐、大过、坎、离、中孚、小过不可反对,则反其奇偶以相配,卦之体两相反爻亦随卦而变。顾有于此则吉,于彼则凶,于彼则当位,于此则不当位。从反对中明此往来倚伏之理,所谓两端之执也。行有无妄之守,反有天衢之用;时有丰亨之遇,反有羁旅之凶,是之谓卦变。非以此卦生彼卦也,又非以此爻换彼爻也。

《周易》上经三十卦中,乾、坤、颐、大过、坎、离六卦反对仍为自身,即虞翻谓“反覆不衰”,其余二十四卦为十二组反对卦。下经三十四卦中,中孚、小过两卦不可反对,其余三十二卦则为十六组反对卦。但黄宗羲认为,从阴变阳、阳变阴即阴阳互变的角度看,六爻阴阳相反的旁通两卦亦涵具反对之意,故“反覆不衰”之卦虽为“反对之穷”,“而反其奇偶以配之,又未尝不暗相反对于其间”。并且,因同一爻在反对两卦中居位有所不同,故在此卦当位则吉,在彼卦不当位则凶。

据此,黄宗羲考察了易学史上的卦变说。“古之言卦变者,莫

备于虞仲翔，后人不过踵事增华耳。”于是，他以一阴一阳、二阴二阳、三阴三阳、四阴四阳之卦为纲目，详细分析了虞氏卦变的规则与变例：

> 一阴一阳之卦各六，皆自复、姤而变；二阴二阳之卦各九，皆自临、遁而变；三阴三阳之卦各十，皆自否、泰而变；四阴四阳之卦各九，皆自大壮、观而变。中孚、小过为变例之卦，乾、坤为生卦之原，皆不在数中。其法以两爻相易主变之卦，动者止一爻。四阴四阳即二阴二阳之卦也。其变不收于临、遁之下者，以用临、遁生卦，则主变者须二爻皆动，而后余卦可尽，不得不别起观、壮。有四阴四阳，而不用五阴五阳之夬、剥者，以五阴五阳之卦已尽于姤、复，无所俟乎此也。中孚、小过为变例之卦，何也？中孚从二阴之卦，则遁之二阴皆易位；从四阳之卦，则大壮三四一时俱上。小过从二阳之卦，则临之二阳皆易位；从四阴之卦，则观三四一时俱上。所谓主变之卦以一爻升降者，至此而穷，故变例也。犹反对之卦，至乾、坤、坎、离、颐、大过、中孚、小过而亦穷也。虞氏之卦变脉络分明如此。

黄宗羲指出，虞翻卦变见于“所著《周易注》《周易集林》，今既不传，其见于李鼎祚《易解》中者，语焉不详”。宋人朱震所定虞氏卦变前后抵牾，“遂有此然彼否之异。无怪赵汝楳谓其‘错杂无统’也”。不过，虞氏卦变本身确有缺陷。其一，“四阴四阳与二阴二阳毕竟相错，不能不有重出之卦。此八卦者（重于大壮者为大过、鼎、革、离，重于观者为颐、屯、蒙、坎），其主变属之临、遁乎？属之大壮、观乎？抑兼属之乎？其说有时而穷也”。其二，“以《彖传》证之，如无妄之刚自外来（遁之初三相易，皆在内卦，非外来也），晋之

‘柔进上行’（观之四五相易皆在上卦），睽之‘柔进上行’（大壮三上相易，柔为下行），蹇‘往得中’（观三上相易，不为得中），皆不能合，此虞氏之短也”。

黄宗羲对北宋李之才的卦变图亦有评论。在他看来，其《变卦反对图》“可谓独得其真”，《六十四卦相生图》以五阴一阳、五阳一阴、四阴二阳、四阳二阴、三阴三阳、三阳三阴为纲，也在一定程度上克服了虞氏卦变的问题，“可以无虞氏重出之失矣”，但毕竟“择焉而不精也”。原因在于，“临、遁自第二变以后，主变之卦两爻皆动，在《彖传》亦莫知适从，又不如虞氏动以一爻之有定法也”。至于苏轼、程颐的乾坤卦变说，“非创论也”，实由荀爽、蜀才之说而来。如蜀才多言“此本乾卦”“此本坤卦”，荀爽则言“《谦》是乾来之《坤》”。然而，此种卦变说于“三阴三阳之卦，此往彼来，显然可见。其他则来者不知何来，往者不知何往，如《无妄》‘刚自外来’，外卦之乾未尝损一刚也，而云‘自外而来’，不已背乎？”朱熹曾说：“程子专以乾、坤言卦变，然只是上下两体皆变者可通，若只一体变者，则不通。”黄宗羲认为，朱子所言“盖已深中其病矣”，“然较之虞氏而下凿空为说者，某以为独优也”。

黄宗羲重点批判了朱熹的卦变图。首先，《周易本义》曾用卦变体例解说讼、随、蛊、噬嗑、贲、无妄、晋、睽、蹇、解、升、渐、涣等十九卦。黄宗羲认为，六十四卦皆言变，“证之《彖辞》，亦非止十九卦也”。“朱子自言其卦变也”，未能领会到卦变的本意即“反对”。事实上，“朱子所谓‘十九卦之《彖辞》，皆以反对为义’者也”，“朱子十九卦以外，亦皆反对为义者也”。这就注定了《本义》卦变必有牵强难通处：“《易》之上下往来，皆以一爻升降为言，既有重出，则每卦必有二来，从其一则必舍其一。以《彖传》附会之，有一合必有一不合。就其所谓一来者，尚有两爻俱动，并其二来，则动者四爻矣。”再者，朱熹卦变重复繁琐。“朱子卦变图：‘一阴一阳之卦各

六，来自复、姤；二阴二阳之卦各十有五，来自临、遁；三阴三阳之卦各二十，来自否、泰；四阴四阳之卦各十有五，来自大壮、观；五阴五阳之卦各六，来自夬、剥。’一阴一阳与五阴五阳相重出，二阴二阳与四阴四阳相重出，泰与否相重出。除乾、坤之外，其为卦百二十有四，盖已不胜其烦矣。”最后，卦变图与《易》辞注文前后矛盾。卦变图有主变之卦，注经时却弃而不用，有一卦自一卦变，有一卦自多卦变。“朱子虽为此图，亦自知其决不可用。所释十九卦《彖辞》，尽舍主变之卦，以两爻相比者互换为变。讼则自遁（二三相换），泰则自归妹（三四互换），否则自渐（三四互换），随则自困（初二相换）、自噬嗑（五上相换）、自未济（初与二、五与上相换），蛊则自贲（初二相换）、自井（五上相换）、自既济（初与二、五与上相换），噬嗑则自益（四五相换），贲则自损（二三相换）、自既济（五上相换），无妄则自讼（初二相换），大畜则自需（五上相换），咸则自旅（五上相换），恒则自丰（初二相换），晋则自观（四五相换），睽则自离（二三相换）、自中孚（四五相换）、自家人（二与三、四与五相换），蹇则自小过（四与五相换），解则自升，升则自解（皆三四相换），鼎则自巽（四五相换），渐则自涣（二三相换）、自旅（四五相换），涣则自渐（二三相换）。凡十九卦，而主变者二十有七，或来自一卦，或来自两卦三卦，多寡不伦，绝无义例。”并且，“此十九卦中，朱子之所举者亦有未尽”。如讼自无妄、自巽，随自既济，蛊自未济，噬嗑自未济、自贲、自随，贲自蛊、自噬嗑，无妄自家人，大畜自睽，咸自困，恒自井，晋自艮、自萃，睽自大畜、自兑，蹇自坎、自萃、自艮，解自震、自小过、自坎，升自明夷，鼎自离、自大过，渐自否，涣自益、自未济。“其可以附会《彖辞》者，从而取之，其不可以附会《彖辞》者从而置之。朱子云‘某之说却觉得有自然气象’者，安在也？”“《易》所谓往来上下者，自内之外谓往，自外之内谓来；上者，上卦也；下者，下卦也。今两爻互换，同在内卦而谓之往，同在外卦

而谓之来，同在上卦而曰下，同在下卦而曰上，即欲附会之，而有所不能矣。是朱子之卦变，两者俱为无当。宜乎，其说之不能归一也。”

此外，黄宗羲还批评朱升“一阳在内体自复变，凡二卦；一阳在外体自剥变，凡二卦；二阳在内体自临变，凡二卦；二阳在外体自观变，凡二卦；二阳在内体、一阳在外体自泰变，凡二卦；一阴在内体自姤变，凡二卦；一阴在外体自夬变，凡二卦；二阴在内体自遁变，凡二卦；二阴在外体自大壮变，凡二卦；二阴在内体、一阴在外体自否变，凡九卦；……十辟卦所变者，以一爻升降；其自六子卦所变者，以两爻升降；自三阴三阳而外，主变之卦多，所生之卦少”的卦变理论“头绪纷纭”，不可信从。来知德则“以反对者为综，奇偶相反者为错”，于乾、坤、颐、大过、坎、离、中孚、小过之外“取反对者，而亦复错之”，乃“不知奇偶相反之中暗寓反对，非别出一义也”。

（四）互体相传必有自，证之经文，不可以臆弃

黄宗羲认为，互体见于春秋时期，可以经文证之，不应轻易否定。“夫春秋之说经者，去圣人未远，其相传必有自。苟非证之经文，而见其违背，未尝可以臆弃矣。”换言之，互体为《易》所固有，以此解《易》顺理成章。如《师》二三四互震，震为长子，故云“长子”。《蹇》二三四互坎，外卦亦坎，坎为险，故言“重险”。“苟非互体，终不可通。象之无虚设亦明矣。”因此，他批评王弼“不知《易》中之象无一字虚设，牛马既为乾、坤之物，则有牛马必有乾、坤。求之二体而无者，求之互体而有矣。若弃互体，是圣人有虚设之象也”。或云：“《遁》无坤，六二称牛；《明夷》无乾，六二称马。以互体求之，亦无乾、坤，诚如辅嗣有虚设之牛马也。”他解释道：“《遁》之称牛以艮，艮刚在上犹牛革在外，称牛革不称牛也。《明夷》之称马，以互体之坎，坎于马为美脊，为亟心，马之壮者也。”

黄宗羲还对易学史上的互体说进行了全面考察。如南宋朱震解《易》取一卦互体两卦,两互卦又各伏一卦。林栗据其“六画之卦为太极,上下二体为两仪,合二互体为四象,又颠倒看二体及互体,通为八卦”的思想作《包体图》。戴师愈认为,一卦“有正有伏,有互有参”。本卦为“正卦”,正卦阴阳互变为“伏卦”,二三四、三四五为“互卦”,互体构成别卦为“参卦”。“如《需》卦,乾下坎上是正;乾变为坤,坎变为离是伏;自二至四为兑,自三至五为离是互;互体兑下离上为《睽》是参;本卦是《需》,凡八卦也。”元代吴澄作先天互体图,相邻两卦互出一卦,则六十四卦互出三十二卦。因先天图左方三十二卦所互十六卦与右方三十二卦所互十六卦相同,故三十二实为十六卦。同理,左右互体三十二卦又各互出十六卦,且左八卦与右八卦相同,故十六卦实为八卦。此八卦中去其重复,则为乾、坤、既济、未济四卦,即所谓“以先天圆图互体立卦,左右各二卦互一卦,六十四卦互成十六卦,又以十六卦互之,成四卦而止”。黄宗羲强调,尽管上述诸家“伪说滋蔓,互卦之稂莠也”,但“若因此而并去互卦,无乃惩噎而废食乎!”

需要特别指出的是,黄宗羲在梳理考辨了易学史上的种种取象体例之后,确立了《周易》的七种正象:“圣人以象示人,有八卦之象、六画之象、象形之象、爻位之象、反对之象、方位之象、互体之象,七者而象穷矣。”除此之外的其他易象皆属伪象。“后儒之为伪象者,纳甲也,动爻也,卦变也,先天也。四者杂而七者晦矣。吾观圣人之《系辞》,六爻必有总象以为之纲纪,而后一爻有一爻之分象,以为之脉络。学《易》者详分象而略总象,则象先之旨亦晦矣。刘长民《钩深索隐图》每谈总象,又杂四者而为言,以是不免穿凿附会之病。羲故别著之以为象学。”基于这一识见,黄宗羲对《周易》六十四卦卦象进行了详细解说,且对天文、历法、农学、生活、礼仪、家庭等内容多有涉及。

综上可见，黄宗羲对待汉宋易象的态度有所不同。总体而言，他对汉儒比较宽容，虽然否定纳甲、卦气，但承认互体，亦部分肯定了虞翻卦变说的贡献。其批判的重点在于宋儒象学，尤其是朱熹易学。这种扬汉抑宋的倾向无疑对清代汉易的复兴起到了一定程度的影响。但另一方面，黄宗羲的象学研究，本意是从事实出发，以考辨方法达到正本清源的目的，故其与乾嘉易学又存在本质的不同，并对认识、纠正汉易之偏失不无裨益。

四、论蓍数占法

由于《系辞》“大衍”章的记载比较简略，大衍筮法的具体细节历来存在争议。对此，黄宗羲详细表达了自己的看法：五十策蓍草用四十九策，信手中分以象两仪。从左或右（孔颖达取左，朱熹取右）中随取一策置于案上，以象三才，①不必置于手指之间。揲之以四以象四时，先取左手之策，“四数之余，不一则二，不三则四，谓之残奇”。扐是指间扐物之处，归此残奇于扐，以象闰月。闰者，月之余日。奇者，揲之余策。次取右手之策，四四数之，与前之正策合并。其余策左三则右一、左二则右二、左一则右三、左四则右四，亦归之于扐，是为再扐，犹再闰也。四十八策分两，除了残奇，每手正策大约以二十为率，四策一岁，则二十策为五岁也，故象五岁再闰。“非必真如五岁之中有两闰，以齐气朔也”。此为第一变。后二变重复前一变，即“别置余策，取见存正策”，挂一、分二、揲四、归奇。三变之后，正策或三十六、或三十二、或二十八、或二十四。以四除之，得九则为老阳，得六则为老阴，得七则为少阳，得八则为少阴。老变少不变，始成一爻，故十八有变成六爻。

---

① 黄宗羲言“一变凡三挂”误。

黄宗羲指出，虞翻、孔颖达、朱熹等人弃正策而用余策奇偶以定阴阳，其法虽简，“释经文者则多不合”。第一，《系辞》云“乾之策二百一十有六，坤之策百四十有四”，是说乾每爻36策、坤每爻24策。若用余策奇偶定阴阳，则与“揲四”无关，“今弃正策而就余策，是背经文也”。第二，“有于余策多少分八卦之象者。夫三变方成一爻，一爻之中，但有老少之可分。今于一爻而指其孰为乾震坎艮、孰为坤巽离兑，是六变而可以成卦矣。古人何不惮烦而为此十八变乎?”第三，成卦之法“在阴阳不在老少”，“爻之变不变在老少”，即因阴阳、老少定卦爻。

后两变是否挂一，是易学史上长期争论的问题。宋人郭雍取余策法，认为后两变不挂一对结果并无影响。朱熹则作《蓍卦考误》反对之，指出三变皆挂的结果为老阳十二、老阴四、少阴二十八、少阳二十。若不挂一，则老阳、少阴皆二十七、少阳九、老阴一，阴阳老少太过不均，故后两变皆须挂一。其他学者亦各持己见。例如，宋庄绰、张辕之法主三变皆挂一，揲左不揲右。第一揲余一、二足满五，余三、四足满九，第二、第三揲余一、二足满四，余三、四足满八。元张理从程颐、张载之说，认为后二变无须挂一。明季本怀疑《系辞》“大衍之数五十，其用四十有九”的“九”字当为“八”字之误。用四十八策分二、挂一、揲四、归奇，左一右必二、左二右必一、左三右必四、左四右必三，三变皆同。黄宗羲认为，诸家行蓍皆有问题，“庄绰之余三足九，张理之余二承六，皆不可通”，“季本则明改经文，无所依据”。他以历法知识为依据，是郭而非朱，赞同后两变不挂一的观点。具言之，大衍之数四十九，以四数为一月，则四十八为十二月，余一为四分之一月，积四岁而成一闰月。但历法中的闰月并非四分之一月即七日半所积，而是一年余十二日，五年积六十日，即五岁再闰。依此观之，合蓍为一年，三变为一挂，十八变为六挂，即所谓“十有八变，凡六挂而策道穷，十有八岁，凡六闰

而气朔齐”。以一年策数论之,乾之策二百一十六,坤之策一百四十四,乾坤之策三百六十,正合一年日数三百六十。乾坤十二爻有十二挂策,为一月之闰数,合一年余十二日。由此可证,首变挂一、后两变不挂一与历法相合。

黄宗羲进一步考察了占法。他首先列举了具有代表性的三种占法,即朱熹占法、王氏占法、丰南禺占法,并逐一加以分析。概言之,朱子占法,是一爻变以本卦变爻辞占。二爻变以本卦两变爻辞占,以上爻为主。三爻变且初爻不变者以本卦卦辞占,初爻变者以之卦卦辞占。四爻变以之卦两不变爻辞占,以下爻为主。五爻变以之卦不变爻辞占。六爻变除乾坤互变用两用辞占,皆用之卦卦辞占。王氏之法,是一爻变以本卦爻为贞、之卦爻为悔,二爻兼用。二爻变以初变爻为贞,次变爻为悔,作两节消息之。三爻变以先变为贞,后二变为悔。四爻、五爻、六爻变,皆以先变爻为贞,后变爻为悔,作四五六节消息之。六爻皆不变则占彖辞,彖辞为七八不变者设也。丰南禺占法,则是六画以内为贞、以外为悔,三画以下为贞、以上为悔,即六画决之于外卦、三画决之于上爻。如初二两爻变,则以二决之。内卦三爻皆变,则以三决之。若内三爻皆静,则外卦依内卦之例。若两变爻或三变爻分布在内外卦,皆以最上一爻决之。如二四两爻变,则决之以四、参之以二,“所谓二与四同功而异位也”。若三四五三爻变,则决之以五、参之以三,“所谓三与五同功而异位也”。若五爻变,“则以上爻决之,而参之以初”。六爻皆变,则乾坤占二用,其余占之卦贞悔。六爻皆静,则占本卦贞悔。黄宗羲认为,《周易》占变,故用九六而不用七八。朱子却用七八,“‘则以之卦不变爻占’者,失其意矣”,且“以占辞平分于爻、彖者,非矣”。至于王氏、丰氏之法,虽以变者为占,但牵强杂乱。“王氏之法,所谓‘四五六节消息’者,则亦杂而无纪。丰氏之法,所谓‘二四同功’‘三五同功’‘初上本末’者,亦强以辞入于占,不可为

例”。

进而，黄宗羲以《左传》筮例为据申明了自己的筮占观：一爻变者，“既占本卦变爻，亦占之卦对爻。盖未有有贞而无悔者”。如《左传》晋献公筮嫁伯姬，遇《归妹》之《睽》，即其例；二爻变者，以下爻为贞、上爻为悔；三爻、四爻、五爻变，皆以变末一爻为主，本卦为贞、之卦为悔。如晋筮立成公遇《乾》之《否》，三爻变曰“配而不终，君三出焉”，乾三言“终日”，否三言“包羞”，故“配而不终”。朱熹《启蒙》则以晋重耳之贞《屯》悔《豫》、司空季子占“利建侯”为据，用两卦卦辞占，“不知凡所遇之卦，不论一爻变至六爻变，彖辞无不可引用，何独以三爻变专之？”《左传》孔成子筮立君遇《屯》之《比》为一爻变，而用《屯》卦卦辞占。穆姜遇《艮》之《随》为五爻变，亦用《随》卦卦辞占。郭璞筮驴鼠遇《遁》之《蛊》，又为晋王筮遇《豫》之《睽》，皆三爻变而不用卦辞。六爻变，皆以上爻为主，两卦为贞悔；六爻不变，则以初为贞、以上为悔。

五、论其他象数

狭义的象数，专指与义理相对的易学研究方法。广义的象数，则包括与易学相关的应用之术。黄宗羲所使用的“象数”一词，即属后者。其《象学象数论》一书，对《太玄》《乾凿度》《元包》《潜虚》《洞极》《洪范皇极》等占验著作及六壬、太乙、遁甲等术数方法皆有论及。

汉代扬雄受卦气“六日七分”说之启发，整合历法、易学而撰作《太玄》。《太玄》两赞当一日，七百二十九赞当一岁三百六十四日半，但与岁实三百六十五又四分之一日相差四分之三日，故又立踦、赢二赞补之。黄宗羲指出，《太玄》之两赞一日存有误差，补之以踦、赢不仅“失所以立赞之意”，且与历法仍有不合。“今以二赞

仅寄其名,余皆浑于七百二十九赞之中,此则不可谓之合于历也。"究其根本,"六日七分"乃后起之说,非《易》之本意。扬雄法之,以《太玄》合历,失之更远。"是故子云之短,不在局历以失《玄》,在不能牵《玄》以入历也。"

黄宗羲对《易纬》多有批评。其一,《易纬》以"求所直部岁""求主岁之卦""求世轨""求厄数轨意""求五德终始"等五种占术推步历史,但与史实不能尽合。如"天元至文王受命之岁,'二百七十五万九千二百八十五岁,入戊午部。二十九年伐崇侯,作灵台,改正朔'。戊午部之岁为庚子,二十九年则戊辰也。以武王伐纣十三祀推之,时岁在己卯,则文王受命为丁卯,伐崇、改朔、乃受命后一年之事。郑康成谓'受命后五年为此',非也"。郑玄以甲寅为天元之岁,伐崇侯虎是戊午年。黄宗羲批评道:"戊午年文王尚在羑里,岂能伐崇哉?""伐崇二十八年,其为戊午部,而非戊午年,明矣。不得甲寅为天元岁首也。"其二,《易纬》轨运测验之法,以阴阳爻之得位失位论帝王之德是圣人、庸人还是君子、小人。黄宗羲认为,这种以运数定吉凶的方法"自相违背,不审于理"。自古天下未有七百余年不易其姓者,帝王治天下应"允执其中",未闻以过刚、过柔迎合卦气者,"水旱兵饥,十年内外不能不遇,而以六百年、七百年为期,是乱日少而治日多也"。由此可知,"小道可观,致远恐泥,其斯之谓与"。第三,《乾凿度》爻辰"惟乾、坤、泰、否、中孚、小过六卦不同。此是作者故为更张,自乱其义",郑玄"注言'泰卦当贞于戌,否卦当贞于亥',抑又不知所据矣"。

至于《元包》《潜虚》《洞极》《洪范数》等术数著作,皆不能无病。《元包》祖京氏八宫,"但更其次序,先阴而后阳,则《归藏》之旨也"。"其书因卦两体,诂以僻字,义实庸浅。何以用蓍而好事者为之张皇也。"司马光基于"太虚生气"的思想而作《潜虚》,"堕老氏'有生于无'之说",其内容模仿《太玄》,"《玄》以准《易》,《虚》

以准《玄》，亦犹文章递相模仿，无关大道"；关子明《洞极》乃伪书无疑，"独怪朱子既知其伪，而又引以证图十书九"；蔡沈作《洪范皇极》，"以数而论，《虚》之与《范》，无所优劣；以辞而论，《虚》有《易林》《太玄》之遗，《范》无闻焉。乃后世进《范》而退《虚》，岂知言者哉！"邵雍《皇极经世》"总括古今之历学，尽归于《易》。奈《易》之于历，本不相通。硬相牵合，所以其说愈烦，其法愈巧，终成一部鹘突历书，而不可用也"。

结　语

黄宗羲基于儒家立场，以其渊博的知识和深邃的思辨，对象数学及各种数术进行了全面系统的总结与检讨。《易学象数论》一书概括之详细、分析之深入、演算之准确、批评之尖锐可谓空前绝后，为后世学者争相称颂。四库馆臣说："盖《易》至京房、焦延寿而流为方术，至陈抟而歧入道家学者，失其初旨，弥推衍而轇轕弥增，宗羲病其末派之支离，先纠其本原之依托。……以订数学之失，其持论皆有依据。盖宗羲究心象数，故一一能洞晓其始末，因而尽得其瑕疵，非但据理空谈不中窾要者比也。""其宏纲巨目，辨论精详，与胡渭图书明辨，均可谓有功易道者矣。"(《四库全书总目》卷六《易学象数论》)梁启超亦云："其《易学象数论》与胡渭《易图明辨》相互发明，其《授书随笔》则答阎若璩问也，故阎、胡之学皆受宗羲影响。"①从学术史的角度审视，黄宗羲与毛奇龄、胡渭等人立足事实，详细考辨，深刻揭露了图书、先天之学并非《周易》本意的事实，从而开启了清初的易学辨伪思潮，更为整个清代学术奠定了基础。

---

①　梁启超撰，朱维铮导读：《清代学术概论》，上海古籍出版社 1998 年版，第 16 页。

当然,黄宗羲的易学辨伪也存在一些问题。例如,他一面批评河图、洛书为宋人伪造,一面承认图书与《周易》存在关联,显然前后矛盾;据文王方位图反对伏羲方位图,以反对取代卦变,理据稍显不足,难以令人信服;严守儒家立场,将有道家道教渊源的易学内容及一切术数皆视为末流,无疑是一种深峻的门户之见。

第四章　黄宗炎的文字解《易》与易学辨伪

黄宗炎（1616—1686），字晦木，号立溪，又称鹧鸪先生，浙江余姚人，黄遵素之子，黄宗羲之弟。崇祯中以明经贡太学，明亡后潜心学《易》，“于象纬、律吕、轨革、壬遁之学，皆有密授”①。早年从父亲黄遵素授朱熹《周易本义》句读，“未能省大义”。又从兄黄宗羲读王弼《周易注》和《程氏易传》，“无所得于心”。问学于刘宗周，“虽夫子谆谆训诲，未能有所启发”，后与陆文虎读郝敬《九经解》而有所得，“融会贯通，一洗前人训诂之习”②。黄宗炎易学著作有《周易象辞》《周易寻门余论》《图学辩惑》等。其中，《周易象辞》二十一卷是解经著作，“力辟陈抟之学，故其解释爻象，一以义理为主”，“于《易》之字义，多引篆文以释之”；《周易寻门余论》二卷是读《易》笔记，涉及取象系辞、易学传承、经传分合、文字释辞、图书之学与卦变等内容，诋斥宋儒，“兼排释氏之说，未免曼衍于《易》外”；《图学辩惑》一卷，考辨河图洛书、先后天图、太极图，揭

① 〔清〕全祖望：《鲒埼亭集内编》卷十三《鹧鸪先生神道表》，见〔清〕全祖望撰，朱铸禹汇校集注：《全祖望集汇校集注》，上海古籍出版社2000年版，第248页。

② 〔清〕黄宗炎：《周易寻门余论》卷上，见〔清〕黄宗羲撰，郑万耕点校：《易学象数论（外二种）》，中华书局2010年版，第335页。以下凡引《周易寻门余论》《图学辩惑》皆以该书为准，只注书名、篇名。

示图书之学非《易》固有，出自道家的炼丹养生之术。

一、“求性命之理”“卜筮乃余事”的《易》书观

《周易》古经本为卜筮之书。孔子儒家在承认《周易》卜筮功能的大前提下，以独特的儒学视野，通过解读《周易》象辞，开显出以阴阳为轴心的博大精深之易道。由此，易学沿着学理、筮占两种截然不同的路数发展。两汉经师在以象数解经的同时，深化完善了其筮占功能。魏晋以来，王弼等人在解构汉代易学的基础上融合儒道，从而形成了有别于汉易的易学理论和研究方法，深刻影响了唐宋以后的易学发展。及至南宋，朱熹以其高度的学术自觉，洞察到宋易精于义理、疏于象数之弊，以恢复《周易》原貌为宗旨，点出《易》本为卜筮之书。由于明清两代定朱学于一尊，朱子《易》说遂成为易学之主流。处在清初的黄宗炎，着眼于《周易》的产生及功用，重新审视《周易》的性质，主张圣人作《易》是在深知幽明之理的前提下发挥聪明才智的结果。“圣人心通神明，而后生为蓍筮也”，而非“得神明之幽助而生蓍草”。其九六之数本于天地奇偶之数，卦爻生成“实根本于道德义理性命之所以然也”。因此，《周易》是穷理尽性知命之书，绝非专就卜筮而言。他说：

> 穷理之至，则人物之本性亦不外乎此理性，盖理之精微者也。尽性而逢其原，则天人授受之际，至此可窥，庶乎知命矣。盖由人而达天也。理得性复，以至知命，圣人作《易》之功用如是，教人学《易》亦必如是，则区区蓍数，又其假途者与？①

---

① 〔清〕黄宗炎：《周易象辞》，《文渊阁四库全书》第40册，台湾商务印书馆1986年版。下引该书只注书名、卷数。

> 作《易》圣人括于六位之内，使人凭借而可求性命之理，本如是也。……既成六画之卦，分初、三、五为阳，二、四、上为阴，迭用各爻，以加之，或柔居于阴，柔居于阳，或刚居于阴，刚居于阳，往来错杂于六位之间而成文章，分则一定不可移易，迭则变化莫能执者，三才之道尽矣，其性命之理尽矣。专言卜筮恐未足以当此。（《周易象辞》卷二十）

依黄氏之见，《周易》有卜筮功能毋庸置疑，但卜筮并非《周易》的全部，仅仅是其中一小部分，即所谓“卜筮乃其余事也”（《周易象辞》卷十八）。究其根本，《周易》是一部反映阴阳三才之道、万物性命之理的著作，用卜筮界定《周易》的性质失之偏颇，“专言卜筮恐未足以当此”。用《易》，也不是用《周易》预知未来事项，而是尽三才之道、穷性命之理。因此，黄宗炎反对用《周易》卜筮占问，强调穷理尽性、辩明事理才是最有效的易占。他通过辨析利害与时势、吉凶与事理的关系，说明易占的核心在于把握客观事物之理和发展时势：

> 凡民知有利害，而不知利害之所由生；莫不欲趋吉避凶，而不能择吉凶之所感兆。利害生于时，得其时乘其势则利，反是则害。吉凶兆于事，事当于理，不趋而吉，事悖于理，虽避亦凶。君子审其时，循其理，则吉凶利害如视诸掌，枯茎朽壳非君子之所尚。（《周易寻门余论》卷下）

黄宗炎把民众不能趋利避害和选择吉凶的原因归结为不明利害吉凶所产生的根源。事实上，利害因时，得时、顺势则为利，反之则为害。真正的“占”，即把握吉凶利害的关键，在于时势和事理，而非龟壳与蓍草。那么，如何把握时势与事理呢？黄宗炎又提出“教人

占者、教人学《易》”的思想。他说：

> 占不止于蓍龟。凡《易》之卦、爻、彖、象，圣人挈以示人，人身之动静语默，当时时与之契合，无地非占，无事非占也。玩辞玩占，岂枯茎朽壳之谓？《易》自为《易》，人自为人，终相间隔，其占之之法，舍学无他途也。教人占者，教人学《易》也。(《周易寻门余论》卷上)

黄宗炎把《周易》占问区分为卜筮占和事理占。事理占之所以优于卜筮占，是因为《周易》一准天地自然之道，是穷理尽性之书。易占则是“纵观其全体之象而历玩其二篇之辞”，因循时势，审时度理。倘能时时处处依易理行事，则利害吉凶即在掌控之中。“当动作之际，确然有所法则，观其一事之变，而详玩其在我之占，君子动静无非易矣”(《周易象辞》卷十八)，而那种借助于“枯茎朽壳”的卜筮显然已成为多余。就此而言，教人占其实就是教人学《易》。

为了说明易占在事理而不在卜筮，黄宗炎以日常饮食起居等生活经验详细解释了“吉”“凶”“悔”“吝”“厉”“咎”“无咎”“占”等《易》辞的真实意义。在他看来，《周易》的这些断语反映的是对待自然事理的态度：顺应天地变化行事，事事合理，必然得吉，反之则凶。“吾人自鸡鸣而起，以至向晦晏息，其立心行已，居处执事，能一一合理，是之谓吉；多所拂戾，是之谓凶。”(《周易寻门余论》卷下)背理而后自觉，是为“悔”；不敢正视事理，行事畏缩狭隘，便是“吝”；在客观事物面前“动静不安，前后顾虑”，是为“厉”；内心产生错误念头，“应于物有过不及，失所宜然，俱谓之咎”；知违背事理而能自己改正，不至于铸成大错，是为“无咎”。总之，所谓易占并不是用蓍龟占问，而是在日常生活中把《周易》文辞作为座右铭，时

刻提醒自己,以使行为符合易理而无丝毫违背,即“就日用饮食之常,无时无刻不般旋于此数者之内,圣人系之以辞,使人随地随事检束提醒,此即占也”。因此,“以端策拂龟为占,则放佚之时多矣,非学《易》之旨,故知以《易》为卜筮之书者,恐有未然”。(《周易寻门余论》卷下)

黄宗炎倡导用易理占而不用卜筮占,其剑锋直指朱熹“《易》本为卜筮之书”的论断。“朱元晦奉为伏羲嫡嗣,推为卜筮之用,是欲返为稗纬而有弗及也。有明颁之学校,莫敢非议,使四圣重遭一戹,而《易》几乎息矣。”(《周易寻门余论》卷上)客观地说,黄宗炎重易理、轻卜筮的倾向,尽管有违于《周易》古经的基本性质,但与帛书《易传》所载孔子“观其德义”即幽赞达数与德、德占重于筮占的解释思路并无二致。[①] 正是为了探求《周易》义理,黄宗炎确立了“推原象书”的文字法、“即象见理”的取象法、“回归原典”的辨伪法。

二、卦画卦名“确乎一体”的象辞观与“推原象书”的文字法

《周易》与其他经典的不同之处在于,它有一套由阴阳符号构成的卦爻象系统。古代易学家认为,卦象是圣人仰观俯察天地万物而作,是对客观事物的外在表现形式和内在特性的模拟仿效,因而反映了事物的特征、属性和变化规律。黄宗炎则从文字学角度解释了“象”的意义:

> 象,像其长鼻头足之形,古文作[illegible],不便结构,小篆改从纵体。象之为物最巨,其性最狂,而甚易驯扰,善能想像人意,故

① 林忠军:《孔子儒学视域中的筮占观》,《学术月刊》2010年第12期。

谐其声而为像，假借其字则竟用象，犹言测度其形状也。古字不加偏旁，故直作象，非指其兽而称之也。（《周易寻门余论》卷上）

“象”为象形字，本义指动物大象，因其易被驯服，善解人意，故作“像”。《周易》用“象”而不加人字偏旁，是假借用法，取其模仿之意。在此基础上，黄宗炎表达了对象辞关系问题的独到见解。他认为，卦爻象符号本身乃早期象形文字，后世文字则源于卦爻符号：

卦画者，文字之根原；文字者，卦画之支流也。八卦者，六书之指事象形；六十四卦者，六书之声意转借也。（《图学辩惑》）

“六书”，是文字学中的六种造字条例。东汉许慎所谓“六书”即指事、象形、形声、会意、转注、假借，《汉书·艺文志》则谓象形、象事、象意、象声、转注、假借。二者名称有异，其意大致相同。汉人认为，文字是依六书之法造成。黄宗炎则把《周易》符号视为最早的文字，并以六书解之，即八卦符号是象形字，六十四卦是声意假借，卦画与卦名“确乎一体”：

羲皇六画与文王卦名，确乎一体，或取形象，或取画象，或取上下二体交错之象，其文字与卦画，俨然画一，不容移易；学者于此得其会通，六爻无不迎刃矣。谓三画卦为独体之文，六画卦即合体之字。（《周易寻门余论》卷上）

《周易》卦名或取形象，或取画象，或取上下三画交错之象。三画是

独体字,六画是合体字。如☳为雷字,䷲为靁。☵为水,䷜为流。☶为山,䷳为屾。☴为木,䷸为林。☲为火,䷝为炎。对许多不可通者,黄宗炎也试图加以解释。“《说卦》观象,固不可以例求也”,如䷅讼实为“雨”字,䷍大有实为“昊”字,䷑蛊实为“岚”字,鼎、家人、涣、井诸卦亦属此类。此外,他还用篆字解释“彖”“象”“吉”“凶”“悔”“咎”“厉”“占”“筮”等字,力图还原其在《周易》中的本来意义。在此基础上,黄宗炎又分析了《周易》文字与卦画关联紧密的原因:“古《易》文字之中,参用卦画,如‘乾、坤其《易》之门’‘乾坤其《易》之蕴’‘乾阳物坤阴物’‘帝出乎震’及‘乾索’‘坤索’等章,细绎其义,俱是☰☷☳☴☵☲☶☱。后人转展翻写,日趋便易,悉代以今文,意虽可通,反费周折,终不若卦画之简当而明显。愚按,先秦之书,凡引用《易》文,必连卦画,尚存古《易》之遗意,今于《易》文反弃之,亦授受者之一失。”(《周易寻门余论》卷下)需要指出的是,把《周易》符号视作文字并非黄宗炎的发明,《易纬·乾坤凿度》已有八卦文字说。但与《易纬》不同的是,黄宗炎凭借丰富的文字学知识,进一步论证了六十四卦与文字的关系,这显然是对《易纬》的发展。更重要的是,他由此出发,确立了文字解《易》的方法:

> 《易》为文字之祖,于六经之中尤宜先讲六书。夫不知字义,而读他经,所失犹有二三,以之读《易》,十不得其二三矣。(《周易寻门余论》卷上)

既然《周易》符号是早期文字,则唯有掌握小学知识,了解文字构成及其本来意义,才可以理解《周易》。“古者文字不若后世之浩繁,入小学而习六书,以至精御至简,故经传之中无往而不妙合。”“六书明,六经如指掌。”(《周易象辞》卷九)反之,若不通文字学、不明

六书字义,则无法阐明六经的意义。“小学之不讲,其误于经术也如此。”(《周易象辞》卷十四)因此,文字解释法便成了黄宗炎最为重视的易学研究方法之一。

事实上,黄宗炎之所以崇尚文字解释法,是因为古篆近古,用之解释《周易》更能接近本义。由于字形、字义几经演化,后世学者在解读《周易》和其他经典时,往往使用后来的字义,导致无法获得经典的真实意义,从而造成误读。因此,他试图寻找一种更为确凿的解释方法,即从古文字入手,用六书分析字形,确定字义、句意,纠正后世以俗字解易导致的问题。他说:“欲明六书之道于天下,非尽削俗字不可。”(《周易象辞》卷二)当然,这种文字解《易》方法,并非止步于字词训诂,而是在通解《周易》字词的基础上进一步探讨其易理。“羲皇制为文字,命为音声,即三画、六画已开书契之事;文王因其法象,演其义理,而文字声音以广以备。其造端于《易》者甚多。”(《周易寻门余论》卷上)“彖、象之世,文字简严,其用也斩截而不可混淆,必求其故,始得文、周立象之微旨,故推原篆书,以穷斯理。”(《周易寻门余论》卷下)

三、“无象斯无理”的象理观与“即象见理”的方法

易象原本是由数字逐渐演化而成的记录早期筮占活动的符号。在《周易》文本形成的过程中,它又因具有高度的抽象性而成为系辞的重要根据。因此,多数易学家非常重视《易》象,并据此解释《周易》。黄宗炎秉承了这一传统,视象为《周易》之根本,提出了“有象斯有理,无象则无理”的命题:

圣人立象,俱是实有此事,非虚空说理者比也。……夫有

其理乃有其象，无其象斯无其理矣。天下岂有理外之象，象外之理哉！即有好言象者，类多求之牛马手足，以强合乎乾、坤、震、巽，舍其大义之所在，而专务于细琐，则将焉用此区区者为哉！（《周易寻门余论》卷上）

至理无形，凡见于卦画、爻象已落于形矣。因形而不局于形，能求其所以然之故，则形达于上而谓之道；因形而泥于形，执卦画爻象而不知其本，虽乾坤之功用，亦不过一法象尔，则形达于下而谓之器。道者，四通八达莫有穷尽；器者，一定不移，莫可通方。（《周易象辞》卷十八）

黄宗炎所谓的“象”，不仅包括八卦之象和六画之象，也包括由八卦、六画引申而来的“象外之象”。如《颐》初上两阳有齿之象，中间四阴有舌之象，“齿刚舌柔，舌又柔之象也。此象外之象，所当潜窥者”（《周易象辞》卷九），又如《益》卦言“‘涉川’，其故何也？风雷交作，必有雨以应之，此象外之象，以其非本卦之所有”。其所谓“理”，是指无形不可见而又不可穷尽的道。理非虚空，必寓于象，故“无象外之理”。无理则象无所用，故“无理外之象”。在他看来，象理二者相即不离乃四圣易学的一贯传统，后世学者不明就里、分而为二，才产生了种种乖张错谬。“后儒之言象，与羲、文、周、孔不同者无他，羲、文、周、孔之理象无分，而后儒之理象有分也。”（《周易寻门余论》卷上）

黄宗炎易学的象理关系论，与其哲学的理气、道器关系论关联紧密。“详绎理之字义，理与气同生合一，又何疑乎？以谓理在气先，此理悬空，何所附丽？”（《周易象辞》卷二）但论其先后，则是先有气而后有理，气对理具有决定作用：“夫理之云理者，谓玉虽至坚无可从入，而其中自有文理为纵横之质也。是先有气有质，而后有理。气质未具，理将焉附？”（《周易寻门余论》卷下）就道器言之，

“圣人示人道不离器,即器即道;器不遗道,非道无器”(《周易象辞》卷十八),故应“即器见象”“即象见道”。他说:

> 《易》不必离象,即象以见易道;未尝遗器,即器以见象,故《易》以象示人,象非真也,像其似是而已。(《周易象辞》卷十九)

“器”有广义和狭义之分。广义的“器”,是指一切客观存在的有形事物。狭义的“器”,则特指生产器具、生活方式和文明制度等。黄宗炎以《系辞》“观象制器”章为据,相信狭义的器是圣人参照易象发明创造出来的,故器可以显象,“即器以见象”;易象又是对天地万物的模拟仿效,内涵万物之理,“因形而不局于形,能求其所以然之故”,则能“即象以见易道”。

基于此,黄宗炎对割裂象理、偏于一边的两种易学倾向皆有批评。一方面,执于象者,“因形而泥于形,执卦画爻象而不知其本”,“舍其大义之所在而专务于细琐”。如汉儒一专于象,致使义理晦而不显。王弼“见象占之牵强拘泥,有乖于圣教,始一切扫除,畅以义理,天下之耳目焕然一新,圣道为之复睹”(《周易寻门余论》卷下)。在黄宗炎看来,王弼“义苟应健,何必乾乃为马?爻苟合顺,何必坤乃为牛”一语和程颐“理无形也,故假象以显义”之论,“真足以解胶固执滞之束缚,而汉儒之失亦可救矣”。朱熹“汉儒求之《说卦》而不得,则遂相与创为互体、变卦、五行、纳甲、飞伏之法,参伍以求,而幸其偶合。其说虽详,然不可通者,终不可通;其可通者,又皆傅会穿凿,而非有自然之势”的批评,亦是“发蒙振聩之论,泥象者可以出暗室就光天矣”(《周易寻门余论》卷上)。

另一方面,离经弃象而空谈义理的做法同样不可取。“圣人俱

从象中探讨,不徒以虚理。概世者学人崇尚虚空,俱弃而不讲,深可惜也。”(《周易象辞》卷三)所谓“崇尚虚空”,是指分象理为二,进而弃象言理。其表现形式有二:一是脱离《周易》文本,参以道家、道教之说,如王弼以老庄解《易》。宋儒虽诋其“崇尚虚无,杂述异端曲说”,却“去圣日远,师承尽废,拾黄冠之余唾,分为理数二家”(《周易寻门余论》卷下),“实则以虚无阐老庄之剩语,而功过与辅嗣霄壤”;二是随意曲解或空发议论,如陆九渊“六经注我”即属此类。黄宗炎称之为乱经,而将佛道盛行视为弃经。二者相较,乱经危害更甚。原因在于,“弃经不用,或可望于来兹,乱经莫辨,虽孟子复生,亦不能觉其数百年沈锢之俗习矣。……弃经,心死也,至于乱经,则举天下后世之人相率而心死也”(《周易寻门余论》卷上)。

四、“图学非古”的观点与回归原典的辨伪方法

黄宗炎对图书之学的态度与同时代的黄宗羲、毛奇龄、胡渭等人相近,《图学辩惑》称:

> 《易》有图学非古也,《注疏》犹是。魏、晋、唐所定之书,绝无言及于此者。有宋图学三派出自陈图南,以为养生驭气之术,托诸《大易》,假借其乾坤水火之名,自申其说,如《参同契》《悟真篇》之类,与《易》之为道截然无所关合。儒者得之,始则推墨附儒,卒之因假即真,奉螟蛉为高曾,甘自屈其祖祢。

所谓“图学三派”,是指刘牧的河图洛书、邵雍的先后天图和周敦颐的太极图。黄宗炎对此展开详尽考辨之后,认定三者皆源于陈抟,

是道教阐明养生炼丹之术的图式,绝非《周易》本旨,故应摒弃。以下逐一论之。

(一)河图洛书"非有卦画理数实可指证者"

黄宗炎对河图、洛书的认识与黄宗羲相同,认为"河图、洛书乃地理方册,载山川之险夷、壤赋之高下,与五等、六等班爵授禄之制度"(《图学辩惑》)。汉儒把河图、洛书神化为龙马负图、神龟载书,是天降神符、祥瑞之言,在黄宗炎看来,"特因儒者好为神奇,愈作怪妄,愈失真实矣"(《图学辩惑》)。事实上,所谓龙马负图、神龟负书,不过是汉儒依据《周易》和《尚书》等典籍捏造出来的,"乾六爻皆龙,又乾象为马,故云'龙马负图'。九畴稽疑,'龟从,蓍从,卿士从,庶民从,斯谓之大同',故云'神龟负书'。其立论则荒诞而不可执,其取义则恍忽而无当大道。儒者纷纷聚讼,强赘《易》《范》,真捏目生花辩别青红者也"(《图学辩惑》)。

黄宗炎驳斥了图书之学的立论根据。他指出,《系辞》"天地之数"一节是"言奇耦之数,未尝有上下左右中之位置也","未尝有一六、二七、三八、四九、五十之配合也","未尝有生数、成数及五行之所属也","以此为《河图》绝无证据"。元儒吴澄河图出自龙马旋毛数的观点,更是"生吞活剥附会而成,虽极聪明才辩之士,其不可通者终难强解"。龙马旋毛与羲画八卦"毫无关涉"(《图学辩惑》)。至于《洪范》,本是言治天下之九经大法。九畴"即井田九百之意",与洛书九数排列毫无关系,"盖治天下之大法有此九条,安取乎'戴九履一,左三右七,二四为肩,六八为足'也?"(《图学辩惑》)

黄宗炎进一步分析了河图洛书的道教渊源。依他之见,河图洛书以天地之数为基本元素,杂以五行生成,实质是将道教的丹道

修炼理论与《周易》的相关思想融合，绝非《周易》固有之意；河洛“以五居中”说，亦与老子道教守中之意一脉相承。“图书也者，‘守中’与‘虚中’也，老子之中非虚不能守，非守不能虚，是以图书可以经纬表里，是以图书可以互易也。”“老氏‘守中’之义，即所谓‘黄庭’也，‘金丹’也，于《易》仅假借之而已，非有卦画理数实可指证者。”（《图学辩惑》）就应用而言，河图、洛书与医卜类似，是借助干支五行化合之理而形成的应用方技，如洛书流为地理相宅之用，“日者以九宫变动，最忌五黄之位，指为飞土，指为龟甲空亡、神煞所住之处，则从此而转辗失真者与”。“然执其道而求之，往往有验与不验，盖亦小道可观者也。”（《图学辩惑》）

（二）先天八卦方位、六十四卦方圆横图无理无用

黄宗炎又对邵雍、朱熹等人的先天易学进行了批判。首先，他据《易》卦文字说，否定了伏羲但作图画不立文字的观点：“伏羲欲以文字教天下、传后世，创为奇偶之画，使天地雷风水火山泽八象之在两间者，焕然移于方册之上，正所谓文字也。”（《图学辩惑》）在他看来，伏羲“不立语言文字，使人静观以悟其神妙”，至文王、周公、孔子系辞作传方有文字的看法显然割裂了四圣之《易》的内在联系，不符合历史事实。“人至三圣恐无可复加矣，何独于演《易》赞《易》不识向上精微，仅从中半说起，自戾于伏羲作《易》之大道乎？”（《图学辩惑》）

其次，《周易》乃经世致用之学，先天图式则无理无用。文周古经、孔子《易传》，内可修心养性，外可治国平天下，“试平心静观文彖、周爻、孔翼，治乱圣狂，经国修身，吉凶悔吝，揭日月于中天，无论智愚贤不肖，俱可持可效，循道而行。外之则治国平天下，致斯世于雍熙；内之则穷神知化，尽性以至于命”（《图学辩惑》）。所谓先天之学，“后此二三千年，去古愈远，注经解传汗牛充栋，乃忽遇

夫‘天根月窟’，与伏羲揖逊于一堂，印心于密室，就使事事合符，吾尚未敢信其必然”。更重要的是，先天诸图既无理又无用。黄宗炎说：

> 陈、邵先天方位，变乱无稽，徒取对待横图；乾一兑二离三震四巽五坎六艮七坤八，奇耦叠加，有何义理？有何次序？又屈而圆之，矫揉造作，卦义无取，时令不合；又交股而方之，装凑安排，若织锦回文，全昧大道，帝王之修齐治平安在？圣贤之知天、知人安在？庸众之趋吉避凶安在？（《图学辩惑》）

黄宗炎具体分析了先天八卦图、六十四卦横图、六十四卦方圆图的种种弊病。在他看来，《说卦》“天地定位”一章，实为天地自然之理及事物相通、相克、消息往来之意，非言八卦方位“必取于对峙”。先天方位图“变乱无稽”而言乾南坤北方位者，“实养生家之大旨”。

他同毛奇龄、黄宗羲等人一样，认为六十四卦是由八卦相重而得。“乾坤六子，以一卦为主，各以八卦加之，得三画即成六画，得八卦即有六十四卦。”先天横图“加一倍法”，显然与《易传》“八卦相重”的说法矛盾。《周易》只有三画卦和六画卦，绝无四画、五画之象即十六、三十二之次第。“加一倍法”不仅无法对四画、五画之象作出合理说明，更不见八卦之法象。“圣人不因天地高厚而定乾、坤，无取雷动风入而成震、巽，坎陷离丽未有水火之象，艮止兑说不见山泽之形。”“天地不能自有其身，雷风水火山泽不能自完其性。”且尽失父母子女、尊卑先后之序，“父与少女、中女、长男同时而产，母与少男、中男、长女同时而育”，“无三画为卦之限，无内外、贞悔之序”。（《图学辩惑》）不仅如此，先天横图不能符合客观自然。依他之见，天地生物之后，万物即以各自特性发展，“未见有父

母子孙牵连一体者”。而先天横图却以两仪之上各加一奇一偶为阴阳老少四象,“是父母男女子孙并归一身,不可判别”(《图学辩惑》)。再依次叠加而至八卦、十六卦、三十二卦、六十四卦,则是合七世子孙于“首腹四肢之内”。由此可见,先天横图既无次序又无义理。

横图中分、屈而圆之即成圆图。朱熹认为圆图涵具卦气之意,所谓“乾生子中,尽午中;坤生午中,尽子中;离尽卯中,坎尽酉中”。而在黄宗炎看来,卦气仅见于《复》卦《象传》“至日闭关”一语,“姤为夏至,未见明训,未敢信为必然”,其他消息卦更“不免按图索骥,近于颛愚”,“俱含糊而不言其故”。即便有“种种巧中”,也不过小智而已。事实上,宋儒以卦气论圆图,破绽处处可见。如复卦一阳始生,值子半冬至,历十六卦至临为十二月,值卯半春分,又历八卦至泰为正月,已是巳初立夏,又历四卦至大壮为二月,已是巳半小满。大有、夬两卦为三月,值午初芒种,至乾一卦为四月,值午半夏至。右半圈从姤至坤与此类同。姤经十六卦至遁为六月,值酉半秋分,历八卦至否为七月,值亥初立冬,又历四卦至观为八月,已是亥半小雪,又历两卦至剥为九月,已是子初大雪,坤一卦为十月,值子半冬至。显见,诸卦所示月份与所在位置、所值节气不相符合,可知先天圆图“矫揉造作,卦义无取,时令不合”(《图学辩惑》)。

宋明易家多以邵雍“天地定位,否泰反类,山泽通气,损咸见义,雷风相薄,恒益起意,水火相射,既济未济。四象相交,成十六事,八卦相错,为六十四”一段解说先天方图。对此,黄宗炎有如下反驳:其一,偷换概念。如“四象相交”之“四象”本指阴阳老少之二画,此处则指六画之卦,前后矛盾。其二,“十六事”之说虽“稍有可观”,但《易》卦阴阳爻数均衡,皆一百九十二画,无需刻意编排,以

他说释之。其三,《周易》神化变通,方图“仅取否、泰、咸、恒、损、益、二济为纲领”,故“见其自隘矣”。其四,云言八卦相荡成六十四卦,则当“纵横杂揉,左右逢源”,而“非鳞次猬排,胶固不可通方”。“信斯罗列,其义理安居?象数奚在?”(《图学辩惑》)

(三)太极图“强三为一”,“义理不胜指摘”

黄宗炎在接受了毛奇龄相关思想的基础上,对《太极图》的渊源进行了更为细致的考辨。他说,“太极图”本名“无极图”,创自汉代河上公,魏伯阳得之著《参同契》,钟离权得之授吕洞宾。因吕洞宾与陈抟同隐华山,陈抟授之后遂刻于华山石壁。麻衣道人又授先天图于陈抟,陈抟皆以授种放,种放授穆修与僧寿涯。穆修以先天图授李之才,李之才授邵古,邵古授邵雍。周敦颐得无极图于穆修,又得先天地之偈于僧寿涯。

与毛奇龄不同的是,黄宗炎将太极图溯源至河上公,以此说明其内容本是道教方士的修炼之术。他对比道教《无极图》与周子《太极图》之后得出结论:“茂叔得此图于穆修,又得先天地之偈于寿涯,乃颠倒其序,更易其名,以附于《大易》,指为儒者之秘传,其称号虽若正大光明,而义理不胜指摘矣。”(《图学辩惑》)《无极图》与《太极图》结构、画法完全相同,所不同者在于,《无极图》读图自下而上,《太极图》读图自上而下。除顺序、名称的改变,周敦颐也对图中文字加以修改,如“炼神还虚,复归无极”改为“无极而太极”、“炼神还虚”改为“无极”、“取坎填离”改为“阳动阴静”、“五气朝元”改为“五行各一性”、“炼精化气,炼气化神”改为“乾道成男,坤道成女”、“玄牝之门”改为“化生万物”。

为了说明周子《太极图》并无易学根基,黄宗炎严格区分了《易传》与周敦颐的“太极”概念。“盖夫子之言太极,专以明《易》也;茂叔之言太极,则空中之造化也,两者本不同道。”孔子言太极,“不

过赞《易》有至极之理,非别有太极而欲上乎羲、文也”。周敦颐以老证之,遂在“太极”上又加“无极”,而为“无极而太极”。朱子推波助澜,“又从而分析辩解之,则更杂以释”。黄宗炎明确主张,方士之修炼、老氏之虚无、大《易》之正道,三者不啻天渊,不可混同。周敦颐所改《太极图》名称虽与《周易》相符,义理却难以相通。“此图则未免牵强,又欲合以《大易》,则更不伦矣。”其弊在于“强三为一”,即把老子、道教、易学混而为一。“但缀说于图,合二途为一门,其病生矣。又惧老氏非孔孟之正道,不可以传来学,借《大易》以申其意,混二术而总冒以儒,其病更甚矣。”(《图学辩惑》)至于朱熹所作说解,更是混同老子、道教、佛学、易学,“强四为一”,又失周敦颐本意。

黄宗炎从儒、道、释三教之别出发,证明了《太极图》并非易学。然而,因乎太极是理学体系建立的逻辑起点和核心范畴,《太极图》更是宋儒解说宇宙本体、心性工夫的基础图式,故黄宗炎对太极图的批判势必会触犯理学开山周敦颐和集大成者朱熹的权威地位。不过,黄宗炎出于捍卫儒学正统的目的,甘愿成为众矢之的。他说:“愚二十年学《易》,稍窥《十翼》藩篱,确知易、老之不可混称,确知老之不同于释,灼见儒、释、老之不可冒昧影响,然后敢明言此图之非《易》,而且有老与仙与释之淆乱。不揣固陋,一一而是正之如此。吾知见者必将怒目裂眦以定予非圣之罪,然而莫之避者,何也?圣人之大道非一人所可私,亦非阿党所能据,千秋万世必有明之者矣。时贤之罪予也,何伤?”(《图学辩惑》)

综上可见,黄宗炎易学辨伪的根本依据在于《周易》原典。凡是未见于《周易》文本或与其本意不合的学说,皆应以伪学视之。因此,汉易的五行、卦变说、谶纬和宋易的图书、先天、太极以及道教、佛学的易学理论皆须摒弃。对黄宗炎而言,易学辨伪的最终目

的在于回归经传，这才是易学研究的正途。“读《十翼》正所以明显象、爻辞、象，明显象、爻辞、象正所以追测卦画之古文古字也。”(《图学辩惑自序》)“自夫子赞《易》后，三圣不显之精微始昭然于旦昼，后之学者方得阶《十翼》而窥卦象，求夫子即所以求三圣也。……欲舍《十翼》而求三圣，是犹舍测算而求日月星辰，舍布帛菽粟而求温饱，斯则必不得之数也。”(《周易寻门余论》卷上)一言以蔽之，黄宗炎的回归原典，并非要突出《周易》古经的卜筮功用，而是以弘扬《易传》的儒学传统为最终期许。

结　语

黄宗炎是清初易学辨伪思潮中最富见解的一位易学家。他受黄宗羲影响，并广泛吸收了他人的易学方法和研究成果，以《周易》经传为准绳，对汉宋易学进行了更为深入的反思检讨。凡符合《周易》本意的思想就予以肯定，反之则否定。其批判重点在于宋易的图书、先天、太极诸说，并指出其与道教养生术的学理渊源。尤其是他对《太极图》的考辨，引证详博、辨析细致，较毛奇龄有过之而无不及。对此，梁启超评价道：“黄晦木宗炎著《图书辩惑》，把濂溪《太极图说》的娘家——即陈抟自称从累代道士传来的《无极图》——找出来了。”①尽管清初辨伪思潮并非始于黄宗炎，但其发展鼎盛实与黄氏推波助澜不无关联。

更重要的是，黄宗炎并未止步于检讨批判前人成说，而是以重建儒学义理为易学研究的终极目标，旗帜鲜明地提出了“求性命之理”“卜筮乃余事”“卦画者文字之根原”“《易》为文字之祖”“有其

① 梁启超著，夏晓虹、陆胤校：《中国近三百年学术史》，商务印书馆2011年版，第217页。

理乃有其象,无其象斯无其理”等重要易学命题。虽然其观点、结论未必无懈可击,但他能从辨伪之学中开出富有思想性的易学建树,无疑具有高度的学理价值。这一点,正是顾炎武、黄宗羲、胡渭等辨伪学者所望尘莫及的。此外,其文字、取象、辨伪等易学方法,也对清中期的汉易复兴具有重要意义。

第五章　胡渭的辨伪之学

胡渭(1633—1714),初名渭生,字朏明,别字东樵,浙江德清人。顺治元年(1644)父亲胡公角去世,十二岁的胡渭随母亲入山谷避难,得母亲传授而有志于学,虽遭颠沛,发奋不辍。十五岁为县学生,屡赴行省参加科考未中,遂进京城入太学,笃志经义,尤精舆地之学。曾在大学士冯溥家开馆授徒,与王嗣槐、毛奇龄、吴任臣、陈维崧、吴农祥酬唱较多。康熙二十一年(1682),与万斯同、阎若璩等人编撰《资治通鉴后编》。康熙二十五年(1686)参与编纂《大清一统志》,遂在京城、苏州结识大批学界精英,博览群书而学问益进。康熙三十八年(1699)携所撰《禹贡锥指》《易图明辨》赴京访友,万斯同为《易图明辨》作序,赞其为"当代儒宗"。康熙帝读《禹贡锥指》亦大加赞赏,四年后南巡时召见,下诏嘉奖,赐予书扇并亲撰"耆年笃学"四字。

胡渭的代表作有《禹贡锥指》《洪范正论》《大学翼真》《易图明辨》等。尽管他在清初易学辨伪诸家中年龄最小,但《易图明辨》之深度与影响毫不逊色。"毛奇龄作《图书原舛编》、黄宗羲作《易学象数论》、黄宗炎作《图学辩惑》,争之尤力,然皆各据所见,抵其罅隙,尚未能穷溯本末,一一抉所自来。渭此书卷一辨河图、洛书,卷二辨五行、九宫,卷三辨《周易参同》先天太极,卷四辨龙图、《易数钩隐图》,卷五辨《启蒙》图书,卷六、卷七辨先天古易,卷八辨后天

之学，卷九辨卦变，卷十辨象数流弊，皆引据旧文，互相参证，以箝依托者之口，使学者知图书之说，虽言之有故，执之成理，乃修炼、术数二家旁分，易学之支流而非作《易》之根柢。”（《四库全书总目》卷六《易图明辨》）该书开宗明义，提出“《易》无所用图”的核心论点：

> 唯《易》则无所用图。六十四卦二体六爻之画，即其图矣。白黑之点，九、十之数，方圆之体，复姤之变，何为哉？其卦之次序、方位，则乾坤三索、出震齐巽二章尽之矣。图，可也，安得有先天、后天之别？河图之象，自古无传，从何拟议？洛书之文，见于《洪范》，奚关卦爻？五行、九宫初不为《易》而设，《参同契》《先天太极》特借《易》以明丹道，而后人或指为河图，或指为洛书，妄矣。妄之中又有妄焉，则刘牧所宗之龙图，蔡元定所宗之关子明易是也，此皆伪书。九、十之是非，又何足校乎？故凡为《易》图以附益经之所无者，皆可废也。就邵子四图论之，则横图义不可通，而圆图别有至理，何则？以其为丹道之所寓也。……故吾谓：先天之图与圣人之《易》，离之则双美，合之则两伤。伊川不列于经首，固所以尊圣人，亦所以全陈、邵也。观吾书者，如以为西山之戎首，紫阳之罪人，则五百年来有先我而当之者矣，吾其可末减也夫。①

为了证明上述论点，胡渭列举了大量事实，从多方面加以论证。

① 〔清〕胡渭撰，郑万耕点校：《易图明辨》，中华书局 2008 年版，第 1 页。下引该书只注卷数、篇名。

一、古太极图不可以为伏羲之河图

太极与太极图是表达易学起源和哲学本体的概念与图式，理清其来龙去脉，对研究易学和中国哲学有着重要意义。今本《系辞》虽然提出了“太极”概念，但未作解释，于是后世学者众说纷纭，有以太极为太一、北辰者，如马融、虞翻；有主阴阳未分之气者，如郑玄、孔颖达；有以无言之者，如王弼、韩康伯；有以天理论之者，如朱熹。据李申先生考证，除周敦颐《太极图》，宋元时期林至、陈致虚、李道纯、俞琰、张理等人所传太极图多为圆形。值得注意的是，林至《易裨传》不仅以空心圆示太极，还以太极分阴阳、阴阳分四象、四象分八卦等图表示阴阳二分与交合之意，应为阴阳鱼太极图之雏形。至元明时期，赵抝谦《六书本义》之“天地自然图”、章璜《图书编》之“古太极图”、来知德《周易集注》之“圆图”，已是阴阳鱼太极图。① 元人袁桷作有《谢仲直易三图序》，记载了相关易图的流传情况，即武夷君授彭翁，彭翁授谢枋得，谢枋得授吴蟾。又，朱熹曾派蔡元定入蜀而得三图，但朱子未能亲见。在此问题上，胡渭对袁桷所言确信不疑：“清容，博雅君子也。君子之言，信而有征，故首著之。季通所得三图，一为先天太极图无疑矣。其二盖九宫图与五行生成图，而希夷未尝名之曰洛书。故或言洛书，朱子不得见也。”（卷三《先天太极》）

胡渭认为，由阴阳鱼太极图与《参同契》之月体纳甲吻合，可知其源于道教。“蔡氏所得之三图，清容不言其形象，未知何如。据古则所传，以为蔡氏之所得，盖三图之中，此居其一，名曰先天图，亦曰太极图。取《参同契》之月体纳甲、二用、三五与九宫八卦混而一

---

① 参见李申：《易图考》，北京大学出版社2001年版，第65～112页。

之者也。”“后人谓之天地自然之图,又谓之太极真图,其环中为太极,两边白黑回互,白为阳,黑为阴,阴盛于北而阳起薄之,故邵子曰‘震始交阴而阳生’。自震而离而兑以至于乾,而阳斯盛焉。震东北,白一分,黑二分,是为一奇二偶。兑东南,白二分,黑一分,是为二奇一偶。乾正南,全白,是为三奇纯阳。离正东,取西之白中黑点,为二奇含一偶,故云对过阴在中也。阳盛于南,而阴来迎之,故邵子曰‘巽始消阳而阴生’。自巽而坎而艮以至于坤,而阴斯盛焉。巽西南,黑一分,白二分,是为一偶二奇。艮西北,黑二分,白一分,是为二偶一奇。坤正北,全黑,是为三偶纯阴。坎正西,取东之黑中白点,为二偶含一奇,故云对过阳在中也。坎离为日月升降于乾坤之间,而无定位,纳甲寄中宫之戊己,故东西交易与六卦异也。”(卷三《先天太极》)然而,胡渭并不赞同将阴阳鱼太极图称为伏羲河图的做法。原因在于,“其自然而然之妙,非窃窥造化阴阳之秘者,亦不能为也,但不可指以为伏羲之河图耳”(卷三《先天太极》)。

胡渭又从道教传承的角度证明了蔡元定所得先天太极图实为道教之学。他说,魏伯阳《参同契》是炼丹之书毋庸置疑,陈抟之学源于《参同契》亦有案可稽。陈抟曾授先天图,“先天图虽丹家修炼之诀,然亦必得其人而传之,非其人则不传也。故宋初唯种放、穆修受希夷之学,而他无闻焉。其后穆修授李之才、之才授邵雍,而天下始知有象数之学,即上所列二图是也,亦曰太极图,或谓之河图。希夷之所授受,尽于此矣”。而蔡元定所得太极图,即从属于陈抟之先天图。“自种放之后,儒者受此图皆有所变通恢廓,而非复希夷之旧,唯蜀之隐者得其本真,私相授受,以为丹家之要诀,篾叟酱翁之徒是也”。蔡元定得三图秘而不传,“及元末明初复见于世,虽无当于圣人之《易》而源出《参同》,犹胜龙图之怪诞。彼疑清容、二赵之言为不足信者,得吾说而思之,夫亦可涣然释矣”(卷三

《先天太极》)。也就是说,胡渭相信赵㧑谦的“天地自然之图”和赵仲全的“古太极图”即蔡元定入蜀所得之图。

客观地说,胡渭尽管投入了极大精力来收集资料并予以梳理分析,但其论据并不充分,论证亦带有明显的揣测性质。如阴阳鱼太极图为陈抟所传、邵雍从陈抟受太极图、青城山隐者得其本真、朱熹嘱蔡元定入川寻图、元末明初阴阳太极图即蔡元定所得之图等,皆无实据支撑,不足以令人信服。①

二、河图之象自古无传,洛书之文见于《洪范》

同黄宗羲、黄宗炎、毛奇龄等人一样,胡渭以《周易》经传为依据,对图书之学予以严厉批评。其观点可以概括为如下四方面:

(一)伏羲作《易》之本不专在图书

胡渭认为,刘牧等人将《系辞》“河出图,洛出书”理解为伏羲本河图、洛书画卦,纯粹是一种误读。因为《系辞》明言伏羲“仰观俯察”而作八卦,“因而重之”为六十四卦。“羲皇仰观而得天道,俯观而得地道,中观于两间之万物而得人道,三才之道默成于心,故立八卦以象之,因而重之,遂为六十四,所谓兼三才而两之也。言八卦,则六十四卦在其中矣。”(卷一《河图洛书》)“观象制器”章涉及《益》《噬嗑》等六画卦,则“因重之卦可知也”。由此可知,《系辞》虽言“河出图,洛出书,圣人则之”,但图书并非画卦的唯一根据,不过是“仰观俯察中之一事”而已。所以,“后世专以图书为作《易》之由,非也”(卷一《河图洛书》)。

由此出发,他批评了宋明学者无图书则无易的看法。“河图洛

① 参见李申:《易图考》,北京大学出版社2001年版,第88~92页。

书特推原当时《易》《范》所由作，今欲明《易》八卦具在焉用河图，欲明《范》九章具在焉用洛书。宋人崇尚图书，自以为补苴罅漏，张皇幽渺，若非此则无以明《易》《范》，遂成千古笑柄。”（卷一《河图洛书》）胡渭更将矛头直指朱熹：“自朱子《本义》始，《易学启蒙》属蔡季通起稿，则又首本‘图书’，次‘原卦画’，遂觉《易》之作全由图书，而舍图书无以见《易》矣。学者溺于所闻，不务观象玩辞，而唯汲汲于图书，岂非《易》道之一厄乎？”（卷一《河图洛书》）

（二）天地之数不得为河图

胡渭指出，程颐、朱熹等许多学者认为今本《系辞》“天地之数”一节为错简，当置于“大衍”章之前。依此观之，天地之数乃大衍筮数之本，而与五行、五方、河图无涉。“凡此类无一不以蓍言，而此章尤为明白。举‘天地之数’正为‘大衍之数’张本。其曰‘五位’者，即五奇五偶，非指天数之中五。一三五七九同为奇，二四六八十同为偶，是谓‘五位相得’。一与二、三与四、五与六、七与八、九与十，一奇一偶，两两为配，是谓‘各有合’。于五行、五方曷与焉？于天地生成曷与焉？于河图洛书又曷与焉？”（卷一《河图洛书》）倘若“五位相得而各有合，果为伏羲所则河图之象，夫子何难一言以明之，曰此河图也？”孔子从未明言天地之数即河图，《易传》亦未对河图洛书作出解说，“河图之象不传，故《周易古经》及注疏未有列图书于其前者”。“若夫天地之数，夫子未尝指为河图，故自汉魏以迄隋唐言河图者，或以为九宫，或以为九篇，未有指五十五数为河图者。《乾凿度》《参同契》虽皆以九宫为河图，而终不敢摹一象名之曰河图以附于其书。陈抟生于五季，去古弥远，何从得其本真而绘图以授人乎？”且“天地之数”与“河出图，洛出书”两段“文势语脉遥遥隔绝”，“又安见此河图者，即前五十有五之数邪？”总之，筮数“于画卦全无交涉”。将“五位相得各有合”解作“五行相

合”是后人妄为，绝非《易传》本意。“若夫一六、二七、三八、四九、五十之相合而为天地生成之数、水火木金之象，此后世五行家言，岂《易》之所有哉？”（卷一《河图洛书》）

（三）五行生成数非河图、非大衍

朱熹曾以河图解大衍之数：“大衍之数五十，盖以河图中宫天五乘地十而得之，至用以筮，则又止用四十有九，盖皆出于理势之自然，而非人之知力所能损益也。”胡渭对此不以为然。在他看来，大衍之数五十本于小衍五，而非得自河图中五与中十相乘。同时期的毛奇龄曾对郑玄注与河图十数的关系予以详细分析：“抟之所为图，即大衍之所为注也。然而大衍之注之断非河图者，则以河图之注之别有在也。……则此所为注，非即抟之所为图乎？康成但有注而无图，而抟窃之以为图，康成之注即可图亦非河图，而抟窃之以为河图，其根其柢，其曲其里，明白显著，可谓极快。”（《河图洛书原舛编》）这是说，郑玄未作十数图，注“河出图”一段时亦未引用“大衍之数”注文，可知其并未将大衍之数与河图联系在一起。至于窃取郑注而画河图，乃陈抟所为。胡渭格外认同毛奇龄“数不得为图，衍不得为画”的论断，赞此两句曰“真千古格言”。但他认为，毛氏之失在于未能区分天地之数与大衍之数、《周易》与《洪范》，亦未辨明郑注之误。“大衍之数出于天地之数，而非即天地之数。盖天地之数，《易》与《范》共之……大衍之数则唯《易》有之，《范》不得而有之也。”（卷一《河图洛书》）郑玄“大衍”注取《汉书·五行志》，《五行志》则据刘向父子《五行传》所言五行数，“意主《洪范》，初不为《易》而设”，“终于大衍无涉也”。“蓍无五行、无方位、无生成、无配耦也。”“大抵五行主《洪范》则附以《春秋》而不及‘大衍’，《律历》主‘大衍’则附以《春秋》而不及《洪范》。考厥源流，区以别矣。”（卷一《河图洛书》）因此，据刘向父子五行数说所作之图，可

称为天地生成图或五行生成图，却不可以大衍图称之。总之，“天地之数终不得为河图者，则以大传无明文，而五十有五但可以生蓍，不可以画卦也。毛公惟知数不得为图，而不知大衍之数与天地之数不可混而为一。惟知衍不得为画，而不知郑注乃刘氏《洪范》五行之数，非伏羲大衍、四营之数也。”（卷一《河图洛书》）胡渭更是一语道破了毛氏之失的症结所在：“毛公恶宋太过，故其立言往往刻于宋而宽于汉。”

（四）河图象也，洛书文字也

既然黑白点构成的河图、洛书是后人伪造，那么《系辞》“河出图，洛出书”一语当如何解之？在此问题上，胡渭接受了宋人张浚的观点：“天欲雨，山川必先云气。况易之兴也，岂无先至之祥乎？是以圣人必终之以‘河出图洛出书’而又‘则之’者，其则皇天以兴其《易》者乎，又况‘河图不出吾已矣夫’，孔子尝有是叹。”（卷一《河图洛书》）胡渭又以传文证之曰：“紫岩以图书为易兴先至之祥，正与夫子凤鸟河图并举之意相合。《大传》曰：‘易之兴也，其于中古乎。’又曰：‘当殷之末世，周之盛德。’然则二圣系辞亦当有先至之祥。”（卷一《河图洛书》）他还相信，不但伏羲画卦前有此祥瑞，凡圣人或有德之君临世皆有图书之兆。“河、洛者，地之中也。圣人兴必出图书，伏羲则之以画卦，文王、周公则之以系彖爻，而开物成务之道备矣。上三者无时不有图书，则旷世而一出，故未言之。观下文系辞与四象并举，则此实该三圣之事，不必专主伏羲，亦不必谓洛书禹时所出，于《易》无与也。”（卷一《河图洛书》）在详细考察了《汉书》之《武帝纪》《五行志》《沟洫志》等文献记载后，胡渭说：

由是观之，历代有道之君皆受图书，非独羲、禹时出也。

> 河图,象也,故则之以画卦;洛书,文字也,故则之以系辞。河图非必八卦,洛书不尽九畴也。(卷一《河图洛书》)

此间,他一面承认河图、洛书与八卦、九畴之间的联系,即八卦、九畴本于河图、洛书而作;一面又断言河图不是八卦,洛书并非九畴。“羲皇受河图而始作八卦,文王演之,其书名《易》,不名河图;大禹第洛书为九畴,箕子演之,其书名《洪范》,不名洛书,其义一也。盖河图洛书乃《易》《洪范》所由作,非即《易》《洪范》也。”(卷一《河图洛书》)这一说法,显然是对孔安国“河图则八卦是也,洛书则九畴是也”的否定。

胡渭也不赞同扬雄、刘歆、张衡等人河图、洛书并出于伏羲时代的观点。扬雄《核灵赋》曰:“大《易》之始,河序龙马,洛贡龟书。”刘歆说:“虙牺氏继天而王,受河图则而画之,八卦是也。禹治洪水赐雒书,法而陈之,洪范是也。”张衡《东京赋》曰:“龙图授羲,龟书畀姒。”对此,胡渭批评道:“盖伏羲受河图,经无明文,即无以验洛书之果不出也。……伏羲时未有书名,洛之所出,安得称书?子云亦未深考耳。”(卷一《河图洛书》)既然圣人明君临世皆有图书之兆,则河图、洛书绝非伏羲一人所受,“河图不止羲受,洛书亦不止禹受,故夫子并举以赞《易》”(卷一《河图洛书》)。

郑玄《易》注曾以图谶释河图、洛书:“河龙图发,洛龟书成。河图有九篇,洛书有六篇。”邢昺引《中候》文,把河图、洛书解作龙马神龟身上的“赤文绿字”“列宿斗正之度”“帝王录纪兴亡之数”。胡渭认为,图谶之学起自战国,盛于秦汉,“康成号一代儒宗,不能违众而独立,乃据此以注《易》,信如所言,则伏羲画卦之本变为录纪兴亡之数,而河图亦是文字,洛书且非九畴矣。妖妄不经,莫甚于此。故《参同契》之流得乘隙而起,以九

宫之数纵横十五者,冒河图之名,而稍近于理,世莫能辨”(卷一《河图洛书》)。此伪说“穿入吾《易》”,“乱圣真”“欺来学”,实乃康成之过。

胡渭也不赞同时人黄宗羲、毛奇龄的看法。黄宗羲认为河图、洛书是古代地理图,胡渭反驳说:“伏羲之世,风俗淳厚,岂有山川险易之图?结绳而治,岂有户口阨塞之书?且举河洛以该四方,未免曲说,改‘出’为‘上’,尤觉难通矣。”(卷一《河图洛书》)毛奇龄据郑注,主张“大抵图为规画,书为简册,无非典籍之类”。胡渭批评道:“康成引以释经,侮圣已甚,后儒不能锄而去之,而反为之灌溉滋长焉,其何以息邪而闲道乎?”(卷一《河图洛书》)

需要特别强调的是,胡渭只是否定了宋人所造的黑白点构成的河图、洛书。至于图书的存在,确是真实无妄、不容置疑的。因此,他对欧阳修以河图、洛书为虚妄之说的观点提出了批评。既然《系辞》明言“河出图洛出书”,则不能因后世伪说来否定孔子。“以象爻无河图之文而疑八卦非感河图而作,以洪范无洛书之文而疑九畴非法洛书而陈。然则夫子所谓‘圣人则之’者,果何所则而何所作邪?”“然河图、洛书三语实出于夫子,又不可如欧公辈斥之以妖妄,故不得不一核其源流。”(卷一《河图洛书》)

三、先天之图与圣人之《易》离之则双美,合之则两伤

批判邵雍、朱熹的先天学,是清初易学辨伪的主要论题之一。概言之,胡渭对先天学的批判可以归纳为四个方面,以下逐一详论。

(一)论伏羲八卦次序图、六十四卦次序图

朱熹《周易本义》卷首列有《伏羲八卦次序图》即“小横图”,并

附以解说："《系辞传》曰：'易有太极，是生两仪，两仪生四象，四象生八卦。'邵子曰：'一分为二，二分为四，四分为八也。'《说卦传》曰：'易，逆数也。'邵子曰：'乾一，兑二，离三，震四，巽五，坎六，艮七，坤八。'"《易学启蒙》则更为详细地说明了八卦的形成与次序："太极之判，始生一奇一偶而为一画者二，是为两仪。其数则阳一而阴二。……两仪之上各生一奇一偶而为二画者四，是谓四象。其位则太阳一、少阴二、少阳三、太阴四；其数则太阳九、少阴八、少阳七、太阴六。……四象之上各生一奇一偶而为三画者八，于是三才略具而有八卦之名矣。其位则乾一、兑二、离三、震四、巽五、坎六、艮七、坤八。"

对此，胡渭展开了四点批驳。其一，他采纳毛奇龄、李塨师徒的观点，指出"易有太极"一节"本言揲蓍之序，与画卦无涉"（卷六《先天古易上》），"此节与图、书无涉，且与画卦亦无涉，而先天八卦次序之谬因以见云"（卷一《河图洛书》）。邵雍、朱熹以"加一倍法"解之，实属误读。在此问题上，胡渭曾大量援引毛、李之说，如毛氏云"此节言画卦有不合"，"汉儒多以四象为四时，然不解揲筮"，宋儒"谓老阳、少阳、老阴、少阴为四

象”，“考阴阳老少仍是揲蓍所用，与画卦不同”（《仲氏易》）。胡渭则曰：“四象，余旧主东坡、汉上之说，乾坤为老阳老阴，三男三女为少阳少阴。盖以四象即八卦，八卦即六十四卦也。岁庚辰客京师，因金素公得交于李君，晨夕过从，间以此说就正李君，曰八卦原该六十四卦，但经明曰‘四象生八卦’，今乃以四象即八卦，是八卦生八卦矣，似难通也。因出《讯易书》，并《仲氏易》以示余，余参酌其说而为之解。”（卷一《河图洛书》）不过，胡渭并不是简单照搬毛氏师徒的观点，而是进一步提出了自己的见解。在他看来，“《讯易》之解良是”，但“犹未惬当”，如“两”如何为“一”所生、“四”如何为“两”所生等问题，毛氏师徒并未详言。有鉴于此，胡渭顺循毛奇龄的思路，对太极、两仪、四象、八卦的生成进行了探讨：“窃意所谓太极者，一而已矣。命筮之初奇偶未形，即是太极。迨夫‘四营而成易’，合挂扐之策置之于格，或五或四则为奇，或九或八则为偶，是谓‘太极生两仪’。至于三变而成爻，画之于版，三奇为□曰老阳，三偶为×曰老阴，一奇二偶为●曰少阳，一偶二奇为●●曰少阴，是谓‘两仪生四象’。至于九变而为三画之小成，十八变而得二体之贞悔，是谓‘四象生八卦’。”（卷一《河图洛书》）简言之，“太极”是奇偶未分，“两仪”是一变挂扐之策或奇或偶，“四象”是三变得阴阳老少，“八卦”是十八变成六画之卦。如此一来，“太极、两仪、四象之递生，其为揲蓍之序，益洞然而无疑矣”（卷一《河图洛书》）。而画卦之序与揲蓍之序完全不同，“按，横图逐爻渐生之法，唯揲蓍三变而成爻，十八变而成卦。自初而二、而三、而四、而五、而上，六爻次第得之，诚有然者。然两仪主一变，言但分奇偶，而初画则兼三变，三变之余，或老或少，各视其所得之九六七八以为名，则初画便当为四象，不可谓两仪。四象三画皆有，独以中画为四象，尤不可也。”（卷六《先天

古易上》）

其二，胡渭赞同黄曰中对横图阴阳爻画长短不一的批评。“信如康节所图，则初画最长，中画半之，终画又半之，吾不知伏羲既作此象，将截为八段以示人乎？将连者仍连而听人之自为识别乎？”“揆诸事情，决无是理。鲲溟之辩，良足解颐。吾不知季通何以极赞其妙，而朱子舍己从之也。”（卷六《先天古易上》）

其三，先天横图割裂了母子联系。太极、两仪、四象、八卦层层包含有如母子，小横图则以初画为两仪、中画为四象、上画为八卦，“两仪、四象、八卦皆子在母外。初画为仪，中画为象，终画为卦，而太极一画更居其先，是犹一岁之外别有寒暑，寒暑之外别有四时，四时之外别有八节也。其谬不已甚乎！”（卷六《先天古易上》）

其四，《周易》原本先象后数，先天横图却是由数生象。“卦，象也。蓍，数也。《左传》韩简曰：‘物生而后有象，象而后有滋，滋而后有数。’盖数即象之分限节度处，生于象，而不可以生象。康节加一倍法欲以数生卦，非也。”（卷六《先天古易上》）

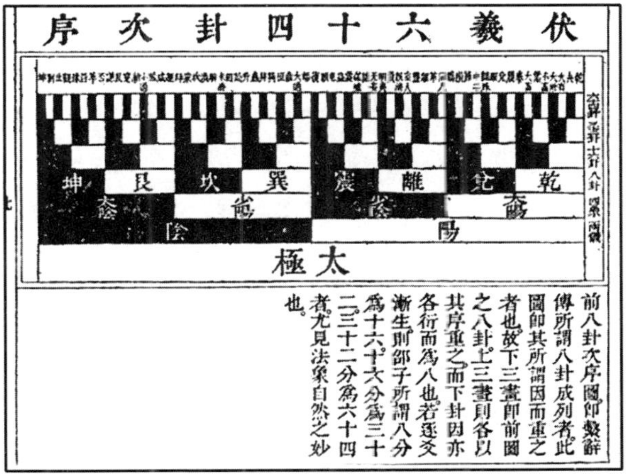

同样，胡渭也批评了由《伏羲八卦次序图》即“小横图”推演而

来的《伏羲六十四卦次序图》即“大横图”。他指出,《系辞》《说卦》皆已明言六十四卦因八卦相重而得,邵雍、朱熹、蔡元定等人却视而不见,偏以“加一倍法”解之。“按,夫子曰重曰兼,明是倍三为六,非逐爻渐生之谓。《本义》犹从旧解,云‘因而重之’,谓各因一卦,而以八卦次第加之为六十四。’又云:‘三画已具三才,重之故六。’至图说,则与邵义并存,而以邵为善。及蔡氏草《启蒙》,则专主《观物外篇》,而显背经文,亦有所不顾矣。”(卷七《先天古易下》)究其根本,小横图的错误已然注定了大横图的舛谬,“康节先天之学,其病根全在小横图。盖八卦之次序既乖,则其论方位亦误,六十四卦之次序方位,更不待言矣,而吾窃有怪于《启蒙》之说也。数用加一倍法,可以推之百千万亿而无穷。”(卷七《先天古易下》)

更严重的是,顺着“加一倍法”的思路,阴阳爻画可以屋上架屋、无限叠加,甚至超越六画之卦,失却易学的本来意义:“若《易》卦则六画而止,其变而之他,亦不过六画。即如《焦氏易林》,每一卦变为六十四,至四千九十六,其本卦仍自为本卦,之卦别自为之卦,曷尝屋上架屋,于六画之上复自七画递加至十二画乎?而且云:‘自十二画上又累至二十四画,引而伸之,未知其所终极,足以见《易》道之无穷也。’夫《易》道无穷,而卦画则有穷。季通之稿荒谬至此,朱子曾不一是正,何欤?”(卷七《先天古易下》)毛奇龄所指出的“八误”,可谓确论。“仲氏八误之辩剖析无遗,总由伏羲六十四卦次序元无可考,而任意为之,所以来后人之弹射也。冠诸经首,不愈彰邵子之过乎?”(卷七《先天古易下》)

值得注意的是,胡渭把大小横图的错误一概归诸蔡元定,而对朱子有所保留。他曾广泛征引文献来证明朱子原本对先天学持有怀疑态度,后来在蔡元定的坚持下才被迫接受。“朱子初亦疑之,

谓‘伏羲至淳厚’,未必如此巧推排,而蔡季通坚执不移,故《本义》屈伊川而伸康节。……季通笃信邵学,不啻如孔孟。朱子方以为老友,不在弟子之列,往往曲从其言。至《启蒙》则属季通起稿,其《原卦画》一篇,敷畅邵学尤为详备,而其说遂牢不可破矣。”(卷六《先天古易上》)

(二)论伏羲八卦方位图

在易学史上,邵雍据《说卦》所云“天地定位,山泽通气,雷风相薄,水火不相射”定先天八卦方位,朱子《本义》又将图式列于卷首。但在胡渭看来,先天方位实与《说卦》无关。他认为,“天地定位”一节有两层意思:一是八卦对待而相通,“‘天地定位’,言乾坤自为匹也;‘山泽通气’,言艮兑自为匹也;雷风相薄,言震巽自为匹也;水火不相射,言坎离自为匹也”,“山泽之气不但二者自相通,而且与天地、雷风、水火之气互相通矣。雷风,水火亦然”。二是“‘八卦相错’,是为六十四卦,而占筮之法生焉”。“数往者顺”,即“卦之德方以知”“知以藏往”。“知来者逆”,即“知来乃揲蓍求卦之事”,“蓍之德圆而神”“神以知来”。无论如何,此章“未见其为先天之方位”,“与八方之位无涉”。“康节则专精于数,故往往以蓍数为卦象,与经旨背。至

于据横图从中折取，以自震至乾为顺数已生之卦，自巽至坤为逆推未生之卦，然则‘易逆数也’，岂专用巽、坎、艮、坤而不用乾、兑、离、震乎？就其言解之，已有不可得通者矣。”（卷六《先天古易上》）

邵雍、朱熹还阐发了先天圆图的阴阳消长及卦气之意。如《观物外篇》曰：“震始交阴而阳生，巽始消阳而阴生。兑，阳长也；艮，阴长也，震兑在天之阴也，巽艮在地之阳也，故震兑上阴而下阳，巽艮上阳而下阴。……乾坤定上下之位，离坎列左右之门，天地之所阖辟，日月之所出入，是以春夏秋冬、晦朔弦望、昼夜长短、行度盈缩，莫不由乎此矣。”《易学启蒙》更以四时节气阐发之：“圆图之左方自震之初为冬至，离兑之中为春分，以至于乾之末而交夏至焉，皆进而得其已生之卦，犹自今日而追数昨日也，故曰数往者顺。其右方自巽之初为夏至，坎艮之中为秋分，以至于坤之末而交冬至焉，皆进而得其未生之卦，犹自今日而逆计来日也，故曰知来者逆。”胡渭认为，这种对先天图阴阳消长和卦气的论述与《参同契》的月体纳甲说相合，即源出道教，绝非《易》之本义。他在比较《观物外篇》与《参同契》的相关思想之后认为，“‘震始交阴而阳生’，谓震与坤接而一阳生于下。三日夕，月出庚纳震，一阳之气也，即《参同契》所谓‘三日出为爽，震庚受西方’也。‘巽始消阳而阴生’，谓巽与乾接而一阴生于下。十六日旦月退辛纳巽，一阴之气也，即《参同契》所谓‘十六转就绪，巽辛见平明’也。自震一阳进而纳兑之二阳，至乾三阳而满，此望前三候明生魄死之月象也。自巽一阴退而纳艮之二阴，至坤三阴而灭，此望后三候魄生明死之月象也”。由此可知，先天方位实本自《参同契》之月体纳甲，“以一月中月体之消长言之，乾南坤北之方位是也”（卷六《先天古易上》）。

胡渭指出，熊朋来《五经说》已点明《参同契》与先天图之关联，如云“姑就《参同契》言之，则先后天图已在其中”（卷六《先天古易上》）。吴乔《他石录》外篇《儒辨》一文则不仅发现了先天图与《参同契》相类，即“张平叔《悟真篇》之传于方外士，其意与邵子之图适合”（卷六《先天古易上》），更断言朱子《本义》混淆了儒家易与道教易：“考亭于丹道有所见，是以手注魏伯阳之《参同契》，见邵子之图欣然会心，入之《本义》，而不计丹道可以倚《易》，《易》不为丹道作也。《本义》之混滥者多矣。”（卷六《先天古易上》）胡渭十分赞同熊、吴二人所言，认为他们揭示了邵雍先天图的本质所在：

> 乾南坤北、离东坎西之图，朱子虽知其出于《参同契》，而不欲尽言，至熊与可始发其隐。……渭按：“丹道可以倚《易》，《易》不为丹道作。”又云：“《易》道无所不包，而离于文王处忧患孔子无大过，即非吾儒之《易》。”此真千古格言。方技家既借“天地定位”四句撰为此图，下文“顺逆”亦自有其说，邵子已生、未生之解，大非。（卷六《先天古易上》）

有鉴于此，胡渭严格区分了道教与儒门易学，并把先天图归为道教易。“先天八卦方位，丹家用之最亲切而有味。其所谓‘易者，坎离也’，与儒学不同，故解此章之顺逆，亦自有其义。孔子之意在蓍卦，丹家之意在水火人之一身。”（卷六《先天古易上》）更有甚者，“邵子小横图用加一倍法，以为伏羲八卦之次序，误矣。而又推之于方位，以自震至乾为顺，自巽至坤为逆，且喻之以左旋右行。夫天之与日月五星也，左则俱左，右则俱

右，岂有左右各半之理乎？既失丹家之旨，又非孔子之义，无一而可者也”（卷六《先天古易上》）。

（三）论伏羲六十四卦方位图

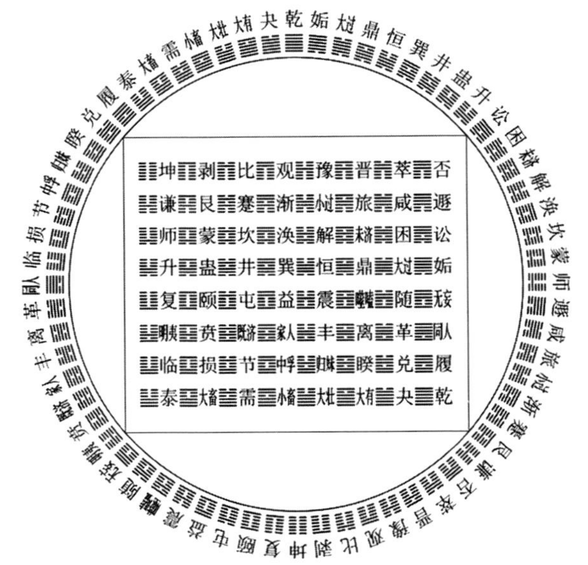

与“小横图”中间截断并扭转拼成“小圆图”一样，“大横图”中间截断并首尾相接则为《伏羲六十四卦方位图》即“大圆图”；“大横图”自右向左每八卦为一组，自下而上列为八行，又得先天六十四卦方图。将此方图置于圆图之内，即为六十四卦方圆图。尽管《皇极经世》与《周易本义》未载方圆合一图，但书中不无解图之语。例如，《观物外篇》曾就圆图而论六十四卦根于《乾》《坤》、生于《姤》《复》：“夫易根于《乾》《坤》，而生于《姤》《复》。盖刚交柔而为《复》，柔交刚而为《姤》，自兹而无穷矣。”又曰：“《复》至《乾》凡百一十有二阳，《姤》至《坤》凡八十阳；《姤》至《坤》凡百一十有二阴，《复》至《乾》凡八十阴。”《击壤集》亦曾以先天圆图言“天根”

“月窟”：“乾遇巽时观月窟，地逢雷处见天根，天根月窟闲来往，三十六宫都是春。”方图则如邵雍《大易吟》所云：“天地定位，否泰反类；山泽通气，损咸见义；风雷相薄，恒益起意；水火相射，既济未济。四象相交，成十六事，八卦相荡，为六十四。”按照朱熹及其后学的解释，方图内涵先天八卦对待交感之理。其右下、左上两角自外而内共有四层，分别是乾坤、兑艮、离坎、震巽，此为先天八卦两两对待；右上、左下两角自外而内亦有四层，分别为否泰、咸损、未济既济、恒益，此为先天八卦交感而成。《周易本义》更进一步阐发了方圆图的卦气之意：“此图圆布者，乾尽午中，坤尽子中，离尽卯中，坎尽酉中。阳生于子中，极于午中；阴生于午中，极于子中。其阳在南，其阴在北。方布者，乾始于西北，坤尽于东南，其阳在北，其阴在南。此二者阴阳对待之数，圆于外者为阳，方于中者为阴，圆者动而为天，方者静而为地者也。”

概言之，胡渭对先天方圆图的批驳主要基于三点理由：

第一，《易传》既言六十四卦由八卦相重而得，则邵雍姤复生卦之说显然于理不通，“姤复同在六十四卦中，岂能生诸卦乎？”将圆图分为左右两截，“左阳右阴，则又极其造作，而非法象自然之妙矣”（卷七《先天古易下》）。

第二，圆图源于丹道，与汉易卦气不符。方图十六卦之事，绝无卦气之意。在胡渭看来，方圆图“既非乾坤三索之序，别卦又失文王所演之旧”，不过是“邵子之巧推排”，“《易》无此卦位也”，亦无此次序。朱熹“用京、焦分卦直日之遗法”即卦气说附会之，但因“次序方位参错不齐”，故始终牵强难通——汉易“六日七分”主卦气起中孚，圆图卦气则起于复姤；汉易卦气以坎离震兑四正卦之二十四爻分主二十四气，圆图卦气则以乾坤坎离即先天四正主二十四气；汉易以十二辟卦对应一年十二月，但辟卦在圆图中分布不均，且以临、遁主卯、酉二分。由此可知，圆图之根源不在卦气，而

在丹道。胡渭说:“邵子大圆图,则但如《参同契》以六十卦象一月升降往来之气,非真有分卦直日之事也。……盖此图惟明丹道,不主占候,固不必一一求合于卦气也。其极数知来之学,全在加一倍法,与此图无涉。”至于方图,本意在彰明先天八卦对待交感之理,绝无卦气之意,张理以卦气论之更是荒谬至极。“至于方图,则内外叠作四层,意在明十六卦两隅尖射之巧妙,难用分卦直日法。而张仲纯亦仿圆图之例,起复姤终乾坤,以定十二辟之卦气,其舛谬不更甚乎?”(卷七《先天古易下》)平心而论,胡渭此间所云汉宋卦气之差异值得参考,但若以汉易卦气为标尺来否定宋易卦气说则毫无理据,令人难以接受。

第三,六十四卦圆图及“天根月窟”说同“小圆图”一样,实为《参同契》月体纳甲之翻版。“按,天根月窟即《参同》纳甲之说。天,阳也,月,阴也。以八卦言之,月三日生明于庚,纳震一阳之气。庚当乾终巽始,故曰‘乾遇巽时观月窟’。震一阳始交于甲,纳乾初九之气,甲当坤终震始,故曰‘地逢雷处见天根’也。以六十四卦言之,纯乾遇巽之一阴,是为姤,于月为生魄,阳消阴息自此始,故谓之月窟,即‘乾尽午中而阴生’之谓也。纯坤遇震之一阳,是谓复,于月为合朔,阴消阳息自此始,故谓之天根,即‘坤尽子中而阳生’之谓也。三十六宫,朱子之义较长,盖人身之天根在尾闾,月窟在泥丸。修炼之法,夜子以心神注气海,谓之生药;子后则自尾闾进火,以达于泥丸,午中则自泥丸还元,以讫于尾闾。从复姤用功,而诸卦皆到,上下往来,终而复始,和气满腔,盎然流溢,故曰‘三十六宫都是春’也。邵子虽不事修炼,而其理固已洞彻,丹家秘宝和盘托出矣。”(卷七《先天古易下》)胡渭还大段引用俞琰的《易外别传》来证明《参同契》乃修炼之术,故以《参同契》为学理根基而作的先天图必属道教易无疑。“按,石涧,精于《参同契》者也,不徒心解之,

且身试之，故知先天图为老氏之《易》，而非圣人之《易》。著书以阐其幽，名之曰《易外别传》，以为丹家所依托，非《易》之本义。自有先天图以来，知其妙而不使之混于《易》中者，唯石涧一人。”（卷七《先天古易下》）基于上述种种，胡渭把邵雍视为与魏伯阳、陈抟等人一脉相承的道家传人。“魏伯阳，丹经王也。希夷、康节乃其嫡派正传，所言皆老氏之《易》也。”（卷七《先天古易下》）

（四）论先天与后天

在易学史上，邵雍首创先天易学体系，并刻意与后天易学相区别。他说，先天易为伏羲所作，只有各种图式而未有文字，后天易则是文王所作的《周易》一书。朱子对此尊信不移，其《答袁机仲书》曰：“自初未有画时说到六画满处者，邵子所谓先天之学也。卦成之后各因一义推说，邵子所谓后天之学也。”“据邵氏说，先天者，伏羲所画之易也。后天者，文王所演之易也。”先天学的要义在于“加一倍法”，即主张伏羲画卦自下而上，先画一阳爻、一阴爻，是为两仪；两仪之上各加一阳爻、一阴爻，是为四象；四象之上又各加一阳爻、一阴爻，是为八卦。以此类推，八卦之上复加一阳一阴得四画者十六，四画之上又加一阳一阴得五画者三十二，五画之上再加一阳一阴而为六画者六十四卦。

对此，胡渭深表质疑。他认为，《易传》只说伏羲“仰观俯察”而作八卦，并未言及如何画卦，怎能断定伏羲画卦是逐爻生出，而非连画三爻？如何知道“乾坤生六子”不是伏羲所作，而是文王所为？“按，伏羲胸罗造化，全体太极，仰观俯察，近取远取，三才之道，了了于心目之间，便一连扫出三画，有何不可？而必一生二、二生四、四生八，作巧推排计邪？一连扫出者为私意杜撰补接，然则逐爻生出者，岂反非杜撰补接邪？孔子之传无一语推本伏羲者则已，既有

推本伏羲者,则何以知两仪、四象为伏羲之所画,而乾坤三索为文王之所演邪? ……知彼逐爻生出之为谬,则知一连扫出三画,而交易以成六子者,真伏羲之《易》,而非文王之《易》矣。晓人自解,无庸辞费也。"(卷八《后天之学》)依他之见,邵雍、朱熹等人的先天、后天之分毫无理据,文王易即伏羲易。后天图并非出于文王,伏羲时既已有之。以文王、后天名之乃邵雍所为。"乾坤三索之次序,出震齐巽之方位,伏羲之《易》本是如此。而邵子独以为文王之《易》,名之曰后天,以尊先天之学。序位皆是,而其名则非。"(卷八《后天之学》)平心而论,胡渭反对伏羲按"加一倍法"画卦,却相信"乾坤生六子"为伏羲所作,不过是以一种信念否定另一种信念,不能令人信服。

除先后天诸图,胡渭还对卦变问题进行了探讨。他赞同黄宗羲的观点,以"反对"定义"卦变":"按,六十四卦两两相比,无不反对。其阴阳相背者,八卦虽无变体,亦反对也。反对实文王演卦之一义,《彖传》本此以释经,刚柔之往来上下,一览而得,不可谓孔子之说非文王之说也。"(卷九《卦变》)卦变即指反对,其余种种卦变之说皆不能与《易传》尽合:"凡《彖传》之'刚柔''往来''上下''内外',皆主卦变而言,可知矣。然诸儒概以一爻言之,故唯三阴三阳之卦可通,而二阴二阳之卦则不可通。《无妄》'刚自外来'、《升》'柔以时升'之类是也。唯以反对言之,则无不可通。"(卷九《卦变》)

以此为标准,胡渭逐一检讨了宋代以来的各种卦变理论。其一,他肯定李之才的反对卦变图,而否定其相生图。"李挺之言卦变,莫善于反对,莫不善于相生。反对者,经之所有。相生者,经之所无也。"(卷九《卦变》)他指出,《六十四卦相生图》或一爻动、或二爻动、或三爻动,并无一定之规。"夫姤复以一爻主变,犹有定法,若遁、临、否、泰则两爻俱动,或独升,或同升,主变者非一,纷然

而无统纪矣。”更重要的是，别卦相生有悖于《易传》的“八卦相重”说，“且六子纯卦，亦不过因而重之。今乃谓《震》《坎》《艮》生于《临》，《巽》《离》《兑》生于《遁》，有是理乎？甚矣！此图之为赘肬也”（卷九《卦变》）。胡渭据此推测，李之才的相生图纯属个人臆造，不仅与《彖传》不合，亦与道教无关。“窃疑穆修受学于希夷，唯有反对图，而相生则李氏以意为之。”“按，《参同契》云：‘乾坤者，易之门户，众卦之父母。’是众卦皆生于乾坤也。李、邵为先天之学，而其卦图乃以《复》《姤》《临》《遁》《壮》《观》皆为生卦之母，则是显背伯阳矣，希夷之传，岂若是乎？既失《参同》之旨，又非《彖传》之意，东谷讥之，有以也。”（卷九《卦变》）

其二，邵雍的大小父母说不仅与《易传》“八卦相重”存在矛盾，其理论自身亦无章法可言。“然《姤》《复》以一爻升降，其踪迹犹可寻求；《遁》《临》《否》、《泰》则两三爻递为升降，而《否》、《泰》、二《济》未免重出，益杂乱而无章矣。《乾》《坤》虽诸卦所自出，第以《彖传》证之，则唯三阴三阳者可通，而二阴二阳者不可通。”同时，“康节以文王所演为后天，则卦变似非先天之学”，但大小父母说中又有先天对待思想，“‘《乾》《坤》大父母，《姤》《复》小父母’，则又圆图‘阳生子中，阴生午中’之精义也。乃知卦变亦希夷所传，均属先天之学”（卷九《卦变》）。

其三，俞琰《先天六十四卦直图》本《参同契》及“天根月窟”说而作，是一幅以反对为核心的卦变图。它既无邵雍大小父母说之失，又胜李之才两图，故应予以肯定。“唯石涧直图上《乾》下《坤》而《坎》《离》居中，正得‘《乾》《坤》为鼎器《坎》《离》为药物’之意。又据邵子‘天根月窟’之说，自《坤》中一阳生而升至五阳，遂为六阳之纯《乾》。自《乾》中一阴生而降至五阴，遂为六阴之纯《坤》。一升一降，上下往来，与伯阳之义吻合。且诸卦皆生于《乾》《坤》，无《姤》《复》小父母之疵，而四

阴二阳与《坎》并列,四阳二阴与《离》并列,亦皆井然有条理,无重出之病,胜李氏二图远甚。……此图既非六十四卦之次序,又非六十四卦之方位,正可作卦变图耳。异哉!石涧能于三百余岁后,绍闻知之统,使呼吸上下往来之象一望了然,真希夷先天之学,而邵子之所不及图者也。”(卷九《卦变》)

其四,关于朱子卦变图,胡渭赞同黄宗羲的批判,“按,邵子言:‘重卦不易者八,反复者二十八,以三十六变而为六十四。’卦变之义,数言尽之矣,据此以释《彖传》亦足矣。李挺之相生图已伤烦碎,况朱子之所定乎?梨洲一一指摘,无微不彰”。但他又指出,黄宗羲对《本义》以卦变释十九卦《彖传》的批判尚不彻底。“但朱子专取十九卦者,第就《彖传》所谓‘刚柔’‘往来’‘上下’‘内外’者而求之,其它则未暇及。梨洲续举诸卦中,唯《损》《益》二卦似不当遗,何也?《彖传》曰:‘损刚益柔。’又曰:‘损下益上,其道上行。’又曰:‘损上益下,自上下下’,则‘刚柔’‘上下’之义备矣,正可与十九卦并举,何独遗之?其它只言‘刚柔’而不言‘往来’‘上下’,则其义即本卦可见,不必求之卦变,固不在此例。然朱子欲以卦变附先天之后,当仍用李氏反对图,犹不失希夷本指。今乃据相生图以更定其法,烦碎甚于李氏。而及其释经也,则又舍反对之卦,而泛泛焉以两爻相比者互换为变。往来上下讫无定法,亦安用此图为也?”(卷九《卦变》)

结　语

综上可见,胡渭的易学辨伪全面汇集了毛奇龄、黄宗羲等人的成果,对其论点、论据和论证方法皆有吸收。如他认为《周易》本无图,凡易图皆出于对传文的误读;河图洛书、先天之学源于道教,与《周易》本旨无关。这些论证与毛奇龄、黄宗羲等人并无二致。此

外，天地数、大衍数及郑玄注非指河图、《系辞》“易有太极”一章言蓍策而非画卦、先天图凡八误等论述乃直接引毛奇龄之说，先天圆图及天根月窟说本自《参同契》、卦气与《周易》不符、卦变即反对等思想，则是完全接受了黄宗羲的观点。

当然，胡渭的易学辨伪自有其独到之处。首先，他提出了许多异于前人的见解。例如，在河图、洛书的问题上，他主张“河图，象也”“洛书，文字也”，反对毛奇龄的典籍说和黄宗羲的地图说。一面承认伏羲受河图，一面又相信“历代有道之君皆受图书，非独羲、禹时出也”。在“易有太极”一节的理解上，胡渭与毛奇龄虽皆主“言蓍”，但二人的解读颇为不同。毛氏依大衍筮法解太极生两仪、四象、八卦，胡渭则以“太极”为奇偶未分之一，“两仪”为一变挂扐之策或奇或偶，“四象”为三变得阴阳老少，“八卦”为十八变而得六画之卦；在卦变的问题上，他赞同黄宗羲的反对说，但又指出黄宗羲对朱子的批判不够彻底；此外，胡渭还对毛、黄并未论及的阴阳太极图加以详细考辨。其次，毛奇龄、黄宗羲对图书、先天之学的批判往往以单一问题为线索，胡渭的易学辨伪则有取人物、典籍、问题等多个角度，纵横反复，展开批判。具言之，《易图明辨》一书先从魏伯阳《参同契》、陈抟《龙图序》、刘牧《易数钩隐图》、朱熹《易学启蒙》等典籍入手，层层深入分析易图产生的根源及其传承系统，进而证明易图源于道教；又以《周易》文本为根据，指出河图洛书、先后天诸图一概与经传本意不符，绝非《周易》固有之义。就此而言，胡渭对宋易象数学的批判相较同时期的毛奇龄、黄宗羲等人更为全面、彻底，可称清初易学辨伪的集大成者。正如四库馆臣所言：“国朝毛奇龄作《图书原舛编》、黄宗羲作《易学象数论》、黄宗炎作《图学辩惑》，争之尤力，然皆各据所见，抵其罅隙，尚未能穷溯本末，一一抉所自来。渭此书……皆引据旧文，

互相参证，以箝依托者之口，使学者知图书之说，虽言之有故，执之成理，乃修炼、术数二家旁分，易学之支流而非作《易》之根柢。”（《四库全书总目》卷六《易图明辨》）

胡渭易学的意义与毛奇龄、黄宗羲相类，即以《周易》文本为据，还原了图书、先天之学的本来面貌，从而启发学者重新思考易学起源的问题。《清史稿》曰：“渭经术湛深，学有根柢，故所论一轨于正。汉儒傅会之谈，宋儒变乱之论，扫而除焉。”万斯同曰：“读先生此书，一一为之剖析，洵大畅予怀。而其采集之博，论难之正，即令予再读书十年，必不能到。”江藩曰：“其议论之正，可谓通儒矣。”①阮元曰：“引据经典，原原本本，于易学深为有功。”尤为可贵的是，胡渭敢于公开挑战居于官学地位的朱子易学，并对朱学乃至整个宋学予以沉重打击，其学术勇气值得肯定。从学术史的角度审视，胡渭及同时代学者之辨伪考据的学术意义并不局限在易学问题本身，而是使易学研究从朱学的既定框架中解放出来，从而极大地开阔了易学研究的视野，在一定意义上为清代中后期的易学转型奠定了基础。对此，梁启超先生曾有如下评论：“所谓‘无极’‘太极’，所谓河图、洛书，实组织‘宋学’之主要根核。宋儒言理、言气、言数、言命、言心、言性，无不从此衍出。……渭之此书，以《易》还诸羲、文、周、孔，以图还诸陈、邵，并不为过情之抨击，而宋学已受‘致命伤’。”②“东樵破坏之功，过于建设。他所以能在学术界占重要位置者，以此。”③

---

① 〔清〕江藩：《国朝汉学师承记》卷一，见〔清〕江藩、方东树著，徐洪兴编校：《汉学师承记(外二种)》，中西书局2012年版，第18页。

② 梁启超撰，朱维铮导读：《清代学术概论》，上海古籍出版社1998年版，第15页。

③ 梁启超著，夏晓虹、陆胤校：《中国近三百年学术史》，商务印书馆2011年版，第91页。

然而,必须指出,胡渭易学辨伪所运用的许多证据未必可靠,或不足以支撑其论点,甚至毫无论据,主观臆测的情形亦时有发生。同时,他因过分强调宋易图书、先天之说的消极意义而一概抹杀其学理价值,并以儒家立场彻底否定道教易在易学发展史上的积极作用,不能不说是一种局限性。

第六章　李塨的易学辨伪

李塨(1659—1733),字刚主,号恕谷,直隶蠡县(今属河北)人。二十一岁拜颜元为师,康熙二十九年(1690)中举,六十岁时授通州学政,后因母老告归。返乡后修建学舍,讲学其中,著述终老,主要作品有《四书传注》《周易传注》等。

李塨是颜李学派的中坚人物,主张“理在事中”,即儒者当在人伦践履中体悟天道,反对空谈心性,注重经世致用。其易学著作《周易传注》不仅深刻体现了此一实学特征,更以考证方法反对卦变、五行、图书、先天诸说。

一、“圣人之作《易》专为人事”

李塨把《周易》的内容归结为道、数、象、占四个方面,并对四者关系进行了探讨:

> 《易》有道,有数,有象,有占。然《系辞传》曰“《易》者,象也”,道寓象中,数、占即象而见,一言象而《易》尽矣。六十四卦,六十四象也。三百八十四爻,三百八十四象也。而每爻中复具数象,则象不可胜穷,皆画虚象以待实征,所以能尽天下

之变也。①

这是认为，象是《周易》的根基，道蕴含在象之中，数和占则通过象表现出来。由此可见，李塨虽是义理易学家，但并不否认象在《周易》中的基础地位。在他看来，象之所以能够“尽天下之变”，是因为“虚象以待实征”。这反映出其立足虚象而关注实事实物的解释倾向。进而，李塨提出了“圣人作《易》专为人事”的论断：

> 夫圣人之作《易》专为人事而已矣。何以明其然也？乾坤索而为雷风水火山泽，本天道也。伏羲因而重之，何不皆言天道？而《蒙》《需》《讼》《师》《谦》《履》等卦，即属人事。文王《彖辞》于《乾》系以“元亨利贞”，犹天道人事兼言也。至《坤》“牝马之贞”“君子攸行”等辞，专言人事。周公《象辞》则“勿用”“利见大人”“乾乾”“夕惕”，无非人事者。以下六十二卦，言人事者勿论。如《复》《姤》《泰》《否》既属天道，而“利有攸往”“勿用取女”“小人”“大人”必归人事，乃知教人下学，不言性天，不惟孔门教法也，自伏羲文王周公以来皆然。（《原序》）

事实上，李塨注重实学、反对空谈的学术倾向，已然注定了他对《周易》的解释必然立足于人事。他说：“人，天所生也，人之事即天道也。子，父母所出也，然有子于此，问其温凊定省不尽，问其继志述事不能，而专思其父母如何有身，如何坐蓐，以有吾身，人且以妄骇目之矣，而谓之孝乎？况天与人亦各有其事，天之事在化育，人之事在经纶，天而不为天之事，而欲代人经纶，则天工废。人而不为

① 〔清〕李塨：《周易传注·凡例》，《文渊阁四库全书》第47册，台湾商务印书馆1986年版。下引该书只注卷数、篇名。

人之事,而专测天化育,则人绩荒。天工废则乾坤毁,人绩荒则宇宙乱,故天地人交相为赞,而亦各不相能,三极之道也。《中庸》曰天命谓性,率性谓道,修道谓教。此《易》教也,举性天而归诸人事也,引而近之也。程子曰儒道本天,释道本心。杨氏曰教人以性为先,此非《易》教也。举道行而归诸性天也,推而远之也。其言似同,其旨乃异,豪厘之差,千里之谬,学术世运于此分,不可不察也。”(《原序》)一方面,人当为人事而不应妄测天事而忽略人事;另一方面,人事本身就是天道,不必于人事之外别寻天道。依此观之,《中庸》“举性天而归诸人事”的理路符合《易》教,程子“儒道本天”、杨时“以性为先”的观念则与之不合。儒者之要务在于实事实物上切身践履,而非追求超越人事的玄远天道。基于这一识见,李塨严厉批评了偏言天道的象数易学尤其是宋易的图书、先天之说:“嗟乎! 自田何传《易》而后说者棼如,而视其象忸怩,征其数穿凿,按其理浮游,而尤误者以《易》为测天道之书,于是陈抟《龙图》、刘牧《钩隐》、邵雍《皇极经世》并起,探无极、推先天,不惟易道入于无用,而华山道士、青城隐者异端隐怪之说,群窜圣经而《易》之不亡脉脉如线。”(《原序》)以天道论《易》,不但致使《周易》的人事意义不得彰显而入于无用之地,而且为异端之说混入大《易》打开了方便之门。对此,李塨可谓深恶痛绝。

总的来说,李塨主张圣人作《易》专为人事,既有其思想传承的因素,也有时代思潮的影响。一方面,李塨师从颜元,而颜元的思想特色即在于注重实践实学,反对形上思辨,强调在人伦践履中体悟天道。李塨服膺师说,自然偏重人事,反对空阐天道。另一方面,受清初易学辨伪思潮的影响,李塨也对象数之学多有非议。概言之,李塨的批判主要集中于卦变、五行、图书、先天等四项内容上。

二、驳卦变之说

李塨分析了易学史上的种种卦变说之后，明确表达了反对意见。他说："汉焦延寿有一阴一阳自姤复，五阴五阳自夬剥之说。宋人因之为卦变，《仲氏易》因之为推易。大约谓一阳五阴之卦皆自复剥而来，一阴五阳之卦皆自姤夬而来，二阳四阴之卦皆自临观而来，二阴四阳之卦皆自遁大壮而来，三阴三阳之卦皆自否泰而来。朱子以为非作《易》本旨，乃卦成后有此象，其言近是。如两人对阅，高下互分，二木相勘，枝节参错，为卜筮观玩之一助亦可，而以诸卦自复剥等来，则断不可。"（卷一《讼》）依他之见，卦变可以用作观象之法，却不可视为作《易》本旨。换言之，卦变说不能用于描述六十四卦的产生过程，但可以作为成卦之后把握卦象的方法之一。李塨说："乾坤生六子，一因重之，六十四卦皆具。焉有师卦自复卦来、讼卦自遁卦来之理耶？且六子助天地以生万物者也，而震巽坎离艮兑反生自临观等卦，则傎甚矣！以至干宝谓乾之初九自复来，乾之九二自临来，诸卦反生乾坤，更颠倒凌乱之极矣！乌可训耶？"（卷一《讼》）由此可知，李塨反对卦变说的终极根据在于《易传》的乾坤六子因重生卦说，即乾坤初索、再索、三索而生震巽、坎离、艮兑六子，乾坤与六子合为八卦，八卦相重而得六十四卦。卦变说则将六子卦归为其他卦象而非乾坤两卦所生，乾坤两卦又生其它卦象，这明显与《易传》之说相悖。故李塨认为，卦变说颠倒错乱，绝非《周易》本义。

李塨对来知德等人以"综卦"即"反对"释《彖传》之"往来""上下"的做法也提出了批评："至来知德又专归反对，名之曰综。夫反对见于《杂卦》，本属经意，但专以此解'往''来'诸辞，则其说有难尽通者。如贲与噬嗑反对，《贲·彖》曰'柔来而文刚'，来注曰'噬

嗑上卦之柔来文贲之刚,柔指离之阴卦,刚则艮之阳卦','分刚上而文柔',来注曰'分噬嗑下卦之刚上而为艮以文柔,刚指震之阳卦,柔则离之阴卦'。夫噬嗑上卦为离,下卦为震,是亦可曰柔文刚、刚文柔矣。且分字何解?犹是一阳二阴之卦,只一倒观,并无移动,何以言分?"(卷一《讼》)李塨此间点出了以综卦解说《彖传》的难通之处。譬如,来知德将《贲》卦《彖传》"柔来而文刚"一语解作《噬嗑》反为《贲》卦,则《噬嗑》上体离阴来文《贲》之上体艮阳,但问题在于,《噬嗑》上离下震,本身就可称为柔文刚、刚文柔,但《噬嗑·彖传》并无此论;至于"分刚上而文柔",来知德解作分《噬嗑》下体震阳而为《贲》之上艮,《噬嗑》上体离阴而为《贲》之下离,震刚离柔,则"分刚上而文柔"。然而李塨认为,《噬嗑》《贲》相综,震、艮只是随六画卦之反易而颠倒,并未单独分出而移动,如何言"分"?所以,以卦综来解说卦象形成及注释《彖传》,是站不住脚的。

三、驳五行解《易》

五行是中国古代自然观的重要组成部分。它与《周易》原本各自独立,但随着易学的发展,文化要素之间相互会通,五行亦被引入易学解释之中。在易学史上,西汉京房的八宫易学体系,首度实现了二者间的大规模融通。尔后,东汉郑玄注《系辞》"天地之数"一章时又明确表达了五行生成数的观念。及至北宋,这一思想更被图式化,遂成为后世所谓的十数"河图"。在此问题上,李塨不仅认为河图并非《周易》固有之意,还从根本上反对将五行观念引入《周易》论域。具体而言,他从四个方面批评了五行解《易》的相关思想:

第一,天地各有生成的观念有误。"《系辞》曰乾'大生'、坤

‘广生’，皆生也，而成在其中。观《坤》曰‘资生’、即曰‘成物’可见也，不则‘乾知大始，坤作成物’。或可曰天生而地成，今乃天地各分生成，各有生成，是何说乎？”（卷五《系辞上传》）这是认为，《系辞》中的生成观念要么强调天地皆有生生之功能，成即在生之中，要么在乾坤对举时强调天生而地成的意蕴。而五行解《易》将天地各分生成，则天地有生有不生，有成有不成，于理难通。至于“水木土何以当生于天而成于地？火金何以当生于地而成于天”（卷五《系辞上传》），更是无法作出合理解释。事实上，在自然世界中，“金木皆地生，若曰木天生者得天气也，则何物不需天气者？取火于日，空中有火，火不实生于天乎？”（卷五《系辞上传》）由此可见，五行生成之说既不合于经典，亦有违于现实。

第二，五行与数字相配有误。“夫五行之配一二三四五何居？或谓《洪范》一曰水、二曰火、三曰木、四曰金、五曰土，因据之为相生之数，则《洪范》枚举，不容无序，非为生成也。不然五事一曰貌、二曰言、三曰视、四曰听、五曰思，岂亦先生貌，后生言，以及视、听、思乎？”（卷五《系辞上传》）他贴合《洪范》文本原意，不作过度诠释，得出了《洪范》五行本无数字、次序意蕴的结论。并且，从天地生万物的角度审视，“夫土即地也，岂有地犹无土，待生水火木金后而天乃生之乎？地之成土，即以地成地乎？”（卷五《系辞上传》）也就是说，土数五的说法不能成立。退一步讲，即便《洪范》五行可配一二三四五，“况六七八九十之数，复何自焉？”（卷五《系辞上传》）

第三，五行与八卦相配有误。如其所言：“五行配八卦（自注：郑注无此，系后人伪河图，见后）加以生克，更为诬经。”（卷五《系辞上传》）在此问题上，李塨采纳了毛奇龄的观点：

毛河右《易小帖》云：以卦义言，离为火，坎为水，巽为木矣，然震为雷不为木，艮为山不为土，兑为泽不为金（自注：

《革·象》曰“水火相熄”则兑泽属水)，即乾之为金，不过与为玉并言，非专属金也(自注：乾为金，为冰，为大赤，为木果，则金、木、水、火皆备矣)。以卦位言，则震木、兑金、离火、坎水似矣，然而坤不是火，艮不是水，有四正而无四维，即曰坤艮属土，正合五行，然何以水火各一卦，而金木与土则各有复卦？且何以中央之土反无卦位也？以卦数言，则天一为坎，地二为离，天三为震，地四为兑，而乾巽艮坤则又以六七八九，就天地而分属之似矣，然而土为五十，反为卦数所不取。夫《参同契》云三五至精，五行之数全在正五，今卦有合五而无正五，如金水为一五，木火为一五，皆可两合，而土之正五，卦何以反不及也？(卷五《系辞上传》)

上述文字从三个角度论证了五行配八卦的荒谬性：就八卦之象而言，震、艮、兑、乾四卦之五行所属与其自然之象不符；就八卦方位而言，震木、兑金、离火、坎水分居四正，但坤非火非金，艮非水非木，即便有乾金位于西北，巽木居于东南，四维依旧不全。又以坤、艮两卦主土，但为何金木土各有两卦，水火却各有一卦？且中央土位因何不配卦？就八卦所配数字而言，一二三四各配坎离震兑，六七八九各配乾巽艮坤，为何至关重要的天五之数反而无卦可配？这些批评，确实暴露了五行、八卦相配的理论漏洞。

第四，五行生克的观念本身有误。李塨曾引用时人王昆绳的说法，“王昆绳曰：五行生克，始于邹衍，而成于汉刘向、班固。然《五行志》等书皆牵扭可笑，江河井泉，金之流也，其然乎？世亦取火于金石，独木也哉？水木火土，则谓草木悉漂萍，盲者笑其妄，以为未有土先有火，不知虚空何物，可灰为大块也。克木者金，而火未尝不克木也。吾见克土者金，木之克不若金之利也。火水交相克者也。土克水，水亦克土也。总之，天地无不生无不克，万物消

长乎阴阳也。若五行生克,谬矣哉!”(卷五《系辞上传》)这是依据自然界的种种现象来否定五行生克关系的合理性。客观地讲,五行源于自然,在其理论建构的过程中,主观的抽象化、系统化势必会造成对五行客观属性及其关系的某些违背。李塨立足于此展开分析,可谓颇具慧见,批驳有力。

四、驳河图、洛书

《周易传注》卷五集中辨析了河图、洛书。李塨在吸收同时代学者观点的基础上,从两个角度进行了批判。他说:“按洛书《易传》外不再见,而《书·顾命》有‘天球河图在东序’之文。万季野曰:《周本纪》犬戎杀幽王骊山下,尽取周赂而去。赂者,珍宝货财也,河图必亡于此时,故王子朝之乱,挟以出者,周之宝珪典籍而已(李塨自注:宝珪典瑞所掌,典籍太史掌之,并非大宝器),《顾命》所陈诸珍器,平、桓下无一复见传记,是图书之亡久矣。故自汉迄唐,或言羲出河图、禹出洛书,或言图书并出羲时,或言图书为篇册,或言图即八卦、书即九畴,然并无言亲见河图、洛书者,与见图书为一圈点之物者。”(卷五《系辞上传》)这是以万斯同所考“图书之亡久矣”为据,证明汉唐以来未有亲见河图、洛书者,故关于图书的种种说法皆不自信。同理,宋代出现的以黑白圈构成的河图、洛书,必属伪说无疑。那么,宋人是如何作伪的呢?李塨接受了毛奇龄的观点:

宋道士陈抟忽出河图、洛书,刘牧传之以四十五点为河图,五十五点为洛书,阮逸又反之,以五十五点为图四十五点为书,而朱子宗焉。……毛河右著《原舛编》以辩之,略曰:宋人图书之伪有确证焉,宋濂、王祎辈虽非之而未考也。陈抟之

河图，非即郑康成大衍注“天一生水于北”一段文乎！然断不得为河图也，何者？康成“河出图，洛出书”注云“河图有九篇，洛书有六篇”，若河图即天地生成之数，则康成自注何不直指曰河图即前生成一二之数是也，乃毫不及而别指为篇册，其无与也明矣。洛书亦然，乃《易纬·乾凿度》太乙下九宫法也。（卷五《系辞上传》）

李塨一则确信汉唐以来即已不知河图、洛书为何物，一则揭露了宋人伪造河图、洛书的学理基础。然而，他并不否认图书确为圣人作《易》的根据，只是强调“龟背有文以象卦，蓍生百茎以衍数，寒暑山川之变化，日月星辰之休征，河图、洛书灵异开先，皆圣人作《易》之因也”（卷五《系辞上传》）。作为圣人作《易》的根据之一，河图、洛书并无特别之处，“伏羲作《易》无物不察，即当日真河图、洛书，亦仅与天生神物、鸟兽之文同为感触之一端耳”（卷五《系辞上传》）。倘若超越这种看法，断言十数、九数两图即河图、洛书，并声称内中涵具易道真意，则不过是伪造历史、混淆真相而已。

五、驳先天之学

与清初辨伪诸家相类，李塨也对邵氏先天学进行了严厉批评。首先，他站在天道的高度，强调《易》本无先天、后天之分：

天，一物也，而万物皆天；乾，一卦也，而八卦皆乾。故大人体乾出治，天且弗违，而无往不合有如此者。“合吉凶”，谓福善祸淫也。圣人有作，旋乾转坤，先天而天弗违也，天地之道有开，必先后天而奉天时也。（卷一《乾》）

呜呼！神矣哉！神也者，妙运万物而为言者也。“莫疾”

“莫熯”“莫说”“莫润”“莫盛”，正言六子之神也。故水火相逮以润之燥之，雷风不相悖以动之挠之，山泽通气以悦之成之，然后能变化无穷而尽成万物矣。不言乾坤者，乾坤之神寄于六子也。宋明皆为先后天图所误，于此节“动万物”数语以为后天，“水火相逮”三语以为先天，而中以“故”字承之，遂无能解说，纷纷疑讼，不知原无所谓先后天之分也，亦晓然矣。（卷七《说卦传》）

李塨指出，天并不脱离万物而独存，万物即天。“先天而天弗违”，是说圣人体证天道、与天合一，故能“无往不合”，并不是真有一个所谓的“先天”。《说卦传》“神也者，妙万物而为言者也”一节，乃旨在凸显八卦神妙万物之功能，并无前后两段分述后天、先天之意。

其次，李塨又着眼于先天学的细节内容，列举了十条理由来证明其绝非“孔子之说”：

《本义》载于经首曰：“此非某说，乃康节说，乃希夷说，非希夷说，乃孔子之说，但儒者失其传而方外之流阴相付受，以为丹灶之术，至希夷、康节始反于易，而说始明。”呜呼，朱子曾不思陈抟为真方外之流耶！孔子之说曾一一细勘否？而遂诬指耶！

孔子曰“庖牺始作八卦”，是易自作卦起，未尝闻始作太极也。且作卦奇偶画也，太极圆圈非画矣，非孔子之说一。

孔子曰“两仪生四象”，崔憬以九六七八、老阳老阴少阳少阴为四象，然即揲图中蓍策之事，在画卦回卦后，非未作八卦而先有四象也。何者？老变而少不变，并从已成之卦而推，故《仲氏易》曰：“乾为老阳，非老阳而后乾也；坤为老阴，非老阴

而后坤也。”非孔子之说二。

孔子曰“成象之谓乾”，则先画乾，“效法之谓坤”，则次画坤，皆三画卦以象三才，未闻有一画、两画止，而谓之阳仪、阴仪、太阳、少阴、少阳、太阴者，非孔子之说三。

孔子曰“震一索而得男”，则又次画震，“巽一索而得女”，又次画巽，“坎再索而得男”，又次画坎，“离再索而得女”，又次画离，“艮三索而得男”，又次画艮，“兑三索而得女”，又次画兑，而八卦毕，是为作卦之序。从未闻其序为乾一兑二离三震四巽五坎六艮七坤八也。《仲氏易》曰“乾父坤母，合生六子”，今何以父子母女并生，且六子俱先母生，少女先中女，中女先长女生，世有此事乎？于一索再索之义尽失矣！非孔子之说四。

孔子曰“八卦成列，因而重之”，是画八卦后不更作卦，只因一卦而重以八卦，故但曰“作八卦”，不言“作六十四卦”也，如乾重乾为乾，乾重坤为泰，乾重震为大壮，乾重巽为小畜，乾重坎为需，乾重离为大有，乾重艮为大畜，乾重兑为夬，以下七卦皆然而六十四卦毕。今连翻累画，岂因重哉？非孔子之说五。

八卦、六十四卦，圣经有名，今忽有四画、五画卦，何以圣人不为之名也？且于三才何取焉？非孔子之说六。

爻辞以一画为初，不称一，明无前于此者矣。以六画为上，不称六，明无后于此者矣，故《说卦》曰：“兼三才而两之，易六画而成卦。”今以为六画后尚有七画、八画、无穷画卦，明背圣言。且果如此，则六十四卦之理未尽也，非孔子之说七。

孔子曰：震东方，巽东南，离南方，致役乎坤，说言乎兑，乾西北，坎正北，艮东北，此八卦方位，即言伏羲之八卦也。今强坐之曰“此文王后天八卦”而撰乾南坤北、离东坎西、兑东南震

东北、巽西南艮西北，为“伏羲先天八卦”，以经文“天地定位，山泽通气，雷风相薄，水火不相射”附会之。然此论八卦相错之象，并无南北方隅一字，而可强以己意诬经乎？《参同契》云：“乾坤者，易之门户，众卦之父母，坎离匡郭，运毂正轴，牝牡四卦，以为橐钥。”朱子注云：“乾坤为炉鼎，位乎上下，坎离升降于其间，如车轴之转毂以运轮一上而一下也，牝牡谓配合之四卦，震艮巽兑也，橐籥囊钥其管也。”熊与可曰：“先后天图、《参同契》皆具后天坎离居先天乾坤之位，以坎中阳实，离中阴虚，则仍为乾坤，故丹家谓之还元”，是不惟先天方位为异端之学，即后天图依傍《说卦》方位，而亦借为修炼用，与圣经若风马牛。朱子注《参同契》恐人讥议，自诡其名曰“空同道士邹䜣”，邹即朱，䜣即熹也，著《启蒙》又署名曰“云台真逸”，是朱子明知其为道士之说，明自附于道士，而乃以乱圣经，指为孔子说耶！其非八也。

《说卦》言“万物出震，齐巽，见离，养坤，说兑，战乾，归坎，成终成始于艮”，虽只有“兑正秋”一语，而春夏冬俱见矣，此圣言无可易者。今先天卦气何其舛也。……又曰：“伏羲易自是伏羲说话，文王易自是文王说话，不可交互求合。”呜呼！是何言也！羲、文有二易耶？四时运行，万古不易，焉有伏羲配以此卦，而文王又配以彼卦者。且十二月辟卦为汉儒说，尚非圣言，若“兑正秋”诸语，则孔子之言，羲文易象者矣。兑，正秋也，而今为春辰月矣，乾，秋冬之间也，而今为夏午月矣，艮终乎物而始乎物，冬春之间也，今为秋戌月矣，八卦皆颠，四时皆乱，乃诬曰“此孔子之说”，其非九也。

胡朏明曰：先天图以自震至乾为顺数，已生之卦，自巽至坤为逆推，未生之卦。然则经曰“易，逆数也”，岂专用巽坎艮坤，而不用乾兑离震乎？丹家讲顺逆曰“顺则成人，逆则成

仙”,即抽坎填离也,与《易》何与?而牵之污秽圣言耶?其非十也。

至《本义》图但以黑白分阴阳,更可怪异,岂伏羲画卦时左执黑笔,右执粉笔耶?抑六十四卦俱无画黑白之中,遂分初、二、三、四、五、上耶?且白画之阳固奇,而黑画之阴亦奇耶?何强作事至是!(卷五《系辞上传》)

上述十条理由可以概括如下:《易传》言“庖牺始作八卦”,未言“始作太极”;九、六、七、八四象属蓍策之事,当在画卦之后,而非先有四象、后有八卦;《周易》有三画经卦,没有一画之“两仪”、二画之“四象”;《说卦》明言乾坤“初索”“再索”“三索”而生六子,先天学“加一倍法”却是父母、子女同时生出;《易传》云“八卦相重”,故六十四卦绝非累加六画而成;先天图四画、五画者,于《易》无据;《周易》无先于初爻者,亦无后于上爻者,先天学则有初爻之前的太极和后于上爻的七画卦、八画卦;先天图为陈抟、邵雍所创,属道教易学传统;先天卦气混乱不堪,如乾本在秋冬之间,先天学却置之正南,值盛夏午月;《说卦》曰“易,逆数也”,先天图却仅巽、坎、艮、坤四卦为逆。总之,先天学与孔子《易传》绝无关涉,实乃道教窜入易学的异端之说。

结 语

总的来说,李塨易学属于义理易学,而其易学的重要观念,就是主张圣人作《易》是为了人事。李塨的这一观念,既有思想传承的因素,也有时代思潮的影响。李塨之师为颜元,颜元的思想特色即注重实践实学,反对形上思辨,主张在人伦践履中体悟天道。李塨服膺其师之学,自然偏于论人事而反对阐天道。李塨的这种易

学特色，可以说是实学思潮在易学诠释中的体现。此外，李塨生活在清初，这一时期开始出现批判宋学的思潮，当时的著名学者黄宗羲、黄宗炎、王夫之、毛奇龄、胡渭等人在自己的易学著作中，都有大量篇幅对宋易尤其是其中的象数易学进行清算和批判。受时代思潮的影响，李塨也表现出批判宋易象数的易学诠释特色。可以看出，李塨的很多批判都吸取了同时代易学家的具体观念。就此而言，其主要的易学贡献，还是实学特色的易学诠释理路。